武钢年鉴

2004

WUGANG NIANJIAN

《武钢年鉴》编纂委员会 编

冶 金 工 业 出 版 社

热烈庆祝
武汉钢铁(集团)公司
投产45周年

(1958.09.13~2003.09.13)

高炉日出

摄影作者名单:

成泽银　汪祥森　咸铁城　冯北江　宋　波
汪　涌　孙水堂　马建平　王金胜　江　建
朱旺春　李永年　张永锋　张　涛　张赴刚
邵春华　赵险峰　杜建明　黄洪斌　吴文福

中共中央政治局常委、国务院副总理黄菊视察武钢

中共中央政治局常委李长春视察武钢

中共中央政治局委员、湖北省委书记俞正声视察武钢

武钢厂前绿化带

自备电厂

今日武钢

JINRI WUGANG

工业港

武钢高炉群

三炼钢厂

钢都花园

厂区绿化

CHANGQU LÜHUA

钢电公司绿化广场

氧气公司绿化带

白玉山街心花园

武钢股份有限公司获
全国质量管理奖

武钢股份收购钢铁主业

武钢集团能源动力公司成立

武钢华德环保工程技术有限公司成立

武钢律师事务部挂牌

东湖开发区武钢软件园揭牌

一炼钢厂年产钢182.35万t
再次突破设计能力

刘本仁总经理按下“武钢一日”活动第一下快门

文体活动

WENTI HUODONG

王炯书记向“武钢一日”活动摄影工作者授旗

“武钢一日”摄影活动全体摄影工作者

“爱武钢 奔小康”摄影展览

武钢投产45周年图片展在社区展出

武钢举办第十三届敬老节活动

纪念武钢投产45周年大型文艺晚会

武钢二热轧

工程建设

GONGCHENG JIANSHE

新3号高炉热风炉封顶

武钢三烧大修改造工程投产

程潮铁矿 120 万 t 球团工程竣工

武钢新3号焦炉竣工投产

冷轧厂技术改造工程试车成功

乌龙泉矿 18 万 t 活性灰工程竣工

武钢耐火耐候钢中标国家大剧院

机制公司生产的加热炉高架出钢机

机械总厂生产的烧结混料机滚筒

武钢设备制造公司加工的宝钢高炉炉壳

国有大中型企业改制分流再
就业经验交流会在武钢召开

中国钢铁工业信息及自动
化推进年会在武钢召开

武钢举办“技术创新
院士行”活动

武钢领导与退休职工对话

武钢推进企业文化建设

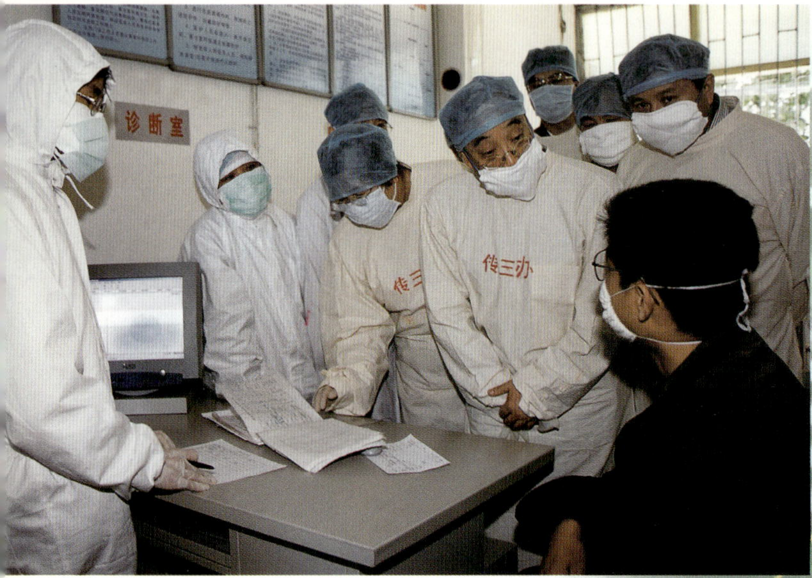

国务院督查组在二医院指
导武钢“非典”防治工作

武钢领导看望战斗在抗击
“非典”一线的医务人员

武钢总医院赶制外用
抗病毒干扰素

武钢股份公司参加第四届中国国际机电产品博览会(武汉)

首届中国国际金属工业博览会武钢展区(广州)

第三届中国国际钢结构展武钢展台(北京)

形象展示
XINGXIANG ZHANSHI

第二届中国国际机电展览会武钢股份展台(上海)

《武钢年鉴》编纂委员会

本期年鉴执行编委

编 辑 说 明

《武钢年鉴》2004年版是武汉钢铁（集团）公司编纂的第十八部综合性企业年鉴。2003年武钢坚持“一手抓生产经营，一手抓防治‘非典’”，各项改革稳步推进，生产经营、科技创新、环保绿化等方面均取得了可喜成就。《武钢年鉴》2004年版对2003年武钢发生的事件均做了详细记载。

《武钢年鉴》2004年版采用条目体，分类编辑的方法，按类目、分目、条目三级结构设计。全书设28个类目——（1）特载；（2）武钢综述；（3）大事记；（4）专文·专论·调查报告；（5）荣誉称号；（6）经营管理；（7）政治工作；（8）企业文化；（9）群众团体；（10）卫生·教育·体育；（11）钢铁公司；（12）武汉钢铁股份有限公司；（13）能源动力公司；（14）矿业有限责任公司；（15）运输·储运·电力·维修·筑炉；（16）销售·供应·金融·外贸；（17）科研·设计·院校·医疗；（18）耐材·焦化·建筑·监理·氧气；（19）机械制造·金属结构·综合加工；（20）冶金渣·金属资源·粉末冶金·铁合金；（21）武汉钢铁工程技术集团有限责任公司；（22）武汉钢铁建工集团有限责任公司；（23）企业发展公司；（24）武汉钢铁冶金有限责任公司；（25）控股公司；（26）实业公司；（27）人物；（28）附录。

本年鉴入选资料均经撰稿单位、专职编审人员和撰稿单位领导审核。本年鉴中的综合性资料、数据，一般截止到2003年底，凡涉及武钢2003年全局性数据，以本年鉴资料为准。

本年鉴的数字使用、标点符号、计量单位均依照国家标准予以规范。

《武钢年鉴》2004年版在组稿过程中，得到武钢各单位的大力支持，凝聚着集体智慧，在此，对参与撰稿、编写的人员所付出的辛勤劳动表示诚挚的谢意，并真诚地希望继续得到各方面的关心和支持。

《武钢年鉴》编纂委员会

2004年4月

目　　录

特　　载

武钢综述

大 事 记

专文·专论·调查报告

荣誉称号

经营管理

政治工作

企 业 文 化

群 众 团 体

卫生·教育·体育

钢铁公司

武汉钢铁股份有限公司

能源动力公司

矿业有限责任公司

运输·储运·电力·维修·筑炉

销售·供应·金融·外贸

科研·设计·院校·医疗

耐材·焦化·建筑·监理·氧气

机械制造·金属结构·综合加工

冶金渣·金属资源·粉末冶金·铁合金

武汉钢铁工程技术集团有限责任公司

武钢建工集团有限责任公司

企业发展公司

武汉钢铁冶金有限责任公司

控股公司

实业公司

人　　物

附　　录

特　载

中共中央政治局常委、国务院副总理黄菊视察武钢

2003年6月6日，中共中央政治局常委、国务院副总理黄菊在中共中央政治局委员、湖北省委书记俞正声及省长罗清泉、武汉市委书记陈训秋及市长李宪生的陪同下视察了武钢。

武钢总经理刘本仁、党委书记王炯在武钢科技馆向黄菊一行汇报了武钢始终坚持改革与发展，坚持走质量效益型和科技创新型的企业发展道路，不断提升装备水平和工艺水平，在炼铁、炼钢和轧钢系统进行了不间断的技术改造，高附加值、高科技含量的产品达到总产量的50.49%，形成了“桥、管、箱、容、军、电、车、线、耐”为重点的精品名牌产品，钢产量到2003年可以突破800万t；“十五”期间武钢将建成国内最大的硅钢和汽车板生产基地，向国际一流的现代化钢铁企业和精品名牌生产基地迈进。黄菊副总理在听取汇报时不时点头，对武钢的新产品、新工艺、新技术十分关注。之后黄菊副总理参观了技术创新成果展览，希望武钢抓好新工艺、新技术的推广及应用。在彩管用荫罩框架钢带和内磁屏蔽钢带实物展品前，黄菊副总理驻足仔细观看后，询问了该产品的生产情况。刘本仁总经理介绍说，目前武钢是国内这两个产品的唯一生产厂家，这两个产品填补了国内空白，实物质量达到日本同类产品水平。黄菊副总理听后点头赞许，要求武钢不断加大新产品的研究开发力度，不断提高武钢产品在国内外市场的竞争力。

随后黄菊副总理一行来到武钢二热轧厂。当黄菊副总理了解到二热轧生产的产品为国内最宽的板材，并填补了国内空白时，要求武钢尽快投产、达产，早出效益，为国家多做贡献。

中共中央政治局常委李长春视察武钢

2003年5月15日，中共中央政治局常委李长春在中共中央政治局委员、湖北省委书记俞正声以及湖北省委副书记杨永良、武汉市委书记陈训秋陪同下视察武钢。

李长春同志首先参观了武钢科技馆，总经理刘本仁、党委书记王炯在武钢科技馆分别向李长春同志汇报了武钢在深化企业改革，走科技创新型发展道路，全面实施“十五”目标和当前武钢一手抓防治“非典”，一手抓生产经营的推进情况和具体做法。刘本仁总经理就武钢坚持技术改造、加大科技投入、不断提升装备水平所取得的成就以及武钢科技创新能力居全国百强企业前列、冶金行业首位，“高端”产品达到50%以上，经济效益逐年增长，企业的发展后劲明显增强等方面一一作了汇报，并着重汇报了武钢“十五”期间将实现1200万t钢生产规模、国内汽车用钢及硅钢生产基地、花园式工厂等远景

规划目标以及近期武钢按照党中央的总体要求和部署，坚持一手抓防治“非典”，一手抓生产经营，1～4月份钢铁产量创历史最高水平，实现利税7亿元。

李长春同志对武钢在改革与发展中取得的成绩及当前防治“非典”、保持生产经营良好秩序给予了充分肯定。当刘本仁总经理汇报武钢与澳大利亚合作，降低铁矿石物流成本时，李长春同志说：“企业就是靠自己去闯，敢于大胆去闯”。在了解到武钢钢铁比增减变化后又说，废钢多吃少吃，要按市场需求，围绕市场转。针对冷轧硅钢片、钢帘线、电视机用钢等产品产销旺势，李长春同志指出，企业就是要发挥各自优势，增加具有市场竞争力的产品。

随后，李长春同志视察了二热轧厂热负荷调试过程，并详细询问了二热轧厂的设备、技术工艺和世界热轧产品市场发展趋势。在二热轧厂，李长春同志与坚守岗位的职工一一握手问好。

在小车驶过三炼钢、二热轧厂区时，一块块整齐的青草地、一排排绿树林映入眼帘。刘本仁总经理向李长春同志汇报说，武钢在发展钢铁生产的同时，努力做好环保、绿化工作，力争早日实现把武钢建成花园式工厂目标。李长春同志听后说：“这个目标要坚持”。

（陈树清）

中共中央政治局委员、湖北省委书记俞正声视察武钢

2003年1月13日，中共中央政治局委员、湖北省委书记俞正声与国家经贸委主任李荣融、国家经贸委副主任蒋黔贵、国家企业改革司司长刘东升一行来武钢参观考察。

在厂前武钢科技馆，武钢总经理刘本仁向俞正声等领导汇报了武钢10年来坚持科技创新、狠抓技术进步、加大设备改造、开发“双高”产品、开拓营销市场、推进企业改革等方面的情况。俞正声书记对武钢的改革与发展十分关注，并详细询问了武钢产品结构调整、非钢产业发展和重点工程建设情况。

随后，武钢总经理刘本仁、党委书记王炯陪同俞正声一行参观考察了武钢第一炼钢厂、兴达公司混铁车维修厂、二热轧建设工地、铁合金公司和技术工程集团自动化公司。在兴达公司混铁车维修厂生产一线，俞正声书记仔细询问了职工的工作、学习和生活情况，并勉励大家在新的工作岗位上创造出新的工作业绩。

（杨　康）

继续深化改革　不断加快发展 努力开创武钢改革与发展的新局面

——刘本仁同志在武钢工作会议上的行政工作报告

2003年12月30日

同志们：

这次工作会议的主题是：深入贯彻落实党的十六大和十六届三中全会精神，按照中央经济工作会议和国资委中央企业负责人会议提出的总体要求，认真分析形势，继续深化改革，不断加快发展，努力开创武钢改革与发展的新局面，确保“十五”规划的

顺利实现。下面，我向会议作行政工作报告。

一、关于2003年的行政工作

2003年，公司认真贯彻落实党的十六大和十六届三中全会精神，深入实践“三个代表”重要思想，坚持效益最大化原则，抢抓钢材市场需求旺盛的有利时机，充分发挥品种结构优势，扩大生产规模，有效克服了原燃料紧张和“非典”疫情的不利影响，使2003年成为武钢历史上铁钢材产量最高、综合经济效益最好的年份。全年生产铁802.13万t、钢858.01万t、钢材706.96万t，分别比上年增长10.54%、13.64%、16.50%。全年实现销售收入273.13亿元，比上年增长38.25%；实现利润26.83亿元，比上年增长78.29%；实现利税56.85亿元，比上年增长52.87%。非钢产业实现销售收入132.3亿元(其中外销收入26.8亿元)，实现利润6.44亿元，分别比上年增长16%和14%。一年来，公司主要抓了以下工作：

*1．加强生产组织与协调，发挥了规模效益。*随着三烧改造、3号焦炉、三炼钢3号连铸机、二热轧等一批重点工程的相继投产，公司产能实现新的增长，生产组织不断适应产能的变化，强化了生产过程管理，紧密围绕发挥规模效益开展工作。炼铁系统坚持精料方针，优化配矿配煤结构，努力提高焦炭和烧结矿质量，加强高炉操作管理，建立适应外部条件变化的操作制度，确保炉况稳定顺行。炼钢系统进一步加强铁、钢平衡过程管理，充分挖掘产能，保持了公司整体生产的均衡性。轧钢系统以提高合同兑现率为重点，按品种计划合理组织生产。抓好以二热轧为重点的新建项目的投产工作。生产作业计划等各类信息全部实行计算机网络系统传递，大大提高了工作效率。充分发挥设备在生产、品种和质量中的服务保障功能，强化星级设备管理，实施“万点受控”管理工程，保证了公司生产的顺利进行和产能的扩大。进一步加强了能源、运输、废钢资源、物资供应的管理协调工作，为生产顺行创造了良好的条件。同时，积极建立稳定的矿石、煤炭等资源供应渠道，分别与国外哈默斯利等矿业大公司签订了长期供货和投资协议，与平煤、山西焦煤集团等8家煤矿签订了长期合作协议。

*2．抓住有利时机，不断扩大市场占有率。*公司充分发挥科技创新能力较强的优势，以市场需求为导向，实施“差异化”战略，不断优化品种结构。全年新试新推合同达到109.31万t。全年“双高”产品比例达到51.82%。高性能耐火耐候钢、大线能量焊接非调质高韧性低温钢、大线能量焊接高韧性抗锌液腐蚀用钢、高磁感系列无取向电工钢及其生产方法等，已获国家专利授权。高性能桥梁WQ490D钢的研制经专家认定，达到国际先进水平。武钢作为桥梁用钢研制方参与开发的“大跨度低塔斜拉桥桁组织建造技术”项目荣获国家科技进步一等奖。汽车大梁板WL510的生产工艺质量非常稳定，月订货量近万吨，成为公司创效的主要品种之一。试制的35W230已用于我国第一艘载人飞船的定位导航系统。高线盘条正式获贝卡尔特和米其林公司的质量认证证书。充分发挥技术优势，不断拓展重点工程市场，先后在忠武管线、西气东输和杭州湾大桥等国家重点工程中标。尤其是二热轧投入试生产之后，迅速构建起二热轧产品的销售渠道，全年组织合同60万t。中厚板夺取了北京中关村科技大厦和北京电视中心等高层建筑用钢工程的供货权。不断开拓国际市场，扩大出口和加工出口合同量。如苏丹管线工程获得全部工程的5.4万t X65管线钢的供货权，成为武钢管线钢打入国际市场的一个亮点；重轨产量突破12万t，先后出口巴基斯坦和孟加拉；82B等高速线材产品全年出口5万余吨，成功销往马来西亚、泰国、印尼、韩国等国家，开拓了武钢线材新产品挺进国际市场的新局面。全年钢铁产品出口及加工出口达到120.8万t(其中出口40.5万t)，创汇9255万美元。与此同时，加强非钢产品的国际市场行情分析，实现非钢产品出口创汇约90万美元。

*3．加快扩建改造步伐，不断推进技术进步。*进一步完善“十五”钢铁发展规划，组织开展了“武钢技术创新院士行”活动，邀请中国工程院院士对武钢的总体发展战略和技术创新状况进行诊断和评估，提出了许多建设性的意见。加强扩建改造规划管理，积极推进重点项目的实施，一批“十五”规划重点配套技改项目相继竣工并投入运行。二热轧于3月29日开始试生产，主要生产高强度的管线钢、铁路车辆用钢、集装箱用钢等高技术含量、高附加值的产品，部分填补国内空白，标志着武钢的核心竞争力进一步增强。新建3号焦炉已于3月26日按期竣工投产，在全国同行业中首次采用计算机控制炉温、推焦装煤地面站除尘和低水分熄焦等各项工艺技术，其环保水平行业领先。一冷轧改造工程仅仅用两个月即竣工试生产，该项工程不

仅使一冷轧的生产能力由122万t扩大到185万t，而且品种结构进一步优化，产品质量也将提高到一个新水平。产销资讯一期工程的上线运行，推动了武钢的信息化进程，使公司由传统的管理方式向现代化管理方式转变，实现了管理机构的扁平化、管理方式的流程化、管理规范的软件化、操作方式的电脑化，大大提高了各岗位的工作效率和公司的市场竞争力。此外，三烧车间大修改造、工业港第二混匀料场工程、炼铁1号、4号高炉TRT、焦化7号、8号焦炉干熄焦工程、三炼钢3号连铸机、二炼钢3号连铸机改造、程潮120万t球团矿、乌龙泉矿18万t活性灰等一批重点工程也相继竣工。这些改造项目顺利投产，对公司充分发挥产能、实现规模效益发挥了巨大的作用。其他一批在建的重点改扩建项目如二冷轧、二硅钢、6号高炉、五大氧、二烧易地大修、三炼钢新建3号转炉、1号、2号焦炉易地大修、老三轧水处理节水示范工程、鄂州500万t球团矿工程等正在按计划组织实施。随着一批技改项目的投产以及节能降耗、"对标挖潜"工作的深入开展，进一步促进了技术经济指标的优化。全公司65项主要技术经济指标中有32项指标创造历史最好水平。炼铁入炉焦比实现了"破四见三"目标，炼钢系统的钢铁料消耗(实物量)指标继续保持国内领先水平，其中三炼钢钢铁料消耗低于宝钢，继续保持了国际先进水平；吨钢综合能耗(标煤)水平由去年的808.8 kg/t下降到目前的785 kg/t，实现了"破八见七"的历史性突破。

4．主业重组、辅业改制和分离企业办社会职能取得阶段性成果。为把钢铁主业做精、做强、做大，进一步提高武钢核心竞争力，公司作出了钢铁主业重组的决策。成立了重组工作领导小组，组建了由公司各相关部门和单位参加的工作组，从资产、体制、法律等方面对钢铁主业重组工作进行了研究。设计了通过股份公司增发不超过20亿股的方案，拟向国有法人股东定向增发和向社会公众股东发行的方式，募集资金用以整体收购公司的钢铁主业资产。增发方案向社会发布后，得到高度评价和认同，多家机构积极介入武钢股份，为顺利完成增发、融资、收购、重组工作打下了良好的基础。确定了重组范围，制订了重组方案，并多次向国家有关部委进行了汇报和沟通，积极争取相关政策，钢铁主业重组方案已获得了国资委的批准。成功召开了董事会和股东大会。辅业改制工作也在加紧推进。根据国家八部委联合下发的《关于国有大中型企业主辅分离辅业改制分流安置富余人员的实施办法》的精神，公司组织有关部门对辅业改制的相关配套文件进行了认真研究，结合公司实际拟订了《武钢实施辅业改制分流整体上报方案》(讨论稿)，确定了公司开展辅业改制工作的基本思路。成立了辅业改制工作领导小组及办事机构，明确了各专业组的工作职责。根据实施辅业改制的基本要求和条件，公司选择了8个单位先期开展改制试点工作。为保证辅业改制工作的有序进行，公司编制了《辅业改制政策法规学习材料汇编》、《辅业改制的政策有关问题解答》等宣传材料，组织试点单位和各专业组学习国家和省市的相关文件，引导广大干部职工统一思想认识。按照国家六部委联合下发的《关于进一步推进国有企业分离办社会职能工作的意见》(2002)267号文件精神，分离企业办社会职能的工作也在积极推进。在公司和武汉市的共同努力下，钢城分局年初已移交武汉市公安局管理。6月，公司同武汉市政府有关部门就中小学的移交工作组成了工作组，目前正在研究中小学的移交工作方案。生活后勤系统的改革已纳入到公司辅业改制试点内。与此同时，公司不断深化劳动用工制度改革，根据生产发展的需要，两次组织面向社会招收用工781人。在招工的每一个环节，纪委、工会、职工代表、退休职工等参与全程监督，确保招工工作的公正性、透明度。

5．企业管理不断创新，基础工作有效加强。公司继续争创"全国质量管理奖"，年初制定下发了工作计划，重新启动创奖程序。做到领导责任、工作机构和过程方法3个到位，成立了领导机构，设立3个重点改进工作小组和6个专项工作推进小组，运用过程和系统的方法，严格对照全国质量管理奖评审标准进行自查，制定了116项改进措施，形成了完整的改进计划。有关方面认真做好现场评审的相关工作，全面系统实施培训。11月21日，武钢股份公司获得"全国质量管理奖"。与此同时，公司实施了质量管理体系由1994版向2000版的换版认证工作。通过"创奖"、"贯标"以及依据现行相关法律、法规，对各项管理制度的清理、修订，进一步推动了公司的各项基础管理工作。积极发挥财务管理的核心作用，组织参与了主业重组的资产评估、财务审计、关联交易设计和盈利预测工作。为了执行新的《企业会计制度》，组织了全公司范围内的清产核资工作，经过了基层清查、专业组审查、公司审查、会计事务所审核、外部专门机构鉴定、法律鉴证等各项严格的审查程序，现已将清产核资报告、申请执行《企业会计制度》报告等全套上报国资委，并顺利通过了现场材料审核。预算管理实施动态管理与硬约束相结合，根据市场的变化及时调整利润目标，有针对性地提出了增产创效、增收创利、对标挖潜、优化结构等8项保证措施，全年实现降低成本费用6.95亿元。加强资金管理，不断优化资金结构，组织20亿元企业债券上市，以国内现汇贷款置换了日本输银贷款，预计可达到节息1亿元的良好效果。《集团公司集中式资金管理》荣获第十届国家级管理现代化创新成果一等奖。加强闲置报废资产管理，积极探索闲置、报废固定资产调剂处理的多种有效途径，建立和实施了闲置、报废固定资产资源公示及招标投标制度。加大内部审计工作力度，全年共完成审计项目82项、审计调查11项，174条建议被采纳，纠正违规、违纪金额6530万元，促进公司增收节支3720万元。武钢管理审计成果被评为国家内审协会一等奖。派驻子公司监事会在对23家全资子公司进行实地监管和客观评价的同时，帮助子公司规范经营，防范风险，提升了管理水平。随着监管工作的深入，将17家B、C类子公司纳入监事会监管范围，实现了对子公司监管系统全覆盖的主动控制，为实现国有资产保值增值发挥了积极作用。认真贯彻党中央、国务院的一系列重要指示精神，不断提高安全环保工作的管理水平，实现了重大伤亡事故为零、重大环境污染事故为零、锅炉压力容器爆炸事故为零。深入开展义务植树、拆房建绿、厂容整治活动，全年新增绿地16.5万m^2，完善及改造绿地17.7万m^2，为完成“十五”环境目标奠定了良好基础。

6．*以高新技术为主导的非钢产业健康发展*。非钢单位坚持以发展高新技术为主导，实现高新技术产业化为目标，充分发挥其在技术、人才、装备等方面的优势，在满足公司生产需要的同时，加强专有技术输出，积极拓展外部市场，取得了良好的经营业绩 。工程技术集团先后赴沙钢、华西钢厂、建龙钢厂等民营钢铁企业以及鄂钢、马钢等国有钢铁企业，成功地承接了沙钢转炉炼钢、华西钢厂炼钢脱硫、鄂钢高炉易地大修、马钢钢包炉和真空炉等一批重大工程项目，合同总额达到7.04亿元。不仅有效地扩大了武钢高新技术产业在外部市场中的知名度，而且为公司高新技术产业的发展奠定了良好的市场基础。建工集团发挥整体资源优势，在鄂钢、涟钢进行项目跟踪及多轮投标，还承揽了梅钢、湘钢、马钢等冶金企业的检修和新建工程。房地产开发公司锐意进取，开发的临江雅居、冶金新苑楼盘当年建成当年售完，取得了良好的企业效益和社会效益。焦化公司克服了资源紧张的困难，在焦炭保产、开拓化工产品市场方面取得了新成绩。氧气公司确保公司生产安全优质供气，积极开拓外部市场。金结公司、炉窑公司等单位开拓外部市场的能力也不断增强。此外，海南公司的生产经营形势进一步好转，首次扭亏为盈，全年实现利润500余万元。襄钢公司全年实现利润1000万元。实业公司、北湖农场分别实现利润6000万元、2000万元，均创历史最好水平。冶金公司的生产经营也取得较好成绩。

7．*后勤工作不断改善，职工生活水平日益提高*。面对上半年的“非典”疫情，公司坚决贯彻党中央、国务院关于“非典”防治工作的指示精神和有关要求，采取有力措施，集中防治资源，构建监控体系，确保了武钢无一例“非典”及疑似病例，保障了职工的身体健康和生命安全。钢都花园露天广场和A2区小游园、地下停车场建成并交付使用，钢都花园A3区和A1区被评为全国和湖北省物业管理示范小区，A2区和B6区通过全国和湖北省物业管理示范小区的评审。加大了职工住宅区住房管理和拆除违章建筑力度，加强了社区文化体育设施建设。先后对红钢城、冶金街、白玉山等地区的7个街坊试行物业管理，使公司物业管理覆盖面达70%。成立专班做好天然气进汉准备工作，进行相关可行性研究和论证。加强水、电、气供应管理，实现了连续19年高峰供气无事故。快餐供应坚持“饭菜质量、分量和价格不变”的宗旨，搞好优质服务。快餐公司被评为“中国快餐连锁著名品牌企业”。防暑降温满足了职工防降需求，现场综合服务开展“无缺陷服务”、“创品牌岗位”等活动，提高了服务水平和职工满意度。努力为困难职工办实事、办好事，增加了4000万元的扶贫帮困基金，将该基金扩充到7000万元。出台了《职工互助保险基金管理办法》、《职工廉租房管理办法》，将职工互助保险基金扩充到3400万元。为79名特困职工子女及506名特困生提供了学费资助，拿出400多万元对贫困职工进行走访慰问，为2万名女职工进行了妇女病普查。扎实开展以“讲科学、讲文明、改陋习、树新风”为主题的环境卫生整治工作，集中力量整治乱扔废弃物专项工作，提高了职工的文明素养。稳妥推进医疗制度改革，并针对医改后职工群众反映强烈的问题，积极寻求地方政府的支持，争取到一系列惠及职工的基本医疗保险优惠政策。公司及时调整补充医疗保险办法，加强医改监督管理力度，医院努力改善医德、医风，提高医疗质量。

总医院住院部大楼正在抓紧建设。抓紧实施四街单身宿舍改造工程,改善了单身科技人员的居住环境。职工教育培训工作紧密围绕建设"学习型"企业、围绕公司的重点技改项目、技术进步项目和生产的难点、热点深入开展,为公司的生产经营提供了强有力的智力支持。中小学教育、幼儿教育等各项工作也都取得了较好成绩。

2003年是武钢发展史上极不平凡的一年。我们克服了"非典"和原燃材料资源紧张的困难,抓住了难得的机遇,创造了武钢发展史上铁钢材产量最高、经济效益最好的成绩。这些成绩的取得,是党的十四大以来武钢大力实施"科技兴企"战略,加快推进扩建改造和技术进步,企业核心竞争力显著增强的结果;是武钢第五次党代会以来,公司领导班子以党的十六大精神为指导,深入实践"三个代表"重要思想,始终把握改革与发展大局,驾驭市场经济的能力不断增强的结果;是公司全心全意依靠工人阶级办企业,团结、带领全体职工开拓创新,奋力拼搏的结果。

二、关于目前的形势和2004年的工作目标和思路

根据党的十六届三中全会和中央经济工作会议对形势的判断,当前及今后一个时期,世界多极化、经济全球化是当今国际格局演变的两个主要趋势,和平与发展仍然是主题。因此,这一时期是我国经济发展的极为重要的战略机遇期,也是武钢深化改革、加快发展难得的机遇期。首先,国有企业将面临新一轮改革浪潮。党的十六届三中全会做出了《关于完善社会主义市场经济体制若干问题的决定》,对新世纪、新阶段我国经济体制改革做出了全面规划和部署,并明确指出国有企业改革是我国经济体制改革的中心环节。最近国资委召开的中央企业负责人会议,对中央企业进一步深化国有资产管理体制改革做出了部署,提出了明确要求。国有企业的改革将会面临良好的外部环境。其次,国际钢材市场预期进一步转好。世界经济复苏可能加快,经济增长和贸易增长可能高于2003年,由此推动国际钢材价格上涨,特别是亚洲钢材市场需求强劲。再次,我国经济将继续保持快速增长。目前我国经济正处在新一轮增长的上升阶段,经济增长的内在活力和市场需求增强。随着社会主义市场经济体制的不断完善和中央继续坚持扩大内需的方针,继续实施积极的财政政策和稳健的货币政策,将进一步激发市场活力,促进国民经济快速增长,GDP增长可能达到8%以上。以汽车、机械、电子为主的制造业的发展以及西部大开发、振兴东北老工业基地各项重大战略工程的实施,都将拉动钢材产品需求的增长。第四,武钢的产能和品种结构优势日益显现出来。随着二热轧投入生产,一冷轧改造完工,以及一批配套技改工程的相继投产,使武钢的技术装备水平又跃上了新台阶,而且产能继续扩大,品种结构进一步优化。尤其是国内市场需求旺盛的硅钢将达到100万t的生产能力,热轧板、冷轧板的产量也将大幅增加,这将大大增强武钢的市场竞争力和赢利能力。

在看到难得的改革与发展机遇的同时,我们也要清醒地认识到钢铁行业存在的潜在危机和自身的不足。一是行业竞争仍然严峻。由于大部分钢铁企业不断扩大产能,民营钢铁企业发展迅速,加之外资抢占国内短缺钢材品种市场,导致钢铁行业的发展出现过热势头,而且我国钢铁临时保障措施取消后进口钢材会进一步增加,加剧了市场竞争。二是资源供应紧张。钢铁工业的过热发展加剧了煤炭、矿石以及电、油、运输等供需矛盾,严重制约着企业的生产经营和进一步发展。三是上游产品价格上涨。受供求关系影响,钢铁行业上游产品价格不断上涨,造成钢铁制造成本大幅度上升,尤其是武钢所需的矿石主要依靠进口,受上游产品涨价的影响首当其冲,成本压力加大。而钢材产品价位已经达到较高水平,价格上调的空间不大,加之出口退税率下调,降低了企业的赢利能力和综合经济效益。四是自身存在的不足。我们改革的紧迫意识不够,转变观念的任务很重;新老工艺并存,生产组织的难度较大,尚需一定的磨合期;部分技术经济指标与先进水平比还有较大的差距等。因此,我们必须辩证地分析所面临的生产经营环境,既要看到我们的优势和改革与发展的有利条件,又要看到我们面临的挑战和困难,牢牢掌握工作的主动权。

面对新的形势,2004年工作的指导思想是:以邓小平理论和"三个代表"重要思想为指导,深入贯彻落实党的十六大和十六届三中全会精神,认清形势,把握大局,抓住机遇,树立快速、持续、健康的发展观,扎实推进"十五"钢铁规划的实施;不失时机地加快企业改革步伐,积极稳妥地推进钢铁主业重组、辅业改制和分离企业办社会职能;持之以恒地强化和创新企业管理;发挥新投产项目优势,加强生产组织与协调,进一步增强产品开发能力、市场竞争能力和抵御风险能力,全面夺取全年生产经营

和改革与发展的新胜利。

根据以上指导思想，2004年的生产经营和改革与发展目标是：

——全年生产铁875万t、钢930万t、钢材825万t；预期实现销售收入278亿元，实现利润23亿元；降成本、费用6亿元。

——深化企业内部改革，实现武钢股份增发和钢铁主业重组；在试点的基础上全面推进辅业改制；加快分离企业办社会职能。

——力争实现工亡事故为零，实现重大设备事故、重大环境污染事故、重大火灾事故为零的目标。

——“十五”重点建设项目二冷轧、二硅钢工程达形象目标进度；二热轧、一冷轧年内达产；6号高炉等一批重点项目投产；整体产销资讯系统二期工程建成投运。

——在经济效益增长的基础上，继续提高职工生活水平。

实现2004年生产经营和改革与发展目标的任务十分艰巨。公司各级领导和全体干部职工务必要以“三个代表”重要思想为指导，深刻领会党的十六届三中全会、中共中央经济工作会议和国资委中央企业负责人会议精神，并结合武钢实际贯彻落实。做好2004年的工作，要求我们必须统一以下几个认识：

一是要加强组织协调，搞好生产经营。巩固和发展良好的生产经营局面，是我们加快企业改革与发展的基础。做好2004年的生产经营工作，必须充分考虑到当前原燃材料资源紧张、公司投产项目多、产能扩大、新老工艺衔接等诸多因素。因此生产组织总的要求是，超前组织好保产资源，始终保持良好的生产状态，做好新项目的调试和生产准备，抓好前后工序的产能平衡，降低固定费用，把市场需求和自身优势有机结合起来，进一步优化品种结构，充分发挥规模效益。要根据这个总的要求，进一步加强生产、设备、资讯、技术质量、销售、财务、物资供应和运输等方面的协调工作，及时解决生产经营中的难点，创造良好的生产运行条件。

二是要坚定不移、不失时机地深化改革。目前地方国企和民营企业用工少、机制活、成本低、负担轻的竞争优势已给我们带来新的压力。我们要抓住当前的有利时机，坚定不移地深化改革。2004年我们要在加快健全规范的现代企业制度，加快转换内部经营机制，加快主辅分离、辅业改制、多种途径分离办社会职能步伐等方面取得新的进展。重点是以建成国际一流的现代化钢铁企业为目标，创新性地实施钢铁主业重组；按照“有利于国有资产保值增值，有利于增强改制企业市场竞争力，有利于增加大多数职工的经济收入”的原则，对辅业进行改制和分离企业办社会的职能。同时，要把改革的力度、发展的速度与社会和职工可承受的程度有机地结合起来，正确处理好改革、发展与稳定的关系。

三是要快速、持续、健康地推进武钢发展。发展是硬道理，是解决一切困难和问题的根本所在。我们说的快速发展，是要以只争朝夕的精神，追赶世界一流水平，建成一流企业；我们说的健康发展，不是简单的扩产能、上项目，而是以市场需求为导向，调整品种结构，提高武钢的核心竞争力；我们说的持续发展，是从长远的战略高度思考、规划发展，实现发展与品种、质量、环境、效益的统一。目前，国家对钢铁行业的过热发展已引起高度重视，并提出了相应措施，同时鼓励有竞争力的企业加快发展。我们要抓住这个有利时机，充实和调整武钢“十五”发展规划，在实现1200万t钢生产能力的基础上，计划在2007年形成1400万t钢的综合配套生产能力。同时抓紧研究制定武钢的中长期发展战略。

四是要持之以恒地强化、优化企业管理。武钢要加快发展，进一步提高竞争力，必须做到技术要精，质量要优，成本要低，服务要好，这就要求我们在加强企业管理上下功夫。尤其是在市场竞争激烈，上游产品涨价等各种不利因素严重制约企业赢利水平的情况下，更加要求我们苦练内功，加强管理，降低成本，最大限度地化解不利因素。当前，我们要坚决克服因市场需求旺而忽视质量、销售形势好而忽视服务、钢材价格高而忽视成本、经济效益好而忽视管理的倾向。要以获得“全国质量管理奖”为契机，进一步推进管理创新，严格执行各项规章制度，不断加强和改进技术质量、成本资金、供应销售等方面的管理。

三、关于2004年的重点工作

2004年是我们实现“十五”规划的关键一年，也是深化改革、扩大开放、促进发展的重要一年，做好2004年的工作至关重要。根据上述指导思想和生产经营目标，我们要重点抓好以下工作。

第一，加强生产组织与原燃材料供应的管理，适应产能扩大的要求。2004年，铁钢材产量要有较大幅度的增长，而且矿石、煤炭、合金炉料相当紧张，给生产组织带来一些困难。目前，炼铁仍然是公司生产的“瓶颈”。要认真贯彻精料方针，从稳定入炉矿品位、优化用料结构、加强高炉操作管理入手，确保炼铁的均衡稳产。要认真做好6号高炉投产前的调试和相关准备工作，确保投产后的顺利生产。6号高炉投产后，要充分发挥炼钢的产能，减少翻铁量，做好检修平衡、计划平衡、物流平衡、工序平衡。要组织好二热轧、一冷轧等新建项目和改造工程的生产和达产工作，既要合理协调前后工序的衔接，又要拟出分阶段逐步达产的周密计划，尽可能缩短达产时间。要抓紧职工的技术培训工作，尽快消化、掌握新设备、新技术和新工艺，确保试生产和功能精调成功，尽快发挥投资效益。要严格按公司整体产销资讯系统的要求，不断优化生产作业计划，确保生产顺畅。要加强合同管理、生产组织、设备检修等方面的综合协调工作，均衡组织生产，保持公司稳定生产的局面，保证合同执行率达到100%。要进一步加强原燃材料、运输、废钢等资源的组织保产工作，努力控制成本，降低消耗。要积极探索开展国际新矿源的开拓工作，满足公司生产发展的需要。要加强设备管理工作，继续推进星级设备管理和“万点受控工程”，不断把设备运行、检修、备件和计量管理工作引向深入，为实现均衡稳产提供强有力的保障。要加强安全管理，认真贯彻落实《安全生产法》、《清洁生产促进法》、《职业病防治法》、《安全生产违法行为行政处罚办法》、《特种设备安全监察条例》以及《湖北省安全生产条例》、《防火条例》等一系列职业安全法律法规，提高思想认识，加大依法监管力度，全面推进各级各部门、各层次人员安全生产责任制的落实。进一步健全和完善安全生产监督、检查机制，抓好安全评估工作，在分类指导、狠抓落实上下功夫，促进安全工作上台阶。

第二，巩固和扩大市场，进一步提高市场份额。要大力拓展“双高”产品市场和重点品种市场，以二热轧达产为契机，推进精品名牌战略。加大品种优化的力度，进一步开拓高端产品市场，发展直供用户和终端用户，鼓励发展直供代理。重点组织好钢帘线、重轨、桥梁板、集装箱、管线钢、汽车用钢、高性能建筑用钢、高性能压力容器用钢等“双高”产品的生产，管线钢力争产量达到50万t，满足国家西气东输配套工程和出口的需要；重点开发轿车板、低温取向硅钢QRD、高强度耐候钢、高强度高速线材、高钢级X70、X80钢等高品质品种；加速Q092C、WCP等新产品研发步伐，确保“双高”产品的产量进一步提高。要深化精细营销理念，推进供应价值链的研究，提高营销过程中的增值服务能力；深化与网络单位的合作机制，巩固稳定共赢的营销渠道。继续保持与国内外钢厂的协调，加强相互间的战略合作，共同寻求稳定市场的途径和方法，实现互赢。要抓住国际经济复苏、市场行情看好的时机，调整营销策略，拓展海外市场，促进国际贸易的增长。

第三，继续做好钢铁主业重组及相关改革工作。实施钢铁主业重组，是公司深化改革的一个重大突破。它有利于优化公司治理结构，有利于投资主体多元化，有利于实现资产的保值增值，有利于提高武钢的核心竞争力，有利于塑造良好的企业形象。经过半年多的扎实有效工作，主业重组工作已取得阶段性的重要成果。在新的一年里，我们要认真做好以下工作：一是要确保钢铁股份的增发和主业重组成功。要认真编写招股说明书，编制补充财务报告，把增发、融资工作做细、做实，加强与国家有关方面的联系与沟通，按预定的时间及时、完整地将各项申报材料送交证监会，力争上半年实现钢铁股份增发成功，并顺利实施钢铁主业重组。二是要加快健全规范的法人治理结构。要以钢铁主业重组为契机，加快公司管理体制调整的步伐，按照精简、高效的原则，对两级机关机构和职能进行适当调整。这里要强调的是，公司有关单位和部门的广大干部职工，要强化大局意识，严格遵守纪律，服从组织安排，做到人心不散，工作不断，秩序不乱，有条不紊地推进改革。三是要加快三项制度改革步伐。改革是个系统工程，必须上下联动，内外结合。要不失时机地深化用工、人事和分配制度的改革，真正做到员工能进能出、干部能上能下、收入能高能低。要积极探索经营管理人员聘任制，试行经营管理者市场化选聘。要建立健全经营者激励约束机制，推进经营者收入分配制度改革。要认真贯彻全国人才会议精神，牢固树立人才是第一资源、人人都可以成才和以人为本的人才观，紧紧抓住人才培养、吸引、使用3个环节做工作，努力建设一支高素质的经营管理人才、专业技术人才和操作人才队伍，为武钢的发展提供人才资源保证。

第四，继续推进辅业改制工作。实施主辅分离、辅业改制，是将国有企业改革与再就业有机结合的一项重大举措，是国有企业转换经营机制、分流富余人员重要而有效的形式。它对于巩固和扩大主辅分离改革成果，推动辅业真正走向市场，拓展新的经济增长点，都具有极其重要的现实意义。在新的一年里，我们要在试点的基础上，全面推进辅业改制工作。一是要学好文件，统一认识。各级领导和干部职工都要认真学习、研究国家八部委的859号文件以及《关于规范国有企业改制工作的意见》，运用多种形式加强改制政策的宣传力度，让干部职工弄通弄懂政策，消除对改制的疑虑，转变思想观念，统一对改制的认识，自觉地成为改制的支持者和参与者。二是要抓好试点，制订方案。按照“统筹规划、分步实施、规范操作、先易后难、稳步推进”的原则，在学习文件的基础上，抓紧研究制订试点单位的改制方案，使改制分流的形式、资产处置、债权债务关系、劳动关系等政策措施既具有操作性，又具有针对性，真正体现辅业改制“三个有利于”的原则。三是要抓紧时间，全面推进。中央关于主辅分离的优惠政策执行到2005年底，只剩下两年的时间。各级领导都要增强紧迫感，进一步提高认识，克服畏难情绪，创造性地解决改革中的困难和问题。要在试点的基础上，及时总结经验，形成符合公司实际的具体政策，全面推进辅业改制工作，力争在国家规定的优惠政策期限内完成辅业改制。与此同时，改制单位的领导要一手抓改制，一手抓生产经营，确保两不误，实现两促进。四是要抓住时机，分离办社会职能。要积极探索多种分离企业办社会职能的途径和办法，加强与地方政府的协商和沟通，争取地方政府更多的支持，完成中小学等向地方移交工作。要大力宣传中央和省市关于退休人员实行社会化管理的文件精神。要按照六部委267号文件的要求加快后勤系统的改革，实现生活后勤由福利型向经营型的转变，逐步实行职工福利货币化，生产后勤服务社会化，关联交易市场化。

第五，抓紧实施扩改建工程项目。要按照武钢“十五”钢铁发展规划和非钢产业“十五”发展规划纲要，做好重点规划项目的推进工作。要采取有力措施促进三炼钢3号连铸机、二热轧、一冷轧等投产项目的尽快达产，发挥投资效益。要细化项目推进计划，进行动态控制，力保6号高炉于6月底投产，轧板厂改造项目4月投产，二硅钢的CA9、CA10等生产线7月完工，1号、2号焦炉、二炼钢1号、2号连铸机、三炼钢3号转炉、鄂州500万t球团矿等项目按期投产。要在巩固和完善整体产销资讯系统一期工程取得成果的基础上，重点抓好二期工程的建设。整体产销资讯系统二期工程将于2004年元月份开始建设，这是公司经营管理实现“数字化”的一场攻坚战役。相关单位和部门的主要领导要高度重视此项工作，实行“一把手”责任制，抽调一批业务骨干参与二期工程建设，确保2004年底正式上线运行。要组织好二冷轧、二硅钢等重点项目的设备引进招标等工作。要加强对外投资合作，建立起长期稳定的战略资源供应基地。要继续积极寻找新的合作伙伴，扩大与煤炭供应基地的合作。继续推进与澳大利亚BHP、力拓集团、巴西CVRD公司等铁矿供应商的合作。推进与宁波港在太仓的合作项目，建立起在华东地区的剪切配送中心。

第六，推进科技进步，开展科技攻关。要继续在钢铁科技领域努力开发创新，实行技术开发、技术引进、技术改造相结合，在消化、吸收国内外先进技术的基础上，对生产中的关键技术和难点问题展开攻关，大幅度提高自主创新能力。一是要开展科技攻关和“对标挖潜”活动。要紧紧围绕降低炼铁入炉焦比、提高喷煤比这条主线，贯彻精料方针，确保高炉稳产顺行。要加强炼钢工艺改进和节能措施的推进，继续保持各项技术经济指标在国内外的领先水平。要以提高成材率、合格率、降低工序能耗为主线，开展“对标挖潜”。二是要优化工艺路线。要发挥装备优势，优化工艺路线，拓展武钢产品的竞争范围。如改进硅钢热轧卷板凸度控制工艺、推进方坯连铸轻压下技术、提高出口重轨合格率以及专用钢工艺、优化汽车大梁板WL510炼钢工艺、优化高线加热炉加热工艺、优化82B炼钢工艺、提高钢包滑板寿命等，都是优化工艺线路的重点。三是要加速高新技术的推广应用。武钢在长期的技术开发中，取得了一大批科技成果，形成了一批拥有知识产权的核心技术。如烧结新技术、一炼钢“平改转”相关技术、炼钢真空处理装置与技术、复吹转炉溅渣护炉技术等，我们要大力推广这些高新技术。同时，进行对外技术输出，发展武钢的高新技术产业。四是要加强技术管理。要充分发挥公司技术创新工作委员会的作用，履行好指导、协调、推进的职能，把技术创新工作提升到一个新水平。要围绕提高武钢核心竞争力，瞄准世界先进水平，制定技术赶超规划，加大知识产权的保护力度。要加强与科研院所的技术合作与交流，跟踪本行业的技术动态，积极吸收先进技术，开发核心技术，提高创新能力，创造具有自主知识产权的新技术、新专利和新产品。要加强科技情报管理，加快中试工厂建设，为公司的科技进步创造更好的条件。

第七，进一步强化企业管理。管理是企业永恒的主题。2004年，我们要针对新情况和新问题，紧紧围绕不断增强企业的核心竞争力来加强管理，进一步改进我们的管理方式、生产组织方式，实现管理创新。要发挥产销资讯系统在管理工作中的作用，把企业管理信息化提到重要日程，结合主业重组、辅业改制带来的体制、组织结构变化，提高企业的业务质量和绩效。要深化全面预算管理，公司将根据企业改革和改制后组织结构和业务流程的变化，调整预算管理思路，突出预算管理的科学性、先进性、全面性和可控性，不断完善和加强预算的过程控制和硬约束管理，以保证效益目标的完成。要发挥集团公司集中式资金管理的优势，完善符合法人治理结构条件的资金营运管理，不断提高资金使用效益。要强化成本管理，继续深化“成本效益纵深行”活动，围绕公司生产经营中的重点、难点和薄弱环节，大力推行专项措施管理，进一步拓宽“纵深行”活动领域，加大非钢系统、技改系统“纵深行”活动力度，完善公司成本决策、分析、控制和信息反馈体系。要以节能降耗为重点，加大“短、平、快”项目的实施力度，健全节能指标的考核体系。要依法加强投资管理，要从对外投资和对内投资两方面做好重大决策的可行性研究，建立重大投资决策的责任制度和重大投资项目的后评价制度，对投资项目进行分析总结和科学评价，以防范法律风险、降低经营风险。要加强审计工作，充分发挥效能监察和监事会对经营过程的监督作用。树立“预防胜于查处，审计寓于服务”的新理念，积极创新适应高风险环境下的现代审计方法，将“风险管理审计”、“内部控制审计”、“绩效审计”贯穿于企业管理各个环节的审计评价中，与各环节的专业管理密切协调，发挥互动式的协同效应，为公司的改革与发展提供审计保证和服务。要认真总结创“全国质量管理奖”的经验，巩固取得的成绩，针对不足继续整改，加强现场管理，推进满意度工作，不断提高职工和用户的满意度。要严格遵守各项规章制度。公司的各项管理制度是国家相关法律法规在企业的具体化，全体职工尤其是各级管理人员要带头遵守、执行制度，按制度要求履行自己的职责。要加强对各战线、各部门、各单位执行制度、履行职责的考核评价，不断提高公司的依法治企水平。此外，要加强厂区治安和厂区交通管理，对3个炼钢厂和5个轧钢厂实行封闭管理，在全公司逐步推行门禁管理制度，加大执纪力度，创造良好的生产环境。

第八，进一步做好后勤服务工作。要以改革为契机，切实改进服务观念和服务方式。认真处理好职工按房改成本价购买住房后的遗留问题，不断加大住宅区管理力度，基本完成“两证”的办理工作。积极做好兴达公司28街住宅楼危房改造工作。抓好煤气、自来水管设施的隐患普查、改造，确保水、电、气的正常供应。进一步巩固快餐改革成果，全面推进“一卡通”二期供餐服务，加强对晚餐、夜餐及节假日供餐等薄弱环节的管理，抓好食品卫生工作，不断提高快餐服务质量。综合服务工作要深入推行“无缺陷”服务，抓好防寒保暖、单身管理等工作，并积极争取主体厂共建项目，加强服务硬件建设。要加大环保投入和整治力度，推行清洁生产，改善环境质量。坚持“科技兴绿”方针，推行绿化星级养护管理，加大厂容绿化整治和拆房建绿工作力度，努力实现“十五”末期建成花园式工厂的目标。要认真做好“非典”和传染疾病的防治工作。要改善职工的就医条件，加强医德医风建设，不断提高职工的医疗保健水平，加快住院部大楼建设。要建设“学习型”企业，抓好继续教育工程和职工的技术培训。中小学教育和幼儿教育要积极支持公司的改革，同时根据自身特点推动教科研发展，带动一批教学成果迈入全省前列。爱国卫生、计划生育要进一步做好工作。此外，要进一步关心职工群众的生活，各级组织和领导“两节”期间要深入基层，深入群众，慰问职工群众，关心离退休和下岗分流人员及有特殊困难职工，切实帮助他们解决一些实际困难。

同志们，我们正处于我国经济周期的上升阶段，国有企业改革发展的攻坚破难时期，这是时代赋予我们的机遇与挑战。在新的一年里，让我们以“三个代表”重要思想为指导，深入贯彻落实党的十六大和十六届三中全会精神，团结一心，开拓进取，深化改革，加快发展，以更加优异的成绩，谱写出武钢发展史上的新篇章！

贯彻三中全会精神　加强改进党的建设 为实现武钢新一轮的改革与发展提供 有力的政治保证

——王炯同志在武钢工作会议上的党委工作报告

2003年12月30日

同志们：

下面，我向会议作党委工作报告。

一、关于2003年的党委工作

今年以来，公司党委和各级党组织以邓小平理论和“三个代表”重要思想为指导，深入贯彻党的十六大和十六届三中全会精神，团结和带领广大党员和职工，按照“发展要有新思路，改革要有新突破，开放要有新局面，各项工作要有新举措”的总体要求，紧紧围绕经济工作中心，切实加强和改进党的建设和思想政治工作，充分发挥党组织的政治核心作用、党支部的战斗堡垒作用和党员的先锋模范作用，营造了良好的生产经营和改革环境，有效地克服了“非典”疫情以及原燃材料资源紧张造成的困难和不利影响，超额实现了年初确定的生产经营目标，铁钢材产量、销售收入和利税均创历史最好水平。因此，2003年是武钢发展史上不平凡的一年。我们遇到的困难比预料的大，而我们取得的工作成绩比预料的要好。一年来，党委重点抓了以下工作：

1. 以深入学习贯彻“三个代表”和党的十六大精神为主要内容，大力推进理论武装工程。公司党委以《“三个代表”重要思想学习纲要》、党的十六大和胡锦涛同志“七一”重要讲话、十六届三中全会精神等为主要内容，加强了对全公司理论学习的组织和指导。公司下发了两级中心组学习计划，加强对各单位中心组理论学习的指导，严格检查和考核，确保了学习内容的落实。组织了学习“三个代表”重要思想处级干部研讨班、宣传部长研讨班以及专题学习讲座，成立了“三个代表”重要思想讲师团，分赴各单位宣讲指导，在全公司形成了良好的学习氛围。各单位、各部门通过举办各种形式的研讨会、培训班、学习班，抓好学习辅导；报社、电视台还组织系列专栏文章和专题报道，开展理论宣传。在理论学习中，各单位注重从4个方面下功夫：一是坚定政治信仰。引导广大党员干部深入学习“三个代表”重要思想，进一步强化党性观念、组织观念、纪律观念和群众观念，增强全面建设小康社会的信心；二是掌握科学的思维方法。坚持实事求是的态度，以全面、辩证、发展的方式去观察事物，解决问题；三是倡导与时俱进的创新精神。不断破除旧的思想观念、思维方式和工作方法，用新的思路谋发展；四是树立正确的人生观和价值取向。引导广大干部尤其是领导干部牢记“两个务必”，树立正确的权力观、地位观和利益观，把精力放在促进企业的发展上。通过大力推进理论武装工程，各单位根据公司的生产经营和改革发展的总体部署，制定了新的发展战略目标，提出了发展的新思路、新举措；各级领导班子与时俱进、开拓创新，找准了影响改革发展稳定的主要问题并着力解决；各级领导班子的领导作风、工作作风有明显改进，党群关系、干群关系进一步密切，党的各项工作明显得到改进和加强。

2. 切实加强领导班子和干部队伍建设，不断增强干部队伍的战斗力。公司党委把加强领导班子和干部队伍建设作为发挥党组织政治核心作用的关键来抓，逐步形成了一套行之有效的管理机制和管理方法。一是加强作风和学风建设。组织领导干部积极学习郑培民同志的先进事迹，充分认识和把握郑培民同志先进事迹的精神实质。以“八个坚持、八个反对”为标准，抓好领导班子的思想作风、学风、工作作风、领导作风和生活作风建设。突出提高两级领导班子民主生活会的质量，形成良好的批评与自我批评的氛围。二是加大干部队伍的管理考核力度。公司在对干部的考评、考核办法上进行了一些有益的探索与改进，从“德、能、勤、绩”四个方面，开展了年度考评工作，深入分析和认真总结了厂(矿)领导班子和厂处领导干部的管理工作，及时调整了不称职的干部。加大干部人事制度改革力度，加强干部监督和干部审查工作。拟定了《关于加强干部职务任免工作的意见》、《领导干部任职和公务回避实施办法》等干部管理制度，促进干部管理工作的制度化、科学化。经过档案审查、个人申报、外调取证、组织谈话等步骤，完成了对全公司710名在岗厂处级领导干部学历、学位的登记和清理工作。下发了《关于对科级及以下干部进行学历检查清理的通知》，各单位依据《通知》要求，加强对本单位干部的学历、学位检查清理。按照后备干部的年龄、专业等方面的结构和比例，调整了厂处级后备干部队伍。三是加强人才队伍的开发与战略性研究。完善了武钢人力资源中长期发展规划，实施人才整体发展战略。认真做好优秀科技人才的选拔、推荐工作。以高校毕业生招聘会为平台，认真做好高校应届毕业生择优招聘工作。逐步加大吸引特殊人才的力度，有针对性地推进协议工资制。举办了高级管理人员培训班，加大研究生的培养力度，选送优秀人才到国内外高校深造。积极指导各单位面向全公司公开招聘一般管理人员。

3. 采取切实有效措施，努力维护企业良好的生产经营环境。针对公司改革与发展的新形势和新特点，公司各级党组织不断加大稳定工作力度，加强职工思想教育，注重把解决思想问题与解决实际困难结合起来，有效地维护了企业的稳定。首先是认真落实稳定责任制。公司党委多次召开稳定工作专题会议，传达上级部门关于稳定工作的指示，结合武钢实际进行部署。按照“分级负责，归口管理”和“谁主管谁负责”的原则，一级抓一级，层层负责。各级组织积极开展对不稳定因素的排查工作，摸清职工思想动态和潜在的不稳定因素，超前化解矛盾。其次是全力抓好企业稳定的宣传工作。针对部分职工和退休人员对公司改革措施不理解的情况，公司组织宣传专班，利用报社、电视台等舆论宣传阵地，及时宣传武钢改革举措、配套改革措施和公司为职工办好事办实事的情况；公司和二级单位领导与部分退休人员进行面对面、心连心、实打实的交流；深入退休、居休人员家中了解情况，认真听取意见和建议，积极沟通思想。在市、区有关部门的指导和配合下，公司组织两次大规模的招工，相关部门共同参与、加强监督、精心组织，周密部署，确保两次招工在公平、公开、公正的环境中顺利完成。三是注重将做好思想工作与解决实际问题相结合。各级组织大力开展扶贫帮困和促进再就业工作，为370名困难职工的待业子女建立再就业信息档案，推荐153名困难职工的待业子女就业。坚持实施“送温暖”工程，全年慰问职工和退休人员4万余人次，共发放慰问款400余万元。四是防治“非典”取得阶段性成果。公司坚决贯彻党中央、国务院关于“非典”防治工作的指示精神和有关要求，在抓生产经营的同时，狠抓防治“非典”，公司没有出现一例“非典”病例和疑似病例，保证了职工及家属的身体健康，维护了正常的生产经营秩序。

4. 抓好党建工作，进一步强化党组织的“三个作用”。各级党组织高度重视“抓基层、打基础”，充分发挥党组织在推进武钢生产经营和改革发展中的政治核心作用、战斗堡垒作用以及党员的先锋模范作用。一是认真开展了民主评议党员工作。各级党组织严格按照公司党委提出的“提高素质、增强党性、热爱武钢、发挥作用”的要求，开展民主评议党员工作，组织好自评、互评和群众评议，确保民评收到实效。参加民主评议的党员有3万余名，占全公司党员总数的98.2%，合格党员占民主评议党员数的99.8%，不合格党员29人，基本合格13人，暂挂党员13人。在“民评”的基础上，结合党内“创争达”等活动的开展情况，在“七一”期间，公司党委评选和表彰了一批先进基层党组织和先进党员、党务工作者。组织了“武钢实践‘三个代表’重要思想模范党员事迹报告会”巡回演讲，用榜样的力量激励广大党员干部。二是认真抓好基层党组织建设。今年初，公司党委组织开展对基层党支部的建设情况和党员队伍现状的调查，总结了党支部建设和党员管理工作的经验，摸清了存在的主要问题，制定出相应的对策、措施。进一步完善退休、居休党支部的工作制度和管理办法。同时，还开展了以“实践‘三个代表’，力争四个创新”为主题的党建调研。全年举办了13期党支部书记培训班和3期新任党支部书记培训班。组织对党员进行“学习贯彻十六大精神，争当实践‘三个代表’模范”的主题教育。举办了10期入党积极分子培训班。严格按照有关规定做好党费管理工作。三是进一步强化党风廉政建设。公司党委选树了20个反腐倡廉典型，在报纸、电视上进行专题宣传。同时，还将近几年武钢发生的案例选编成材料，发给党员领导干部和每个党支部，用身边的反面典型进行警示教育，收到较好的效果。继续开展党风廉政教育月活动，全年上交礼品礼金折合人民币60余万元，

“9481”廉政账户收缴20余万元。坚持并完善新提处干的廉政谈话制度。加大信访举报的查实和案件查处力度，重点查处经济案件以及失职渎职造成国有资产流失案，加大对领导干部和敏感岗位职工以及部门违纪违法案件的查处力度。审查结案71件，处分62人，其中党纪案件13件，政纪案件58件。进一步发挥效能监察的作用，加大对物资招标、采购制度执行情况的检查，开展“学、查、改”的专项效能监察活动，突出效能监察选题立项的经济效益与管理效益。

5．牢固坚持“依靠”方针，充分调动和发挥广大职工的积极性和创造性。各级党组织认真贯彻党的全心全意依靠工人阶级办企业的方针，扩大职工民主管理的权力，切实维护职工的根本利益。一是落实以职代会为主要内容的职工民主管理制度。在十届三次、四次职代会上，无记名投票通过了《增加职工收入的基本意见》、《工资集体协商试行办法》等，选举了武钢监事会兼职监事，执行职工代表意见回复制度。坚持总经理与职工代表对话会制度。公司召开了深化厂务公开工作大会，推广32个基层单位实行厂务公开的经验，在可实施的73个单位全面推行了值班厂长制度，并对99名值班厂长进行了业务培训。武钢厂务公开工作经验在全总、国资委召开的相关会议上进行交流，并荣获“全国厂务公开工作先进单位”的称号。二是深入发动职工开展技术创新。各级组织围绕公司生产经营，广泛发动职工深入开展了“双创”劳动竞赛、先进操作法、自主管理以及“爱武钢，当主人，献良策，奔小康”的“合理化建议月”活动，对获得公司级先进操作法的职工和其他有突出贡献的职工分别进行重奖。各部门还结合自身实际，开展特色活动。如统战系统将“爱、献、作”活动与“爱武钢、奔小康”主题教育活动有机结合起来，较好地调动统战人员积极性；人武系统不断加大民兵参建力度，组织开展“三爱三比”、“民兵岗、线、号”等特色活动；共青团以筹备召开公司第十二次团代会为契机，加强团组织的自身建设，激发了广大青工的工作热情；机关党委、老干、科协、退管系统等部门也充分发挥自身工作优势，为公司创新创效和大局的稳定做出了贡献。三是开展创建学习型企业和知识型员工系列活动。围绕公司重点技改、技术进步项目和生产经营中的难点、热点，加强对专业技术人员的继续教育和操作人员的技能培训。组织职工参加了全国、省、市技能大赛，以武钢选手为主的湖北省代表队夺取全国职业技能大赛车工比赛团体第一名，多名选手获得省、市技术状元和市技术能手的光荣称号。四是大力加强企业文化建设。公司制定下发了《武钢企业文化建设规划》，对企业文化建设进行整体部署。围绕纪念武钢投产45周年，开展了以拍摄一部电视专题片、组织一台大型晚会等为主要内容的“六个一”活动。扎扎实实地推行凝聚人心、凝聚力量、凝聚智慧的“凝聚工程”，企业整体向心力和战斗力明显增强。广泛开展文明社区、文明家庭、文明单位等群众性精神文明创建活动，大力加强厂区和职工生活区的环境建设。认真贯彻落实《公民道德建设实施纲要》，制定了《武钢职工“十要十不要”行为规范》。重点开展了“讲科学、讲文明、改陋习、树新风”活动，整治职工不文明行为。同时，努力创新职工文化活动，不断满足职工群众的文化需求。

今年以来，面对突如其来的“非典”疫情、资源紧张以及复杂多变的市场形势，公司各级党组织在“三个代表”重要思想和党的十六大精神指引下，团结和带领广大职工群众克服重重困难，取得了生产经营和防治“非典”的胜利，成绩来之不易。回顾一年的工作，我们有以下深刻体会：一是必须加强领导班子的精诚团结，结合实际认真贯彻落实党和国家的方针政策，不断创新工作思路。二是必须紧紧围绕武钢经济工作中心，不断加强和改进党的工作，使党的工作与企业经济工作相互促进。三是必须切实维护企业和社会的稳定，坚持党政“一把手”负总责，各级组织齐抓共管，为生产经营和改革发展创造良好的环境。四是必须相信群众和依靠群众，最大限度地调动职工群众的积极性和创造性。与此同时，我们还要清楚地看到自身工作存在的不足：如少数班子和领导干部组织纪律和政治纪律不强，有令不行，有禁不止，工作不思进取、得过且过的现象依然存在；在部分干部职工中还存在许多不合时宜的思想观念；党的建设和思想政治工作在工作机制、工作方法和形式上还要进一步加强和改进，政工干部的培养和选拔工作也要引起我们高度的重视。这些不足需要我们在新的一年里，坚持用改革和发展的办法认真加以解决。

二、关于目前的形势和2004年党委的重点工作

当前，和平与发展仍然是世界的主流。世界经济正趋向恢复性的增长，朝着好的方向转变，并由此促进国际贸易的回升。由于我国积极的财政政

策将继续发挥作用，国内经济预计仍会保持较快的增长速度。汽车、机械、家电、造船等下游行业持续看好，三峡二期工程、西气东输、南水北调、青藏铁路、奥运经济和西电东送等大型工程已全面铺开，旺盛的消费将带动钢材需求增长。在经济发展看好的同时，党的十六届三中全会的召开，做出了完善社会主义市场经济体制若干问题的决定，进一步明确经济体制改革的指导思想和总体思路。在最近召开的中央企业负责人会议上，国资委对中央企业深化改革提出了“四个加快”的明确要求：加快建立健全现代企业制度，尽快形成规范的法人治理结构；加快股份制改造步伐，尽快使股份制成为中央企业公有制的实现形式；加快企业内部改革步伐，将进一步转换企业经营机制；加快主辅分离、辅业改制步伐，多种途径分流企业办社会职能。党的十六届三中全会的《决定》和国资委的要求，进一步掀起了国企改革的新一轮浪潮，也为国企的改革指明了方向。因此，目前也是国企深化改革，促进发展的良好时机。但是从另一方面看，世界经济正处于缓慢回升进程中，基础尚不稳固；我国加入世贸组织后的相关保护措施，正随着时间的推移逐步弱化；针对部分行业发展过热的现象，国家已采取了相应的调整措施，使得钢材的供求关系存在一定的变数；由于民营资本大量涌入钢铁行业，加剧了钢材市场的竞争程度，同时也造成原燃材料、运输等资源供给相对不足的矛盾日益突出。

2004 年是武钢全面贯彻落实党的十六届三中全会精神，推进主业重组、辅业改制、剥离企业办社会职能等一系列重大改革，加快武钢发展的关键一年。我们要充分抓住当前十分有利的改革与发展时机，进一步发挥好党组织的“三个作用”，充分引导和调动各方面深化改革、加快发展的积极性，进一步促进武钢在新形势下的改革与发展。为此，2004 年党委工作总的要求是：高举邓小平理论伟大旗帜，认真实践“三个代表”重要思想，深入学习贯彻党的十六大和十六届三中全会精神，紧紧围绕公司生产经营和深化改革、加快发展的主题，继续推进理论武装工程，加强领导班子建设和人力资源开发，努力维护企业和社会的稳定，进一步加强和改进党的自身建设，深入开展“居安思危、转变观念”的大讨论，大力推进“凝聚工程”，最大限度地调动职工群众的积极性和创造性，为全面完成 2004 年公司生产经营和改革与发展任务做出新贡献。按照这个总体要求，我们要重点抓好六个方面的工作：

第一，深化理论学习，掀起学习“三个代表”重要思想和党的十六届三中全会精神的新高潮。2004 年，我们要把学习、宣传党的十六届三中全会精神作为一项重要的政治任务继续抓紧、抓好，把广大党员干部和职工的思想和行动统一到贯彻“三个代表”的要求和落实党的十六届三中全会精神上来。一是要抓好学习制度的层层落实。要以邓小平理论、“三个代表”重要思想和党的十六大以及党的十六届三中全会精神为学习重点，制定切实可行的学习计划，落实中心组学习制度，抓好公司两级中心组的学习。在学习方式上，做到通读与专题讨论相结合、集中学习与业余自学相结合、理论教育与形势任务教育相结合，认真检查理论学习的落实情况。通过学习，不断提高两级班子科学判断形势的能力、驾驭市场经济的能力、应对复杂局面的能力、依法行政的能力和总揽全局的能力。同时，还要注重抓好职工的政治学习，组织好理论宣讲团和工人讲师团深入到基层车间和班组宣传十六届三中全会精神，达到释疑解惑、统一思想、凝聚力量的效果。二是要抓好理论学习的好典型、好经验的宣传推广工作。要继续完善理论学习的管理办法，加强对学习的组织与指导，做好总结工作。对推进理论学习，促进实际工作取得明显成效的好典型、新经验要及时总结推广。三是要加强培训工作。在抓好干部理论学习的同时，还要注重加强干部业务知识的培训。根据实际工作需要和干部自身需求，以提高创新能力为重点，采取专题研究、分层次培训等方式来进行业务培训，不断提高各级干部的工作能力。倡导党群干部在立足本职工作的前提下，花大力气、下苦功夫钻研业务技术知识。行政干部要成为本专业的行家，认真学习政治理论和政策法规，努力使党政领导干部成为既懂经济、又懂政治，既通经营、又善管理的复合型人才。四是要坚持理论联系实际。将学习十六届三中全会精神与本单位、本部门的工作实际结合起来；与探索研究公司改革发展的新体制结合起来，在研究新情况、解决新问题，探索新思路上下功夫。

第二，适应改革发展的需要，加强领导班子和干部队伍建设，加大人才资源的开发力度。人才资源是第一资源，是科技兴企、人才兴企的根本。2004 年，我们要进一步加强两级班子和干部队伍建设，大力实施“人才兴企”战略，开发人力资源。首先，要突出抓好两级领导班子建设。各级领导干部要牢记胡锦涛总书记对领导干部提出的“为民、务实、清廉”的要求，始终保持说实话、干实事的求真务实作风。要以提高领导班子的凝聚力和战斗力为目标，不断强化责任意识，提升管理水平，在大是大非的问题上保持清醒头脑，在职工群众中树立良好的形象。要加强领导班子的团结，团结是干事业、干成事业的基础，班子不团结，就会影响凝聚力，削弱战斗力。领导班子成员要爱护团结，既要讲党性、纪律，也要讲感情、友谊，努力成为政治上志同道合的同志、思想上肝胆相照的知己、工作上密切配合的同事、生活上相互关心的朋友。领导班子应该把相互沟通作为最基本的工作方法，要多交流、多沟通、多谈心。“一把手”要注意集中班子成员的智慧，发挥班子成员集体领导的作用。班子成员要增强大局意识，注意尊重和维护“一把手”的权威。领导同志要牢记党的全心全意依靠职工办企业的方针，坚持面向基层、面向群众，认真执行干部联系点制度，加强对基层工作的了解和指导，多谋改革发展之策，多尽执政为民之责，多办益民利民之事。要认真执行领导班子思想作风建设若干规定、干部诫勉谈话制度以及责任追究制度。同时，要进一步加强机关干部作风建设，充分发挥机关部门的决策参谋和服务推进作用。机关各个部门要牢固树立“争先、争优、争一流”的思想，创新工作思路，提高工作效率，热忱服务基层一线，争创行业一流。其次，要大力推进干部人事制度改革。要结合实际进一步完善民主推荐、民主测评、民主评议以及考察预告制、任前公示制、试用期制及用人失察失误责任追究等制度，推进干部管理工作的科学化、民主化、制度化、规范化。要根据形势的变化，及时修改完善后备干部管理规划，做好后备干部的职业生涯规划工作。要加强对干部任免工作的监督，督促各单位认真落实《干部任免工作条例》，严格执行干部任免工作联席会议制度。积极探索新形势下党管干部与经营者用人的新机制。第三，要加大人才的培养、吸引和使用力度。最近，中央专门召开了全国人才工作会议，胡锦涛总书记、温家宝总理等中央领导作了重要讲话。我们要认真贯彻落实这次会议精神，进一步加大对人才的培养、吸引和使用力度。各级领导要把做好人才工作作为大事、要事来抓，以爱才之心、识才之智、容才之量、用才之长，千方百计做好发现、培养、凝聚人才的工作。要加大为人才服务的力度，让他们创业有机会、干事有舞台、发展有空间，通过办实事、解难事、做好事，去感召和凝聚各类人才。要完善人才工作机制，坚决破除那些不合时宜、束缚人才成长和发挥作用的观念、做法和体制，建立健全人才培养机制、评价机制、选人用人机制、激励和约束机制，推进人才工作体制和机制的全面创新。要创新人才工作方法，把人才工作纳入各级领导班子和“一把手”工作目标责任制，认真研究制定人力资源开发规划，并对落实情况定期进行考核。积极开发企业人力资源，努力建设企业经营管理人才、专业技术人才和操作人才 3 支队伍，为武钢的改革与发展提供人才资源保障。第四，进一步加强党风廉政建设。公司各级党组织要以促进公司生产经营和改革发展为中心，以廉洁自律、查处案件、效能监察为重点；以强化教育、标本兼治、综合治理为手段；在工作思路上，坚持以治本为主，增强党风廉政工作的超前性和针对性，构建起治标和治本相结合的治理体系；以群防群治为主，纪检、组织、工会、审计、财务、监事会共同参与，构建相互配合的协调体系；以事前预防、源头治理为主，防止腐败现象的蔓延，构建教育与制度并重的预防体系；以增强纪检、监察工作主动性为主，构建充满活力的党风廉政建设工作的组织体系。要不断完善和认真落实党风廉政建设责任制，强化责任监督、考核和追究，特别是要抓好各单位党政第一责任人的考核考评工作，对在党风廉政建设以及安全、稳定等工作中的失职渎职行为要严肃追究有关领导的责任。要进一步加大案件查处力度，针对公司改革、改制不断深化的实际，坚决查处重组改制过程中的违法违纪行为。

第三，认真落实稳定工作责任制，努力维护企业和社会的稳定。当前，我国正处于一个快速发展的社会转型期，影响稳定的因素增多。2004 年是中央管理企业大力推进“主辅分离、辅业改制”的重要年份。随着改革的不断深化，有些历史遗留问题会凸现出来，有些因为工作不到位引起职工不理解的矛盾，有些改革也可能直接影响到一部分职工的经济利益。因此，不稳定因素仍然存在，有时可能会更突出，我们对稳定工作一刻也不能放松。首先，要夯实稳定的基础工作。要认真落实稳定工作党政“一把手”负总责、党委书记重点抓的稳定工作责任制。建立稳定信息档案，健全稳定工作预警机制，掌握稳定工作的主动权。对改革发展中可能会引发的不稳定因素一定要有预案，把预防方案订周密，把思想工作做在前，做到改革发展方案和稳定工作预案同步研究、同步安排、同步实施。继续做好“法轮功”人员的教育转化和防范监控工作。做好元旦、春节期间的稳定工作，加强信息的沟通报送，对外出上访人员要心中有数，加强疏导，确保“两个受控”目标的实现。其次，要加强日常调研和政策宣传工作。特别要做好超前调研，及时掌握职工群众的思想状况，摸准他们的思想脉搏，发现不稳定因素要及时上报。要深入分析不稳定因素，认真做好疏导工作，特别是要做好重点人员的思想政治工作，努力将不稳定因素消灭在萌芽状态。要加强中央和省市关于退休人员管理社会化的政策宣传。第三，要加大扶贫帮困和维权的力度。要牢固树立职工利益无小事的思想，凡是涉及职工切身利益和实际困难的事情，要竭尽全力去办。要高度重视群众来信来访工作，认真研究并努力解决他们的实际问题。对于职工群众反映的困难，公司已经明确了具体的解决意见，有关部门和单位要不折不扣地贯彻执行。要坚持实施“送温暖”工程，不断拓宽送温暖的领域，为困难职工脱贫致富送观念、想办法、出点子、多服务，变“输血”为“造血”。要进一步健全困难职工建档制度，深化“一帮一”结对帮扶活动，推进职工互助保险深入发展，形成多层次、多形式的互助保险体系。启动职工法律援助工作，为职工群众提供法律帮助。对离退休人员、困难职工要经常走访慰问，关心他们的疾苦，及时反映他们的意见和建议，为他们办实事、办好事。

第四，不断加强和改进党的自身建设，努力增强党组织的凝聚力和战斗力。加强基层党组织建设是发挥党组织政治核心作用的重要基础，也是动员和依靠广大职工实现全年生产经营目标的保证。各级党组织要始终围绕“如何体现党组织的先进性”这一主线，不断增强基层党组织的凝聚力和战斗力。一是不断加强和改进党建工作。要结合武钢改革发展的实际，不断修改和完善党建工作的相关条例、制度，并把制度建设贯穿于党的思想建设、组织建设和作风建设，采取行之有效的措施确保各项制度的落实，推进党建工作的制度化和规范化。要加强党建调研工作，围绕如何在新的形势下加强党的建设这一重大课题开展调研，提出切实可行的工作思路和办法，不断改进新形势下的党建工作。二是要加强党支部建设。进一步改进和完善党支部活动的方式方法，使党支部的战斗堡垒作用体现在党建工作上，渗透到成本管理、科技进步、班组建设等各个方面，为抓好“第一要务”保驾护航。要不断创新党支部“创先争优达标”、“党员责任区”等活动的方式和内容，在评价标准上力求与经济达标有效地统一起来，与群众工作统一起来。要对照《武钢基层党支部工作条例》，全面分析支部现状，制定改进措施，推进支部建设。要加强对党务工作者和党支部书记的培养和选拔工作，在试点单位积极开展民主选举党支部书记。有计划地把那些既懂专业又精通业务的优秀年轻干部放在党务工作岗位上锻炼，引导年轻干部在政治理论水平、专业管理、业务经营等综合方面不断提高自身素质。三是要加强党员的教育管理。2004 年，全党将开展保持共产党员先进性教育活动，这是全面推进党的建设新的伟大工程的基础工作。我们要根据中央和国资委的统一部署，以此为契机，探索党员教育管理的新途径和新方法。要认真组织党员开展“学习、贯彻十六大精神，争当实践‘三个代表’先锋”主题教育活动。切实抓好“三会一课”制度的落实。要建立党员双重监督制度，通过严格党内生活，采取“党员包区挂牌”、“党员联系点”等形式，切实加强党内监督和群众监督。四是加强对退休居休党员和流动党员的管理。要积极探索企社共建管理模式，增强企社共建力度，配合社区，抓好进入社区的退休、居休及流动党员的教育管理工作。五是要认真做好党员发展工作，重点培养和发展一线的优秀青年入党，不断壮大基层党组织的力量。在发展党员和党员民主评议过程中，坚持“进口严、出口畅、过程控制要加强”的原则，对那些在群众中反映不好的积极分子和党员要积极帮教，屡教不改者要坚决清除，确保党员队伍的纯洁。

第五，深入推进“凝聚工程”和“居安思危、转变观念”的大讨论，为生产经营和改革发展提供强有力的思想政治保证。2004 年，各级党组织要进一步加大思想政治工作力度，增强针对性，提高实效性，充分调动和激发职工的积极性和创造性。一是进一步推进“凝聚工程”建设。推进以凝聚人心、凝聚智慧、凝聚力量为主要内容的“凝聚工程”，是武钢实现新一轮改革与发展的客观需要，是推进企业文化建设的基本内容，是提高党组织战斗力的必然要求。我们要努力拓展和深化“凝聚工程”建设，不断赋予新的内容，创造新载体，体现新特点，取得新成效。在深入推进“凝聚工程”过程中，要加大武钢改革与发展成就的宣传力度，增强职工的自豪感和荣誉感；要加大对职工的关心力度，多为职工办实事、解难事；要加大激励力度，把物质奖励和精神奖励结合起来，激发职工的工作热情。“凝聚工程”的建设要始终以党组织为核心，党、政、工、团齐抓共管，并将“凝聚工程”渗透到企业的日常工作中去，从细微之处做起。要通过深入推进“凝聚工程”建设，进一步提高职工对企业的满意度，用户对武钢的满意度。二是要继续深入开展“居安思危、转变观念”的大讨论。转变观念是一项艰巨而长期的任务，不可能一蹴而就。有些思想问题在某个阶段转变了，但随着形势的发展变化，又可能出现新问题，因此，我们必须与时俱进地转变观念。要以“大讨论”入手，引导广大干部职工进一步破除不合时宜的思想观念，在转变六个观念上取得新进展：转变安于现状、故步自封的自满观念，树立只有不断深化改革才能促进企业持续发展的改革发展观；转变自我循环、以局部利益为重的小团体观念，树立识大体、顾大局的全局观；转变不患寡而只患不均的平均主义观念，树立以效定酬、合理拉开收入差距的分配观；转变论资排辈、求全责备的用人观念，树立人才资源是第一资源、人人都能成才、以人为本的人才观；转变一岗定终身、只有国有企业职工身份才是就业的观念，树立优胜劣汰、以各种身份就业都是就业的择业观；转变脱离职工群众、高高在上的官本位观念，树立相信和依靠职工群众，把最广大职工群众的根本利益放在首位的群众观。在“大讨论”中，要分层次、有重点地引导干部职工查找差距和不足，居安思危，转变观念，增强推进武钢深化改革的紧迫感和责任感，为实现主业重组、辅业改制、剥离企业办社会职能的改革奠定坚实的思想基础。同时要继续深入开展形势任务教育，围绕实现武钢新一轮改革与发展和全年生产经营目标，引导职工“讲形势、议责任、谋计策、定目标、作贡献”。三是要加强企业文化建设。充分发挥武钢企业文化建设推进委员会的作用，完善企业文化制度建设。参照国家有关法规，制定武钢厂旗的悬挂规范、武钢厂歌的播放要求，探讨企业改制后子公司管理标识的规范。完善并宣传推广《武钢职工行为守则》，编印下发《武钢企业文化手册》，开辟企业文化论坛，制定并推进年度企业文化建设计划。以“讲科学、讲文明、改陋习、树新风”活动为重点，在职工中积极倡导“我为人人，人人为我”、“维护公共卫生，约束不文明举止”、“关爱他人，奉献爱心”的社会公德和文明风尚。开展经常性的法制教育、道德教育、科普知识教育和职业道德教育。四是要组织好群众文化活动。以贴近职工群众生活，满足职工群众精神需求为出发点，拓宽群众文化活动的内容和领域，使文化活动走进社区，走进群众家门。要充分利用现有的文化活动阵地，办好“武钢之春”、“武钢之夏”、第九届青年文化艺术节，第十四届“金秋敬老月”活动，不断丰富广场文化，扩大广场文化社会影响。

第六，围绕生产经营和改革与发展，调动各方面的积极性。要坚持和完善以职代会为主渠道的企业民主管理，继续实行职工代表任值班厂长（经理）制度，坚持总经理与职工代表对话会制度，让职工有更多的知情权、议事权和监督权。要依法维护职工的合法权益，坚持实施平等协商、集体合同制度。要充分调动广大职工的积极性和创造性，紧紧围绕生产经营，推动群众性经济技术创新。各级组织要以创新技术、创新管理、创新服务、创最佳效益、创最高水平为主要内容，抓住质量、品种、成本、安全、效益关键环节，不断创新竞赛的方式和方法，全力推动劳动竞赛向纵深拓展。要围绕提高武钢核心竞争力，广泛开展“提一项合理化建议、推广一项新成果、改革一项工艺、刷新一项纪录、探索一项先进操作法”的“五个一”活动，尤其要注重对取得重大经济效益的“金点子”、自主管理成果、先进操作法进行重奖和总结推广。要着眼于提高武钢的竞争力，全面开展“创建学习型企业、争做知识型职工”活动。按照“立足班组，面向职工，组织培训，学习知识，掌握技能”的总体要求，立足培养职工队伍的学习能力、实践能力，着力提高职工的创新能力。继续健全和完善武钢职工教育培训制度，职工工作绩效考核评审制度。对职工技能等级予以鉴定和认可，并落实相应的待遇。同时，要大力推进旨在提高职工文化水平和操作技能的素质工程。在职工中宣传新的人才观念，在职工中树立“高技能工人也是重要的人才”，“提高技能就是提高生存能力”等新理念，由“终身职业”向“终身学习”转化。充分利用公司所属院校并联合社会高校，加强对职工的培训教育。还可以通过举办周末课堂、社区学校、名人讲座等途径，加大办学力度，鼓励职工接受多学习、多技能、多证书的准备教育和终身教育。共青团、统战、保卫、人武、科协、老干以及退管系统都要进一步创新各自活动，努力促进特色活动向纵深发展，为公司生产经营做出新贡献。

同志们，展望新的一年，我们前进的道路充满希望与挑战。面临新的形势与新的工作目标，我们更要坚定必胜的信心。让我们紧紧地团结在以胡锦涛同志为总书记的党中央周围，高举邓小平理论伟大旗帜，深入贯彻党的十六大和十六届三中全会精神，认真实践“三个代表”重要思想，团结和带领广大职工开拓奋进，务实创新，为开创武钢改革、发展与稳定的新局面做出新的贡献！

武 钢 综 述

○ 概 貌

2003年,武钢在册职工113567人,比2002年增加了1165人,增加率为1.04%。其中青山、矿山105289人,比2002年增加了1559人,增加率为1.50%;市区厂及其他单位8278人,比2002年减少了394人,减少率为4.54%。女职工32460人,占在册职工总数的28.58%;青山、矿山在册职工中女职工有30279人,占青山、矿山在册职工人数的28.76%。实业公司所属单位中的集体所有制职工22497人,北湖农场所属单位中的集体所有制职工936人。

2003年武钢在岗职工87914人,比2002年减少1164人,减少率为1.31%。其中青山、矿山在岗职工82009人,比2002年减少了227人,减少率为0.28%。市区厂及其他单位在岗职工5905人,比2002年减少了937人,减少率为13.69%。

2003年武钢招收大中专毕业生498人,招收复员、转业军人384人,下岗职工再就业160人,择优录用、转招1393人。办理退休309人,死亡118人,开除、除名、辞退、解除劳动合同431人,调出武钢366人。

2003年武钢工资总额为252519万元,人均年工资22405元,人均年工资比2002年增长了26.80%。其中青山、矿山职工工资总额为242396万元,人均年工资23232元,人均年工资比2002年增长了26.38%。

(李霄汉)

2003年武钢职工、职称人数统计

序号	单位名称	在册职工	在岗职工			技术职称			政工职称		
			合计	干部	工人	高级	中级	初级	高级	中级	初级
1	公司办公室	92	87	81	6	29	11	3	9	14	9
2	规划发展部	37	31	31		12	16	1		1	
3	计划财务部	250	225	225		13	110	90	1	1	3
4	企业管理部	56	47	47		15	18	11	1	1	
5	安全环保部	124	104	78	26	16	40	15	1	2	2
6	技术改造部	335	258	149	109	33	65	27		8	8
7	组织人事部	88	88	88		14	31	13	5	11	5
8	宣传部	95	93	80	13	16	21	4	8	12	
9	纪律检查委员会	18	18	18					4	13	1
10	工会委员会	327	251	147	104	18	33	48	7	16	10
11	审计部	70	69	69		13	35	9	3	8	1
12	用户服务办公室	26	23	23		7	9	4			1
13	总务部	278	235	35	200	7	9	5	3	3	2
14	统战部	5	5	5					4	1	
15	人防武装部	14	13	9	4		1	1	6	1	
16	共青团委员会	9	8	6	2		2	1		2	1

续表

序号	单位名称	在册职工	在岗职工			技术职称			政工职称		
			合计	干部	工人	高级	中级	初级	高级	中级	初级
17	机关党委	12	10	10		1					3
18	经济技术研究中心	45	29	29		11	9	6	1	2	
19	老干部管理服务中心	60	51	27	24		3	1	2	12	7
20	保卫部	492	486	111	375	1	1	3	1	5	14
21	合同预算处	61	50	50		13	33	1		1	
22	技术中心	744	690	430	260	172	132	40	5	23	7
23	设计院	322	272	248	24	89	112	23	1	7	3
24	党校、管院	360	322	267	55	56	93	22	6	46	8
25	武汉工程职业技术学院	509	458	370	88	88	154	52	5	26	12
26	第一技工学校	277	244	163	81	29	80	19	1	8	7
27	中小学教育处	2807	2636	2404	232	487	1164	242	3	25	12
28	职工总医院	3044	2726	2298	428	333	815	850	8	39	13
29	钢铁公司	17318	15563	2453	13110	410	874	416	19	176	95
	(1)钢铁公司机关	499	455	427	28	101	183	76	3	28	5
	(2)工业港	2197	1955	191	1764	15	63	54	2	20	15
	(3)烧结厂	2313	1957	224	1733	32	60	60	3	28	15
	(4)炼铁厂	2255	2123	260	1863	51	107	28		18	10
	(5)第一炼钢厂	1600	1209	171	1038	19	52	42	2	12	6
	(6)第二炼钢厂	1619	1492	208	1284	27	84	31	2	18	7
	(7)第三炼钢厂	953	944	152	792	29	44	10	1	4	2
	(8)大型轧钢厂	1259	1180	139	1041	19	42	35		6	10
	(9)轧板厂	980	879	109	770	19	40	12	2	8	8
	(10)热轧带钢厂	1718	1561	323	1238	72	128	36	2	22	7
	(11)质量检验中心	1473	1365	185	1180	25	71	32	2	10	10
	(12)棒材厂	452	443	64	379	1				2	
30	武汉钢铁股份有限公司	4887	4533	702	3831	120	367	116	9	32	14
31	初轧厂(留守)	257	41	17	24	2	4	4		3	3
32	运输部	4614	3942	392	3550	18	80	151		28	51
33	设备维修中心	1499	1499	149	1350	12	50	21	1	9	6
34	能源动力公司	4408	3834	482	3352	60	156	90	7	60	25
	(1)能源动力公司机关	834	296	166	130	26	58	30	5	23	9
	(2)热力厂	670	657	44	613	6	9	11		4	5
	(3)燃气厂	647	641	49	592	6	14	6		12	
	(4)供水厂	975	965	75	890	4	23	21	2	11	3
	(5)供电厂	718	712	47	665	6	16	7		3	4
	(6)电工实验所	120	120	55	65	9	16	8		2	
	(7)动修厂	444	443	46	397	3	20	7		5	4

续表

序号	单位名称	在册职工	在岗职工			技术职称			政工职称		
			合计	干部	工人	高级	中级	初级	高级	中级	初级
35	矿业有限责任公司	24909	15850	2933	12917	284	1055	714	14	183	169
	(1)矿业公司机关	144	107	92	15	29	33	15	3	5	3
	(2)大冶铁矿	7663	4935	964	3971	82	376	233	2	50	50
	(3)程潮铁矿	4650	3579	416	3163	35	170	132	2	16	28
	(4)金山店铁矿	4287	2790	459	2331	26	150	106	1	39	26
	(5)灵乡铁矿	1560	965	196	769	14	53	49		11	16
	(6)乌龙泉矿	2133	1105	245	860	21	57	55	1	17	15
	(7)焦作黏土矿	681	469	91	378	11	24	19	2	7	8
	(8)矿山设计研究所	164	100	57	43	19	17	6	1	8	3
	(9)矿山机械制造总厂	1659	891	162	729	16	53	36		14	12
	(10)矿山建设公司	1772	789	169	620	14	81	51	1	13	7
	(11)湖北冶金矿业高级技校	196	120	82	38	17	41	12	1	3	1
36	工程技术集团有限责任公司	2315	1873	544	1329	111	220	91	9	32	13
	(1)工程技术集团机关	20	20	19		5	5	4	2	2	
	(2)自动化有限责任公司	309	248	201	47	69	91	21	2	5	2
	(3)计控公司	1448	1157	223	934	25	84	57	3	11	6
	(4)通信有限责任公司	538	448	101	347	12	40	9	2	14	5
37	建工集团有限责任公司	5085	3881	749	3132	39	175	244	5	36	52
	(1)建工集团机关	136	136	126	10	4	3	1	2	1	
	(2)建设有限责任公司	1815	1286	292	994	19	85	145	1	18	22
	(3)修建工程有限责任公司	2013	1555	200	1355	7	44	59		9	19
	(4)电气有限责任公司	1121	904	131	773	9	43	39	2	8	11
38	机械制造有限责任公司	3135	2331	359	1972	50	147	92	2	27	21
39	焦化有限责任公司	2745	2550	278	2272	29	85	70	3	17	22
40	耐火材料有限责任公司	3198	2826	353	2473	21	96	89	1	27	34
41	房地产开发有限责任公司	560	390	153	237	14	73	39	1	5	12
42	交通运输有限责任公司	1773	1246	179	1067	4	23	90	1	20	15
43	轧辊有限责任公司	721	545	105	440	6	40	16		9	10
44	金属结构有限责任公司	736	553	123	430	8	36	41		10	8
45	铁合金有限责任公司	430	149	42	107	3	10	12		3	1
46	氧气有限责任公司	907	826	123	703	12	57	18		12	3
47	冶金渣有限责任公司	1113	900	150	750	1	36	43	2	16	22
48	经营开发有限责任公司	222	159	131	28	14	53	42	2	13	5
49	兴达经济发展有限责任公司	1755	1199	201	998	10	62	67	1	18	18
50	炉窑有限责任公司	1168	955	138	817	6	19	40		8	5

续表

序号	单位名称	在册职工	在岗职工			技术职称			政工职称		
			合计	干部	工人	高级	中级	初级	高级	中级	初级
51	金属资源有限责任公司	904	759	107	652	2	21	35	1	5	11
52	国际经济贸易总公司	128	119	111	8	41	53	11		1	
53	粉末冶金有限责任公司	463	367	72	295	9	29	14		7	4
54	武汉钢电股份有限公司	462	462	97	365	20	47	16		5	1
55	财务有限责任公司	42	42	36	6	4	12	10			
56	武汉星宇建设监理有限责任公司	31	31	31		6	21	3		1	
57	企业发展公司	5629	3757	1070	2687	23	250	368	10	61	70
	(1)企发公司机关	73	60	53	7	3	11	16	2	5	11
	(2)综合服务公司	1130	721	118	603		9	26	2	15	15
	(3)快餐公司	1158	769	136	633	5	16	25	2	11	7
	(4)房产公司	1242	962	188	774	7	61	41	1	9	10
	(5)旅游公司	183	121	30	91		3	15		5	4
	(6)绿化公司	354	237	80	157	7	11	15	3	5	9
	(7)食品饮料公司	515	309	86	223	1	18	24		6	13
	(8)幼教中心	974	578	379	199		121	206		5	1
58	销售公司	336	313	296	17	26	106	73	2	10	9
59	储运公司	387	348	48	300	1	21	13		4	2
60	物资供应公司	1254	1027	327	700	34	86	165	2	21	12
61	实业公司	1520	85	81	4	17	19	29	2	8	3
62	北湖农场	137	29	29		6	9	5		1	3
63	武钢再就业服务中心	188									
64	武汉冶金设备制造公司	3007	1498	378	1120	24	95	94	2	26	25
65	武汉冶金有限责任公司	4767	3903	874	3029	33	218	313	3	58	66
	(1)冶金公司机关	41	40	35	5	1	10	8	1	5	5
	(2)汉阳钢厂	1108	884	267	617	7	57	89	1	13	23
	(3)汉阳精密带钢有限公司	808	537	91	446	6	25	41		3	4
	(4)汉阳钢管厂	56	46	34	12	1	13	9		2	3
	(5)中南轧钢有限责任公司	83	54	44	10	4	9	13		10	4
	(6)钢丝绳厂	693	650	100	550	2	30	29	1	3	3
	(7)汉口轧钢厂	1100	978	165	813	6	45	73		13	10
	(8)江南燃气热力有限责任公司	790	675	111	564	6	25	40		9	13
	(9)汉口冷轧有限责任公司	88	39	27	12		4	11			1
66	合计	113567	87914	21811	66103	2953	7702	5146	184	1240	939

2003年武汉钢铁（集团）

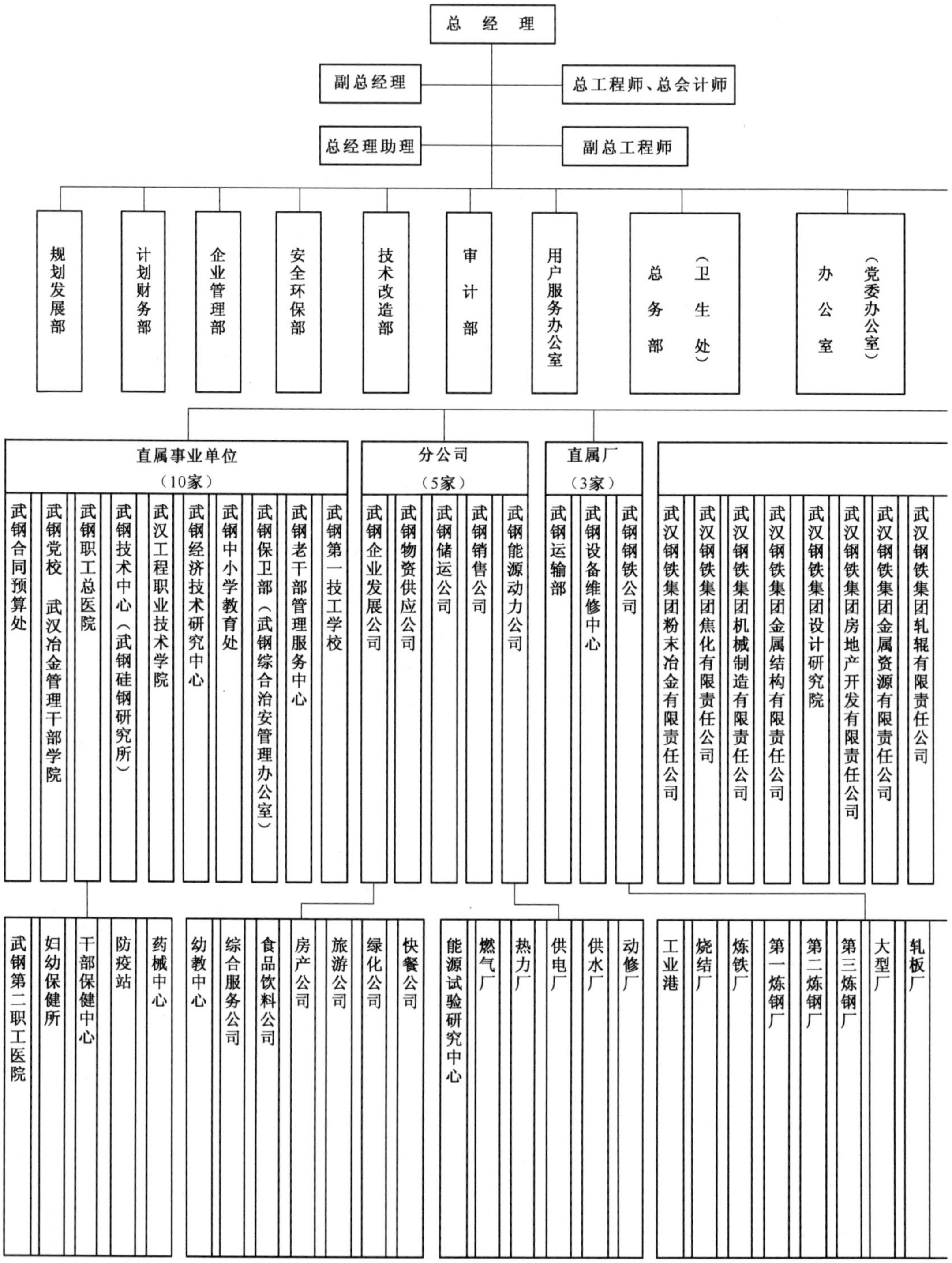

公司组织机构图

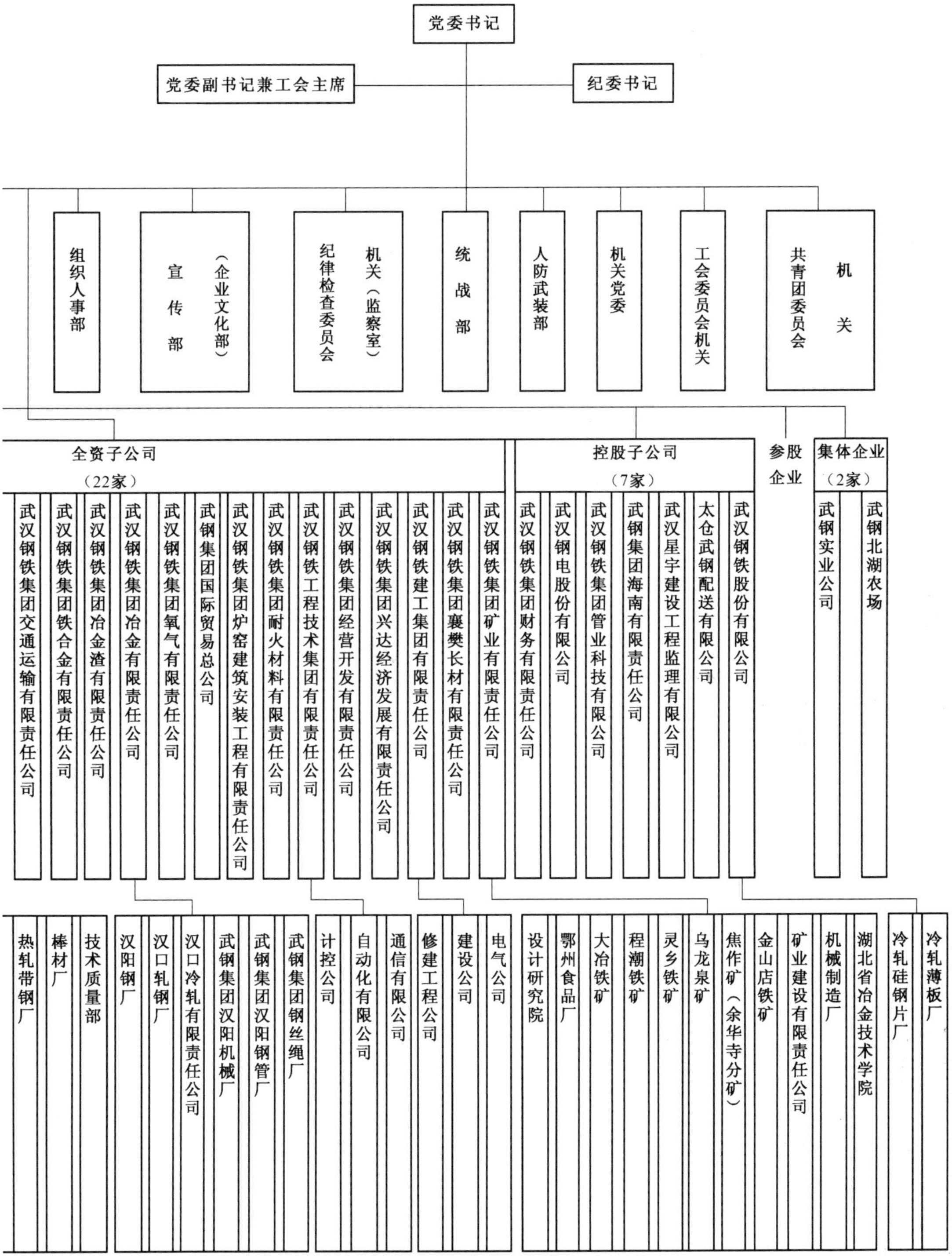

说明：由集团公司出资委托二级单位管理的28家全资或控股子公司未列出；“★”非处级单位。

2003年武钢生产经营活动分析

【生产经营综述】 2003年武钢生产经营和改革发展取得重大进展，铁、钢产量首次实现“双八百”万吨，二热轧、三烧、三焦、三炼钢3号连铸机等一大批效益工程相继投产，整体产销资讯系统上线运行，武钢整体装备水平大幅提高，主业重组和辅业改制等改革措施全面启动，为武钢“十五”规划目标的完成奠定了良好的基础。受国家宏观经济增长及国际经济复苏的拉动，2003年钢铁产品市场总体上呈供不应求状态，产品价格保持较好水平，武钢各单位严格按照企业2003年经营预算制定的生产经营目标，充分发挥品种结构优势，不断提高产量，充分发挥规模效益，钢产量首次居全国第三，并有效克服了原燃料资源紧张，价格上涨和“非典”疫情的不利影响，武钢经济运行质量和效益不断提高。

【生产经营特征】 2003年，武钢生产经营有以下特征：(1)抓住市场机遇，深挖企业潜力，整体效益比2002年大幅上升。2003年，武钢实现销售收入273.13亿元，比2002年增加75.47亿元，增长38.18%；实现利润26.83亿元，比2002年增加11.78亿元，增长78.25%；实现利税56.85亿元，比2002年36.98亿元增长53.73%，是武钢历史上效益最好的年份。同时，2003年武钢计提折旧费26.36亿元，比2002年增加3.86亿元，综合折旧率较2002年增加0.68个百分点。非钢产业效益继续增长。2003年，非钢产业实现销售收入132.8亿元，比2002年增长20.6%，其中：外销收入31.37亿元；实现利润6.64亿元，比2002年增长18.57%。(2)精心组织生产，充分利用设备能力，发挥规模效益，钢产量超过首钢。2003年武钢铁、钢、材产量分别达到802万t、858万t、707万t，分别比2002年增长76万t、87万t、84万t，增长率分别达到11.52%、11.3%、13.43%，其中：青山地区钢、材产量分别达到831万t、669万t，同比增长86万t、81万t，增长率分别达到11.52%、13.81%，实现了产能的一次重要跨越，钢产量超过首钢41万t。一批“十五”期间重点技术改造、新建项目如二热轧、三烧、三焦、冷轧改造工程等相继投产，其中：二热轧的建成投产、冷轧技术改造等项目为武钢进一步提高经济效益奠定了扎实基础，同时，整体产销资讯上线系统运行，开创了武钢信息化建设的新局面，迈出了信息化带动工业化的重要步伐。(3)节能降耗，降本增效，优化技术经济指标。不断完善全面预算管理体系，继续深入开展具有武钢特色的成本效益纵深行活动，全年降低成本费6.95亿元。(4)实施“差异化”战略，优化品种结构，紧抓市场机遇，增收创效。武钢销售、生产、技术等部门加强产销衔接，优化品种结构，加强市场研究，积极开展加工配送，稳定销售渠道，完善整体产销，提高产品及服务质量，为企业效益的增长提供有力保障。全年新试新推合同量达到109万t，“双高”产品比例达到51.2%，2003年国内钢材市场消费量增幅最大的3个品种中厚板、带钢、硅钢片均是武钢的重点品种，其中，硅钢国内市场占有率达16%。(5)财务管理的核心作用进一步发挥，各项工作取得成果显著。一是全力投入企业改革。主业重组工作中，财务部门从方案设计开始，全过程的组织和参与了资产评估、财务审计、关联交易设计和盈利预测工作；为执行新的《企业会计制度》，组织了武钢范围内的清产核资工作，成立了8个专业组，经过了基层清查、企业审查、专业组审查、会计事务所审核、外部专门机构鉴定、法律鉴证等各项严格的审查程序，共整理资料1500多册，发出8期简报，引导工作顺利实施，获得国资委的批准。二是狠抓专业管理，发挥财务管理的参谋作用。预算管理紧紧围绕武钢生产经营的方针目标，实施动态管理与硬约束相结合，根据钢铁市场的变化，将目标利润从12亿调整到18亿元，有针对性的提出了增产创效、增收创利、对标挖潜、优化结构等8项保证措施，全年实现降低成本费用6.95亿元；加强资金规模、结构管理，组织20亿企业债券上市，以国内现汇贷款置换了日本输银贷款，可实现节息1亿元。

【生产组织及产量分析】 2003年，武钢有效克服了部分原燃料供应紧张及“非典”疫情的不利影响，抓住钢材市场需求旺盛，价格持续上涨的有利时机，理顺整体产销，精心组织生产，充分利用设备能力，发挥产能，产量稳定增长，规模效益明显。物资供应部门针对主要原燃料资源紧张、价格上涨、运力饱和而需求量大幅增加的多重压力，竭尽全力挖掘市场潜力，保障生产需要。特别是“非典”疫情严重时，为保障生产供应，物资供应部门用实际行动展示了全力保生产、尽心为用户的精神，较好完成了原燃料的供给任务。2003年，物资供应公司通过加强市场研究和科学的计划管理，继续研究供应品种的替代使用，确保原料供应；不断扩大招标采购范围，2003年实现标前总金额6.7亿元，降低成本3700万元，继续推进进口矿石减载，减少运输环节，降低成本，同时，通过构筑配送和领用相结合的保供模式，优化库存结构。

2003年主要产品产量完成情况汇总表 （万t）

序号	产品及厂家	年度预算	年度实际	增减幅度/%
1	焦炭	338.00	338.34	0.34
2	烧结矿	900.00	928.86	28.86
3	铁	800.00	802.13	2.13
4	钢		858.01	
	本部	826.10	831.38	5.28
	其中：一炼钢	175.60	182.35	6.75
	二炼钢	220.40	221.53	1.13
	三炼钢	430.10	427.50	-2.60
	市区厂		12.10	
	襄钢		14.53	
5	材		706.92	
	本部	683.60	669.41	-14.19
	大型产品	59.80	63.52	3.72
	高线产品	68.20	70.90	2.70
	轧板产品	62.00	68.59	6.59
	一热轧产品	193.10	220.03	26.93
	二热轧产品	130.00	67.65	-62.35
	棒材	34.00	36.22	2.22
	冷轧产品	98.50	102.17	3.67
	硅钢产品	38.00	40.33	2.33
	市区厂		22.36	
	襄钢		15.15	

为保证炼铁系统生产的均衡稳定，确保武钢整体生产的稳定。生产管理部门在组织生产过程中，坚决贯彻精料方针，抓好炼铁系统内、外部生产条件的落实，一方面根据炼铁的实际生产情况，抓好炼铁系统用料消耗计划的制定、组织和实施，以及工业港原料系统的专业管理工作，尤其是水运到达的进口矿卸船工作安排和混匀矿配矿计划的制定。另一方面加强原燃料质量管理，杜绝不合格原料进厂，采取措施努力提高焦炭和烧结矿质量，保证高炉原料条件的稳定，切实提高炼铁系统原燃料质量，提高铁水质量，确保铁水的温度、成分稳定，满足炼钢冶炼“双高”产品的需求。同时，抓好生产与检修的配合，组织生产厂会同有关部门一道，完成4号高炉、5号高炉的年修、四烧年修和工业港中控楼改造，并对较大设备隐患进行了处理，确保了全年入炉焦比“破四见三”目标完成。炼钢系统围绕市场需求，优化品种结构，充分发挥设备优势，提高“双高”产品的生产能力，在进一步优化检修模式的

基础上，加强铁、钢平衡过程管理，合理安排炼钢品种生产计划，减少连铸机断面更换次数，提高连铸机作业率，保持了武钢整体生产的均衡性。另一方面克服外部原料条件不稳定及废钢资源品种结构差等不利因素，严格工艺操作，确保“双高”产品的合同兑现，而且根据钢材、钢坯市场旺销的具体情况，组织多用废钢多产钢，提高企业经济效益。同时通过加强制度管理，减少了各类生产事故的发生，确保了武钢整体生产的稳定。3 个炼钢厂主要技术经济指标与 2002 年同期相比也有较大提高，处于国内领先水平。轧钢系统抓住生产合同饱满的有利时机，克服产销资讯系统上线运行磨合期的困难，严格按产销资讯系统的要求，不断优化生产作业计划，及时协调解决各工序间出现的问题，确保了生产顺畅。在组织好热轧厂、冷轧厂、硅钢厂、轧板厂年修的同时合理安排生产计划，重点抓好各机组的均衡生产；在全年生产组织中，根据合同情况，突出抓好生产平衡及生产节奏控制工作，重点抓好热轧生产关键环节，组织好上工序的正常生产和下工序原料的正常均衡供应，全力组织满负荷生产，有效发挥了轧钢系统的生产能力。根据市场需求情况，及时调整品种结构，努力提高“双高”产品产量，以优质名牌产品扩大市场，重点抓好轧板厂、热轧厂国家重点工程用钢合同以及新试产品的生产，提高板坯成材率和钢材合格率；同时，抓好中间库、成品库的库存调整和产品外发，提高合同兑现率。抓好冷轧厂系统改造期间的物流平衡工作。

主要技术经济指标对比情况表

序号	指 标 名 称	单位	企业历史最好水平	2002 年实际	2003 年实际	增减幅度
一	综合成材率	%	92.57	92.32	93.53	1.21
1	大型厂	%	97.35	95.72	95.72	0.00
	其中：高速线材	%	96.15	96.13	96.11	-0.02
2	轧板厂	%	90.68	90.68	90.87	0.19
3	热轧厂	%	98.01	97.54	97.70	0.16
4	冷轧厂	%	90.39	87.47	88.00	0.53
5	硅钢厂	%	86.74	85.35	85.51	0.16
6	棒材厂	%	95.97	96.21	96.20	-0.01
二	能源消耗					
1	吨钢综合能耗(标准煤)	kg/t	808.10	808.10	785.30	22.80
2	吨钢可比能耗(标准煤)	kg/t	791.80	791.80	776.00	15.80
3	工序能耗(标准煤)	kg/t				0.00
	焦化	kg/t	155.80	155.80	169.90	-14.10
	烧结	kg/t	63.80	63.80	63.40	0.40
	炼铁	kg/t	452.80	453.70	446.40	7.30
	一炼钢	kg/t	16.60	16.60	15.90	0.70
	二炼钢	kg/t	17.80	18.00	17.70	0.30
	三炼钢	kg/t	7.40	8.70	7.70	1.00
	型材	kg/t	76.80	83.60	81.90	1.70
	高线	kg/t	95.20	95.20	95.50	-0.30
	轧板	kg/t	117.20	117.90	115.40	2.50
	热轧	kg/t	109.90	109.90	108.20	1.70
	冷轧	kg/t	126.00	127.20	138.70	-11.50
	硅钢	kg/t	515.50	515.50	520.20	-4.70
三	物料消耗					
1	炼钢钢铁料消耗					
①	一炼钢	kg/t	1109.10	1109.10	1107.00	2.10
②	二炼钢	kg/t	1112.90	1113.60	1110.50	3.10
③	三炼钢	kg/t	1109.30	1109.30	1107.10	2.20
2	炼铁入炉焦比	kg/t	409.40	409.40	394.84	14.56
3	高炉喷吹煤比	kg/t	113.30	113.30	120.95	7.65

续表

序号	指 标 名 称	单位	企业历史最好水平	2002 年实际	2003 年实际	增减幅度
4	炼焦耗洗煤	kg/t	1390.00	1394.00	1408.00	-14.00
5	炼铁铁矿石单耗	kg/t	1628.50	1628.50	1617.80	10.70
6	烧结矿含铁原料单耗	kg/t	934.00	947.00	933.00	14.00
7	热轧重油消耗	kg/t	27.20	27.20	28.91	-1.71

【主要技术经济指标分析】 2003 年,武钢各项技术经济指标不断优化。吨钢综合能耗比 2002 年下降 22.8 kg/t,降幅为 2.82%,实现"破八见七",吨钢可比能耗比 2002 年下降 15.8 kg/t,降幅为 2%,炼铁入炉焦比比 2002 年降低 14.6 kg/t,降幅为 3.57%,实现"破四见三",高炉喷吹煤比比 2002 年增加 7.65 kg/t,吨钢综合能耗、吨钢可比能耗、炼铁入炉焦比、高炉喷吹煤比、炼铁矿石单耗、烧结矿含铁矿石单耗等 32 项主要技术指标均创造历史最好水平。2003 年,重点大中型钢铁企业平均吨钢综合能耗 770 kg/t,同比下降 38 kg/t,降幅为 4.7%,武钢比重点大中型钢铁企业平均值高出 15.3 kg/t;重点大中型钢铁企业平均入炉焦比为 433 kg/t,武钢 394.8 kg/t 比其低 38.2 kg/t;重点大中型钢铁企业平均喷吹煤比为 118 kg/t,武钢 120.95 kg/t 比其高 2.95 kg/t。

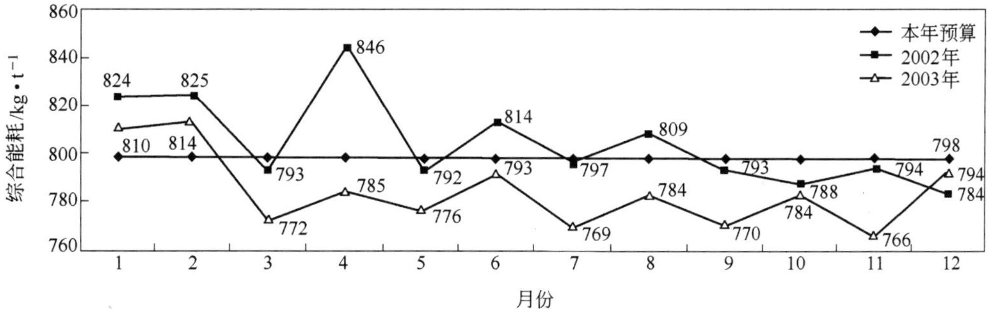

图 1　2003 年吨钢综合能耗

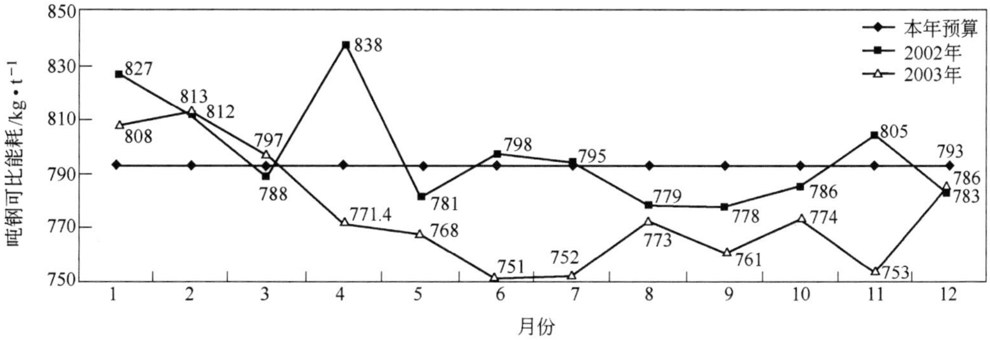

图 2　2003 年吨钢可比能耗

【损益分析】 2003 年,武钢实现销售收入 273.13 亿元,利润 26.83 亿元,分别比 2002 年增加 75.47 亿元、11.78 亿元。2003 年,受需求增长拉动,钢材市场价格延续了 2002 下半年走势,继续保持较好水平,有效支撑了武钢经济效益的增长,全年钢材产品平均销售价格达到 3154 元/t,比 2002 年 2644 元/t 水平上涨 510 元/t,比预算 2910 元/t 水平上涨 244 元/t,比国内平均水平 2603 元/t 高出

551元/t。2003年,武钢青山地区销售钢材676.35万t,由于价格比2002年同期上升增加收入34.49亿元,销售量比2002年同期增加78.88万t,增加收入24.88亿元,合计钢材收入增加59.37亿元。2003年,武钢商品材平均成本2298元/t,比2002年2008元/t上升290元/t,由于比2002年单位成本上升增加成本19.61亿元,销售数量比2002年上升,增加成本18.13亿元,合计增加成本37.74亿元。同时,武钢管理费用比2002年增加5.09亿元,部分抵消了利润增长,此外,武钢降低成本费用6.95亿元,有力推动企业利润的增长。

2003年武钢利润对比分析表 (万元)

项目	上年实际	本年预算	本期实际	比上年	比预算
一、产品销售收入	1975877	2297591	2731316	755439	433725
减:产品销售成本	1501416	1779505	2050167	548751	270662
销售费用	38049	32639	45230	7181	12591
产品销售税金及附加	22246	23875	29113	6867	5238
二、产品销售利润	414166	461572	606806	192640	145234
加:其他业务利润	7045	12289	18033	10988	5744
减:管理费用	248937	221527	299793	50856	78266
财务费用	38376	60079	63238	24862	3159
三、营业利润	133898	192255	261808	127910	69553
加:投资收益	2312	4263	4866	2554	603
补贴收入	20095	15	18055	-2040	18040
营业外收支净额	-5808	-16164	-16410	-10603	-246
以前年度损益调整		-	-	-	-
四、利润总额	150497	180369	268318	117821	87949

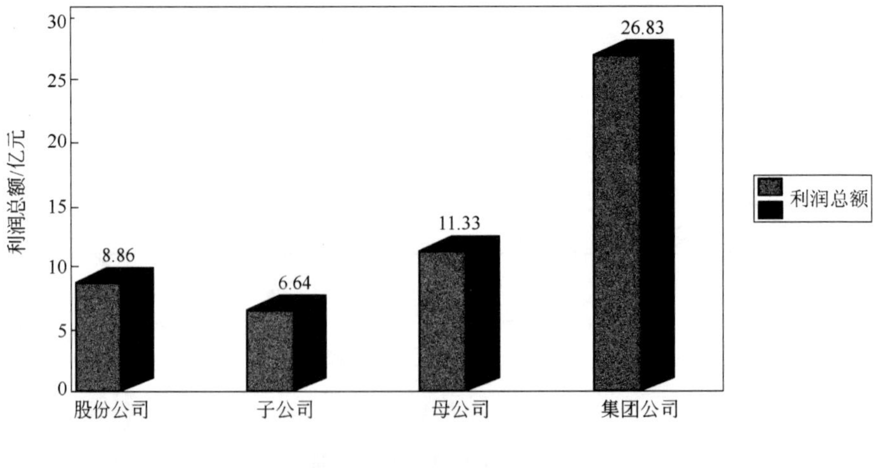

图3 武钢利润进展情况

【成本费用分析】 2003年,武钢各单位积极采取措施,加大降低成本费用力度,累计降低成本费用6.95亿元,超预算0.05亿元。(1)2003年企业产量保持增长,各工序单位固定费用比2002年下降9041.05万元。(2)铁耗矿石消耗比2002年节约57.02万t,定额消耗比2002年降低了12377.93万元。由于武钢推行精料方针,烧结厂铁耗矿石消耗比2002年节约23.28万t,消耗定额变动使成本降低2936.06万元。炼铁厂铁耗矿石定额消耗比2002年降低33.33万t,消耗定额变动使成本降低9303.6万元。(3)炼钢系统以抓品种计划兑现、保轧钢供料为重点,积极采取措施,严格控制铁钢比,积极调整废钢品种结构,狠抓各工序操作降低钢铁料消耗,严格按合同计划组织生产。3个钢厂钢铁料消耗比2002年节约24225 t,定额消耗比2002年降低1626.22万元。2003年,一炼钢、二炼钢、三炼钢厂钢铁料单耗比2002年分别降低1.08 kg/t、0.64 kg/t和4.88 kg/t,使定额消耗比2002年分别降低95.69万元、15.92万元和1514.61万元。(4)武钢轧钢综合成材率比2002年提高1.21%,成本上升113.19万元。其中型材、线材、冷轧产品成材率比2002年分别提高0.67%、0.12%和0.3%,成本分别比2002年降低691万元、36万元和960万元,轧板、热轧硅钢产品成材率分别比2002年下降0.38%、0.15%和0.33%,成本分别比2002年增加518万元、828万元和649万元。综合成本超支113万元。(5)2003年武钢可比能耗比2002年降低4656.32万元。洗煤、固体燃料、电、氧气、蒸汽、氮气、重油等消耗定额比2002年超支,焦比、煤气、空气、水、风等项目比2002年降低。(6)武钢大型工具消耗(轧辊等)累计比2002年节约1186.81万元。(7)熔剂、耐火材料定额消耗累计比2002年降低6288万元。(8)3个钢厂对合金管理制度进一步细化,严格操作标准,加强技术攻关,用质高价低的经济料取代价格昂贵的合金,消除了因合金价格大幅上升带来的成本上升负面影响。(9)辅助材料消耗累计比2002年降低1940.56万元。(10)备件及修理费累计比2002年超支5351.9万元。(11)煤气回收累计比2002年多冲成本495.02万元。(12)不可比因素累计影响成本9151万元。其中炼铁厂3号高炉中修2166万元,二炼钢3号连铸机2874万元,热轧厂4号加热炉大修1570万元。(13)2003年管理费用比2002年增长50856万元,剔除工资及附加费增加46168万元,工资增长费增加6852万元、印花税增加1168万元、核算口径变化增加的盘亏3908万元等不可比因素,则2003年管理费用同口径比2002年降低7240万元。

【资金状况分析】 2003年,公司资金运营状况较好,资金收入277.92亿元,资金支出270.45亿元。存货周转率4.55次,较2002年3.09次增加1.46次。财务费用6.32亿元,其中:利息支出4.39亿元,比预算的6.35亿元降低1.96亿元。(1)财务费用分析:2003年,由于外汇收入无法满足进口矿石、备件等对外付汇的需求,武钢补充借入了部分外汇流动资金以确保收支平衡,通过结构调整,本外币短期借款较2002年增加8.56亿元,但短期借款利息实际支出数却比2002年减少9124万元。长期借款利息实际支出比预算低但高于2002年,主要原因有两方面,一是2003年因二热轧等一批效益工程项目交付使用,为对应项目借入的本外币借款及债券等所发生的利息支出,停止资本化而由当期财务费用承担,引起当年财务费用支出的增加;二是随着提前还款和部分中长期借款,本金逐年递减及外币借款的LIBOR利率的持续走低,使利息支出较2002年及2003年预算水平相比有较大幅度的减少;增减相抵后,全年长期借款利息支出比2002年增加7855万元。(2)资金流量分析:2003年资金收入合计277.92亿元,较2002年同期236.88亿元增加41.03亿元。分析资金收入结构:1)1～12月份货款收入244.32亿元,较2002年186亿元增加58.31亿元,主要原因是销售公司现款收入135.51亿元,比2002年109.51亿元增加26亿元;银票背书转让59.30亿元,比2002年增加15.32亿元:办理贴现2.30亿元,比2002年增加1.45亿元,银票到期收款比2002年增加11.17亿元;2)以产顶进和出口创汇收入16.79亿元,比2002年增加10.36亿元。2003年,资金支出270.45亿元,较2002年222.07亿元增加48.38亿元。主要原因:1)实行岗薪制当年实发工资总额增长,且一年内发放了两个年度的双月薪,以及相应各种附加费的增长,造成工资性支出较2002年增加9.09亿元;2)由于生产规模扩大和产品结构的调整,以及上游产品涨价等使采购成本增加,对物资采购部门保产资金增加33.23亿元;3)对矿业公司拨款增加4.99亿元。4)进口矿石、设备、备件等外汇支出增加9.51亿元。5)资产管理公司股权回购增加支出6.34亿元。(3)存货占用分析:2003年12月末武钢存货资金占用为44.47亿元,比年初

49.66亿元下降5.19亿元，与清产核资调整后的年初数45.72亿元相比，下降1.25亿元，存货周转率为4.55次，较2002年3.09次增加1.46次，年末存货占用下降幅度较大，经公司进行清产核资工作，处理了部分存货损失、减值有关，同时矿石、燃料资源紧张，钢材市场销售形势较好，也是原燃料、产成品等存货大幅下降原因之一。但总体上，存货占用水平仍然较高，结构不尽合理，各部门应加强库存存货管理，一般存货要做到均衡采购，均衡组织生产，盘活存量，降低库存，提高存货周转率，紧俏资源应当适当提高存量，以保证增产的要求。从存货结构分析看，存货较年初上升的主要为在产半成品。12月底在产半成品库存金额152609万元，比年初120320万元上升32288万元，中间产品库存增加主要是武钢生产总量增加，导致生产组织过程中的正常周转量增加，同时，整体产销系统尚在磨合阶段，未达到预期效果，信息流与实物流不同步的矛盾未能有效解决，造成在产品积压。(4)应收账款分析：2003年12月末应收账款净额6.13亿元、较年初4.99亿元增加1.14亿元，主要为销售公司应收账款比年初上升0.53亿元，能源总厂应收青山热电厂增加0.45亿元，2003年下半年武钢清产核资对13.59亿元应收账款坏账处理，使应收账款净额大幅下降。

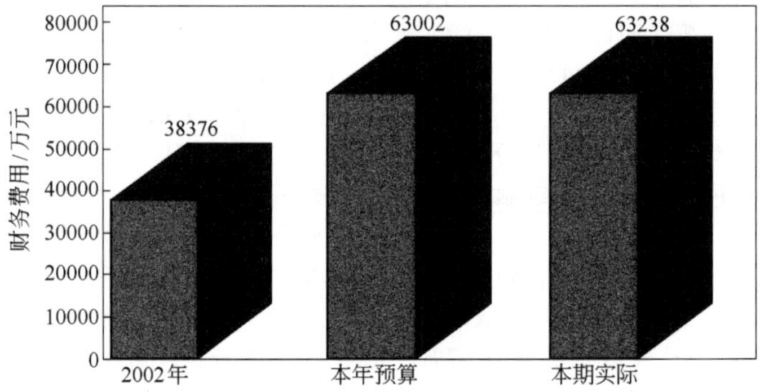

图4 2003年武钢财务费用

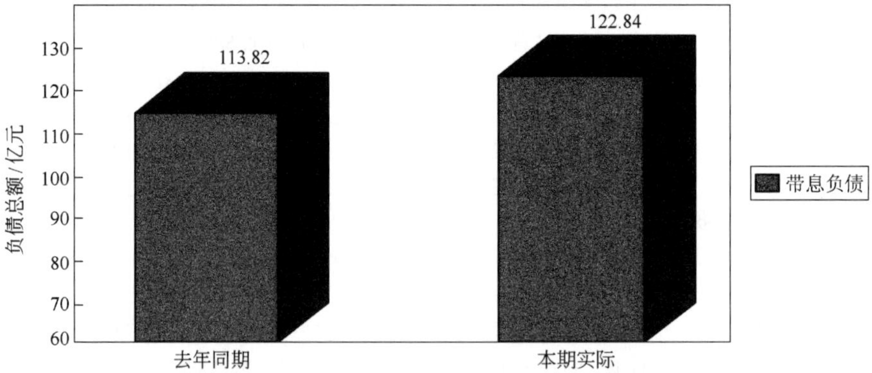

图5 带息负债总额

财务费用明细对比分析表 (万元)

项目	2002年实际	2003年预算	2003年	比上年增减	比预算增减
短期借款利息支出	26200	33436	17076	－9124	－16360
长期借款利息支出	14419	29483	22274	7854	－7210

续表

项　　目	2002 年实际	2003 年预算	2003 年	比上年增减	比预算增减
小　　计	40620	62919	39350	−1270	−23569
银行利息收入	2978	1694	2953	−24	1259
汇兑净损益	355	961	21877	21522	20916
结算手续费	186	238	417	232	179
其他	194	578	4547	4353	3969
合　　计	38376	63002	63238	24862	236

【建设项目投资分析】 2003 年武钢建设项目计划投资 59.46 亿元,主要用于二热轧、新 3 号高炉及国债贴息等重点项目。武钢在项目上坚持"量入为出"的原则,严把项目投资关,同时全面推行招投标工作,最大限度降低工程造价。2003 年武钢完成建设项目投资 483700 万元,其中:基建工程投资 97300 万元,重措工程投资 210400 万元,在线重措工程投资 87700 万元,一般技措工程投资 73320 万元,工程物资 10050 万元,技术开发项目投资 2730 万元,环境投资 2200 万元。对于一些重大改造项目在达到预定可使用状态后,及时进行了暂估和正式交付。全年转入固定资产金额为 91.13 亿元,其中:二热轧暂估交付 37.64 亿元,一冷轧暂估交付 18.79 亿元。

主要指标分析表

指 标 项 目	次行	单位	2002 年	2003 年	比 2002 年增减
一、销售利润率	1	%	7.62	9.82	2.20
二、总资产报酬率	4	%	4.11	6.78	2.67
三、资本收益率	11	%	10.90	23.41	12.51
四、资本保值增值率	14	%	105.58	112.20	6.62
五、资产负债率	17	%	48.13	56.21	8.08
六、流动比率	20	%	111.37	85.88	−25.49
七、应收账款周转率	28	次数	9.60	49.13	39.53
八、存货周转率	33	次数	3.08	4.55	1.47
九、社会贡献率	38	%	15.47	21.48	6.01
十、社会积累率	47	%	36.72	36.44	−0.28

【主要经济效益评价指标分析】 (1)2003 年武钢销售利润率 9.82%,较 2002 年增长 2.2 个百分点,主要原因是 2003 年实现利润总额 26.83 亿元,较 2002 年 15.05 亿元增长 78.25%,销售收入 273.12 亿元,较 2002 年 197.59 亿元增长 38.18%,利润总额的增幅大于销售收入的增幅所致,它说明武钢主营业务的获利能力较 2002 年有所增强。(2)2003 年武钢总资产报酬率为 6.78%,较 2002 年增长 2.67 个百分点,其主要原因是利润总额较 2002 年增长 78.25%。它反映武钢的单位资产收益水平在提高。(3)2003 年武钢资本收益率 23.41%,较 2002 年增长 12.51 个百分点,主要原因是 2003 年净利润 18.30 亿元,较 2002 年 8.51 亿元增长 115.04%,实收资本 78.19 亿元,较 2002 年 78.06 亿元增长 2%,净利润的增长幅度大于实收资本的增长幅度所致。(4)2003 年武钢资本保值增值率为 112.2%,说明武钢的资本运营能力在逐步增强,实现了国有资本的保值增值。(5)2003 年武钢资产负债率 56.21%,较 2002 年增加 8.08 个百分点。主要原因是 2003 年武钢回购了资产管理公司在钢铁公司中的股权变成了债务。(6)2003 年武钢应收账款周转率 49.13 次,较 2002 年加快 39.53 次,主要是企业清产核资处理坏账 13.59 亿元,应收款项大幅减少。(7)2003 年武钢存货周转率 4.55 次,较 2002 年上升 1.46 次,主要是由于 2003 年产量增加使销售成本增加 45.63 亿元,2003 年平

均存货占用较2002年仅增加0.64亿元,说明武钢资金的使用效率提高。(8)2003年武钢社会贡献率为21.48%,较2002年上升6.01个百分点。社会贡献率较2002年有所上升的原因主要是由于武钢2003年生产经营情况取得新的突破,上缴国家财政总额比2002年增加37.87%,净利润增加115.04%,工资统筹福利支出也比2002年增加19.01%。(9)2003年武钢社会积累率36.44%,与2002年基本持平。

(钟国新)

○ 2003年武钢要事摘录

【一手抓生产经营,一手抓防治“非典”】 2003年4月20日武钢召开防治“非典”紧急会议,贯彻传达湖北省委、湖北省政府办公厅通知精神,部署武钢防治“非典”工作安排。武钢要求:一是各单位必须高度重视“非典”防治工作,禁止发生迟报、瞒报、漏报现象;二是总务部以及总医院、二医院和卫生防疫站要制订防治预案;爱国卫生委员会办公室、厂容办和房产公司要分别抓好厂区(包括车间、班组、学校、幼儿园)和居民小区(街坊)的环境整治工作;交运公司应做好电车、通勤车的卫生;快餐公司、食品饮料公司和港东水厂一定要监测供餐、食品饮料和自来水的质量;中小学教育处、幼教中心、职工院校应特别注意保证青少年学生、幼儿的健康和疾病防治工作;利用媒体进行防治“非典”的科普教育,组织职工班前学习。

4月21日武钢召开“防治‘非典’紧急专项会议”,会上通报了武钢防治“非典”的9项措施:一是统一和加强对“非典”疫情防治工作归口管理,严禁出现缓报、瞒报、漏报现象发生;二是主管部门、卫生防疫、职工医院要制订出切实、完善的防治和抢救预案;三是要采取一切有效措施,积极抓好食品和有关场所的卫生工作,严格防止病从口入,厂容卫生等主管部门要抓好厂区、车间、班组和居民社区的环境整治工作;四是人群集中的高校、中小学校、宾馆和文化娱乐场所要做好通风设备的消毒;五是要抓好通勤车、小车及各类货运车辆的消毒工作;六是要加强对水厂的监控、监测力度,确保水源质量万无一失;七是要取消和暂缓集体活动,防止出现交叉感染;八是尽最大的可能减少出差,避免与疫情集中地区的人员交往;九是要加大对防治“非典”疫情的宣传力度,采取多渠道、多途径宣传防治“非典”疫情的成熟防止手段和经验,确保广大职工的身心健康。王炯书记在武钢电视台发表了《夺取非典型肺炎防治工作的全面胜利》的讲话,提出要高度重视“非典”的防治工作,加强对“非典”防治工作的领导,狠抓各项防治措施的落实。

4月26日,武汉钢铁(集团)公司办公室发出《紧急通知》,为阻断“非典”传播途径,严防疫情进入武钢,请职工做好外地亲属的工作,原则上近期不要回汉,就地学习和工作;一旦有职工亲属返汉,要及时向所在单位及所在社区报告;武钢组织返汉职工亲属到指定医院进行检查,此前返汉亲属要尽量减少与他人接触。

4月29日,湖北省企业工委向全省企业推广武钢坚持属地原则,以预防为主导,以隔离为手段预防“非典”工作的做法。

4月30日,青山区委书记杨付华、区长樊启祥看望了武钢预防“非典”指挥部工作人员和武钢卫生防疫站工作人员,并赠送了慰问品和慰问金。

5月1日,国务院防治“非典”督察组一行7人来检查指导武钢抗击“非典”工作。督察组先后检查了武钢厂区主干道、二热轧工程现场,看望了在二热轧调试设备的外国专家,重点对二医院发热门诊进行了指导,对武钢防治“非典”工作给予了充分肯定,希望武钢在抗击“非典”的斗争中不断取得新成绩,为企业改革发展做出新贡献。

5月5日,武钢党委下发了《关于为在防治“非典”特殊时期工作提供强有力组织保证的通知》。要求各级党组织进一步提高认识,统一思想,把为防止“非典”工作提供坚强的组织保证作为各级党组织的一项重大任务来抓;要在防治“非典”工作这一特殊时期的重大考验中考察和识别干部;基层党组织和广大党员在防治“非典”工作中,要全力抓好生产经营和企业改革,充分发挥战斗堡垒作用和先锋模范作用。

5月12日,武钢总经理刘本仁、党委书记王炯、党委副书记兼工会主席樊政炜在“护士节”前往武钢总医院和二医院,看望战斗在抗击“非典”一线的医务人员,并致以节日问候。

5月15日,国家国有资产管理委员会主任李融荣向抗击在“非典”斗争中的武钢职工表示问候,要求武钢坚持一手抓“非典”防治,一手抓生产经营,积极研究和制定出应对突发事件的举措,确保武钢生产经营及改革发展顺利进行。

由于措施得力，武钢未出现一例“非典”及疑似病例。上半年，武钢累计生产铁 391.60 万 t、钢 407.35 万 t、钢材 290.75 万 t，钢铁分别比 2002 年同期增长 12.5%、12.76%；实现销售收入 117.12 亿元，利润 10.6 亿元，分别比 2002 年同期增长 34%和 224%；非钢总体实现销售收入 56.1 亿元（其中外销收入 11.8 亿元），实现利润 2.82 亿元，分别比 2002 年同期增长 30.16%和 54.1%。

【国企改制分流促进再就业经验交流会在武钢召开】 2003 年 1 月 15 日，“国有大中型企业改制分流促进再就业工作经验交流会”在武钢宾馆召开。湖北省代省长罗清泉、中共武汉市委书记陈训秋、武汉市市长李宪生、副市长李涛、武钢党委书记王炯、各省、自治区（除西藏自治区外）经贸委、各直辖市经委以及国有大中型企业 300 多人出席会议。会议由国家经贸委副主任蒋黔贵主持，国家经贸委主任李荣融作题为《坚持国有企业减员增效的改革方向，积极推进主辅分离改制分流促进再就业》的讲话，湖北省常务副省长周坚卫致辞，武钢总经理刘本仁作题为《强化主辅分离改革，促进武钢持续发展》的经验介绍。刘本仁总经理重点介绍了武钢加快转机建制，促进非钢产业发展，推进转岗再就业工程，扩大下岗再就业渠道，切实解决职工实际困难的经验介绍，并就武钢下一步继续深化“主辅分离”改革，促进企业发展进行了阐述：一是要继续精干做强主业，分离搞活辅业。到 2005 年实现年产钢铁 1000 万 t 目标，成为中国最大的冷轧硅钢片和汽车板生产基地，到“十五”末达到年销售收入 320 亿元，人均产钢 600 t。非钢产业形成一批以高新技术为龙头的支柱产业，实现利润比 2000 年翻两番，将与钢铁主业关联程度不高的辅助企业从钢铁主业中剥离，实行集中管理。二是继续深化非钢产业的资产重组，在非钢的发展上坚持“有所为，有所不为”的方针，根据国家政策和资源条件，按照“同产业归并、同产业归类、同资源共享”的原则，对非钢产业实行更高层次的战略重组。三是逐步推行产权主体“多元化”改革，按照建立规范的现代企业制度要求，从武钢实际出发，逐步深化改制，在条件成熟的情况下，将武汉钢铁有限责任公司改制为上市公司，与已上市的武汉钢铁股份公司合并。四是逐步分离企业办社会的职能，根据有利于减轻企业负担、有利于资源在社会上的优化配置、有利于社会和分离单位稳定的原则，分类、分阶段地分离企业办社会的职能。五是进一步扩大再就业渠道。会上中国石油化工集团公司、上海宝钢集团公司、青海省经贸委、东风汽车公司、四川广旺能源发展集团公司、沈阳黎明航空发动机有限责任公司、中国石油天然气集团公司也分别作了改革分流促进再就业的经验交流。

【武钢股份召开 2 届 12 次董事会】 2003 年 3 月 29 日，武钢股份 2 届 12 次董事会召开，决定向全体股东每 10 股送 2 股，并派现金 0.5 元（含税）。2002 年，武钢股份克服对外钢铁产品关税大幅减让，市场竞争形势严峻等困难，通过加大管理力度，充分发挥规模效益，进一步挖潜增效，生产经营取得了较好业绩，产量达到 172 万 t，比 2001 年增长 3.71%，创历史最高纪录。在主要原材料价格上涨 10 亿元的情况下，实现利润 8.9 亿元，完成目标的 117.26%，比 2001 年增长 8.27%。董事会通过了《总经理工作报告》等 12 项会议议题，并根据武钢股份的发展战略，为扩大该公司产品在市场的占有份额，优化产品结构，实现关键产品的升级换代，提高市场竞争力和国际国内应变能力，董事会通过拟投资 37.8 亿元建设第二硅钢厂的议案。

【能源动力公司成立】 2003 年 3 月 28 日，武钢能源动力公司成立揭牌仪式在武钢宾馆举行。武钢能源系统经历总动力公司、动力厂、动力部、八厂一处、能源总厂多次重组与改革，特别是 1994 年成立能源总厂施行集中一贯管理的 9 年间，始终坚持“精简、统一、高效”的管理原则，有效地实施了大安全管理、纸张化管理、“星级”站所管理；进行了劳动、人事、分配方面的改革，整合了能源介质生产资源，建立起现代化的能源系统指挥中心、计算机网络中心和职工技能培训中心；吨钢能耗、三炼钢转炉煤气回收、TRT 发电等一批经济技术指标接近或超过国内同行业先进水平，为武钢的改革与发展做出了贡献。能源动力公司由热力厂、燃气厂、供水厂、供电厂、能源试验研究中心、动修厂组成。

【武钢与招商银行签订合作协议】 2003 年 4 月 8 日，中国招商银行与武钢合作签字仪式在武钢科技馆举行。湖北省副省长蒋成良、招商银行行长马蔚华、武钢总经理刘本仁、武钢副总经理兼总会计师彭辰出席签字仪式。武钢与招商银行的合作是为了建立良好的银企合作关系，提升企业应对市场挑战的竞争力，在互利互惠的基础上进行合作。招商银行向武钢提供 15 亿元人民币的综合授信额度,将参与武钢的技术改造项目,向武钢提供最富竞争力、全方位"优质、安全、高效"的财务资金管理和网上银行服务,不断拓展国际结算、委托理财、中间业务等新的领域。

【武钢股份收购钢铁主业】 2003年11月16日,武汉钢铁股份有限公司召开第二届十六次董事会,审议通过增发新股,收购武钢集团钢铁资产的决议,并与武钢签署了《钢铁主业收购协议书》。收购武钢钢铁主业是为了实现钢铁业务纵向一体化,发挥资源的协同效益,有利于实现钢铁生产工艺流程的完整经营,实现跨越式发展,保持武钢的发展后劲,减少关联交易。收购钢铁主业包括烧结厂、炼铁厂、一炼钢厂、二炼钢厂、三炼钢厂、大型厂、轧板厂、热轧厂(含二热轧厂)、棒材厂以及相关的生产经营管理部门的资产和业务。收购总资产为198.56亿元,净资产92.01亿元,控股股东为武汉钢铁(集团)公司。收购后的武钢股份有限公司拥有炼铁、炼钢、轧钢一整套现代化生产工艺流程及相关配套设施,成为年产钢铁双900万t综合生产能力的大型钢铁联合企业,产品增加到7大类500多个品种。

【武钢股份有限公司获全国质量管理奖】 2003年11月21日,"2003年全国质量管理奖"颁奖大会在北京京西宾馆举行,武钢股份有限公司荣获"全国质量管理奖"。武钢股份公司创"全国质量管理奖"从2002年开始,历时2年的创奖工作使武钢股份公司在建立、培育企业的核心价值观,树立以顾客为中心的经营理念,努力创新,形成独具特色的竞争优势;通过强化市场意识,坚持顾客至上,及时与顾客、供货商、批发商建立战略合作伙伴关系,不断适应市场的变化,形成快速反应;加强日常管理,注重人力资源的开发,做好扎实的基础工作,创建学习型组织与团队;建立信息管理系统,提高工作效率,实现资源共享。颁奖会上,武钢党委书记王炯作了题为《培育共赢文化,追求卓越经营》的演讲。

【武钢36人获技术状元和技术能手称号】 2003年10月24日,武钢选手代表湖北省参加长春全国职工技能大赛获车工项目团体冠军。武钢始终坚持技术练兵和技术比武,共举办了9届职工技术运动会,培养了一大批技术能手和技术骨干。2003年6月,武钢派出135人参加武汉市第十三届职工职业技能大赛的13个项目比赛,获"车工"、"企业消防员"两项团体冠军,在"车工"、"工业统计员"、"企业消防员"、"中式烹饪"项目中获得状元,36人获得技术能手称号。机制公司张志国获得"车工"状元、计划财务部邓海燕获得"工业统计员"状元、保卫部金元平获得"企业消防员"状元、快餐公司江军获得"中式烹饪"状元,并被授予武汉市"五一"劳动奖章和新长征突击手称号。2003年7月,武钢派出6名选手参加第一届湖北省职工职业技能大赛,机制公司张志国获得"车工"冠军,高龙、杨瑞分获第三名和第四名。2003年10月24日,武钢代表湖北省参加在长春举行的全国职业技能大赛中获得车工团体冠军,机制公司杨瑞、高龙分获第九名和第十七名。

【武钢与东风公司扩大合作】 2003年12月1日,二汽与日产汽车合资的东风汽车有限公司组团来武钢洽谈扩大合作事宜,在双方"适时供货协议"的基础上,进一步扩大与武钢合作。2002年初武钢与二汽签订了《适时供货协议书》,确定了双方的长期合作关系,为此,武钢在二汽建立了专用仓库——"二汽钢材配送中心",并派专人全程跟踪二汽生产经营情况,及时为二汽配送钢材,提供个性化服务,在钢材的订货—提款—运输—交货过程中开辟"绿色通道",为二汽提供各类钢材11万t,是二汽的优秀供货商。2002年二汽赠送给武钢1台高级商务用车和1把金钥匙。2003年8月,二汽与日产汽车合资的东风汽车有限公司在管理职能、内部机构、车型更新、产品换代方面进行了调整,武钢及时派销售、技术、财务方面负责人组成的专门走访团前往东风汽车有限公司征求意见、沟通信息,为东风汽车有限公司提供优质钢材,以满足客户需求,扩大合作领域,加强双方战略伙伴关系。

【武钢铁合金生产实施战略大转移】 2003年4月17日,武钢铁合金公司3号矿热炉出铁后熄灭,铁合金公司正式停产。武钢铁合金公司主要生产硅铁和电石,其产品是钢铁生产的主要辅料。1978年5月26日铁合金车间从碎铁厂分出成立武钢铁合金厂,1995年武钢铁合金厂转制成立铁合金公司。25年来为武钢钢铁生产做出了巨大贡献。但由于铁合金产品电力成本、人工成本和污染成本过高,铁合金公司连年亏损,为此,武钢于2002年元月24日做出"武钢铁合金生产在2年内全部转移"的重大决定。武钢通过货币资金和无形资产投资1500万元,支持铁合金公司在外地合资办厂。铁合金公司迁出武汉市后,武钢生产所需的90%硅系合金、80%锰系合金由铁合金公司通过生产与市场运作,武钢以市场价从铁合金公司购进。铁合金已在湖北通山合资建厂,并将在云南再建一个合资企业。

(鉴 文)

○ 2003年武钢技术进步

【一炼钢2号方坯连铸机创连续浇铸全国纪录】 2003年1月3日,一炼钢厂2号方坯连铸机连续生产13天,浇铸392炉,产钢40972.236 t,创方坯连铸连续浇钢全国纪录。2号方坯连铸机始终保持5机5流浇铸,在392炉钢浇铸过程中进行了45个浇次,快换中包44个,浇铸普碳钢、铝镇钢4个品种,并实施了快速更换结晶器、喷嘴操作,实现了无拉漏、无断浇、无回炉、无废品。2号方坯连铸机在2002年曾创连续浇铸132炉、148炉、255炉、256炉纪录,为创新纪录,一炼钢连铸车间加强连浇过程中的节奏控制,细化100条操作标准和管理办法,采用下抽风烘烤中包方式,提高了中包烘烤质量,缩短了中包烘烤时间,推行“浇钢注意力操作法”,规范了操作方法,增强了操作人员素质。

【武钢资讯系统投运】 2003年1月4日,全国最大的企业信息化工程——武钢整体产销资讯系统上线投运。2001年3月武钢整体产销资讯系统工程开始建设,在中国台湾中钢的专家指导和参与下,经过近两年的建设,先后完成了系统的需求分析、系统分析、系统设计、详细设计、编程、系统调试和人员培训等。武钢整体产销资讯系统的建成和投运,将彻底改变传统的组织结构体系,大幅度减少管理层次,实现销售、生产、技术质量、出货和服务上的一级管理,全面提升武钢的市场反应能力和用户服务水平;进一步增强生产管理各环节的透明度,实现对物流、资金流和信息流的有效管理和监控;将推进对各类基础信息资源在深度和广度上的开展及利用,实现管理的高度集中、产销的高度衔接、数据的高度一致、信息的高度安全、人员的精简高效;将在成材率、库存、生产作业率和市场反应能力方面为武钢创造较高的经济效益;武钢整体产销资讯系统建成是将信息化用于传统产业的一次新的尝试,是实现管理创新的新的突破。武钢整体产销资讯系统是目前中国在建最大的企业信息化工程,具有示范意义,对中国企业信息化建设具有重大影响。

【武钢彩管用钢占国内市场1/3】 2003年1月11日,在武钢召开的“彩管用钢应用技术交流会”上,国家信息产业部管理司为鼓励武钢在国产彩管用钢生产、顶替进口、振兴民族工业方面做出的突出贡献,赠与武钢“彩管用钢、钢中精品、利国利民、民受其惠”匾额,并发来贺电,祝贺武钢彩管用钢系列产品在产量和质量方面取得的重大突破。武钢彩管用钢于1996年开始研制生产,到2002年内磁屏蔽钢产量已达到7000多吨,占国内彩管用钢市场的1/3,各项性能指标满足了用户要求,填补了国内空白,改变了彩管用钢长期依赖进口的被动局面。会上“洪海中电公司”代表彩管用钢用户对武钢表示感谢,并表示将本着发展中国彩管用钢、互利互惠、共同进步的宗旨,共同携手进行彩管用钢的研制、开发和生产,促进武钢彩管用钢的推广与发展。

【武钢研制出超细晶钢板】 2003年2月19日,武钢研制出新一代超细晶800 MPa级低合金钢板和超细355 MPa级碳素钢热连轧钢板。超细晶钢是高强度和高韧性匹配良好的新一代钢铁材料,是全球研究的大课题,也是武钢承担的国家973重点科研项目——“国家新一代钢铁材料重大基础研究”专题之一。20世纪90年代武钢成功研制出低碳贝氏体高强度钢DB685、DB590,使我国机械制造行业实现了由“笨大粗型”向“轻小高型”的转变。为进一步优化低碳贝氏体高强度钢的性能,武钢通过对高洁净度、高均匀度、超细晶粒的方法进行系统开发,成功研制出超细晶800 MPa级低合金钢板和超细355 MPa级碳素钢热连轧钢板。超细晶800 MPa级低合金钢板和超细355 MPa级碳素钢热连轧钢板与常规的Q235钢相比,屈服强度和抗拉强度均提高了90～100 MPa,冷弯性能明显有改善。经汽车制造厂进行冲压试验,性能完全满足了汽车车厢纵梁、横梁的冲压和装配要求,可以广泛应用于工程机械、煤矿机架、推土机和汽车制造业。

【武钢氪、氙气体碳氟化合物杂物净除

技术世界领先】 2003年2月28日，武钢氧气公司"氪、氙气体中碳氟化合物杂物净除技术的研究与应用"项目通过了湖北省科技厅组织的包括北京科技大学、华中科技大学、全国气体标准委员会、清华同方公司等9家权威机构的专家鉴定。氪、氙气体被誉为"黄金气体"，广泛应用于光电源、半导体、特殊材料、特殊检验、环境保护、核工业等领域，有极高的经济效益。武钢氧气公司"氪、氙气体中碳氟化合物杂物净除技术的研究与应用"课题在10年的实验基础上，通过对氪、氙中的杂质气体做定性、定量分析，并与北京某公司共同开发出杂质气体净化材料，使氪、氙气体的纯净度由原99.99%提高到99.9995%，达到高纯净或超高纯净气体标准。"氪、氙气体中碳氟化合物杂物净除技术的研究与应用"解决了一项气体净化领域的世界性难题，其技术填补了国内空白，居世界领先水平，为下一步国家制定标准提供了技术支持。

（鉴　文）

【武钢入炉焦比实现"破四见三"】 2003年6月5日，武钢高炉入炉焦比(吨铁)为394.8 kg/t，实现了高炉入炉焦比"破四见三"(即焦比从400 kg/t以上降至400 kg/t以下)。焦比即冶炼生铁所消耗的焦炭量，是衡量高炉生产水平的主要技术经济指标之一。高炉入炉焦比的高低直接关系到生铁成本的高低，降低入炉焦炭是当今世界炼铁技术进步的必然趋势。炼铁厂从1993年实现入炉焦比"破五见四"后，通过不断推进科技进步和管理创新，喷煤比、风温水平、原料入炉品位逐年提高。1998年5号高炉入炉焦比达到397.1 kg/t，2000年6月，炼铁厂实现入炉焦比"破四见三"，达到399.9 kg/t，2002年炼铁厂烟煤改造一期工程竣工，喷煤比进一步提高。为全面实现高炉入炉焦比"破四见三"目标，炼铁厂采取焦炭与矿石错角位布料方式，改善煤气利用率；关闭冷风闸，实施全风温操作；提高富氧量，氧气由原1000 m^2/min提高到1200 m^2/min；提高喷煤水平，用新的喷吹工艺和制粉，缩短工艺、设备的磨合期，运用新的煤比上下调剂工艺制度，喷煤比达到121 kg/t水平。炼铁厂5座高炉采用新工艺后，平均喷煤比达到121 kg/t、入炉焦比达到394.8 kg/t、用小焦24 kg/t、煤气2.05 GJ/t，4项综合每吨铁降成本4.58元。

（杨爱国）

【武钢7项纪录入选中国企业新纪录】 2003年11月19日，在河北省廊坊市召开的"创新——先进生产力发展的不竭动力"中国企业新纪录新闻发布会暨现场交流会发布的484项新纪录，武钢申报的7项纪录入选。2003年2月，由中国企业联合会、中国企业家协会联合举办的中国企业新纪录申报工作历时7个月，共有319家企业申报了655项新纪录，经国家行业主管部门审核，281家企业创造的484项中国企业新纪录进行了发布。武钢此次入选的7项纪录为：(1)第一炼钢厂2002年采用铁水脱硫、转炉冶炼、IF-VD精炼的方坯连铸轴承钢，其化学成分、偏析达到国家标准。(2)第二炼钢厂2号转炉从1999年8月至2002年12月，炉役冶炼283个品种，产钢241.7万t，炉龄达到2942次，创国内冶金行业同类设备炉龄新纪录。(3)中国年产量最高、自动化水平最高、板径最宽的武钢第二热轧厂2003年3月29日试轧成功，设计年产量350万t。(4)第三炼钢厂2002年连铸板坯合格率达99.90%，创国内同行业新纪录。(5)第二炼钢厂1997年建成的2号KR脱硫站，采用KR搅拌式深脱硫生产工艺，为国内首创。(6)第二炼钢厂1997年10月6日建成投产的RH-KTB并开发WPIS工艺技术，其设备国产化率达65%以上，对于有低P要求的工业纯铁通过WPB喷粉脱P能使钢水[P]控制在0.003%以下，为国内首创。(7)兴达经济发展有限责任公司1996年研制的混铁车内衬砌筑用支架，可将混铁车旋转90°，改变了老式砌筑在脚手架上支设旋胎砌筑上半圆方法，为国内首创。

（鉴　文）

○ 2003年武钢技改工程

【武钢三烧大修改造工程投产】 2003年3月21日，武钢三烧改造工程竣工投产，武钢进入了烧结技术、工艺、设备的新时代。三烧改造工程于2002年5月9日开工，建设周期10个。三烧改造总投资2.5亿元，设计年产烧结矿324万t，将原4台82.5 m^2烧结机改建成1台360 m^2烧结机，比原4台烧结机增产44万t。改造后的三烧采用模糊自动控制技术、小球烧结新工艺，实现了全自动控制，烧结矿质量提高、消耗降低，粉尘减少58%。改造后的三烧成本降低28元/t，人员减少100人，年创经济效益 4100 万元，新增绿化面积 4900 m^2。

【武钢新 3 号焦炉竣工投产】 2003 年 3 月 26 日，焦化公司新 3 号焦炉第一炉焦炭顺利出炉。新 3 号焦炉是一座现代化的大容积焦炉，多项生产工艺及环保功能的科技含量在国际和国内同行业处于领先水平。新 3 号焦炉投资 2.1 亿元人民币，系 55 孔 6 m 大容积焦炉，年产焦炭 55 万 t，煤气发生量 2.5 万 m^3/h，是目前国内技术装备最先进的大容积焦炉。该焦炉多项技术达到国际、国内先进水平——在国内同行业中首次采用计算机控制炉温新技术；采用先进的炉型结构和 4 大车（推焦车、装煤车、拦焦车、熄焦车）连锁技术；辅助设备采用 PLC 程序控制；仪表采用 DCS 系统，计算机编排计划；采用装煤除尘地面低水分熄焦工艺，焦炉粉尘减少到 500 hg/m^3 以内。新 3 号焦炉由鞍山焦耐院总设计，武钢建工集团、一冶筑炉公司和武钢焦化公司共同建设，整个建设工期 15 个月，创造了国内同行业焦炉建设速度最快纪录。新 3 号焦炉的投产，将大大缓解武钢炼铁生产焦炭和煤气的压力。

【冷轧厂联机改造试车成功】 2003 年 11 月 15 日，冷轧厂改造后的酸洗联机实现一次通板负荷试车。武钢股份公司冷轧厂联机改造工程是武钢“十五”重点技术改造项目，总投资 22 亿元人民币，改造周期 60 天，改造后的年生产能力将从 122 万 t 提高到 185 万 t，其中镀锡板年产量为 12 万 t、镀锌板年产量为 25 万 t、冷轧板卷 115 万 t、无取向硅钢 22 万 t。冷轧厂联机改造工程是将酸洗连续机组和 5 机架改造成为酸洗联合机组，是一项涉及面广、工期时间短、技术含量高、工程难度大的技术改造工程。在 2 个月的时间内，要完成 48 座普通 NH 罩式退火炉改造成为全氢罩式退火炉、新建 1 条 22 万 t 连续退火线、1 条 22 万 t 重卷机组、1 条 35 万 t 推拉式酸洗线、全面改造 1 号锡板剪切线、更新 2 台酸再生机组、增加 1 台轧辊数控磨床和电火花打毛设备。冷轧改造工程指挥部经过周密合理安排，用 60 天的时间共完成 2800t 设备及钢结构的拆除、外运、1000 多吨工业垃圾的清理、4300 t 机械设备及结构安装、1500 km 电缆铺设、20 万个 I/O 点的接线及机械设备精密找正，创造出同行业在线技术改造工程规模大、工期短两项世界之最。冷轧连机改造工程采用了多项世界先进技术：(1)米巴赫激光焊接技术，提高了焊接质量，降低了断带率。(2)浅槽紊流连续性酸洗工艺，缩短了热轧钢板的酸洗时间。(3)EMG 带钢纠偏系统、带钢转向系统、弯辊、串辊、板型、测速、压下等电气控制系统，进一步提高了酸洗机组基础自动化水平。(4)反冲洗磁棒过滤系统，提高了钢板表面清洁度。冷轧厂联机改造工程的顺利完工将改变冷轧厂产品品种，加大新产品开发力度、实现规模效益、增加“双高”产品产量、提升武钢产品的市场地位、提高武钢产品的竞争力，为实现武钢成为中国汽车板生产基地目标奠定了良好基础。

【程潮铁矿 120 万 t 球团工程竣工】 2003 年 12 月 17 日，武钢矿业公司程潮铁矿 120 万 t 球团工程竣工。程潮铁矿 120 万 t 球团工程于 2002 年 6 月 18 日动工兴建，工程由长沙冶金设计院、鞍山冶金设计院共同设计，首钢设计院负责监理，华冶公司、十五冶、二十三冶等承担工程建设。工程总占地面积 8 万 m^2，工程采用了世界先进的球团链箅机——回转窑生产工艺，引进国外高压轴磨机和回转窑液压传动系统、高压辊磨机，实施全自动化控制。通风除尘设备运用国内密封技术，技术装备达到国际先进水平。程潮铁矿 120 万 t 球团工程是武钢实施“高炉精料方针”的重要举措，为进一步优化高炉炉料结构，提高高炉利用系数创造了条件。

（鉴　文）

大事记

1月

2日 武钢总经理刘本仁被评为2002年度中国“最受关注企业家”。

3日 在湖北省副省长蒋成良的陪同下，中国交通银行董事长殷介炎访问武钢。武钢总经理刘本仁在厂前科技馆接待，武钢副总经理、总会计师彭辰及总经理助理赵小明会见时在座。

▲一炼钢厂2号方坯连铸机连续生产13天，浇铸392炉，产钢40972.236 t，创方坯连铸连续浇钢全国纪录。

4日 “中国钢铁工业协会信息及自动化推进中心2002年年会”在武钢召开。国家科技部副部长马颂德、科技部高新技术发展与产业化司司长李健、中国钢铁工业协会会长吴溪淳、原冶金工业部副部长周传典、中国经济联合会副会长黄墨滨、中国钢铁工业协会信息及自动化推进中心主任(鞍钢总经理)刘玠、武汉市副市长李涛、唐钢总经理王天义、宝钢副总经理徐乐江、武钢总经理刘本仁、武钢党委书记王炯、副总经理邓崎琳和来自全国钢铁企业的代表参加了会议。

▲武钢整体产销资讯系统上线剪彩仪式在武钢科技馆举行。国家科技部副部长马颂德、科技部高新技术发展与产业化司司长李健、中国钢铁工业协会会长吴溪淳、原冶金工业部副部长周传典、武汉市副市长李涛、湖北科技厅副厅长王凤藻、武钢总经理刘本仁、武钢党委书记王炯为整体产销资讯系统上线剪彩。

9日 武钢工作会在武钢宾馆召开。刘本仁总经理作题为《抓住机遇、开拓创新、加快发展，为把武钢建设成为国际一流的现代化钢铁企业和精品名牌基地而努力奋斗》的行政工作报告，王炯书记作题为《围绕中心、凝聚力量、促进发展，在武钢新一轮发展中发挥党组织的政治核心作用》的党委工作报告。

13日 中共中央政治局委员、湖北省委书记俞正声，国家经贸委主任李荣融等来武钢参观考察，武钢总经理刘本仁、党委书记王炯及总经理助理刘新权接待并陪同考察。

14日 “全国国有大中型企业改制分流促进再就业工作经验交流大会”在武钢召开。会议由国家经贸委副主任蒋黔贵主持。国家经贸委主任李荣融作题为《坚持国有企业减员增效的改革方向，积极推进主辅分离改制分流促进再就业》的讲话，湖北省常务副省长周坚卫致辞，国家劳动和社会保障部培训就业司司长于法鸣到会讲话，武钢总经理刘本仁作题为《强化主辅分离改革，促进武钢持续发展》的经验介绍。湖北省代省长罗清泉、武汉市委书记陈训秋、武汉市市长李宪生、武汉市副市长李涛、武钢党委书记王炯，各直辖市经委，各省、自治区(除西藏自治区外)经贸委的领导以及国有大中型企业的负责人300多人出席会议。

23日 武钢技术中心女博士、教授级高级工程师袁伟霞当选为中国人民政治协商会议第十届委员。

27日 在湖北省第十届人大一次会议上，武钢总经理刘本仁再次当选全国人民代表大会代表。

29日 武钢第十届三次职工代表大会在武钢工人剧院召开。武钢党委副书记兼工会主席樊政炜主持会议，总经理刘本仁作题为《抓住机遇、开拓创新、加快发展，为把武钢建设成为国际一流的现代化钢铁企业和精品名牌基地而努力奋斗》的工作报告。

2月

9日 武钢财务工作会议在武钢宾馆召开，武钢党委书记王炯、副总经理彭辰、总经理助理赵小明出席会议。

10日 武钢2003年“安全生产动员大会”在武钢工人剧院召开。会议由武钢副总经理李富山主持，武钢党委书记王炯作安全动员讲话，副总经理邓崎琳作安全工作报告，武钢党委副书记兼工会主席樊政炜宣读2002年度安全生产先进单位和个人表彰决定。武钢领导毕传淑、胡望明、彭辰及蒋淳、赵小明、张翔、陈明杰、治胜利出席大会。

11 日 “湖北省企业工委工作会”在武钢宾馆召开。省委副书记、人大主任杨永良，省企业工委书记宋育英及省领导王守海、任世茂、翁行德出席会议。湖北省国有骨干企业党委书记、纪委书记参加会议。武钢党委中心学习组获“理论学习先进单位”称号。

19 日 湖北省、武汉市领导为武钢二热轧新厂区义务植树。中共中央政治局委员、湖北省委书记俞正声及省市领导罗清泉、杨永良、黄远志、邓道坤、宋育英、贾富坤、苏晓云、周坚卫、孙志刚、张昌尔、刘友凡、陈训秋、李宪生、赵零、刘善壁、涂勇等，武钢领导王炯、邓崎琳、胡望明、彭辰，省直机关干部，武汉市部队离退休干部及武钢民兵 300 人参加义务植树活动。

▲武钢党委书记王炯及总经理助理贾宝军接待日岩井株式会社常务董事松井胜敏访问团一行。

▲武钢研制出新一代超细晶 800 MPa 级低合金钢板和超细 355 MPa 级碳素钢热连轧钢板。

21 日 武钢在武汉科技大学举办应届毕业生专场招聘会，武钢党委书记王炯前往招聘现场，800 多名学生应聘，160 多名学生投档。

28 日 武钢“氪、氙气体中碳氟化合物杂物净除技术的研究与应用”使氪、氙气体的纯净度由原 99.99% 提高到 99.9995%，达到高纯净或超高纯净气体标准，填补了国内空白，居世界领先水平。

3 月

4 日 武钢总经理刘本仁出席第十届全国人民代表大会，技术中心女博士、教授级高级工程师袁伟霞出席第十届全国政协会议。

7 日 纪念“三八”暨表彰大会在武钢工人剧院召开。湖北省工会副主席楮玲、武汉市政协副主席杨付华、武汉市总工会副主席刘兴无到会，武钢领导王炯、樊政炜、毕传淑出席会议，武钢党委副书记兼工会主席樊政炜讲话。会议表彰了武钢“巾帼”十杰和一批先进集体及先进个人。

21 日 武钢三烧结车间改造工程投产，武钢领导刘本仁、王炯、胡望明、王岭及陈明杰、老领导毛占元出席开工典礼。

25 日 武钢 2003 年审计工作会在宾馆召开。会议由纪委书记毕传淑主持，总经理刘本仁到会讲话，党委书记王炯、副总经理兼总会计师彭辰出席会议。

26 日 新 3 号焦炉工程竣工投产，武钢领导刘本仁、胡望明及陈明杰、中冶集团、青山区领导为投产剪彩。

28 日 武汉市市长李宪生、副市长李涛率武汉市计委、经委、建委、财政局、社保局、教育局、卫生局、青山区政府一行来武钢调研，武钢总经理刘本仁、党委书记王炯接待，樊政炜、邓崎琳、毕传淑及陈明杰陪同。

▲武钢能源动力公司成立仪式在武钢宾馆举行，武钢总经理刘本仁、党委书记王炯为能源动力公司成立揭牌。

4 月

8 日 武钢总经理刘本仁与中国招商银行行长马蔚华在厂前科技馆签订了 15 亿元人民币的综合授信额度，湖北省副省长蒋超良、武钢副总经理兼总会计师彭辰、总经理助理赵小明出席签字仪式。

10 日 武汉市德华环保工程技术有限公司举行成立挂牌仪式，武钢总经理刘本仁、湖北省环保局副局长吴德仁、青山区委书记杨付华、武汉市环保局局长王家源、德国斯图加特大学教授克劳特博士、中国台湾中钢集团中宇环保公司董事长杜金陵出席签字仪式。

11 日 首钢总公司董事长、党委书记朱继民，党委常委、副总经理王青海一行访问武钢，武钢副总经理胡望明、总经理助理陈明杰接待并陪同参观了炼铁厂、三炼钢厂和二热轧厂。

13 日 武钢总经理刘本仁、副总经理兼总会计师彭辰及总经理助理陈明杰在厂前科技馆接待了原全国政协副主席、中国民生银行董事长经叔平一行。

17 日 武汉市人大部分常委在武汉市副市长袁善腊、副秘书长肖常谷、人大常委会副主任陈华芳、单大年的陪同下参观武钢，武钢纪委书记毕传淑、副总经理胡望明接待并陪同参观。

28 日 武汉市委常委、宣传部长、总工会主席张岱梨及武汉市总工会副主席徐保在武钢党委副书记兼工会主席樊政炜的陪同下，在生产现场为武钢股份有限公司硅钢厂孙晓峰、有限责任公司炼铁厂周光明颁发“五一”劳动奖章。

29 日 中华全国总工会授予有限责任公司炼铁厂 5 号高炉丁班“五一”劳动奖状，授予有限责任公司热轧厂副总工程师陈永钊、焦化公司新三焦筹建办公室电工刘幼生全国“五一”劳动奖章。

30日 青山区委书记杨付华、区长樊启祥慰问了武钢预防“非典”指挥部工作人员，武钢总经理助理治胜利介绍了武钢预防“非典”工作情况，并就下一步将要采取的措施作了介绍。

5月

1日 以国家人事部党组副书记、副部长戴光前为组长的国务院赴湖北防治“非典”督察组一行7人在湖北省省长罗清泉、武汉市委副书记张代重及省、市、青山区负责人的陪同下来武钢检查指导抗击“非典”工作。武钢总经理刘本仁、党委书记王炯及总经理助理治胜利接待并陪同检查。

6日 共青团中央、全国青联授予武钢党委书记王炯“中国青年五四奖章”。

7日 湖北省副省长任世茂率省经贸委、计委、建设厅、物价局负责人来武钢调研，武钢总经理刘本仁、党委书记王炯、副总经理胡望明及总经理助理治胜利与调研组进行座谈。王炯书记和陈明杰助理陪同调研组参观了炼铁厂、一炼钢厂、二热轧厂和工业港码头。

8日 武汉市人大主任赵零、市人大副主任苏忠遂、秘书长吕金芝一行来武钢调研，武钢党委书记王炯、纪委书记毕传淑及总经理助理刘新权接待。

13日 武汉市总工会党组书记胡开国专程来武钢为武钢工会工作先进集体和个人颁奖，武钢领导刘本仁、王炯、樊政炜出席颁奖仪式。

15日 中共中央政治局常委李长春在中共中央政治局委员、湖北省委书记俞正声及副书记杨永良、武汉市委书记陈训秋的陪同下视察武钢。武钢总经理刘本仁、党委书记王炯在武钢科技馆进行汇报，武钢领导樊政炜、李富山、邓崎琳、毕传淑参加接待。

▲国家国有资产管理委员会主任李融荣致电武钢：向奋战在抗击“非典”斗争一线的武钢全体职工表示慰问，并要求武钢坚持一手抓“非典”防治，一手抓生产经营，全力确保企业生产经营顺行。

6月

5日 武汉市副市长胡绪鹍来武钢，授予武钢“武汉市环境保护先进企业”称号，武钢副总经理胡望明向副市长介绍了武钢环保工作情况。

▲武钢高炉入炉焦比（吨铁）为394.8 kg/t，实现了高炉入炉焦比“破四见三”（即焦比从400 kg/t以上降至400 kg/t以下）。

6日 中共中央政治局常委、国务院副总理黄菊在中共中央政治局委员、湖北省委书记俞正声及省长罗清泉、武汉市委书记陈训秋、市长李宪生的陪同下视察武钢。武钢总经理刘本仁、党委书记王炯向黄菊一行汇报了武钢改革发展情况，武钢领导樊政炜、李富山、邓崎琳、毕传淑及治胜利参加接待。

16日 武汉市副市长袁善腊及武汉市劳动和社会保障局负责人来武钢调研医保工作情况，武钢总经理助理治胜利接待。

17日 中国银行副董事长、副行长孙昌基一行来武钢考察，武钢副总经理、总会计师彭辰及武钢有关部门负责人接待。

27日 武钢召开“掀起学习贯彻‘三个代表’重要思想新高潮座谈会”。会议由武钢党委副书记兼工会主席樊政炜主持，武钢总经理刘本仁、党委书记王炯分别在会上发言，李富山、毕传淑、胡望明、彭辰、王岭及蒋淳、顾力平、赵小明、张翔、贾宝军、陈明杰、刘新权、治胜利出席座谈会。

30日 武钢召开“纪念中国共产党成立82周年大会”。会议由武钢党委副书记兼工会主席樊政炜主持，武钢党委书记王炯讲话，武钢副书记刘本仁宣读表彰决定。李富山、邓崎琳、毕传淑、胡望明、彭辰、王岭及蒋淳、顾力平、赵小明、张翔、贾宝军、陈明杰、刘新权、治胜利和老红军包正堂出席大会。

7月

1日 武钢总经理刘本仁、党委副书记兼工会主席樊政炜、武钢老领导黄墨滨以及冶金公司、汉口轧钢厂负责人接待了来武钢指导钢管生产和技术咨询的中国工程院院士殷国茂。

8日 武钢副总经理胡望明及总经理助理顾力平在武钢科技馆接待了国家质量监督检验检疫总局计量司副司长刘新民一行。

▲武钢技术中心硅钢研究所挂牌。

9日 徐州矿务集团党委书记皇新海率队来武钢考察，武钢党委书记王炯、党委副书记兼工会主席樊政炜、总经理助理兼组织人事部部长刘强接待并进行座谈。

11日 武钢律师事务部成立。

▲首钢集团总会计师方建一一行访问武钢，武

钢副总经理兼总会计师彭辰接待并相互交流了财务管理和改革经验。

13日 武钢职工张志国在湖北省职工技能大赛中获得车工状元,并被授予湖北省“五一”劳动奖章。

14～16日 由国家发展和改革委员会、中国工程院、武钢共同组织的“武钢技术创新院士行”活动在武钢举行。武汉市委书记陈训秋、湖北省副省长辜胜阻、武汉市副市长袁善腊、湖北省科协副主席兼科技厅厅长郭生练出席开幕式。参加此次活动的专家有:中国工程院副院长、两院院士王淀佐,工程院工程管理学主任殷瑞钰、院士张寿荣、陆钟武、陈先霖、干勇、李正邦及10位钢铁研究方面的资深专家。武钢领导刘本仁、王炯、樊政炜、李富山、毕传淑、胡望明、彭辰、王岭及蒋淳、顾力平、赵小明、张翔、贾宝军、陈明杰、刘新权、刘强、刘文仲参加了“武钢技术创新院士行”活动。10多位专家对武钢战略定位、发展目标、工艺装备方面进行了诊断和指导。

17日 武钢总经理刘本仁、党委书记王炯在厂前科技馆接待了由国务院国有资产监督管理委员会党委书记、副主任李毅中率队、湖北省副省长任世茂陪同的调研组一行。

▲武钢总经理刘本仁、副总工程师张翔、总经理助理刘强陪同中国工程院院士、工程院化工、冶金材料学部原副主任、东北大学校长、教授陆钟武参观武钢科技创新成就展、一炼钢厂和二热轧厂。

▲武钢残疾人代表团在湖北省第十一届运动会暨第六届残疾人运动会上获得团体总分第二名,夺得13枚金牌、11枚银牌、4枚铜牌。

18日 武钢领导刘本仁、王炯、樊政炜在厂前科技馆接待了中央新闻采访团全体成员。

19日 全国关心下一代工作委员会副主任闵振环一行来武钢调研,武钢纪委书记毕传淑接待并介绍了武钢情况。

21日 武钢三中学生周游获第44届国际中学生数学奥林匹克竞赛银牌。

22日 武钢工作会在武钢宾馆召开。会议由党委副书记兼工会主席樊政炜主持,总经理刘本仁作题为《抓住有利时机、做好三项工作,扎扎实实地推进武钢新一轮的改革与发展》的行政工作报告,党委书记王炯作题为《学习贯彻“三个代表”重要思想,加强改进党的建设,确保武钢新一轮改革与发展的顺利进行》的党委工作报告。武钢领导李富山、邓崎琳、毕传淑、胡望明、王岭及蒋淳、顾力平、赵小明、张翔、陈明杰、刘新权、刘强出席会议。

▲全国人大内司委副主任李新良一行来武钢考察,武钢党委书记王炯、党委副书记兼工会主席樊政炜介绍了武钢老年工作情况并陪同走访了武钢敬老院。

24日 湖北省五峰土家族自治县县委书记邹正金一行来武钢参观访问,武钢总经理刘本仁、总经理助理治胜利接待并提出武钢对口扶贫可持续发展新思路。

28日 武钢党委书记王炯陪同武汉市委书记陈训秋、副书记殷增涛慰问炼铁厂高炉一线职工。

31日 武钢党委书记王炯、副总经理王岭陪同中共中央政治局委员、湖北省委书记俞正声及湖北省省长罗清泉、省人大主任杨永良、省政协主席王铁生、省总工会主席黄志远、省委副书记邓道坤、武汉市委书记陈训秋、武汉市市长李宪生为武钢高温一线职工送清凉。

▲武钢第十届四次职代会在工人剧院召开。会议由党委副书记兼工会主席樊政炜主持,总经理刘本仁作题为《抓住有利时机、做好三项工作,扎扎实实地推进武钢新一轮的改革与发展》的行政工作报告。

8月

4日 武汉市人大常委会主任赵零一行来武钢对生产经营、“十五”钢铁发展规划的实施情况进行调研,武钢领导刘本仁、彭辰、王岭接待。

6日 武钢——澳大利亚力拓集团哈默斯利矿供应及采购框架协议签字仪式在武钢宾馆举行。武钢总经理助理贾宝军、力拓公司铁矿发展部总裁鲍谊安分别代表双方在协议书上签字,武钢总经理刘本仁、力拓公司中国首席代表哈维先生和哈默斯利公司中国首席代表胡士泰出席签字仪式。协议书签署后,在未来的25年内,澳大利亚力拓集团哈默斯利公司将每年向武钢供应300万t铁矿。

7日 纪念武钢投产45周年“武钢一日”摄影活动在武钢宾馆举行,武钢总经理刘本仁为武钢的摄影工作者拍了第一张照片,党委书记王炯为活动授旗并宣布活动开始。湖北省文联副主席、著名摄影家张其军应邀出席。

18日 武钢森泰通山冶金有限责任公司在通山县大路乡奠基,咸宁市政协副主席许绮燕、通山县委书记龙良文、通山县县长刘新池、武钢总经理助理治胜利出席奠基典礼。

19日 武钢党委书记王炯接待了广东发展银行行长张光华一行。

▲武汉市委副书记程康彦来武钢调研,武钢纪委书记毕传淑、副总经理胡望明接待并陪同考察。

22日 武汉市人大常委会副主任单大年一行来武钢调研侨务工作情况,武钢纪委书记毕传淑接待并介绍了武钢近几年侨务工作情况。

25日 湖北省政协副主席王少阶、张荣国及武钢老领导、省政协常委、教科文卫体委员会主任张明达一行对武钢运用信息技术改造传统产业,推动新型工业化的做法进行调研,武钢党委书记王炯、总经理助理顾力平在武钢科技馆接待了调研组一行。

25日 武钢“平改转”工程获“中国环保百佳”称号。

27日 武汉市政协副主席、青山区委书记杨付华率武汉市政协经济委员会成员来武钢调研,武钢党委副书记兼工会主席樊政炜接待并介绍情况。

29日 第二届中国女子数学奥林匹克竞赛活动在武钢三中落幕,武钢三中取得团体冠军和1块金牌、2块银牌、1块铜牌的成绩。著名数学家(原武汉大学校长)齐民友、中国数学奥林匹克委员会副主席裘宗沪、武钢纪委书记毕传淑、武钢总经理助理蒋淳出席颁奖仪式。

9月

3日 武钢总经理刘本仁在武钢科技馆接待了国资委企改局副局长刘湘东一行。

▲武钢优秀青年代表——大型厂高线车间班长程勇刚入选“2003湖北青年日本行”访问团(访问团于11月24日前往日本进行为期24天的友好访问)。

5日 “武钢教师节庆祝大会”在一招召开。武钢党委书记王炯主持会议,武钢总经理刘本仁致辞,武钢党委副书记樊政炜宣读表彰决定。武钢领导李富山、毕传淑及蒋淳、治胜利、刘强出席会议。

14日 武钢党委书记王炯、副总经理兼总会计师彭辰接待了国资委考核局局长李寿生、副局长王日希一行。

17日 武钢总经理刘本仁在武钢科技馆接待了韩国浦项综合制铁社社长姜昌武一行,总经理助理贾宝军、副总工程师张翔陪同接待。

23日 全国人大常委会委员、全国人大财经委员会主任贾志杰与全国人大常委会委员乌日图在湖北省人大常委会副主任高瑞科、湖北人大常委会刘育岭、武汉市人大主任赵零、副主任苏忠遂、武汉市副市长袁善腊的陪同下率全国人大财经委员会来武钢考察。武钢党委书记王炯、总经理助理刘新权在武钢科技馆接待并陪同参观了一炼钢厂。

▲在第六届全国残疾人运动会上,武钢残疾人运动员共获得7枚金牌、5枚银牌、9枚铜牌,5人超5项全国纪录,1人打破1项世界纪录。

26日 武钢总经理刘本仁参加武汉市第四届中国国际机电产品博览会院士论坛,并作题为《坚持科技创新,实现可持续发展》的专题演讲。

▲东湖新技术开发区武钢软件园揭牌仪式在武钢信息大厦举行。武钢总经理刘本仁、武汉市人大副主任吴玉梅为软件园揭牌,湖北省信息产业厅厅长夏平、武钢副总经理胡望明、总经理助理刘新权出席揭牌仪式。

▲武钢与德国西马克等公司举行武钢第二冷轧薄板酸洗——轧机联合机组授标及合同签字仪式。武钢领导刘本仁、王炯、王岭及陈明杰,武钢老领导周良俊、德国西马克·德玛格公司副总裁罗森涛参加仪式。

28日 湖北省副省长蒋大国在武钢党委书记王炯的陪同下到武钢敬老院看望老同志。

▲武钢欢送赴北京参加全国留学回国先进个人表彰大会的技术中心博士周桂峰,武钢党委书记王炯出席欢送会。

29日 国务院《危险化学品安全管理条例》执行情况督察组在湖北省、武汉市有关部门负责人的陪同下检查了武钢执行条例情况,武钢副总经理胡望明接待了检查组一行。

10月

17日 以广东省委副书记欧广源为团长、广东省副省长游宁丰为副团长的广东省考察团在湖北省副省长任世茂的陪同下来武钢考察,武钢党委书记王炯接待并陪同参观一炼钢厂。

23日 中国台湾华新丽华股份有限公司董事长焦佑伦一行在武汉市发展计划委员会主任刘家栋的陪同下来武钢参观访问。武钢总经理刘本仁、总经理助理顾力平、副总工程师张翔接待,张翔陪同客人参观了武钢科技馆、二热轧生产现场和第三炼钢厂。

24 日　武钢选手代表湖北在全国职工职业技能大赛(吉林长春)中获得车工比赛团体冠军。

28 日　武钢党委书记王炯在武钢宾馆接待了南非库博矿业有限公司代表团一行。

11 月

8 日　武钢集团海南有限责任公司新建脱脂机组工程开工仪式在海南公司举行。武钢总经理刘本仁、武钢党委副书记樊政炜(海南公司董事长)、海南省副省长刘琦出席开工仪式并为工程奠基。

12 日　武钢参加了在广州举行的首届中国国际金属工业博览会。武钢党委副书记樊政炜、总经理助理陈明杰及股份公司总经理刘文仲出席开幕式,武钢总经理刘本仁、副总经理邓崎琳先后观摩了博览会。

15 日　总投资 22 亿元人民币的冷轧厂酸洗联机改造工程一次通板负荷试车成功。

19 日　在河北廊坊召开的中国企业新纪录新闻发布会暨现场经验交流会上,武钢 7 项纪录入选。

21 日　湖北省委副书记兼武汉市委书记陈训秋在江夏区委、区政府、区人大负责人的陪同下,对武钢乌龙泉矿企业发展情况进行了调研。

24 日　武钢股份公司荣获 2003 年全国质量管理奖,武钢党委书记、股份公司副董事长王炯进京领奖并发表演讲。

12 月

2 日　武钢总经理刘本仁率队走访了山西、河南等大型煤矿,并分别与山西焦煤集团、河南焦作煤业集团签订了中长期战略合作伙伴关系协议书。武钢总经理助理贾宝军、钢铁公司技术质量部、生产部、炼铁厂和物资供应公司、焦化公司及武钢办公室有关负责人参加走访。

5 日　武汉市委书记陈训秋、人大主任赵零、副市长李涛一行来武钢专题调研,武钢总经理刘本仁、党委书记王炯接待并进行了座谈。

▲武钢总经理刘本仁与山东新汶矿业集团董事长郎庆田一行进行会谈,武钢总经理助理贾宝军及办公室、物资供应公司、销售公司负责人出席座谈会。

▲中国钢铁协会会长吴溪淳率团参观武钢,武钢副总经理邓崎琳接待并陪同参观了三炼钢厂、二热轧生产现场。

6 日　武钢总经理刘本仁在武钢宾馆会见了中国台湾华新丽华股份公司特殊钢事业部总经理张文春一行,武钢副总经理兼总会计师彭辰、总经理助理顾力平陪同。

13 日　武钢组团参加了在北京举办的“第三届中国国际钢结构展览会”。

15 日　山西晋城煤业集团董事、党委副书记贾国华率队考察武钢。武钢党委书记王炯接待了考察团一行,总经理助理刘新权及办公室、企业发展公司负责人参加接待。

17 日　武钢矿业公司程潮铁矿 120 万 t 球团工程竣工。

19 日　武钢表彰在全国、湖北省、武汉市职工技能大赛中获奖的集体与个人。武钢总经理刘本仁在会上讲话,总经理助理刘新权宣读表彰决定,省、市总工会领导、武钢领导王炯、彭辰出席会议。

25 日　南通港口集团有限责任公司总经理兼党委书记王卫国一行访问武钢,武钢党委书记王炯、副总经理邓崎琳接待。

29 日　2003 年武汉市企业界“双十”新闻评选表彰大会在武钢宾馆举行,武汉钢铁(集团)公司和总经理刘本仁名列 2003 年度武汉企业界“双十”新闻事件和新闻人物榜首。

30 日　武钢工作会在工人文化馆召开。会议由武钢纪委书记毕传淑主持,武钢总经理刘本仁作题为《继续深化改革,不断加快发展,努力开创武钢改革与发展的新局面》的行政工作报告,党委书记王炯作题为《贯彻三中全会精神,加强改进党的建设,为实现武钢新一轮的改革与发展提供有力的政治保证》的党委工作报告。武钢领导邓崎琳、胡望明、王岭及蒋淳、顾力平、赵小明、张翔、贾宝军、陈明杰、刘新权、治胜利、刘强出席会议。

注:“▲”为同日。

专文·专论·调查报告

从质量效益型到科技创新型的跨越式发展

——武汉钢铁(集团)公司课题组

一、绪论

科学技术是第一生产力的作用，决定了科技创新是企业持续发展的第一动力，是滋养企业永葆青春的源泉，是企业永恒的主题。

武钢成长表现为科技创新持续发展的历史进程。武钢是新中国成立后，由党中央、毛泽东主席批准兴建的第一个大型钢铁联合企业。自1951年开始勘探选址到1955年开工建设，1958年开始投产，迄今已有半个世纪的历史。下面一串数据，浓缩了历史对比：武钢在45年的生产建设中，累计生产铁1.42亿t、钢1.32亿t，钢材1.03亿t，累计实现利税达471.4亿元，其中上缴国家370亿元，相当于国家对武钢累计投资64.2亿元的5.76倍。从党的十四大召开以来的10年间，在钢铁行业比较困难的情况下，武钢上缴利税205.61亿元，占武钢投产45年来上缴利税总额的55.57%；扣除资产重估增值部分后，资产保值增值率为272.67%；钢产量由1992年的475.85万t增长到2002年的755.04万t，增长56.87%；人均产钢增长11倍；职工人均年收入增长了3倍多。从而使这一时期成为武钢历史上改革力度最大、发展速度最快、经济效益最好、职工受益最多的时期之一。1993年以来，武钢瞄准国际钢铁行业先进水平，坚持引进、改造、消化、创新的方针，依靠自我积累和自筹资金300多亿元用于技术进步、扩建改造，应用了一大批新工艺、新技术和新装备，新建和扩建改造了三炼钢厂、硅钢厂、高速线材、四烧、八焦、一炼钢厂"平改转"、二热轧厂等一批具有世界一流水平的效益工程，在调整结构、增加品种、提高质量、降低消耗方面发挥了重要作用。从而，提高了武钢的市场竞争能力。近年来，武钢先后获得国家技术创新奖、全国质量效益型先进企业、全国用户满意先进单位、全国企业管理杰出贡献奖和全国先进党组织、全国精神文明建设先进单位等荣誉称号。

1. 武钢各个发展阶段的概况

武钢地处"九省通衢"的武汉市东郊，位于长江南岸，占地面积为21.17 km^2。所辖的4座铁矿、2座辅助原料矿，分布在鄂东、鄂南及河南焦作市，还有襄樊钢铁长材公司，海南钢铁有限公司。武钢虽然已是一个老企业，但由于始终坚持不间断地推进科技创新，仍葆青春，位居中国钢铁四强之列，是名副其实的钢铁"国家队"，在世界排名25位。

科技创新贯穿于武钢四个发展阶段的全过程，成为持续发展的不竭动力。其中，形成两次历史性跨越。特别是在竞争日益激烈的市场经济条件下，科技创新更是企业的立身之本，图强之基，财富之源。

第一个发展阶段是20世纪五六十年代的创业阶段。武钢建设项目被列为国家156项重点工程之一，在苏联的援助建设和自主创业的续建期内，建成了1号、2号高炉、500t平炉、1150初轧机、800型材轧机、2800中厚板轧机，形成年产200万t钢综合生产能力，具有世界20世纪50年代先进水平。武钢的这个发展阶段具备科技立业特点：基本采用当时苏联的冶炼技术，具有20世纪50年代先进水平；在关键问题上，自主开发具有武钢特色的工艺技术。武钢当时面对一个含有铁、铜、硫、钴等多种元素共生的大冶铁矿，创造性地提出并不断完善了"浮选—弱磁选—强磁选"的工艺流程，为合理利用矿产资源和冶炼出合格生铁创造了条件，尤其是针对铜影响钢的性能问题，开展了大量的基础研究和应用研究。通过对钢中铜含量的有效控制，变害为利，才使武钢含铜钢具有良好的耐磨和耐大气腐蚀的性能，从而，武钢开辟了广阔的应用范围。

第二个发展阶段是20世纪70年代的引进扩建阶段，按年产钢铁各400万t的规模进行扩建。这个发展阶段，武钢针对原工艺和装备缺陷问题进行研究开发和攻关，如对烧结工艺进行改造，改进平炉燃料，开发高炉炉底寿命，取得重大进展。但是，由于"文化大革命"等历史原因，武钢明显落后于当时轧钢技术的国际潮流。真正使这个发展阶段具备引进创新特点的是，在新建50t氧气顶吹转炉和板坯连铸机的同时，经毛泽东主席、周恩来总理亲自批准，从联邦德国和日本引进并建设了一米七轧机工程，包括热轧带钢轧机、冷轧带钢轧机、20辊森吉米尔硅钢轧机。武钢在消化、吸收、掌握的基础上，开发创新新工艺、新技术、新产品，使武钢由世界20世纪50年代水平提升到20世纪70年代先进水平。

第三个发展阶段是80年代一米七开发创新阶段。中共中央、国务院《关于经济体制改革的决定》和《关于科技体制改革的决定》的出台，进一步拉开了武钢改革和科技创新相结合的帷幕，也是改革开放的崛起壮大阶段。武钢以改革创新为动力，以全面超越进口专利为突破口，以大量获得自主知识产权为主要标志，在对一米七轧机新技术消化、吸收、掌握的基础上，开发创新197项新工艺、新技术、新产品，形成了具有武钢特色的科技创新之路。武钢当时面临着"文化大革命"十年动乱之后百废待兴的局面，首先针对当时计划完不成、生产不稳定、效益上不去的状况，狠抓了企业整顿，包括开展了一米七轧机外貌、性能、精度、自动化程度"四恢复"活动，先后用了3年时间处理了900多项缺陷。与此同时，在消化一米七轧机工程引进的231项专利和217项技术诀窍的基础上，狠抓了自主创新，开发出热轧和冷轧计算机数模，打破了高牌号硅钢只能用模铸工艺的旧框框，成功地实现了全连铸，提高了硅钢的小时产量和成材率。由于一米七轧机系统新技术开发与创新成果突出，荣获了国家科技进步特等奖。这以后，武钢创造出前所未有的三大业绩：一是一米七轧机轧制技术在国内居领先地位，钢材产量首次超过了设计水平；二是铁、钢年产量首次突破双400万t，生铁、钢、钢材的产量与1979年相比，分别提高了33.8%、56.8%和2.1倍；三是经济效益良好，实现利税首次突破了10亿元大关，达到12亿多元，利润额占税金额与1979年相比，分别提高了2.64倍和9.23倍。

第四个发展阶段是党的十四大以来，武钢以我国建立社会主义市场经济体制为契机，以不断提高武钢的核心竞争力为目的，掀起了发展的新一轮高潮。这个发展阶段的基本特点是：在体制上系统构建企业科技创新体系，成立了由总经理挂帅的科技兴企领导小组。各二级单位也相继成立了以主要领导人为首的科技兴企领导小组，形成了第一把手抓第一生产力的格局。在实践上武钢依靠自我积累和自筹资金300多亿元用于技术进步和扩建改造，极大地改变了武钢的技术装备水平和工艺技术结构，明显增强了新产品的研究开发能力，使老企业焕发出时代的青春与活力。一是瞄准世界一流水平，选择薄弱环节实施技术改造，新建一批有竞争力的重点工程，使生产规模和装备水平跃上新台阶；二是以降低成本、提高质量、优化品种为重点，全方位推进技术进步，坚持不懈地解决主要工艺环节、局部工艺环节和现场操作环节等公司、二级单位和职工3个层次的技术进步问题，推进工艺技术装备升级；三是以市场为导向，以技术进步为先导，全面实施"精品名牌"战略，形成了以"桥、管、箱、容、军、电、车、线"为重点的精品名牌产品。共获得各种科技进步奖250项，其中国家14项，省部142项，市94项；四是不断地深化科技体制改革，建立科技创新体制，大力发展高新技术产业，进一步增强了企业的自主创新能力，促进高新技术产业的发展。

武钢经过4个阶段的发展，特别是党的十四大以来的跨越式发展，使武钢成功地走出了一条质量效益型到科技创新的发展之路。主要标志有三个：一是有一批产品达到世界20世纪90年代先进水平。武钢实施精品名牌战略，优化产品结构，大力研制开发市场适销对路的新产品，有33个品种的质量达到当代国际先进水平。二是有一批主体生产工艺技术装备具有20世纪90年代先进水平。武钢瞄准世界钢铁最先进的工艺技术，始终坚持引进、消化、吸收、创新的方针，使一些主体生产工艺技术装备得到优化升级，具有世界先进水平，对优化品种结构、改善产品质量、降低生产成本、提高经济技术指标水平，发挥了关键性作用。三是有一批自主知识产权的技术专利实施技术输出。截止到2002年，武钢共申请专利189件，已有133件被国家知识产权局授予专利权。与此同时，专利技术开发及产业化也取得较显著的进展，约有70%左右的专利技术得以实施，并向国内外技术输出和技术服务。

2. 科技创新对武钢发展的重要意义

科技创新是企业进步并立于不败之地的灵魂。从根本上讲，武钢坚持科技创新，对于提高武钢参与国际市场竞争的能力和实施持续发展具有十分重要的意义。

(1) 加强科技创新，有利于发挥科技第一生产力的作用，增强武钢的综合实力。科学技术对经济的发展起着越来越重要的作用，同时科学技术对加快发展的作用又主要是通过科技创新来实现的。美国从1929～1978年的50年中，生产率增长有40%是由科技创新取得的，而仅有15%是由于劳动者人均资本量的增加取得的。10年来，武钢科技对发展经济的促进作用也日益显著，科技对经济效益的贡献率不断上升。武钢前几年科技贡献率为60%，近几年达到70%。高新技术不仅本身附加值高，经济效益好，能直接增加收入、增加利润，是发展的增长点和重要支撑，而且通过它对生产要素的优化作用，还能提高综合实力。

(2) 加强科技创新，有利于发展“双高”产品。武钢可以以市场为导向，以完善品种结构、优化工艺为重点，全面提高产品的实物质量，集中力量解决目前仍不能满足国民经济发展所需的高技术含量，高附加值钢材品种，进一步提高关键钢材品种的市场占有率。

(3) 加强科技创新，有利于优化结构调整，实现经济增长方式的根本性转变。钢铁行业的发展靠高投入、高消耗、低产出是行不通的。而科技创新是实施经济增长方式转变的重要途径和核心。科技的研究、开发和生产，必将推动企业新的发展，改变结构不合理的状况；加快高新技术的应用和推广，必将加速传统产业和生产方式、生产流程和技术的进步；加强科技创新，实现高科技化，必将提升钢铁产业结构的档次，优化产业结构。

(4) 加强科技创新，有利于坚持“总体跟进，重点突破，提高科技持续创新能力，实现技术跨越式发展”的方针。从而形成一流的核心竞争力，加大工艺、装备的技术创新和国产化研究的力度，加大开发资金的投入，发展具有自己知识产权的专有技术。同时也有利于扩大对外开放，积极加强与国际上先进钢铁生产企业的交流合作，更加有效地利用国外资金、技术、资源、市场和科学管理，推动国产技术参与国际竞争。

(5) 加强科技创新，有利于合理利用武钢的资源，实现可持续发展。高新技术产业本身是一种知识密集型产业，是一种高效(劳动生产率、资源利用率和工作效率)、低耗(资源)的产业，与其他产业相比，产生同样多的附加值，所消耗的能源和资源比其他产业要少得多，所带来的高附加值也是不可比拟的。因此，加强科技创新，无疑是给武钢快速发展安装一个倍增器。

3. 质量效益型向科技创新型转变是武钢发展的必由之路

所谓质量效益型，就是企业坚持社会主义方向，确立以质量求效益、求发展的经营战略，建立以质量为核心的生产经营管理体系，坚持科技进步，创建质量优先的企业文化，实现企业整体素质的提高。科技创新型，就是企业以市场为导向，从新产品或新工艺设想的产生，经过研究、开发、工艺化、商品化生产，到市场应用等全过程都以科技为动力和支撑，实现经济的最佳组合，并使企业获得持续的发展能力。

武钢从质量效益型向科技创新型转变的特征是多方面的，但归纳起来主要表现在以下三个方面：一是经济性特征。武钢科技创新是一种科技与经济一体化的活动，是科技与经济相互统一、相互促进，共同推进物质文明、政治文明和精神文明进步的活动。二是系统性特征。武钢科技创新指的是一个过程，一个系统工程，而不是某一单项活动或某一个环节。三是社会性特征。科技创新是一种科学实践和生产经营实践活动，其社会性特征，表现在科技创新活动是整个武钢职工众多人共同协作的结果，即整个武钢职工众多群体和人的投入产出活动。

武钢从质量效益型向科技创新型转变的实践，体现了钢铁工业向高新科技水平的发展方向，新科技的开发创新正在向全国钢铁企业辐射。多年来，武钢紧紧盯住世界最新科技的发展，发挥科技人员的聪明才智，在钢铁最新科技领域努力开发创新，促进科技成果的尽快转化，实行技术开发、技术引进、技术改造相结合。武钢生产规模的扩大，生产方式的进步，劳动生产率和经济效益的提高，无一不与科技进步密切相关。目前武钢已形成了较强技术开发和科技创新功能的核心能力，尤其是形成了具有武钢特色的核心技术：即以高炉专家系统、转炉顶底复吹溅渣护炉、超纯净钢冶炼为标志的世界先进水平的冶炼技术和以中厚板调质处理、软硬线冶炼轧制、硅钢系列产品冶炼轧制、彩电用钢等为标志的国内领先水平的综合技术，为在国内外竞争中取胜提供了有力的保证。

当前，尽管世界钢铁工业在钢产量上处于停滞状态,但在钢材的质量、品种以及工艺、技术、装备上仍在不断发展、不断更新。钢铁工业新技术的发展随时向武钢提出挑战,发达国家关掉的是落后设备,而发展中国家新建的是具有当代水平的、甚至是当代领先水平的先进设备。在国内钢铁生产规模快速扩张的新形势下,武钢要永葆青春,就必须加快科技创新,不断用先进技术对现有装备、工艺、产品进行改造,防止重蹈"引进—落后—再引进—再落后"的覆辙。

科技创新是武钢建成跨行业、跨地区、跨所有制,一业为主、多业并举的产业一体化大型集团的需要。目前,武钢非钢产业还未形成或正在形成规模,其形象、信誉乃至人力、物力、财力均源于钢铁。国家的投入在武钢逐年增值,自身资金的积累大大增加。由此,武钢对国内外资金、技术、人才都具有较强的吸引力,通过科技创新,保持钢铁产业的先进地位,开发其他产业才有基础。

4. 科技创新的趋势

科技创新战略是一个组织为实现特定的技术发展目标,以求自身利益的实现而设计的行动纲领或方案,它涉及到组织技术发展的全局性、根本性、长远性和方向性的问题。因此,科技创新战略的重要程度,远远超过了企业界的具体经营决策,它在相当长的时期内会对企业科技创新的全局安排产生重大影响。

企业科技创新决定着企业的生存和发展。在社会化大生产和改革开放的条件下,企业在市场上面临着激烈的竞争,为了保持竞争优势,就必须依靠科技创新来提高企业的素质和竞争实力。实践证明,只有依靠科技创新才是企业不断成长壮大的根本出路。从宏观上讲,是否重视企业科技创新,关系到国民经济增长的数量和质量,关系到国民经济的整体效益及其长久发展的后劲,只有科技创新,才能提高各种投入要素在生产过程中的变化效率。以内涵扩大再生产为主,来谋求经济增长,并为国民经济的长期持续稳定发展打下坚实基础。企业科技创新是一项非常重要的事业,为了推进企业科技创新,必须制定企业合理的科技创新战略,使企业科技创新在相应的战略指导下展开。

科技创新作为一种发展战略运用,广泛地分布在国家、地区和企业3个层次。日本从贸易立国到科技立国,依靠科技进步推动经济增长,就是国家发展战略的根本转变,符合国情的科技创新战略,使日本最终建立起了在国际上的竞争优势。美国在20世纪初大多采取的是低成本的经济发展战略,推动产业在当地的发展。从20世纪70年代起,采取了以科技创新促进地区经济发展的战略。韩国20世纪70年代主要是通过引进科技发展经济的战略,成功地发展了钢铁、石化、家电、造船和汽车工业。80年代开始注重研究开发投入,1980年比1970年增长了10倍,1990年又比1980年增长12倍,2000年又比1990年增长13倍。在增强自我开发中,韩国注意从政策上采取措施,支持企业开发新技术和新产品,并早日转化为商品。印度科技创新政策的战略重心是建立以国家资助的研究机构为主体的国家科技创新体系,发展独立自主的工业科技开发能力。通过科技创新促进其他产业结构的调整和优化升级,带动国内其他产业的发展。

在企业层次上,如果企业把自己的生存和发展放在依靠科技进步上,那么它采取的也是科技创新战略。这种科技创新战略与企业家的创新意识有关,也和企业家精神密切相关。高新科技产业是一种高效低耗的产业,与其他产业相比,产生同样多的附加值,所消耗的能源、资源比其他产业要少得多。事实上,高科技产品所带来的高附加值是惊人的,也是其他产业所不可比拟的。国内外企业和武钢的发展史都清楚地表明,只有实施科技创新战略,武钢才能获得跨越式发展。

二、质量效益型发展道路

走质量效益型发展道路,是武钢历史上自主制定的第一个发展战略。改革开放以来,面对我国经济建设的大好局面,武钢不失时机地迅速开展了企业发展道路的探索。在10多年的时间里,武钢人上下齐心,群策群力,历经艰辛,锲而不舍,经过反复实践和精心总结,终于找到了质量效益型之路。从而为本企业的发展指明了方向,为搞好国有大中型企业树立了一个可以借鉴的榜样。1991年,国务院办公厅转发和推广了武钢走质量效益型发展道路的经验,并被全国工业企业所接受,成为一个专门的奖励称号。

(一)"质量效益型"道路的形成过程

1989年,武钢明确做出以质量求效益、求发展的战略。此后,武钢围绕质量效益型发展战略,进一步致力于以质量为核心的生产经营管理体系的建设。主要以提高产品实物质量为中心,以进一步完善系统建设、加强基础工作为重点,强化方针目标的动态管理。同时,进一步调整和落实质量职能(重点充实、完善了市场调研和销售服务的职能),使主管部门和相关部门的具体责任更加明确,达到协调质量职能与专业管理关系的目的。武钢从提出全面质量管理到形成质量效益型发展道路的经营思想和管理模式,经历了一个认识上不断深化,工作上不断发展的过程。这一过程大体上可以分为3个阶段。

第一阶段是1982～1985年。主要是抓企业整顿。当时,一米七轧机系统投产不久,各方面工作都不适应,主要存在前工序与一米七轧机系统要求不适应和传统管理与现代化技术装备不适应的两大矛盾。1982年,生产钢276万t,其中废品27.6万t,成材率只有80.48%。管理混乱、事故多、产品质量差促使武钢把整顿企业、加强基础工作作为重点。从最基本的"三规三制"抓起,连续几年不变。同时,把减少废品、提高质量、扩大品种作为企业整顿的重要内容和突破口,围绕一米七轧机系统达到设计能力,抓质量攻关、设备"四恢复"和综合能力配套,3年相继提出"废品减半"、"废品减1/3"、"废品再减3万t"的目标,生产出现了均衡稳定的良性循环。1985年钢产量增长到398万t,废品却大大减少,并实现了"六五"的三大目标:钢铁产量达到"双400"万t综合能力,一米七达到核定的设计水平,利税每年递增1.6亿元以上。

第二阶段是1986～1989年。主要是抓质量升级,推行全面质量管理。1985年下半年,为提高品种质量,武钢提出了"两个转移",即抓生产由以产量为中心转向以质量为中心,抓企业管理由以经济责任制为中心转向以全面质量管理为中心。1987年下半年,为适应国内外市场对高质量产品以及提高企业经济效益的需要,武钢又提出了"两个突出":突出质量是武钢生产经营指导思想的中心,突出全面质量管理是武钢推进企业管理现代化的中心。两个突出实际就是突出质量是企业的中心任务。这一阶段的工作,主要是以质量升级为目标,完善产品的"一条龙"质量保证体系,按国际标准和国际先进标准组织生产,并提出建立以全面质量管理为中心的现代化管理体系。到1989年末,达到国际标准和国际先进标准的产品产量占总产量的比例分别为88.87%和75.15%,经济效益进一步提高。

第三阶段是1989～1992年。经过中质协的多次咨询帮助,武钢总结了以质量求效益、求发展的经验,研究了今后的战略发展规划,并于1991年底明确提出了"走质量效益型的发展道路"的战略决策。这条道路的内涵是:进一步牢固树立以质量为中心的指导思想,建立和健全以质量为核心的生产经营管理体系,创建以"质量优先"为主要特征的企业文化。此外,武钢坚持一切工作以质量效益为中心,全面提高企业素质。采用以全面质量管理为核心的各种现代化管理方法和手段,强化基础工作,取得显著效果。1991年10月,武钢荣获国家质量管理奖。同时,把走质量效益型的发展道路作为武钢1992年乃至今后的方针目标来推行。

(二)质量效益型道路的主要做法

1991年2月,国务院办公厅发出通知,号召全国公交企业学习武钢走"质量效益型"企业发展道路的做法。国务院办公厅把武钢的主要做法概括为:一是把抓产品质量和服务质量提高到企业发展战略的高度来认识,强调"重合同、讲效益、保质量、作贡献"。二是建立以质量为中心的经营管理战略和以质量为核心的生产经营管理体系。三是围绕质量不断进行技术开发和技术进步,把质量管理工作落实在实物质量的提高上。在技术改造中以提高质量为目标,积极采用新技术、新工艺,开发具有国际水平的新产品。四是创建"质量优先"的企业精神,大力提高职工素质。武钢的质量效益型企业战略具体体现在以下几个方面:

1.深化全员质量意识教育,树立以质量为中心的经营指导思想

第一,从全局出发,增强大企业提高产品质量的历史使命感和责任感。武钢领导逢会必讲:坚持质量第一,竭诚为用户服务,是坚持社会主义办企业方向的重要标志。武钢作为国家的大型骨干企业拥有"一米七"这样一流的设备应该生产第一流的产品,这是国家和人民的需要,武钢应责无旁贷。通过反复教育和工作实践,使这些观念深入人心。

第二,确立以质量为主导的经营战略,以质量为中心带动各项工作和各项管理。武钢认为,武钢的战略目标应该是产品质量第一流,产品成本最优化,技术先进,管理高效能,以及职工具有高度的思想、文化、技术素质。为此,在工作中,武钢明确提出要变过去各业务部门的各个中心为以质量为中心,企业的各级组织、各种工作、各项管理,都为它服务并与这个中心相联系,从而带动整个企业的管理水平和队伍素质的提高。

第三,培养和强化职工群体的质量意识。在质量意识教育中,主要强调处理好质量与经济效益、产量与质量、抓质量与提高企业素质的关系。坚持以质量求效益、求发展,生产符合经济发展需要的高质量产品,提高企业的整体素质。主要经济技术指标都达到了国家一级企业标准,管理水平也不断

提高。

2. 坚持用户至上,重合同守信誉,形成销售服务的保证体系

武钢把严格履行合同,按期、按质、按量把产品送到用户中,视为维护企业信誉的根本手段和实现质量效益的重要途径,1983～1988年连续6年完成合同100%。以后几年遇"三角债"等困难,合同执行率仍在98%以上。同时,努力搞好销售服务,满足用户需要,除在管理上严格质量异议考核(1991年,重新修订《武钢外销钢材产品质量异议管理制度》)外,对用户提出的每一项质量异议,都派人认真处理。如商业部曾订购热镀锌板,由于运输、储存不当出现锈蚀点。用户提出质量异议。武钢本着用户至上的原则,承担处理费用30万元,并以此为戒,努力改进产品包装,加强售后服务,向用户介绍储运知识,满足用户需要。1992年获全国优质产品售后服务最佳企业称号。

3. 以建立标准化体系为重点,全面加强基础工作

1986年以后,武钢学习宝钢经验,以"三全"为内容,开始在冷轧厂试点推行标准化作业和标准化管理,并在全公司全面推广。各单位为此建立专门机构,加强标准化意识教育,健全技术标准和管理标准,建立岗位工作(作业)标准,开展定期检查、抽查和群众性自检互检活动,从而初步形成了企业标准体系。武钢的企业标准体系包括两个层次、三大部分:第一层次是技术标准、管理标准;第二层次是岗位工作(作业)标准。至1991年,在技术标准方面,已制定工艺技术规程和技术操作规程的A标准151项,B标准2008项。在管理标准方面,制定有10类378项管理办法和制度,其中有7项已上升为管理标准颁发执行。在岗位工作标准方面,将技术标准和管理标准融合起来,在全公司23286个岗位上分别建立作业标准,朝标准模式规范化努力,并开展创建标准岗活动,到1992年底,已创公司级标准岗226个。

4. 推进科技进步,加快技术改造,形成产品开发的保证体系

1980年以后,武钢在消化、掌握"一米七"技术的基础上,围绕品种、质量、工艺、设备不断进行开发创新,先后开发新技术、新设备、新工艺197项,其中47项达到世界先进水平;开发新产品22个系列、86个品种。二炼钢采用11项重大先进技术,实现全连铸。一米七轧机系统开发的冷轧和热轧计算机数学模型,适应了轧制自产钢的要求,精度超过了先进的数学模型。硅钢片生产开发出高牌号硅钢连铸和一次冷轧等新工艺、新水平,冷轧硅钢片的实物质量已超过西欧、美国,接近进口的日本同类产品水平。武钢开发成功的耐大气腐蚀钢,是铁路车辆用钢的换代产品,可使铁路车辆厢体寿命延长一倍以上。武钢研制的北京正负离子电子对撞机用的磁性材料,被证明优于美国同类产品;电子开关系列产品,性能达到国际领先的日本HMS材料的水平。"七五"期间,武钢还完成了老厂改造、新厂配套等100多项技术改造项目。1992年,共有科技成果2969项,其中11项发明创造获国家专利权,3项获国家科技成果奖。在科技管理上,武钢建立了总工程师技术负责制,形成了总工程师全面负责的技术管理系统。

5. 转变运行机制,为坚持质量效益型道路提供体制条件

武钢从实践中体会到,质量效益型道路是走向市场的必由之路,质量效益型道路所要求的各项工作正是市场经济所需要的。前几年武钢运行机制有了很大转变,企业活力有了很大加强,主要表现在以下几个方面:(1) 根据市场的需要,按产品的反工艺顺序来安排生产,初步形成了以市场为导向,以销定产的生产运行机制;(2) 建立了以提高产品质量,降低成本,提高市场竞争力的保证体系;(3) 建立了提高产品品种质量档次和开发新产品的能力和技术储备;(4) 建立了以竞争为核心的劳动人事制度;(5) 建立了以按劳分配和动态管理为核心的激励机制;(6) 建立了自我调控的约束机制。正因为这样,公司曾经历了市场旺销—疲软—旺销—疲软的多次反复考验而立于不败之地,即使外部条件发生重大变化也能承受并应付自如,显示了质量效益型道路的强大生命力。

6. 创建以"质量优先"为主要特征的企业文化

武钢在走以质量求效益、求发展的道路的过程中,逐步认识到企业的竞争力主要决定于质量,而质量归根结底决定于人的素质。为此,除了抓物质的、制度的建设之外,还抓了文化建设,提出以"质量优先"为主要特征的企业文化,实现以物为中心向以人为中心的管理转变。其基本内涵是:(1) 全体职工具有强烈的质量意识,并渗透到全员的价值观和行为规范;(2) 有一个以质量为特征的企业精神、企业作风和企业目标,以第一流的产品质量和

服务质量来满足用户的需要,有全优的经营道德和合同信誉;(3) 全面不断提高职工的思想、文化、技术和业务素质,并把这相联系的三个方面与精神文明建设、思想政治工作相结合,坚持向职工灌输强烈的质量意识,以增强其主人翁责任感。同时,广泛开展自主管理活动,就提高质量、降低消耗等方面的内容进行革新创造、改进攻关,使之能动地适应现代化大生产的要求,使企业精神真正体现"质量优先"特点,体现出武钢的管理模式。"质量优先"的文化建设,为把全面质量管理的每一项工作落实到人,促进企业管理上台阶、产品质量创水平,提供了良好人文环境的保证。

(三) 武钢走质量效益型道路取得的成效

武钢推行质量效益型道路的 13 年,是生产大发展,质量大提高,效益大增长,企业素质显著进步的 13 年,具体表现在以下几个方面:

一是经济效益大幅度增长。1992 年与 1979 年相比,钢增长 85.60%,年递增率为 4.87%;钢材增长 214.54%,年递增率为 9.22%;工业总产值增长 260.50%,年递增率为 10.37%;产品销售收入增长 727.94%,年递增率为 17.66%;实现利税增长 652.48%,年递增率为 16.80%;上缴利税费增长 516.07%,年递增率为 15.01%。这些增长速度,都大大超过了同期其他工业企业的平均增长速度。"六五"末期,武钢的钢铁生产水平已达到"双 400"万 t 的设计能力,一米七轧机也全面达到了设计水平。虽然主体生产能力和职工人数没有增加,但生产和经济效益仍取得了明显的进步。1992 年武钢的经济效益综合指数为 167.38%,位居十大钢的第三位。

二是技术进步成绩斐然。由于新工艺新设备的运用和科学管理,一些重要指标达到了先进水平。如钢锭综合成材率由 1980 年的 82.44%提高到 1990 年的 86.33%;吨钢可比能耗由 1980 年的 1150 kg 降低到 1990 年的 980 kg;转炉金属料消耗由 1980 年的 1250 kg/t 降低到 1990 年的 1110 kg/t。1990 年武钢在全国重点钢铁企业的 60 项比较指标中,处在第一位次的有 7 项,第二位次的有 14 项,第三位次的有 8 项;前三位次共 29 项,占总项数的 48.33%。总平均位次为 4.75。

三是企业素质得到提高。由于武钢坚持了正确的质量观,促进了企业的综合素质、管理素质和队伍素质的全面提高。在管理方面,新思想、新模式、新方法、新手段在不断地创新和运用。武钢决策层、执行层和操作层的职责分明,综合管理、专业管理和基层管理严而有序,管理水平向现代化前进了一大步,管理手段也在逐步现代化。20 多种现代化管理方法用于 500 多个基础上的生产经营管理,创造了良好的经济效益。质量第一、质量是企业的生命的观念已经深入职工的心中,通过开展群众性的"双增双节"活动,每年都创效益 6000 万元以上。通过培训和"双考",职工文化程度和技术水平有了显著提高。

四是极大地改变和提高了企业形象。武钢自投产以来,为国家做出了重大贡献,但由于"文革"造成的破坏,在一段时间里,企业管理比较混乱,各项经济指标一直处于同行业的中下游水平。武钢曾一度成为冶金行业的老大难企业之一。改革开放以后,武钢通过企业整顿,抓质量管理,进而走质量效益型道路,产品质量和合同兑现率大幅度提高,得到广大钢材用户的高度称赞,武钢的形象有了很大改观,在国内外都享有一定的声誉。

(四) 质量效益型企业战略的历史意义

武钢走"质量效益型"道路,是在我国计划经济刚刚向市场经济转变的阶段和中国钢铁产品供求矛盾较大的市场条件下提出来的,符合世界经济发展的必然规律,顺应了市场经济的必然趋势,代表了中国工业发展的必然方向,即必须由粗放经营转向集约经营,以数量型扩展为主转向质量型提高为主。中国 20 多年的改革实践充分证明,走"质量效益型"企业的道路,是企业发展的必由之路。

在计划经济条件下,企业所处的环境是生产计划由国家下达,资源由国家包给,产品由国家包销,因此,质量在企业的核心作用长期被忽视。武钢提出"质量效益型"发展战略,充分强调了质量的作用,把质量提高到战略高度来认识,突出了质量和效益的关系,工作质量和产品质量的关系,提出了实物形态的质量与价值形态的质量的内涵,靠质量占领市场,争取用户,获得效益。武钢以自己的实践,证明了质量是企业生存之本,极大地丰富了中国质量管理的实践。

武钢的"质量效益型"发展模式,突出了技术进步的作用,以技术进步保证工作质量、产品质量和服务质量的不断提高。多年来,武钢把技术进步摆在突出位置,提出了"科技兴企"的方针,创造了 3 个层次科技攻关的经验,为武钢发展奠定了坚实的基础,为中国老企业的改造树立了榜样。

武钢确立了"质量优先"的企业文化,最先提出质量文化是企业发展的原动力的观点,其核心是牢固树立全员质量意识，同时强调职工的综合素质。这种观点，体现了企业物质文明、政治文明、精神文明建设的精髓，体现了全心全意依靠工人阶级办企业的指导思想，符合社会主义企业的根本宗旨。

三、武钢科技创新的实践

质量效益型战略中有科技创新，当科技创新上升到具有决定意义的主导地位以后，科技创新战略中有更高层次的质量、品种、效益。

1992年来，在社会主义市场经济新形势下，企业已成为市场竞争的主体。武钢大力实施科技创新战略，进行了一系列的技术改造，将工艺路线优化、品种结构优化摆在首要地位，持续坚持开发新产品，全面满足市场和用户的要求，使得大批产品的质量和性能全面升级换代。取得了良好的经济效益和社会效益。

1．高起点、高水平的技术改造

1992年以来，钢材市场的竞争日益激烈，用户要求不断提高，对钢铁企业的技术装备要求也越来越高，否则将难以适应市场对新产品开发及质量提高的迫切要求，更谈不上在国际市场激烈竞争中占一席之地。面对这一形势，武钢瞄准国际先进水平，持续地对主要装备进行改造，从1993～2002年的10年间，武钢共投入300多亿元资金用于技术改造，先后建成了三炼钢厂、二热轧厂、硅钢扩建、钢电公司、高速线材、一炼钢厂平改转炉、二炼钢厂新3号铸机、新建4烧车间、新建3号和8号焦炉、轧板2800轧机改造、炼铁厂4号、2号、1号高炉大修改造、3烧大修改造、炼铁烟煤喷吹等数10个工程项目，技术改造主要包括三种类型。

一是直接引进国外先进技术装备扩大生产规模。20世纪90年代初期，武钢建设了3200 m^3的5号高炉，集中了当时8个国家的10余项先进技术，以及武钢自行开发的新型冷却壁、炭砖新型薄炉底等技术。投产12年未中修和喷补，寿命可望达到15年的国际先进水平。三炼钢工程是全套引进国外先进技术，配备了铁水预处理和炉外精炼设备以及真空处理等装置，1996年投产以来炼钢品种达到200个，其中已开发生产的深冲汽车钢、石油管线钢、高强度船板钢、耐腐蚀钢等多种新钢种质量已达国际一流水平，在国际国内重大工程竞标中屡屡夺标，充分发挥了巨大的经济效益。此外，2003年3月试生产的二热轧厂，是国内最宽的2250 mm半连续式热轧带钢轧机组，其轧制能力、轧制钢种强度等级、轧制规格都是国内之最。采用了全液压AGC压下系统和以微处理器为核心的全数字化传动控制技术以及表面质量自动检测、多级计算机控制等几十项新技术、新工艺，其水平堪称世界一流。投产后将重点解决国内汽车、造船、油气输送、工程机械等行业急需的难轧产品，大量填补了国内空白。

二是高起点改造淘汰旧工序设备。如一炼钢厂"平改转"工程，这种脱胎换骨的改造是立足于能生产市场急需高附加值、高科技含量的钢种，装备水平是一流的。除了两座100 t顶底复吹转炉和两台五机五流高效方坯连铸机外，还配有铁水脱硫，LF钢包精炼炉，VD真空脱气炉等，全部工艺都配备二级自动化。新增加的钢帘线、弹簧钢等高碳、高合金、高品质、高技术含量的钢种将填补国内空白，该项目全部投资6.7亿元，投产不到两年就全部收回投资。吨钢成本降低200元以上，钢铁料消耗、工序能耗、转炉炉龄等技术经济指标实现了历史性的跨越。又如，在三个炼钢厂钢包烘烤器改为蓄热式烘烤方式取得成功，为其工序能耗(15.00 kg标煤、17.20 kg标煤、7.60 kg标煤)达到国内领先水平创造了良好的条件。2002年公司又将蓄热式燃烧技术推广于大型厂3号加热炉改造，也取得了成功，已实现节能1.8万t标准煤。

三是不间断地改造提升现有装备水平。在消化、吸收5号高炉新技术的同时，还将新技术不断应用到了炼铁厂4号、1号、2号高炉和即将建设的6号高炉上，使武钢的炼铁整体工艺技术装备提高到20世纪90年代世界水平。为了满足不断提高的市场需求，使老设备的性能与时俱进，武钢在硅钢二期改扩建工程中，引进了日本新日铁的关键设备和专利技术，新增了酸洗二线(CP2)、3号森吉米尔轧机(ZR3)、3条热处理连续退火线、2号热拉伸平整机组，尤其是ROF炉是世界第五座具有20世纪90年代国际先进水平的环形退火炉。它的建成投产，不仅使设计能力由7万t提高到40万t，而且提高了产品档次，大幅度增加了产品的附加值，为武钢生产高牌号的取向硅钢提供了保证，标志着武钢冷轧硅钢片生产步入世界先进行列。又如，轧板厂2800轧机和常化炉的改造，使其由20世纪50年代的水平跃升到90年代水平，大幅度增强了武钢中厚板的市场竞争力。"一米七"投产后，武钢对其技术进行了消化、吸收和创新，90年代中期依靠武钢自身力量，与国内有关单位一起自力更生地开发了相关软件，并在不停产的情况下对计算机控制系统进行了改造，成功实现了新旧系统的切换，获得了国家科技进步一等奖。目前，武钢的主体设备大部分已达到国际20世纪90年代水平。

2．大力推进新产品的研制与开发

在市场经济的新形势下，武钢根据市场需求和自身的技术优势，大力实施精品名牌战略，加大新产品开发和推广力度，取得了较好的成绩。逐步形成了桥梁钢、高强度压力容器钢、管线钢、集装箱钢、汽车用钢、帘线钢、电子用钢、军用钢等八大类产品系列，新试新推产量由1995年的0.77万t增长到2002年的85.14万t。

一是建立了有效的科研开发运行体制。武钢1996年成立国家级技术研究中心后，将科技工作分为“在线”和“离线”。在线的日常生产技术管理和产品质量保证由技术部负责；离线的科研开发工作则由技术中心负责按照“从市场到市场”的原则，由技术中心承担新产品开发和科研管理的双重职能，从开发新产品的市场调查、立项、研究开发、试制、生产，直至销售和售后服务，减少了中间环节，加快了新产品开发速度。

二是有针对性地加快了新产品的开发步伐。近年来，武钢研制开发的高技术含量、高附加值的产品，创造了巨大的经济效益和社会效益。

高强度桥梁钢。武钢研制了14MnNbq桥梁钢，满足了桥梁界紧迫的“新设计、新材料、新工艺、新结构”的“四新”要求，成为新型高性能桥梁钢的代表，其主要技术质量指标达到了国际同类先进产品的水平。1997年以来，先后取得芜湖长江大桥、武汉长江二桥、南京长江二桥及缅甸大桥等20多座桥梁的供货权。

石油管线钢。为了适应我国西部大开发和西气东输战略要求，武钢针对远距离输送地理环境复杂、气候恶劣的特点，按照美国API标准研制出达到国际同类钢先进水平的X52H、X56H、X65H热轧卷板，先后用于尖山—太钢铁矿粉输送管线、鄯善—乌鲁木齐、石河子—克拉玛依、大亚湾—广州石化等工程。近几年，武钢管线钢先后在宁—舟、香港供水工程、川南干线、燕山石化、涩宁兰管线、北京—永清管线、伊朗管线及伊拉克管线等大工程中屡屡中标。

集装箱用钢。1997年武钢成立了集装箱项目推进组，挑战世界“热轧极限”，当年生产集装箱钢5.3 t，创效2600万元。1998年武钢又成功地轧制出1.4 mm热轧薄板，产品厚度和宽度命中率达到世界先进水平，尽管当年东南亚金融风暴冲击，但武钢仍然生产集装箱达8万余吨。2002年武钢生产集装箱用钢16.5万多吨，质量异议几乎为零，目前武钢产品已在国内18家集装箱厂成功使用。

硅钢。作为国内最大的硅钢生产基地，武钢硅钢产品广泛应用于大中型电机、变压器、调压器、发电机等电器产品，冷轧取向硅钢和无取向硅钢两大系列产品钢质纯净、性能稳定、铁损磁感兼优、厚度均匀、板形平坦，叠装系数均达95%以上，其绝缘性、附着性、耐热性、加工性能皆达到国际水平。近年来，武钢抓住市场的有利条件，不失时机地扩大硅钢片产量，硅钢年产量由1996年的5.54万t提高到2002年的41.85万t；累计开发了27个牌号新产品，其中取向10个牌号，无取向14个牌号，电产品用钢3个牌号，这些新产品分别达到了日本同类产品水平。

电视机用钢。为了解决国内电视机用钢长期依赖进口局面，武钢先后成功开发出彩电系列用钢。内磁屏蔽钢、框架钢、荫罩钢、防爆带钢均填补了国内空白，其中内磁屏蔽钢从2000年开始进行工艺技术的摸索与实践，在不到两年的时间内，就开发建立了从炼钢、连铸、热轧、冷轧到剪切包装的一整套工艺技术规程和生产组织管理制度，在2001年底就实现了批量稳定的生产。2002年全年内磁屏蔽钢完成合同量7216 t，超过2001年全年2042 t产量的300%。目前月生产成品内磁屏蔽钢的能力已达到1000 t。框架钢、防爆带钢等产品也形成了批量生产能力，为我国电子用钢替代进口、提高电子产品的国产化率做出了重要贡献。

汽车用钢。“九五”期间，武钢承担了国家计委重点科技攻关课题——汽车用热轧钢板系列化研究项目。通过攻关，逐步形成了320～540 MPa级热轧高强度专用钢板系列，研制的汽车大梁用钢WL510、WL440、WL540、滚型车轮用钢LXL320、RCL420、热轧深冲用钢RSCA、WLY、热轧冲压桥壳用钢WQK440，热轧酸洗板QJ320、QJ370，产品经东风汽车公司、一汽、跃进汽车公司、北京轻型汽车公司、江铃汽车公司等汽车制造厂使用，产品质量达到国内外同类板实物的先进水平，满足了各类汽车用热轧钢板需求。

3．大力加强工艺技术创新

实施工艺技术创新，是企业技术进步的重要环节，也是企业实现可持续发展的基本保证。近年来，武钢紧紧抓住生产工艺薄弱环节，瞄准国际钢铁行业先进水平，坚持引进、改造、消化、创新的方针，推进技术进步和技术改造。使部分主体装备水平跃居世界一流水平，在调整产品结构、提高质量、降低成本、提高技术经济指标等方面发挥了显著作用。

(1) 炼铁系统始终贯彻精料方针，开展优化配矿、优配煤攻关，大力推进炼铁工序管理，挖掘炼铁系统生产潜力，降低生产成本，使炼铁系统的各项技术经济指标得以优化，生铁的实物质量得到提高。

1) 工业港完成了滚筒取料机的大修改造，混匀矿年产量达到520万t。1998年完成配料自动化系统改造，实现了上、下位机的闭环控制。在一次建堆使用含铁原料多达8个品种，这在国外也是不多见的。在按BLOCK工艺方案的作业上，摸索出一套变起点定终点人字形堆料等技术，使混匀矿质量逐年提高，2002年混匀矿成分偏差Fe±0.5%达0.306%，SiO_2 ±0.5%达0.219%，为改善烧结质量和高炉稳产高产创造了良好条件，直接促进了炼铁生产水平的提高。

2) 焦化工序，1999年以来先后建成投产8号焦炉和新3号焦炉。采用了多项新技术，其装备水平属国内领先，炉型设计也达到世界先进水平。多项生产工艺及环保指标在国内外同行业处于领先水平。同时，极大地缓解了冶金焦炭的需求压力，在焦化配煤技术和来料质量管理方面也取得大幅度的改善。2002年焦炭M_{40}达80.3，CRI达27.3，为炼铁高炉强化和大喷煤创造了有利的条件。

3) 烧结工序，1998年以来先后完成了新建4烧和3烧大修改造工程。其中4烧的大烧结机435 m^2，移植了多项国内外大型烧结机的先进工艺技术，采用了厚料层烧结、计算机控制等先进技术，使烧结矿的强度指标较2烧提高约8个百分点。新3烧将原来的4台烧结机改建为一台360 m^2的烧结机，年产烧结矿324万t，采用了小球烧结新工艺和烧结模糊控制技术，提高了烧结矿质量，降低了生产成本。

4) 炼铁工序，继20世纪90年代初期新建5号高炉以来，武钢成功地消化、吸收、创新了引进的多国技术，并成功地在4号、2号、1号、3号高炉大修改造中采用了新一代串罐式无钟炉顶、高温内燃式热风炉、软水密闭循环冷却及球墨铸铁冷却壁等一系列的先进技术，以及紧凑式环保型冷1NBA炉渣粒化工艺、钢冷却、薄炉衬新技术和微孔炭砖等新材料。此外，1996年从芬兰引进了高炉操作专家系统，通过研究取得了高炉煤气自动分析、冷却水高精度测量、炉身静不力测量，焦炭中心测水、工艺模型、知识库规则等多项技术创新成果。

(2) 炼钢系统的创新为增强武钢市场竞争力奠定了基础。近几年来，武钢炼钢系统坚持以优化炼钢工艺、提高钢的洁净度、降低生产成本为主线，实现了全转炉、全连铸生产和铁水全脱硫处理，开发了适应不同钢种需要的炉外精炼技术，以及转炉长寿和复吹同步的溅渣护炉技术等。这些技术创新，都为增强武钢市场竞争力奠定了坚实的基础。

一是实现全连铸生产的历史性跨越。随着1996年第三炼钢厂投产和1999年一炼钢"平改转"的成功，使武钢成为国内十大钢中率先采用全连铸生产的企业。三炼钢于1996年8月10日一次热负荷试车成功并投入生产，近年来先后生产了IF钢、管线钢、耐候钢和集装箱钢等，成为了公司优质板坯生产的重要基地。一炼钢"平改转"工程于1999年7月投产，各项技术指标大幅度提高，钢铁料消耗、铸坯合格率均达到国内同类企业先进水平。先后开发了新品种45个，产品质量和性能已达到国内一流水平，尤其是2002～2003年大量出口到孟加拉、巴基斯坦等国的重轨，使公司的产品结构和工艺结构得到优化，成为公司新的经济增长点。2001年以来武钢又开始对二炼钢3号铸机进行了改造，采用了奥钢联(VAI)技术，该设备自竣工投产以来，设备运转正常，产品质量良好。生产品种包括超低碳钢、低碳钢、中碳钢、低合金钢、包晶钢、高碳钢、硅钢等13个系列计46个钢种。

二是铁水脱硫处理比显著增加。优质铁水冶炼优质钢，是提高产品质量、扩大品种、增加效益和增强产品市场竞争力的重要条件，也是生产低硫洁净钢的基础。第一、三两座钢厂是按铁水全脱硫处理设计，第二炼钢厂经过多次技术改造和工艺技术进步脱硫能力大幅度提高，从而实现了武钢三座钢厂均具有铁水全脱硫处理的能力。2002年全公司铁水脱硫处理量已达445万t，铁水脱硫比达69.98%，三炼钢铁水脱硫比已达97.16%。

三是溅渣护炉技术成效卓著。武钢溅渣护炉技术从1998年开始展开研究、探索，成功地开发出了一套复吹转炉在溅渣过程中保持底部供气元件长寿、畅通的工艺技术和防止溅渣用喷枪粘渣的技术和装置。1999年经过攻关，二炼钢2号转炉实现炉龄与顶底复吹同步寿命达15208次的国际领先水平。公司随后又组织在3个炼钢厂推广该项技术，到2002年为止，炉龄不断提高。二炼钢厂为29942次(80 t)，三炼钢厂为10243次(250 t)，一炼钢厂为14853次(100 t)。二炼钢3号转炉再次创造了复吹与炉龄同步29942炉的世界新纪录。三炼钢在采用溅渣护炉的同时，发挥装配优势，特别注重终点[C]-[O]平衡，取得了生产低碳钢的[C]%·[O]%≤0.003的显著冶金效果，达国际一流水平。

四是炼钢系列检测技术成功开发应用。为提高炼钢、连铸自动化控制水平和质量保证能力，武钢有关部门和计控公司、炼钢厂一起组织力量共同研制出了具有国际先进水平的转炉副枪用TSO、TSC测量探头，成功用于三炼钢厂的副枪测量，为三炼钢厂终点控制达到国际水平创造了条件。研制生产出钢水包下渣监测仪和板坯连铸机结晶器用液面自动控制装置，成功用于三炼钢、二炼钢各铸机上，其控制指标已达国际先进水平。并形成了具有武钢公司自主知识产权的转炉、连铸工艺的检测技术和制造体系，为公司板坯质量水平的提高创造了良好条件。

(3) 轧钢系统为开发"双高"产品奠定了坚实的基础。近年来，随着市场经济的建立和完善，市场对钢材产品的品种、质量要求也越来越高，武钢适时地对轧钢系统进行了技术改造，加大技术创新力度，使轧钢工艺得以优化，为开发适销对路的高附加值、高技术含量的新产品奠定了坚实的基础。

1) 高线生产线改造成效显著。该生产线主体设备是从德国引进，设计年生产能力70万t。1996年投产以来，已突破设计能力，其中中高碳钢、低合金结构钢、弹簧钢、滚珠轴承钢、焊条钢、冷镦钢的比例等已大大超过60%。研究开发的钢丝绳用钢、钢帘线用盘条、预应力钢丝、钢绞线用钢等新产品正在逐步填补国内空白。此外，在一炼钢厂实现了"平改转"和全连铸后，淘汰了初轧工艺，使型、线材的生产成本大幅度降低，品种、质量、效益都得到显著提高。

2) 轧板厂实施重点改造。为适应市场对中厚板性能与质量的要求，近年来武钢先后对热处理和精轧工序进行了技术改造。一是1997年引进了具有20世纪90年代世界前沿技术水平的辐射管加热无氧化辊式热处理炉和连续辊式淬火机；持续开展技术攻关拓展了常化炉的功能，扩大了优质板的产量，提高了高强度板的常化合格率。目前武钢生产的中、厚钢板部分取代了同类进口钢板，成功地应用于国内多项重大工程上，实现了丰厚的经济效益和社会效益。二是于1998年公司又投资2.6亿元对2800 mm轧机实施总体改造，采取主机国产，关键技术进口，综合水平配套。对轧板厂的控轧控冷改造也已经结束，有助于提高中厚板产品的内在质量，增强竞争力。

3) 热轧工艺技术日臻完善。热轧厂为适应市场不断增长的需求，完成了一系列技术改造。一是完成精轧机板形控制系统改造，大幅度提高了板形质量。为取向硅钢、管线用钢、集装箱钢等高附加值品种的生产、研制开发创造了良好的条件。二是完成卷取机的改造，对改善卷形质量、降低设备故障发挥了重要作用，使卷取机的性能达到了20世纪90年代初国际先进水平，并扩展了卷取能力。三是对SVB侧导板进行了改造性功能恢复，大大减少了粗轧机来料对调整困难造成的出口旁弯废品。同时，针对精轧机组主传动电气系统老化，故障频繁、控制精度与计算机控制系统不相适应，严重地制约着热轧厂的生产等问题，与北京科技大学合作，仅用9.5天时间完成全部改造，而且一次试车成功，使通板速度、轧制能力明显提高，并使产品厚度精度提高，板形改善。

4) 冷轧技术装备不断改造。近年来，公司对冷轧厂不断地进行了技术改造和技术攻关，先后对HC轧机，酸洗机组的米巴赫焊机，镀锡机组电气系统，单、双机平整机，镀锌钝化系统进行了成功改造，解决了镀锡板不足，减少了焊缝断带、板形不良等质量问题。2003年下半年开始的一冷轧技术改造，将连续酸洗机组与五机架冷连轧机组改造为联合(CDCM)机组；将部分普通罩式炉改造为全氢罩式炉等。改造完成后，可生产轿车面板和低牌号电工钢，使冷轧产品的表面质量、深冲性能及规格和品种得到较大提高和增强。

4. 科技管理创新进一步加强

武钢在推进技术进步中，不断地适应技术创新要求，持续开展了科技管理的创新，进一步增强了企业的自主创新能力，为持续提高武钢的市场竞争力提供了有力的保障。

(1) 整合科研开发力量。为了进一步提高武钢技术创新能力和市场竞争力，武钢在新产品开发和科研工作中摸索出了许多经验：

一是推行新产品开发大课题组制。针对技术中心新产品开发任务重、人员少的现状，成功地走出了对外与科研院所、高等院校等相关单位、行业结合，对内与生产现场相结合的"产学研"之路，使钢种开发效率高、成果推广应用快、信息反馈及时。如与中国通用石化机械工程总公司、冶金钢铁研究总院等24个单位共同完成的"低焊接裂纹敏感性WDL系列钢"和"大型成套工程用钢国产化的研究"项目，先后开发了以WDL钢为代表的5大系列20多个新钢种，其中WDL钢课题荣获国家科技进步二等奖，该产品实物质量达到国际先进水平，多次荣获冶金产品质量金杯奖，已在国内3000余台套大型球罐、压力钢管等产品中成功应用，为武钢创效1.8亿元，顶替进口创社会效益20亿余元，为国家节约外汇6800万美元。

二是实行新产品开发项目负责制。为了加强重点产品的研制开发，武钢成立了以公司主管领导负责的项目推进组，下设项目研究组和工艺跟踪组及产品销售组，吸收武钢科研、生产、销售三条战线的人员参加，各负其责，发挥各系统的优势，有力地促进了重点产品的研制开发和推广。目前集装箱板、高性能汽车板、高性能压力容器板、石油管线钢、高线等重点新产品均成立了项目推进组，实行专项领导，效果良好。

三是实行技术中心专家负责制。按科研、新产品开发课题的专业性质设立不同专业线，技术中心按专业设置专业副总，实行专家负责制。在确定研究开发项目的过程中，充分发挥专业副总的作用，规定从市场调研到新产品立项、从产品设计到合同的评审、从质量计划的提出到生产试制跟踪、从产品质量的检查到用户使用效果的调查，均由专业副总负责，从严要求，从严把关。通过充分发挥专家的作用，严格把住了新产品开发过程中的技术关、质量关，从源头上把质量问题消灭在萌芽状态，取得了良好的效果。

四是实行硅钢新产品开发一贯管理制。为了加强硅钢产品的研制开发，公司对硅钢新产品开发从硅钢新产品研制方案的制订到投料冶炼、热轧到硅钢轧制、热处理到用户试用跟踪服务全过程进行了一贯制跟踪管理，通过建立硅钢计算机信息网，实现了物流与信息流同步，及时了解试制情况、及时分析质量、及时制定改进措施，大大地缩短了硅钢新产品研制开发周期。通过建立完善的工艺规程、技术操作规程和新产品试用情况档案，使一大批硅钢新产品生产工艺、产品质量得到稳定和提高，五年来先后新试新推硅钢17.924万t，开发出27个牌号新产品，成功地开发出的WYK、WCP、WFB、WYZ等彩电用钢，成为国内首家能生产彩电所需的全部品种用钢的厂家，使武钢硅钢技术保持了国内的绝对领先地位。

(2) 加强科技进步管理。企业科技进步管理领域涉及到诸多方面，武钢主要在以下方面加强科技进步管理：

一是科技攻关管理。重点围绕提高技术经济指标、提高产品质量、降低生产成本、降低能源消耗，使工艺流程不断优化、工艺技术不断升级，注重创新性原则。在公司、二级单位、职工三级科技攻关的基础上，分片成立了炼铁、炼钢、轧钢、能源攻关领导小组，加强了各工序攻关项目的协调和落实，并对攻关项目分A、B类重点管理，使每年的科技攻关项目保持在90%以上的完成率。

二是加强科研项目管理。按照“需要性、科学性、创造性和可行性”及“高起点、超前”原则，确立研究开发项目。在选定具体项目时，注重从产学研相结合的国家重点技术开发计划、企业中长期发展规划和带动企业整体生产技术上台阶3个方面，确定年度的研究开发项目。坚持科学研究、技术开发与企业效益的有效结合，使每年的重点科研项目措施完成率保持在85%以上。

三是深化“对标挖潜”工作。为了提高武钢的各项技术经济指标，缩短与国内外先进企业的差距，公司1999年以来组织开展了“对标挖潜”工作，先后组织编写了《武钢主要技术经济指标与国内外重点企业比较》(1998年)和《武钢主要技术经济指标与国内外重点企业对比及推进措施》，制订了《主要技术经济指标“对标挖潜”进展情况表》(共41项指标)，随后又进一步组织了公司主体生产单位并对照国内外同行业先进水平，认真分析影响本工序成本、质量等因素的主要技术经济指标，各主要工序确定了2～3个重点指标，对比国内外同行业先进水平进行分析。制订了《“十五”武钢主要技术经济指标推进措施表》，在公司掀起一个“找目标、加压力、上水平”的高潮。近年来公司65项主要技术经济指标中，每年有35项以上指标创武钢历史最好水平。

四是对外技术合作。近年来武钢先后与中科院、北京钢铁研究总院、北京科技大学、武汉科技大学、华南理工大学等科研院所、大专院校和有关生产厂家共同合作项目达150余项，其中：与武汉测绘学院合作研制的《中厚板长度宽度在线自动测量系统》，在轧板厂成功使用；与华工合作研制的激光划线和激光测厚及汽车板焊接技术在国内最早运用于生产。在硅钢厂采用激光焊接以减少硅钢带废品出厂；又如与武汉钢铁设计院、西安重型机械所等单位合作的国家“八五”重大项目“RH多功能真空精炼技术”，并取得了一系列重大科技成果。

五是企业标准化管理。为了适应公司实施精品名牌战略的需要，公司的企业标准管理工作以钢铁产品、非钢产品规范工作为重点。几年来先后负责或参与修订国家重点标准约35个，制订企业标准200余项，尤其是2000年在全公司全面展开了A

标准和修订工作,共编辑A标准193个,并对全公司B标准进行了全面审定。1999年针对消灭无标生产工作,公司先后对多家无产品、注销、停产或筹建、有产品的企业开展了艰苦的工作,共组织制定、修订企业标准237个,冶金标准80个,非钢标准157个,备案企业标准224个,圆满地完成了消灭无标生产、制修订国标、行标、企标等各项工作。使全公司标准覆盖率由40.43%提至99.15%。

(3) 加强知识产权管理。近年来,为了进一步加强企业知识产权工作,武钢已建立健全专利工作管理网络,而且从资金上予以大力支持。先后制订了《武钢专利管理办法》及《武汉钢铁(集团)公司关于专利奖酬提取规定》,并且每年从公司技术开发费中列支30万元以上资金,用于专利技术的开发、申请,实施"一奖两酬"的兑现等工作。截至2002年,集团公司职工共申请专利近200件,有150余件被国家知识产权局授予专利权,1997～2000年,即使在公司资金十分紧张的情况下,仍发放了"半工艺冷轧无取向电工钢板的生产方法"、"连续式退火炉"、"清洗硅钢板用清洗剂"等10项专利实施报酬,被授权的94项一次性奖励每年都已兑现,对于职务发明创造专利技术实施后取得效益的项目和专利发明人已发放实施兑现,并于1999年武钢被评为湖北省专利工作示范明星企业。

近年来,专利技术开发也取得了显著成效,公司有近200项专利中71%的项目得以实施。汉口轧钢厂的"尖角管"、"帽形钢"两项发明专利产品,占市场同类产品的90%的份额。其专利产品虽然仅占全厂总产量的30%,但其销售收入却占到总收入的50%、创造的经济效益占总效益的80%。"20 kg电加热试验小焦炉"已向国内卖出21台套,创效益近500万元。发明专利"带钢卷取机卷筒"和"带材纠偏装置"进入了日本钢铁企业,分别为公司创汇195万日元和17.1万美元。据统计,截至2001年,共对外签订实施许可合同50项次,合同金额近626万元。

5. 逐步实现高新技术产业化

在当今科技迅猛发展的新形势下,武钢加大了技术创新力度,利用多年形成的技术成果和专利,逐步实现了高新技术产业化。先后成立了高炉长寿技术工程公司、炉外精炼工程公司、华枫电子元件公司、自动化公司等高新技术公司,对外进行技术输出和技术服务,成为新的经济增长点。如5号高炉自1991～2001年底已生产生铁2130万t。武钢针对5号高炉在高炉软水密闭循环冷却系统的维护、破损检测和修补方面,进行了卓有成效的探索和改进,形成具有自主知识产权的专有技术——武钢高炉长寿技术,并成立了高炉长寿技术工程公司,除供应国内多家企业外,还出口到荷兰等工业发达国家。

在引进技术的基础上,通过消化、吸收、创新,形成武钢独特技术的硅钢APC装置、转炉烟气除尘装置,实现了对原出口国的技术反输出。其他一些技术,如炉外精炼技术、热连轧计算机控制系统、热连轧机板型控制系统及计量检测技术等,也对意大利、哈萨克斯坦、乌克兰等国外钢厂和国内的太钢、攀钢、梅钢等30多家企业进行了技术输出和服务。此外,武钢开发的复吹转炉溅渣护炉实用新技术,解决了溅渣护炉条件下全程复吹这一世界性技术难题,居国际领先水平,引起了国内外同行的高度关注,目前也已准备向国内外有关厂家输出该项技术。

6. 人才资源的开发与激励机制

武钢于1993年率先在国有大中型企业中进行了以"精干主体,分离辅助"为主要内容的体制改革和组织结构调整。时至今日,已先后进行了7次大规模的减员分流,到2002年底,已累计剥离76139人,减员46565人,下岗人员5583人(再就业服务中心)。人均年产钢已由1992年的42.5 t提高到2002年的470 t;非钢单位整体扭亏为盈,2002年盈利7.34亿元。

在不断调整结构、提高人员素质的同时,武钢积极创造条件,在生产经营、工程建设、科技开发的实践中培养人才。一批高水平技改项目的建成、高水平科技课题的完成和先进指标的实现,都必然伴随一批高水平人才的成长。20世纪70年代一米七工程的建设,使武钢抢占先机,涌现了一批各类专业的杰出人才,成为武钢培育和发展科技创新能力的中坚力量;20世纪90年代在改革开放的新形势下,一批年轻的工程技术人员继承和发扬前辈科技创新的精神,在重大技改项目和科技攻关中勇挑重担,脱颖而出,成为武钢新一代专家。他们中有:开发出一批填补我国空白的高档次钢种的优秀科技工作者陈晓、郭爱民、毛炯辉等;有带领职工抢占世界技术制高点的厂长余志祥、李凤喜等;有对引进的"转炉烟气检测防堵技术"进行技术攻关、技术创新,并成功地实现技术反转让的工人技师刘渝兴;有刷新转炉复吹炉龄世界纪录的工人技师曾庆松、有率先实现"万炉不漏钢"的连铸机长吴克林……。

到2002年底,武钢共有专业技术人员22000

多人。"九五"与"八五"相比,其中博士和硕士增加52.6%;正高级职称人员增幅达130%。以他们为中坚力量的一大批科技人员及工人的智慧和积极性、创造性得到有效激发,使武钢有了长盛不衰的科技创新能力。

为了有效地激发科技人员的积极性和创造性,在推进公司技术进步中,武钢始终坚持以人为本,先后建立了一系列激励机制。如科技进步成果奖、科技攻关成果奖、技术革新与合理化建议奖等奖项,1995年以后又进一步制订了新产品推广效益提成制、成本效益纵深行专项措施奖励办法、专利奖酬办法、突出贡献人员奖励办法等一系列奖励措施。1999年,公司拨出2000万元设立了"特殊贡献奖基金",对在技术创新和解决企业生产经营中做出重大贡献者,给予5000~50000元的奖励,两年来共有87人次获奖。同时,每3年评选一次"技术专家"、"学术带头人"、"优秀科技人员",当选者每月相应地获得1000元、2000元、3000元的奖励津贴,2002年已有480人享受此待遇。给予141名教授级高工分配了冬季供暖的高标准住房;给予40多名博士、680名高级工程师和4213名工程师分别分配了三室一厅、二室一厅的住房;还将一个招待所改造成"科技公寓",夏有冷气、冬有暖气,供新来厂的单身大学生、研究生居住,一人一室或两人一室。后来,又加大了科技成果参与收益分配的力度,在3~5年内按所创效益的1%~10%提成。

此外,武钢还大力实施了继续教育工程,20世纪90年代以来,武钢先后派出672名年轻的中层管理干部和优秀科技人员赴美、德、日等国进行专业技术、企业管理、市场营销等方面的学习和培训。学成回国后,其中3人还担任了公司的副总经理,许多人成为厂级经营管理者。近几年来先后与清华、北大、武大、华工等高校联合培养研究生,为广大专业技术人员脱颖而出提供了较为宽松的环境。建立了多层次、多渠道的培训机制。

四、从质量效益型向科技创新型跨越的理论思考

自20世纪下半叶开始,随着科学技术日新月异的发展,科技创新成为世界经济发展的主导力量,并成为国家与国家之间、企业与企业之间竞争的焦点。钢铁工业的发展历程表明,科技创新从来都是推动钢铁工业发展的决定性因素,无论是原料和能源结构的改进,还是生产流程技术工艺的优化,以及新产品和用户需求的不断开发都离不开科技创新。尤其是信息技术、新材料技术、环保技术等高新技术的开发应用,为钢铁工业的科技创新提出了新的要求。对我国的钢铁工业来说,当前还面临着经济全球化发展与全球钢铁产能过剩,钢铁企业的整体国际竞争力不强,市场与用户对钢材品种质量的要求越来越高等新形势和新任务。从武钢的质量效益型和科技创新型推进的情况来看,走科技创新的发展之路,加速实现工艺现代化、设备大型化、管理高效化,是武钢在应对挑战中把握机遇的制胜之举。

10年前,武钢在不断发展和完善质量效益型道路的同时,开始实施科技创新战略,提出用科技打造武钢的核心竞争力,目的就是要从单纯的追求质量效益转向核心竞争优势的培育和提升,在市场引导下进行更大范围、更深层次、更高水平的科技创新,以满足用户对钢铁产品日益增长的多样化、高端化的市场需求。10年来,武钢走出了一条以科技创新促进国有老企业快速发展的成功之路,建设了一批具有国际一流水平的效益工程,大大提升了武钢的装备水平,即将兴建的二冷轧、硅钢三期扩建改造工程将进一步增强武钢的核心竞争优势。新产品开发国内领先,品种结构明显优化,目前武钢"双高"产品产量已占钢材总量的50%以上。尤其是一批市场销路好、效益高的新品种实现了规模化生产后,经济效益显著提高。2002年,武钢实现销售收入191.72亿元,比上年增长5.58%;实现利润15.05亿元,比上年增长46.89%。这说明通过不间断的技术改造和产品创新,武钢已实现了效益增长方式的转变,科技创新的优势为实现可持续发展奠定了坚实的基础。

(一)武钢科技创新型的战略定位

在武钢实施科技创新的10年进程中,国内外的许多企业也在进行发展战略、经营理念、管理模式的转型,但其中有不少企业失败了,有些甚至是"百年老店"也关门了。而武钢却从一个技术装备相对老化、人员包袱沉重、品种结构竞争力不是很强的国有老企业发展成为一个具有国际竞争力的大型企业集团。武钢的科技创新顺应了时代进步与科技发展对企业经营管理模式的客观要求,是一种与时俱进的科学创新;适应了社会主义市场经济优胜劣汰、适者生存的运行法则,是一种未雨绸缪的主动创新;无论是过去还是将来,科技创新都是武钢站在新的起飞点上,迎接更大的挑战所必须采取的战略举措,是一种高瞻远瞩的战略创新。武钢科技创新战略的成功转型,主要得益于发展思路正确,战略定位准确,主要任务明确。

1992年,是钢铁行业走向市场的开始。而当时的武钢"12万人吃钢铁饭",人均年产钢量不及当时国际先进水平的十二分之一,再加上武钢所处的自然地理位置,进口铁矿石所支付的运输费用,使每吨铁的成本比沿海企业高出100多元,而武钢大部分的铁矿石靠进口。如果武钢只生产一些大路品种,从成本上看,根本无法同兄弟企业相竞争,同时也难以发挥技术、人才和新产品开发的优势。激烈的市场竞争还使武钢意识到,在产品质量、价格和服务的背后,是企业的科技实力在"说话",谁的创新能力强,谁的声音就更有分量,谁就更能掌握市场的主动权。因此,从1993年开始,武钢进入了一个新的发展阶段——科技创新的发展阶段,即充分发挥武钢人才和技术优势,通过技术装备的不间断改造,大力开发新工艺、新技术和高附加值、高技术含量的新产品,不断优化产品结构、提高产品质量、降低产品成本,巩固武钢的市场地位,扩大竞争优势。

武钢科技创新的战略定位,就是始终坚持"工艺先进、结构合理、环境优美、效益显著"的方针,遵循"引进创新和自主创新并重"的原则,加速推进企业技术装备、工艺技术的升级换代,提高经济增长的质量和效益,走依靠科技为支撑的可持续发展道路。

(1) 追求一流的技术装备。一流的技术装备不仅是武钢实施科技创新战略的重要物质基础,也是实施科技创新战略的突破口。技术装备的提高惟有依赖技术改造,而一流的技术装备则需要不停顿、高起点的技术改造才能实现。10年来,武钢技术改造最突出的特点就是高起点的引进国际先进技术,淘汰落后工艺、工序,使技术装备与技术水平在原有的基础上产生一个质的飞跃。武钢从1993年以来的10年时间里,自筹资金300多亿元,先后完成三炼钢、一炼钢平改转、高速线材、8号焦炉、硅钢扩建等重大工程项目,实现工艺技术装备全面优化升级,大部分工艺技术装备达到了20世纪90年代的国际先进水平,部分主体装备跃居国际冶金行业一流水平。尤其是炼钢系统的三个炼钢厂均有了先进完备的铁水预处理和钢水炉外精炼设施,实现了"铁水预处理—转炉—精炼—连铸"的先进的生产工艺,在调整品种结构、提高产品质量、降低消耗方面发挥了决定性作用。随着二热轧、二冷轧的建设,改造一冷轧、扩大取向硅钢生产能力以及对前工序的技术升级改造,武钢的技术装备将继续保持国际一流的水平。

(2) 追求一流的品种结构。一流的品种结构是科技创新效益性的要求。任何层次及规模的科技创新活动,都需要一定数量的资源投入,伴随这种资源投入,必然要求获得一定的新增财富或比较利益,提高投入产出比,这也是科技创新的根本动力所在。前几年,武钢按照国家"控制总量,调整结构,提高效益"的总体要求,以市场需求为导向,加快品种结构的调整。一方面,武钢以"限产不减效"为原则,合理组织生产。1999年,武钢采取积极主动措施,对市场供大于求、合同不足、效益差的普板和大型厂的部分型材坚决减产。另一方面,抓住市场商机,在生产组织上突出两个重点调整品种结构。一是优先安排国内短缺的高附加值、高技术含量的品种生产,二是优先安排出口和"以产顶进"产品的生产,如2001年全年出口和"以产顶进"总量达150万t以上,实现了在确保完成总量控制的前提下满负荷生产;2002年,武钢完成出口和加工出口93.73万t。

(3) 追求一流的新产品开发能力。产品是企业竞争力的载体,而新产品的开发能力则是企业竞争与发展潜力的体现,一个新产品开发能力不强的企业,注定是没有发展前途的企业。因此,武钢在建立科技创新体系的同时,也建立了武钢"产研销"与"产研学"相结合的一体化的研发体系,始终坚持"推广一代、试制一代、研究一代、规划一代"的新产品开发方针,使技术开发能力一直保持在全国冶金行业的前列。1993～2002年,武钢共开发研制出85个系列301个新品种,形成了以"桥、管、箱、容军、电、车、线"等为重点的一批精品名牌,研究、储备了一代满足未来市场需求的新产品系列,探索并成功实践了"产研销"一体化的新产品开发管理体系,与一大批具备较强新产品开发能力的专业技术人员的结合,使武钢能一直保持一流的新产品开发能力。

(4) 追求一流的技术创新能力。在企业核心竞争力的构成要素中,核心技术可谓"核心中的核心",因为无论是开发新产品,还是优化工艺操作,提高产品质量,降低产品成本等,都必须通过一定的技术手段与技术方式去实现。武钢在科技创新中追求一流的技术创新能力就是通过不断地引进、消化、创新、开发,提升技术水平,加快用信息技术改造传统产业步伐,使技术创新能力始终处于国内冶金行业的领先地位。10年来,武钢在引进技术的选择上,始终坚持高起点、高水平,引进当代世界一流的新技术,代表当今技术发展的潮流。如三炼钢厂主体工艺设备的装备技术从德马克MDH公司引进，分别采用了德国、西班牙等国家的转炉副枪测试与计算机自动控制炼钢技术、转炉顶底复合吹炼技术等新技术、新工艺，是具有20世纪90年代世界一流水平的现代化大型转炉（顶底复合吹炼）全连铸钢厂。又如，硅钢厂改扩建工程从日本新日铁引进了具有世界一流水平的环形高温退火炉（ROF）等作业线。同时，还引进了两项硅钢技术专利。新成分高磁感取向硅钢生产技术专利（HiB钢），可生产Z6H高牌号HiB硅钢；含铜取向硅钢生产专利技术，能生产高牌号一般取向硅钢。这两项专利技术的引进，使武钢成为国内唯一能生产大型变压器用钢的厂家。

(5) 追求一流的产品质量。质量是产品的生命，也是企业的生命。武钢科技创新战略任务之一就是追求卓越的质量管理水平，不断提高产品的技术含量与质量档次。武钢在全国冶金系统率先开展"贯标"工作，并于1994年一次通过国家质量体系认证评审，成为全国特大型企业第一家通过认证的企业。随着市场经济和质量理论的不断发展，武钢适时提出质量管理要从注重实物形态向实物形态与价值形态并重的方向转移。从1995年开始，武钢坚持开展"成本效益纵深行活动"，创立了"质量效益型"企业"实际成本核算，目标成本控制，附加成本运作，责任成本管理"的成本管理新模式，形成"全员抓成本管理，全过程抓成本控制，全方位抓成本核算，全企业抓经济效益"的局面。武钢的质量效益型道路始终以科技创新做支撑，在积累丰富的质量管理经验的同时，钢材产品获全国、省、部优产品100多项，钢材质量达到国际先进水平的有24个，达到国际先进实物质量标准的"双高"产品所占比例在41%以上。通过"九五"和"十五"时期的系列改造，到2010年这一比例将达到70%以上，精品名牌产品产量比达到30%以上，保持国内领先水平。

（二）武钢科技创新构成体系

武钢从学习邓小平同志南巡讲话，解放思想，引发科技创新总体思路开始，到系统构建企业科技创新体系，由知到行表现为"四个引发"的历史过程，即解放思想引发企业科技创新总体思路，体制转型引发以资金、成本为重点的管理创新，竞争压力引发科技创新战略思路，群体大讨论引发构建和完善武钢创新体系。正是基于科技创新体系的完整性认识，武钢在1998年提出要加快实施"技术创新、产品创新、管理创新、体制创新、机制创新、结构创新"。"六个创新"的先导是观念创新，各有侧重，在实施中体现了相辅相成的辩证关系。武钢通过机制创新激发企业活力和强大再生能力，通过体制创新形成主业突出、多业并举的体系和制度，通过技术创新、产品创新提高核心竞争力，通过管理创新提高企业运行效率，通过结构创新构造以"世界一流钢铁精品生产基地"为目标的组织结构和产品结构。"六个创新"的有机组合，开创了武钢改革与发展的新局面。

1．强化科技体制创新，提高市场竞争力

在计划经济向市场经济转变过程中，实施科技体制创新，提高适应市场、驾驭市场的能力，已成为武钢体制创新的重要任务。1996年，武钢先后对科技体制和营销体制进行深化改革。一是实现科技管理体制创新。由技术中心承担集团公司科技管理和开发创新职能，并使之逐步成为"五大中心"，即：重大技术决策咨询的中心、新产品开发的中心、科技成果转化的中心、对外技术合作的中心、高层次人才培养的中心，逐步形成了与市场经济相适应的科技管理体制，从根本上改变了原有研究机构重研究轻开发，重现场轻市场的局面。二是结合营销体制改革成立销售公司，先后招聘108名政治素质高、懂生产、懂技术、懂管理的专业人员充实销售第一线；组织一批高级技术人员、专家研究市场需求变化趋势，建立了强有力的市场预测、研究机构，为营销决策提供依据。根据武钢营销战略发展需要，在全国选择主要城市或中心地区建立区域性的分公司13家，作为销售公司业务的延伸，逐步形成全国性的市场营销网络，并初步建立了"十大"营销管理体系：(1) 多元化立体商情体系；(2) 销售收入滚动预算管理体系；(3) 重点工程订单保障体系；(4) "三足鼎立"的销售网络保障体系；(5) 风险控制体系；(6) 仓储运输保障体系；(7) 自动核价的合同评审与跟踪管理体系；(8) 以联销联酬为核心的绩效考核体系；(9) 企业产销管理整合体系；(10) 现代化的信息管理体系。武钢从营销管理体制、运行机制、销售策略、促销政策、用户服务等多方面入手构建的市场营销模式，变过去的计划配置为市场配置，在产品营销策略、价格策略、分销渠道等方面提高适应市场，驾驭市场的能力。

2．用科技创新战略统领产品创新

1993年以来，武钢从企业可持续发展的战略高度和参与国际市场竞争的需要出发，坚持引进、消化、创新、开发的方针，加快技术进步和扩建改造，

使钢铁产业工艺明显优化,部分主要技术装备跃居国际一流水平,通过自主创新,进一步培育和提升了武钢的核心竞争力。

近年来,武钢充分发挥科技创新能力较强的优势,紧紧围绕市场短缺的高技术含量、高附加值产品和替代进口产品的研制开发,形成了武钢品牌,创造了良好的企业效益和社会效益。从而有力地印证武钢科技创新战略的正确性。今后武钢将以研究开发高纯度、高均匀性、超细粒组织、高精度新型钢铁产品为目标,采取引进—消化—吸收—创新相结合的方式,开发先进技术,掌握一批专用技术,跟踪开发国际冶金前沿技术、提高科技创新能力和产品持续创新能力。

3. 用管理创新拓宽发展道路

管理创新是指创造一种新的更有效的资源整合范式,这种范式既可以是新的有效整合资源以实现企业目标和责任相协调的全过程式管理,也可以是新的具体资源整合及目标制定等方面的细节管理,包括提出新的经营思路,新的管理方式,设计新的管理模式或进行一项制度创新等等。武钢的实践,证明了管理创新是推动企业持续进步、使企业充满活力、健康发展的保障。

(1) 管理主题在创新中实现了两步跨越。20世纪80年代,武钢积极引进和全面消化国外先进管理方法,大力推进和持续深化全面质量管理,在全国产生了较为广泛的影响,内容比较系统并具有鲜明时代特征的"质量效益型"发展道路。1993年以来,在建立市场经济体制的新时期中,国内冶金行业面临着买方市场形成、结构调整、"三角债"、库存积压等一系列巨大压力,冶金企业经济效益加速下滑。为了应对突如其来的严峻形势的挑战,进一步把"市场导向"引入质量效益型发展道路中,从企业生死存亡的高度认识资金、成本的作用,实现了管理主题的第一步跨越。

1) 以全面质量管理为中心向以资金、成本为中心转移。在开展"成本效益纵深行"活动过程中,武钢构建了以实际成本核算、目标成本控制、附加成本运作、责任成本管理四者有机结合的动态成本控制体系,并逐步趋于完善。武钢成本管理模式的基本内涵是:实际成本核算体系以市场价格为基础,建立与完善内部价格体系,在企业内部实现与动态价值相匹配的价值转移。目标成本控制体系以坚持目标体系科学化,技术与经济相结合、质量与效益相结合、整体效益最优为原则,把指标定位在历史最好水平或同行业先进水平上,把各种费用压缩到最低限度,按照生产成本组成要素,分类别、分项目制定目标计划。工序附加成本运作主要是建立以其为价值链的成本实施运作体系,明确产品在多工序加工过程中各个工序的成本责任。责任成本管理体系则建立在全员、全方位、全过程基础之上。目标成本的指标层层分解落实,并纳入经济责任制考核。

2) 以资金、成本为中心向以用户(顾客)满意为中心转移。全面质量管理使武钢的产品质量上了台阶,管理创新主题的第一步跨越使武钢降低了产品成本,提高了产品的市场竞争力。然而,当产品供求极不平衡、买方选择性极强的时代来临时,好的质量和公平的价格只是买方(顾客)满意的前提,而不再是必然选择。顾客究竟选择哪一家的产品,在当今市场,选择余地很大。有一段时间,在某些区域市场,武钢产品的市场占有率呈现下滑的趋势。实践表明,管理创新必须与时俱进,提出新目标,挖掘新主题,实施新举措,创出新方法。在解决资金、成本管理这一主要矛盾,且工作进入正轨之后,把管理创新的中心及时转移到让用户满意上来,并为此付出了同心同德的努力。实施以用户满意为中心的管理创新,提出了"诚信为本,追求共赢"的经营理念。通过培养客户忠诚度,构建互利互惠的"工、商、银"合作模式等,实现了"以产品为中心模式"向"以顾客为中心模式"的转变。对外成立了用户服务办公室,抽调一批责任心强,懂技术的人员从事售后服务,加强市场调研和异议的处理。根据市场经济的要求,公司领导带领有关部门负责人走访用户,同时在内部按照让用户满意的标准修改、完善管理办法和管理制度,深入开展了前工序让后工序满意,机关让现场满意,辅助单位让主体单位满意,全公司让用户满意的活动。从而较好地形成了为用户服务机制的良性循环。坚持"公正、快捷、准确、实事求是、取信用户"的原则,全方位地为用户服务,用户满意度不断提高,产品异议率逐年减少,异议处理周期逐年缩短,武钢也连年被评为用户满意先进企业。

(2) 管理手段创新为企业持续创新奠定坚实的基础。管理创新是对传统管理方法的扬弃,必须以管理手段创新奠定坚实的基础。通过全公司不同层面管理手段的不断创新,有力地支持了企业持续创新。如热轧厂实行计算机全过程跟踪管理,现在操作工一上岗,就将自己的代码输入计算机,计算机自动跟踪8小时的全过程操作,并正确无误地打印出来,使数据管理细化到每个岗位每个人。这个厂自行开发、国内首创的“异常卷计算机自动判定系统”,对异常卷的判断率达100%,有效创新了质量管理手段。又如,二炼钢厂推行了“岗位点球滚动练兵”法,“打造智能型群体”法,“注意力管理”法等极具管理创新特色的活动。这些活动开展以后,该厂不到一年内两次打破全国复吹炉龄最高纪录,达到22766炉水平,目前正向更高的纪录突破。改革开放以来,武钢博采国内外创新管理手段,18种现代化管理方法早已全面开花结果。结合管理创新,每年开展现代化管理成果评选活动,仅6年时间,注册的现代化管理成果就达2161项,创经济效益1.5亿元。

建设由传统管理向现代化管理方式根本转变的跨世纪工程,推动管理创新跃上新台阶。2001年3月,武钢整体产销资讯系统工程开工,目前已在进行系统上线工作。该项工程是武钢的一场管理革命,它给武钢带来观念、组织结构、管理方式、管理水平、制度等方面的变革,最终实现由传统管理向现代化管理方式的根本转变。该工程的管理革命性主要体现在以下几个方面:

1) 可以实现武钢管理流程的优化。如建立机构上和业务上的一级管理模式,按照总体规划,分步实施,重点突破,效益驱动的原则,将中国台湾中钢应用成熟的管理流程进行移植和创新,推动武钢组织结构扁平化建设,其目标在2005年左右达到中钢的管理水平。

2) 可以实现武钢以市场为导向、合同为主轴的产销整合管理和追踪,做到最佳生产并保证质量,以合同贯穿销售、排程、生产、存货、发货,掌握进度及实物动态,有利于资源调度与配置。

3) 可以实现武钢财务与整体产销系统统一。生产、销售、技术质量和财务一级管理,发挥统一的效果和作用,有利于满足客户弹性需求,有利于掌握和控制成本,确定按绩效考核。

4) 利用整体产销资讯系统并进行拓展,逐步发展电子商务特别是企业间的电子商务。主要是展开B to B和B to C方面的工作。采购部门大力开展网上询价、采购、结算等电子商务活动;销售部门大力开展网上销售的电子商务活动,如网上公布资源、网上订货、网上收款、网上查询发货情况、网上用户服务等。同时,配合完善的货物配送系统完成销售活动。

(3) 用激励机制创新,巩固和发展创新成果。管理离不开激励。激励机制创新,是构建武钢创新体系的重要内容之一,也是巩固和发展企业创新成果,充分调动职工积极性和创造性,不断增强企业内部的凝聚力和战斗力的可靠保证。激励机制创新,要根据分层次激励原则,针对不同层次的群体,采取不同的激励手段:首先,对主体厂及二级单位的经营管理者实行风险承包责任制,年终在严格考核的基础上实行风险奖惩兑现,充分调动了各级经营管理责任人的积极性。第二,充分体现尊重知识、尊重人才的激励原则。对科技人员采用多种有效的激励机制,不断加大激励力度;对近4000名本科毕业生、硕士、博士的技能工资分别提高3级、7级、10级;对进入博士后流动站的博士后,更是创造了一流的工作和生活条件;还加大了科技成果参与收益分配的力度,在3~5年内按所创效益的1%~10%提成。第三,从1998年开始,针对钢材市场销售疲软的情况,对销售人员加大激励力度,由销售公司对武钢实行承包经营,对一线营销人员全面推行联销联酬的分配方式,上不封顶,下不保底,极大地调动了市场营销人员的积极性。第四,坚持按劳分配原则,完善岗位技能工资制度,加强职工考核,增强工资分配激励性。在完善经济责任制考核体系,突出效益、成本、质量考核的基础上,从1997年开始,将岗位工资与奖金捆在一起纳入经济责任制考核。各单位将指标层层分解,浮动工资的比例由“八五”末的23.42%,提高到“九五”末的57.23%,其中钢铁主体厂超过60%。

4. 在科技创新中拓展企业文化的内涵

管理创新的本质是管理文化的创新。所以,把企业文化又称为管理文化。管理文化的内涵,主要包括企业价值观、企业精神、企业经营目标、企业经营理念、企业利益导向、企业规章制度、企业道德、企业形象、企业环境、群众文化体育活动等一系列内容。它是以人为主体,具有持久效力的微观管理文化。它也同时具有以往一切旧的管理方式所不具备的导向功能、凝聚功能、约束功能、辐射功能、教育功能和调适功能。而这些功能与作用的发挥,则综合体现了一种整体优化的管理创新优势。

20世纪80年代,武钢把走质量效益型道路的发展思路,作为指导武钢生产经营的发展战略和实现企业管理现代化的重大措施加以推进,以质量求生存,以质量求效益,以质量求发展。同时,也正是在这种正确处理质量与生产、质量与效益、质量与服务关系的基础上,武钢创建了一系列符合企业发展战略、价值评价体系的以“质量优先”为基本特征的企业文化,受到国务院的充分肯定。

近年来,随着武钢科技创新力度的不断加大,企业文化建设的内涵也不断得到补充、丰富和提高。在此基础上,初步形成了“科技兴企,科技兴业”的指导方针。主要内容包括“以顾客为中心”,“走科技创新型道路,创建世界一流企业”的经营理念,“把武钢建成世界一流钢铁精品生产基地”和“做精、做强、做大、做优”的企业发展目标,“用户的需求,武钢的追求”的企业价值观,“争先、争优、争一流”的企业精神,“敬业、创新、文明、刚毅”的武钢人形象,坚定不移地走质量效益和科技创新相结合的发展道路。在企业利益导向上,彻底扭转了对知识和技术重视不够的状态,如对高级技师、优秀科技工作者、专业学科带头人、行业专家每月给予补贴,在分配上加大了对科技人员的倾斜力度,制定了对有突出贡献人员的奖励办法,对在科技创新和解决公司生产经营关键、重大技术问题做出贡献的科技人员予以重奖。所有这些,形成“以创新为灵魂、动力、源泉”的、为广大职工所认同所接受的、具有强大凝聚力和归属感的武钢文化。这一整套管理文化理念和利益导向的确立,为武钢在市场经济条件下,实现科技创新发展道路的跨越,提供了强大的精神动力和智力支持,逐步成为武钢职工的行为准则和自觉行动。

创新,使武钢的面貌发生了深刻变化;创新,使武钢正在实现从质量效益型企业向科技创新型企业的跨越;创新,使武钢正在受到社会各界的广泛关注和积极肯定。武钢通过努力构建和完善企业科技创新体系,实施科技创新战略,把武钢的改革和发展带入了更为广阔的空间和更为深刻的层次。

五、科技创新型发展战略的深化

(一) 武钢科技创新的优势与不足

1. 武钢科技创新的优势

(1) 具有一流的技术装备优势。特别是自1993年以来,武钢自筹资金300多亿元用于技术进步和技术改造,炼铁、炼钢、轧钢3个系统初步具备了国际先进水平的技术装备优势。

(2) 具有较强的消化、吸收、创新能力。武钢在引进技术后,积极消化吸收,并加以二次创新,同时也自主开发了一些新技术,使钢铁技术得以全面提高。

(3) 具有较强的品种结构竞争力。武钢作为国家重要的板材基地,中厚调质处理板、热轧板卷、冷轧薄板、冷轧硅钢片基本上都是目前国内短缺的产品,高等级线材特别是钢帘线、钢绞线、预应力钢丝等是我国极其短缺的产品,随着新产品开发能力的释放,武钢品种结构的竞争优势将可以继续保持并加强;

(4) 具有突出的新产品开发能力。目前已形成以“桥、管、箱、容、军、电、硅、车、线”等为重点的一批高技术含量、高附加值的精品名牌,并且研究储备了一代满足未来市场的新产品系列。

(5) 具备较强的产品质量竞争力。武钢长期坚持走质量效益型发展道路,钢材产品获全国、省、部优产品100多项,钢材质量达到国际先进水平的有33个。

(6) 具有一定的营销服务优势。武钢经过近几年的努力,全公司上下已牢固树立了“用户满意”意识,基本建立了较为完善的营销服务网络系统和运作模式,并荣获国家“用户满意单位”荣誉称号。

2. 武钢科技创新工作的主要困难和问题

主要表现在:科技创新工作与市场经济的要求仍有一定的差距,一些销路好、效益高的产品尚未形成批量生产能力;高附加值、高技术含量、效益好的新产品转化为企业产能的周期比较长;信息研究力量较薄弱,为公司战略决策提供的市场信息缺乏系统性和针对性;专利保护意识较薄弱,专利转化为现实生产力、为企业创效的质量不够高;对高学历技术人才的吸引力还不强,后备力量不足;技术开发力量相对分散,如公司设计研究、自动化研究、信息产业开发等方面的科研力量相对分散在不同二级单位;与国际国内科研院所、高等院校、知名企业开展技术合作的机制不活、合作方式单一;对技术创新的激励政策尚不够健全,激励力度不够。

(二) 21世纪初叶武钢科技创新的战略措施

党的十六大报告明确指出:“要走出一条科技含量高、经济效益好、资源消耗低、环境污染少、人力资源优势得到充分发挥的新型工业化道路。”要实现这一新型工业化的战略目标,就钢铁产业而言,必须要更牢固地树立科技是第一生产力的指导思想,持之以恒地推进产业科技创新,使企业永葆青春与活力,实现持续健康发展。因此,武钢科技创新的战略思路和战略目标是:立足全方位参与国际市场竞争,坚持“品种、质量、环境、效益”并举方针,突出钢铁主业发展,突出核心能力培育,突出整体优势发挥,在做强做精做优上下功夫,努力把武钢建成具有国际一流水平的现代化钢铁企业和我国汽车板、硅钢片生产基地以及花园式工厂。钢铁主业通过技术改造与科技进步调整产品结构,开发专有技术和满足用户要求的产品，将钢铁主业到2006年发展为1400万t左右的生产规模，产品质量、市场占有率、企业效益、效率等综合指标达到世界先进钢铁企业一流水平。非钢产业坚持有所为、有所不为，充分利用国家产业政策、武钢资源和国内外资金、技术，通过资产重组和资源整合，分别实施部分传统产业集约化经营和高新技术产业跨越式发展。

按照武钢科技创新发展战略的总体思路和目标，武钢科技创新型深化与发展的战略重点措施有7个方面。

1. 进一步完善科技创新体系，增强科技开发创新能力

为适应市场经济的新形势和建立现代企业制度的需要，武钢根据“以市场为导向，以增强自主创新能力为核心，以提高产品竞争力为目标”的思路，以集团公司机构改革为契机，对原有的科技体制进行大刀阔斧的改革，由技术中心承担集团公司科技管理和开发创新职能，从而逐步形成了与市场经济相适应的科技管理体制，从根本上改变了原有企业研究机构重研究轻开发、重现场轻市场的局面，为武钢的新技术、新产品、新工艺的研究开发、生产应用，进入市场并实现效益提供了体制上的保证。但随着我国加入WTO和知识经济时代的到来，对企业作为科技创新的主体的要求越来越高，现有的科技创新体系还有不够完善的地方，不利于增加企业科技创新能力。为此，必须进一步完善武钢的科技创新体系。

(1) 强化管理促进科技创新，重点完善企业科技创新的运行机制。一是强化科技创新过程中的决策咨询功能。1)对重大科技创新事项集中决策。重大科技创新事项应由集团公司决策层集体讨论后决定，重大事项包括科技创新战略规划、科技进步的激励政策、重大技术改造项目、重大科研项目等。2) 充分发挥技术专家的决策参谋作用。咨询专家的职责应包括审议公司的技术创新规划、重大项目的立项报告、科技创新项目的结题评审等。为此，应尽快建立健全技术开发决策机构：“武钢科技创新委员会”、“武钢技术专家委员会”。武钢科技创新委员会的基本职责是：审定公司科技创新工作规划和年度计划，研究并决策开发方向和投资预算决策等重大问题；武钢技术专家委员会的重要职责是：参与重大技术、工程、投资项目的咨询和评估，为科技创新委员会提供评估意见和方案。二是提高对创新资源的集聚和整合能力。武钢科技创新运行机制应具有一定的“柔性”，即对环境变化的自动适应和调节能力。要继续坚持“产学研”协同开发的合作机制，要高度重视与用户、供应商、同行业竞争的企业、大学、独立研究机构、科研中介机构、各种开发区等“产学研”合作，其方式可不拘一格，可以与大学共建重点实验室，也可以与国内外企业共同开展R&D活动，共建研发机构，等等，尤其与上海宝钢、中国台湾中钢等同行业的技术联盟应是重点考虑的形式之一。同时，要继续开展“借脑引智”工作。根据科研开发工作的进展情况和存在的问题，聘请“客座”专家进行指导，有针对性地邀请国内外的知名专家前来讲学，并有计划地派出科研人员出国进修。

(2) 健全和完善集团公司的技术开发体系。一是加强以技术中心为主体的创新体系建设，提高研究开发的产出能力。在创新体系建设方面，关键是要与公司的体制改革相适应，使技术中心真正成为武钢集团的“中央研究院”，能够为集团内各单位提供新技术新产品。为此，建议进一步强化技术中心的研究职能，在条件成熟时，也可以考虑将集团公司一些单位的专业技术力量进行重组，整体吸收进入技术中心，成立新的技术研究所，如近期已成立硅钢研究所，还要成立汽车板研究所，使技术中心逐步提高对钢铁技术和重点学科基础研究的比重，将中长期研究课题的比例从30%左右逐步提高到50%以上，既为钢铁主体单位服务，又加大对非钢单位的产品技术的开发力度。二是协调好技术中心与公司其他部门，尤其是各子(分)公司技术机构的关系。在完善技术中心创新职能的同时，不能忽视子公司、分公司、控股公司及主体厂的技术机构的作用，尤其是厂级技术质量保障(研发)机构是武钢技术开发体系中的基层组织，充分发挥他们在技术革新、科技攻关以及配合技术中心实施重大研发项目等方面的作用。技术中心除了突出研究职能外，还应适当加强其已有的管理职能，集中管理武钢的知识产权以及强化科研管理、新产品开发过程中的协调等。三是加强对知识产权的保护、开发和集中管理。知识产权除专利权外，还包括部标专用权、著作权、技术秘密、商业秘密、商业信誉等，他们都可构成武钢的无形资产。要加强知识产权的制度建设，完善和修订武钢的专利管理和奖励办法、技术秘密管理办法等，形成一套完整的知识产权保护体系。要加强知识产权的日常管理，做好各种知识产权尤其是专利和技术诀窍的审定、确认、登记、统计工作，充分利用国内外专利文献信息为科研服

务,通过培训增强职工的知识产权保护意识。要重点加快专利和专有技术的开发的推广工作,积极探索对内对外技术输出与技术贸易的有效途径,提高科技成果转化的经济效益。

2. 进一步深化科技创新型的市场定位,加速工艺创新

企业的科技创新,不仅是指研制开发出高效技术产品,而且包括对传统的必要的产品结构、工艺结构、生产装备的技术改造。因为装备水平高低直接影响着企业的生产能力、产品质量和竞争能力。装备水平是决定企业可持续发展的一个重要因素。多年来的实践引进技术,必须在消化、吸收、掌握的基础上不断创新。否则,再先进的技术过一段时间也会落后。因此,科技创新要获得更大的产出,必须要加快科研成果在生产中的实施,加快原有设备系统的技术改造和工艺创新。

"十五"期间,武钢按照"有所为,有所不为"的战略原则,重点建设两条精品生产线,即以取向硅钢和高牌号无取向硅钢片为主的冷轧硅钢片精品生产线;以汽车板、家电板为主的宽带钢精品生产线。完善两条名牌产品生产线,即以桥梁钢、管线钢、容器板、船板(军工板)为主的专用中厚板名牌产品生产线;以帘线钢、绞线钢、冷镦钢为主的优质线材名牌产品生产线,使之发挥在调整品种结构中的竞争作用。2003 年投产的二热轧厂 2250 mm 热连轧生产线,一期年产量为 350 万 t,可生产出厚度为 1.2～25.4 mm 和宽度为 700～2130 mm 的汽车、船舶、石油管线用钢、集装箱等高质量、高强度的钢材。拟定于"十五"期间建成的二冷轧厂选择 2230 mm 的宽幅轧机,生产能力 215 万 t/a,主要品种为轿车板、家电板、镀锌板、彩涂板和冷轧薄板。这两套设备的投产,将大大提高武钢在该领域的竞争能力。随着上述重点项目的逐步建成投产,进一步增强武钢的技术创新能力,使高纯净钢、高性能钢以及国家急需的板材、线材品种的研制生产得到可靠的保证,为新产品的开发和批量生产创造更为有利的条件。

此外,要广泛采用干熄焦技术、高炉喷煤系统技术、铁水预处理及炉外精炼技术,溅渣护炉技术、铸坯热送热装等新技术、新工艺对钢铁生产工序的薄弱环节进行配套改造,使高炉利用系数、吨钢能耗、转炉炉龄、综合成材率等一大批主要技术经济指标达到或接近世界先进水平,实现主要工艺、工序的升级换代,推进钢材质量的全面提高和产品的升级换代。

3. 全面推进和实施技术发展战略目标

21 世纪初叶,围绕总体发展思路和总体奋斗目标,武钢技术发展的具体目标为:以市场为导向,以用户需求为基点,适应产品创新的要求,加速生产工艺科技创新,在消化吸收一炼钢、三炼钢、二热轧等效益工程技术的基础上,继续走引进、消化、吸收、创新的低成本技术改造之路,使炼铁、炼钢、轧钢主体的工艺、技术、装备、产品质量、成本消耗水平达到国际先进水平。在掌握高纯净度、高均匀度和超细晶粒组织控制工艺技术的基础上,至 2005 年开发新产品 69 个系列 136 个品种,使"双高"产品和市场短缺的钢材生产量占总产量的 60%以上,实物质量达到先进工业国家同类产品水平;至 2010 年钢材产品达工业发达国家实物质量水平产量比大于 70%,优化品种结构,实施精品名牌战略,创名牌 10 个,创精品 10 个,精品名牌产量比大于 30%,有一批重大的专有技术和独创技术,在国际钢铁界独占 3～5 项重大专有技术,并实现成套、成条线技术输出。为实现上述目标,武钢必须抓好以下重点工作:

一是必须坚持"推广一代、试制一代、研究一代、规划一代"方针,开发一流的精品名牌。武钢产品创新战略定位为:突出产品的不断创新和结构的不断优化,重点是采用当代世界先进技术和实用技术,对钢铁生产工序的薄弱环节进行配套改造,为产品的不断创新提供良好的硬件平台;要集中精力发展市场短缺的高技术含量、高附加值产品和替代进口的品种,不断优化品种结构,提高产品质量,逐步实现钢铁产品的升级换代,逐步将武钢建成国际一流水平的现代化钢铁企业和我国汽车板、硅钢片生产基地。为此,新产品开发要在掌握高纯洁度和超细晶粒组织控制工艺技术的基础上,重点研制开发以下品种:(1)新型硅钢。重点开发超低铁损高磁感取向硅钢:薄规格(0.05～0.15 mm)高磁感取向硅钢(3 次再结晶技术),硅钢(6.5%Si)、非晶、微晶以及玻莫合金等磁性功能材料,高效电机用钢,超低铁损高磁感无取向硅钢,各种专用硅钢,低制造成本取向硅钢、无取向硅钢(取代热轧硅钢片),低铁损、高磁感、低成本的无取向硅钢,双取向硅钢片等,形成一批具有武钢自主知识产权的新型硅钢片。(2) 汽车用钢。重点开发高强度级别、高深冲性能、高表面精度的热轧和冷轧汽车用薄板。(3) 建筑用钢。重点开发耐火、耐候、抗震、抗层次撕裂、优异焊接性能热轧板、中厚板、各类冷弯型钢和无缝钢管;开发并大力推广新三级钢筋。(4) 石油用钢。重点开发 X70 以上高钢级管线用钢、抗酸性介

质腐蚀用管线钢、N80石油套管钢、特大型原油储罐用大线能量焊接钢等。(5)水电用钢。重点开发压力钢管、蜗壳、贫管用厚钢板、磁轭磁极用热轧及冷轧板、发电机专用高效硅钢片,满足“西电东送”要求。(6)铁路用钢。重点开发铁路高速化用车体高强度耐候热轧、冷轧钢板和冷弯型钢、铁路槽车用高强度压力容器中厚板及高速铁路用桥梁钢板等。(7)电子用钢。重点开发彩电用钢、电池壳用钢等极薄钢板,形成年产8万t能力。(8)高速线材。重点开发高级别的帘线钢、弹簧钢及预应力绞线钢用热轧盘圆等。(9)涂层钢板。重点开发超深冲热镀锌板,高深冲性和高耐蚀性电镀锡板,高强度彩涂钢板。(10)压力容器用钢。重点开发大线能量焊接、高韧性、低焊接裂纹敏感性高强度级别的压力容器用钢,完善低温及中温压力容器钢系列产品。(11)桥梁用钢。重点开发不同温度环境、不同强度级别、不同耐大气腐蚀、不同耐海水腐蚀,能够随大线能量焊接的新型桥梁用钢。(12)机械工程结构用钢。重点开发新一代低碳贝氏体钢、耐磨用钢、800 MPa级以上焊接高强度中厚板。(13)船舶及集装箱用钢。重点开发高强度热轧船用宽板及高强度集装箱用钢。

二是必须坚持“工艺技术先进,经济效益显著”的方针,形成一流的工艺技术开发能力。武钢工艺技术及前沿技术研究开发的战略定位为:以研究开发高纯度、高均匀性、超细晶粒组织、高精度新型钢铁产品为目标,采取引进—消化—开发—创新相结合的方式,开发先进技术,创新发展,掌握一批专用技术,跟踪开发国际冶金前沿技术,提高科技创新能力。为此,必须抓好以下几项工作。首先要在节能降耗系列技术应用方面加快技术进步的步伐:(1)干熄焦技术;(2)高炉喷煤系统技术;(3)连铸坯热送热装技术;(4)轧钢加热系统节能技术;(5)提高钢厂入炉铁水温度技术。通过上述新技术、新工艺的研究应用,使高炉利用系数、吨钢能耗、转炉炉龄等一大批主要技术经济指标达到或接近世界先进水平。其次要加快高洁净钢生产技术研究:(1)围绕炼铁精料方针,开发高品质的炼铁用烧结矿,开展焦化配煤新技术的研究;(2)炼钢工艺技术开发,重点完善配套的铁水、钢水深脱硫和相应的脱磷,以及钢水防二次污染、钢中夹杂物变性处理技术等;(3)搞好连铸生产中的晶粒细化技术研究。再次要加快轧钢工艺技术开发:(1)完善先进的板坯加热及炉内气氛控制技术;(2)进一步搞好产品尺寸精度控制技术研究;(3)搞好控制表面缺陷系列技术的研究;(4)完善以控轧控冷技术为重点的产品性能控制技术研究;(5)搞好无头轧制及自由轧制技术的应用;(6)搞好先进退火工艺及热处理技术研究;(7)搞好表面涂镀层技术的研究。

三是必须坚持“引进、消化、移植、创新、输出”的方针,形成一流的非钢产业。要在传统产业上实行战略大转移,根据同产业归类、同产品归类、同资源共享的原则,通过资产重组和资源整合,分别实施部分传统产业集约化经营和高新产业跨越突破,非钢产业销售收入到2015年达到集团公司销售收入的50%。首先是进行资产重组。将目前的非钢产业子公司,组建成四大产业集团,即建工集团、磁性材料集团、机械设备集团、设备检修集团,并加强战略控制。其次是发展支柱产业和高新技术产业,即对符合国家产业政策,有潜在市场、竞争实力和发展前景好的耐火材料、粉末冶金及磁性材料产业、以自动化信息产业为主的高新技术产业,海外业务给予重点扶持,使其不断壮大。再次是稳定保产产业,即适应钢铁产业的快速发展,同步发展矿产业、煤化工、工业气体、金属资源、机械设备和备件、设备检修、冶金渣及物资贸易产业。

4. 进一步加大科技投入的力度,增强武钢科技创新的后劲

研究开发(R&D)经费的投入强度和使用结构是决定武钢科技创新投入能力的重要指标,也反映出武钢自主创新的能力和程度如何。目前国家对国有重点骨干企业的评估标准已经有了大幅度提高,如技术开发经费支出占年度销售收入的比重要达到5%才能得满分,达到2.5%只能得到及格分。这其中的政策含义十分明确,就是要求国有大中型骨干企业加大科技创新的力度,提高应对世贸规则下国际竞争的能力。武钢近3年来技术开发费支出占年销售收入的比重逐年提高,分别投入的科技开发经费为3.08亿元、3.56亿元和5.77亿元,分别占年销售收入的2.47%、3.15%和4.08%,略高于全国平均水平,与优势企业尚有差距。毫无疑问,武钢还要逐步加大对技术开发的投入比例。武钢必须加快技术中心科研基础设施的建设步伐,为科技创新提供力量之源。拓宽资金的来源渠道,增加对新产品研制的资金投入,添置试验仪器设备所需资金要纳入年度专业计划组织实施,力争到2005年使技术开发费用占销售收入的比例达到5%以上。同时,要充分利用科技创新试点企业和国家级技术中心的优惠政策,争取更多的资金支持,不断改善科研手段和条件。21世纪初叶,对重点学科要

在人力物力财力上加大投入，以实验室建设带动学科建设迈上新的台阶，力争在现有基础上再新建8个实验室和武钢科技大楼。常规实验室要全面完善现有的各种研究手段，直接为科研服务的重点实验室要向品牌实验室的方向努力，武钢应对中间试验工厂建设尽早制定方案和资金的审批，以减少新产品开发中的风险损失。同时，理化检验、工艺研究方面的仪器设备也要规划，按计划分步实施。要重点加强硅钢实验室建设，与硅钢改扩建规划配套，确保资金按时到位，分期完善其冶炼、热轧、冷轧、热处理、检测设备等研究手段，把硅钢实验室建成国内最好、国际一流的品牌实验室，使武钢在硅钢技术上形成独特的核心竞争力。

5．全力抓好人才的培养，为科技创新提供人力资源保证

科技创新离不开人才，人才的技能水平、人才的思想觉悟、道德水准、知识水平、创新精神、实践能力、人文素养，等等，都对企业科技创新起着决定性的作用。加快创新人才的培养，是武钢应对中国加入WTO后市场竞争加剧的必然选择，是武钢一切改革发展工作中的重中之重。为此，必须坚持“专业门类齐全、结构合理、高层次、复合型、外向型”的方针，建设一支高素质的职工队伍。着眼于企业长远发展和参与国际竞争的需要，要把“建设一支技术精湛、乐于奉献的专业技术队伍，多出科技成果，创更高科技水平；建设一支具有较高综合素质的管理干部队伍，促进管理的科学化；建设一支一专多能、爱岗敬业的职工队伍，努力提高职工的整体素质”作为一项长期的战略任务来抓。通过培养、吸引等渠道，造就一批一流的科技及管理人才队伍。继续把培养有理想、有道德、有文化、有纪律的高素质职工队伍，作为精神文明和政治文明建设的根本任务。加大精神文明建设投入，积极开展群众性精神文明和政治文明建设活动。总之，要为实现集团公司新一轮发展提供精神动力、智力支持和人才保证。

要通过深化人事制度改革，转机建制，精干队伍，改善结构，提高素质，建立起一支专业门类配套、后备力量充足、素质优良、能够适应武钢总体发展的一流人才队伍。至2005年，形成200名各专业领域技术(学科)带头人、行业专家，200名复合型经营管理专家，100名高级技能人才队伍；至2010年，形成300名各专业领域技术(学科)领头人、行业专家，300名复合型高级经营管理专家，200名高级技能人才队伍，2～3名工程院士。到2010年，人才总量达到19000人以上，其中研究生人数达1200～1500人，占人才总数量的4%～5%；本科学历人员占40%～50%；大专学历人员占35%～40%；中专及以下人员占10%～15%以下。

人才的培养尤其要着重创新。武钢要加快培养三个“一批”，即一批掌握世界钢铁前沿技术、在专业领域勇于创新的高层次技术人才；一批掌握高新技术、开创武钢未来事业的后继英才；一批掌握复合型知识、具有宏观战略思维的管理紧缺人才。要通过培养人才思路和方式的创新，使武钢的人才队伍不仅在整体上实现质的飞跃，在总量上保持稳定扩大，而且在结构上达到专业配套科学、能级分布均匀、年龄梯队合理。建立长期与短期、物质与精神相结合的、与市场经济相适应的有效激励和约束机制。建立健全人才测评体系，为人才选聘、使用、考核、待遇提供依据；建立合理高效的人事制度，以能力为核心，报酬、晋升、培训有机结合；构筑人才洼地吸引人才，大幅度提高新进大学生、研究生、博士生待遇；多层次实施智力引进，如聘请客座博士后、研究员、顾问等。要加速建立技术创新的激励机制，如根据所做出的贡献大小，定期评定武钢技术专家、技术带头人、优秀科技人员，并给予技术津贴；根据所承担公司重点科研、攻关、产品开发项目的责任人给予项目技术津贴；对获国家专利权的职务发明和公司先进操作做法采取多种奖励；建立不同层次的武钢科技成果奖励体系，突出贡献奖、科技进步奖、科技公关奖、技术革新奖、小改小革奖、合理化建议奖；以项目难度大小评估科技创新投入，重点项目公开招标，其项目科研人员实行奖励和津贴。同时，要提高科技奖励投入力度，对科技创新各环节上的关键人才和有突出贡献的人才给予重奖；要提高“科技三种人”的比例，进一步改善科技人员的待遇。此外，还将探索或试行科技人才岗薪制、技术入股、股票期权等分配方式。通过各种激励方式，进一步调动科技人员科技创新的积极性，体现个人价值，实现人生理想。要尽力营造有利于人才成长，并充分发挥他们专长的环境和条件，为培育武钢的国际竞争力提供一流的技术支持和智力保证。

6．深化营销体制改革，不断提升销售系统核心竞争力

21世纪初叶，武钢营销服务战略目标是：以用户满意为核心，以国际贸易惯例为标准，分阶段改进完善武钢营销服务体制，建立健全商情、物流、资金流、售前、售后服务体系，确保市场反应灵敏、商

情畅通、资金安全、网络可靠、物流有序,最终实现用户满意。为实现上述战略目标,重点采取如下措施:

一是要更新营销理念。要逐步从“以产品为中心模式”转变为“以顾客为中心模式”,通过培养客户的忠诚度和构建互利互惠的“工商银”合作模式,形成“诚信为本,追求共赢”的营销理念。其目的是:一方面,通过提供更快捷、更周到的优质服务吸引和保持更多的客户;另一方面,通过对业务流程的全面管理降低企业经营成本,全面提高企业的经营效率。

二是要优化营销策略。要不断加强营销渠道的建设和管理。继续制定和完善一系列营销管理制度,稳定和健全以特约代理商和专项代理商为主体的一级经销网络渠道,以驻外分公司为主体的武钢直接营销渠道和以工程直销、以产顶进为主的直销渠道的“三足鼎立”的销售格局。要建立武钢客户星级评定体系。要合理运用价格策略,追求公司效益的最大化。要实施非价格竞争策略,不断提升营销水平。在制定营销策略时,充分考虑客我双方权利和义务的同时,积极解决客户反映强烈的问题,如资金沉淀问题、订货周期过长问题、利润空间太小问题以及分公司与中间商的职能定位问题。同时,通过定期召开网络用户研讨会、终端用户和重点工程用户高层研讨会等,及时、全面、深入地宣传武钢的营销理念。要以顾客满意为中心,不断完善合同评审制度。依据市场需求变化和武钢自身的发展状况及时修订相关制度和办法,建立合同履行跟踪制度和合同跟踪台账。对客户认为极为重要的合同一旦签订,即开辟绿色通道,在安排生产、交货期限上给予优先考虑。

三是要不断创新营销管理手段。首先构建钢材市场行情监测系统。通过对国内外几个重点钢材市场的重要钢材品种的价格行情进行定量分析,找出钢材价格的变化趋势与影响钢材价格的外在因素之间存在的依存关系,建立相应的数学模型,并制作成软件系统,以严密的科学性、直观的宏观性、灵活的适应性,有效地对钢材市场进行监控和预测,为领导的科学决策提供可靠的依据。其次建立“多元立体商情资讯管理系统”。利用该系统及时收集有关外部市场环境发展变化的动态情报。通过统计分析模型和其他数学方法对信息数据进行分析处理,为营销决策提供依据。再次开发和投运“销售结算管理系统”,实现从资源计划编制、产能平衡、客户资信管理、协议签订、销售计划的编制和落实,自动核价与分散,以及合同、质保书自动传递、实时报表、自动结算与对账全流程计算机操作与管理。要运用计算机技术,规范分公司业务管理。此外,还要深化电子商务实验基地,推广和应用办公自动化系统,开展以信息技术为基础、以商情收集、传递、共享为目的的“金蜘蛛行动”,进一步提高公司的市场营销能力和水平。

7. 进一步深化改革,强化管理,努力创造一流的创新效率

必须坚持“深化改革,加强管理,提高效率”的方针,形成一流的创新效率。21 世纪初叶,集团公司将按照现代企业制度的要求,建立比较规范的现代企业制度。努力探索和完善适应市场经济的企业管理制度和运行机制;进一步调整优化内部组织结构,大幅度提高劳动生产率,建立和完善具有职业风险的人事制度、具有竞争机制的劳动用工制度、具有激励机制的分配制度,逐步将信息技术运用于企业管理,不断提高管理现代化水平,使之与国际惯例接轨。

一是深化体制改革,完善集团母子公司管理体制。武钢以建立现代化企业制度为目标,深化内部改革,实施“精干主体,分离辅助”,对分离子公司进行资产经营。2001 年,以“债转股”为契机,进一步精干主体、分离辅助,组建了由武钢控股、国有资产管理公司参股的武汉钢铁有限责任公司。为此,必须进一步完善以资产为纽带,以资本运营为核心的母子公司体制,为武钢可持续发展提供内在保证。

二是认真贯彻国务院颁发的《质量振兴纲要》,全面实现武钢质量振兴目标。要巩固发展“贯标”成果,发挥技术进步在提高产品质量上的关键作用,深化全面质量管理,健全和完善质量体系;开展群众性质量管理和合理化建议活动,提高企业整体素质和现代化管理水平;贯彻武钢“产品质量满足顾客期望,服务质量取信新老顾客”的质量方针,坚持开展“用户满意工程”活动;实施“精品名牌”战略,用精品名牌铺就用户成功之路。

三是不断创新财务管理,构建具有武钢特色的成本财务管理模式。武钢面临市场竞争新形势,必须进一步深化质量效益型管理模式与成本管理模式有机地结合起来,做到质量、成本一起抓、质量效益和成本效益一起要,实物形态的质量管理与价值形态的质量管理同步加强。继续完善具有武钢自身特色的质量效益型成本管理模式,形成“全员抓成本管理,全力抓成本优化,全过程抓成本控制,全方位抓成本效益”的局面,逐步探索出具有武钢特

色的实际成本核算、目标成本控制、附加成本运作、责任成本管理的新模式，为武钢的可持续发展奠定坚实基础。

四是进一步推进计算机管理的进程，实现产销一体化和设备管理计算机化目标。“十五”期间，武钢加大在信息化建设和提高主要生产设备自动化控制水平方面的资金投入，为企业优化管理、优化品种、提高质量和降低消耗提供技术支持和服务。重点建设管理信息网络系统。公司投入2亿元从中国台湾中钢引入的产销系统技术建造的产销资讯系统工程，开始投入运行。其目标是：实现武钢以市场为导向、合同为主轴的产销整合管理和追踪；以冶金规范为桥梁，将销售管理、质量管理及生产管理等系统紧密结合起来，做到最佳生产并保证质量；以合同贯穿销售、排程、生产、存货、发货，掌握进度及实物动态，做适当的资源调度与安排。通过武钢整体产销资讯系统工程建设将实现其销售、生产、技术质量、存货、财务、信息的一级管理；促进各岗位权利和利益的再分配；同时，通过“秒题式”的管理和操作人员的培训，将从根本上提高生产操作人员和管理人员的素质，从而促进武钢由传统的人工管理上升到计算机管理方式的一场大规模的信息化革命，并从更高的层面上推动以信息化带动武钢工业化的进程。

五是进一步深化星级设备管理，力争把整体设备管理水平提高到一个新的高度。严格星级设备管理的规范化运作，进一步提高管理的创新能力和适应企业发展需要的综合能力。不断消化、吸收国外及国内先进管理的理论和思想，充实和完善星级设备管理体系，使之逐步成为武钢企业管理思想的重要组成部分。

随着科技革命迅猛发展，电子计算机的普及，信息技术、生物技术、纳米技术的开发，新材料、新能源等高新技术的运用，使社会生产方式和生活方式发生重要变化。伴随着科技革命和经济全球化的来临，冶金行业也呈现出新的情况：一些先进产钢国和新兴工业国家完成了从吨位扩展到结构化的转移，传统的生产方式、生产流程、工艺技术都在发生或将要发生深刻变革，科技创新已成为钢铁工业发展的主要手段，抢先获得专有技术就意味着抢先占有市场，专有技术已成为企业参与市场竞争成败的关键。面对新世纪科技革命的历史性机遇，我们开展《从质量效益型到科技创新型跨越式发展》的研究，目的在于坚持走质量效益型的道路，不断充实和完善科技兴企的战略体系，增强武钢的科技创新能力，立足全方位参与国际市场竞争，坚持品种、质量、环境、效益并举方针，突出工艺装备、品种结构的优化，突出科技进步，形成核心竞争力，努力把武钢建成国际一流水平的现代化钢铁企业和我国汽车板、硅钢片的生产基地。我们深信，有党的方针政策作指导，有武钢各级领导和广大职工共同努力奠定的良好基础，武钢定能抓住机遇，进一步完善企业发展战略，实现宏伟的发展目标，铸就新的辉煌。

荣誉称号

武钢荣誉称号

（根据各单位上报资料整理）

国家级荣誉称号

中国企业文化优秀奖
中国企业文化建设实践及设计案奖
全国用户满意企业
全国名优产品售后服务先进单位
全国模范职工之家
全国“三八”红旗集体
全国厂务工作先进单位
全国质量管理小组活动优秀企业
全国“五四”红旗团委
全国青年创新创效活动先进单位
第六届全国设备管理优秀企业
全国“爱国拥军”模范单位
全国基层民兵预备役建设先进单位
全国企业培训先进单位
全国“安康杯”竞赛优胜企业
全国残疾人体育先进单位

行业级荣誉称号

全国重点钢铁企业环保先进奖
冶金行业标准化先进单位
冶金系统“青安杯”竞赛大钢赛区优秀组织单位
冶金企业优秀思想政治工作研究会

省级荣誉称号

湖北省思想政治工作最佳企业
湖北省安全生产红旗单位
湖北省环境管理先进单位
湖北省爱国卫生运动先进单位
湖北省女职工工作先进集体
湖北省统计先进单位
湖北省质量监督先进单位
湖北省敬老优待工作先进集体
湖北省第十六届青年“五小”活动先进单位
湖北省设备管理优秀单位
湖北省抗震减灾宣传工作先进集体
湖北省设备防腐与防护先进集体
湖北省国防教育先进单位
湖北省政研会工作奖先进集体
湖北省企业党委中心组学习先进单位
湖北省学习雷锋志愿服务先进集体
湖北省企业工委、省纪工委纪检监察先进集体
湖北省企业纪工委案件管理先进单位
湖北省企业外贸出口先进单位
湖北省对台宣传工作先进集体
湖北省保密工作先进单位
湖北省党委系统信息工作先进单位

市级荣誉称号

武汉市“五一”劳动奖状
武汉市优秀企业
武汉市安全生产红旗单位
武汉市环境管理先进单位
武汉市环境保护先进企业
武汉市思想政治工作先进单位
武汉市民族团结进步先进集体
武汉市工会工作先进单位
武汉市国防教育先进单位

武汉市民兵预备役全面建设先进单位

武汉市爱国卫生运动先进单位

武汉市计划生育先进集体

武汉市无偿献血先进单位

武汉市理论学习辅导先进单位

武汉市先进政研会

武汉市“双创”竞赛优秀组织单位

武汉市集体合同先进集体

武汉市实施送温暖工程、促进再就业工作先进单位

武汉市职工技协工作先进单位

武汉市职工技术运动会先进单位

武汉市先进人民调解委员会

武汉市侨务工作先进单位

武汉市外事管理先进单位

武汉市统战系统“学爱作”活动先进单位

武汉市文书管理工作先进集体

武汉市党政系统密码工作先进单位

武汉市支持农村小康建设工作先进单位

武汉市企事业科协先进集体

武汉市经审工作先进单位

武汉市先进女职工委员会

武汉市老干部工作目标管理先进集体

武汉市金融统计系统先进单位

厂矿荣誉称号

（根据各单位上报资料整理）

国家级荣誉称号

全国质量管理奖：武汉钢铁股份有限公司

全国模范职工之家：钢铁公司第一炼钢厂、矿业公司金山店铁矿

全国先进企业报：武钢工人报社

全国企业厂务公开先进单位：武汉钢铁股份有限公司

中央企业工委“五四”红旗团委：企业发展公司、冶金渣公司

中央企业五四红旗团委创建单位：钢铁公司三炼钢厂、工程技术集团计控公司、冶金渣公司

全国绿色餐饮企业：企业发展公司快餐公司

中国“守合同，讲诚信，重质量典范”企业：企业发展公司快餐公司

全国用户满意企业：武汉钢铁股份有限公司

全国实施用户满意工程先进单位：武汉钢铁股份有限公司

中国企业信息先进单位：武汉钢铁工程技术集团自动化公司

省级荣誉称号

湖北省“五一”劳动奖状：钢铁公司烧结厂

湖北省文明单位：矿业公司大冶铁矿、矿业公司程潮铁矿、能源动力公司动修厂、钢铁公司烧结厂

湖北省安全生产红旗单位：矿业公司机械制造总厂

湖北省城市园林单位：钢铁公司一炼钢厂

湖北省著名企业：襄樊钢铁长材有限公司、金属资源公司

湖北省市场杰出企业：金属资源公司、钢铁公司炼铁厂

湖北省“质量、诚信、服务满意率三优”企业：金属资源公司、兴达公司

湖北省思想政治工作优秀企业：矿业公司程潮铁矿

湖北省城市园林式单位：企业发展公司房产公司

湖北省环境保护先进单位：武汉钢铁股份有限公司

湖北省模范职工之家：武汉钢铁股份有限公司、襄樊钢铁长材有限公司、冶金渣公司、钢铁公司二炼钢厂

湖北省高校后勤社会化改革先进单位：武汉工程职业技术学院

湖北省系列教师学历达标培训工作先进单位：武汉工程职业技术学院

湖北省职业教研工作先进单位：一技校

湖北省统战宣传工作先进单位：钢铁公司、武汉工程职业技术学院、企业发展公司旅游公司、一技校、金属资源公司、房地产开发公司、冶金渣公司、钢铁公司大型厂、技术中心

湖北省对台宣传工作先进单位：钢铁公司、武汉工程职业技术学院、一技校、企业发展公司、旅游公司、铁合金有限责任公司、金属资源公司、房地产

开发公司、冶金渣公司、技术中心

湖北省五四红旗团委:机械制造公司、矿业公司程潮铁矿

湖北省第十六届青年“五小”活动先进集体:矿业公司程潮铁矿

湖北省第十一届运动会特别贡献奖:一技校、冶金渣公司

湖北省先进建筑企业:房地产开发公司

湖北省教育工作先进单位:企业发展公司幼教中心

湖北省理论学习先进单位:矿业公司程潮铁矿

湖北省城市园林式单位:一技校

湖北省钢铁辅助业状元:冶金渣公司

湖北省信息产业先进单位:工程技术集团自动化公司

海南省质量信得过十佳企业:武钢集团海南有限责任公司

海南省思想政治工作优秀企业:武钢集团海南有限责任公司

湖北省企业工委文明单位:企业发展公司房产公司

湖北省企业工委防治“非典”先进党组织:二医院

湖北省企业工作委员会先进基层党组织:工程技术集团计控公司、冶金渣公司

湖北省冶金系统“园林式”工厂:冶金渣公司

湖北省冶金系统安全生产先进单位:轧辊有限责任公司、工程技术集团计控公司、矿业公司大冶铁矿、房地产开发公司

湖北省电力行业协会企协工作先进单位:钢电公司

湖北省卫生系统先进单位:二医院

市级荣誉称号

武汉市“五一”劳动奖状:武钢股份公司硅钢厂、企业发展公司房产公司、江南燃气热力有限责任公司、氧气有限责任公司、运输部、保卫部、钢铁公司设备部、工会经济工作部、兴达公司

武汉市优秀企业:焦化有限责任公司、钢铁公司烧结厂、技术工程集团计控公司、房地产开发公司

武汉市文明单位:企业发展公司房产公司、技术中心、兴达公司

武汉市模范职工之家:企业发展公司房产公司、物资供应公司、房地产开发公司、冶金渣公司

武汉市优秀物业管理企业:企业发展公司房产公司

武汉市绿化先进单位:企业发展公司房产公司、冶金渣公司、冶金公司钢丝绳厂

武汉市道路交通安全先进单位:交通运输有限责任公司、企业发展公司房产公司、金属资源公司

武汉市节水先进单位:企业发展公司房产公司

武汉市房改工作先进单位:企业发展公司房产公司

武汉市卫生工作目标管理先进单位:二医院

武汉市防治“非典”先进单位:总医院、二医院

武汉市防治非典型肺炎工作先进基层党组织:交通运输有限责任公司

武汉市防治“非典”卫生合格单位:企业发展公司快餐公司

武汉市建设监理先进单位:星宇监理公司

武汉市“守合同、重信誉”企业:武汉钢铁股份有限公司、轧辊有限责任公司、房地产开发公司、金属资源公司、冶金渣公司、冶金公司钢丝绳厂

武汉市“创新质量、创新效益”建功立业先进单位:技术工程集团计控公司、物资供应公司

武汉市职工技术协会先进单位:计控公司、冶金渣公司

武汉市职业教育工作先进单位:武汉工程职业技术学院、一技校

武汉市职业技能培训工作先进单位:武汉工程职业技术学院

武汉市第十届职业技能大赛优秀组织单位:一技校

武汉市“防非典、除四害、保健康”卫生达标单位:企业发展公司旅游公司

武汉市优秀物业管理企业:企业发展公司房产公司

武汉市节水先进单位:企业发展公司房产公司

武汉市房改工作先进单位:企业发展公司房产公司

武汉市计划生育先进单位:武汉钢铁股份有限公司、金属资源公司、设备维修中心、冶金渣公司

武汉市爱国卫生“百佳”单位:金属资源公司

武汉市爱国卫生先进单位:冶金渣公司

武汉市热心消防公益事业优胜单位:金属资源公司

武汉市工会工作先进单位:钢铁公司、武汉钢铁股份有限公司

武汉市“安康杯”劳动竞赛先进单位:武汉钢铁股份有限公司

武汉市“AAA”级信誉企业:房地产开发公司

武汉市劳动用工信用合格单位:钢电公司

武汉市民调工作先进集体:技术中心、钢铁公司工业港、武汉钢铁建工集团有限公司、焦化有限责任公司、冶金渣公司

武汉市劳动合同管理先进单位:冶金渣公司

武汉市统战宣传先进单位:冶金渣公司

武汉市社会治安综合治理优胜单位:保卫部

武汉市同法轮功邪教组织斗争先进集体:保卫部

武汉市国家安全小组先进单位:保卫部

武汉市国家安全信息工作先进单位:保卫部

武汉市首届十佳软件企业:工程技术集团自动化公司

武汉市“双创”活动优秀组织单位:钢铁公司

武汉市优秀诚信纳税人:钢铁公司

武汉市支持再就业工程先进单位:兴达公司

武汉市劳动保障局劳动合同管理先进单位:冶金渣公司

黄石市干部理论学习先进单位:矿业公司矿业建设有限责任公司

鄂州市先进基层党组织:矿业公司程潮铁矿

鄂州市检察纪检工作先进单位:矿业公司程潮铁矿

鄂州市宣传思想工作先进单位:矿业公司程潮铁矿

鄂州市统战工作先进单位:矿业公司程潮铁矿

鄂州市安全生产先进单位:矿业公司程潮铁矿

鄂州市厂务公开先进单位:矿业公司程潮铁矿

鄂州市技术创新先进单位:矿业公司程潮铁矿

鄂州市保密工作先进单位:矿业公司程潮铁矿

鄂州市消费满意单位:矿业公司鄂州食品厂

鄂州市“守合同重信用企业”:矿业公司鄂州食品厂

襄樊市文明单位:襄樊钢铁长材有限公司

襄樊市工会工作先进单位:襄樊钢铁长材有限公司

襄樊市厂务公开工作先进单位:襄樊钢铁长材有限公司

科研成果获奖项目

(根据各单位上报资料整理)

国家级成果

国家科学技术进步一等奖——大跨度低塔斜拉桥板桁组合建造技术

国家科学技术进步二等奖——武钢复吹转炉溅渣护炉工艺技术:钢铁公司二炼钢厂

中国生产力学会发展生产力杰出贡献特等奖——质量效益型企业的成本管理

全国优秀政研成果一等奖——网络:企业思想政治工作新天地

国家企业管理现代化创新成果一等奖——集团公司集中资金管理计划财务部

第十届全国企业管理现代化创新成果一等奖——集团公司资金集中式管理:财务公司

中国生产力学会优秀论文三等奖——以科技进步为动力　推进我国钢铁企业的结构调整

行业级成果

冶金行业科学技术进步特等奖——武钢复吹转炉溅渣护炉工艺技术:钢铁公司二炼钢厂

冶金行业科学技术二等奖——武钢 435 m^2 大型烧结机配用精矿技术的研究及应用(证书编号:2003-208-2-1):钢铁公司烧结厂

冶金行业科学技术进步三等奖——连铸用长口密封材料的研究与应用:钢铁公司二炼钢厂

冶金企业管理现代化创新成果一等奖——大型国企人才激励机制的构建:组织人事部、经济研究中心

第二届冶金现代设备管理及应用技术成果一等奖——以可靠理论为基础,推进“万点受控”工程,为企业实现持续发展提供坚实、可靠的物质技术保障:钢铁公司设备部

冶金企业管理现代化创新成果二等奖——运用规则　维护利益　促进发展:武钢股份公司

冶金企业管理现代化创新成果二等奖——以持续评价机制为动力的管理创新机制:企管部

冶金企业管理现代化创新成果二等奖——在管理创新中打造的学习型机关:审计部

冶金企业管理现代化创新成果二等奖——全连铸生产条材绞线钢系统管理:一炼钢

冶金企业管理现代化创新成果二等奖——"三位一体"在国企监管中的连动效应:审计部

第二届冶金现代设备管理及应用技术成果二等奖——多目标决策技术在4号高炉改造中的应用:钢铁公司设备部

中国冶金政研会优秀论文二等奖——实践"三个代表" 开创企业思想政治工作新局面:武钢政研会

钢铁企业制氧专业技术论文一等奖——武钢1号万 m^3 制氧机主冷泄露故障处理及应急保产方式的尝试:氧气有限责任公司

省级成果

湖北省科技进步一等奖——板带静电涂油机开发研制:钢铁公司设备部、股份公司冷轧厂

湖北省科技进步二等奖——可逆式轧机主传动万向联轴器疲劳设计负荷研究及应用:钢铁公司设备部、轧板厂

湖北省科技进步二等奖——氮气与氩气中碳化合物杂质净除技术的研究与应用(证书编号:2003J-218-2-072-022-D01):氧气有限责任公司

湖北省科技进步二等奖——轧机液压厚度自动控制系统试验:钢铁公司设备部

湖北省科技进步三等奖——汽车大量钢WL510研制与使用:钢铁公司二炼钢厂

湖北省企业管理现代化创新成果一等奖——国际化运作的内部审计模式:审计部

湖北省企业管理现代化创新成果一等奖——企业集团税收策划战略管理:计划财务部

湖北省企业管理现代化创新成果一等奖——提升竞争力的目标成本管理:钢铁公司财务部

湖北省企业管理现代化创新成果二等奖——武钢钢材品种结构优化:销售公司

湖北省政研会论文一等奖——以网络为载体 创新企业思想政治工作

湖北省企业管理现代化创新成果二等奖——建立实验室质量体系 实现校准实验室国家认可:工程技术集团计控公司

湖北省企业管理现代化创新成果二等奖——并行工程管理在产销资讯系统软件开发中的应用:工程技术集团自动化公司

湖北省企业管理现代化创新成果二等奖——实施价格效益监测管理 建立企业经营风险预警体系:武钢股份公司

湖北省企业管理现代化创新成果二等奖——武钢新型水运矿石计量验收体系的建立与实施:企管部

湖北省企业管理现代化创新成果二等奖——以部务公开为先导的系统凝聚工程:审计部

湖北省企业管理现代化创新成果二等奖——固定单价计价模式在新3号高炉工程中的应用:合同预算处

湖北省政研会论文二等奖——打造先进企业文化 育武钢核心竞争能力

湖北省企业管理现代化创新成果三等奖——创新管理盘活武钢存量资产:企管部

湖北省企业管理现代化创新成果三等奖——创新考核体系 提高企业管理效率:冶金渣公司

湖北省企业管理现代化创新成果三等奖——武钢办公室自动化系统建立与应用:办公室

湖北省企业管理现代化创新成果三等奖——提升员工满意度 深化人力资源管理:武钢股份公司

湖北省企业管理现代化创新成果三等奖——运用系统工程原理对应收账款全过程控制:兴达公司

湖北省企业管理现代化创新成果三等奖——板坯一条龙质量成本控制方法:钢铁公司财务部

湖北省冶金企业管理现代化创新成果一等奖——运用信息化管理 提高武钢工程材料管理效益:合同预算处

湖北省冶金企业管理现代化创新成果一等奖——运用OEC法 动态控制大型工具吨钢消耗:钢铁公司大型厂

湖北省冶金企业管理现代化创新成果一等奖——提升可利用资源资本效益的内控系统整合:审计部

湖北省冶金企业管理现代化创新成果一等奖——在环境审计中催生的"审计备案制":审计部

湖北省冶金企业管理现代化创新成果二等奖——责任会计在企业院校中的应用:计划财务部

湖北省冶金企业管理现代化创新成果二等奖——运用"查、促、帮"方法 加强对外投资非控股实体监控管理:审计部

湖北省冶金企业管理现代化创新成果二等

奖——加强冶金资源综合利用　降低烧结矿成本：钢铁公司烧结厂

湖北省冶金企业管理现代化创新成果三等奖——板材库热装生产控制系统的建立：钢铁公司热轧厂

市级成果

武汉市科技进步二等奖——武汉钢铁股份公司冷轧厂彩涂生产线电气系统改造：钢铁公司设备部、股份公司冷轧厂

武汉市科技进步二等奖——连铸板坯低倍组织缺陷评级：钢铁公司二炼钢厂

武汉市科技进步二等奖——汽车大量钢WL510研制与使用：钢铁公司二炼钢厂

武汉市科技进步二等奖——连铸机直臂式大包旋转塔移动式大包加盖装置：钢铁公司二炼钢厂

武汉市科技进步二等奖——快速冷蚀检验在动态控制铸坯质量中的应用：钢铁公司二炼钢厂

武汉市科技进步二等奖——热换式外包装透气砖工艺的开发与应用：钢铁公司二炼钢厂

武汉科学技术三等奖——武钢435 m^2 大型烧结机配用精矿技术的研究及应用(证书编号：2003J-153-3-084-005-01)：钢铁公司烧结厂

武汉市企业管理现代化创新成果一等奖——运用平衡记分卡　建立绩效评价体系：武钢股份公司

武汉市企业管理现代化创新成果一等奖——大型企业集团派驻子公司监事会运作模式：审计部

武汉市企业管理现代化创新成果一等奖——目标管理在“降费减损”中的应用：钢铁公司技术质量部

武汉市企业管理现代化创新成果一等奖——运用穿行试验法推进业务流程再造：审计部

武汉市企业管理现代化创新成果二等奖——绩效管理模式的建立与实施：销售公司

武汉市企业管理现代化创新成果二等奖——能源消耗中的“对标”方法的创建和运用：经济研究中心、钢铁公司生产部

武汉市企业管理现代化创新成果二等奖——推行Microsoft Project2003提高项目规划水平：建工集团修建公司

武汉市企业管理现代化创新成果二等奖——构建财务系统信息平台　创建企业成本管理模式：钢铁公司财务部

武汉市企业管理现代化创新成果二等奖——资金实时汇划服务系统的开通与运用：销售公司

武汉市企业管理现代化创新成果二等奖——确保生产经营目标下的预测控制成本法：建工集团建设公司

武汉市企业管理现代化创新成果二等奖——创决策支持系统　优化配矿结构　降生铁成本：钢铁公司财务部

武汉市企业管理现代化创新成果二等奖——设备监测岗管理体系的运作：设备维修中心

武汉市企业管理现代化创新成果二等奖——计算机网络技术在公司月计划编制中的应用：钢铁公司生产部

武汉市企业管理现代化创新成果二等奖——应用目标管理　提高废钢供应能力：金属资源公司

武汉市企业管理现代化创新成果二等奖——充满阳光的审计公示制：审计部

武汉市企业管理现代化创新成果二等奖——清单计价在武钢厂容整治工作中的应用：合同预算处

武汉市企业管理现代化创新成果二等奖——矩阵表法在规范投资行为中的应用：审计部

武汉市企业管理现代化创新成果三等奖——文件化质量管理体系的创建和运行：运输部

武汉市企业管理现代化创新成果三等奖——抗“非典”应急保障机制：钢铁公司工会

武汉市企业管理现代化创新成果三等奖——目标管理在降低成本工作中的应用：钢铁公司烧结厂

武汉市企业管理现代化创新成果三等奖——动态目标考核在成本管理工作中的应用：钢铁公司大型厂

武汉市企业管理现代化创新成果四等奖——顾客服务体系的构建与实施：房地产开发公司

中国人民银行武汉分行优秀成果三等奖——加入WTO与中国产融结合问题研究：财务公司

2003年武钢红旗单位、先进单位

红旗单位(33个)

钢铁公司

钢铁股份有限公司
能源动力公司
钢铁公司热轧厂
钢铁公司第二炼钢厂
钢铁公司烧结厂
钢铁公司第三炼钢厂
钢铁公司轧板厂
钢铁公司生产部
钢铁股份有限公司冷轧厂
能源动力公司动力设备修理厂
工程技术集团计控公司
矿业有限责任公司大冶铁矿
矿业有限责任公司灵乡铁矿
企业发展公司综合服务公司
焦化有限责任公司
冶金渣有限责任公司
机械制造有限责任公司
技术中心
物资供应公司
襄樊钢铁长材有限公司
中小学教育处
组织人事部
计划财务部
企业管理部
安全环保部
审计部
纪委监察室
办公室
宣传部
老干部管理服务中心
技术改造部
工会组织宣传部

先进单位(36个)

企业发展公司
实业公司
建工集团有限责任公司
矿业有限责任公司
钢铁公司炼铁厂
钢铁公司大型厂
钢铁公司工业港
钢铁公司棒材厂
钢铁公司技术质量部
能源动力公司供水厂
建工集团电气公司
建工集团修建公司
工程技术集团自动化公司
矿业有限责任公司机械制造总厂
企业发展公司快餐公司
冶金有限责任公司汉阳钢厂
金属资源有限责任公司
耐火材料有限责任公司
兴达经济发展有限责任公司
炉窑建筑安装工程有限责任公司
交通运输有限责任公司
房地产开发有限责任公司
设备维修中心
钢铁股份有限公司
海南有限责任公司
总医院
党校管院
总务部
人防武装部
合同预算处
规划发展部
财务公司
经济技术研究中心
国际经济贸易总公司
团委
工会权益保障·女工部

先进部管处(18个)

钢铁公司设备部检修管理处
钢铁公司技术质量部工艺技术处
钢铁公司技术质量部党委工作部
钢铁股份有限公司企划部
能源动力公司设备部
企业发展公司宣传部
矿业有限责任公司工程处
建工集团有限责任公司计划财务部
工程技术集团有限责任公司市场部
冶金有限责任公司纪委监察室
销售公司钢材部
销售公司商情资讯部
物资供应公司燃料部
技术中心工艺技术研究所
技术中心钢铁产品研究室
经济技术研究中心政策研究室

规划发展部投资管理处
派驻子公司第七监事会

2003 年武钢基层先进党委

中共武汉钢铁有限责任公司委员会
中共武汉钢铁有限责任公司烧结厂委员会
中共武汉钢铁有限责任公司技术质量部委员会(原中共武汉钢铁有限责任公司质量检验中心委员会)
中共武汉钢铁股份有限公司委员会
中共武汉钢铁(集团)公司技术中心委员会
中共武汉钢铁焦化有限责任公司委员会
中共武汉钢铁集团机械制造有限责任公司委员会
中共武汉钢铁集团能源动力公司动力设备修理厂委员会
中共武汉钢铁(集团)公司企业发展公司房产公司委员会
中共武汉钢铁(集团)公司中小学教育处委员会
中共武汉钢铁(集团)公司直属机关委员会
中共武汉钢铁集团冶金有限责任公司委员会

2003 年武钢思想政治工作先进单位

钢铁公司
钢铁公司烧结厂
钢铁公司炼铁厂
钢铁公司二炼钢厂
钢铁公司热轧厂
钢铁公司技术质量部
股份公司
股份公司冷轧厂
能源动力公司
能源动力公司供水厂
氧气公司
物资供应公司
矿业公司
矿业公司大冶铁矿
矿业公司灵乡铁矿
焦化公司
机械制造公司
冶金渣公司
运输部
炉窑公司
金属资源公司
交通运输公司
轧辊公司
工程技术集团计控公司
工程技术集团
通信公司
建工集团
建工集团电气公司
直属机关
企业发展公司
企业发展公司房产公司
企业发展公司综合服务公司
中小学教育处
总医院
兴达公司
实业公司
冶金公司江南燃气公司
冶金公司钢丝绳厂
北湖农场

经营管理

综　述

【概况】 2003年，武钢认真贯彻落实党的十六大和十六届三中全会精神，深入实践“三个代表”重要思想，抢抓钢材市场需求旺盛的有利时机，调整品种结构，发挥规模效益。全年生产铁802.13万t、钢858.01万t、钢材706.96万t，分别比2002年增长10.54%、11.30%、13.43%。全年实现销售收入273.13亿元，比2002年增长38.25%；实现利润26.8亿元，比2002年增长78.29%；实现利税56.85亿元，比2002年增长52.87%。从而使2003年成为武钢历史上铁、钢、材产量最高、综合经济效益最好的年份。

【生产组织与市场开拓】 随着三炼钢3号连铸机、二热轧等一批重点工程的相继投产，武钢产能进一步扩大。为适应产能扩大的要求，武钢创新生产管理方法，加强生产组织，提高管理水平，并针对煤炭、矿石资源紧张的状况，与国内外大公司签订长期供货和投资协议，建立稳定的矿石、煤炭等资源供应渠道，保证了生产顺利进行。同时，武钢充分发挥科技创新能力较强的优势，以市场需求为导向，实施“差异化”战略，不断优化品种结构。全年新试新推合同达到109.31万t。全年“双高”产品比例达到51.82%。高性能耐火耐候钢、大线能量焊接非调质高韧性低温钢、大线能量焊接高韧性抗锌液腐蚀用钢、高磁感系列无取向电工钢及其生产方法等，已获国家专利授权。试制的35W230已用于中国第一艘载人飞船的定位导航系统。二热轧产品已先后在忠武管线、西气东输和杭州湾大桥等国家重点工程中标。在苏丹管线工程获得5.4万t X65管线钢的供货权，使武钢管线钢首次打入国际市场；重轨产量突破12万t，先后出口巴基斯坦和孟加拉等国家；82B等高速线材产品全年出口5万余吨，成功销往马来西亚、泰国、印尼、韩国等国家。全年钢铁产品出口及加工出口达到120.8万t(其中出口40.5万t)，创汇9298万美元。非钢产品出口创汇约100万美元。

【技术进步】 具有国际一流水平的武钢二热轧工程，于2003年3月29日开始试生产，其部分产品填补了国内空白，进一步增强了武钢的核心竞争力。该年一冷轧改造历时2个月，于11月15日投产，其生产能力由122万t扩大到185万t，产品质量将提高到一个新水平。属于国家863工程的武钢产销资讯系统一期工程的上线运行已达1年，推动了武钢的信息化进程。至年底三烧车间大修改造、新3号焦炉、三炼钢3号连铸机、二炼钢3号连铸机改造等一批重点工程也相继竣工。其他一批在建的重点改扩建项目如二冷轧、二硅钢、6号高炉、鄂州500万t球团矿工程等正在按计划组织实施。全年随着一批技改项目的投产以及节能降耗、“对标挖潜”工作的深入开展，进一步促进了技术经济指标的优化。在65项主要技术经济指标中有32项指标创造历史最好水平。其中三炼钢钢铁料消耗低于宝钢，继续保持了国际先进水平；吨钢综合能耗(标煤)水平由去年的808.8 kg/t下降到785 kg/t，实现了“破八见七”的历史性突破。

【企业改革】 2003年，为把钢铁主业做精、做强、做大，进一步提高武钢核心竞争力，武钢做出了钢铁主业重组的决策。设计了通过武钢股份公司增发方案，募集资金用以整体收购企业的钢铁主业资产。增发方案向社会发布后，得到高度评价和认同，多家机构积极介入武钢股份公司，为顺利完成增发、融资、收购、重组工作打下了良好的基础。钢铁主业重组方案获得了国资委的批准。根据国家八部委联合下发的《关于国有大中型企业主辅分离辅业改制分流安置富余人员的实施办法》的精神，武钢组织有关部门对辅业改制的相关配套文件进行了认真研究，结合企业实际拟定了《武钢实施辅业改制分流整体上报方案》(讨论稿),确定了武钢开展辅业改制工作的基本思路。成立了辅业改制工作领导小组及办事机构,明确了各专业组的工作职责。根据实施辅业改制的基本要求和条件,武钢编制了《辅业改制政策法规学习材料汇编》、《辅业改制的政策有关问题解答》等宣传材料,组织试点单位和各专业组学习国家和省市的相关文件,引导广大干部职工统一思想认识。按照国家六部委联合下发的《关于进一步推进国有企业分离办社会职能工作的意见》[2002]267号文件精神,分离企业办社会职能的工作也在积极推进。在武钢和武汉市的共同努力下,钢城分局年初已移交武汉市公安局管理。6月,武钢同武汉市政府有关部门就中小学的移交工作组成了工作组,至年底已研究中小学的移交工作方案。生活后勤系统的改革已纳入公司辅业改制试点。

【企业管理】 2003年11月21日,武钢股份公司获得"全国质量管理奖"。该年,武钢实施了质量管理体系由94版向2000版的换版认证工作。通过"创奖"、"贯标"以及依据现行相关法律、法规,对各项管理制度的清理、修订,进一步推动了武钢的各项基础管理工作。继续开展"成本效益纵深行"活动,全年共降低成本费用6.95亿元。《武钢集团公司集中式资金管理》获第十届国家级管理现代化创新成果一等奖。全年加大了企业内部审计工作的力度,促进武钢增收节支3720万元。武钢管理审计成果被国家内审协会评为一等奖。安全环保工作的管理水平也不断提高,实现了重大伤亡事故为零、重大环境污染事故为零、锅炉压力容器爆炸事故为零。

(陈永志　朱永锋)

企业管理

【体制改革】 2003年,武钢继续深化企业内部改革,完善组织结构,调整职能。(1)积极开展主业重组、辅业改制和分离企业办社会职能的改革工作。主业重组方面:武钢成立了主业重组工作领导小组,组建了专业工作组,从资产、体制、法律等方面对钢铁主业重组工作进行研究,设计了通过武钢股份公司增发不超过20亿股的方案,确定了重组范围,并多次向国家有关部委进行汇报和沟通,使钢铁主业重组方案得到了国资委的批准。辅业改制方面:根据国家8部委联合下发的《关于国有大中型企业主辅分离辅业改制分流安置富余人员的实施办法》(国经贸企改[2002]859号)的精神,武钢组织有关部门对辅业改制的相关配套文件进行了认真研究,确定了企业开展辅业改制工作的基本思路,成立了工作领导小组及相关办事机构。按照实施辅业改制的基本要求和条件,选择了8家单位先期开展试点工作,编制了《辅业改制政策法规学习材料汇编》、《辅业改制的政策有关问题解答》等宣传材料,使试点单位和各专业组明确了工作的内容和方式,广大干部和职工的思想认识也得到了统一。分离企业办社会职能方面:根据国家6部委联合下发的《关于进一步推进国有企业分离办社会职能工作的意见》(国经贸企改[2002]267号)的精神,2003年1月,在武钢和武汉市的共同努力下,成功地将钢城分局移交到武汉市公安局管理。6月,同武汉市政府有关部门就中小学校教育职能的移交工作组成了工作组,研究中小学的移交工作方案。至年底生活后勤系统的改革已纳入辅业改制试点内。(2)根据生产经营管理需要,不断调整武钢组织结构。根据武钢整体产销咨询系统的运行要求,将武汉钢铁有限责任公司技术质量部和质量检验中心整合,组建了武汉钢铁有限责任公司技术质量部;在武汉市公安局钢城分局移交武汉市公安局管理后,组建了武钢保卫部;为加强武钢硅钢产品研究和开发的集中管理,组建了武汉钢铁(集团)公司硅钢研究所;为适应公司储运业务的发展,将武钢储运服务公司从销售公司中分离出来,组建了武钢储运公司;为适应市场发展的要求,将武汉钢铁(集团)公司炉料经营公司和武钢材料贸易公司合并。且合并后保留武汉钢铁(集团)公司炉料经营公司名称。武钢材料贸易公司注销法人资格,其人、财、物并入武汉钢铁(集团)公司炉料经营公司;根据企业钢铁主业重组的有关要求,撤销武汉钢铁有限责任公司,取消其法人资格,改为武汉钢铁(集团)公司钢铁公司;为适应公司进口铁矿石量增长的运输需求,组建了太仓武钢配送有限公司。(3)对相关职能进行调整。将能源动力公司供水厂二热轧水处理站纳入到二热轧生产线,委托热轧厂统一管理;将能源动力公司燃气厂重油化检验职能划入技术质量部管理。

【全面质量管理】 2003年,武钢获"全国用户满意企业”、“全国用户满意产品”(连续热镀锌薄钢板)和“湖北省用户满意产品”(船体用结构钢板)等称号。武汉钢铁(集团)公司在中国企业家协会主办的2003年度“中国企业十大新闻”暨“最具影响力企业”、“最受关注企业家”和“最具成长性企业”推选活动中,被评为全国十大最具影响力企业之一。(1)实现争创全国质量管理奖目标。从2002年以来,武钢就确立了争创全国质量管理奖的目标,引入优秀管理理念和卓越绩效管理模式,瞄准国际竞争对手,建立先进的发展战略和远景目标,创建以顾客为关注焦点的企业文化和持续改进并不断增强顾客满意的业务流程,改变了传统企业的陈旧观念,提升了企业的综合素质和管理水平。2003年以武钢股份公司为载体,武钢实现了争创全国质量管理奖目标。(2)实现质量管理体系由1994版向2000版的跨越。2003年就按照国际标准化组织的要求,对质量管理体系进行“换版”工作。实施中,武钢坚持符合ISO9000:2000版标准的“八项原则”和要求的原则;整合钢铁生产质量管理体系,发挥整体优势的原则;进一步理顺管理部门工作接口和业务流程的原则,来充实和完善新体制下的质量管理体系,武钢顺利实施了换版认证。使质量管理体系在ISO9001:2000版标准新的平台上更加有效地运行。此外,规范各单位“贯标”工作也取得成效。(3)实现管理制度建设的法制化和规范化。2003年为了更好地实现“有章可循,有章必循,依法治企”,武钢注重从源头抓企业管理,组织所属各部门及相关单位开展管理制度的清理、完善工作,并坚持依据法律法规审查管理制度,以保证管理制度符合国家法律法规的要求或者能够充分运用法律法规赋予企业的权利;依据管理职能确认管理制度,以保证管理制度应有的完备性,同时避免管理制度间的重叠、交叉和矛盾;以管理原理审查管理制度,依据保证管理制度应有的科学性、规范性和“精简”性,使公司各项管理制度更加具备企业法规的性质。同时,武钢在总结清理、完善管理制度经验的基础上,制定和下发了“管理制度制定工作管理办法”,进一步形成了从源头抓企业管理的机制和制度。(4)实现现代化管理创新成果评价机制的高效运作。武钢一贯致力于推动管理创新,创造出了管理创新与技术创新为主导,企业规模、技术、质量、效益同步发展的崭新局面和良好业绩,并形成了一整套管理创新成果注册、评审和推广机制,由此推动了各单位管理创新,也奠定了武钢持续、健康、快速发展的坚实基础。2003年,在各单位部门的大力支持下,武钢深化了管理创新推进工作,实现了工作推动由主管人员推动向管理者推动转变,突出领导的主导作用和影响力;课题选择由一般事物性向紧扣武钢或本单位中心工作转变,突出管理重点、难点问题;课题培育由事后总结型向事前、事中探索和实践型转变,突出引入和学习先进的管理理念、方法。武钢还加强了对有关人员的培训,充实了评审专家组,进一步规范了评审程序,使现代化管理创新成果不断涌现,档次、水平也不断提高。2003年武钢共有53项成果分获国家、部(中国钢铁工业协会)、省、市级管理创新成果奖。其中全国冶金行业管理创新成果7项、湖北省管理创新成果17项、湖北省冶金行业管理创新成果8项、武汉市管理创新成果21项,分别占行业和地方全年成果的7.2%、36.2%、44.4%、52.9%。全年获武钢级三等以上成果115项。武钢计财部代表企业主创的《集团公司集中式资金管理》成果,获得第十届国家级企业管理现代化创新成果一等奖。

【固定资产管理】 2003年,武钢新增固定资产原值9914490249.29元,报废固定资产原值355650799.70元,截止到2003年12月31日,武钢固定资产总值达50797614853.69元。2003年企业管理部积极探索闲置、报废固定资产调剂处理的有效途径,建立和完善了闲置、报废固定资产对外处置资源公示及招标投标制度。2003年1～12月,通过《武钢工人报》刊登了9期共354项闲置、报废固定资产调剂处理信息,采取公开招标的方式进行处置,取得了良好的经济效益和社会效益,收回变价收入1390万元。该年积极配合武钢改革,认真做好有关单位改制过程中资产的清理、查验、划转工作。先后完成了钢铁主业重组固定资产情况、钢城分局划归武汉市固定资产情况的清查工作,移交固定资产131项,固定资产原值863.29万元,固定资产净值530.57万元。2003年,武钢上报的《创新管理,盘活武钢存量资产》成果获湖北省企业管理现代化管理创新成果三等奖。

【经营考核】 2003年,武钢创立了经营绩效评价考核体系。(1)对全资、控股子(分)公司,建立以环比工效挂钩为基础,以经营运行指标评价修正的考核模式,有效解决了原考核模式中,核定指标讨价还价、资产运行质量较差、短期行为较重的难题,显著提高了经营考核工作的科学性,使经济激励作用更强。(2)以预算为主线,进一步强化目标管理。对费用单位分解落实预算目标，以经济手段促进目标责任的落实，确保武钢总体生产经营目标的全面实现。(3)全面修订专业管理通用考核办法。顺应体制改革形势要求，针对管理职能的调整变化，系统修订了专业管理通用考核办法，补充完善考核内容，整理归并考核条款，特别增设了对负责人的考核，加大了管理责任的考核力度，使专业管理工作的考核更全面、更规范、更有效。(4)健全完善专项重点工作的考核机制。对深度影响生产经营全局和企业经济效益的重要环节的工作，逐步建立完善激励和约束机制。2003年武钢抓住原燃料入口这个重要环节，建立了大宗原燃料入厂质检计量工作的考核机制，制定了以索赔为尺度的《大宗原燃料入厂质检计量索赔考核奖励办法》，有力地推进了大宗原燃料质量和数量的控制管理工作，切实保证了生产活动的有序进行和钢铁产品的实物质量，显著降低了生产成本，维护了武钢的合法权益，有效提高了管理水平和经济效益。(5)规范管理，严格考核，不断改进工作方法。2003年建立了公示考核结果的工作程序和管理制度，有力地提高了经济考核工作的影响力、威慑力和发挥了约束作用。

【计量管理】 2003年，计量管理取得如下成绩：(1)积极推进武钢水运矿石检水尺计量工作。为减少武钢水运矿石的流失，保证到港矿石数量的准确性，在武钢领导的支持下，企业管理部组织物资供应公司、计划财务部、工程技术集团计控公司、工业港等单位成立了武钢矿石计量推进工作组，以检水尺计量为手段，以计量数据纳入财务结算为目的，积极推进水运矿石的计量验收工作。该年矿石计量推进工作组先后解决了检水尺计量出数的资质问题；确定了矿石途耗；明确了航港交接程序；将检尺率和出单率提高到100%；制定了内外结算流程；完成了对沿江原有矿石的盘点；启用了新的运单；取得了阶段性成果。经武钢领导同意，于2003年7月1日起正式将计量数据纳入财务结算。据统计，2003年共检船12000余条，查出矿石亏吨21475 t，直接效益200余万元。另外，这项工作的总结材料《深化计量管理建立武钢新型的水运矿石计量验收体系》获得湖北省企业管理现代化成果二等奖。(2)关于企业计量管理工作。2003年根据政府计量行政部门要求，对国家已颁布的《计量法》和准备颁布的《计量校准监督管理办法》提出企业意见。按ISO9001:2000版质量管理体系标准，编制了武钢《监视和测量设备控制程序文件》。开展培训工作，完成了武钢内部184名计量校准人员、26名计量检测人员资格培训、考核及发证工作。对17310台(件)属强制管理范围的测量设备实施了周期检定。对新增及改造的94个能源贸易结算计量点进行确认并投入使用，至年底武钢拥有测量设备31.6886万台，其中能源贸易计量点1800余个，物质量贸易结算计量点120余个。另外，2003年武钢在中国计量协会的换届中当选为常务理事单位，在武汉市计量测试协会的换届中当选为副理事长单位。

【公路运输管理】 2003年，武钢公路运输管理围绕企业的生产经营目标，全面完成各项工作任务，并在公务用车改革、清欠车辆拍卖、汽车大修公示和机动车路桥费申免等管理中，取得成效。(1)根据武钢对领导公务用车改革的要求，配合企业整体改革，对武钢小汽车的使用情况进行了调研。结合宝钢、八一钢厂等兄弟单位的车改经验，提出领导公务用车的改革方案，供领导决策使用。(2)针对清欠汽车长期压库造成浪费严重的情况，企业管理部组织进行了专题调研，提出了解决意见，得到武钢经理办公会的批准。在认真组织专业评估的基础上，对无法办理过户手续的68辆清欠车辆，委托专业拍卖公司按照规范的程序，面向社会进行公开拍卖，其中55台清欠车辆拍卖成交，占公开拍卖车辆总数的81%，拍卖成交的55台清欠车辆，其评估价为256.18万元，拍卖成交价为387.87万元，高出评估价51.4%。此举不但降低了库存，而且还盘活了存量资产。(3)按汽车检修必须进行公开的要求，继续推出汽车检修计划登报公示。2003年汽车大修计划88辆，按季度分4次全部登报公示。公示前，召集检修单位开检修计划平衡会，统一意见，然后登报公示。通过公示有以下收获：1)变无序竞争为有序竞争，为争夺检修资源的现象减少了；2)检修单位把主要精力放在提高检修质量上，以质量取胜的因素增多了；3)减少了汽车检修外委，将原计划外委的9辆汽车转内部修理，减少外委检修费用49.5万元；4)公开管理，引进监督机制，促进党风廉政建设。(4)2003年经与武汉市路桥收费管理中心反复联系，争取路桥收费优惠政策，得到了市有关部门的理解与支持，办理客车、电车、救护车、消防车和部分特种车计590辆路桥费免征手续，全年为武钢减少130余万元的支出。

生 产 管 理

【概况】 2003年，武钢生产经营环境受外部“非典”疫情的冲击和原料供应紧张的影响。而企业内又因有整体产销资讯系统上线、三烧技术改造、3号焦炉、二热轧、三炼钢3号连铸机、一冷轧技术改造的相继投产，这些既为武钢的发展增添了后劲，又给企业的生产组织和管理带来了较大的难度，是一个打破企业旧的生产平衡、逐步建立新的生产平衡的过程。面对种种困难，武钢生产部紧紧抓住国家实行积极的财政政策、扩大内需所带来的钢材市场需求旺盛的有利时机，认真贯彻落实武钢工作会“要进一步加强生产的组织与协调，最大限度地发挥规模效益”精神，根据市场需求和企业生产经营条件，制定了生产管理具体措施：一是强化生产过程管理，抓好关键工序的生产，确保武钢实现稳产高产。二是加强物流管理，确保武钢在新建和技术改造项目相继投产的条件下，仍然保证物流有序。三是抓好对标挖潜工作，对照国内外先进企业的生产技术指标，充分挖掘生产潜能，实现满负荷生产。四是进一步加强能源、运输、废钢资源的管理协调工作，降低消耗，为企业的生产经营创造条件。在全年的生产组织过程中，根据武钢内外部生产条件的变化，科学合理地进行生产计划、组织和协调。一季度，抓住钢材合同充足的有利条件，克服冬季部分原料与能源紧张以及产销资讯系统上线运行后对生产形成的短期不适应的困难，加强各工序的过程控制与管理，并组织好“3号焦炉”和“三烧技改”两大项目的生产准备及投产，确保了企业生产均衡稳定。二季度，以抓好7个主体厂年修为重点，一手抓“非典”疫情的预防，一手抓生产经营，加强生产和检修计划的控制与协调，在完成了4号高炉、5号高炉，二炼钢厂、三炼钢厂、热轧厂、冷轧厂、硅钢厂、轧板厂年修任务的同时，许多主要生产技术指标也创历史最好水平。除5月份受5号高炉炉身冷却设备大量漏水造成炉况失常影响未完成当月铁、钢目标计划外，二季度的生产经营继续保持稳定局面。三季度，抓住主体厂没有安排大的设备检修且设备运行稳定的有利时机，克服高温天气的不利影响，强化生产组织协调和管理，充分发挥轧钢产能，同时密切产销衔接，抓好合同兑现率和钢材外发工作，使武钢的生产经营达到预期管理目标。四季度，从理顺上下工序间物流平衡入手，在冷轧厂全面进入系统改造和二热轧产量水平逐步提高的情况下，加强铁、钢和轧钢系统各工序间的生产平衡，以一热轧为中心，加强物流平衡管理，抓好生产计划的合理性，确保了武钢全年生产经营目标的实现。2003年铁、钢、材均全面超额完成武钢的生产目标计划，其中生产生铁802.1272万t，完成年目标的100.27%，钢831.3803万t，完成年目标的100.64%，钢材691.7723万t，完成年目标的101.20%。分别比2002年同期增长10.52%、11.71%、14.00%。

【生产组织管理】 2003年，由于国家实行积极的财政政策和稳健的货币政策，钢材市场一直保持着旺销的势头，武钢生产部作为企业组织生产的主管部门，紧紧抓住钢材(坯)合同饱满的有利时机，强化生产组织的过程管理，准确把握每道工序的特点、有的放矢地抓好每道生产工序的生产组织工作，实现了稳产高产。炼铁系统：由于炼铁系统的改造相对滞后，生铁的生产能力不足，使炼铁生产成了武钢生产的“瓶颈”，只有保证炼铁系统的均衡稳定，才能确保企业整体生产的稳定。为此，生产部在生产组织过程中，首先进一步贯彻精料方针，一方面根据炼铁的实际生产情况，抓好炼铁系统用料计划的制定、组织和实施，以及工业港原料系统的专业管理工作，尤其是水运到达的进口矿卸船工作安排和混匀矿配矿计划的制定。另一方面加强原燃料质量管理，杜绝不合格原料进厂，同时采取措施努力提高焦炭和烧结矿质量，保证高炉原料条件的稳定。其次是抓好生产与检修的配合，组织生产厂会同有关部门一道，完成4号、5号高炉的年修、四烧年修和工业港中控楼改造，并对较大设备隐患进行了处理。第三是抓高炉操作管理，建立适应外围条件变化的操作制度，在高炉操作上坚持安全、顺行、稳定的生产组织原则，确保炉况稳定顺行。充分发挥5号、4号、1号大高炉的优势，提高烟煤喷吹能力，降低焦比，确保了全年入炉焦比控制在400 kg/t以下，喷煤比达到120 kg/t以上，特别是5号高炉全年主要技术经济指标达到了国内先进水平。炼钢系统：组织炼钢系统围绕市场需求，优化品种结构，充分发挥设备优势，提高高技术含量、高附加值钢种的生产能力。在生产组织过程中，一方面组织炼钢系统在进一步优化检修模式的基础上，加强铁、钢平衡过程管理，合理安排炼钢品种生产计划，减少连铸机断面更换次数，提高连铸机作业率,保持了武钢整体生产的均衡性。另一方面克服外部原料条件不稳定及废钢资源品种结构差等不利因素,苦练内功,严格工艺操作,确保“双高”产品的兑现,全年炼钢系统充分发挥设备优势,生产了如钢绞线、重轨、出口重轨、钢帘线、船板、硅钢,集装箱、石油管线钢等一大批重点品种钢,满足了市场需求。而且根据钢材、钢坯市场旺销的具体情况,努力提高废钢入炉量多产钢,降低生产成本,提高企业经济效益。轧钢系统:首先抓住全年生产合同饱满的有利时机,克服产销资讯系统上线运行磨合期的困难,严格按产销资讯系统的要求,对生产作业计划管理进行不断优化,并根据合同情况,抓好生产平衡及生产节奏控制工作,在组织好热轧厂、冷轧厂、硅钢厂、轧板厂年修的同时,及时协调解决各工序间出现的问题,确保了生产的均衡有序,有效发挥了轧钢系统的生产能力。第二,根据市场需求变化,及时调整品种结构,努力提高高附加值产品产量,以优质名牌产品扩大市场。第三,抓好冷轧厂系统改造期间的生产组织和物流平衡工作。从9月16日开始,冷轧厂进行系统改造,在此期间,原来供给冷轧厂的14万t原料卷需变为热轧商品材外发,生产部在认真调研并广泛听取各方意见的基础上,采用了将部分热轧原卷从冷轧原料库外发的方法,理顺了生产、交库、外发等各个环节,保证了热轧厂轧制线的满负荷生产,为冷轧厂改造期间武钢总体生产平衡打下了良好的基础。

【能源管理】 2003年,生产部在能源管理工作上继续坚持以经济效益为中心,积极开展成本效益纵深行活动,认真抓好对标挖潜工作,节能降耗效益显著。2003年武钢吨钢综合能耗(标煤)为785.3 kg/t,比2002年同期下降2.86%。吨钢可比能耗(标煤)为776 kg/t,比2002年同期下降2.74%。武钢13个主体生产工序中,烧结、炼铁、一炼钢、二炼钢、三炼钢、大型、轧板、热轧等8个工序能耗比2002年同期下降,特别是一炼钢、三炼钢、大型、轧板等4道工序,降幅分别达到7.83 kg/t、11.49 kg/t、2.03 kg/t、2.12 kg/t。转炉工序实现了负能炼钢。2003年,在能源管理方面生产部主要抓了以下工作:一是学先进,挖潜力,订措施,深入开展能耗指标对标挖潜活动。在继续认真学习国内先进企业经验的基础上,通过对标找出差距,根据差距落实具体措施,通过不断地学习和优化能源管理,进一步缩小了与先进企业的差距,炼钢系统、轧钢系统的节能降耗工作效果显著。二是加强能源管理,坚持能耗分析制度,对能耗指标层层分解,加大能耗指标的经济责任制考核力度,实行能耗动态管理。2003年大部分能耗技术指标优于2002年同期水平,炼铁工序能耗创历史最好水平。三是抓好节能“短、平、快”项目,发挥其良好的节能效益。四是抓好生产过程中的节能降耗,加强对能源介质的动态调整,减少放散,2003年高炉煤气放损、氧气放损、蒸汽配损等指标降幅较大,自发电量比2002年同期增加7.22%,能源亏损的降低使吨钢综合能耗(标煤)下降2.6 kg。

【废钢铁资源管理】 2003年,武钢生产部在废钢铁管理方面重点抓了以下工作:一是强化废钢资源管理,确保炼钢生产需要。自2003年初,钢材市场产销两旺,各钢铁企业努力提高生产能力,全国钢材均有较大幅度增产。铁钢增产的强劲势头极大地带动了上游原料涨价,废钢价格从年初开始一路攀升,由于各大钢厂的激烈竞争,废钢资源奇缺,市场上经常出现有价无市现象,给废钢采购和保产供应造成了极大冲击。为了确保炼钢生产需要,武钢生产部与金属资源公司一方面认真做好市场调研,并会同财务部门及时调整采购价格,加大采购力度,确保原有的市场份额和采购渠道不受太大冲击。另一方面加强与中钢、宝钢的战略合作关系,利用中钢、宝钢国际贸易的优势,加大进口废钢和热压铁块的运作,以批量进口资源来平抑周边采购市场的无序竞争,稳定采购价格,进而降低采购成本。二是加强低硫废钢资源管理,确保品种钢生产的需要。近年来,武钢不断加强对高技术含量、高附加值产品的开发,形成了以“桥、管、线、箱、容、电、车、军”为重点的一大批名牌产品,尤其是高强度桥梁钢、高性能压力容器钢、耐火耐候钢、内磁屏蔽钢、高牌号取向硅钢等均属国内独家生产,是国内市场十分短缺的替代进口品种。而且武钢“双高”产品已近钢产量的60%,尤其是三炼钢低硫品种钢产量的增加,因而对低硫废钢资源的需求量也激增,而低硫废钢在市场上是难以买到的,为了保证炼钢生产的需要,生产部加强内部生产性废钢资源的回收、加工、供应管理,将炼钢、轧钢生产工艺产生的坯头、中包、板头尾、废边卷、小板条及工、槽、轨头尾等自产优质废钢纳入严格的受控管理,按照低硫品种钢的不同标准按比例限制使用,确保供应。同时还要求金资公司加大分选力度,将生产回收轻薄料分类存放,单独加工成打包压块,并贴明标签,纳入低硫废钢资源管理,专供三炼钢冶炼品种钢使用。三是加强内部回收管理,规范回收队伍,杜绝废钢资源流失。根据武钢要求,生产部会同保卫部门对内部废钢铁回收队伍进行了全面的清理整顿,对武钢颁证特许的专业回收队逐一进行了清查、整顿、规范、验收,对其回收人员进行了一次普遍教育,清退了违规人员,取消了严重违反废钢铁回收管理规定有关单位的回收资格,重新调整了三炼钢鱼雷罐修砌区域的废钢回收队伍,加强了案件多发区域的回收和治安力量,杜绝了废钢资源的流失。由于加强了废钢资源的管理力度,圆满完成了2003年废钢铁管理各项计划指标,其中:生产性废钢回收年计划33万t,全年完成36.77万t,完成年计划的111.42%;非生产性废钢铁回收年计划13万t,全年完成19.40万t,完成年计划的149.23%;外购废钢年计划75万t,全年完成76.38万t,完成年计划的101.84%;废钢铁保产供应年计划125万t,全年完成126.41万t,完成年计划的101.13%;炼钢废钢单耗年计划一炼钢135 kg/t,二炼钢105 kg/t,三炼钢175 kg/t,平均单耗150 kg/t。全年完成一炼钢138.2 kg/t、二炼钢108.0 kg/t、三炼钢179.3 kg/t,平均单耗151.3 kg/t,比计划提高1.3 kg/t。

【生产协调管理】 2003年,在武钢的生产协调管理方面,生产部充分发挥总调度室指挥、协调作用,理顺各个生产环节,及时协调解决生产过程中的各类问题,保证了企业整体生产的均衡稳定,为完成武钢的生产经营目标打下了坚实的基础。一是积极开展连铸坯热送热装的技术攻关工作。年初,整体产销资讯系统开始上线调试,由于新系统刚投入运行,很多功能一时无法满足热送热装要求。为此,生产部进一步强化了热送热装的调度管理,在组织二炼钢厂、三炼钢厂、热轧、运输部按计划输送热坯和编排轧制单位的同时,对热送热装的连铸坯动态进行跟踪,随时掌握热坯的配车、装完、挂出及到热轧板坯库的动态,使连铸坯的热送热装率进一步提高。二是抓好物流管理,组织好钢坯、钢材的倒运外发。2003年,由于市场需求上升,钢坯水运外发量增加,总调度室一方面合理安排装车计划,对厂内车进行合理分配。另一方面科学组织装车和卸车,加快车辆周转速度,降低了厂内停时。同时,和工业港一起研究可行方案,优化钢坯、钢材装船措施,提高了钢坯水运外发量。三是抓好铁水的分配和平衡,减少翻铁量。根据高炉和钢厂检修及生产情况,及时掌握生产动态,合理进行铁水的分配和平衡,确保铁、钢生产的稳定。四是继续开展“红旗”列车技术攻关。为了加大矿山资源输出,保证一线合理库存,生产部根据一线库存和矿山库存情况,按计划合理安排矿山资源输出,并对每天的计划完成情况进行分析、总结,发现问题及时进行调整,满足了生产需求。

【新建项目投产】 2003年初,武钢有多项新建项目投产。一是武钢整体产销资讯系统一期工程正式上线运行,改变了传统生产组织管理模式,对生产计划、合同管理、产品出货等现行生产管理体制提出了新的要求。武钢整体产销资讯系统上线运行之初,系统运行不正常,给生产组织工作带来了较大难度,面对困难,生产部与系统设计人员一起对系统进行改进和完善,确保了武钢整体产销资讯系统一期工程一次上线成功,受到了中钢专家和国家信息产业部专家的好评。而且生产部还会同生产厂及相关管理部门,坚持每天的系统协调会制度,不断优化系统设计,使之更符合武钢生产实际。至年底,产销资讯系统运行正常,其功能优势在生产中正逐步得到体现。二是二热轧的建设是武钢扩大产能提高核心竞争能力的重点项目之一,生产部在认真组织好武钢生产的同时,积极做好二热轧投产前的各项准备工作,使二热轧于2003年3月22日顺利进入试生产阶段。在二热轧投产后的生产组织协调中,生产部从生产作业计划管理入手,合理安排二热轧的试生产工作,确保了从板坯供应到产品出货的合理性和科学性,使二热轧的试生产逐步稳定,产量不断提高。

【生产管理创新】 2003年,武钢生产管理又有新的创新。多年来,生产部通过实践,摸索整理出了一套有效的生产管理经验,对武钢的生产起到了积极的指导和推动作用。但是,随着整体产销资讯系统的上线运行,对生产管理的管理理念、管理模式、管理方法等方面都提出了更高要求,为适应新的管理模式和尽快掌握新的管理方法,搞好生产管理创新是提高生产管理水平的重要举措。生产部在生产管理创新上重点抓了三个方面工作:一是抓好生产管理的观念创新,为此,生产部在提高管理者队伍素质和理论功底上创造了许多有利条件,首先是将创新思维作为生产管理人员必备素质之一,提高管理人员的创新意识,根据企业生产实际和整体产销资讯系统的要求,在实现生产管理科学化和现代化上,要勇于创新,实现自身价值。其次,提高管理人员的创新思维方法,在实际工作中,一方面通过各种管理理论及相关知识的学习,提高生产管理人员的理论素养和水平。另一方面,通过实践使生产管理人员懂得创新原则,了解创新规律,拥有创新思维,专于本职工作,把握住创新机遇,在生产管理创新上有所作为,造就一支高素质的管理者队伍,为提高武钢生产管理水平打下坚实的基础。二是抓好生产管理的组织创新,根据生产模式的转变和生产实际对管理的要求,在生产管理方面对管理职责及管理方法进行了进一步规范和完善,第一是理顺了管理职能,在生产经营管理方式上,改变过去的管理方法,按生产过程动态化管理,各部门管理活动并行化,而非顺序运作,改变过去多层次"宝塔式"管理,摒弃那种信息层层传递、政令层层下达的做法,实现企业生产管理组织机构的扁平化,以减少管理层次,提高工作效率。第二是随着综合管理体系的完善,结合企业生产实际,通过与标准对应、要素对照、程序文件对口等方法,按综合管理体系标准的要求组织生产,使生产组织更加合理化、科学化。第三是适应和充分发挥武钢整体产销资讯系统的优势,优化企业的管理,建立统一、精简、高效的运行机制,实现销售、质量、生产和财务数据的一致性、及时性和完整性。同时生产计划的科学性、合理性,使企业的生产经营管理水平稳步上升,提高了武钢的市场竞争能力。第四是利用电脑控制系统进行生产组织、原料供应、生产协调、运输保产、指标分析、工作安排、意见反馈、信息传递等,大大提高了生产组织管理的直观性和信息传递效果。三是抓好生产管理的制度创新,为了使武钢生产适应市场需求变化,确保生产经营计划的完成和武钢信誉,在实际生产管理活动中,采用了对外以市场经济要求为标准服务用户,满足市场需求。对内以计划管理方法为模式对生产组织工作进行规范的管理方法。并充分利用生产例会和各种管理制度,围绕企业生产经营活动进行整体组织协调,力求达到生产管理的最优化。在具体做法上将制度管理与贯标紧密结合,各项工作均按程序办理,将措施落到实处:首先是生产组织管理按"PDCA"的原则进行,即整个生产组织管理过程的策划、实施、检查、措施形成一个整体循环,使生产组织管理更完善。其次是生产过程遵循程序的五大要素,使生产过程控制更合理、更经济、更科学。第三是积极开展生产组织管理创新,将生产组织管理创新与企业改革和发展结合起来,从而对武钢生产经营工作起到积极的推动作用,为提高企业市场竞争能力奠定了基础。

(李发运)

用户服务

【概况】 2003年,武钢用户服务办公室(简称用户办)围绕企业生产经营目标,以用户为关注焦点,加大服务前移步伐,以实现产品质量异议万元损失率(14元/万元)目标为主线,通过两面向(面向市场、面向用户)、四服务(超前、超值、终端、个性化服务)工作,开展管理创新、服务创新,推行用户服务标准,引入先进的顾客满意度测评方法,实现了年初制定的三大目标。2003年共受理产品异议2161件,处理异议1967件,异议量31527.68 t,经济损失1766.847万元。实现了万元损失率8.916元/万元,比目标值减少5.084元/万元,为武钢减少直接经济损失930万元。大宗产品质量异议为零。产品异议处理平均周期为20天/件,达到国内先进水平。

【综合管理】 2003年初,根据武钢贯彻ISO9000系列2000标准的要求,用户办开展了质量管理体系换版工作,编制《服务管理程序》和《顾客满意监视和测量程序》两个公司级程序文件,明确相关职能部门的职责权限,规范用户服务工作程序,提供顾客满意度监测方式。结合武钢2003年制度清理汇编工作,用户办对部门管理制度、方法、职责权限和岗位标准进行整理、完善,形成用户服务专业管理制度13个,并将贯标文件汇编成集。11月根据新版《质量手册》和程序文件的要求,对武钢内部用户服务工作承接单位开展了服务管理专项审核,对服务计划执行情况、服务工作难点和影响产品质量问题的关键点进行现场调研和核查,提升了服务工作管理水平。全年坚持每月一次的服务工作例会,及时向武钢内部有关单位通报用户反映及异议情况,提出相应的工作要求,并以月度钢材产品异议分析报表以及季度分析会来推进用户服务工作。每月初组织召开服务工作考评会,严格按照《武钢专业考核管理办法》进行考核。2003年用户办对88笔钢材产品质量异议提出了考核意见,根据武钢企业管理部统一部署,将考核结果从7月起在《武钢工人报》上予以公示,并由企管部落实执行。用户办认真组织职工参加武钢直属机关办公系统和纪检系统的信息调研活动，在武钢直属机关“爱武钢、奔小康、推进管理创新”活动中，以产品处理预案制度的执行为攻关课题，获创新活动一等奖。

【市场调研】 2003年，用户办把面向市场、服务销售作为工作重点，开展市场调研、走访用户活动。围绕武钢“建立两个精品生产基地”的目标，质量月活动期间，用户办组织了西北、中南、华东、北方4个区域的用户走访活动，调查走访43家信息员单位，广泛征求用户意见，调研武钢产品的市场需求，增进与用户的双向沟通与信息交流。用户办扎实做好信息收集和传递工作，在新、实、快上下功夫，为企业决策提供依据。2003年编发《用户信息快报》12期、《武钢与用户》12期。满足了广大用户对武钢产品的信息需求，特别是《武钢与用户》换版后，扩大了信息量，受到信息员和网络单位的广泛好评。此外，编发《产品异议情况反映》3期，及时反映武钢比较重大、突出的产品异议动态情况，如南韶30MnSi加工开裂问题、二热轧投产后异议情况及开平设备调查、产销系统上线后生产和合同兑现问题，调动产、销、研部门开展技术攻关和质量整改。2003年用户办针对以往满意度测评工作中存在的问题，把顾客满意度测评改进措施作为提高产品质量、服务质量的重要手段，从提高调查表的回收率入手，将调查表内容按产品质量和服务质量分列；扩大发放面，以大客户、终端用户为主要调查对象，提高用户意见和建议的代表性，督促生产厂及相关部门进行整改和落实；调整调查表发放方式；对满意度测评数据进行微机管理。2003年回收率从过去的30%上升到60%，特别是第三季度发放顾客满意度调查表126份，收回79份，回收率达62.70%，创造了行业内问卷回收率新高。用户办配合政府部门组织开展打击假冒武钢产品的不法行为。2003年共参与、协助、打假案件7件，对外提供质量认证资料19份，为用户的选材提供了信誉保证，维护了用户和武钢的利益。在积极参与武钢产销一体化资讯系统的运行调试工作的同时，用户办还开设了武钢用户服务网站，通过与企业的对外网站链接发布规范的信息。

【技术服务】 2003年用户办发挥武钢技术人才优势和先进的装备优势，利用部门的管理和协调功能，组织开展重点品种的技术走访服务。针对30MnSi、X70、80MnA、SYS72A、SPHC、高强度耐候钢、热轧高强车轮钢及热轧标签脱落等问题，组织武钢的专家、工程技术人员分赴广东、上海、陕西、南宁、株洲、长春等地，与终端用户坦诚交流，对产品进行质量跟踪和提供配套服务。在服务工作中关注重点用户、重点工程，建立重点用户档案，实践“终端服务、个性化服务”。杭州湾跨海大桥工程用钢给予“特事特办”，赢得用户信赖。2003年组织了“热轧管线钢检测技术交流会”、“二热轧开平技术交流会”、“压力容器用钢技术交流会”、“冷轧磁极钢暨卷绕铁芯用硅钢用户技术交流会”，扩大了武钢产品的影响，增强了用户使用武钢产品的信心，仅二热轧开平技术交流会，就为武钢增加效益150万元。另外，上半年用户办根据市场形势及用户的要求，组织生产技术专家深入市场第一线，开展了“送技术上门、送标准上门、送服务上门”三上门活动。3月赴南京华能贸易公司本部，4月往广东佛山市乐从镇钢铁大市场，举办钢材产品大型技术讲座会，重点介绍武钢产品性能、用途、检测及检验技术、用户服务工作情况，帮助用户了解武钢产品优势和发展前景，这种新的技术服务方式，为武钢培育了中间市场，加大了服务工作的纵向延伸。

【售后服务】 2003年，继续加强武钢产品的异议处理工作，实现产品异议100%受理，履行“省内3天，省外7天”派员到现场的承诺，严格执行《武钢产品异议处理预案制度》，提出量化指标，即“异议处理预案应对异议做出较为具体的处理和理赔方案，实际理赔额度一般应控制在预案水平的±10%以内，产品异议预案命中率应达80%以上”；同时加强预案执行情况的动态管理，对异议处理全过程进行及时监控、及时反映。上半年发生“非典”特殊时期，用户办依据武钢总体布置，一手抓“非典”预防工作，一手抓产品异议处理工作，下发《关于做好近期售后工作的通知》，通过“就近派员”和“远程委托”相结合的办法，妥善处理用户投诉。在发生“非典”的60天中，武钢共接到客户投诉402件，异议处理率达84%。为适应武钢新形势需要，用户办对基层组织推荐的用户服务人员开展了资格培训，全年开办培训班两期，以冶金知识、法律条文、服务知识以及武钢新上项目相关技术概况为培训内容，经审核对870名考试合格人员重新颁发了新的“武钢用户服务人员资格证”。

（张利民）

规划投资管理

【概况】 2003年，规划发展部按照武钢确定的“品种、质量、环境、效益”发展方针和“把武钢建设成为精品名牌生产基地及世界一流钢铁企业”的目标，在管理中克服诸多不利因素，充分把握钢铁市场需求旺盛的有利时机，积极推进“十五”规划重点项目的实施，认真做好项目立项、投资管理、对外投资和项目实施跟踪工作，推动建成多项重大工程，为武钢的长远发展奠定了坚实基础，也为武钢在2003年与历年相比实现产量最高、综合经济效益最好做出了重要贡献。

【编制1400万t钢发展规划】 武钢于1999年初开始进行“十五”钢铁发展规划的编制工作，2001年2月武钢与武汉钢铁设计研究总院完成了《武钢“十五”钢铁发展规划》(920万t钢)，后又编制完成了《武钢“十五”钢铁发展规划(补充说明)》(1020万t钢)。2002年12月中国国际工程咨询公司的领导和专家在武钢审查二冷轧、二硅钢项目听取武钢规划汇报，专家充分肯定了1020万t钢的发展规划，同时提出：武钢装备比较好，产品开发能力强，产品结构好，应进一步做大做强，发展成为具有国际竞争力的企业。根据专家的意见和建议，武钢进行了认真研究，在武汉钢铁设计研究总院的配合下形成了《武钢“十五”钢铁发展规划》(1200万t钢)。1200万t钢规划实施后，将使武钢整体实力和市场竞争能力进一步提高。2003年7月15日在认真听取“院士行”专家组和企业有关单位的意见、建议后，武钢决定在原《武钢1200万t钢发展规划方案》基础上，着手制订《武钢1400万t钢发展规划方案》，同时委托武汉钢铁设计研究总院和北京冶金规划院做相应的能源公辅配套设施规划方案节能规划，至年底已进行论证、修订和完善工作。武钢1400万t钢发展规划的目标是：坚持以市场为导向，加速技术改造，增加品种，改进质量，降低消耗，提高经济效益，形成1400万t钢以上的综合生产能力，把武钢建成世界一流的钢铁企业，成为中国硅钢片和汽车板的主要生产基地，建成为花园式工厂。该年，为了实现规划目标，武钢围绕结构调整，推进工艺升级，正在建设和即将建成一批现代化的生产线，改造或淘汰一批落后的工艺装备。

【二热轧等一批重点项目投产】 2003年，为尽快实现武钢1200万t总体规划，武钢加快了一批重点在建项目的步伐，至年底已有二热轧等一批重点项目投产。二热轧工程于2001年2月28日正式动工，2003年3月29日试轧一次成功并投入试生产，年底已基本达产；三烧结车间改造一期工程于2003年3月21日投产，二期工程将于2004年1月投产；3号焦炉改造工程于2003年3月26日投入生产；三炼钢3号连铸机项目2003年8月底投入试生产；工业港第二混匀料场改造工程于2003年11月17日投入试生产；一冷轧改造工程于2003年9月16日全线停产改造，经过61天的紧张施工，到11月15日，其主体设备技术改造进行了热负荷试车并一次获得成功投入试生产。

【二冷轧项目获国家正式批准】 2003年7月，国家发改委以发改工业[2003]776号文正式批准武钢二冷轧项目，并用国债资金给予该项目贴息2.52亿元。至年底，二冷轧工程引进设备的谈判正在进行，其主要内容酸洗—连轧机组已完成引进招标工作并于9月26日完成合同签约，镀锌线、连退线、磨辊间、彩涂生产线等后续工程的引进招标工作已进行。

【争取国家政策】 2003年，为充分利用国家给予企业的优惠税收政策，武钢规划发展部会同设计院、国贸公司、生产厂家反复研究，与武汉海关沟通并取得支持，使武钢技改项目中引进设备基本办理了减免税手续，为企业免税约1.1亿元；在争取国债贴息方面，2003年通过努力，武钢二冷轧、节能降耗等项目的国债贴息资金到位约3亿元；在办理国产设备抵扣企业所得税方面，积极向武钢所属单位宣传相关政策，指导所属单位充分利用国家的税收优惠政策，并认真组织办理。全年完成大型厂桥式起重机等18个技改项目国产设备抵免企业所得税资料的收集整理，报送湖北省经贸委，经积极争取已取得这18个工程项目抵免税的项目确认书，总计设备金额为3.95亿元，按国家政策可创效1.58亿元。

【投资管理】 2003年是武钢技改项目的投资高峰年，总投资近60亿元。为了把资金集中投向武钢“十五”重点项目，做好系统配套改造工作，规划发展部认真进行调研把好立项关。该部组织编制完成并下发了2003年武钢固定资产投资计划、2003年一般技术改造措施、科技进步(技改部分)联营开发投资计划、2003年全资子公司(含资产经营分公司、费用包干单位)投资计划及2003年民用设施大修计划及企业外汇使用计划。全年在项目的实施过程中,该部跟踪协调,扎实推进计划的实施。按照下达的计划,对其中重点项目如一热轧粗轧水处理站,3号、4号水站改造,5号水站煤气一、三干线及支架更换,二加压至脱硫中压焦炉煤气管道改造,更新青山电厂至焦化1.8 MPa蒸汽管道等进行跟踪管理,及时协调、处理项目实施中出现的投资、方案、质量等问题,保证了项目顺利实施。全年与武钢有关部门对"短平快"节能措施项目进行认真分析,采取简化程序的办法,积极推进了节能项目的实施。同时,对子公司、民用设施大修项目进行日常协调管理,及时处理问题,办理有关手续,使项目按计划实施。

【投资建设太仓码头和配送中心】 2003年,为充分利用江苏太仓的地域优势,适应武钢对国内外市场购进铁矿石量迅速增长的运输需求,降低企业铁矿石运输成本,提高武钢产品在长江三角洲及华东地区的市场竞争力,开拓新的产业发展领域及提高经济效益,武钢决定在江苏省太仓港口开发区建立码头和武钢钢材物流基地。该年底武钢与宁波港务局、中国对外贸易运输(集团)总公司三方合资组建了"太仓武钢码头有限公司",从事码头开发与经营,货物装卸、堆存、仓储、中转、代理,港务工程技术开发、咨询服务等业务,年货物装卸量2000万t,首期注册资本为1200万美元,其中武钢出资300万美元,占股比达25%。至年底1200 m岸线的围滩吹填已开工,正在进行码头项目的各项前期工作。2003年11月3日武钢下达批复同意投资组建太仓武钢配送有限公司,开发武钢300 m岸线及其延伸陆域,建立码头和钢材剪切配送中心,已编制完成并审查了可研报告,码头方案已开展了论证,并进行方案的优化工作。至年底在按计划抓紧开展建设码头和钢材剪切配送中心项目的各项前期工作。

【武钢参与BHP合资开矿】 武钢、马钢、唐钢、沙钢与澳大利亚BHP公司和两家日本公司投资组建澳大利亚威拉拉铁矿合营企业,开采西澳洲皮尔巴拉地区津布巴(Jimblbar)铁矿项目取得重大进展,合营各方已就12个有关协议内容达成一致并已由各方代表于2003年12月21日在上海草签。项目已报国家发改委立项。根据协议,武钢在项目合作期25年内,每年将以优越条件获得350万t铁矿,并可获得财务内部收益率为18.7%左右的投资收益。此外,武钢还与澳大利亚力拓公司开展物流项目合作,双方于2003年8月6日签署了《铁矿石供应及采购框架协议》,作为物流项目的基础。据协议,力拓公司将每年向武钢供应300万t铁矿,期限为20年。

【资源综合利用】 在企业综合利用方面,组织进行了武钢2003年综合利用统计和编制2004年综合利用计划;修订有关综合利用管理制度,下发废油和废油桶资源管理规定;组织对武钢一冷轧改造后新产生的酸再生副产品高纯氧化铁粉、二热轧铁皮和污泥等开发利用,组织氧化铁皮生产调温铁球项目开发,并已在二炼钢厂试验成功,准备投入生产应用;推进钢渣沥青混凝土路面试验,已通过湖北省公路管理局的科技成果鉴定。至年底,武钢资源综合利用整体水平在国内同行居领先地位,全年接待首钢、宝钢、包钢等多批综合利用考察组。

(王习斌)

技术质量管理

【概况】 2003年,武钢技术质量管理工作以全面提升钢铁主业市场竞争力为导向,紧紧围绕坚持以发展为主题,大力促进科技创新。在科技进步管理、产销资讯系统成功运行、品种结构优化、工艺优化、原燃料检验、降废减损等方面取得了一系列的成绩。全年149项科技攻关项目和47项技术革新项目中,科技攻关A、B两类项目的进度达标率分别达到85.71%和88.24%以上,均高于2002年同期水平。65项主要技术经济指标中有32项指标创造历史最好水平,较2002年同期(27项创历史最好水平)有较大幅度增长。其中,武钢综合成材率达97.76%,全面超过了目标值,扭转了近年来成材率下滑的趋势;钢坯、钢材"降废减损"钢坯材合格率达99.68%,创历史最好水平,钢材"双高"产量比达52.27%,高于2002年同期水平,增加效益1亿多元,8个品种申报"金杯奖"已通过了国家质检中心的产品质量认证。原燃料质量索赔 2324 多万元。武钢吨钢综合能耗通过与宝钢、济钢等企业对比，加大了节能措施力度，实现了“破八见七”的历史性突破。新产品开发取得突破性进展，内磁屏蔽钢和荫罩框架钢通过省部级鉴定。

【主要技术经济指标】 2003 年，武钢面临上游产品不断涨价，原燃料质量不稳定及铁、钢、材增产任务加大的困难，技术质量战线围绕提高主要技术经济指标一方面狠抓“对标挖潜”工作，另一方面加速技改项目的达产，取得了显著成绩：1～10 月，武钢 65 项主要技术经济指标中有 32 项指标创造历史最好水平，较 2002 年同期(27 项创历史最好水平)有较大幅度增长。16 项武钢级“对标挖潜”项目，有指标 19 个，制定针对性措施 80 余条。炼铁焦比连续 7 个月实现了“破四见三”目标，创造了新的历史最好水平。其中 4 号、5 号高炉喷煤比实现了历史性的突破；炼钢系统的钢铁料消耗(实物量)指标继续保持国内领先水平，其中三炼钢降低钢铁料消耗超过宝钢，继续保持了国际先进水平；同时，武钢吨钢综合能耗实现了“破八见七”的历史性突破。

【钢铁主业科技攻关】 2003 年，武钢钢铁主业有 149 项科技攻关项目、47 项技术革新项目实行早启动、快落实和项目责任制。科技攻关 A、B 两类项目的进度达标率分别达到 85.71% 和 88.24% 以上，均高于 2002 年同期水平：轧板中厚板钢裂纹攻关，批量裂纹得到有效控制，2003 年 1～10 月总的裂纹废品率和攻关裂纹废品率分别比 2002 年降低 0.189% 和 0.380%。技术质量部组织或参与开发的高炉无烟煤与烟煤混喷技术攻关、高炉风口深度取样、焦炉干熄焦、一炼钢高碳钢轻压技术攻关、稀土包芯线新材料试用等取得了一系列的成果，其中高炉无烟煤与烟煤混喷技术自 9 月应用以来，至年底功能逐步完善，制粉能力提高到 20%，煤粉细度由 69.3% 提高到 75.8%；喷煤枪完好率由 78% 提高到 93%，实现了煤粉稳定均匀喷吹。高炉风口深度取样是一个世界性的难题，经过攻关取得了成功，为改善焦炭质量、提高高炉喷煤量、优化高炉工艺参数提供了技术支持。

【标准化工作】 2003 年，武钢标准化工作适应新产品研制开发和在线产品技术质量管理以及整体产销资讯系统建设的需要，一是通过与冶金专业标准信息网合作，实现了武钢集团公司标准网络化管理。充分发挥管理和组织职能，组织主持制、修订企业标准、行业标准、国家标准，年度标准制、修订项目完成率达 100%。积极参与国家标准委员会组织的活动，受国家标准技术委员会委托，成为国家热轧板标准制定和起草工作组长单位，并被国家标准化委员会授予“标准化”管理先进单位。二是边开发、边创新，确保武钢整体产销技术质量系统成功上线运行，结合武钢的实际特点，实现了 10 余项技术创新，在管理流程设计、技术质量基础、应用软件开发等方面取得较大的成功，为确保销售订货、生产顺行、产品质量和产检放行等方面发挥了突出的作用。产销技术质量系统成为大系统中运行最成功的系统之一。

【优化品种结构】 2003 年，武钢品种结构优化工作始终以品种效益为杠杆，抢抓市场产销两旺的有利时机，及时调整品种结构，优化品种资源配置。对于效益好的品种，资源优先确保，热轧管线钢、大型重轨等品种产量分别比 2002 年同期增加了两倍和 50%；对于效益一般的品种，只维持基本供货关系，热轧普碳钢、优碳钢、低合金钢的产量比 2002 年同期下降了近一半；对于效益差的品种，则停止订货或提高价格以确保盈利，如焊条钢 WQ03 产量减少，贝氏体钢 DB685 停止对外订货。1～10 月，钢材“双高”产量比达 52.27%，高于 2002 年同期水平，增加效益 1 亿多元。

【优化工艺线路】 2003 年，武钢降成本增效益的空间越来越小，围绕优化工艺路线降低生产成本、提高品种质量、开发新品种，成为提高企业效益的重要途径。一是围绕降低生产成本优化工艺线路。炼铁系统始终贯彻“精料”方针，大力推进炼铁工序管理，采取提高入炉矿品位、降低原料消耗、实施烟煤与无烟煤混喷、增加喷煤降低焦比等措施，使生铁对标成本下降了 14.55 元/t，实现工序创效 2600 万元。炼钢系统通过优化 35～60 优质碳素结构钢热轧盘条用钢炼钢工艺线路，降低生产成本 25 元/t，发挥了很好的经济效益。综合利用资源，组织二炼钢厂使用烧结厂返矿，经过试验效果良好，降低企业综合生产成本约 40 元/t，为低硫品种钢提高炼成率创造了条件。二是围绕提高产品质量优化工艺线路。大型厂型材和线材结疤、轧板厂 16Mn 系列钢裂纹攻关，在进行缺陷机理分析与借鉴同行业经验的基础上，优化炼钢工艺过程，有效减少了结疤、裂纹废品的产生。为优化连铸工艺，提高铸坯质量，解决了三炼钢厂浇铸09CuPTiRE-A时的连铸坯纵裂和连铸机浇钢时的漏钢问题。三是围绕新产品开发优化工艺线路。提高框架钢表面粗糙度的均匀性，全部实现电火花打毛，用户反映良好。硅钢"一贯管理工作"在开发低温取向硅钢、高磁感低铁损无取向硅钢等品种的开发取得了较好成绩。1～10月，硅钢新试新推完成年计划量的90%以上。

【产品质量认证、抽查及包装质量管理】 2003年，热轧厂低合金结构钢厚（薄）钢板、大型厂冷镦钢、轧板厂桥梁用低合金钢（14MnNbq）、冷轧厂异型结构钢，以及棒材厂HRB400等8个品种"金杯奖"已通过了国家质检中心的产品质量认证。同年，船用钢材获认可，并组织参加了中国渔业船舶检验局渔船用钢板名牌产品申报评审工作，轧板厂A、B、D、E级船板被评为中国渔业船舶名牌产品。组织武钢船用钢板一次通过法国船级社工厂重新认可工作。同时，国家钢铁产品质量检验中心抽查的武钢轧板厂生产的16MnR和20g两个品种，合格率保持100%。包装质量管理组织硅钢用亚华防锈纸的跟踪与评审鉴定；对冶金公司提供的"改进型"捆带进行试验及评定；二热轧产品包装攻关工作，增加了二热轧产品标签的防伪水印，具有较强的可识别性，而且具有很强的防伪功能，有利于武钢产品的明显确认和产品形象的提升。

【降废减损工作】 2003年是武钢连续开展"降废减损"活动的第5年，继续开展"降废减损"活动在客观上存在着实施目标高、组织难度大的困难。为了实现全年"降废减损"目标，一是深入生产厂，从设备、工艺、原料、能源、品种、产量等方面调查，组织制定了《减少公司钢坯材废品、不良品和提高20个双高产品原品种合格率管理实施办法》，使"降废减损"活动有了目标、措施和组织上的保证。二是针对突出的质量问题，组织相关部门开展攻关。继续组织对二炼钢、三炼钢供轧板低合金钢系列裂纹废品开展攻关，使2003年裂纹废品较2002年大幅度下降；针对热轧设备延期检修，卷取机打滑，G辊道起套故障频繁，进行重点跟踪，协助生产厂查找原因并制定相应的整改措施。三是配合产销系统完善改钢程序。产销上线后，由于改钢程序未建立，造成轧板部分改判品以及热轧中厚板按废品处置，为尽快减少废品，积极与产销协调，制定相应改钢规则和制度，有效抑制了该废品产生。该年，武钢钢坯、钢材"降废减损"工作取得进展，钢坯材合格率达99.68%，创历史最好水平，同比减少废品4332 t；钢和钢材不良品率为1.17%，同比减少不良品11638 t；钢材20个重点品种的原品种综合合格率达97.80%，较2002年有新的提高。

【工序和工艺纪律管理】 为加强对企业6个重点品种系列质量特性值的量化管理，加强对顾客及武钢内部关注的质量特性焦点问题的控制，2003年该部一方面巩固和完善了六大品种"全过程一贯管理"的过程控制体系。重新调整、确立了32个武钢级过程控制点和39个关键过程、10个特殊过程，建立、运行产品质量特性值及过程质量特性值管理网络，对其进行全过程的控制。1～9月，32个武钢级管理点的效果值达到目标值的项数91.18%。42个关键过程的效果值项数达标率为100%；5个特殊过程的效果值项数达标率为100%。另一方面，重点抓了重点工序过程保证能力的提高。针对轧板厂终轧温度控制能力不稳定问题，开展专项协调攻关，使轧板厂钢板终轧温度超标块数由18块/d下降到仅1块/3d，终轧温度控制能力有明显提高。针对钢厂结晶器液面自动控制故障多、处理慢等问题，技术质量部组织针对3个炼钢厂的10个问题点，拟订了22项整改措施，至年底3个炼钢厂的液面自动控制运行率均有所提高：一炼钢达100%；二炼钢达95%以上；三炼钢达98.25%。

【进出口商品检验】 2003年，武钢出口商品呈增长势头，进口商品呈下降趋势。武钢全年接受进出口商品报验229批，商品总值达15.2亿元，其中进口报验114批，商品总值达4.7亿元；出口报验115批，商品总值达10.5亿元。出口商品总重量达30.8万t，为武钢节省商检费用100万元。全年索赔22批，索赔金额达1946万元。全年重点抓好企业重大工程的大项目进口设备的商检工作，确保生产的顺行。

（陈健楠）

技术改造

【概况】 2003年，武钢技术改造部以抓企业重大工程形象进度为重点，确保各项重大项目按计划进度建成投产或达计划进度要求；同时，根据技改部工作任务重的实际情况，强化内部管理，搞好管理创新，努力提高办事效率和管理水平，较好地完成了武钢下达的各项任务。2003年，是武钢“十五”规划实施的关键一年，也是技改任务最为繁重的年份之一，一季度武钢重点效益工程二热轧、三烧、三焦按计划要求建成投产，新3号高炉工程及7号、8号干熄焦工程、三炼钢连铸机等工程进入施工高峰期，年内武钢“十五”规划的项目如二冷轧、二硅钢、二炼钢1号、2号连铸机改造等重点项目相继开工建设，加上350多项技措项目，年内完成建设投资超60亿元，是以前年均投资的2～3倍。技改部经过多次改革和机构整合，管理人员大幅减少，工作任务十分繁重。随着国家有关宏观政策出台，工程项目监理制的强制推行，以及武钢管理机构的整合，不断地改革现行的工程管理体制和管理方式以适应目前工程管理需要。技改部全面推行了项目经理责任制和工程项目总承包管理，加强了工程项目“三控制”管理；强化内部基础工作，理顺管理程序，减少办事环节，提高办事效率；加强正面宣传，以“高素质技改人”大讨论为契机，全面提高管理人员素质，努力完成了武钢下达的方针目标。加强职工的业务素质的培训，进行了新技术、新材料的学习和探讨，以及积极鼓励广大业务骨干，对工作进行总结和研究，努力培养复合型的人才，造就一支学习型的团队。同时，加强了对外宣传的力度，全年在《中国冶金报》、《中国冶金建设协会简报》、《湖北日报》、湖北经济电视台、《长江日报》、《武汉晚报》、武汉电视台、《武钢工人报》、武钢电视台等各大新闻媒体均进行宣传，共发表稿件80余篇。2003年，通过全体干部职工的共同努力，技改部获湖北省统计先进单位；湖北省质量监督先进单位、“武汉市五一奖状”。

【重点技改工程管理】 2003年，武钢一批重点工程相继建成投产。武钢二热轧于3月29日顺利试轧成功；新建3号焦炉改造已于3月26日按期竣工投产。三烧车间大修改造于3月27日投产；热力厂鼓风站供热一期工程于5月19日竣工；工业港第二混匀料场工程于5月29日交付使用；炼钢系统的三炼钢3号连铸机于8月30日开始试生产；高炉烟煤喷吹二期、1号高炉配套风机；1号、4号高炉TRT；二炼钢的1号、2号连铸机改造工程、轧钢系统的轧板厂军工钢生产线改造、二硅钢一期工程等项目按要求进度进行。这些项目在短期内的顺利投产，没有超常的设计进度和高效的工程管理是无法实现的。它们的投产，对保障企业生产方面发挥出巨大的作用，产生了巨大的经济效益，成为武钢新的经济增长点。2003年在建的重点技术改造项目有：二冷轧，二硅钢，新3号高炉易地大修，五大氧、1号及2号焦炉、二烧易地大修，6号高炉、年内开工二炼钢1号、2号连铸机，三炼钢扩建，1号、2号焦炉易地大修，即将投产的7号、8号干熄焦；年底投产的老三轧水处理节水示范工程（焦化直排水改循环水、厂区生活水及计量装置改造即将开工）、武钢海南新建脱脂机组工程、鄂州新建球团矿工程、8 m^3 及15 m^3 煤气柜、总医院综合大楼等工程均相继建成或正在抓紧组织施工建设，其他工程也正在按计划组织实施。2003年，一般技措项目有350余项。至年底按计划已完成100多项，其余项目按计划结转。2003年，技改部结合自身工作特点和工作实际，狠抓管理创新，向管理要效益，向管理要进度。(1)突出重点，把握前期控制，创新设计管理，保武钢方针目标项目的设计进度。该年因武钢的技改投资加大，为保“十五”重点工程项目建设的有效实施，技改部抽调处内的业务骨干和专业尖子，并根据各项目的专业特点，配备强有力的设计管理人员，做到突出重点，兼顾全面。特别是对投资过亿的项目，由处长或室主任亲自担任项目负责人，再配以适当的专业人员，确保这些项目的设计进度和设计质量。如5月29日交付使用工业港第二混匀料场工程、3月21日顺利投产的3号焦炉改造、3月27日投产的三烧车间大修改造、二热轧，这些项目在短期内的顺利投产，没有超常的设计进度是无法实现的。除此之外，还有7号、8号焦炉干熄焦，新3号高炉易地大修，二冷轧、二硅钢、军工钢、新建60000 m^3 制氧机组、1号和2号焦炉易地大修、二烧易地大修、三炼钢扩建、鄂州球团厂等大型工程项目均按照计划进行。技改部始终围绕节省投资来强化设计的过程管理，采取创新措施，取得了明显的效果。一是加强合同管理的力度，保证设计进度和质量。技改部继续采用设计合同的“三赔”条款，强化限额设计的概念。二是实行设计例会制度，落实设计条件。为保证设计进度，技改部建立了设计例会制度，以便检查设计方的质量、进度，及时核实甲方资料交付的情况，督促设计管理人员深入工作，掌握第一手资料。对设计过程中存在的问题、相应的措施、需要甲方交付的资料等信息进行汇总，及时与设备管理处、工程管理处、规划发展部、国贸公司等部门沟通，使设计过程中的信息畅通，双方交付资料的进度加快，为设计的按期完成创造了条件。三是提高设计质量。2003年，技改部再三强调设计院方在拿到设计申请书后，必须立即同产权单位进行设计结合，了解项目建设的目的，并贯彻到设计思想中，这样做可以有效地避免很多设计错误。四是加强设计审查的力度。技改部十分重视审查的力度，注重性能价格比，做到严格把关。对超出设计委托范围的内容，坚持不予接受。同时，对概算的审查，根据武钢同类型工程项目的经验，以及在平时工作中的积累，严格控制概算关。五是加大工程总承包管理的管理力度，节约工程投资。国家正在大力提倡工程的项目总承包管理，从武钢近年来工程总承包的实践来看，已取得了一定的成效。2003年，技改部在认真总结以往总承包招标实践经验的基础上，根据《招投标法》、《建筑法》等法律法规，制定了《工程总承包管理实施细则》，规定了实行工程总承包的范围、总包单位资质审查的程序以及总包费用的审批程序。对招标的项目确定，对投标单位的选择、评标、定标的程序等都作了细致的规定，有效地提高了工作效率，保证了招标的公正、公平。在评标过程中，技改部把评标重点放在设计方案优化上，以保证总包方采用的技术先进可靠、运行成本低、造价合理，达到最佳投入产出比。通过多次大型项目招标，锻炼了队伍，积累了经验，促进了招标工作的更加规范。2003年共完成招标105项，没有1例被投诉违反程序，而且造价均有不同程度的降低。(2)技改部大胆创新管理，进一步完善项目经理责任制，狠抓内部基础工作，建章建制，圆满地完成了各项任务。一是明确管理范围，理顺管理关系。技改部借部内清理管理流程的契机，重点明确了工程管理处与设计管理处、设备管理处、合同预算处、产权单位之间的管理界线及交接凭证和工序交接方式。要求积极参加设计、设备技术交流，将原工程管理阶段前延，全面了解前期工作；发挥、利用产权厂对设备熟悉的优势，充实施工阶段的管理力量；促进预算管理从事后管理向动态跟踪管理转变；推行施工管理与工程资料管理同步完工；试行工程实施后评估，从而为推进工程建设的顺畅进行奠定了基础。推行项目经理责任制，试行工程终身负责制，该方式突出了指挥机构的权威性和责任单一性，真正做到了“责任到位、分工明确、规范实用、操作简便”，使指挥机构的直接处室工程管理人员从每个大型指挥部平均10人降低到2人，且能够按要求全面实现对工程进度、安全、质量、投资的控制。它与传统的工程指挥机构相比，是变矩阵式管理为直线式管理，有效缩短了管理流程，使多项事务相对集中，拓展了管理的思路，使管理的有效性都有提高，也展示出管理的效益。同时由于管理方式的改变，使得实现工程质量终身负责制的推广有了较好的基础。二是重视战略、搞活战术。2003年工管处承接重措、基建项目有40多项，其中投资过亿元大型重点项目有17项，完成投资59亿元。技改部制定切实可行的总体网络计划确保实现工程的控制。选用优秀的施工力量和方案是完成任务的保证。在现有条件下，“三边”（即边设计、边施工、边设备制造）工程的含义与以前有本质的变化。因此，在进行规划时，必须对设计、设备状况有较清醒的了解，对大的布置做到心中有数。针对这种要求，技改部及时组织业务骨干对重大工程进行规划研究，力求在布局时减少差错，同时通过探讨和研究，促进了全处人员提高技术素质。三是顺行计划、逆行考核。技改部提出在施工阶段要“施工为中心、设计做服务、设备做保证、管理是关键”的工作方法，实行“正向推进、逆向考核”操作原则，在有限的时间内实现原定计划。这种工作方式很适应于目前的阶段式管理的施工定位，它重在调动各方面的积极性和明确主次位置，延伸后工序考核前工序管理。四是控制节点、调整规划。以保节点来保总进度是重点工程管理的最强有力的手段。保证节点的完成才能使总规划的实现得到保障。在三烧、三焦、供热工程等项目中都是通过对节点的控制来实现总的目标控制，也分别创造了工程进度全国新纪录。6号高炉工程中也是通过对节点的控制从而实现了对工程的动态调整。事实证明：要实现对工程的动态调控，必须以控制节点为基础。五是综合管理、全面推进。工程项目的实施过程是一个复杂的系统工程。进度、投资、质量和安全是一个既相互依存又相互制约的矛盾的统一体。技改部将质量、工期、安全管理不放松，收到了很好的成效。既保证了工程的进度，创建了一个个优质工程；又实现了重大伤亡事故为零的目标；并且较好地控制了投资。仅在三烧、6号高炉、二硅钢、二冷轧重点工程中就取得了节约工程投资2000多万元。

【总图管理】 强化总图和土地管理,维护武钢利益,为工程建设创造条件。2003年,技改部努力完成征地和拆迁还建任务,做好工农关系协调工作,为工程建设顺利进行创造条件。一是技改部完成了二冷轧补征的100亩土地拆迁工作,共计拆除85户,房屋面积20873.71 m^2。同时,为解决好与农民的纠纷,技改部组织力量投入到拆迁一线,宣传政府的政策与法规,及时化解各种矛盾,解决了二冷轧工程场平、新武东质检站、二热轧铁路围墙、二硅钢等工程的土方外运受阻事件,对二硅钢、二冷轧、15万 m^3 煤气柜工程搬迁还建范围内的违章建筑物进行了强制性的拆除,28栋违章建筑物(棚户)一次性拆除成功。既收回了武钢的土地资源,维护了武钢的合法权益,又保证了重点工程建设的需要。二是武钢土地登记办证工作进展有序。办证工作进展有序,并富有成效。武钢本次办理与换发国有土地使用权证共立宗地号318宗,已办证241宗,完成率达75.7%。余下部分正在抓紧进行。三是总图管理呈现新起色。该年,先后完成了二硅钢、二冷轧、五氧、15万 m^3 高炉煤气柜易地改造,6号高炉、9号和10号焦炉、二烧改造,7号高炉等重点工程的总图定位34项,其中25项已获武钢批准;完成武钢厂区电子版地图2003-A版的修订;参加武钢硅钢与汽车板加工中心的选址与规划、磁材园规划、武钢1400万t/a规模规划的讨论和研究。四是配合武钢主业重组和清产核资,认真搞好在建工程和土地评估,及时提供有关资料。其中,完成土地评估总面积6712830.68 m^2;评估总价值281413.55万元。同时,对拟办理土地出让手续的宗地进行了建档,做好了办理出让手续之前的相关准备工作。

【设备采购供应管理】 2003年,技改部设备采购供应管理积极探索设备管理新模式,抓住设备监制这一关键环节,努力提高设备管理水平,较好地完成了全年任务。截止10月底,技改部共订设备合同786份。订货量为70203台,计21427 t,合计64185万元;到货量为44605台,计15612 t,合计69173万元;支出量为30512台,计19529 t,合计73258万元。备件订货21386台,合计5402万元。流动资金平均占用控制在考核指标内。备件占用基本保持零库存。一是抓好各项工程设备供应工作。全体人员抓住监制和运输这两个主要环节,确保设备按期到现场。二是确保大件运输工作顺畅。2003年大件运输任务非常繁重。超长、超宽、超高、超异型设备多。为了安全及时地把这些大型设备运抵现场,他们深入现场,掌握运输第一手资料,不仅精心制订每一次运输方案,而且全年共组织、协调,接运大件32件次,计3000多吨。没有发生一起轻重运输安全事故。三是探索设备管理新模式,努力提高设备管理水平。2003年,设备供应管理模式进行了改革。即由原来的以专业科室管理模式,改变为以项目组为管理的模式,打破了过去机电设备分割的管理模式,以项目组为单位使机电设备合二为一,按工程项目进行以组管理设备,使管理更加集中简洁有力,避免了过去推诿扯皮、责任不明的现象,有力地促进了设备采购供应工作的管理。

【工程质量监督管理】 2003年,技改部以推行新规范、标准及配套表格为重点,加强内部自身建设,开展管理创新,全面完成了该年各项任务。一是抓重点工程质量控制。全年各项重点工程质量均在受控状态:首先强化了督促重点工程各参战单位建立完善的质量保证体系,并跟踪运行过程中的监督检查,推行新规范、标准及配套表格在重点工程中的实施。至年底重点工程已完工部分的质量90%以上达到优良标准,特别是土建工程质量和钢结构制作质量较以往工程上了一个台阶。其次在抓实体质量的同时对施工单位的资料同步情况也严格进行把关,采取检查、指导相结合的方法对资料填写不规范的单位进行督促整改。二是抓管理创新,提高办事效率。全年报监项目近300项,涉及面从矿山到青山、后方到前方、省内到省外。在人手少、工作面广的情况下,实行创新管理,采取重点工程质量跟踪监督和一般工程巡查相结合的方式,查出的问题下发通报,监督整改。同时采取监督与指导相结合的方式,帮助一些不规范的单位完善质量体系。并通过讲课和下基层指导等方式,促进大集体单位提高质量意识。三是加强对《建筑法》、《建设工程质量管理条例》,的贯彻落实,把质量管理纳入法制化轨道。2003年,技改部组织了对参加武钢建设的参战单位进行《建筑法》、《建设工程质量管理条例》和新规范标准学习的培训班,并在新建的工程中推行了按新规范标准控制和配套的表格的管理,使工程质量的管理水平得到了提高。四是抓创优促管理。2003年,技改部在抓质量监督管理的同时,注重抓企业的工程质量创优活动,并明确了工程的创优计划和目标。二热轧工程已申报鲁班奖,新3号高炉工程计划创国家鲁班奖,建成武钢标志性工厂。其他工程的创优计划也在有序的组织开展。通过抓创优工作也带动了质量管理工作,也促进了质量水平的提高。五是认真抓好“质量月”活动,促进武钢工程质量的稳步提高。2003年“质量月”活动的主题是“以质取胜,提高竞争力”,活动的目的是通过开展“质量月”活动,认真贯彻落实《建筑法》、《建设工程质量管理条例》,从而严格实行国家强制性标准,提高各级领导和职工的质量意识,争创精品工程,使武钢工程质量稳步提高。

(徐爱萍)

机电设备管理

【概况】 2003年,武钢设备系统继续坚持创新的星级设备管理体系,在全面规范化生产维护(TNPM)思想的指导下,以“万点受控”管理工程为主导,充分发挥设备综合运行、检修、备件和计量管理的相互协调、相互渗透和相互促进作用,各项技术经济指标创出了新的纪录。全年,武钢重大、特大设备事故继续保持为零;主要生产设备月平均利用率达到87.53%,比2002年提高7.29个百分点;主要生产设备事故、故障率为2.89‰,实现了“破三见二”(2002年故障率为3.09‰)的历史性突破。生产设备修理费用实际完成支出124588.93万元,剔除新建项目投产时的备件借用和武钢股份公司两厂创质量管理奖的厂容整治费用外,同口径实际完成121320.47万元,优于122000万元目标控制值。完成设备检修工程161项,其中目标控制的重点工程9项,提前工期341小时。主要测量设备月平均停机时间为37分钟,优于目标控制值;实现计量管理创效3025.17万元;实现备件修复创效13600万元。2003年,武钢获得“第六届全国设备管理优秀单位”、“湖北省设备管理优秀单位”、“湖北省抗震减灾宣传工作先进集体”和“湖北省设备防腐与防护先进集体”等多项荣誉称号。武汉钢铁有限责任公司设备部获得“武汉市五一劳动奖状”。同年7月18日,为进一步理顺和加强武钢范围内起重机械等特种设备的管理职能,根据武汉钢铁有限责任公司《机关定员审批通知》(编号[2003]12号),在该公司设备部正式成立了起重设备检验站,站址设在该部设备诊断中心。该站设置管理干部定员3名,其中科级干部1名,起重设备安全技术检验工程师2名。

【星级设备管理标准换版】 2003年,武钢为适应企业新型管理体制下设备管理工作继续深化的需要,武汉钢铁有限责任公司设备部对2001年版的《武钢星级设备管理单位评定标准操作细则》所涉及到的57项标准条款进行了较大幅度的整合和修订。这次修订严格按照“保持基本,整体推高”的原则,在广泛听取16个星级设备管理成员单位和专业职能管理部门运行、检修、备件和计量等管理专业所提出的建设性意见基础上,以钢政办发[2003]80号文向各有关单位公布。2003年版的《武钢星级设备管理单位评定标准操作细则》共设置评价标准条款60项、量化评价指标130条,与2001年版相比,净增评定项3项,净增评定项数和量化评价条款数分别增加了5.26%和36.84%,有效地推进了武钢设备管理工作的标准化和规范化发展。各厂加强对新标准的学习、理解和实施工作,取得了设备管理工作的进步和发展。2003年,武钢依照新版标准对提出正式申请的15个单位进行年度星级设备管理单位评定,评出工业港、三炼钢厂、大型厂、轧板厂、热轧厂、能源动力公司、焦化公司、氧气公司和计控公司等9个单位为三星级设备管理单位;评出烧结厂、炼铁厂、一炼钢厂、二炼钢厂、武钢股份公司冷轧厂和硅钢厂等6个单位为四星级设备管理单位。在2003年度评定工作中,实现升级的单位有5个,其中工业港和氧气公司由二星级设备管理单位升至三星级单位,炼铁厂、烧结厂和武钢股份公司硅钢厂由三星级设备管理单位升至四星级单位,其余10个单位均保持与2002年度相同的星级等级水平。

【专业管理与综合管理】 2003年,武钢在加强设备专业管理与综合管理上,以全面规范化建设为方向,促进了管理工作的进步和发展。(1)全面推进关键设备“万点受控”管理工程的规范化建设工作。武钢经过一年多时间的建设、运行和发展,已在9个主体生产厂完成了以电子标签、简易诊断、随机仪表、精密诊断、在线监测和计量检测为控制手段的关键设备状态控制点13399个,特别是通过对控制点状态参数预防值、报警值的合理设定和动态调整,保证了关键生产设备的状态受控,为武钢铁、钢产量突破“双八百”万吨历史大关奠定了基础。武钢推行关键设备“万点受控”管理工程的经验，在同行业中产生了积极的影响。同时，还组织完成了“万点受控”电视专题片脚本、拍摄、制作工作，为宣传、引导“万点受控”管理工程的不断深入起到了积极的舆论导向作用。(2)为确保关键生产设备的安全度夏和安全过冬，组织开展了生产设备“百日安全运行管理活动”和生产设备冬季防寒、防冻、防火和防动物袭扰“四防”百日安全活动，发挥了安全预防保障功能。(3)进一步强化了对起重、电梯等特种设备的管理工作。在6月1日国务院第373号令《特种设备安全监察条例》正式实施之际，利用横幅、报刊等媒体，组织开展了广泛的宣传和贯彻活动。该年，武钢所属的33个单位完成了2069台起重、电梯设备的自检工作；另外还完成了1190台起重、电梯设备使用许可证办证和发放工作。(4)组织完成了武钢股份公司第二硅钢片厂工程场地地震安全性评价和评价报告，并通过湖北省地震安全性评价专家组评审，为二硅钢片厂工程抗震设计提供了依据。组织完成民用建筑抗震鉴定13561 m^2；完成《武钢3号高炉易地大修改造工程抗震设防标准》中与各单项工程有关的抗震设防标准的审查工作。在4号高炉上引用高炉硬质压入造衬护炉技术，延长了高炉的使用寿命。(5)新投运了炼铁厂4号高炉助燃风机、一炼钢厂转炉倾动系统、混铁炉风机、LF-10钢包炉精炼电液比例控制系统、大型厂高线加热炉助燃风机等在线监测与远程诊断项目，为实施关键设备的预知维修管理做了技术准备。(6)在18个生产单位和部门组织开展设备点检维护能手、设备管理能手和技术攻关能手“三能手”评比活动，评出点检维护能手71名，技术攻关能手44名和管理能手27名。

【协议保产与设备检修】 2003年，武钢在钢铁主体生产厂的检修工程管理上，注重工程管理的不断规范和工程市场环境的不断净化，促进了设备维修协议保产工作和设备检修管理工作的健康发展。(1)进一步推进协议保产工作，使武钢主体维修单位和检修施工单位在内部检修工程市场上的占有率得到了大幅度提高。2003年武钢协议保产合同金额达到25660万元，与2001年的12877万元合同量相比，增长了99.27%。(2)在生产设备检修管理工作上，武钢首先从规范检修工程预、结算入手，正式启动了设备检修工程“预算网吧”计算机管理系统，所有生产维修项目的工程预算编制和预算审查都由检修施工单位、产权厂、专业管理部门通过CMMS网络终端进行申报、审查和批准。其次是以“保安全、保项目、保工期、保质量”为目标，结合防治“非典”疫情时期的特殊管理要求，加强对进入生产现场施工的检修施工队伍的管理，规定在设备年修期间，必须在指挥部设立“‘防非’工作专班”，明确了设备检修工程“防治‘非典’工作”5项措施和6项奖惩规定，有效保证了“检修与‘防非’”工作两不误。在各项有力措施的保证下，武钢共组织完成了生产设备检修工程161项，其中目标控制的重点工程9项，提前工期341小时。

【在线设备技术改造工程】 为推进企业实施精品名牌战略的进程，武钢对在线主体生产设备系统进行了较大规模投入，为进一步推进生产设备技术装备水平的进步起到了积极作用。(1)组织实施了武钢股份公司冷轧厂一期扩建在线设备技术改造工程。这项总投资达22.66亿元的技术改造工程从2002年元月正式开工以来，武钢冷轧改造工程指挥部和各路施工人员全力配合，共完成设计工作量甲1图纸1.42余万张、设备订货3000多吨和建安工程量3.5654亿元。从2003年9月16日以后进入现场改造的两个月时间里，共拆除现场旧设备2800 t，清理工业垃圾3000多吨，安装新设备4300多吨，铺设电缆1万余米。此外，还完成了152台套设备的单机试车、区域联动、系统联动和全线联动任务。从11月1日镀锌机组点火烘炉、11月8日联机穿带和11月13日联机热负荷试车，到11月15日轧出第一卷钢卷，创造了世界改造工程史上同类改造工程用时最短的纪录。(2)武钢对工业港中控楼PLC改造工程采取了审慎的科学态度，在设计论证、方案制订、技术措施、离线调试等前期工作上做了充分准备，使工程改造仅用64小时完成，比计划工期缩短8小时交付生产。5号高炉上料系统PLC控制系统改造也比72小时计划工期提前27小时完成任务。同年，还顺利完成了热轧厂变电所无功补偿改造，有效地提高了变电系统的功率因素。这些改造任务的圆满完成，不仅消除了系统本身所存在的隐患，提高了设备的安全可靠性，而且还提升了设备技术装备水平。

【备件管理与直供尝试】 2003年，武钢在备件管理工作中以“保供应、保储备、保资金受控”为宗旨，结合和适应新的形势需要，进行观念更新，创新备件供应管理机制，为探索严格内部制衡与市场化及时供应(JIT制)相结合的复合式备件管理与供应机制做了有益的探索。(1)加强了备件计划管理与保障供给管理工作。全年,武钢主体共受理、审查生产厂备件需求计划12193项、达407.6万件,满足了设备日常维护、大修和技术改造的需要。(2)在备件成本管理与控制上,积极组织和发动各方面力量,大力开展备件修复创效工作,取得了实效。全年,武钢共完成备件修复8500万元,节约采购资金1.36亿元。与此同时,武钢还在减少备件库存积压和降低库存资金的占用上做了大量工作,使备件库存资金年平均占用保持在30797万元的水平,优于31530万元平均占用考核指标。(3)结合二热轧精干体制的需要,积极尝试推行备件及时供应制,与国内常州冶金设备制造公司、常州博士力士乐液压设备公司等19家设备备件生产制造商进行了广泛的可行性研究和技术交流,并与13个备件厂家签订了以保维护、保供应为中心的"单保"或"双保"协议。(4)组织完成了三炼钢厂在用西班牙产450 t吊车调心轮、钢包炉铜电极、转炉和钢包炉3座氩氢卷筒、加铝机减速机和调整装置以及转炉烟罩的备件国产化移植任务,取得了预期效果。

【计量规范化管理】 2003年,武钢在计量管理工作中严格规范运作和规范发展,有力地推动了各项管理活动的进步和深化。(1)结合综合管理体系认证,完成了专业程序文件的编写工作,对应建立了武钢《安全监测测量设备台账》、《环保设施测量设备台账》、《射源仪表台账》和《关键工序控制点测量设备台账》。(2)根据国家质量技术监督局职业技能鉴定指导中心下发的《关于开展计量人员国家职业资格证书制度的通知》要求,完成武钢内部计量技术人员职业鉴定的申报、费用缴纳和资料转发工作,并与国家职业技能鉴定中心一道,在选择培训地点、串讲、考试、取证等工作上做了统一安排。(3)组织对焦化公司翻车机轨道衡设备进行监控运行,及时处理洗煤自备车计量偏差问题,避免了压车不翻的现象,保证了生产顺行。针对二热轧出口秤计量不准产生的量差异议,在现场制作了标准卷,建立了班前标定的管理制度,使问题得到了解决。对因产销资讯系统理论计算与热轧板坯入口实际称的重量产生的量差异议进行协调仲裁,确定了按实际称的重量数据进行结算的计量程序,保证了计量的准确和公正。(4)配合武钢整体产销资讯系统成本核算至单机、单炉的需要,完成了各厂二级能源计量点的状况普查和汇总工作。(5)为确保测量设备的安全、稳定运行,对设备的运行质量进行不定期抽查,全年共抽查设备1500余台套,对存在的问题全部进行了整改。

(肖永刚)

财务管理

【概况】 2003年,武钢计划财务系统紧紧围绕企业生产经营目标,坚持以市场为导向,以效益为中心,以创新为动力,全力投入武钢主业重组的改革,组织了清产核资工作,狠抓了财务管理基础工作,充分发挥了财务管理的核心作用和参谋作用。全面完成了武钢各项生产经营任务及财务预算指标:2003年武钢生产铁802万t,钢858万t,钢材707万t,分别比2002年增长10.52%、11.30%、13.43%;实现销售收入273.13亿元,利润26.80亿元,利税56.85亿元,分别比2002年增长38.25%、78.29%、52.87%;全年成本费用降低6.95亿元,其中财务费用比预算降低1.96亿元;流动资金周转率1.43次/年,比2002年加速0.13次/年,多项指标达到了历史最好水平。武钢上报的《集团公司资金集中式管理》课题获全国第十届管理现代化创新成果一等奖,年终决算和会计报表再次受到财政部的表扬,成为唯一连续3年受财政部表彰的冶金企业,产权登记获得财政部的通报表扬,先后被评为全国投入产出调查先进集体、中国钢铁行业统计工作先进单位、湖北省冶金行业财务报表先进单位、湖北省冶金系统综合统计先进单位、武汉市第十三届职业技能大赛优秀组织单位等,6位选手分别获武汉市技术状元和技术能手称号。

【主业重组工作】 2003年,武钢财务系统会同企业内外有关部门和机构认真研究、仔细分析,提出了具体的重组方案,得到武钢的认可。在主业重组工作实施过程中,计财部抽调了大量业务骨干,全方位地参与了主业重组的改革实施工作。系统地组织了财务组的模拟核算报表编制、审计等工作,组织了关联交易的设计与计算,各项资产的清理、盘点和评估工作,配合了各种增发方案的效益测算、分析和优化工作,参与了大量的内外部协调、汇报与解释工作。促进了主业重组工作顺利推进,主业重组的增发方案向社会发布后,得到了市场的高度评价和认同，为顺利完成增发、融资、收购和重组工作打下了良好的基础。

【清产核资工作】 申请执行《企业会计制度》，必须通过清产核资摸清企业“家底”，核实企业资产质量，为国资委对企业实施业绩考核、绩效评价做好准备。2003年，武钢进行了全面、彻底的清产核资工作。这项工作政策性强，责任重大，计财部从清产核资工作方案的拟订到工作程序的设计都进行了周密的安排，严格执行了基层清查、企业收审、专业小组审查、会计事务所审核、外部专业鉴定、法律鉴证等审查程序。为引导各单位做好财产清查工作，组织人员在整个过程中牢牢掌握工作的重点、难点，编发了8期清产核资简报用以指导工作。全年以各级财务人员为主，动员企管、技改、物资、储运、销售、规划、纪委监察、审计等各方面的专业力量，齐心协力，加班加点，在两个月的时间里，完成了这项覆盖面大、政策性强、程序严谨、难度大、时间紧的工作。计财部与各专业组人员一道，对历史形成的各种不良资产进行认真的清查，千方百计组织鉴证材料，边指导边把关，使各项工作紧张有序地推进。经过武钢经理办公会的最后审查，2003年底向国资委上报了清产核资报告和相关材料，顺利通过了国资委统评局组织的现场材料审核，清产核资的工作质量得到了国资委的肯定。

【全面预算管理】 2003年，是钢铁市场行情变化较大的一年，武钢计财部在既定的预算目标下，有效地实施预算动态管理，强化预算的过程控制和跟踪管理，增强预算的硬约束性，对预算的执行情况进行分析，针对预算执行中的新情况、新问题进行调查研究，协调解决预算执行过程中的各种问题。本着市场形势好也不放松内部挖潜的指导思想，有针对性地提出了增产、增收、对标挖潜、优化品种结构等8大保证措施。财务系统积极推进提升存货周转率、提升流动资金周转率、降低成本费用以及降低应收账款的“两升两降”活动，促进对标挖潜工作的深入进行。对有效控制预算外费用也进行了有益的探索。根据市场需求，充分发挥规模效益，积极协调生产经营和资源配置平衡等工作。计划管理人员经常深入基层，结合企业年度生产计划和各单位的实际情况，对各单位的具体情况进行调研，并协调有关单位生产用料及供应价格等问题，确保生产均衡有序地进行。加强成本费用管理。钢铁主业坚持依靠技术创新和管理创新，下达了成本效益纵深行专项措施10大类63项，制定保证措施220条。继续深化“对标挖潜”工作，下达对标指标48个，制定挖潜措施156条，以指标对比为龙头，指导生产消耗控制全过程。武钢65项主要技术经济指标中有32项指标创造历史最好水平，其中炼铁入炉焦比和吨钢综合能耗实现了“破四见三”和“破八见七”的历史性突破。在降成本工作中探索并总结成功经验，如通过实施项目成本管理，进一步降低了工程项目的投资成本，进一步完善成本费用考核体系，实施动态成本考核，有效改善了产量不确定带来的考核问题。加强价格协调管理，结合市场价格信息和武钢的成本状况，定期做出产品效益分析，为武钢适应市场、调整产品结构，实现企业效益最大化及时提供信息资料。

【资金管理】 资金管理坚持集中、高效、低成本的指导思想，合理制定资金指标，落实各项保证措施，有效控制资金成本。2003年，在保证武钢生产建设资金需求的前提下，重点做好资金的规模、结构的管理，严格控制财务费用。计财部结合内外部经营环境，深挖潜力，制定了一系列的降低财务费用措施。一方面充分发挥资金结算中心的作用，集中资金降低运营成本，一方面支持子企业生产经营，发放贷款提高资金使用效率。全年通过财务公司发放或委托贷款8.3亿元，有效地盘活了资金。流动资金周转率从2002年的1.30次/年提高到1.43次/年。充分利用资本市场的筹融资功能，完成了20亿元企业债券上市流通。加强外汇管理，进一步降低外债成本。针对二热轧日元借款成本情况，认真研究外汇市场日元的利率行情，采取以借国内现汇置换国外贷款的措施，2003年减少利息支出1000多万元，整个偿还期可减少利息约1亿元。发扬财务人员勤于思考，善于总结的精神，认真总结武钢实施资金集中式管理的经验和做法，撰写出版了《企业集团资金管理实践与探索》。

【资产管理】 2003年，为进一步完善武钢经营考核体系，推进母子公司的体制改革，参照国家对武钢的效绩评价体系，采取环比工效挂钩的方法，确定了子(分)公司的利润基数，各子(分)公司的财务管理人员认真分析本企业的状况，深入挖潜增效，从企业大局出发，从本单位实际情况入手，为充分调动子(分)公司的生产经营积极性起到了促进作用；根据武钢整顿、整改、整合的总体要求，强化企业各类对外投资的管理，在各级财务机构的通力协助下，将部分原由母公司投资的项目委托或转移到经营开发公司进行专门管理，完善和深化了武钢对外投资管理，防范和化解对外投资风险，提高对外投资的收益；充分发挥财务的参谋决策作用，在企业生产经营形势良好的情况下，根据有关制度准则，采取积极的财务措施，及时提高了企业的折旧水平，对二热轧、3号焦炉、三烧改造、烟煤喷吹等27项重大项目，会同有关单位及时暂估，全年完成正式及暂估交付资产总额88亿元，多提折旧4亿元，增强了企业的自我积累和自我发展的能力。

【会计报表质量控制】 2003年，武钢坚持年报审计与年终决算相结合的制度，由武钢统一安排会计师事务所，统一制定审计计划。在年终决算中实行预审制度，及时调整和更正审计发现的问题，避免和减少会计差错；加强对各单位年终决算工作的指导，编制了《年度会计报表编制手册》，制定了会计决算报表流程；建立子公司年报交互会审制度，采用专审、互审相结合的办法，强调专业管理作用，提供子公司相互交流、学习，共同提高的机会；坚持开展信息质量和决算工作讲评制度，针对年终决算、审计、监事会检查、会计稽查等工作中反映出来的问题，由武钢副总经理进行讲评，总结各单位好的做法，指出在管理中存在的问题，提出相应的整改措施，确保企业各项制度的落实和会计信息的完整、真实、准确。

【工程财务管理】 2003年，武钢结合工程项目的生产准备及试生产需要，实施资金资源的精细化管理，为项目的早日创效实施全方位的财务服务。完善新体制下的项目核算和制度建设，全年进一步规范工程项目的财务管理，做到管理有制度、核算有细则，有章可循，有据可依。进一步深化工程项目的动态管理，发挥财务的参谋作用。以效益为中心，加强工程财务过程管理和监督，积极做好项目的可行性研究、初步设计审查、合同的签订及工程进度的跟踪，对重点项目实行全方位的跟踪管理；加强对项目投资的评估，对重点项目实行投资分析，包括可行性投资分析，项目实施过程中投资分析及后评估分析等，不断提高工程管理水平。提高工程资金利用效率，合理调配资金，确保重点工程进度。通过严格执行资金预算，确保重点工程的进度，如期地保质保量完成投资计划。

【税收管理】 2003年，武钢加强改组改制过程中税收政策的研究和税收策划，深入研究因企业改组改制引起股权变化而导致的税赋变化，提出建议，采取措施。向国家税务总局申报了56家单位的合并纳税工作并获得了批准，减轻了武钢的税赋。做好国产设备抵免工作，对符合国家产业政策技改项目的国产设备，进行抵免企业所得税申报，收集从工程招、投标到工程决算等一系列原始资料，积极配合专班组织项目申报工作，组织申报了价值3.9亿元的国产设备抵免企业所得税；加强技术开发费的核算和管理，较好地享受技术开发增长部分抵免企业所得税的优惠政策。组织了房产税缴纳基数的清理、调整与规范。

【财务管理信息化】 武钢产销资讯系统的部分财务子系统在2003年初与老系统并行，并顺利切换。为尽快实现产销系统的上线运行，财务子系统的工作人员做了大量的工作，成立了上线专班，按一级核算模式整合会计科目，坚持上线工作例会制度，研究各单位反映的问题，不断完善系统程序，优化系统功能。3个月完成了1800多个科目的设置，设置报表格式和取数公式3000多条。经过整体产销资讯系统指挥部的认证，完成了普通会计系统、报支系统、副产品核算系统的正式运行，做到了适时反映产品销售收入、费用等内容，提高了信息质量和反映速度。

【财务基础工作】 2003年，财务人员结合武钢的经营情况和财务管理的特点，积极开展调研工作。机关各处室深入基层调查研究，协调解决问题，服务一线的生产经营与改革工作。基层各财务机构结合本单位的生产经营情况，以调查研究促进降成本、增效益措施的落实，确保本单位效益目标的实现。财务委派管理中心引导企业各财务机构开展了"实施一个调研课题，完成一项调研成果，形成一份有价值建议"的调研活动。武钢税收策划、目标成本管理、链式会计委派机制等课题获得了省市级管理创新成果奖，焦化成本核算、炼钢钢种成本核算规范化，中厚板对标分析、财务系统人员状况分析等一批有价值的调研报告，提出了有价值的建议，提升了财务管理水平。

【内部会计稽查工作】 2003年，武钢结合近年来审计、监事会检查情况，实行内部会计稽查制度，抽调各子公司的财务负责人和业务骨干，采取各单位自查与集团公司专项检查相结合的形式，强化各项会计基础工作，提高了会计核算中的查错防弊、自我完善能力。对部分单位进行了货币资金、对外投资、往来款项等内容的稽查，及时通报和反馈检查中发现的问题，下达整改通知书。通过组织财务人员进行交叉稽核，对会计内部控制执行情况进行监督和评估，及时发现漏洞和隐患，控制执行中的薄弱环节。推广了银行对账软件，规范了出纳岗位职责，建立了票据托管办法，有效地促进了内部控制能力的提高。

【人员业务素质培训】 2003年，武钢以财务人员从业资格换证工作为契机，举办了《企业会计制度》等内容的培训班，从更新财务知识，提高业务素质出发，积极组织专业知识培训工作，参加培训人员达4400人次。结合整体产销资讯系统投运的需要，组织上线单位财务人员的培训，组织非财务人员使用报支系统的培训。本着提高管理人员综合素质的目的，组织部分财务负责人参加了国家会计学院的培训，提高了认识、更新了观念。积极开展群众性岗位练兵活动，组织参加了武汉市会计、统计技能大赛，武钢代表队选拔了36人参赛。

（钟国新）

审计工作

【概况】 2003年，武钢审计工作围绕企业生产经营目标及管理中的重点、难点、热点，积极履行内部审计和派驻子公司监事会（以下简称监事会）的职责，实践了现代内部审计“防范胜于查处，审计寓于服务”的创新理念，在公司治理、风险管理、改善运营、提高效益、实现目标等方面发挥了积极作用。全年共完成各类审计82项、审计调查21项，178条建议被采纳，为促进企业增收节支，强化管理，实现全年生产经营目标履行了职责。武钢内部审计工作受到中国内部审计协会、湖北省审计厅的充分肯定，2003年湖北省审计厅发文（鄂审办函[2003]47号）在全省范围开展学习武钢内部审计经验的活动。

【管理审计】 2003年，武钢内部审计注重关注管理系统的变化，在企业内开展了风险问卷调查，调查除涉及“产供销人财物”等40类138项问题外，针对管理的薄弱环节，还选定了一个专题（检修工程市场），由指定的人员参与，以提高风险识别能力。近千份的统计分析，将企业的管理风险确定在投资领域、物资采购、建设工程以及易被忽视的专项费用的使用，形成了应对风险的审计总体规划。在开展管理审计中，审计工作从强调独立到注重联手，以“参与合作式”的新型工作方式，实现了协同效应。该年，审计部联合了规划部、技改部、合同预算处、计财部等10多个部门的专业人员，进行了全方位的建设项目审计模式探索与实践，使得内部审计对建设项目全过程控制有了整体的思路和经验，与投资控制的各个部门在整个建设过程中实现了联动效应；与武钢办公室和机关党委联手开展的管理信息调研，为企业决策提供依据；与企业管理部门联手，研究管理课题，清理管理制度；与计财部联手，规范子公司资金管理，强化内部控制，建立起堵塞漏洞的防线；与安环部等部门联手，推行审计备案制，设计了立项、备案、实施、验收、结算的内控线路图，使结算额比计划投资降低30%；与钢铁公司设备部的联手，促使协议保产工作不断向前推进；与工会联手，在双文明评比中提供审计评价依据，围绕医改、门面出租等热点问题开展审计调查；与纪委联手，贯彻《中共中央纪委、监察部、审计署关于纪检监察机关和审计机关在查处案件中加强协作配合的通知》，在举报调查、案件查处中提供了快、准并举的审计报告，共同修订了《武汉钢铁（集团）公司审计监察监管处理处罚暂行规定》。2003年，武钢审计部在理论创新和实践创新中撰写的成果《管理审计的要诀——关注系统内外的变化》被评为2003年中国内部审计成果一等奖。

【经济责任审计】 领导干部经济责任审计是加强对企业领导管理和监督，正确评价其任期经济责任，促进领导干部勤政廉政、全面履行职责，保障国有资产保值增值的一项经常性工作。2003年，审计部坚持客观公正、实事求是、全面评价的原则，对武钢各级领导干部离任经济责任审计达100%，帮助被审计单位针对存在的问题及时采取整改措施改进管理。通过客观公正地评价领导干部，给前任一个“清白”、给后任一个“明白”，给领导干部一个“清醒”，为武钢加强对领导干部的管理监督，正确评价和使用领导干部提供了重要依据。在领导干部经济责任审计中，审计部着力将事后控制转向事前、事中控制,加大了对领导干部经济责任的现职审计力度,这是经济责任审计的重要的环节,可以尽早发现被审计单位潜在的问题,提醒管理者和主管部门尽早采取措施,预防和减少损失,起到防患于未然的作用。

【工程项目审计】 2003年,审计部以当代工程科技、管理前沿的最新成果为标杆,以"参与合作式"的工作方式为纽带,与各环节的专业管理密切协调,认准建设项目的主要控制点,通过事前、事中、事后的"全过程、全方位"审计,将审计成果转化为生产力,提升项目价值,取得了良好的效果。2003年,工程结算比计划额降低10.22%,为武钢节省了大量投资。推行工程项目审计备案制、开展工程项目跟踪审计是实行工程项目"全过程、全方位"审计的主要方法。根据武钢有关部门要求,2003年审计部重点对炼铁厂、焦化公司工程项目建安费结算、厂容公路绿化整治及武钢铁路器材采购实施了全面审计备案,完成审计备案661项,并有选择性地对120项已备案项目进行了抽查审计,针对发现的问题提出管理建议40余条。

【专项审计】 2003年,审计部围绕企业领导关心的重点、管理遇到的难点、职工关注的焦点,开展了大宗原燃料入厂质检计量索赔、工程"总承包"、武钢残联财务状况、二硅钢吊车采购、武钢可利用资源、与大集体资产关系、协议保产模式等21项专项审计调查,提出科学客观、富有建设性的建议,及时为武钢决策提供了依据。如针对大宗原燃料入厂质检计量索赔调查中发现的问题,审计部会同有关部门出台了《武汉钢铁(集团)公司大宗原燃料入厂质检计量索赔奖励办法》(钢政办发[2003]97号),调动了物资采购单位对大宗原燃料入厂质检计量的管理力度。

【审计服务】 2003年,审计部在充分发挥内部审计传统职能时,倡导了"防范胜于查处,审计寓于服务"的创新理念,积极创新审计服务内容,致力于当好企业的"经济良医"和"管理顾问",为实现企业目标服务。"审计公示"是审计与被审计对象共同分析管理缺陷的一种互动性管理。这种在被审计单位的中层以上干部及职工代表中公布审计结果的做法,创新了"厂务公开"的内容。2003年,将物资供应公司橡胶道口垫板采购、快餐工厂离任经济责任等审计的结果进行公示,不但培训了审计者,同时教育了审计人员,使审计者与被审计者双方的水平相互得到提升,提高了审计工作的透明度,实现了"增值"审计。审计公示被基层誉为"难得的机会、难得的教育、难得的交流"。"审计奖励"是内部审计对被审计单位由硬约束转为正面激励的又一尝试,也是内部审计在总经理授权下独特具备的职权。内部审计一方面有力披露管理的缺陷及舞弊行为,拥有经济处理处罚权;另一方面大力褒奖优秀的被审计项目主体,物质奖励使审计决定产生了亲和力,非物质性奖励亦被基层视为更高层次上的激励。"审计咨询"不仅有助于审计服务的增值,而且有助于树立更加积极的职业形象。如在"冷轧技改"工程审计中,将大量的工作放在了审计咨询和服务上,针对项目管理中的问题及时提出审计意见,为指挥部准备了国家审计的资料、协调混凝土切割定价事宜、协助起草勘察设计合同等等。特别是在"煤气管道渗铝"的处理中,通过种种渠道帮助指挥部解决了困难,不但保证了工期,而且节省了投资。"培训被审计者"是针对厂矿长、高级管理人员开展的又一项审计服务。它不仅提高了被审计者管理水平,增强了广大领导干部全面履行职责的自觉性,也使审计双方相互得到提升,减少了冲突,在共同目标下形成合力。

【派驻子公司监事会工作】 2003年,监事会在认真总结监管工作经验,努力探索和实践监事会工作的新思路、新模式、延伸监管触角,加大监管力度,为实现国有资产保值增值发挥了积极作用。随着钢铁主业重组和子公司改制前期工作的启动,监事会将17个BC类全资子公司纳入监管范围,对国有资产监督的范围实现了由点式辐射向网络式覆盖的转换。该年,监事会对23家全资子公司进行了监督检查,并对2002年度检查出的问题整改情况进行了跟踪落实,共揭示子公司经营管理等方面问题114条,向子公司下达整改通知书31份,提出工作建议85条,完成检查评价报告23份、专题检查报告11份。

【武钢"金审"工程】 武钢内部审计信息化系统建设项目(以下简称"金审工程")是随着信息技术的发展,特别是武钢整体产销资讯系统的运行,对加快"金审工程"建设步伐,实现审计技术手段的现代化提出的紧迫要求。2003年,武钢"金审工程"建设的目标是:建成对武钢及所属单位的财务信息系统及相关电子数据进行密切跟踪,对财务收支的真实、合法和效益实施有效审计监督的信息化系统；增强武钢内部审计在计算机环境下查错纠弊、规范管理、揭露腐败的能力，维护经济秩序，促进廉洁高效的管理队伍建设，更好地履行审计监督服务职责。全年审计部完成了内部局域网建设、网页设计、计算机审计系统模块安装，建立了武钢二级单位基本资料信息库、审计法规信息库等基础工作，为实现审计技术现代化奠定了基础。

【学习型群体建设】 2003年，审计部坚持"以人为本，提高素质"作为发展审计事业的主题，努力建设一支政治坚定、作风过硬、业务精通、纪律严明，适应审计工作不断发展变化的审计工作团队。该年，审计部通过开展"读一批好书、承担一个课题、解决一个实际问题、写一篇论文、创一项成果"的"五个一"活动，不间断地开展了产销资讯一体化、现代审计实务等知识培训，组织审计人员总结管理经验，进一步深化了创建学习型群体活动。该部承担编写的《建设项目内部审计操作指南》，被中国内审协会确定为向全国颁布的第一部行业指南。编纂了《建设项目内部审计实务指南》、《审计查证经典案例》，向国家、省、市申报13项现代化管理成果，30%的审计人员参加了高级审计师的考试及评审；在武钢组织千余人参加全国《内部审计工作规定、准则》百题有奖知识竞赛，获得全国优秀组织单位称号，竞赛促进了团队的知识化、专业化、规范化建设，使审计队伍面貌发生了深刻变化，为进一步搞好审计监管工作提供了保障。2003年，武钢审计部被中国企业联合会、中国企业家协会评为"全国企业培训先进单位"，审计部长谭丽丽当选为武汉"十大女杰"，参加了全国巾帼创业事迹报告团。

（陈 勇）

薪酬管理和社会保障工作

【薪酬激励】 2003年，武钢积极探索适应现代企业新形势的职工薪酬激励机制。一是继续稳妥推进岗薪工资制改革并及时进行完善。全年指导各单位结合自身实际，在武钢《指导意见》及相关政策规定的框架内，实施工资分配制度改革，使收入分配向管理岗位、关键技术岗位、关键操作岗位倾斜，至年底企业二级单位均顺利实施了岗薪工资制。2003年，重点推进武钢机关岗薪工资制改革，先后对机关各部门进行了3次共6000人次反复测算，并充分听取大家意见，顺利实施了机关岗薪工资制改革。这次工资分配机制改革打破了武钢原有的工资体系，较好地达到了理顺分配关系、调整工资分配结构、合理拉开收入差距的目的。该年，为维护企业稳定大局，对岗薪工资制进行了完善，制定岗薪补贴标准和退休、居休、下岗职工生活费的调整方案并组织实施。二是大力开展建立各类激励机制的调研活动并提出具体实施意见，组织武钢办公室、经研中心、工会、宣传部等部门进行了厂处领导风险奖惩调研，武钢新一轮承包经营的调研和建立科技人员激励机制的调研。在此基础上，拟订了厂处领导风险奖惩兑现办法、科技人员激励机制意见，制订了子公司2002年承包结算和新一轮承包方案。同时对技术人员、营销人员比较集中的单位，如技术中心、工程技术集团、设计院、物资供应公司、销售公司，尝试全新的激励模式，如实行效益提成、课题奖励、协议工资、模拟期股制、联购联销责任制等，充分调动了技术人员、营销人员的积极性，也增强了企业的凝聚力和吸引力。修订完善了"科技三种人"的评审标准和评选程序，使整个评审工作更加公平、公正、严格、合理，增加了"科技三种人"签订技术保密协议和敬业限制协议的规定，明确了相应的考核要求。大幅度提高"科技三种人"的奖励金额，从2003年1月起，"科技三种人"月津贴由1000元、600元、300元提高到3000元、2000元、1000元，2003年共评审了406人。武钢将"突出贡献人员奖励"的奖励金额由最高5万元提高到10万元，2003年共有48人被评为"突出贡献人员"。三是严格工资总额管理。制定了"工资总额管理办法"，规范了工资总额的使用、储备、调整、支付行为。规范了工资基金的拨付程序，加强了工资基金的总量管理，规范了奖金的核算及单项奖的运作。

【劳动社会保障工作】 2003年，武钢积极稳妥地推进职工医疗保险、养老保险制度改革。各项改革方案在出台前均提交职代会专委会讨论，并经职代会审议通过后方予实施。改革方案在具体实施的过程中，多渠道听取职工群众的意见和建议。武钢医疗保险制度改革于2003年1月1日起正式实施之后，在征求广大职工群众的建议的基础上，出台了《职工医疗保险管理规定》（钢政发

[2003]49 号)、《武钢补充医疗保险办法(试行)的调整暂行办法》(钢政办发[2003]30 号)并及时进行了完善,如调整补充医疗保险待遇,增加补充医疗保险支付范围等。全年,通过与武汉市政府有关部门的协调,争取了 8 项优惠政策,如将退休职工养老金企业补贴全部纳入基本医疗保险个人账户计入基数,使退休职工人均基本医疗保险个人账户每年增加 182 元,将重症疾病由 5 种扩充到 6 种,减少了自费项目,提高住院结算标准,降低企业缴费比例等。按照多层次建立养老保险体系的要求,不断完善补充养老保险制度,制定了《武汉钢铁(集团)公司职工企业补充养老保险实施细则》(钢政办发[2003]129 号),对 2003 年度的补充养老保险进行了分配。加大了医疗保险工作的监督检查力度,对 58 名职工异常医疗费用支出进行了调查和处理,对违反武钢医疗保险管理规定的医务人员予以及时的纠正并要求有关单位进行处理。认真做好保险基金的征集、缴纳工作,全年征收保险费 8.06 亿元,征收率达 100%;按政策上缴各类保险费 7.36 亿元。认真做好退休审批管理和退休职工养老金社会化发放工作,根据武钢的决定,及时对退休职工中养老金偏低人员的待遇进行调整,下发《关于下发调整部分退休(职)人员养老金中企业补贴意见的通知》。积极推进保险信息化工作,自行开发了医保管理软件系统,为今后的"五险合一"奠定基础。把"稳中求进"的改革原则贯穿于劳动工资保险制度改革的全过程。积极维护企业稳定,对涉及劳动工资保险制度改革的"热点"、"难点"、"疑点"问题,组织人事部按照武钢的统一部署,全力做好相关政策解答、宣传和形势任务教育工作。

【下岗再就业与居休管理】 2003 年,按照中央和国务院的有关文件精神,武钢进一步加大扶持下岗职工再就业工作力度,全年新进再就业中心 37 人,出该中心 118 人,其中帮助 93 名下岗职工实现了再就业,另有 25 人主动要求解除劳动关系,实现了平稳进出、出大于进的总体目标。强化居休职工管理,武钢现有居休职工 2 万余人,为维护居休队伍的稳定,制定了相关的规章制度,建立困难职工帮扶制度,全年走访慰问 78 户困难职工。定期组织居休职工片会,了解各方面的信息,维护居休职工的切身利益,更好地开展居休职工管理工作。

(王少文)

合同预算管理

【概况】 2003 年,是武钢落实新一轮发展规划的第一年。年初,武钢"两会"明确列出了企业实施新建、扩建、改建工程目标。为了保证工程目标按计划实施,把好投资关,合同预算处集思广益,从理顺内部管理入手,明确各科室职责和各项管理工作相互承接关系,达到政令畅通,信息流及时、准确、完整回馈的目的,提高了管理工作效能。同时,按照武钢集团公司的要求,对专业管理制度进行了清理,对现行制度根据国家和地方行业主管的要求,结合企业的具体情况进行了修订完善,使工程建设投资和工程造价管理与市场接轨,步入规范化发展方向。全年在预算管理业务中,推行按市场价格确定工程造价,每季度根据网络信息、有形建筑市场行情调查和询价制定下发调差文件和费率文件,公布主要材料价格信息,对特殊、开口材料实行市场调查与定价小组集体讨论定价,推行动态市场价格管理,使工程造价真实反映市场价格。在建安工程施工合同管理方面,从保证武钢工程建设项目按计划如期开工的前提出发,根据每项工程的具体情况,推行以适用的固定单价制定综合单价包干、总价下浮系数承诺包干、先审后包和谈判签订合同等形式,按市场化要求在保证工程建设项目工期、质量的同时创新合同管理,节省了投资。在概预算审查业务中,分别以二热轧、炼铁厂烟煤喷吹、冷轧改造等结算工程和职工医院综合楼、二冷轧、二硅钢等新建工程两条主线为纲,按武钢集团公司网络进度安排工作计划,全处职工切实履行职责,提高效率和概预算审查工作质量,全面完成了各项工作任务。

【工程预算价格管理】 中国加入 WTO 以后,规范行业管理的步伐在加快,预算处作为武钢工程造价的管理部门,把提高人员素质、搞好行业管理、加强市场调研、把好市场准入关、保证工作质量作为己任,2003 年工程造价管理工作取得了成效:(1) 通过开展有形建筑市场调研、询价、网络查询,受理了 1356 份开口价材料价格报告,通过集体讨论,合理定价,节约投资 4580 万元。(2)实行重点工程负责人制,把好材料价格、补充包干价审批关,有效控制了二热轧、炼铁厂烟煤喷吹、冷轧改造、职工医院综合楼、二冷轧、新建6号高炉等工程招标、签订合同及结算审批投资。(3)用14天时间,会同安环部、绿化公司、审计部等单位,对省内外7个苗圃基地进行了市场调研和实地考察,使苗木价格与市场价更接近。

【工程合同管理】 2003年,是武钢基建技改工程的高峰年,为了适应建筑业改革和武钢技改工程的需要,在建安工程施工合同的签订、审批及其管理工作中,坚持"公开、公平、公正"诚实信用的工作原则。截至12月底,签订、审批合同5886份,金额达12.6亿元,与2002年同期相比,工作量增加了20.12%,重点管理举措如下:(1)在建安工程的施工合同的签订与管理中,合同预算处根据市场经济规则及国家对工程造价的要求,结合武钢工程的特点和工程的前期条件,分别采取了固定单价方式签订综合单价包干合同,涉及的内容有:桩基础、大型钢筋混凝土基础、设备基础按"元/m^3"计算;厂房钢结构、工艺钢结构、卷管制作按"元/t"计算;屋面、墙面压型瓦按"元/m^2"计算,发包方和承包方约定单价后写入合同,承包方承担价格风险,发包方承担工程量的风险,体现了合同风险共担的原则。这种方式在二冷轧工程、二硅钢工程、3号高炉易地改造工程合同中应用,取得较好的效果。对于无法采用综合单价包干的工程项目按总造价下浮系数承诺方式签订合同,解决了一些工程因开工急难以计算工程造价的矛盾,保证了工程项目按网络计划实施。(2)对一般技措项目采用先审定费用后签订包干合同的方式,目的在于开工前将费用包干,严格控制投资,避免了在工程中边施工,边扩大费用,最后突破概算投资现象的发生。2003年,合同预算处共签订此类合同92份,计划投资为6859.26万元,审定包干额为6348.85万元(比2002年工程量翻了一番),节约金额达510.4万元,节约幅度与计划投资相比达8%。

【内部工程市场管理】 2003年武钢内部工程市场经过多年的运作,日趋走向成熟。国家《建筑法》、《招标投标法》颁布实施后,国家建设部、武汉市建委也相继颁发了相关规定,提出了更加规范的行业要求,将工程施工企业资质划分为总承包、专业承包、专业分包和劳务分包3个层次管理。2003年合同预算处及时顺应行业管理的要求与外部市场接轨,对内部施工企业的资质进行了复核确认,为规范内部工程市场承包发包工作奠定了基础。全年坚持每周例会制度,按先内后外的原则做好一般小型、零星工程信息发布,集体讨论确定发包对象,定期在《武钢工人报》上公布发包情况,主动接受舆论监督,规范工程发包行为。如推行工程项目招标发包是内部工程市场健康发展的首选方法,为此,预算处在管理创新上下功夫:(1)超前介入工程项目投资管理工作,在立项、可行性研究报告、初步设计概预算阶段提前介入。从专业管理角度做好工作,引导工程项目投资全程按规范程序运作,依法依规进行招标发包。(2)从3个方面入手规范招投标工作。一是打破科室界限,将主管工程招标的科室分别与拟建工程对口管理专业审批科室相互配合,发挥专业优势,提高效能;二是在武钢范围内建立工程招标评委专家库,按照工程专业要求抽取专家评委参加评标;三是逐步公开招投标评分标准,实行技术标中施工组织设计暗标评审,使工程招标进一步体现公开、公平、公正原则,实现"阳光操作"。2003年,预算处共组织完成了3号高炉易地改造、二冷轧厂区围墙、二硅钢厂房柱基础及设备基础等23项工程招标,计划投资2亿元。通过招投标降低投资额4088万元,降幅达13.48%。其中,二硅钢主厂房两项工程招标采用目前建筑市场广泛应用的工程量清单法招标,两项中标价若考虑钢材现行价比概算节约1790万元,比建议计划节约484万元,为今后二硅钢工程控制投资开了个好头。实践证明,招标发包工程是适应市场化管理投资的最好方式。

【武鑫工程招投标管理】 2003年9月,武汉武鑫工程招投标代理有限公司成立,标志着武钢建安工程的投标管理工作与市场接轨,步入有序管理。(1)完善招标方案。2003年,是武钢实施"十五"发展规划、基建技改工程投资的高峰期,合同预算处面临重大招标项目多、招标程序多、参与的部门多等困难。为了使招标工作高效有序地进行,刚刚成立的武汉武鑫工程招投标代理有限公司对招标方案进行了完善。在招标方案中,明确以下内容:一是选择招标方式;二是合理划分标段,在总体进度计划的基础上指定施工图设计进度计划和招投标计划;三是成立工程招标领导小组,组织协调各部门工作;四是抓好招标前期资料与招标工作的衔接,以《招标基础资料反馈单》作为衔接的载体,将设计管理部门掌握的信息和工程施工管理部门掌握的现场情况在联系单上载明;五是明确招标领导小组和专家评委的选择方式;六是注明评标方法；七是将招标方案的相关内容融入招标文件中。(2)以合理的招标计价模式，解决限制武钢工程招标的“瓶颈”。以往招标前设计施工详图等技术资料不全，是限制武钢工程招标的“瓶颈”。冶金工程的投资主体由国家变为企业后，投资新建项目的总体安排十分紧张，设计周期难以满足开工要求，而开工又不能等全部施工设计图设计完后再进行，往往是边设计、边施工。设计等技术资料不全导致工程量无法计算，工程造价难以确定，经济标无法评定。为此，武汉武鑫招投标代理有限公司在招标计价方式上根据工程项目具体情况分别制定对策：一是采用费率招标，以费率竞争的形式来确定投资。二是以总价下浮系数招标，将总价的计算条件规定清楚。三是综合单价招标，在工作量无法确定的情况下，以单价竞争来确定经济标。四是以工程量清单招标。(3)以招标程序的公正规范、保证招标结果的公正合法。按照招标、投标、开标、评标等环节，及时纠正不规范的习惯操作，保证程序不颠倒、不增加、不减少。以公开、公平、公正和诚实守信的原则贯穿招标工作的全过程。遵守“游戏规则”，择优评标。结合冶金工程特点，在评标中采用了百分制多因素评分法，避免了只重视技术标忽略经济标或者只重视经济标忽视技术标的倾向。(4)招标管理取得成效。一是通过择优选定施工队伍，保证了工期、质量；二是降低了工程造价，达到了合理控制工程投资的目的；三是促使武钢内部施工企业苦练内功，加强管理，降低成本，提高管理水平；四是以招标方式替代直接发包，既可以解决工程承发包中的矛盾，又能制约工程直接发包中的人为因素实现源头预防与治理腐败。2003年，合同预算处完成招投标项目27项，计算投资额2亿元，节约工程投资4000万元。

【检修工程管理】 2003年，合同预算处在企业检修工程预算中，积极推进和完善CMMS机预算送审工作，加快了审批速度，减少了计算误差，提高了审批质量，实现了预算审批的闭环管理。截至2003年12月底，完成检修预算审查4838份，原报预算金额56990万元，审定金额为43.788万元，核减12701万元，核减率为8.31%。(1)大型重点工程的审查。3号高炉中修改造工程，是武钢的效益工程，为了把好工程投资关，合同预算处在做了大量的测算及一级市场价位的收集和比较后，取得了第一手资料。对3号高炉钢结构固定单价与施工单位展开了艰苦的谈判，预前控制投资。完成了3号高炉中修改造工程预算审查206份，原报价预算金额为6636万元，审定金额为4865万元，核减1771万元，核减率为26.7%。在重点工程硅钢三期扩建改造前期场地平整工程综合单价的测算及谈判前，检修科深入现场，反复踏勘，做到心中有数，最终审定工程总价1790万元。(2)创新管理。推进检修工程招投标管理工作，对计划投资大于100万元的检修工程实施工程招标，完成大型厂高线主厂房屋面检修工程标底编制，大型厂型线主厂房屋面检修工程标底编制，焦化一回收车间4号、5号洗涤塔检修工程标底编制，确保了招投标工作的顺利进行。在配合有限公司设备部推行CMMS机送审预算工作中，不断提出问题，改进工作，使该项工作在下半年进入实施阶段，5个月共审批预算995份、8365万元，审定为6523万元，核减1842万元，占全年整个预算量的20%，这项工作的开展，加快了审批速度，减少了计算误差，提高了审批质量。

【基建工程管理】 基建工程管理主要负责武钢基建、重措、一般技措、安措、环措等工程的概预算审查工作，是合同预算处的管理职能之一，特别是在2003年大型项目多，工程投资集中的情况下，该处以重点工程为核心，建立健全了重点工程项目负责制和科室信息沟通与反馈工作程序，加强了重点工程信息的管理。同时，专业科室人员还克服现场施工变化大，材料价格变化频繁，取费标准多变等不利因素，深入现场，以合同为依据，对施工情况逐一核实，先后审查了二热轧、烟煤喷吹等工程。1～12月，审批工程预算423份，完成工程预算审批计划55117万元；完成技改部组织总承包预算82份，审批4699万元。与此同时，预算处还加强了对重点工程造价的管理。如二热轧项目工程规模大，施工工期长(跨几个年头)，为了与工程进度和工程投资步调一致，2003年在工程项目交工后，竣工结算也能及时完成，预算处对二热轧工程采用了中期结算的方式，让工程造价的结算进度与工程进度实行优化连接，使结算节奏平稳有序，在规定的时间内完成了二热轧工程的结算。已经竣工的烟煤喷吹工程，由于施工过程中设计变更、现场签证、方案变化较多，项目发包太细、施工队伍庞杂，使该项目送审预算金额大大超出计划投资额。为了有效控制工程投资，合同预算处专门成立了以处长为组长的结算小组，以合同为依据严格审查，将审查情况及时向工程指挥部反馈，协调做好工程量确认工作。使结算工作有序进行，维护了合同的严肃性。

【民用工程管理】 2003年,民用工程管理随着钢都花园竣工交付使用、工程结算工作的完成,武钢民用住宅新建工程至此结束,民用工程预算审查的业务工作也随之萎缩。针对近两年钢材市场的复苏,武钢的产量大幅上升,工业建设项目逐年增加,合同预算处根据武钢的方针目标,对处内的业务工作进行了调整,成立了工建二科,将原民建科4个定员充实到工建二科。将武钢股份公司、有限责任公司的建设工程项目预算审查业务划分给工建二科。2003年,工建二科主要围绕厂容整治、总医院住院综合大楼、二硅钢扩建、武钢宾馆主楼装修改造、二烧易地改造、矿业公司新建鄂州球团厂开展工作,取得成效。(1) 完成厂容整治预算审查。厂容整治,是武钢为提升厂区环境、美化16里景观线的一项紧急措施,是企业文化建设的组成部分。武钢成立了领导小组,对施工、管理、预算、审批及验收提出了具体要求,并要求合同预算处在整治工作完工两个月内将预算审查完毕。这次厂容整治预算审查不仅任务量大,执行的定额版本和取费标准也多,武钢工程在2003年已将使用的民用、工建及检修预算定额全都用上了。为此,负责此项工作的同志克服困难,边干边学,虚心请教,采取走出去请进来的办法,加班加点,1～2月份审查厂容预算270份,预算审查金额11969.62万元,审定金额7840.16万元,核减金额4129.46万元,核减率达34.5%。相对计划投资9468.54万元,节约了1628.38万元,为企业控制投资尽了职责。(2) 完成总医院住院综合大楼预算审查。总医院住院综合大楼工程,是民心工程,也是敏感工程。2002年下半年,武钢领导为了让工程尽快开工,合同预算处在没有图纸的情况下,采用综合费率的形式对该项工程进行了招标,当时的楼层为18层。2002年底,根据多方面的意见和医院的要求,大楼又增加为21层。民建公司在2003年春节前将大楼的所有预算编完,合同预算处在4月底以前审完。该处预算处工建二科4名员工,在1个月的时间内完成了民建公司20人在20多天完成的预算任务量,预算审查金额达7699.6万元,为领导决策发挥了参谋作用。(3)完成二硅钢主厂房基础及钢结构编标。为了迅速扩大国内硅钢片市场的份额,生产国内急需的中低牌号电工钢,武钢加快了二硅钢扩建工程,在没有图纸的情况下,要求合同预算处在2003年6月5日前完成主厂房柱基础及设备基础的招标,6月10日前完成主厂房钢结构的招标。为了降低工程投资,要求该处根据二硅钢主厂房这两项工程所具备的前期条件,全部采用工程量清单法进行招标,这无疑增加了工作量。编制工程量清单标底,除了要熟悉预算定额以外,还要摸清市场行情。于是,合同预算处负责此项工作的专业人员先后到武汉钢铁设计院、一冶、十九冶、武钢内部有关单位找有经验的专业人员了解情况和向处内搞过类似工程的专业人员取经,从而使编出的标底接近实际,按期组织完成了招标。两项工程的中标价为5263万元,如果按2003年二季度钢材价格同口径相比,比概算节约1790万元,比计划节约484万元。预算审查二硅钢储运公司206库还建工程12份,原报价1106.98万元,审定额392.399万元,核减714.58万元。10月份,二硅钢指挥部决定将步进式退火炉炉壳及平台设备转为建安制作后,要求合同预算处在短期内确定制作单价。接受任务后,合同预算处派人到市场进行调查,结合钢材价格上涨及1996年冷轧同类工程审查情况,最终确定炉壳制作单价为7698元/t,比金结公司原报8351元/t减少653元/t;平台制作单价为6031元/t,比建设公司报价7730元/t减少1699元/t,总费用比概算节约281.15万元。同时,在二硅钢一期工程主厂房吊车轨道安装单价审定中,坚持比价原类似工程、结合市场行情、合理低价的原则,比原报价节省29.187万元,比计划投资额节省9.4万元。

(熊汉安)

资 讯 管 理

【产销资讯系统】 武钢整体产销资讯系统经过22个月的开发建设,于2003年1月1日正式投入运行。该系统由销售管理、技术质量管理、生产管理、存货出货管理、财务管理和信息作业管理等6大系统组成。该系统有33个功能模块,4080个应用程序,4000多个人机对话画面,总程序量约800万条语句。开发整体产销资讯系统是武钢企业管理上的一场革命,不仅涉及业务流程重组,还涉及机构和人员变动。为此武钢成立了以武钢领导为组长的工程建设领导小组和工程建设指挥部,组成了有150多名专业技术人员和管理人员全程参加的开发团队。系统投运之初,为协调解决运行过程中可能出现的问题，产销指挥部实行日例会制度，先后组织运行例会86次，专题分析会52次，讨论解决各类问题227项。其中：管理问题60项，生产工艺问题64项，软件问题58项，销售问题22项，其他问题23项。至年底，整体产销资讯系统运行稳定，已完成订货合同12822份，订单346649份，销售合同量达723.92万t。产销系统投运后，成效显著，主要体现在：(1)有效降低库存。厂际之间和工序之间库存从日均2.6万t降到1.8万t，平均降幅达30%。(2)提高了管理效率。合同交货期由原来的45天缩短到30天，生产周期平均减少5天左右。(3)降低成本，实现人员精简高效。产品质保书打印人员由30人减少到8人，销售开票人员由60人减少到20人，生产计划排程人员减少了30%。(4)货币资金回笼时间平均缩短2天。

【网络建设】 2003年整体产销资讯系统投运后，武钢主干网能否安全平稳运行，直接关系到企业生产经营任务的完成。为此，资讯管理部采取了以下措施：一是确保硬件设备畅通。针对武钢主干网覆盖面急剧扩大，网络设备容量不足以及原设计缺陷，资讯部组织网络专家进行技术交流和论证，对企业部分网络设备进行更新改造，对原有网络的不合理配置进行了适当调整，解决了高峰时段信息流的阻塞问题。二是着手网络安全体系的完善工作，为武钢主干网上1500多台计算机安装了防病毒软件，调整了一级、二级服务器的防病毒策略，举办了3期有60余人参加的防病毒培训班。2003年世界范围内曾爆发3次大规模计算机病毒，8月中旬的冲击波病毒一度造成上千万台计算机瘫痪。在突如其来的病毒攻击面前，武钢资讯部迅速组织力量，力保信息系统正常运行，避免了可能造成的重大损失。三是加大网络安全维护力度，保证网络故障的及时处理。同时，资讯部为武钢各单位培训了一批网络安全管理员，协助处理一般性的网络故障。

【自动化管理】 本着既有效提高武钢自动化水平，又节约资金的原则，2003年自动化技措项目立项，资讯部注意从工程立项源头抓起。在广泛调查研究的基础上，组织武钢计算机专家组对申报的项目逐一进行论证。在项目实施过程中，重点协调解决了武钢“OA办公自动化系统”、“人力资源系统”、“医保系统”的联网问题。在2003年武钢冷轧改造工程中，资讯部就信息系统方面的问题与国外承包商联系，提供相关资料，说明设计意图，避免了因理解误差造成的潜在问题。在计算机和通讯设备大修改造、检修及运行管理方面，由于加强了项目管理，加大了运行管理方面的考核力度，大大降低了计算机和通讯设备的故障率。全年武钢一般计算机设备事故、较大和重大设备事故为零，保证了生产的正常进行。

（高继兵）

安全环保管理

【概况】 2003年，武钢加强对安全生产、环境保护及厂容绿化工作的管理，企业以全面贯彻落实《安全生产法》为主线，积极推进职业安全健康管理体系建设和全员安康杯竞赛活动，加强了安全环保宣传及人员培训，全年企业重大人身伤亡事故、重大环境污染事故、锅炉压力容器爆炸事故为零，工亡2人，重伤为零，轻伤48人次。武钢全年以企业产业结构和工序结构调整为依托，依法推行清洁生产工艺，污染因子综合排放合格率94.48%，环保“三同时”执行率为100%。全年开展大规模的“拆房建绿”、厂容整治活动，营建企业“小森林”，新增绿地16.5万m^2。2003年，武钢获湖北省安全生产红旗单位，武汉市安全生产红旗单位，湖北省环境管理先进单位、武汉市环境管理先进单位。

【安全生产管理】 2003年，武钢根据《安全生产法》要求及国内安全生产形势，结合自身实际多次召开企业安全电话会及安全生产动员大会，认真贯彻落实国务院、省、市政府关于安全生产工作的文件精神。全年组织开展了“安全生产特殊时期”、“议事故、学规程、反违章”、“安全生产月”、夏季“百日安全无事故”等一系列安全活动，紧紧围绕武钢生产经营，建立健全安全生产的长效机制，完善各项管理制度，加强各项基础工作。同时，加大安全教育培训力度，全年共培训32646人次。(1)认真落实安全生产责任制，加强重点时期安全管理工作的引导和监督检查，严肃查处各种事故和违章行为。会同武钢工会、企管部、组织人事部、团委等职能部门成立的武钢安全巡察组，在青山及矿山厂矿开展了随机巡查，针对查出的50多起问题，对用工单位、施工单位进行了严厉处罚，对责任单位领导进行了连带考核，并在《武钢工人报》上设《曝光台》

专栏进行曝光。通过专业安全检查,协调、督促各安全组处理三烧、三高、冷轧改造等技改工程施工中的交叉作业、危险区域作业、停送电作业等方面问题72项,纠正不规范作业64人次。(2)抓住薄弱环节,深化4项安全专项整治(指技改工程施工现场安全专项整治、矿山安全专项整治、非全民所有制单位安全专项整治、危险化学品及射线装置管理安全专项整治)。武钢把加强外委施工队伍的管理作为专项整治工作的突破口,强化入口关对安全负责人的管理,武钢与武汉市安全生产协会联合举办了两期外委施工队伍项目经理、管理人员培训班,共计115人考试合格,并颁发安全生产合格证,对外来施工队伍的《武钢安全资格合格证》进行了复审,对武钢安全巡查中有"双违"现象的20余家外委队伍,在全年的安全资质年度审核时,武钢采取了延缓3个月发证或经济处罚的处理。武钢在程潮铁矿组织召开了矿山安全整治推进会,传达了全国非煤矿山安全整治现场会精神和湖北省《关于开展矿山安全评估工作的通知》,布置下一阶段矿山安全整治工作任务,并交流推广部分单位安全整治工作的经验。在危险化学品管理专项整治方面,全年继续贯彻执行国家《危险化学品安全管理条例》及其配套管理办法,9月28日,国务院督察组对武钢危化品的管理进行检查,给予高度评价。射线装置管理安全专项整治方面,武钢安环部会同总务部(卫生处)、计控公司及钢城分局对企业23家单位开展了一次有关放射性污染、放射源、放射性同位素及射线装置放射防护情况的专业检查,重点从8个方面进行,针对检查发现的5点共性问题及时提出了整改要求,随后进行了督促落实。并配合省市主管部门开展检查、检测工作。(3)武钢召开了重大事故隐患落实整改情况专题会,督促企业重大事故隐患整改项目尽早全面完成。(4)加强锅炉、压力容器、管道、危险源点的管理,实施重点控制。为有效控制A级危险源点的动态管理,对企业内A级危险源点进行核实和检查,重新规范相应管理。为认真贯彻《特种设备安全监察条例》,加强锅炉压力容器压力管道气瓶管理。下发了《关于加强停用锅炉保养的通知》,指导企业各使用单位做好停用锅炉的保养,延长锅炉使用寿命。根据国家质量监督检验检疫总局《关于开展压力管道专项普查工作有关问题的通知》和湖北省质量技术监督局《关于压力管道专项普查工作实施意见》,武钢下发《关于开展压力管道专项普查工作的通知》,各单位开展了压力管道普查工作。

【环境治理管理】 2003年,武钢突出宣传《清洁生产促进法》、《排污费征收使用管理条例》、《环境影响评价法》、《放射性污染防治法》及《武汉市危险废物污染防治办法》和《医疗废物管理条例》,积极贯彻国家《清理整顿不法排污企业保障群众健康环保行动》的文件精神。抓住环境违法典型事例加大环境保护的宣传力度。关停了年排放粉尘1100 t的铁合金公司;投产使用年产18万t的乌龙泉矿活性石灰车间;降低炼铁生产的烧结比,提高球团比,加大自产球团矿产量;高标准落实冶炼工序的排放标准和环保措施;节水示范工程中老三轧外排废水改循环将在2004年元月份完工;焦化一回收直流冷却水改循环已完成一期工程。(1)环境管理工作中,加大现场检查力度,严格执行环保管理考核办法,共查处环保违规20余起,考核金额约10万元,对环保工作有突出贡献的单位给予奖励。(2)对企业放射性污染及放射防护情况进行了一次全面检查,及时组织了三烧车间的三套中子水分仪的环保验收,以及组织对一冷轧改造系统的射线装置的验收工作。加大对外购废钢铁的检查力度,年内共检查出2车次射源物质混入废钢铁,均及时向湖北省安监局汇报并配合进行了安全处理。(3)按照《武汉市危险废物污染防治办法》及《医疗废物管理条例》,加强对危险废物的管理。在防"非典"疫情期间,加强医院废水的消毒处理,督促医疗废物的规范焚烧。落实冷轧厂多氯联苯运往沈阳环科所焚烧处理。对医院排污站清淤工作进行及时检查。提出在北湖渣场建设危险废物存放场对相关废物进行堆存或处置。(4)加快ISO14001环境管理体系建设的进程。(5)环境监测工作范围增大,由离线监测向在线监测发展。组织完成二热轧厂、三烧、三焦、硅钢二期工程的环保"三同时"验收监测。初步完成武钢污染源自动监控系统,对焦化、一冷轧、职工总医院的外排废水安装了实时监测仪器,在二硅钢厂水处理站拟上自动监测仪器,并建设了烟粉尘排放监测仪,环境在线监测实现了跨越式发展。(6)组织编制1400万t钢生产规模的环保规划。通过院士和行业专家对武钢环保工作现状的诊断,确定"十五"末期吨钢消耗新水降至8 t以下。组织冶金规划院开展编制1400万t钢生产规模环保规划的工作,要求该院依据武钢钢铁工艺及能源结构规划,提出产业结构及工序结构调整纲略。(7)配合武汉市环保局对毒鼠强及制备装置的处理。利用焦炉处理毒鼠强,在金资公司对毒鼠强制备装置进行安全报废。(8)北湖生态恢复工作按进度实施。至年底已完成一期绿化,二期绿化已做好规划。(9)对老污染源治理项目,组织技改部、产权单位、设计及施工单位进行协调,重点推进的工程项目有焦化厂各治理项目及耐火、烧结、炼铁工序的工程项目,武钢宾馆油烟及职工总医院锅炉房噪声等社区环境治理,公用及辅助系统的治理项目。(10)针对北湖排口外排废水严重影响北湖区域生态环境,以及外围生产噪声严重扰民的突出矛盾,继续采取"限期治理"措施,定责任人、定时间、定奖罚,确保按时完成。(11)严格落实环保"三同时"措施。按照《环境影响评价法》等法律法规,积极组织落实,完成二冷轧厂、二硅钢厂、节能降耗工程等项目的环境影响工作,至年底二烧易地大修工程的环评已开展。组织三焦、三烧、硅钢二期工程的环保"三同时"验收,重点落实二热轧厂、一冷轧厂改造、轧板厂军工钢改造等重大工程项目的"三同时"措施。(12)武钢在环境纠纷的处理过程中采取了尊重历史、正视现实的积极态度,进行了妥善处理。

【厂容绿化管理】 2003年武钢认真贯彻"品种、质量、环境、效益"并举的方针,以延伸和完善厂区景观线绿化为重点,组织整治7号门、硅钢东路、热轧南路、冷轧南路等路段,抓好二热轧南路、耐火活性石灰路(10号门)及工业港皮带通廊等成片绿地植树造林,完成厂区各项拆房建绿任务,推进北湖地区绿化生态环境建设,实施渣场复垦造林绿化,完善技术中心、钢都花园露天广场、A2小游园及钢花新村等住宅区绿化,深入开展全方位义务植树活动,全年共栽植各类乔灌木69.4万株,藤本植物2.3万株,绿篱24.2万株,草坪12.8万m^2。青山地区拆除各类闲置房4.8万m^2,新增绿地16.5万m^2,完善及改造绿地17.7万m^2,北湖地区建成片林带10万m^2,矿山地区完成土地复垦造林500亩,较好地完成了各项植树绿化任务。厂容积极推进文明创建活动,全年创建样板车间65个,样板班组367个,进一步改善了企业生态环境质量。

【职业安全卫生管理】 2003年,武钢坚持"预防为主、防治结合"的原则,贯彻《职业病防治法》,加强职业健康监护和劳动保护,同时建立健全职业卫生管理体制,规范了职业卫生的管理标准。全年水质常规监测480点次,计4879点项次。降尘监测204点次,硫酸盐化速率12点次。厂界噪声监测16点次,岗位噪声92点次,设备噪声17点次。现场毒物监测892点项次。放射监测80点次。并对部分接触射线的人员进行了累积剂量监测。接尘、接噪、接毒体检3802人次;拍片3802张,临床检验66489项次。同时对体检中发现的问题及时进行了复、会、转诊工作。监测实验室编制了质量体系文件,严格按质量体系文件运行,通过了计量认证/审查认可。武钢级课题《优化环境质量、环境监测数据库研究》根据环境监测数据库的技术要求进行了编程;《武钢职业病危害因素状况及尘肺流行病学调查研究》完成了专业调查表的编制及对调查人员进行了专业训练,完成了接触职业危害因素人群的基础资料的收集工作;《焦化废水中难降解污染物处理研究》进入实验总结阶段。

(张艳芳)

总 务 管 理

【概况】 2003年,武钢总务部围绕企业改革和生产经营的各项方针目标,稳妥推进医疗保险制度改革,全力以赴抗击"非典"疫情,扎实地开展生产现场后勤服务和防暑降温工作,组织协调职工健康体检工作,巩固武钢机关小车集中管理成效,计生、爱卫管理工作全面达标。2003年总务部被评为武钢"双文明"先进单位。计生、爱卫工作双获湖北省先进单位,计生工作被评为"全国婚育新风送万家先进单位"。

【生活后勤管理】 2003年,总务部以服务主体、服务一线、服务基层为中心,不断强化现场后勤服务推进工作,使武钢生活后勤管理取得新进展。一是进一步加大现场后勤服务推进工作力度。围绕"非典"疫情防治,总务部召开了后勤战线各单位及主体厂矿后勤负责人参加的专题例会,下发了《关于加强现场后勤服务场所预防"非典"工作的通知》,采取5项举措防"非典"疫情:(1)加强后勤从业人员管理,实行班前体温日检制度;(2)厂区现场后勤服务设施实现"封闭"管理,实行厂区现场后勤服务区域凭证出入制度;(3)加强外来人员管理,采取外来流动人员定点进餐措施;(4)贯彻《食品卫生法》,落实餐具消毒制度;(5)协同武钢有关部门组织职工代表对9个厂11个供餐点的防"非典"疫情工作进行专项检查，确保了一线职工无一例非典及疑似病例。二是努力提高职工快餐质量。总务部要求相关单位认真调研职工饮食特点，关注职工饮食需求，及时组织调整生产，增加花色品种，推出健康食谱。针对该年暑期长、温度高、职工劳动强度大的特点，及时与武钢企业有关部门协商，并向企业领导报告，投入资金100万元，免费为职工增加高蛋白食品，实行暑期倾斜供餐。全年加强晚夜餐的食品质量和服务质量检查，保证生产经营顺利进行。针对10月以来粮、油、蔬菜等原料大幅度涨价的情况，总务部给予差额补贴，从而保证了职工进餐水平不受影响。三是全面加强福利费管理。一方面完善快餐补贴审批制度，明确了享受快餐的范围、标准、申报及审核程序。另一方面针对工作中出现的问题及部分二级单位的反映，在认真清理脱产学习人员、后方工作人员、常驻外地工作人员及不在岗工作等不享受快餐补贴人员的基础上，对各单位申报在前方工作且在快餐公司各供餐点就餐的全民在职职工人数进行了重新确认，核定补贴费用，并实行随增随减的动态管理。对大集体、洪搬、新事业及临时工等非全民职工的快餐补贴，经与相关部门协商，明确了由劳务费支出的开支渠道，规范了管理。

【防暑降温工作】 2003年，武钢职工防暑降温工作的特点是合理计划，注重调控，确保重点。一是深入调研，做好防暑降温费用管理。总务部在全面总结、调研以往防暑降温工作经验的基础上，深入生产一线，了解基层单位的实际问题，面对面地部署2003年防暑降温工作，向武钢64个二级单位下达了2003年防降费分解计划，保证了全年防暑降温工作的顺利进行。针对该年现场防降任务重、防降费存在缺口的实际，与武钢有关部门协商，完成了增补防降费报告，及时将增补的515万元防降费下达给各二级单位，确保实现了生产现场无一人中暑的目标。二是积极协调，认真开展防降扶贫茶订购工作。按照《关于向五峰县购买防暑降温茶叶的通知》精神，经总务部各二级单位与五峰茶厂采取“直通车”的方式进行洽谈并签订购买合同。74个单位共订购扶贫茶4万余千克，购销金额200余万元。三是及时掌握职工需求，保证现场防暑降温重点。为保障暑期企业生产经营和职工身体健康，总务部积极引导相关服务单位拓宽防降思路，做好各项服务工作。根据现场防降站设施状况，协调武钢相关单位对遍布主体厂的11个防降站进行装修整治，提高防降站卫生水平。同时，在相关单位的密切配合下，全面保证了暑期企业重要生产任务现场、重点抢修单位的防降需求。在8月份，武钢集团公司主要领导慰问坚守生产一线留岗的广大职工。总务部开展了对主体厂“送医送药送清凉活动”，共送清凉饮料冰制品5000箱，清凉药品价值6万余元。

【机关小车服务】 2003年是武钢机关小车集中后平稳运行的第一年，较好完成了两级机关公务用车需要，机关小车集中管理工作取得了阶段性的成果。一是进一步规范小车运行管理。落实小车统一停放回库制度。对150台小车按有利于服务工作，有利于车辆安全，有利于驾驶人员方便驾乘的原则，分片安排了5个车辆集中停放地点，对车辆回库情况实行定点检查及随机抽查，从而规范了管理，尽力杜绝公车私用现象。落实统一维修制度。通过严格车辆维修申报程序，鉴定维修内容，明确定点修理单位，使小车维修工作从维修申报、故障确认、厂家定点、维修质量、价格审核等形成管理闭环，有效降低了管理费用。实施“零”公里起步经济责任考核制度。从该年4月起，总务部在小车服务中心三车队开始实施“零”公里起步经济责任制试点，根据每台车辆月工作量、服务质量，对司机进行考核，拉开奖金档次，从而有效提高了车辆的使用效率和周转率。制定小车长途运行管理制度。对从事长途运行的车辆车况、驾驶人员职责都做出了明确的规定，加强长途出车的管理。要求司机必须提前报告及进行车辆自查，维修员必须及时对车辆进行系统检查，经司机确认没有问题后，方可出车，从而保证了行车安全，杜绝了事故隐患。二是进一步落实安全工作举措。以开展“安全月”和“安全明星”评比活动为契机，各班组全面查找安全隐患，对每台车辆的制动、喇叭、灯光、转向等安全系统逐一检查，发现问题及时整改，严格把关，不抱任何侥幸心理，绝不让故障车上路行驶。对各班组车辆安全检查制度进行了重新修订，落实安全抽检制度，采取抽查与自查相结合的方式，对车辆的安全系统建立检查台账，使各类车辆始终处于受控状态。同时，结合安全事故案例分析，考核处理到位。针对工作中出现的不良倾向、安全隐患及事故苗头，通过坚持每天的板报安全提示，每周的班前安全学习，每月的安全例会学习，正面引导，反面警示，做好一人一事的剖析工作，从而极大增强了驾驶人员的安全行车意识和车辆维检意识。全队安全行车1300万公里,未发生任何一般以上交通和安全事故。

(熊永东)

经济研究

【为领导决策服务】 2003年,武钢经济技术研究中心坚持经济研究为企业领导决策服务、为职能部门服务、为基层服务的方针,紧密结合国内外环境、行业发展趋势,围绕企业改革和发展的重点、难点和热点,从武钢总体发展战略体系、武钢管理体制总体模式、非钢产融一体化、钢材仓储物流管理以及加工配送、竞争博弈研究等方面,先后向武钢领导提交重点课题研究报告共19项,《领导决策参考》15项,完成武钢领导交办的大批文字材料撰写、上报等任务,如《武钢集团提高国际竞争力总体方案》已上报国家有关部门。2003年年度研究成果合订本近100万字,20万字的《企业创新探索与实践》已出版发行;20万字的《武钢技术创新战略研究》完稿待出版。同年,《武钢经济》、《国内外经济信息》等刊物从内容到形式出现一系列新变化,在配合企业改革与经营发展方面发挥了强有力的舆论导向作用,在全国冶金系统报刊中扩大了影响。武钢经研中心连续3年大力推行现代项目管理方法,提高课题研究创新水平,2003年获市级以上成果3项。经研中心与技术中心、武汉理工大学联合开发的课题项目《武钢产品创新管理研究》,全文近7万字。通过系统总结武钢科技进步和新产品开发等方面的历史经验及成功做法,对国际国内钢铁产品创新和发展趋势的科学判断,把武钢的产品创新实现从模仿创新到自主创新转换归纳为三大战略发展阶段。同时,对今后5~10年的产品创新工作进行了全面而系统的构想,为武钢制定新产品开发长远规划提供了可靠依据。该课题成果被评为武汉市科技进步一等奖。此外,《大型国有企业人才激励机制的构建》获冶金系统管理现代化创新成果一等奖;经研中心与生产部联合开发的课题项目《能源消耗中"对标"方法的创建和应用》,获武汉市企业管理现代化创新成果二等奖。《国内重点钢材市场价格行情监测系统的建立和应用》在2002年获湖北省现代化管理成果一等奖之后,2003年又通过湖北省科技厅组织的鉴定,获武钢科技进步一等奖。

【为武钢主业重组提供决策依据】 从2003年初开始,经研中心根据企业经营环境的变化,针对国内外同行业竞争加剧的局面,而武钢主业结构亟待重组和增强市场抗衡能力的需要,向武钢领导提出利用武钢股份公司融资平台,收购集团公司其他主业资产,实现整体上市的重组建议,引起武钢领导的高度重视。继而,经研中心和武钢计划财务部在大量研究分析的基础上,提交了《武汉钢铁(集团)公司钢铁主业重组方案》的课题报告,对主业重组的意义、目标、范围、主要思路以及重组后各方面职能的界定等问题进行了周密而合理的筹划。武钢决策层采纳了主业重组方案的基本思路,并成立专班推进组,推动主业重组工作进入操作阶段。武钢股份董事会和股东大会通过了钢铁主业重组方案,同时,该方案已获得了国资委的批准。它标志着武钢在实施战略目标的道路上,又迈出坚实的一步。

【为辅业改制献计献策】 国家为了进一步解决国有大中型企业历史负担过重的问题,于2002年11月由8部委印发了《关于国有大中型企业主辅分离辅业改制分流安置富余人员的实施办法》,即国经贸企改859号文件。2003年初,经研中心根据文件精神,按照武钢领导的要求,及时研究提出了《武钢改制分流思路》。在此基础上,经研中心对这一问题从不同的角度开展了一系列深入的探索,先后完成了《武钢多元化产业发展研究》、《武钢非钢产业经营管理主要影响因素研究》、《武钢非钢产融一体化研究》等。这些课题研究报告,为武钢领导决策提供了大量可供参考并采纳的建议。其中,《关于将大集体纳入改制分流的意见》通过全面分析武钢大集体企业的现状,对集体企业的去向和改制的方式、方法等,提出了具体的方案和建议,得到了武钢领导的肯定。该课题成果在武钢调研系统成果发布会上获一等奖。

【研究武钢总体发展战略体系】 随着新世纪企业进入战略制胜的时代,武钢"十五"末期钢铁主体技术改造工程完工后,改革与发展既面临着机遇,也面临着挑战,进入十分关键的时期。为谋求新一轮战略发展,经研中心以武钢"十五"规划确定的规模为基础,在战略研讨中首次提出武钢应在"十一五"期间实现年产1400万t钢的规模目标。

为了进一步提供决策依据，经研中心组织力量完成了《武钢集团总体发展战略体系研究》课题。该课题在结构上分为4个部分：(1)研究总体发展战略的3个立足点，即立足于中国钢铁工业新一轮高速增长的超前思考，立足于完整的战略体系框架理论，立足于优势资源分析，研究制定总体发展战略。(2)武钢总体发展战略思路，提出武钢集团21世纪前10年发展的总体战略定位，武钢集团总体战略、子战略体系，武钢总体战略目标。武钢集团21世纪前10年的发展总体战略，即坚持走科技创新型和质量效益型相结合发展道路的战略。武钢总体战略目标：把武钢建设成为国际一流水平的现代化企业和汽车板、硅钢片为主要代表的精品名牌基地，核心产业具备国际竞争实力，跻身世界钢铁企业10强。(3)武钢四大战略内容：1)精品名牌战略；2)资本经营战略；3)集团扩张战略，以武钢"十五"规划确定的规模为基础，提出武钢主业规模扩建实现"三级跳"，外部扩张实现"两步战略构想"的集团扩张战略，并预测2010年前后武钢在世界钢铁排行榜中处于什么位置；4)管理创新战略，本课题从构造更有效的战略资源整合范式上，分别提出武钢管理创新战略的近期、中期和长期等阶段性目标。(4)争夺战略短缺资源聚焦——冶金原料，该课题建议积极寻求建立优质焦煤基地，把铁矿、废钢作为战略资源优先争夺，将其纳入今后的战略措施并实行战略管理。2003年，经研中心在完整地研究总体发展战略体系的同时，组织力量完成了《武钢管理体制总体模式研究》、《国内外主要钢铁企业经营战略分析》等课题。

【现代企业物流研究】 2003年，经研中心充分认识到发展现代物流的重要性：现代物流泛指原材料、产成品从起点至终点及相关信息有效流动的全过程。它将运输、仓储、装卸、加工、整理、配送、信息等有机结合，形成完整的供应链，为用户提供多功能、一体化的综合性服务，被发达国家称为"第三利润源泉"。经研中心集中力量研究现代物流，先后对宝钢、鞍钢等同行企业开展钢材剪切配送的情况进行了深入考察，在借鉴其经验的同时，向武钢领导提交了《宝钢、鞍钢钢材剪切配送特点分析》、《武钢在江苏太仓建钢材配送中心和进口矿石转运港有关情况考察》、《关于拟建武钢剪切配送中心的市场调查报告》、《加强武钢采购物流管理研究》等系列成果12篇，形成了从务虚到务实、从一般到个别、从总揽全局到解剖麻雀的系列化研究的特点。其中，对武钢北湖农场有效发展物流产业问题，是经研中心研究的重点之一，并形成《关于在北湖地区建设武钢钢材仓库的报告》、《在武钢周边设立钢材仓库的调研报告》、《武钢在北湖地区发展物流产业及钢材仓储配送中心的调研报告》、《武钢北湖物流中心规划》等系列研究意见。以上研究报告提出：武钢二热轧投产后，钢材仓储不足的矛盾日益突出，外来车辆大量涌入厂区现场自提钢材，严重干扰生产秩序；随着青化路北湖段和外环线、阳逻大桥等重点工程的建设，物流运输条件将得到彻底改变，武钢在北湖地区发展物流产业及钢材仓储配送中心的区位优势日益提升；北湖地区发展物流产业项目，首期先建50万t规模仓库，采用汽车运输，整体产销资信系统联通；"十一五"期间，依托武钢年产1400万t钢的规划逐步扩大仓储规模后，再建铁路联通，依次向剪切、深加工业发展。

（吴礼祯）

法 律 工 作

【概况】 2003年，武钢法律服务工作运作在公司律师试点和企业总法律顾问制度试点之中，紧紧围绕武钢生产经营的实际，进一步发挥了法律顾问监督和管理的作用。全年深入研究企业法律服务工作的新要求、新方法，把依法治企、依法经营、依法管理融入现代企业制度建设和提高经济效益之中。法律顾问处全年审查重大合同41份，总标的额达6.49亿元人民币；参与兼并、资产转让和公司改制4件；参与对外投资法律论证24件；办理诉讼、非诉讼案件15件，为武钢避免和挽回损失3000余万元。

【专业制度建设】 2003年，根据司法部关于开展公司律师试点的文件精神、国务院国有资产管理委员会关于开展总法律顾问试点的文件精神，武钢起草了武钢律师试点方案、总法律顾问试点所需资料和文件，并成为国家推行公司律师、总法律顾问试点单位。全年撰写了《关于加强和完善企业法律顾问制度的若干意见》，制定下发了《关于贯彻落实〈国有企业监督管理暂行条例〉》，进一步加强武钢法制建设若干问题的意见》。针对主业重组后集团公司成为控股管理公司的变化，撰写了《武钢法律顾问机构职能定位和工作方式的建议》。

【普法工作】 2003年,是国家第四个5年法制宣传教育规划(以下简称“四五”普法)实施的第3年。武钢制定了2003年普法工作目标和年度计划,调整了依法治企领导小组成员,建立起依法治企的管理网络。并将普法工作纳入各二级单位年终考核,将企业经营管理者法律知识培训纳入对个人年度考核的重要内容,规定法律培训不合格者不得任用。举办了4期普法宣传员骨干脱产培训班,培训普法宣传员400人,以点带面,促进了基层普法工作的全面展开和纵深发展。该年在武钢领导干部中开展了“企业经营管理者学法用法依法治理论坛”征文活动,在《武钢工人报》第3版上开辟了“四五”普法依法治理工作专栏,在全企业开展“四五”普法依法治理征文活动。

【依法治企】 2003年,在依法治企方面做了如下工作:(1)深化合同管理工作。2003年法律顾问处审查了武钢三炼钢、二冷轧、二硅钢等重大合同41份,总标的额达6.49亿元人民币;办理法人授权委托70件。开展调研,形成了《公司合同管理的现状、问题及建议》调研报告。结合武钢改制、部门职能调整及母子公司运行情况,重新修订了《武汉钢铁(集团)公司合同管理办法》,使武钢合同管理机制更加完善,更加科学。全年举办了2期合同管理人员培训班,237人参加了培训和考试,取得了湖北省工商行政管理局颁发的《湖北省合同管理(承办)人员资格证》。完成了武钢及所属25家单位参加湖北省及武汉市工商局组织的“守合同、重信用”企业评审工作。该年武钢连续第15年获得省、市“守合同、重信用”企业命名。(2)强化商标管理。修订了《武汉钢铁(集团)公司商标管理办法》,并将商标管理考核纳入《武钢专业管理工作考核办法》。办理了武汉武钢企发工贸公司许可使用“武钢人”、“WGR”、“维士可”商标等5件商标许可使用手续;成功办理轧辊产品“武钢牌”商标的商标注册。参加了湖北省著名商标企业特别展示,办理了“争创驰名商标重点联系企业”登记,加入了武汉市商标协会。加强对商标的管理,就武钢管业科技公司申请使用“武钢牌”商标使用事宜,组织企业相关部门进行论证,并实地考察管业科技公司委托加工现场、抽取样品,做出暂时不予许可管业科技公司使用“武钢牌”商标的决定。配合处理相关执法部门处理武钢劳保服饰厂“铁人”商标被侵权案、武钢食品饮料公司“维士可”商标被侵权案,打击商标侵权违法行为,有效地维护了武钢商标合法权益。(3)加强工商证照管理。修订了《武钢经营开发实体工商证照管理办法》,将工商证照管理考核纳入《武钢专业管理工作考核办法》。完成了35个单位年检的配合工作以及中小教下属35个单位的工商证照集中年检工作。还办理工商变更手续15件,工商注销手续4件,使用武钢营业执照副本、复印件手续56件。(4)做好重要制度审查工作,保证武钢重要制度合法性和可操作性。2003年,对影响武钢全局的11份文件、制度以及2份格式合同进行法律审查,出具审查意见,完善了武钢在保护知识产权、保护商业秘密等制度和体系。

【依法决策和经营】 2003年,法律顾问处在依法决策和生产经营方面当好参谋,严格把好法律关,确保决策和经营活动的合法性。(1)参与改制工作。为武钢钢铁主业重组提供法律服务,参加主业重组办公室发行组工作,讨论研究武钢主业重组后涉及的关联交易情况,讨论解决研究专利、商标处置问题等,并专门针对商标处置的问题,提出了《关于武钢主业重组中知识产权处置问题的法律意见书》。按时完成武钢有限责任公司注销工作。参加武钢炉外精炼有限责任公司股权转让工作。参加武钢北湖农场改制更名工作。参加武钢材料贸易公司和武钢炉料公司合并论证,对有关材料和情况进行核实,提出了合并合法有效及存在法律障碍和法律风险的意见。(2)参与对外投资论证工作。总结投资论证的经验,经撰写形成了《规范法律审查论证管理,有效预防对外投资法律风险》现代化管理成果。2003年,法律顾问处为武钢与澳大利亚BHPB合作开采矿石、武港贸易有限公司与宁波港务局、中国外运集团总公司在江苏太仓港口开发区建码头、武钢工程技术集团有限责任公司与德国AZKA公司、美国中宇开发股份有限公司合资成立华德环保公司等24项对外投资工作提供了法律服务,出具法律意见书13份。

【维护合法权益】 2003年,法律顾问处充分运用诉讼、非诉讼等法律手段,维护企业合法权益,为武钢避免、挽回了经济损失。(1)修订了《公司经济民事行政纠纷案件管理办法》,从制度上确保处理相关案件,维护企业利益。(2)通过诉讼、非诉讼方式维护武钢合法权益。代理了诉讼案件14件,处理非诉讼争议1起。其中仅运用非诉讼方式处理的一件劳动争议，就为企业挽回损失200余万元。(3)为针对美国201条款钢铁行业寻求保障措施和针对俄罗斯、韩国、乌克兰、哈萨克斯坦等国的冷轧卷板进行反倾销提供法律服务。其中，“保障措施案”使钢铁行业取得了自2002年5月24日至2005年5月23日对5类钢铁产品实施“配额”及“加征关税”等最终保障措施，促进了中国国内钢铁行业的发展。

（企管部）

档案管理

【概况】 2003年，武钢档案工作坚持贯彻实施《档案法》、《武钢档案管理条例》，不断研究解决武钢档案工作在改革、改制中出现的新情况、新问题，积极开发利用档案信息资源，为武钢实现18亿元利润目标做出了努力。2003年，武钢利用档案19641人次，42043卷，复制利用档案835680张。截止12月底，武钢档案馆、室存档案653463卷，资料129621册。据收集整理档案利用典型事例统计，档案利用创造的经济效益达1亿元，在武钢的生产经营、科研、管理、大修、技改等方面发挥了重要作用。2003年档案管理人员下厂业务指导176人次，解决了各单位档案管理工作中的各种难题。10月，档案处组织对武钢23个单位档案工作进行了抽查，全部达到合格要求。

【依法治档】 根据《武钢档案工作“十五”发展规划》，加强档案法制建设的要求，2003年武钢把学习贯彻《档案法》、《武钢档案管理条例》列入年度工作计划。5月，档案处组织各单位到武汉市档案局购买档案法规学习手册200本，做到各单位主管档案工作的领导和档案人员人手一册。7月，武汉市档案局组织全市档案法规知识竞赛，武钢各单位主管档案工作的领导，专、兼职档案人员，有关工程技术人员、管理人员共12000人参加。武钢是全市参加竞赛人数最多，答题质量最好的单位之一，受到武汉市档案局的通报表扬。6月和9月档案处分别组织了对武钢各单位学习贯彻《档案法》、《武钢档案管理条例》的自查和抽查，结果表明，武钢各单位都能严格依法治档，档案工作在原有基础上有了新的进步。检查中没有发现违法事件。

【档案管理】 2003年，档案处重点抓了“商务档案”的建档管理和探讨武钢驻外地独立子公司档案工作规范化管理工作，并取得了一定的实效。武钢国贸公司的“商务档案”一直是武钢档案管理工作的难点，始终没有形成较完善的档案管理制度，档案资料分散到各科室、部门管理，查找利用比较困难，往往对工作造成较大影响。为此国贸公司领导予以高度重视，建立和完善“商务档案”管理工作。2003年招聘了专职档案人员，配置了档案库房、档案柜(密集架)、电脑等必需的档案管理设备、设施。档案处针对“商务档案”的特点，与国贸公司研究制定了“商务档案”分类编号细则等一整套档案管理办法、制度，并及时指导解决建档工作中的各种难题。截止10月底国贸公司“商务档案”全部整理归档。经档案处组织检查，达到合格要求。3～4月，档案处分别组织了对武钢海南有限责任公司和武钢襄樊长材有限公司的档案调研、指导。针对这两个单位档案工作的实际情况，制定具体指导意见，对档案人员进行现场手把手的指导，从档案管理理论和实际操作进行速成培训，对档案管理过程存在的问题提出具体整改意见。通过对这两个单位的调研和指导，为武钢下一步加强外地独立子公司的档案管理积累了经验。

【重点工程项目档案管理】 2003年，武钢新建、扩建、大修改造重点工程项目较多，二热轧作为国家档案局的重点跟踪档案管理的项目，根据国家档案局、武汉市档案局的要求，档案管理人员多次与技改部联系，召开二热轧工程资料工作会议14次，档案处与技改部联合制发了《武钢工程竣工档案编制与报送规定》，把资料管理纳入工程管理全过程。2003年4月1日，国家档案局颁布实施《国家重点建设项目文件归档要求与档案管理规范》，档案处及时将文件印发到技改部、二热轧厂、工程监理单位及各施工单位，以便在工程建设过程中更好地执行国家新的规定。同时档案管理人员还对重点工程项目资料管理过程中出现的问题及时进行检查指导。8月26日湖北省、武汉市档案局组织了对武钢二热轧重点工程项目档案资料管理情况的检查，对武钢加强工程项目档案管理的做法和取得的成绩给予了肯定。

（周顺国）

政 治 工 作

● 宣传思想工作

【概况】 2003年,武钢宣传思想工作以党的十六大和十六届三中全会精神为指导,认真学习贯彻"三个代表"重要思想,按照武钢党委工作总体思路,紧紧围绕生产经营和改革发展中心工作,解放思想,实事求是,与时俱进,加大思想教育力度,把握正确舆论导向,推进精神文明建设,在武钢的两个文明建设中发挥了重要作用。2003年,武钢保持全国精神文明建设先进单位称号,并获中国企业文化优秀奖、湖北省思想政治工作最佳企业、武汉市思想政治工作先进单位等荣誉称号;武钢政研会被评为全国冶金企业优秀思想政治工作研究会、湖北省政研会工作奖先进集体。

【推进理论武装工程】 2003年,武钢党委宣传部在推进理论武装工程中:(1) 理论学习讲实效。加强了企业理论学习的组织和指导,下发了武钢两级中心组2003年学习计划、《"三个代表"重要思想专题学习计划》,编辑印发了《理论学习参考》4期共10000多册学习参考材料。组织了学习"三个代表"重要思想处级干部研讨班、宣传部长研讨班和组织专题学习讲座,并成立了"三个代表"重要思想讲师团,分赴各单位宣讲指导。2003年的理论学习突出体现在"三个结合":一是将学习研讨与观念创新、思想解放相结合,组织开展了"解放思想、转变观念"大讨论活动,为武钢新一轮改革与发展奠定思想基础。二是将学习研讨与企业民主管理相结合。在学习讨论中,武钢两级领导班子进一步增强了民主意识、群众意识、人才意识。三是将学习研讨与贯彻落实十六大精神相结合,加速提升企业适应市场、适应全球行业竞争能力,取得了较好效果。武钢党委中心组被湖北省企工委评为"党委中心组学习先进单位",武钢党委宣传部获"理论学习辅导先进单位"。(2) 理论研究工作出成果。2003年,武钢政研会组织了学习十六大理论研讨会论文征集工作,共收集文章94篇,分5个专题编印成册,并评定一、二、三等奖40篇。武钢党委中心组学习十六大体会文章"走新型工业化道路加快工业现代化建设步伐"在《学习月刊》2003年第2期发表;完成了中央企工委1.5万字的《坚持"三个代表"重要思想,推进党的思想政治建设创新,努力开创国有企业党建工作新局面》党建课题;《网络:企业思想政治工作的新天地》课题成果被评为全国、湖北省优秀政研成果一等奖;《实践"三个代表",开创企业思想政治工作新局面》获全国冶金政研会大钢学组二等奖;《武钢运用"面对面、实打实、心贴心"工作法凝聚职工》在《冶金政工研究》2003.2期刊发表,在湖北省"三个代表"理论研讨会上交流。武钢在首届"湖北省企业宣传工作峰会"上作了书面经验和大会交流发言,武钢政研会被评为"全国冶金企业优秀政研会"、"武汉市先进政研会"。

【加强主题教育活动】 2003年,武钢党委宣传部组织开展了"爱武钢、奔小康"主题教育活动。印发了《宣传系统组织开展"爱武钢,奔小康"主题教育活动安排》,对活动的开展进行了部署。按照"知我武钢、关注武钢、建设武钢"总体要求,各单位结合本单位实际,制订了活动方案,利用报告会、座谈会、简报、橱窗、板报、广播等宣传阵地和手段,大力宣传武钢改革开放以来发生的巨大变化,大力宣传本单位改革发展取得的巨大变化以及今后发展面临的一系列发展机遇和挑战,围绕生产经营中的重点难点问题,开展了各具特色、形式多样的主题教育和讨论活动。与此同时,为了使职工切身体会武钢近年来发生的深刻变化,组织干部职工3000多人参观了武钢科技馆,让职工了解武钢建设历程和近期发展现状,以激发职工热爱武钢、努力工作的热情,该活动受到职工普遍欢迎。为了让宣传思想工作者更好地宣传武钢,宣传部编辑印发了《武钢风采录文摘卡》,广泛征集了武钢投产45周年来的典型人物和事迹,共征集有关条目近200

条，浓缩了武钢45年来走过的历程，较好地反映了武钢投产45年来两个文明建设所取得的成就和典型经验；组织《武钢工人报》、《武钢工会》、《武钢政工》、《武钢经济》、《武钢文艺》、《武钢青年》等媒体，开展了"全面建设小康在武钢"征文活动，共收到稿件近200篇，发稿68篇。评选出特别奖1篇、一等奖3篇、二等奖10篇、三等奖20篇。组织开展的"武钢十年发展十大变化评选"活动，使广大职工通过直接的参与，对武钢过去的发展有更深刻的体会，对今后的发展充满更大信心。

【开展专项宣传工作】 2003年，武钢党委宣传部围绕企业改革发展中的热点难点问题，积极开展宣传思想工作。一是企业稳定宣传工作。针对医改、岗薪制改革及"主业重组、辅业改制、剥离企业办社会职能"改革实施过程中职工思想十分活跃，企业稳定工作难度增大的情况，以"迎上去，沉下去"的工作方式，深入到基层单位摸情况、做解释、搞引导。运用《武钢工人报》、武钢电视台等宣传舆论阵地，宣传报道武钢改革举措、配套改进8条措施、企业为职工办好事办实事情况；组织评论员文章，引导职工正确认识形势，处理好改革、发展、稳定之间的关系，珍惜来之不易的稳定局面；会同武钢工会、房产公司在职工住宅区建立读报栏，让职工及时了解社会和武钢建设发展信息；积极调查分析职工思想动态，形成一批调研信息材料，其中反应武钢学习十六届三中全会的信息被中宣部《舆情摘报》采纳。向武钢领导提供《要事报告》10期。二是加大生产经营宣传力度。充分发挥《武钢工人报》、武钢电视台主流媒体优势和功能，合理安排版面，围绕生产经营、技术改造和党建、思想政治工作进行了重点报道，特别是围绕武钢整体产销资讯系统、创全国质量管理奖、冷轧技改工程等工作加大宣传工作力度。为了让广大职工和社会各界更好地了解武钢产品，武钢党委宣传部与湖北美术学院合作制作了一套产品宣传扑克牌，扩大了武钢产品的影响。三是抗击"非典"疫情的宣传。为配合武钢参与全国抗击"非典"疫情的斗争，宣传系统充分发挥舆论导向作用，及时转载、转播中央媒体刊登的有关报道；制定了《中共武汉钢铁(集团)公司委员会宣传部关于切实加强防治"非典"疫情宣传思想工作的通知》；编发防"非典"疫情知识小册子；深入武钢防"非典"疫情一线，采访报道武钢各单位尤其是医务人员抗击"非典"疫情的典型人和事；组织开展"讲文明、除陋习、树新风"活动，制定了"武钢职工'十要十不要'文明行为规范"。

【开展思想政治工作专项调查】 2003年，武钢党委宣传部深入基层，先后召开6次调研座谈会，从各单位开展思想政治工作的基本情况、当前思想政治工作存在的突出问题、企业思想政治工作面临的形势和挑战、关于加强和改进思想政治工作的思考和建议4个方面，形成了题为《武钢思想政治工作现状与建议》万余字的调查报告。该调查报告获武钢直属机关调研信息评比一等奖，并以武钢情况通报的形式印发各单位，供武钢领导和思想政治工作者参考。同时，撰写的"加强'四力'研究，推进宣传工作创新发展"、把"三贴近"融入企业宣传思想工作全过程等文章参加湖北省有关会议大会交流发言。

【武钢投产45周年宣传活动】 2003年，为了充分展示武钢投产45年来所取得的辉煌成就，进一步激发广大干部职工的荣誉感、自豪感和责任感，凝聚人心、凝聚力量、凝聚智慧，推进武钢更快发展，武钢党委宣传部开展了以组织一次征文、制作一本画册、拍摄一部电视专题片、制作一组纪念邮品、组织一台大型晚会、组织一次摄影大赛为主要内容的"六个一"活动。活动方案制订以后，在武钢工会等有关部门和钢铁公司的积极配合下，在武钢内外广泛进行采访和征集资料。拍摄并制作了《金色年轮》、《与时俱进看武钢》、《科技武钢》、《武钢一日》、《情满桑榆》等一系列反映武钢各方面"两个文明"建设成就的专题片和专题新闻，印制了《武钢45年》画册和纪念邮册，开展了"爱武钢，奔小康"有限杯摄影作品大赛及摄影巡回展，策划并组织了"纪念武钢投产45周年"征文活动，举办了"纪念武钢投产45周年"专场文艺晚会。整个活动共征集反映武钢改革发展成就的照片1000余幅，文章200余篇。与此同时，《武钢政工》、《武钢经济》、《武钢青年》、《武钢工会工作》、《武钢文艺》等杂志、《武钢工人报》、武钢电视台等都开辟了庆祝武钢投产45周年专栏，营造了纪念投产45周年的喜庆气氛和声势。"六个一"活动的圆满成功，在职工中开展了一次潜移默化的爱厂教育，受到武钢领导和职工的普遍好评。

【企业文化建设基础工作】 2003年，武钢企业文化建设以加强企业文化建设基础工作为主攻方向。一是经过武钢领导审定和专家论证，经过数易其稿，确定了武钢厂歌为《武钢人》，并拍摄成音乐电视，制作成MTV光盘。确定了以苹果绿底色、由标准色大红色的武钢徽标和WISCO图案组成的武钢厂旗。二是制定下发了《企业文化建设规划(2003～2005年)》。该规划是在征求有关部门和专家意见的基础上制定的，具有较高的可操作性。三是为了加强对外宣传和形象展示工作的管理，统一对外宣传口径，制定并以武钢文件的名义下发了《武钢对外宣传管理办法》、《武钢形象展示工作管理办法》。四是为加强武钢计算机互联网和有线电视网络的管理，促进企业信息交流的发展，制定下发了《武钢计算机互联网络管理办法》和《武钢有线电视网络管理办法》。五是召开武钢企业文化建设现场推进会。经过近半年的筹备，10月9日，武钢企业文化建设现场推进会在一炼钢厂召开，武钢公司领导、各单位党政领导及宣传部长参加，一炼钢厂、炉窑公司作了交流发言，热轧厂、冶金渣公司作了书面交流。同时，与会人员还参观了一炼钢厂的企业文化建设成果。六是参加了中国企业联合会与中国企业家协会在北京联合举办的第二届(2003)中国企业文化年会。武钢获得2003年度中国企业文化优秀奖，名列第三，冶金行业独此一家。11月，在“企业文化与21世纪中国企业发展——中外企业文化2003年青岛峰会暨中国企业文化建设20年系列表彰会”上，武钢获中国企业文化建设20年综合奖——建设实践奖及设计案例奖，武钢总经理刘本仁获中国企业文化建设个人贡献奖。

【精神文明创建工作】 2003年在继续坚持开展“创文明岗位，让用户满意”活动的基础上，广泛开展文明社区、文明家庭、文明单位等群众性精神文明创建活动，大力加强厂区和职工生活区环境建设。武钢继续保持全国精神文明建设先进单位称号；武钢精神文明创建活动得到武汉市文明办的肯定，推荐作为中央新闻采访团的重要采访点之一，受到广泛宣传；武钢一炼钢厂荣获省级文明单位称号，武钢焦化公司、烧结厂、企业发展公司房产公司、能动公司动修厂等单位被评为湖北省企业工委文明单位；创建2003年度武钢公司级文明岗位105个；钢都花园123小区获全国物业管理示范住宅小区，钢都花园126小区、钢都花园124小区及钢都南区115街被评为湖北省物业管理优秀住宅小区。为贯彻落实《公民道德建设实施纲要》，整治职工不文明行为，重点开展了“讲科学、讲文明、改陋习、树新风”活动，会同武钢总务部制订了武钢“整治乘车乱扔废弃物不文明行为工作”实施方案，大力开展了“整治乘车乱扔废弃物不文明行为工作”；制定并制作了《武钢职工“十要十不要”行为规范》宣传挂图1000份，在厂区、职工住宅区、公共场所等处张贴，并在报纸、电视上刊载和播放；同时，把宣传教育与行政处罚有机结合起来，武钢组织整治工作巡检队，加强对乘车现场的巡检和各单位整治工作的督察。通过教育和整治，职工行为举止的文明程度明显提高，职工乘车环境得到明显改善。

【内部管理和业务培训】 2003年，为使宣传思想工作管理逐步规范化，结合年初方针目标分解和经济责任制考核，武钢党委宣传部编制下发了《宣传部2003年方针目标文件》、《宣传部经济责任制考核办法》和《关于落实公司〈专业考核管理办法〉有关考核细则的通知》；配合企业管理部完成宣传部管理制度的清理、汇编等有关工作(共确定10个有效管理制度)，完成宣传部岗位标准的制定，《武钢工人报》、武钢电视台也制定了《稿件版面送审制度》、《武钢有线电视管理办法》，使宣传思想工作有章可循。为了便于宣传系统加强联系，完成了武钢宣传系统机构人员情况调查，制作了《武钢宣传系统通讯录》。与此同时，加强宣传干部思想作风建设和业务培训。采取召开研讨会、报告会，举办培训班等形式，组织政工干部学习领会“三个代表”重要思想，党的十六大精神和全国“两会”精神；完成首批2期计100余名宣传干部“网络化办公”计算机培训，考试合格率达95%；组织5期近40名政工干部赴昆明、青岛、北京、厦门、海口参加思政工作、企业文化建设研修班，提高了宣传舆论工作者的政治水平和业务水平。

(李宝成)

● 组织人事工作

【概况】 2003年，武钢组织人事系统学习贯彻“三个代表”重要思想，按照中共中央组织部的通知要求，积极开展“树组工干部形象”集中教育主题活动，要求企业各级组工干部切实做到“对己清正、对人公正、对内严格、对外平等”。2003年，武钢组织人事部按照“发展要有新思路，改革要有新突破，开放要有新局面，各项工作要有新举措”的总体要求，大力推进管理创新、机制创新，切实加强厂(矿)

领导班子建设、基层党组织建设和党员干部管理工作,扎实做好武钢人才管理与开发、薪酬管理、职工教育培训工作,不断加强社会保险、再就业服务等社会保障工作。

【厂矿领导班子和厂处领导干部队伍建设】 2003年,武钢认真学习贯彻“三个代表”重要思想,加强企业各级领导班子思想政治建设,大胆探索新时期领导班子建设的新思路、新办法。全年组织举办7期厂处领导干部学习“三个代表”重要思想理论培训班,采取导读、重点辅导、研讨和交流等形式对武钢在职的900多名厂处领导干部进行了为期2天的培训。开展厂矿领导班子和厂处领导干部年度考评工作,在96个厂(矿)领导班子中,被考评为好班子的有37个,占38.5%;合格班子59个,占61.5%。在899名厂处领导干部中(其中在岗处干722人),被评为优秀的有233名,占25.9%;称职(合格)661名,占73.5%;基本称职(基本合格)4人,占0.5%。全年新提拔到厂处领导岗位50人,副职转正职20人,岗位交流59人,新提拔厂(矿)长助理13人,退岗32人,免职7人(5个厂处领导、2个厂处助理)。开展“七一”评选表彰活动,武钢党委授予武汉钢铁有限责任公司党委等12个基层党委为“2003年度武钢先进基层党委”称号。积极组织召开干部监督联席会议,认真分析近期干部队伍中出现的违法违规等问题的新特征,制定有力的防范措施,并强调干部监督联席会各成员要密切配合,形成合力,减少和杜绝干部违法违纪行为的发生。完成了武钢700多名在岗厂处级领导干部的学历、学位登记和清理工作,同时下发了《关于对科级及以下干部进行学历检查清理的通知》(钢组发[2003]88号文),各单位根据干部管理权限对本单位管理的干部进行学历、学位检查清理。加强后备干部队伍建设,制定下发了《关于做好2003年厂处级后备干部调整工作的通知》(钢组发[2003]18号文),严格后备干部的年龄、专业等方面的结构和比例,并调整了武钢各单位的厂处级后备干部队伍,开办了第25期、第26期中青班及第31期、第32期科干岗培班,举办了2期厂处领导干部轮岗培训班,共培训61人。

【基层党组织建设】 2003年,武钢开展了基层党支部和党员队伍现状的调查分析,全面总结了企业党支部建设和党员管理工作中好的方法和思路,摸清了当前存在的主要问题,制定出相应的对策、措施。组织人员对离休、退休、居休(简称“三休”)党支部建设情况的调研,完善了相关的工作制度和办法,更好地发挥“三休”党支部的战斗堡垒作用。开展了以“实践‘三个代表’,力争4个创新”为主题的党建调研活动,完成中组部、国资委、中央企业党建思想政治工作研究会、湖北省企业工委在武钢的有关调研课题。认真贯彻《基层党支部工作条例》,做好对基层党支部工作的宏观指导、管理监督和评优工作。全年举办13期党支部书记培训班和3期新任党支部书记培训班,不断提高基层党务工作者的思想素质和工作能力。进一步深化党员教育管理,组织开展了“学习贯彻十六大精神,争当实践‘三个代表’模范”的党员主题教育活动,发挥党员先锋模范作用。认真开展党员民主评议工作,在前期基层党支部和党员队伍现状调研的基础上,确定民主评议党员工作中心为“提高素质,增强先进性”,使民主评议工作务求实效,不走过场。参加民主评议党员有32860人,占武钢党员总数的98.2%,合格党员为31975人,占参加民主评议党员数的99.8%,不合格党员29人,基本合格13人,暂挂党员13人,停止党籍1人。其中不合格党员中,开除党籍5人,除名2人,劝退1人,限期改正21人。积极组织好“七一”评比表彰工作,评选出10个“红旗党支部”、10名“模范共产党员”、101个“先进党支部”、192名“优秀共产党员”和60名“优秀党务工作者”、10个“武钢防治非典型肺炎先进基层党组织”、87名“武钢防治非典型肺炎优秀共产党员”。组织推荐湖北省委企业工委表彰的先进基层党组织3个、优秀共产党员5人、优秀党务工作者3人、防治非典型肺炎先进基层党组织2人。组织开展“武钢实践‘三个代表’重要思想模范共产党员事迹报告会”,分别在工人剧院、实业公司、能源动力公司、企业发展公司、冶金公司、矿业公司、直属机关等单位进行了巡回报告演讲,受到了广大党员干部的好评,掀起了学先进、赶先进、争当先进的热潮。以《党员责任区活动实施办法》为指导,深入地开展党员责任区活动,对2003年度党员责任区活动的先进组织单位和标杆、优秀、先进党员责任区进行了表彰,共表彰10个武钢标杆党员责任区、26个武钢优秀党员责任区、45个武钢先进党员责任区和31个武钢党员责任区活动优秀组织单位。进一步做好新时期的党员发展工作,认真制定了2003年入党积极分子培训工作计划,举办10期入党积极分子培训班,全年发展党员1083人。

【人才引进、培养、使用工作】 2003年,武钢加强与有关高等院校合作,进行人力资源发展的前瞻性、战略性的研究,编制武钢人力资源中长期发展规划,大力实施“人才强企”战略。该年,组织开展“武钢技术创新院士行”活动,邀请中国工程院院士为武钢的总体发展战略和技术创新状况进行诊断和评估,提出建设性的意见。在“吸才引智”方面,以高校毕业生招聘会为平台,认真做好大学应届毕业生择优招聘工作,共吸纳引进487名成绩优异的大中专毕业生;逐步加大引进特殊人才的力度,引进了1名清华留学博士和9名冶金及矿山类专业高级工程师,且有针对性地推出协议工资制。举办了高级管理人员培训班,通过多种渠道加大研究生的培养力度。加强专业技术人员和技师(高级技师)的考核、聘任管理,全年新聘、续聘高级专业技术职称人员268人,解聘18人;新聘高级技师57人、技师334人,举办在聘技师综合培训班5期、计算机知识培训班6期。认真做好优秀科技人才的选拔、推荐工作,新增享受湖北省政府津贴1人,享受湖北省有突出贡献中青年专家2人,享受武汉市政府专项津贴3人。授予享受武汉市学术和技术带头人2人,并授予湖北省技能大师1人、湖北省技术能手4人、武汉市技术能手8人。加强劳动组织管理,严格定员定编,组织完成了二热轧、三炼钢3号宽板坯连铸机、工业港2混匀、6号高炉等新扩改项目定员核定工作,组织完成移交钢城分局和新组建保卫部、两级退管机构、财务委派中心的定员调整工作;认真开展新上项目的人员配备、调剂工作,组织114名换工子女择优分配上岗工作,择优转招换工子女679人和特困家庭子女69人。严格执行国家安置政策,共接收安置399名复员退伍军人。根据武钢关于铁合金停产向外转移的决策精神,转移安置了铁合金259名富余人员,另外安排了该公司50名青工到有关院校进行新项目的转岗培训,确保铁合金公司稳定按期停产。充分利用国家合同法和保密法等法律条款,维护企业的合法权益和经济利益,通过法律等手段向宁波建龙钢铁有限责任公司索赔违约招人赔偿金。根据生产发展的需要,2003年6月、10月先后2次组织面向社会招收用工,共录取781人。

【干部人事制度改革】 2003年,武钢进一步深化企业干部人事制度改革,严格执行《党政干部选拔任用工作条例》,在充分总结过去干部人事管理工作经验和广泛而深入调研的基础上,按照“改进委任制,完善选任制,规范考任制,推行聘任制”的总体工作思路,拟订了《关于加强干部职务任免工作的意见》、《领导干部任职和公务回避实施办法》、《干部选拔任用工作监督检查办法》、《选拔任用干部考察工作若干规定》等干部管理制度,使干部管理工作更加制度化、科学化。加强内部人才流动的管理,积极引导各单位面向全武钢公开择优招聘一般管理人员和操作人员,组织完成矿业公司、中小教、保卫部、储运公司等单位的招聘工作,促进人才合理有序的流动。不断完善“竞争上岗、尾者富余”的岗位竞争机制,建立以能力、业绩、知识、品德为导向的人才评价机制,分类考评评价不同类别的人员。

(王少文)

● 纪检监察工作

【党风廉政建设责任制】 2003年3月,武钢纪委组织并举行了“2003年度武钢党风廉政建设责任书签字仪式”,武钢党委书记王炯和总经理刘本仁与部分二级单位的党委书记和厂长(经理)签订了党风廉政建设责任书。此后,各单位、各战线的签订活动层层展开。上半年,对党风廉政建设先进单位的评比办法进行了较大修改。下半年组织了对党风廉政建设责任制执行情况的检查。武钢纪委组成6个检查组,采取“听汇报、看文件、查资料”的方式,对34个单位进行了抽查,并将抽查情况进行了通报。从抽查情况看,所有受检单位都较好地执行了责任制,很多单位还结合自身特点制定了具体的考核办法。武钢还首次对履行党风廉政建设责任制较好的43个单位的党政主要领导进行了考核兑现。

【党风廉政教育】 2003年3月,武钢在党风廉政教育中,首先对廉政第一课教育的内容和形式加以改进。在教育内容上增加了通报经考核和公示中群众反映的意见,使职工群众的意见与提拔对象直接见面,教育的针对性更强。在教育形式上增加了《廉政承诺》,在参加对象上增加了由新任领导干部单位的纪委书记带队,增强了新任领导干部接受监督的意识。其次,选树了18个正面典型人物,在报纸、电视上进行了专题宣传。第三,狠抓了案例教育,选择了25个近10年来发生的案例,编印成《以案为鉴,警钟长鸣——武钢典型案例教育材料》下发，该书采用一案一点评的方式进行深入剖析。

【领导干部廉洁自律】 根据中纪委二次全会提出的“五项要求”，2003年3月，武钢党委和行政联合下文，颁发了《关于加强领导干部廉政建设的若干规定》，共10条要求，这是新形势下武钢领导干部廉洁自律行为的最新规范。为贯彻落实《若干规定》，采取了廉政要求承诺、廉政状况自述、廉政表现考核等措施。年初，开展了党风廉政教育月活动。共举办讲座278场次，参加人数1.4万人次；组织条规知识测试396场次，参加人数1.2万人；组织观看录像片446场次，观看人数2.4万人。全年上交礼品礼金60多万元。“9481”廉政账户收款20多万元。上半年，组织召开了廉洁自律专题民主生活会。参加会议的厂处级以上领导干部有690人，收集群众意见1124条，自查问题894个，提出整改意见728条，整改实施率92.2%。

【信访举报和案件查处工作】 2003年武钢纪委共受理各类信访举报478件(次)，为一批受到失实举报的党员干部澄清了是非，责令整改或批评教育的有97件，对1名举报有功者进行了奖励。查处各类违纪违法线索421件，通过办案挽回经济损失206万元。全年审理结案71件，其中党纪案件13件，政纪案件58件，大要案件23件。受处分62人，其中处级干部1人，科级干部19人，一般干部20人，其他人员22人。在查办案件方面，办案的重点放在突破窝案、串案上。2003年，相继突破而有影响的案件有：废钢验质集体受贿案、矿石假样案等。上述案件牵涉人数之多、触动管理环节之深、牵动管理层次之广是武钢历史上前所未有的。尤其是矿石假样案，对武钢的财产和利益损害极大，形成了对武钢管理制度的严峻挑战。对这类窝案、串案，武钢(集团)公司的领导和纪委监察室毫不含糊，进行了坚决查处。在办案的形式上，更多地采取了联合办案的形式。如参加湖北省企业纪工委办案，与地方检察院共同办案，武钢内部纪检、审计联合办案，两级纪检机关一道办案，既有效突破了案件，又锻炼了办案队伍。在运用案件方面，一方面，武钢纪委针对案件中暴露出的漏洞、薄弱环节、容易出现的问题，提出完善管理、加强监督整改的意见，先后配合有关部门和单位制订、完善管理办法10余项，完成“检察建议”20余条。另一方面，还注重加强案件管理工作，其做法得到了上级纪检组织的肯定，个案经验材料在湖北省企业纪工委会议上书面交流，专题经验材料在中纪委会议上发言。

【效能监察工作】 2003年，武钢两级纪检监察机关主动参与、积极渗透到生产经营的重要环节和薄弱环节，共实施效能监察项目355项，查处违纪违规金额39万元，避免经济损失3118万元，节约资金6828万元，建章立制308项。2003年，以检查物资采购和工程发包招标制度的执行情况为重点，开展“学(学习国家法律法规和武钢有关规定)、查(查法律规定的执行情况)、改(整改管理问题、堵塞管理漏洞)”活动。6月，武钢经理办公会听取专题汇报，给予了充分肯定。全年通过开展“五外会审”项目1615项，节省费用5281万元。同时，武钢纪委狠抓了治理教育乱收费和纠正医药购销中的不正之风工作。如中小教加大对乱办班、乱收费和乱印刷学习资料等违规行为的治理力度。在此基础上，武钢纪委重点对中小学新学年收费情况进行抽查。在省、市教育和物价等部门的联合专项检查中，没有一件投诉武钢中小学校乱收费的举报。武钢总医院针对医院药品、器械、检验试剂、耗材自行采购中反映问题较多的现状，制定招标采购规定等管理办法，加强了对采购权力的监督力度。同时，对职工群众反映强烈的医德医风问题进行监督检查，查处了少数医务人员以药谋私的案件。武钢纪委还加强对武钢医疗保险管理的监督检查，推进了医改政策措施的落实到位，维护了武钢的稳定。

【源头治理】 2003年，武钢纪委继续从制权、用人、管钱入手，相继完成了对主管部门及负责人监督的调研，推动次材市场化改革，进行了招投标调查，实行五外会审和廉政公约，并推行用人制度的招聘制和公示制及厂务公开等方面的督促检查工作，使源头治理工作取得了较大进展。并从体制、机制、制度方面建立起了制约监督格局，在武钢初步形成了“七位一体”的监督体系。

【纪检监察系统建设】 2003年，武钢纪委共组织企业纪检监察工作调研活动10多次，向中央纪委、监察部、国家监事会、国资委纪委、湖北省纪委、湖北省企业纪工委提交调研材料20多份。在省以上报刊、会议上交流或发表并获奖的有7篇。其中，《创建“七位一体”监督体系，促进企业全面健康发展》、《扎实抓好企业案件管理，积极推动纪检监察工作》在中纪委有关会议上交流和发言。2003年,在推进企业网络化建设中,为适应武钢办公自动化的需要,纪检监察系统引入了武钢的OA系统并创新素质培训方式,继续开展了“以案代训”的活动,有7个单位的8名纪检干部参加了培训。另外,有4批46人参加了国资委纪委和湖北省企业纪工委组织的专业培训活动。另外还加强了制度建设,完成纪检监察工作方面管理制度清理工作,共清理管理制度近30个,并按照完全适用、需完善、需废止等3个类别进行上报,对于需完善、需废止的一一落实到位。2003年,新制定管理制度2个,修订完善4个,废止1个。另外,还联合制订了《武钢审计监察监管处理处罚暂行规定》,该《规定》以钢政发[2003]82号文件下发后,普遍反映实用性和操作性较强。

(郭 辉)

● 统一战线工作

【概况】 2003年,武钢统战工作在武钢党委的领导和上级业务部门的指导下,认真学习贯彻党的十六大及十六届三中全会精神,贯彻落实中央、省、市三级统战部长会议及武钢“两会”精神,紧紧围绕武钢生产经营中心,继续在统战成员中大力开展“爱武钢、献良策、作贡献”活动,在统战干部中开展“形象好、人缘好、人格好”的“三好”活动,转变观念,提高认识、调动和发挥广大统战人员的工作积极性、创造性,取得了较大的成绩,为武钢降成本、增效益,实现25亿元利润做出了应有的贡献。其中,以“爱、献、作”为主题的服务企业生产经营的活动收到了显著效果,全年创造经济效益3500万元,多项工作分别受到中央、省、市委统战部及侨台部门的表彰,为武钢深化改革、“两个文明”建设做出了一定的成绩和贡献。全年经自上而下评审,授予热轧厂等45个单位为2003年度统战工作先进集体,朱利人等75名同志为“爱、献、作”活动先进个人,吉照东等56名同志为“三好”活动先进个人。

【统战宣传教育活动】 2003年,武钢统战部参加了有关统战工作的会议。作为武钢党委的职能部门结合实际,将各种会议精神融会贯通到各项具体工作中,当好企业党委在统战工作方面的参谋和助手。一是召开了有武钢89家单位参加的统战系统工作会议,结合武钢和上级业务部门有关精神与要求,及时进行工作总结和工作布置,统一思想、统一认识,上下一心做好统战工作,为武钢生产经营发展做贡献。二是召开情况通报会,邀请武钢各民主党派、侨联、台联负责人,政协委员、党外人大代表等方面重要成员参加,用多媒体方式介绍了国内外钢铁工业目前的形势及发展趋势通报情况,与会代表深受启发,收到比较好的效果。三是协助各级政协委员做好提案征集工作,武钢现有政协委员31名,党外人大代表2人,年初由武钢统战部、武钢办公室、计财部、规划部、企管部等单位召开联席会议,请专家通报武钢有关情况,充分发挥各级政协委员参政议政作用,为武钢及国企的生产发展呼吁,更好地创造良好的环境条件和政策。全年在各级政协会议期间,统战部及时协调与沟通并办理有关手续,安排接送,受到委员们好评。在年初各级人大政协会议上,各级政协委员针对武钢生产经营的重点、难点问题提交提案、议案59件,其中40件已立案。武钢自动化公司教授级高工、湖北省政协常委李午在湖北省政协九届四次党委会上作了“武钢加强信息化改造对我省企业信息化建设的启示与建议”的发言,不仅宣传了武钢信息化建设的成就,而且对湖北省信息化产业的发展提出了建设性意见。四是严格按照武钢对稳定工作与防治“非典”疫情工作要求,认真做好统战系统的各项工作。结合武钢情况,统战部多次召开了各民主党派、侨台联负责人会议,传达上级要求,对重点人员及时进行走访与慰问,随时了解和掌握有关情况;对部门离退休人员逐户走访,并对在职人员提出要求,在做好稳定和防治“非典”疫情工作期间,没有出现任何问题。五是利用各种方法和途径,认真搞好统战宣传工作,全年在报刊、电视台上稿100多篇,大力宣传统战方针、政策、好人好事,宣传典型人物,激发广大统战成员工作积极性;2003年武钢召开职代会期间,特邀请了7个民主党派武钢基层组织和侨台联负责人列席会议,他们深深感到武钢对民主管理和统战工作的重视,表示要好好珍惜这个荣誉并发挥作用,为武钢发展多做贡献,武钢统战部及时将这个信息上报湖北省委统战部并被采用,省委统战部还向中央统战部报送这一信息。

【开展主题系列活动】 2003年,武钢统战工作开展了主题系列活动。一是将“爱、献、作”与“爱武钢、奔小康”主题活动结合起来进行。“爱武钢、献良策、作贡献”活动在武钢统战系统已进行了19年,统战部“爱、献、作”活动在2003年承接武钢方针目标中要完成2700万元创效任务。为确保任务完成，统战部将“爱、献、作”与“爱武钢、奔小康”主题活动有机结合起来，并作为2003年一项重点工作。统战部召开了统战干部会，分解并下发创效益指标，并结合全年工作任务和要求，开展“爱、献、作”立项活动，各单位在统战成员所提合理化建议中，将其中有重大价值的进行立项，重点进行跟踪并协调其进展情况，这也是对“爱、献、作”活动的一个深化与完善，即用重点项目来保证活动创效任务的完成。全年“爱、献、作”重点项目46个，大部分围绕武钢及各单位生产经营工作的重点及难点，实施情况良好。据不完全统计，2003年“爱、献、作”重点成果有34项，活动创效益3500万元。二是结合当前形势和任务，根据统战部各专业工作情况，成立了4个专业课题调研组，每个组3～5人，聘请二级单位有关统战干部参加。各个课题组都制定了调研计划、任务与进度安排，并采取不同形式进行调研活动。调研围绕“爱武钢、奔小康”主题和武钢生产经营中心任务进行，对武钢统战工作现状进行分析，肯定成功的经验和做法，找出存在的问题与不足，对今后的工作提出创新的思路和方法。三是结合武钢投产45周年庆典活动和稳定工作，在“爱武钢、奔小康”主题活动中，有计划、分批组织一些离退休统战成员代表参观武钢厂区，看科技馆，企业的变化使他们备受鼓舞。四是开展新春联谊活动，搞好走访慰问送温暖工作。元旦与春节期间，统战部结合2003年的主题活动，不断强化大家的“爱武钢、奔小康”意识并作为重要内容融入联谊活动中，并且还给港、澳、台及海外有关人员寄送贺年卡、明信片。通过这些活动，凝聚人心，不断增强武钢统战系统的生气与活力。另外，在元旦、春节期间武钢与二级厂矿走访慰问各类重点统战人员2000人次。在武钢党委的亲切关心和有关系统的大力支持下，组织了首批统战成员代表到港澳进行参观考察，从而激发了他们立足武钢，干好本职工作的满腔热情。

【统战队伍建设】 2003年，武钢统战队伍建设开展了以下工作。一是完善统战工作网络。2003年，按照《武钢统战工作条例》要求，结合武钢改革情况，特别是各单位负责统战工作的兼职人员变动比较大，在年初统战工作会后，统战部便要求各二级单位健全完善统战工作网络，保证从武钢到厂矿、到车间，统战工作有人管理，活动有人组织，不断档、不掉线，使全年统战工作能够正常运转。二是按照武钢培训教育计划，组织了一期统战干部培训班，主管武钢统战工作的樊政炜书记，结合党的十六大精神，党的统一战线历史，“三个代表”重要思想以及武钢目前形势在培训班上给大家讲话，使统战干部深受鼓舞和教育。通过学习，广大统战干部的理论水平和业务能力都有很大提高，对政协、党派、侨务、对台、民族与宗教等专业工作的认识也得到加强。三是在统战干部中继续开展争创“三好”活动。按照党对统战干部素质的要求，2003年统战部继续在全武钢统战工作网中开展争创“形象好、人缘好、人格好”的活动，不断增强广大统战网成员的大局意识、政治意识、责任意识和创新意识，提高统战工作网络的整体素质，塑造统战干部良好形象。各单位均能够结合实际情况定措施，高标准、严要求，至年底活动取得一定成效。四是大力协助各民主党派、侨台联搞好思想和组织建设，开展好各项活动。2003年重点协助他们开展好组织活动，学习贯彻十六大和武钢“两会”精神，提高思想、统一认识，为武钢2003年的生产经营献计献策、多做贡献；另外，本届武钢侨联、台联任期已满，统战部多次召开座谈会，和他们共同商量换届方案，经武钢党委批准方案后，自下而上进行了换届选举工作。至年底筹备工作正在进行。为了支持各民主党派基层组织更好地开展活动，武钢2003年特批了党派活动经费，用于各基层组织开展教育、学习活动，极大地鼓舞了党派成员的工作热情。武钢农工党成员在总医院的大力支持下，组织10多名各科专家、教授，到灵乡铁矿开展义务医疗咨询活动，在2天的咨询活动中，外科、内科、妇产科、小儿科等医务人员共为灵乡铁矿诊治患者近400多人次，为8人做了小手术，受到灵乡铁矿职工家属的好评。

【其他工作】 (1) 统战理论研讨初见成效。一是在2003年初按照上级要求并结合武钢实际，武钢统战部下发了统战理论研讨课题，各单位认真组织并开展研讨活动，全年共收到82篇论文，有3篇论文获武钢一等奖、8篇论文获二等奖、15篇论文获三等奖、24篇论文获优秀论文奖。同时，在获奖论文中有36篇文章被收录在《武钢统战论文集(2003)》上。二是统战部2003年参加武钢办公室、纪委、工会等系统调研活动，均能结合统战工作实际，取得了二、三等奖的成绩。三是统战部2003年组织11篇文章参加省市统战部理论研讨活动，均获优秀论文奖。(2) 落实政策办实事。根据党和国家有关政策规定，武钢统战部为符合中考和高考加分优录的少数民族职工子女、归侨子女及侨眷高知子女中的20多名考生办理了有关手续。另外，还协助部分家庭生活困难和个别涉及到落实政策的统战成员早日解决问题而尽力做好协调、沟通等方面工作，并取得一定成效。(3) 按武钢要求对统战部管理制度文件进行清理和评审。属于标准范围的共计13个，其中《武钢统战工作条例》和统战工作关于经费的文件需要进行修改完善，其有关经费的文件于1990年下发，因时间长、标准低，不适应工作开展；《条例》于1997年施行以来，随着武钢及整个国家形势的发展变化，有些方面需要调整与补充。根据工作要求，统战部成立了《条例》修改小组，并向各二级单位下发意见征求表，并多次召开座谈会研究和讨论修改《条例》，并按武钢要求做好相关工作。(4) 按武钢要求认真做好安全、综合治理、消防、"质量月"活动中的各项工作，完成各项临时工作任务，如接待台湾新闻团、湖北省政协专委会、武汉市委统战部调研等等，均受到好评。

（宋卫军）

● 机关党委工作

【概况】 2003年，武钢直属机关党委认真学习贯彻党的十六大和十六届三中全会精神，以"三个代表"重要思想为指导，紧紧围绕企业生产经营和改革发展目标，以"五创"活动为重点，即创新思想观念、创新机关管理、创建基层满意部处室、创建学习型机关群体、创建稳定的政治环境，发动直属机关全体党员和职工，开拓进取，奋力创新，较好地履行了机关各项职能，为武钢全年生产经营和改革发展目标的顺利实现做出了贡献。机关党委中心组获武钢先进中心学习组称号。2003年，机关党委获武钢先进党委称号和武钢党风廉政建设先进单位称号，机关党建研究工作获武钢模范单位称号。2003年机关党委下属党总支部10个、直属党支部12个、二级党支部53个，共有中共党员1289人。

【机关思想建设】 2003年，直属机关党委创新思想观念，一是结合武钢的部署和机关实际，及时制定机关学习贯彻十六大精神的计划安排。党的十六届三中全会召开后，党委对学习又做出了具体部署，指导部处室理论学习有序进行。二是认真抓好机关各部门中心组学习制度的落实，督促和指导部处室中心组抓好理论学习。党委先后两次检查了部处室中心组学习情况，推广交流了组织人事部、老干中心中心组学习经验，促进了学习的深入。通过抓中心组的学习，机关领导干部带头学，学以致用的氛围进一步得到增强。三是结合武钢改革发展重点和职工关注的热点、难点、疑点，先后组织举办了5场学习十六大精神，居安思危，加快改革发展辅导报告会，推动了机关"解放思想、转变观念"大讨论的深化，丰富了学习形式，活跃了学习气氛，增强了学习效果。四是举办党团支部、工会负责人培训班，深入学习党的十六大和十六届三中全会精神，召开武钢办公室、工会、团委、纪检系统理论学习研讨交流会，共交流60多篇学习体会文章，推动了各单位理论学习的深入开展。五是创建稳定的政治环境，加强思想政治工作，落实稳定工作责任制，实现了稳定工作目标。首先加强了退休职工的管理服务工作。2003年，退休职工群体上访增多，稳定方面的工作量加大。机关党委和各部门(单位)都加大了工作力度，不仅在思想上进一步认识到继续做好退休职工管理服务工作的重要性，而且制定了协助武钢退管中心机关退管办做好退管工作的制度，并指定了具体负责有关服务和协调工作的联络员。对个别矛盾突出的部门、单位，机关党委加强指导督促，参与分析排查，商议解决措施，把矛盾消除在萌芽状态。在化解与退休职工有关矛盾过程中，机关各部门(单位)领导予以高度的重视，及时了解退休职工的思想动态，多次召开各种类型的座谈会听取退休职工的意见；讲政策、讲道理、讲大局、讲稳定，宣讲武钢发展形势和教育宣传提纲，逐家逐户地做好思想政治工作；对退休职工反映的困难，做到能够解决的尽可能地帮助解决，一时解决不了的，耐心细致做好解释工作；对生病住院和困难退休职工逐个进行慰问。深入细致的思想政治工作沟通了退休职工的思想，排除了不稳定因素，发挥了机关在稳定方面的表率作用。其次落实了职工思想动态分析和矛盾排查制度。机关各级党组织认真落实武钢党委一系列稳定工作的部署，经常分析职工关心的热点问题，开展矛盾排查和疏导、化解工作，并结合不同时期的重点有针对性进行形势任务教育。强有力地宣传思想工作对机关职工统一思想、凝聚人心、鼓舞士气起到了推动作用。第三，按照武钢统一部署，一手抓好防治"非典"疫情，一手抓好专业管理工作，确保了机关各项工作的有序进行和如期完成。上半年，机关党委和各部门(单位)及时传达落实武钢防治"非典”疫情工作的一系列部署安排，并结合机关实际制定各项防范措施。对机关办公大楼实施了凭证进入管理；督促机关餐厅取消托盘供餐；总务部及时购置分发了一批“防非”药品；机关各级党组织统筹兼顾、合理部署“防非”和业务工作，确保了职工的身体健康和各项业务工作的圆满完成。

【机关党组织建设】 2003年，直属机关党委进一步加强了党支部建设，党员先锋模范作用得到更好发挥。一是及时健全组织体系。由于人事不断变更，党委要求各总支、支部及时配齐支委，及时调整分支部、党小组，从组织上保证党的“三会一课”、领导干部双重组织生活、积极分子培养和新党员发展等党内活动的正常开展。二是民主评议党员取得较好效果。根据武钢党委部署，党委结合机关实际提出了解放思想，创新管理，改进作风，提高效率，履行职能，促进各项任务圆满完成的民评重点和具体安排。各党(总)支部加强领导，精心组织，把好学习、征求党内外意见和自评、互评关，经党委检查、验收，民评活动达到了对党员进行一次较系统的党性党风党纪教育的预期目的。三是加强了机关党(总)支部“创先争优”竞赛考核。机关各党总支、支部，突出了围绕中心、服务大局、坚持重大问题集体研究、党员教育管理、党风廉政建设和职工思想政治工作等党建重点工作。通过每半年一次的系统检查和讲评，机关各党总支、支部工作普遍得到重视和加强。四是开展“爱武钢、奔小康，推进管理创新”主题教育活动，充分发挥党员、干部在更好地履行机关管理职能，实现武钢生产经营和改革发展目标中的先锋模范作用，激励机关广大职工为实现武钢生产经营任务多做贡献。年初，党委在全机关开展了创新工作思路研讨。要求各级党组织以党的十六大提出的“四新”要求，谋划好新一年的工作思路。在深入学习十六大精神、研讨武钢改革发展的基础上，交流了8个部门的创新工作思路，起到了相互交流、借鉴的作用。召开党委工作会全面部署武钢两会精神，重点提出全年机关工作要围绕“五创”做文章，即创新思想观念，掀起学习十六大精神热潮，促进改革发展思路的不断完善；创新管理，围绕中心加强机关党的建设，充分履行机关管理新职能；创建基层满意部处室，改进机关作风，提高办事效率；创建学习型机关群体，发挥群团组织作用，全面提高职工素质，充分调动职工积极性；创建稳定的政治环境，确保武钢改革发展和生产经营顺利进行。党委领导经常下到部处室开展调查研究，帮助出点子，谋方略，抓落实。同时利用《机关动态》交流各部门落实、创新的做法和经验。上半年编发了《机关动态》12期，下半年编发了12期，推广了各部门好的创新举措。在落实武钢两会精神中，机关22个部门、单位都结合各自职能，拟定了确保武钢全年生产经营目标和改革发展任务实现的方案和措施，并在落实上下功夫，各部门、各单位所定工作目标均较好实现。各级领导以身作则，发动党员、职工结合本部门、本岗位管理工作的重点、难点和薄弱环节，选定管理创新的重点，从体制、机制和管理方面分析原因，找出差距，确定创新的办法和措施。8月，党委通报了各部门确定的重点创新项目80多个。11月份，机关22个部门、单位共总结上报创新成果100多个，现场发布和书面交流创新成果84项，党委表彰奖励了7个活动先进组织单位和77个优秀成果。通过活动达到了把机关全体党员和广大职工的注意力和兴奋点引导到改进机关作风、提高机关管理水平上来，把职工的思想和行动凝聚到解决管理难题、履行管理职能上来。机关各级党组织和工会、共青团组织在这一活动中积极总结、探索围绕中心、服务大局开展活动的新途径和新方法。五是不断总结宣传先进典型。2003年党委交流了规划发展部党支部坚持开好民主生活会，扩大党内民主的经验；技术改造部发挥党总支作用，保证技改各环节工作顺行的经验等。编发《机关动态》24期，及时交流各部门、各支部围绕中心、服务大局，创造性开展工作的经验、做法，对机关党建和宣传思想工作起到了较好的推进和示范作用。2003年“七一”，机关党委和组织人事部、纪委监察室、老干中心、技改部、审计部等5个党总支、支部受到武钢党委的表彰，审计部长谭丽丽同志被武钢党委授予“模范共产党员”称号。机关党委也表彰了一大批先进党总支、支部和优秀共产党员、优秀党务工作者。

【机关作风建设】 为进一步加强机关党风廉政建设和机关作风建设，创建基层满意部处室，塑造良好的机关形象，直属机关党委开展了一系列行之有效的活动。一是党委领导多次深入二级单位，与基层党政主要领导交流，听取对机关党风廉政建设和机关作风的意见、建议，与有关部处室领导共同探讨改进的方法。二是党委下发了《学习实践“三个代表”进一步加强和改进机关作风建设的意见》，结合新形势、新任务提出了加强和改进机关作风建设的重要意义、总体要求和具体办法。三是组织指导机关各部门(单位)认真开展以招投标和重大事宜集体研究为重点的“学、查、改”效能监察活动。对信访举报较多或重点、敏感问题,党委、纪委领导会同有关部门主要领导逐一具体地商讨此次活动扎实开展的方法和要求,同时进一步清理、完善了有关管理制度,健全了监督制约机制。四是制定下发了《直属机关部务公开实施办法》,组织指导各部门(单位)结合实际制定实施细则并抓好落实,提高职工民主参与、民主管理和民主监督水平。五是除了坚持每季开展机关作风及用户满意评价外,还开展了机关办事效率考核,年度推荐“基层最满意部处室”和“基层最满意机关工作人员”活动。对考评、推荐结果,在机关通报公布,促进了各部门对作风建设的重视和改进。经基层推荐,年末有10个部门获2003年度“基层最满意部处室”称号。

【机关群团工作】 2003年,直属机关党委发挥群团组织的工作优势,开展各项竞赛和创新创效活动进一步调动职工的积极性。机关工会、团委联合开展创建学习型机关群体活动,利用各种形式营造浓厚的学习氛围,不断提高职工素质,开发人力资源。各部门(单位)按照两级党委要求,结合专业管理工作,广泛开展业务培训,读书自学风气更浓。岗位自学和参加业余学习的人不断增加。机关团委组织了青年读书兴趣小组和“三个代表”重要思想学习小组,开展“读一本好书、承担一个课题、解决一个问题、写一篇论文、创一项成果”的“五个一”读书自学活动。机关党委与审计部共创的《在管理创新中打造学习型机关》成果获得了2003年冶金企业管理创新成果二等奖。同时开展岗位立功竞赛、岗位成才活动。一季度,机关工会、团委联合组织开展合理化建议月活动,全机关共提合理化建议637条,评出金点子15项;四季度开展的“爱厂爱岗,发展武钢,献计献策”活动也很广泛,审计部人人荐言献策,计财部每个科处都有新建议,一批建议得到武钢奖励。计财部在代表武钢参加武汉市职业技能大赛中有3人获状元或能手称号。2003年,机关工会获武汉市模范职工之家称号;机关团委获武钢红旗团委称号。机关治安综合治理工作也取得了新的成绩,全年机关未发生一起刑事案件和火灾事故。厂容管理、爱国卫生、计划生育等工作也得到武钢主管部门的肯定和奖励。

(车长民　吕红波)

● 办公室工作

【概况】 2003年,武钢办公室以党的十六大精神为指导,认真实践“三个代表”重要思想,发扬“争先、争优、争一流”的企业精神,紧紧围绕武钢的生产经营和改革发展大局,扎实开展“三服务”工作,履行“四项职能”,全面完成了各项工作任务,取得了显著成效。该年,武钢保密工作获湖北省先进单位称号;信访、民调、机要、文书和扶贫等项工作获武汉市先进单位称号;武钢办公室获武钢“红旗单位”、“先进党总支”、“基层最满意部处室”、“科普工作先进单位”等称号。

【调研信息工作】 2003年,办公室调研工作一是坚持贴进企业领导思路,贴进武钢中心工作,本着“调研在关键处,参谋到点子上”的原则,不断增加针对性和实效性,确定了武钢对全局工作中带有典型性、普遍性的问题开展专题调研,先后完成了《从质量效益型到科技创新型的跨越发展》、《10年开拓铸辉煌、与时俱进兴武钢》、《认清形势,统一思想,加快改革发展,再铸武钢辉煌》、《武钢职工满意度的调查与思考》等一批有力度、有深度的专题调研报告,为武钢领导全面了解掌握情况,进行正确决策提供了依据,受到了高度重视。同时,完成武钢工作会报告、职代会报告、领导讲话和情况汇报等综合文稿50篇,近45万字的起草工作。二是及时编写和提供各类信息。2003年,编发《武钢情况通报》、《领导参阅》、《领导讲话》共66期,挑选相关重大信息350余条以《领导参阅》直报方式呈报武钢领导供分析、决策。同时,将武钢各方面的信息50余条及时上报给国资委及省市办公厅,其中38条重要信息被采用,受到了上级机关的好评。三是抓好信息队伍和网络建设。2003年,武钢办公室结合《系统目标管理考核办法》,通过在武钢每个单位选派一名素质较高的信息员,每月报送一次信息,每季汇报一次全面工作的基础上,形成了一条自下而上的信息网络,收到各单位撰写的围绕武钢改革、管理、人力资源开发、发展战略、市场营销、技术创新、党的建设等一系列问题的调研成果130篇,起到了交流经验,研讨问题,推动工作开展的作用。

【管理工作】 2003年,武钢办公室进一步规范了系统的基础工作，重点加强了制度建设和办公自动化建设工作。一是在“爱武钢、奔小康、推进管理创新”工作中，武钢办公室结合工作实际，提出10项创新工作思路，重点抓制度管理，健全完善管理制度。对各专业工作的制度进行了清理、修改、合并，将新增后的27个管理制度汇编成册，供各单位据此规范操作，严谨管理，提高效率。二是严格执行目标考核，规范办文、办会、办事程序，确保各项指标全面完成。全年处理请示报告4613份，接收上级来文1299件；接收、处理、传递各类信息2598条，武钢集团公司制发文及“三密”文件管理目标兑现率达100%。同时，加强企业商业秘密和国家秘密的管理，较好地保护了企业和国家的利益。三是充分发挥督察工作职能，推动决策的贯彻落实。武钢办公室为把各项决策落到实处，从秘书、调研、信访三个方面进行归口管理，分层次、分专业、分类别进行督办，做到交办立项、转办督办、信息反馈的有效统一，保证领导批办交办及决策等各项工作的贯彻落实。2003年，武钢办公室承办省、市人大代表建议案3件，市政协委员议案1件，在武钢领导及有关部门的大力支持下进行了督办，回复率达100%。四是全面提高办公自动化水平。推进办公自动化是办公室系统2003年一项重要工作目标，在产销资讯部、自动化公司的大力支持和配合下，经过武钢两级办公室的共同努力，企业OA系统正式上线运行，从而初步实现了管理流程的优化、信息资源的共享和快速传递。在运行过程中，多次征求各单位的意见，针对运行中所暴露出的问题，不断地改进与完善。OA系统的运用，有效地简化了办事程序，提高了办事效率，降低了办公成本。

【综合协调工作】 2003年，武钢办公室发挥协调作用，处理重大事件。针对武钢部分退休职工因对工龄工资及医改等不理解的情况，武钢办公室积极行动起来，协助党政领导做好宣传引导工作，维护了武钢和二级单位稳定的大局。办公室组成接待专班，设立了24小时直报电话专人负责，形成80多家单位定时直报信息网络，保证了武钢指挥系统和武钢领导随时掌握各厂、点的动态。共编发直报信息专报40余期，反映直报信息500余条，及时向省、市、区写出书面材料，及时处理突发事件16件。各二级单位办公室根据武钢稳定工作要求，按照武钢《宣传提纲》精神，认真做好正面宣传和疏导工作。全年多次走访退休职工，召开退休职工座谈会，宣讲《宣传提纲》精神，分析武钢面临的挑战和困难，耐心解答退休职工提出的问题，起到了交流思想、缓解矛盾、相互体谅的目的，维护了武钢的稳定。同时，面对流行的“非典”疫情，武钢办公室与有关部门协作，组建“抗非”疫情指挥部办公室，统筹对武钢“防非”疫情工作协调、指挥，并起草下发了关于“非典”疫情防治文件14个，编发《武钢防治“非典”简报》12期，组织设立了防治“非典”疫情监测点25个，协调组织4800余名出差职工、回汉亲属及来汉人员进行体检，对武钢所有的集中制冷设备集中安排消毒和验收。在各单位的共同努力下，武钢未出现一例“非典”病人。国务院督察组对武钢防治“非典”疫情工作给予了高度评价，武钢一手抓生产经营，一手抓防治“非典”疫情的做法得到中央领导的肯定。

【对外接待、防汛、扶贫工作】 2003年，武钢在对外接待工作中树立了“好窗口”形象，先后接待了李长春、黄菊等中央领导和李荣融、贾志杰等部委领导；承办了国家经贸委在武钢召开的“再就业工作会议”、“武钢技术创新院士行”等大型会议，受到武钢领导和上级部门的高度评价，武钢办公室人员的工作热情及周到、细致的工作作风，充分展示了武钢风采；武钢科技馆的设施、环境及各种形式的策划、宣传活动，提高了武钢的知名度和美誉度，全年共接待宾客606批(次)，21332人(次)。此外，武钢防汛工作本着“安全第一，常备不懈，以防为主，全力抢险”的防汛方针，完成工业港子堤1300 m^2 护坡大修、北湖污水港新建挡水墙870 m等多项工程。武钢扶贫工作完成对口扶贫单位五峰县、通山县、新洲区项目18项，实现了预期目标。武钢驻京办、驻沪办圆满地完成了各项工作任务。

【职工队伍建设】 2003年，武钢办公室为了不断提高办公人员的综合素质，注重抓好职工的思想、组织和作风建设。一是抓理论武装工程。组织职工认真学习“三个代表”重要思想、十六大报告和十六届三中全会精神，学习武钢领导的重要讲话，用“三个代表”重要思想和十六大精神统一职工思想，强化职工的责任感和无私奉献精神，倡导和树立“敬业、规范、求实、创新”的精神，组织了机关办公人员“一次通”全能培训和科级及以上干部进行继续工程教育的培训。组织办公室系统部分人员外出学习考察，拓宽了知识视野。二是健全规章制度。结合岗位实际，进一步修订和完善了工作人员办事程序和岗位经济责任制，制定了《信息反馈制度》、《办公室系统目标管理办法》、《武钢参观接待管理办法》等制度。三是抓工作作风建设。要求办公室人员在工作中正确处理好领导与被领导的关系、务实与务虚的关系、继续与创新的关系；既要扎实工作，又要善于总结；既要及时领会、传达领导意图，又要善于团结，充分发挥各职能部门的积极性，真正做到在工作中掌握主动、把握全局、注重实效、开拓创新，使办公室工作上一个新的台阶。

（袁伟莉）

● 人民来信来访工作

【概况】 2003 年，武钢信访工作在武钢党委的高度重视下，在湖北省、武汉市领导的直接关怀和指导下，武钢信访办紧密围绕并结合武钢的生产经营和改革发展形势来适应市场改革的需求。全年共受理群众来信 1151 件（不含武钢领导直接受理的信件），较 2002 年增加 1.092%，接待群众上访 2549 人次，较 2002 年增加 1.094%。其中：联名信 31 件共 1330 人签名，较 2002 年分别增加 0.78% 和 0.76%；其中（5 人以上）集体访 76 批，共 1427 人，分别较 2002 年增加 1.01% 和 1.09%；信访总量 3700 件次，与 2002 年相比增加了 13.92%。2003 年，武钢党政主要领导亲自阅批群众来信 528 件（不含武钢领导直接受理并批示的信件），占武钢信访办受理来信的 2.17%，接待职工群众上访 1023 人次（含集体访 29 批，617 人），占武钢信访办接待来访量的 2.49%，直接下基层走访慰问当场批示并解决的信访疑难问题 246 件，研究处理信访问题 187 件，全年共接听和处理总经理热线电话 582 件，调处民间纠纷 92 起，全年无赴省、市集体上访的事件发生，个人赴京上访率也严格控制在上级规定的人数内，全年信访及时处理率 100%。

【信访处理】 2003 年，武钢既要面对市场经济进行宏观调整，又要理顺企业同周边的工农关系，还要面对企业内部机制改革的深入做进一步的深化调整，同时必须符合国家的宏观政策及适应市场经济的需求。在这种情况下，为避免职工群众对政策理解的不够而产生一些不必要的矛盾和误解，武钢党委领导同志多次深入基层、认真调研，在此基础上，配合国家的医改政策相继制定和补充出台了一系列相关政策，在具体操作时做到了公开、公平、公正。企业各级信访干部在不断增强群众观念的同时，妥善处理人民内部矛盾，做到为职工排忧解难，对群众反映的按政策能够解决的问题，积极联系解决并妥善处理，对上访群众用重依据、摆事实、讲政策、讲道理的方法，耐心做好疏导化解工作。

【维护社会稳定】 2003 年，武钢党委高度重视信访工作，把信访工作作为维护企业稳定、确保社会安定的一项重要工作和头等大事来抓，以稳定压倒一切，将信访稳定工作列入企业重要议事日程上来，在武钢各级党、政主要会议和各种大型会议上反复宣讲并做宣传解释工作及责任制的贯彻落实工作，将责任落实到人。在电视新闻、报刊及各种宣传舆论媒体进行宣传报道。并结合工作中的热点、难点、疑点问题，研究部署企业的工作。在党和国家重大政治活动和节假日期间，针对比较敏感的问题，不仅将责任制和具体工作落实到位，明确责任单位和责任人抓稳定工作；指派专人部署上门做劝控工作；在可能影响国家稳定的特殊时期、在有可能出现影响稳定的重大苗头时，武钢党、政主要领导登门到职工家中做思想稳定工作的劝说和做矛盾的化解工作。武钢各级信访部门也加强维护企业的稳定工作，主动做好超前化解工作和各种信息的收集和及时报送工作，对涉及武钢全局的重要信访信息及时筛选出来并报上级领导和武钢领导阅批，督促有关部门研究并落实，对能解决和应预解决的问题，及时督促办理解决；对有条件可以解决的问题，提出建议并请武钢尽快落实解决。2003 年初，在武钢正式出台的文件和国家医改文件的方案接轨时，在具体贯彻执行文件精神时，一些相关政策使老职工一时理解和接受不了，认为武钢以前的效益不错，又是国家的纳税大户，现在人老了，退休早，而工资偏低、身体又差，企业又将他们当包袱放到社会上不管他们了，他们的生活又比较困难等等，加上武钢又是一个有着几十年历史的老企业，职工的老观念、老思想一时又难以适应新的形势和环境，在这种情况下，他们酝酿组织集体上访活动。武钢党委在得知这一信息和情况后，立即召开各层次的紧急会议，布置相关工作，并层层落实到人、落实到岗，充分发挥每一个党员、团员和骨干力量的作用，发动干部和职工连夜到退休职工家中进行走访，通过广大干部和职工的共同努力，将在职工走访中收集到的信息和问题及时反馈到企业主管领导，武钢立即根据实际情况，各级领导深入基层，认真听取了广大退休职工的意见和建议，反复进行磋商，先后出台了相关的补充医疗方案、对特困家庭建立了扶贫基金会，用以解决他们的实际困难，让职工感觉到组织上没有忘记他们，这样既增强了企业的干群关系又加强了企业的凝聚力，使企业的改革得以顺利实施。

【信访工作管理】 2003年，武钢为了进一步加强信访工作，变更了新的信访领导小组成员。根据武钢信访领导小组的要求，武钢信访办重新修订和完善了岗位工作标准、管理制度、职责条例、设备操作规程等目标文件，将上级和武钢信访目标分解到各个单位。对交办的信访问题，定期和不定期地进行检查，在年终武钢办公室督办检查情况时，与各单位和部门的考核人员挂钩并纳入系统考核，将武钢信访目标分解到基层，将矛盾化解在基层，消灭在萌芽状态。武钢按武汉市(2003)方针目标文件精神的要求，信访方针目标已全部达标并获武汉市先进单位称号。

(张纯娥)

● 老干部工作

【概况】 2003年，武钢老干部工作认真落实全国老干部局长会议和武钢“两会”精神，紧紧围绕武钢改革发展稳定大局，不断加强老干部党支部建设和思想政治工作，落实老干部政治、生活待遇，发挥老干部在物质文明、精神文明建设中的积极作用，开展以公道正派为主要内容的“树组工干部形象”的教育活动，为实现武钢全年生产经营目标，维护改革发展稳定大局做出了贡献，老干部管理服务中心被评为“武汉市老干部工作目标管理先进集体”和武钢“红旗单位”，党总支被武钢党委授予“先进党支部”称号。该年，在册离退休老干部2012人，其中离休干部1161人，退休处级以上及相当级别的技术干部851人。党员离退休干部1718人，老干部党总支3个，党支部85个，党小组187个。2003年，新增老干部27人，去世58人。

【落实老干部政治待遇】 (1) 2003年，坚持落实政治学习制度。按照武钢党委要求，组织老干部认真学习十六大报告、《“三个代表”重要思想学习纲要》和胡锦涛总书记“七一”讲话等，由武钢党政领导对老干部作形势任务报告，帮助老干部正确认识当前国家及武钢面临的机遇和挑战；陪同老干部参观厂容，介绍改革开放以来武钢发生的巨大变化，展望未来发展前景；与老干部面对面进行交流，宣传党和国家大政方针，解释武钢各项改革举措。各单位通过举办报告会、座谈会、读书班、知识竞赛、参观厂区等多种形式，增强了学习效果，加深了对“三个代表”重要思想的理解。(2) 进一步加强老干部党支部建设。武钢及各直属单位党委加强了对老干部党支部建设的领导和指导，全年组织举办支部委员和老干部党员培训班3期、一炼钢厂、二炼钢厂、大型厂、工业港、二医院、一技校、工程职业技术学院等单位老干部党支部书记在培训班上交流了工作经验，通过认真落实支部建设各项制度，开展“三会一课”、民主评议党员等活动，有力地增强了党支部的凝聚力和战斗力。(3) 认真开展“共产党员永不退休”主题教育活动。组织老干部党员学习了中组部推荐的“一位老同志的来信”及胡锦涛总书记的重要批示，学习新《党章》和老军医姜素椿等抗击“非典”疫情的先进事迹。在结合纪念党的生日召开的“共产党员永不退休”座谈会上，武钢党委书记王炯同志作了《共产党员永远是“三个代表”实践者》的报告，5位老同志作了保持革命本色，发挥余热，离休不离党，退休不褪色的发言。同时与《武钢工人报》联合组织“我的晚年生活”征文活动，共征收稿件60多篇，其中登报36篇，使主题教育活动在老同志中引起了强烈反响。(4) 充分发挥老干部政治优势。一大批老干部投身到“关心下一代”工作中，对中小学生进行爱国主义和革命传统教育，帮教转化失足青年，并深入厂矿，与青年职工，特别是青年技术骨干结对子，鼓励他们爱岗敬业。一炼钢厂、冶金渣公司关心下一代工作经验受到中关工委领导的称赞，其经验在湖北省、武汉市推广。武钢各级老干部自管委员会(小组)，发挥了桥梁、纽带作用，为老干部实现自我管理、自我服务、自我提高的目标创造了条件。在企业深化改革、加快发展、维护稳定工作中，广大老干部发挥了自身的特殊作用，树立了老同志良好的形象。

【落实老干部生活待遇】 (1) 建立离休费和医疗费保障机制。一是根据国办发【2003】93号和武人【2003】42号文件精神，配合武钢保险中心，对离休干部按照同职务同条件在职人员的增资额增加了离休费。二是由武钢主管领导牵头，反复与有关部门协调和配合，进行调查研究，根据主体厂、矿山地区及市区厂等不同情况，分别制订了离休干部医疗费统筹办法，解决了他们的医疗费问题。(2)让老干部分享改革发展成果。春节期间武钢拨款81.96万元对企业全体老干部进行了慰问。下半年拿出40万元，集中1个月的时间，分20余批组织1800余名老干部进行健康体检。全年老干中心共走访慰问老干部，特别是生病老干部及老干部遗孀困难户2860人次，发放生活补助金5万余元，进一步提高了老干部生活水平和生活质量。2003年，武钢各单位也十分注重为老干部办实事，提高老干部生活待遇，并及时为老干部排忧解难。组织老干部进行各种形式的参观学习考察活动，受到了老干部的好评。(3)不断改善老干部学习活动条件。武钢投资100余万元，在"钢都花园"住宅区建立了1000余平方米的老干部钢都活动中心和老年大学分校，另外还拨款60余万元，分别对老干部门球场、舞厅、车库等进行了大修改造，使老干部学习活动条件得到了明显的改善。(4)认真做好防"非典"疫情工作。在防治"非典"疫情期间，及时调整工作方式，同时组织工作人员向老干部宣传预防知识，定期对活动场所、小车，以及老干部居住的门栋进行消毒。

【老干部文化娱乐生活】 2003年，武钢老干中心组织老干部开展多项文化娱乐活动。一是组织举办了春节联欢会、春季运动会、门球赛和金秋敬老一条街等活动。二是积极组队参加省、市、企业组织的老年文体竞赛活动。三是组织1600余名老干部参加中组部、中国老年报社联合主办的学习十六大精神和"三个代表"重要思想知识竞赛活动，受到上级部门好评。四是认真搞好老年教育。该年，利用武钢老年大学扩建的机会，增加招生名额，扩大办班规模，在2002年招生500余名的基础上，学员达到1000余名。在教学中，坚持正确办学方向，使老年大学成为传播先进文化、科学知识、进行思想教育和老有所学的重要阵地。在丰富老干部精神文化生活的同时，注意把对党员的先进性教育贯穿到老有所学、老有所乐活动中去，既弘扬了党的光荣传统和作风，既使老干部积极参加活动，又增强了体质，达到了思想教育的目的。

【加强服务理念】 2003年，武钢老干中心工作人员加强服务理念，提高群体服务素养。(1)努力实践"三个代表"，不断增强老干部工作无小事的观念。坚持把学习"三个代表"重要思想与深化认识结合起来，教育职工牢固树立老干部工作无小事的观念；与实际工作结合起来，代表和维护老干部的切身利益；与提高觉悟结合起来，引导职工甘于吃苦、乐于奉献、爱岗敬业。通过学习教育，形成了一支学习型、服务型和敬业型职工队伍。(2)积极推进管理创新，争创一流的工作水平。该年初，根据武钢和机关党委的要求，结合老干部工作实际，深入开展"爱武钢、奔小康，推进管理创新"活动，确定了创新课题。经过机关党委评审，8项课题中，《创新目标管理体系、提升老干部工作管理与服务水平》1项获最佳成果奖，2项获二等奖，3项获三等奖，老干中心获最佳组织奖。(3)兴公道正派作风，树老干工作者形象，全心全意做好老干部工作。按中组部要求开展以公道正派为主要内容的"树组工干部形象"的集中学习教育活动，使全体老干部工作人员增强了大局意识、责任意识、服务意识，发扬奉献精神，全心全意为老干部办好事、办实事，树立了让老干部满意的良好形象。在该年进行的"纵向"和"逆向"考评中，老干部对老干中心工作人员满意率达90%以上。9月26日，武钢党委召开了武钢金秋敬老暨老干部工作表彰大会，武钢有30个单位、20个老干部集体、39名厂处级领导、203名老干部个人、68名老干部工作人员、8名老干部子女分别被授予先进单位、集体和个人称号。

(左汉生)

● 退休职工管理工作

【概况】 2003年，武钢退休人员管理工作得到各级领导的高度重视和大力支持，武钢集团公司全年以钢政办发[2003]59号《关于调整武钢退休职工管理服务中心内设机构及公司所属单位退管机构设置指导性意见》、钢发7号《关于进一步加强离、退、居休职工管理工作意见》、钢办发8号《关于调整武钢老龄工作委员会成员的通知》、钢办发16号《武钢退管系统维护稳定工作制度》、钢办发14号《关于印发武钢形势教育宣传提纲的通知》等一系列文件促进管理。成立了武钢老龄工作委员会，由武钢党委书记任主任，武钢组织人事部等主要部门负责人任委员。武钢退管中心成立党总支，内设行政机构"三部一办"，即综合管理部、宣传调研部、文体活动部和机关退管办。56个二级单位相继完善了退管工作机构，增设了科级干部和一般干部的编制，调整和充实了退管工作人员。2003年是武钢成立退管组织20周年，在20世纪80年代初期，随着一大批职工陆续退休，武钢开始建立退管组织。1983年，武钢下发钢办字[1983]243号文件，成立了武钢退休职工管理委员会，下设武钢退休职工管理办公室，属行政编制，工会代管。主要管理对象是正式办理退休、退职手续的职工和退职养老的计划外临时工。1984年武钢下发[1984]钢办字462号《关于加强退休职工管理的通知》，明确规定退管工作范围主要是退休费发放、医疗费报销、困难补助、走访慰问和开展文体活动等项工作。1989年，武钢还下发钢编办[1989]5号《关于管理退休职工编制的补充通知》，明确规定退管人员的编制按退休职工150:1的比例设置。至上世纪末，企业退休职工逐年增多，管理工作逐年加强。2003年，武钢退管服务中心紧紧围绕企业生产经营中心和老龄事业"六老六有"的工作目标，做了大量工作，退管组织建设和各项工作得到全面加强，被湖北省老龄委授予"敬老优待工作先进集体"称号。

【贯彻实施《老年法》】 2003年武钢退管系统共处理退休人员来信3500余件，来访2万人次，回复率100%，解决问题8000多个，调解家庭矛盾500人次。设立了3000万元离退休人员帮扶基金，专门用于离退休人员的困难补助，完成了两类生活特别困难人员的建档工作，并制定《武钢(集团)公司退休人员帮扶基金实施办法》。坚持走访慰问，全年走访省内外退休人员3.8万人次，发放慰问款203万元。办理武钢优待证4万多个、湖北省优待证1万多个。全国人大内务司和湖北省老龄委领导来武钢进行执法调研时，对扶贫帮困维护老年人合法权益工作给予了高度评价。

【开展宣传教育工作】 2003年，武钢退管系统每季度举办一次学习辅导报告会，每半年组织一次知识挑战赛活动，并通过武钢电视台进行全程录像和实况转播。通过开展武钢形势教育和政策宣传活动，增强退休人员支持企业改革和发展的自觉性；开展了"爱武钢、奔小康、颂改革、促稳定"为主题的思想教育活动，组织退休老劳模、片组长参观武钢科技馆、厂区和海南、广州自费旅游活动，使退休人员亲身感受中国改革开放的新成果和企业不断发展变化的新成就，引导他们接受新思想、树立新观念、适应新形势，进一步坚定对武钢改革发展的信心。以举办"树退管工作新风、展退休人员风采"为主题的《夕阳红》征文活动为契机，加大了宣传工作力度，宣传了退休人员先进典型，发挥了典型的导向作用，产生了较好的社会影响。武钢先后获全国老龄委和武汉市老龄委举办的学习十六大精神和"三个代表"重要思想知识竞赛活动先进集体奖和先进组织奖。

【加强调研和思想政治工作】 2003年，武钢先后对退休人员思想动态、生活困难情况、医改后的反映以及公共活动场所现状、退管人员配备情况和老专家教授作用发挥情况等进行专题调研；落实"包、保"责任制，开展"地毯式"上门走访活动，做思想工作达3万多人次，组织"面对面、实打实、心连心"座谈对话会150场次，将矛盾消灭在萌芽状态，确保了退休人员队伍稳定。下半年，还协助政府完成了青山区4万多退休人员基本信息统计工作，建立了退休人员数据库，为社会化管理的平衡过渡奠定了基础。

【开展"老有所为"活动】 2003年，武钢组织开展了"我为安全生产献金点子"活动，共收集安全对联近千幅，安全"金点子"、安全案例等共90余个(篇)，送到生产一线车间、班组。高温酷暑季节，组织退休劳模、标兵，送西瓜、饮料、毛巾等近10余万元防暑降温物资到生产一线。开展了"学雷锋、作贡献"义务服务活动，组织50个单位近千名退休人员开展了理发、家电维修、法律咨询等近百项服务活动，为上万名市民义务服务。

【丰富退休人员文化生活】 2003年，武钢开展第十三届金秋敬老月系列文体活动，举办了门球、乒乓球，桥牌、舞蹈、声乐、健身操、太极拳等15项活动；开办武钢职工老年大学，开设了歌咏、舞蹈、时装、书法、剪纸等专业课，为基层培训了大量的文体骨干。举办了以"歌颂社会主义，歌颂中国共产党，歌颂改革开放，歌颂美好生活"为主题的老年书画摄影作品展，展出作品260余幅，其中有11幅作品在湖北省获金、银、铜奖。该年武钢舞蹈队获武汉市"庆重阳老年文艺擂台赛"牡丹奖；老年合唱队获武汉市艺术节金奖；老年门球队和象棋队分别获湖北省、武汉市比赛大奖。

(徐昌桂)

● 人防武装工作

【概况】 2003年，武钢人防武装部认真贯彻落实党中央、国务院、中央军委关于加强国防后备力量建设的指示精神，圆满地完成了上级赋予的各项工作和任务。该年，武钢拥军优属工作首次受到全国表彰，被国家民政部和解放军总政治部授予“爱国拥军模范单位”；民兵预备役工作被武汉警备区评为“全面建设达标先进单位”，正规化建设经验在武汉市进行了交流和推广；国防教育被湖北省、武汉市评为先进单位；人防工作受到省、市高度评价；人防武装部被武钢评为“先进单位”。与此同时，企业各级人武部还广泛发动民兵开展“参建”活动，为武钢实现生产经营目标做出了贡献。

【职工国防教育】 2003 年，为普及全民国防教育，不断增强武钢广大干部职工的国防意识，人防武装部组织开展了多种形式的国防教育活动。(1) 结合职工轻武器射击训练、民兵专业分队技战术训练和高炮实弹射击考核，对广大职工和民兵进行了当前军事斗争形势和有关国防知识教育，增强了全体职工的忧患意识和国防意识。(2) 开展了“全民国防教育日”活动。为了抓好宣传教育活动，武钢人武部与武钢党委宣传部联合下发了《关于组织开展 2003 年“全民国防教育日”活动的通知》，组织武钢各单位紧紧围绕“国防连着你我他，安全维系千万家”这一主题，深入开展了各种形式的国防教育活动。共组织了国防形势报告会 50 余场，办板报、墙报 50 余块，推动了武钢职工国防教育的深入开展。(3) 结合“十一”升旗仪式，开展爱国主义教育。2003 年 10 月 1 日，武钢领导与民兵国旗班、调整哨以及应急分队队员一起举行了升旗仪式，表达了对祖国的无比热爱之情。武钢电视台进行了专题报道，对武钢广大干部职工进行了一次生动的爱国主义教育。(4) 开展了国防知识竞赛活动。2003 年 10 月，按照武汉市国防教育办公室的要求，人武部组织武钢 1 万名职工参加了武汉市举办的国际国内形势基本常识竞赛，获一等奖 1 名，二等奖 2 名，三等奖 3 名，纪念奖 5 名。同时，武钢被评为“组织工作先进单位”。有力地激发了武钢广大干部职工学习国防知识的积极性。(5) 抓好学校国防教育。2003 年 8 月，结合新生入学，武钢人防武装部与中小学教育处、武钢党校管院、工程技术学院和一技校协作组织，并选派 100 名优秀民兵教官对武钢 6 所高中、2 所院校和 1 所技校的 4500 余名新生进行了军训，使国防教育进学校、进课堂。通过国防知识讲座、队列训练和轻武器射击训练，增强了广大学生的国防观念、组织纪律性和吃苦精神、团队精神，受到了学校和家长的一致好评。

【民兵预备役建设】 2003 年，武钢在民兵预备役建设中进行了以下工作：(1) 较好地完成了年度民兵整组工作。为了保证民兵组织落实，武钢人防武装部按照警备区的要求，坚持组装一致、建用一致的原则，组织武钢 48 个建有民兵组织的基层武装部开展了一年一度的民兵组织整顿工作。通过宣传教育，调整编组，调配干部和集合点验等工作，优化了基干民兵结构，编实了民兵组织。使武钢民兵组织达到了规模适当、布局合理、干部齐备、制度健全的要求。经武汉警备区验收，合格率达 100%。(2) 落实民兵政治教育。为了提高广大民兵的政治觉悟，牢固树立居安思危的忧患意识，人防武装部严格按照警备区的要求和企业年度武装工作的计划安排，结合形势和任务开展政治教育。首先，抓民兵学习制度落实，按照普通民兵一年 2 次，基干民兵一年 4 次的政治教育计划，对民兵进行了爱国主义、国防知识和民兵性质、任务及光荣传统教育。为了抓好落实，及时编发了《民兵工作学习资料》和季度教育提纲。其次，结合民兵整组和军事训练，集中对广大民兵进行了军事斗争形势和社会稳定教育。印发宣传资料 500 余份，悬挂横幅、标语 140 余条，出板报、墙报 50 余块。第三，通过各种媒体大力宣传民兵工作，对民兵进行经常性教育。该部在《武钢工人报》开辟“人武专栏”，全年刊登稿件近 200 余篇，其中，在省市新闻媒体见稿 10 篇。(3) 加强民兵预备役人员军事训练。为了提高民兵预备役人员的军事素质，增强战斗力，为国防储备合格的后备兵员，根据警备区赋予的任务和年度军事工作安排，坚持要精要管用的原则，立足现有装备和条件，本着适应未来作战需要，突出重点抓了民兵军事训练。一是从实战要求出发，抓了高炮分队训练。该年，根据省军区、市警备区关于组织民兵高炮分队进行实弹射击的通知精神，组织炼铁厂、烧结厂、焦化公司等 12 个高炮分队和保障单位的民兵进行了基础训练。在基础训练的基础上，又组织其中 6 个高炮分队的民兵进行了空炮合练和实弹射击考核。在训练和实弹射击考核中，取得了击落拖靶的好成绩，完成了高炮训练和实弹考核射击任务。二是从加强战备出发，抓了民兵应急分队训练。5 月 26 日～6 月 6 日武钢进行了民兵应急分队(技)战术训练，共有 320 人参加，进行了擒敌拳、盾牌操及针对各自守护目标的技战术训练。通过训练使队员掌握了盾牌与警棍的使用方法，提高了应急分队处理突发事件灵活运用战术攻防的能力。三是从提高工作能力出发,组织了专武干部和民兵干部的培训工作。该年,按警备区的要求,先后组织武钢6名新任专职武装干部和3名应急分队教员前往警备区训练基地,进行了集中培训。四是从提高预备役人员军政素质出发,组织了预备役部队官兵的集训工作。该年,按湖北省预备役步兵师的命令,组织武钢汽车二连37名官兵前往南望山训练基地参加了为期5天的集训。五是结合完成任务狠抓了国旗班、调整哨民兵的军事训练。该年,对23名国旗班和调整哨民兵进行了复训。通过复训,使他们的队列动作更加标准,圆满完成"十一"升旗任务。2003年,武钢完成基干民兵训练总人数为700人。(4) 加强了武器装备管理。重点抓了武器装备管理制度的落实和动态管理。一是严格落实武器装备请领审批制度、出入库登记制度和定期检查制度。二是抓好武器装备的动态管理,武器装备做到了专人保管,做到了24小时不失控,确保了武器装备安全。该年民兵军事训练、学生军训以及职工轻武器射击比赛共动用枪枝1000枝次,消耗弹药8万余发,从未发生任何不安全的因素,确保了安全。(5) 加大民兵"参建"力度。为了充分发挥民兵在武钢两个文明建设中的骨干作用,结合生产经营活动,继续开展了"三爱三比"、"民兵岗、线、号"、"护厂责任区"和"同行同岗争第一,一个集体一面旗,全体民兵创佳绩"活动,全年民兵提合理化建议501条,参加突击劳动58次,降成本、创造效益3342万元。参加护厂巡逻115次,抓获违法人员20余人。参加植树活动1800余人次,种植树木6356株,绿化面积22502 m^2。

【人防工作】 2003年,武钢人防建设完成以下工作:(1) 全面完成人防工程维修管理。2003年完成人防工程维修及其他土建工程共16983m^2。解决了一批20世纪70年代中期修建的厂区人防工程中渗漏等不完善的隐患工程。在人防工程的维修过程中,严格按照武钢有关规定,严把发包关,严把验收关,收到较好效果。全年竣工率达100%,优质工程率达85%。(2) 配合有关单位完成了人防结建工作。该年,为配合武钢钢花南区民用住宅的建设,主动与区两级人防部门对新增的3万m^2的民用住宅人防配套费的缴纳工作进行了协调,为企业节约资金80余万元,同时保证了住宅按期施工。对已完工的A2、B5两区人防地下车库进行了专业验收,达到了"以洞养洞"的效果,成为武钢人防平战结合对外的一个窗口。武钢人防工程使用面积为39695m^2,工程使用率达到59.8%以上,超过武汉市平均水平的13%。(3) 积极开展人民防空教育,搞好人防专业队伍建设。根据武汉市人防办的安排,征集了一批探索人防工作的论文,部分论文参加了青山区人防办组织的论文发布会,均获得奖励,其中有3篇获得一、二、三等奖。全年组织人防培训班一期,培训人防专兼职维管人员40余人。宣传人防报道7篇,购买人防相关资料10余册,下发学习资料800余份,悬挂人防宣传标语6条。根据《人民防空法》的精神和武汉市人防办的工作安排,武钢组织人防消防专业分队和抢险抢修专业分队进行了为期3天的全脱产训练。并结合本专业实际工作按照国家人防训练大纲进行了模拟训练,训练总课时共计160个课时,参训人员达80余人。(4) 抓了人民防空警报设备设施建设和管理工作。为了加强对防空警报器的维护管理工作,根据武汉市和青山区人防办的安排,按照钢政办发[2001]58号文件要求,对建设公司、北湖农场新装警报器安装点,进行了现场勘察和安装管理协调工作。并对现配备的9台电声警报器进行维护。建立健全了防空警报器的使用、维护管理制度,培训警报器维护管理操作人员,提高了管理操作人员的业务工作能力,在2003年10月25日的鸣放中,全部按规定鸣响。警报覆盖率达100%。(5) 抓好人防普查工作,为人防工作的健康发展打下了良好的基础。在省、市人防普查办公室的指导下,武钢人防办对所辖青山地区人防工程进行了一次全面的普查。共登记普查数据6万余条,下发调查统计表1500余份,组织普查单位58家,普查人员120余人,历时3个半月,建立了录像资料数据库和各种光盘资料60余件。上报湖北省、武汉市各种人防统计报表1000余份。

【拥军优属工作】 2003年,武钢人防武装部始终按照上级民政部门和"双拥"办的要求,认真落实优抚政策,并结合武钢长期开展的"优抚对象无难事"活动,重点抓了以下工作。(1) 认真落实春节、"八一"期间的走访慰问工作,各单位对军属、烈属和革命伤残军人进行了走访慰问,走访慰问率达100%。同时,根据上级要求,向企业争取资金,对武钢复转军人进行了慰问,共慰问复转军人21843人次。武钢及各单位还在春节、"八一"期间举办了"双拥"晚会、座谈会等。(2) 大力开展"双拥"宣传活动。春节、"八一"期间,武钢及各单位对"双拥"工作进行了广泛宣传,《武钢工人报》刊发了"八一"

专版，报社、电视台刊发“双拥”稿件65篇，各单位出黑板报共288期，挂横幅140条，宣传标语138条，刷新标语牌4条，有力促进了“双拥”工作的开展。(3) 做好来信来访工作，及时化解矛盾，维护社会稳定，特别是对优抚对象提出的问题做到及时解答，出现的一些矛盾及时协调，对一些政策不落实的上访主动上门做工作，较好地理顺了优抚对象情绪，落实了政策。全年共接待来信来访26人次，通过细致的思想工作，及时解决问题，化解了矛盾，维护了企业稳定。(4) 积极为优抚对象办实事，经常组织民兵义务服务小分队，上门为优抚对象服务。(5) 积极开展军民共建活动，为“武汉舰”解决部分教学器材，接待二炮、通信学院来参观的学员587人次。促进了军民共建活动的开展。

（吴志刚）

● 保 卫 工 作

【概况】 2003年，武钢成功地进行了公安保卫工作体制转轨，将原属武钢管理的钢城公安分局从武钢成建制剥离，划归武汉市公安局管辖，并以钢政发[2003]13号文，于2003年2月10日重新组建了武钢保卫部，按照现代企业管理制度理顺了武钢内保工作关系。2003年，武钢保卫部在党的十六大精神和“三个代表”重要思想的指引下，维护了企业的政治稳定和治安稳定，保障了企业正常的生产经营秩序。年初，针对辖区内出现的不稳定因素，保卫部及时捕捉各种信息，制订可行性预案，严密防控措施，妥善处置了“2.24”、“8.20”、“9.9”、“9.13”等群体性聚集事件。同时认真做好“法轮功”等重点人员的监控工作。2003年保卫部获武汉市“五一”劳动奖状；1个集体获“武汉市公安局经济保卫处先进集体”称号，1人获“武汉市公安局经济保卫处先进个人”称号；2个集体获武钢一等功，2人获武钢一等功；2人被授予武钢劳模。

【稳定与保卫工作】 2003年下半年，武钢批准在武钢治安综合治理委员会办公室内设维护稳定科，展开对武钢不稳定因素的调研，健全维稳网络，制定帮控措施，督促落实“包保责任制”，并在全国“两会”等特殊敏感时期先后3次派出驻京工作专班。2003年转化“法轮功”习练者5人，实现了武钢“无‘法轮功’习练者进京滋事、无非法聚集串联、无公开练功、无电视插播等违法活动的‘四个为零’”工作目标。2003年初，针对全国范围内出现的非典型肺炎疫情，按照武钢“防非”疫情工作部署，建立了“防非”疫情预报机制和应急预案，在武钢厂区各通行门岗对外来尤其是从疫区来的人员严格检查，加强了企业隔离区和发热门诊的执勤守卫，有效地将“非典”疫情拒之门外。在治安工作方面，2003年7月组建了治安巡逻机动大队和交通安全管理大队，加强了厂区治安复杂地段治安面的控制和厂区道路交通安全管理。全年共抓获不法人员1577人次，查处违规车辆1736台次，移交公安机关违法犯罪案件18起，移交违法犯罪嫌疑人295人次，收缴废钢铁122.53t。全年圆满完成了武钢厂庆45周年、武钢之夏、院士行、美国钢铁企业联合会副总裁来访等20次大型活动的警卫任务。另外还开展了整肃厂区废钢回收队伍的专项行动，加强对武钢船运废钢运输沿线的巡逻守护，保护了企业的废钢资源。对武钢各单位保安队伍进行了清理整顿，按照武汉市政府及武汉市公安局的要求进行了保安体制改革，将保安队全部整编成经济护卫队。

【服务企业生产】 2003年，在服务生产经营方面，保卫部坚持以“为生产经营服务，做现代企业卫士”的理念主动服务。针对武钢钢材外发量和厂区物流量大幅增加的情况，主动深入到生产一线服务，实行24小时办证。2003年累计办理各类证件14万5千余张，车辆通行证1万余张，人员出入证4288张，开具废钢进厂证8335张；查验人员293万余人次，车辆213万余台次，各类物资出厂证23万余张。在队伍建设方面，抓住加强思想教育、强化廉政建设、健全管理制度、转变工作作风、搞好后勤保障等5个深化内务管理工作的重点，精心打造一流的现代企业卫士队伍。修订各类管理制度80余项，调整了岗薪分配方案，创立了“为生产经营服务，做现代企业卫士”的工作理念，开展了“管理月”、“质量月”、“科干研讨会”和“卫士之夏”等系列活动，增强了队伍的凝聚力和战斗力。

【周边治安整治】 2003年初，武钢周边发生了村民围堵厂区，拾拿、抢盗工业原材料的多起事件，黑恶势力威胁、恐吓企业部分单位。保卫部采取了切实可行的预防性措施，及时向武汉市委、政法委作了专题汇报，市领导高度重视，指示市公安局组织成立了“武钢及周边治安秩序整治专班”，从4月23日起对武钢及其周边开展了为期2个多月的治安专项整治。在整治活动中，保卫部与武钢各单位积极配合，外治内查，累计抓获不法人员313人次，冲散哄抢人员500余人次，收缴废钢铁等金属物资30余吨，移交钢城警方各类违法案件58起。并配合公安机关摧毁盗窃团伙2个，刑拘6人，治安处罚11人，协助破获治安案件4起。保卫部同时配合武汉市综治委派驻的"武钢及周边地区治安综合治理协调领导小组"，开展了对周边工农矛盾问题的调研，积极从内部协调，督促毗邻乡村的单位大力开展"企地共建"活动，全年平息和化解了周边村民到武钢堵路封门、阻挠生产的事件37次，妥善解决了10个工农矛盾问题。周边整治工作结束后，武钢在企业内组建了3600人的治安志愿者队伍，实行群防群治。该年，武钢建立了破案打击专项基金，对破获盗窃武钢财产案件的公安机关给予奖励。

【工地及厂区要害部位保卫】 2003年武钢为实现"十五"规划，新、改、扩建工程项目上马多，重点工程、大型技改工程达20个。保卫部及时成立了现场保卫组，因地制宜地拟定了现场治安保卫方案，组织专班开展综合性大检查，及时整改消除隐患，构建起工程现场治安防范体系，确保了工程现场的治安稳定。同时对原68个武钢甲级要害部位进行了调研和重新审定，确定了71个武钢甲级要害部位。重新修订了《公司要害部位保卫管理办法》，强化了要害部位岗位责任人的落实，提高了要害部位人员的安全责任意识，狠抓了基础台账的管理。全年开展督促和指导活动达200余次，开展各项检查450次，发现各类隐患62起，隐患整改率达95%。

【厂区交通安全管理】 2003年7月，武钢在武汉市公安局交通管理局的指导下组建起厂区交通安全管理大队，实现了厂区道路的自主管理。交管队员文明执勤，优质服务，重点打击厂区非法营运车辆，开展了"双争一倡"交通知识竞赛及交通安全展板评比活动，将厂区车辆违章情况在武钢新闻媒体上曝光。7～10月累计查处违章543起，纠规900余起，现场排堵180余次，更新交通指示牌240块，路面划线6084.3m^2，安装减速板13块和交通信号灯1座，检审车辆190余台，厂区内运行车换证办证64台，开展武钢二级单位车辆安全大检查300余次。该年，厂区内发生交通事故150起，较2002年同期下降了75%，保障了厂区道路交通的安全畅通。

【消防工作】 2003年武钢(青山地区范围内)顺利实现了重、特大火灾事故为零的目标，发生一般火灾事故3起、火警18起，火警火灾数全部控制在年初制定的目标值以内。(1)组织开展了为期2个月的消防安全学习和专业技能训练，使各级消防安全责任人和管理人掌握了消防基本知识。(2)修订完善了《消防安全管理办法》等消防系列制度，规范了消防安全管理，强化了各级领导的消防安全责任意识，逐级落实了消防安全责任制，实现网络化管理。(3)武钢向上级公安消防机构申报了43个消防安全重点部位，按消防安全重点部位的管理要求，从消防安全责任、消防安全管理、防火检查、火灾隐患整改等8个方面建立了消防安全自主管理、自我负责的管理新模式。(4)将消防"长安工程"达标竞赛与动态考评相结合，开展达标竞赛和季度考核评比活动，对各单位消防安全工作进行量化。(5)抓住薄弱环节和突出问题，有针对性地开展消防安全专项检查，先后查处各类隐患222起(208起已整改，10起一般隐患正在整改，4起重大隐患报武钢立项)。(6)开展"'119'消防安全宣传周"等系列消防安全教育和普及消防知识活动，举行专场消防技能培训和演练40次，完成了武钢年初与武汉市政府签订的消防安全培训指标(共计培训1205人)。(7)加强灭火备勤，注重消防人员的作战训练，提高灭火战斗力和快速反应能力，及时消除火险。全年参加现场执勤93次，接火警66次(含外援)。9月22日在武汉市第十三届消防技术运动会上，武钢代表队获得了企业消防技能比赛团体第一名，在6个项目的比赛中，有4项获得第一名，1人获技术状元称号，3人获能手称号。

(杨则群　易飞轮)

● 治安综合治理

【概况】 2003年，武钢治安综合治理工作认真贯彻落实中央、省市关于社会治安综合治理的指示精神，以与时俱进的创新精神，深入开展对武钢周边工农关系及企业内部矛盾纠纷排查调处工作，积极化解了大量不稳定因素，预防、减少并妥善处理了各类群体性事件。全年进一步深化和完善治安综合治理领导责任制及一票否决权制，坚持不懈同"法轮功"等邪教组织做斗争，实现"法轮功"人员

"四个为零"("法轮功"习练者进京滋事为零、非法串联聚集为零、公开练功为零、利用有线电视非法插播为零)的工作目标;加大辖区治安防范和打击力度,积极配合有关部门,对重点部位和治安复杂区域进行标本兼治,确保了企业的政治和治安环境的持续稳定,保障了武钢生产经营目标和治安责任目标的顺利实现。该年,武钢被武汉市社会治安综合治理委员会授予"优胜单位"称号。

【创建安全文明单位活动】 2003年初,武钢相继召开了综治委全委会和两级综治工作会,对领导班子调整后的武钢治安综合治理委员会成员单位进行了相应调整,明确了武钢治安综合治理工作的领导机构,部署了全年综治工作任务,武钢领导与各二级单位党政治安第一责任人签订了《武钢治安综合治理目标管理责任书》。各二级单位亦结合自身的实际,层层签订了综治目标管理责任书。全年,武钢综治委共组织了4次季度"创安"考评活动,通报表扬了186个(次)在综合治理和"创安"工作中取得成绩的标样和先进单位,344人(次)厂级治安责任人。对《违反治安综合治理领导责任制及一票否决权制实施办法》的3个单位判定为季度综治工作不合格单位,单位及其第一、第二治安责任人6人均受到了通报批评和经济处罚。

【维护企业稳定工作】 在企业改革和发展不断推进的新形势下,武钢十分注意处理好改革、发展与稳定的关系。2003年武钢先后多次在单位党政工领导会议上重点强调稳定工作。各单位按武钢党政工作要求,迅速成立了维护稳定工作领导小组和工作专班,并将维护稳定工作网络延伸到班组,制定严格的维稳信息反馈制度,形成了"党政挂帅,综治协调,部门联动,依托基层,各方参与"的维护稳定工作格局。由于武钢和各二级单位能深入基层、深入群众,大力开展调查研究工作,准确掌握职工思想动态和情绪,并根据排查出的矛盾纠纷,对可能会出现的情况,制订完善的预警方案,把教育和防范工作谋在前,做在前,并将做好疏导化解工作与解决实际问题相结合,使各类群防事件均化解在萌芽状态。随着武钢生产经营发展及新建、扩建工程的开工,周边乡村与武钢的工农矛盾以及由此引发的阻碍生产事件不断发生。为了确保生产经营的顺利进行,又不侵害周边农民的切身利益,武钢党委迅速做出部署,对周边毗邻的乡村与武钢存在的矛盾和治安状况进行了细致的调研,列出了分为工业污染、土地权属、治安状况等3大方面的15个问题,及时向武汉市委作了专题汇报,在武汉市委的高度重视下,有关部门立即成立了"武钢及周边地区社会治安综合治理协调领导小组",迅速对武钢周边开展了专项整治工作。在武钢相关部门、单位积极配合下,有效地化解了由于工业污染、土地权属等问题引发的矛盾纠纷,周边治安秩序也有了较大的改善。截止到12月底,已有10个问题得到了妥善解决。

【与"法轮功"邪教组织做斗争】 2003年,针对"法轮功"邪教组织调整后的策略是境外活动扩大化,境内活动隐蔽化,渗透方式多样化,斗争形式仍然比较严峻复杂的特点,武钢从讲政治、讲大局、讲稳定的高度,始终把防范和处理"法轮功"邪教组织作为一项重要政治任务,深刻认识同"法轮功"邪教组织做斗争是一场巩固党的领导和社会主义制度的严肃政治斗争,予以高度重视。在具体工作中,武钢各二级党委结合本单位实际,把同"法轮功"邪教组织斗争的工作,纳入到开展"三个代表"重要思想的学习教育、纳入党的基层组织建设、纳入社会治安综合治理、纳入精神文明创建活动中,精心安排和部署,及时研究解决工作中出现的新情况、新问题。在深挖打击方面,武钢积极配合公安机关,认真组织了"灭鼠"、"天网"等专项斗争,努力获取深层次的情报信息,稳、准、狠地打击"法轮功"地下组织的嚣张气焰,全年武钢协助公安机关破获"法轮功"案件1起,地下教会案1起,收缴反动宣传品4册,传单17份。在防"非典"疫情期间,为防止"法轮功"邪教组织散布歪理学说,扰乱武钢稳定大局,及时加强政治思想宣传工作,教育职工抵制"法轮功"等邪教组织的反动宣传,落实防范措施,严防死守,实现了防"非典"疫情期间武钢"法轮功"习练者违法犯罪及电视插播活动为零的工作目标。在教育转化方面,严格按照"团结、教育、挽救绝大多数,孤立打击极少数顽固分子"的工作原则,在打好教育转化攻坚战的同时,积极开展对"法轮功"人员"送温暖、送科技、送政策"的"三送"活动,帮助他们解决生活中存在的实际困难,送去法律、科学、技术资料50多份。通过大量的宣传教育,亲情感化,使他们对"法轮功"邪教本质有了进一步的认识,充分感受到了组织的关怀和党的温暖,自觉与"法轮功"邪教组织划清界限,回到了正常的生活轨道。2003年,武钢综治办获武汉市处置邪教工作先进集体称号,1人获先进个人称号。

【法制宣传教育】 2003年，武钢继续推进“四五”普法工作，把加强职工法制教育作为搞好治安综合治理工作的一项战略措施，不断提高广大干部职工的法律意识。全年各单位先后组织干部职工参加了《消防法》、《安全生产法》、《国家安全法》等法律知识培训，涉及面达2万余人。根据全国、全省禁毒宣传月活动的总体部署及武汉市禁毒工作委员会《2003年禁毒宣传月活动》要求，武钢从5月20日～6月26日在职工中开展了“禁毒宣传月活动”，动员全员参与禁毒斗争，实现禁毒工作社会化。该年，武钢经武汉市公安局授牌的两所“禁毒示范学校”，充分发挥禁毒示范学校的导向和辐射作用，以典型带动全局，推动了禁毒工作向纵深发展。此外，武钢国家安全领导小组认真贯彻《中共中央关于加强新形势下保密工作的决定》，依照《国家秘密及其密级具体范围的规定》，积极在党务工作人员、机要资料员，技术人员、外事工作等人员中开展国家安全知识学习和法制纪律教育。11月份，武钢又对各部、处、室及二级单位300多名党政负责人、综治主任就如何防范国家机密、企业秘密、商业秘密及党政机密文件的安全开展培训，增强了武钢各级管理人员对国家安全防范意识。2003年，武钢国家安全领导小组工作及国家安全信息工作均获武汉市先进单位。该年，武钢综治委大力倡导见义勇为，匡扶社会正气，努力营造良好的社会环境，在2003年4月武汉市见义勇为表彰大会上，武钢被市见义勇为基金会评为爱心卡发行先进单位，工业港职工贺建斌被授予武汉市“见义勇为先进个人”称号。

（张汉生　王　涛）

企业文化

企业文化建设

【概况】 2003年，在武钢党委的领导下，武钢企业文化建设工作认真贯彻落实党的十六大精神，坚持“总体规划，分步实施，先易后难，逐步推进”的工作方针。全年在实施企业文化举措中，大力推进归口管理，充分发挥了宣传部在武钢企业文化建设中的归口管理及指导作用，进一步提升了企业的美誉度和知名度。该年以武钢投产45周年为契机，进一步加强理念识别系统、行为识别系统和标识识别系统建设，至年底已初步形成了具有武钢特色的企业文化框架和体系。2003年，武钢企业文化建设获全国企业文化建设实践奖、2003年度中国企业文化优秀奖等称号。

【武钢投产45周年庆典系列活动】

2003年是武钢投产45周年，武钢党委宣传部(企业文化部)策划组织了“六个一”企业文化系列庆典活动，发动职工积极参与，借此系列活动张扬“以人为本”的武钢企业文化内涵。“六个一”系列活动是：一台“爱武钢、奔小康——钢铁情怀”大型文艺晚会、一次“纪念武钢投产45周年”征文、一部《金色年轮》电视专题片、一组“中国武钢”纪念邮品、一本反映企业历程《武钢45年》大型画册、一场“爱武钢、奔小康”摄影展等。

【企业文化建设现场推进会】 2003年10月9日，武钢企业文化建设现场推进会在一炼钢厂召开，武钢领导、各个单位的党政负责人及宣传部长参加了会议。这是武钢创建发展以来，规模最大、级别最高的专题企业文化建设现场推进会。会上重点介绍一炼钢厂、热轧厂、炉窑公司、冶金渣公司等4个单位企业文化建设的做法和经验。武钢总经理刘本仁在会上作了《努力开创一流企业文化，用文化力提升竞争力》的讲话。刘本仁总经理对企业文化建设重要理论进行了阐述，肯定了武钢企业文化建设所取得的成就，分析了企业文化建设存在的问题，提出了武钢企业文化建设的目标。这次会议的召开，有利于各级领导对企业文化建设重要性的认识，有利于今后企业文化建设工作的顺利开展。

【确定武钢厂歌、厂旗】 2003年，作为企业标识识别系统的重要内容之一的武钢厂歌、厂旗经过反复修改，由武钢党委中心组审查，经武钢十届五次职代会表决获通过。武钢领导非常重视武钢厂歌、厂旗的创作和设计，曾多次在中心组学习时讨论、提出修改意见。至年底，确定武钢的厂歌为《武钢人》并拍摄成音乐电视，制作成MTV光盘并发放到各单位部门。厂旗是以苹果绿为底色、由标准色大红色的武钢徽标和WISCO图案组成，是武钢职工意志和企业象征的物化。

【企业文化管理制度】 2003年，武钢为进一步加强企业文化制度管理，使企业文化建设向规范化发展，先后制定了《武汉钢铁(集团)公司企业文化建设规划(2003～2005年)》、《武钢展览展示管理办法》、《武汉钢铁(集团)公司有线电视网络管理办法》、《武汉钢铁(集团)公司计算机互联网安全管理办法》、《武钢对外宣传管理办法》等。企业文化建设管理制度的建设和完善，有效地解决了武钢集团公司及所属单位企业文化建设各自为阵的松散局面，使企业文化建设有章可循。

【企业文化交流培训】 2003年7月，武钢党委副书记樊政炜代表武钢参加了由中国企业文化研究会主持召开的常务理事会议(武钢为该研究会的常务理事)。10月份，武钢副总经理王岭代表武钢参加了由中国企业联合会、中国企业家协会联合清华大学、中国人民大学在北京共同举办的“第二届(2003)中国企业文化年会”，并在年会论坛上就武钢企业文化建设成就作了大会主题发言。该年武钢参加武汉市企业文化建设交流会，利用多媒体在现场展示武钢企业文化建设成就。全年共组织40余名政工干部参加了由中国企业文化研究会和中国继续教育联合学院举办的“建设先进企业文化 创建学习型组织”专题研修班、由中国冶金职工思想政治研究会主办的“冶金企业文化研讨班”、由中国管理科学研究院科学技术传播研究所与青岛海尔创新管理咨询有限公司主办的“企业文化与管理创新战略高级研修会”、由中国社会科学院组织的“十六大精神宣传贯彻及新闻宣传业务骨干培训班”等5期企业文化建设研修班。

（张 艳）

● 对外新闻报道

【概况】 2003年武钢对外新闻宣传共发表文字稿件280余篇，其中在中央级报刊发表30余篇，头版头条50余篇，提供反映武钢改革发展成就的图片600余幅、文字4万余字，宣传了武钢生产经营和企业改革的成果，进一步提高了武钢知名度。

【产销资讯系统报道】 2003年1月初，武钢产销资讯系统上线运行。《长江日报》、《湖北日报》、《武汉晚报》等省市媒体对此事进行了报道，《工人日报》以《武钢信息化建设带来管理革命》、香港《大公报》以《武钢以信息科技应对全球挑战》，人民网和新华网也以《全国最大规模企业信息化工程在武钢正式运行》、《全国最大企业信息化工程武钢产销资讯系统启用》为题，对武钢建成全国最大的信息化工程，彻底告别传统的宝塔型的组织结构体系，成为以信息化改造传统产业的典范事例进行了宣传。随后，《长江日报》发表了《武钢信息化回报巨大》、《武钢生产月底“无纸化”》等新闻稿件，《中国改革报》也发表了《用信息科技打造国际一流企业——访十届全国人大代表、武汉钢铁(集团)公司总经理刘本仁》的人物专访。

【防“非典”疫情报道】 2003年，面对“非典”疫情，武钢一手抓防疫，一手抓生产经营，使企业产销两旺。为此，省市宣传媒体给予了很高的评价，《湖北日报》在报眼处发表《武钢防治非典生产经营双丰收》、《武汉晚报》发表《武汉重点企业产销两旺》，其他媒体也以《“非典”汹汹 我自从容 武钢防“非典”与生产经营双丰收》为题对此进行了宣传。

【再就业经验报道】 2003年初，国家8部委联合在武钢召开再就业工作现场会，中央各大媒体、省市所有媒体都纷纷登载消息，报道武钢10年间主辅分离、9万人员分流安置、生产率增长10余倍的改革举措，将武钢经验推向了全国。《工人日报》发表消息《武钢再就业思路广受肯定》，《长江日报》在报眼处发表消息《武钢再就业经验走向全国》，湖北日报也在头条发表消息《推进辅业改制，精干壮大主业》，对国家经贸委主任李荣融充分肯定武钢的改革经验进行了报道。

【投产45周年宣传】 2003年是武钢投产45周年，在企业庆典中企业文化处撰写了《壮哉，武钢——写在武钢投产45周年华诞》一文，文章从历史辉煌的回眸、今天成功的喜悦、未来发展的展望等3个方面盛赞武钢发展，歌颂武钢成就。文章相继在香港《大公报》、《经济日报》、《工人日报》、《市场报》、中央人民广播电台、《湖北日报》、《长江日报》、《今日湖北》杂志等媒体刊登后，在社会上引起强烈反响。人民日报编辑出版的《“三个代表理论”实践在基层》一书收录该文。

（白 方）

● 武钢工人报社

【概况】 2003年，武钢工人报社在武钢党委领导下，认真贯彻“三个代表”重要思想和十六大精神，围绕企业生产经营，以促进武钢新一轮改革发展为主题，把握正确的舆论导向，在新闻宣传的内容和形式上不断创新，营造了良好的舆论氛围，为企业超额完成18亿元利润目标任务做出了贡献。

【专题报道】 2003年，武钢工人报社在深入宣传贯彻党的十六大精神的同时，促进企业创新发展。全年有针对性地对武钢工资分配改革、医疗保险改革、住房货币化改革的舆论引导宣传，发稿百篇，同时推出7个专版。适时开设“送温暖工程”等专栏，专门报道了武钢为退休职工办实事的举措。上半年，在突如其来的抗“非典”疫情中，报社迅速在一版开设“关注‘非典’”栏目。专门派记者深入武钢“防非抗非”一线跟踪报道武钢“非典”疫情防治工作，并在一、三版，《生活周刊》一版用大量的篇幅报道武钢一手抓“防非”，一手抓生产经营的事迹，共发稿60余篇。第四版以16个专版的形式宣传防“非典”疫情知识，报道全国“防非抗非”的动态，这组报道极大地鼓舞了武钢职工，较好地配合了企业的“防非抗非”工作，受到青山区防“非典”疫情指挥部的赞扬。

【经济宣传】 2003年围绕武钢2003年六大生产经营目标，从年初“两会”宣传开始，到年中“两会”调整目标，到年底冲刺，《武钢工人报》编辑部精心组织策划。其中形势任务目标宣传、市场营销、安全生产、整体产销资讯系统、“创奖”技改报道尤为突出。年初的形势任务宣传声势浩大、内容鲜活，整整持续了一个季度，为统一职工思想，增强职工危机感发挥了积极作用；武钢整体产销资讯系统的报道推出了5篇系列报道，并在二版刊登整体产销知识8篇，扩大了武钢整体产销资讯系统的影响；为武钢再次争创全国质量管理奖，报社派记者全程跟踪，在长达两周的现场评审中，密切配合创奖发稿，为武钢获全国质量管理奖发挥了重要作用。

【展示武钢投产45周年成就】 2003年该报针对武钢开展的“爱武钢，奔小康”主题活动，组织报道起步较早，策划组织得力。一是在正刊、三版开设“全面建设小康社会在武钢，纪念武钢投产45周年”专栏，并组织二级单位通讯员撰写工厂厂貌巨变、技术进步、产品质量提高等方面的文章来歌颂武钢的成就，涌现了《大江上下遍架武钢桥板》等一批受欢迎的好新闻和通讯。二是配合“武钢一日”摄影大赛，以两个专版发表参赛作品，又以一个联版的形式推出“武钢一日”摄影专刊，宣传效果好。三是在《生活周刊》开设“流金岁月”专栏，组织刊登老一辈武钢人回顾武钢45年的奋斗历程，激励职工发扬武钢人精神，全面推进小康社会建设，其中《毛主席观看出铁》等一批优秀作品在职工中引起强烈反响。

【典型人物宣传】 2003年，该报先后在“三个代表在党员责任区”、“劳模风采”、“今日之星”、“有突出贡献者风采”、“先进操作法创造者风采”等专栏刊登近百名人物典型，这些人物中有模范共产党员、工人发明家、科技工作者。在一版重点推出工人发明家刘幼生系列报道一组6篇，以《学习型的典范》、《创造型的硕果》等为题，讴歌这位普通工人的不平凡的事迹。接着又对武钢表彰的36名获有突出贡献奖和先进操作法奖者在一版头条和二版整版推出系列事迹报道，形成典型宣传的强势导向。

【服务基层】 以武钢生产经营为中心，服务企业，服务职工读者为宗旨，武钢工人报社2003年又做了新的尝试。一是开设了媒体公示栏目，在二版、三版、四版，对武钢的工程承包、“三种人”材料、晋升职称人员、经济考核、厂容、调剂物资、拍卖、次材销售等方面迅速及时地给予公示。尤其是每月一期的工程承包公示，受到了武钢领导、职工的称赞。二是在广告版上与武钢人才交流市场联手开辟“招聘信息”（公益性），免费提供信息，许多在家待业的职工子女、下岗人员在这里找到了就业、再就业的机会。另外，还深夜加班，专门用8个版刊登了武钢委托青山区人才交流市场两次招工的考试成绩，总人数达1万余人。受到家长和考生的欢迎。三是着力办好《校园周刊》，发行量稳中有升。

【获奖新闻】

获2003年度湖北省企业报新闻奖

一等奖

1. 消息《互换党员标志牌作纪念》
   作者：李百滔　编辑：钟钢 李勇
2. 消息《武钢结束大型高炉不喷烟煤的历史》
   作者：叶国成 编辑：钟钢 田静茹
3. 消息《工人岗位流动步入市场化》
   作者：莫春强 编辑：李仲华

二等奖

1. 消息《武钢形成技术输出产业链》
   作者：王艾军 李倩 编辑：钟钢 田静茹
2. 通讯《清儿的高考》
   作者：陶国勤
3. 通讯《巴黎街头兵车行》
   作者：罗学建 编辑：陶国勤

获2003年度全国冶金记协好新闻

一等奖

1. 消息《武钢形成技术输出产业链》

作者:王艾军 李倩 编辑:钟钢 田静茹

2. 通讯《卸任前的最后一张批条》

作者:马金洲 李倩 编辑:张厚东 田静茹

二等奖

1. 消息《互换党员标志牌作纪念》

作者:李百滔 编辑:钟钢 李勇

2. 通讯《巴黎街头兵车行》

作者:罗学建 编辑:陶国勤

以及6月5日一版版面

编辑:钟钢

获2003年度湖北省新闻奖二等奖
及武汉市新闻奖二等奖

消息《武钢结束大型高炉不喷烟煤的历史》

作者:叶国成 编辑:钟钢 田静茹

获中国企业报好新闻

一等奖

1. 消息:《武钢形成技术输出产业链》

作者:王艾军 编辑:钟钢 田静茹

《互换党员标志牌作纪念》

作者:李百滔 编辑:钟钢 李勇

2. 通讯:《巴黎街头兵车行》

作者:罗学建 编辑:陶国勤

二等奖

3. 消息:《技术中心加速成果转化结硕果》

作者:陈树清 编辑:钟钢 李勇

4. 通讯:《卸任前的最后一张批条》

作者:马金洲 编辑:张厚东 田静茹

获全国企业报优秀业务论文奖

一等奖

1.《调整结构加速转型 构建新型企业媒体》

作者:张厚东

2.《论企业重大典型与人物通讯》

作者:李百滔

(李百滔)

● 电视宣传

【概况】 2003年,武钢电视台抢抓机遇,开拓进取,推进改革,围绕武钢改革发展的方针政策和生产经营的奋斗目标,积极开展宣传工作,为武钢的两个文明建设发挥了重要作用。全年自办节目365期,其中拍摄、编播武钢新闻262期,共3600多条;编播本周要闻52期,共500多条;播出时间总计1640多个小时,集中宣传了武钢改革发展和生产经营过程中的重大举措和成就。2003年武钢电视台被评为全国企业冶金系统先进单位,并于该年三季度首次荣立武钢集体二等功。

【生产经营宣传】 2003年,武钢电视台以企业的重大活动、重点工程、重要时期、重大事件、典型人物的宣传为切入点,全方位、多角度地报道了武钢在改革发展和生产经营活动中的最新情况,为武钢的生产经营和改革发展做好宣传服务工作。(1)对各类重大活动的宣传报道,力求在第一时间反映武钢生产经营和改革发展的最新情况。如对"新3号焦炉投产"、"三烧改造"、"产销资讯系统上线"、"一冷轧在线改造"等热点新闻,武钢电视台均进行了及时的报道。(2)对重点工程的宣传报道,突出反映武钢在技术进步、技术改造工程方面的新成就。围绕"二热轧工程建设"、"硅钢扩建改造工程"等对武钢未来发展起着重要作用的重点工程建设进行了重点报道,为此,拍摄制作了《二热轧热负荷试车》、《走进新三焦》等电视专题片。(3)对重大事件的宣传报道,充分发挥主流媒体作用。在2003年2~3月离退休职工队伍的稳定工作中,武钢电视台滚动播放了武钢党委书记王炯《顾全大局,维护稳定,促进发展》的电视讲话,全过程录制了企业领导与退休职工的座谈会,将座谈会的主要精神及时、准确、迅速地传达到广大职工和退休职工中。在2003年抗击"非典"疫情时期,及时拍摄制作了《国务院督察组副组长戴前光等来武钢检查"防非"工作》的专题节目、《公司防"非典"紧急会议》录像片等,开辟了防治"非典"疫情的电视讲话,采制播发了武钢卫生防疫部门专家的预防"非典"疫情工作电视讲话以及《武钢总医院关于防治"非典"工作纪实》专题等。

【拍摄大型专题片《金色年轮》】 2003年是武钢投产45周年,按照武钢部署的总体庆祝活动安排,武钢电视台拍摄完成了一部反映武钢45年发展历程的电视专题片。电视台认真策划并组织了这项专题拍摄制作。在两个月的时间里,出色地完成了大型电视专题片《金色年轮》的拍摄与制作任务。这部总长度达90分钟的3集电视专题纪录片,以纪实的手法,全景式地再现了武钢45年来的发展历程,不仅真实地再现了武钢在不同的历史发展时期,特别是近 10 年来的两个文明建设的辉煌成就,而且从不同侧面突出展示了武钢人艰苦奋斗,勇于创新的崭新风貌。《金色年轮》于武钢投产 45 周年纪念日前后在武钢电视台多次播出,在广大职工和观众中反响强烈,获得一致好评。

【电视台改制工作】 2003 年,武钢电视台制订了一系列有关电视台改制的相关方案,如《电视台改制工作安排》、《武钢电视台改制方案》、《武钢电视台机构(人员)设置意见》、《武钢电视台改制费用预算》、《武钢有线电视系统管理办法》等。提出了电视台部门设置及各岗位数的设定意见,完成了电视台各部门、各岗位职责和工作标准的修订,提出了电视台改革方案意见。电视台机构重组准备工作已逐步启动,招录了两名播音员,补充了一名前端机房播放员,保卫部保安人员配置到位。同时,电视台内部的硬件设施逐步升级、人员培训及相关工作也在有序进行中。中央电视台的新闻频道已于 6 月 17 日开播,中央 3 套、中央 5 套、中央 6 套、中央 8 套和中央电视台新闻频道及一些地方电视台以卫星转播的节目的模拟信号改数字信号的调试工作已经完成。至年底,武钢电视台正在积极准备引入数字加密频道收费电视节目,尽可能为广大电视观众提供优质的电视节目内容。

【电视获奖作品】 2003 年,在武钢各级领导和各单位的大力支持下,武钢电视台拍摄的专题片《情满桑榆》、《走近值班主任》、《武钢经验上升为国家举措》分别获全国冶金企业电视节目展评金、银奖;专题片《金色年轮》获湖北企业电视新闻奖专题类一等奖;新闻《与时俱进看武钢》获中国新闻三等奖;新闻《告别平炉》获中国行业电视展评文艺类三等奖。还有一批电视专题片和电视新闻片分别获得全国、省、市及冶金行业各种奖项。见下表。

时　间	内　容	奖　项	颁奖单位
2003 年 3 月	与时俱进看武钢	武汉新闻奖(红金龙杯)一等奖	武汉新闻工作者协会、武汉新闻学会
2003 年 7 月	与时俱进看武钢	湖北新闻奖一等奖	湖北省新闻学会
2003 年 10 月	与时俱进看武钢	第十三届中国新闻奖三等奖	中华全国新闻工作者协会
2003 年 7 月	与时俱进看武钢	湖北广播电视新闻奖一等奖	湖北广播电视学会
2003 年 8 月	情满桑榆	2003 年度全国冶金企业电视节目展评金奖	中国冶金文化艺术联合会
2003 年 7 月	情满桑榆	湖北企业电视新闻奖专题类二等奖	湖北广播电视学会
2003 年 8 月	武钢经验上升为国家举措	全国冶金企业电视节目展评银奖	中国冶金文化艺术联合会
2003 年 8 月	走进值班主任	全国冶金企业电视节目展评银奖	中国冶金文化艺术联合会
2003 年 7 月	金色年轮	湖北企业电视新闻奖专题类一等奖	湖北广播电视学会
2003 年 10 月	告别平炉	第七届中国行业电视(瑞光杯)节目展评文艺片类三等奖	中国电视艺术家协会行业电视委员会
2003 年 7 月	武钢后勤服务实施品牌战略	湖北企业电视新闻奖消息三等奖	湖北广播电视学会
2003 年 7 月	执著"技海"学作舟	湖北企业电视新闻奖专题三等奖	湖北广播电视学会
2003 年 7 月	"武钢三烧"提前投产	湖北企业电视新闻奖消息三等奖	湖北广播电视学会
2003 年 7 月	武钢技术创新院士行	湖北企业电视新闻奖消息三等奖	湖北广播电视学会

续表

时　　间	内　　容	奖　　项	颁奖单位
2003年7月	前进中的武钢	湖北企业电视新闻奖消息三等奖	湖北广播电视学会
2003年7月	推出新品走向世界	湖北企业电视新闻奖新闻三等奖	湖北广播电视学会
2003年7月	武钢举办首届老年人集体婚礼	湖北企业电视新闻奖消息二等奖	湖北广播电视学会
2003年7月	武钢火车驶上“信息高速公路”	湖北企业电视新闻奖消息一等奖	湖北广播电视学会
2003年7月	五角硬币用武钢钢板造	武汉广播电视新闻奖消息二等奖	武汉广播电视局、武汉广播电视学会

（陈艳蓉）

企业形象展示

【参加首届中国国际金属工业博览会】 2003年11月12～15日，武钢组团赴广州参加了首届中国国际金属工业博览会。武钢精心筹备此次展览，制定了详实的参展方案和计划，确保了展览的高水平布展。武钢展区在突出科技创新主题的同时，充分展现了“武钢精品走向世界”的展览意图以及“科技创新　追求一流”的武钢产品品质，重点展示了武钢坚持走质量效益型与科技创新型相结合的发展道路所取得的突出成就以及国际市场需求的高技术含量、高附加值的精品名牌产品。在博览会开展期间，二热轧外景及三炼钢厂外景模型、芜湖长江大桥模型、国家大剧院模型、大型油罐模型以及冷轧硅钢片的终端产品等实物和模型更是武钢展区的亮点，其独具创意的展区设计、出色的展览组织使武钢获得了大会组委会分别颁发的唯一最佳设计制作奖和最佳组织奖。

【参加第三届中国国际钢结构展览会】 第三届中国国际钢结构展览会于2003年12月10～13日在北京展览馆举行。武钢展区位于展馆序厅，面积300 m^2。展区以红色为基调，设计布置呈开放型，重点展示了武钢钢结构产品如桥梁钢、压力容器钢、耐火耐候钢、高速线材等。中央电视台新闻频道记者到武钢展区采访、拍摄，并在12日的新闻中播出。北京电视台、香港凤凰卫视也先后来武钢展区拍摄。新闻媒体的集中关注，充分体现了武钢展区的特色。

（张　艳）

群众团体

职工代表大会

【武钢第十届三次职工代表大会】 2003年1月29日，武钢第十届三次职工代表大会在工人剧院召开，774名职工代表参加了大会。本次大会审议通过了武钢总经理刘本仁所作的题为《抓住机遇，开拓创新，加快发展，为把武钢建设成为国际一流的现代化钢铁企业和精品名牌生产基地而努力奋斗》的行政工作报告，无记名投票表决通过了《武钢职工住房分配货币化方案》和《武钢关于增加职工收入的基本意见》，会议通过了武钢生活福利工作报告、《武钢2002年财务决算及2003年财务预算报告》、《武钢2003年劳动保护措施方案》和《武钢2003年职工教育培训计划》，书面报告了武钢第十届职代会提案办理情况和2002年武钢业务招待费使用情况。在本次职代会上，武钢党政主要领导分别作了述职报告，大会还以无记名形式民主测评了武钢领导班子和领导干部。武钢党委书记王炯要求全体干部职工凝聚力量，真抓实干，加快发展，为实现12亿元利润目标建功立业。在本次职代会上，8名职工代表进行大会发言，反映职工意见和要求，武钢总经理刘本仁就职工代表提出的问题在会上作了答复。

【武钢第十届四次职工代表大会】 2003年7月31日，武钢第十届四次职工代表大会在工人剧院召开，776名职工代表参加了大会。武钢总经理刘本仁作了题为《抓住有利时机，抓好三项工作，扎扎实实地推进武钢新一轮的改革与发展》的行政工作报告。在报告中，武钢决定将年初制定的全年12亿元利润目标调整到18亿元，并提出实现新目标的7条措施，重点推进实施钢铁主业重组、辅业改制、企业办社会剥离3项重大改革。武钢党委书记王炯号召全体职工抢抓机遇，齐心协力，奋发有为，全力实现新的利润目标。在本次职代会上，还无记名投票通过了《武汉钢铁(集团)公司工资集体协商试行办法》，选举产生了两名武钢监事会兼职监事，表决通过了《武钢补充医疗保险办法(试行)调整暂行办法》，大会报告了《武钢集体合同履行情况》，书面报告了《关于武钢厂旗、厂徽、厂歌的说明》。

(赵爱学)

工会工作

【概况】 2003年，武钢工会以企业经营发展为中心，服务大局，切实履行基本职责，各项工作扎实稳步推进，全面完成了工会各项工作任务，继续保持"全国模范职工之家"荣誉称号。全年坚持实施群众性经济技术创新工程，创效益9000余万元；关心职工安全与劳动卫生健康权益，做好了抗击"非典"疫情工作，获全国"安康杯"竞赛优胜企业称号；创新和发展企业民主管理工作，职代会主渠道作用充分发挥，厂务公开经验在全国推广，值班厂长制度全面实施，职工董事、监事制度逐步完善；推进了工资集体协商工作，平等协商集体合同制度深化规范；坚持工会主席接待日制度，为职工群众办实事办好事取得明显成效；加强劳模管理、宣传和待遇落实，职工整体素质稳步提升；加强文化阵地建设，开展多种多样职工文化体育活动，促进了企业精神文明建设；严格工会财务与经费审查制度，武钢工会经审工作被评为武汉市总工会经审工作先进单位；深入研究企业工会工作形势与现状，工会理论政策研究成果丰富；改革创新工会自身建设，武钢工会自身各项管理迈上新台阶。

【深化企业民主管理工作】 2003年，武钢工会结合武钢新一轮改革发展的实际，不断创新与发展职工民主管理制度。(1)执行职工代表意见回复制度，对十届三次、四次职代会上职工代表提出的49条意见进行研究、整改，并回复职工代表。

职代会闭会期间,职代会专委会活动12次,专委会委员视察活动10多次。在武钢两次招工中,选派了职工代表参与全过程监督,安排了384名职工代表参加招工考试监考工作。(2)召开武钢深化厂务公开工作大会,表彰了50个武钢厂务公开工作先进单位,推广了32个基层单位经验做法。制定《武钢关于深化厂务公开制度的实施意见》,安排了各基层单位厂务公开工作自检,组织21个单位召开了厂务公开工作调研会。先后4次接待了全国厂务公开协调小组及全总、省总、市总、中国企业报领导来武钢调研。武钢厂务公开工作经验在全国、湖北省交流推广,武钢获1999～2003年"全国厂务工作先进单位"称号。(3)全面推行值班厂长制度,在武钢73个可实施的基层单位100%推行了值班厂长(经理)制度,对99名值班厂长(经理)候选人进行了生产经营、企业管理、财务审计等知识技能培训。

【推进职工经济技术创新工程】 2003年,武钢工会开展了创效益9000万元的群众性经济技术创新活动。(1)坚持一手抓生产经营,一手抓防治"非典",开展了防"非典"知识宣传、隐患督查、走访慰问、发放"防非"药品等工作,取得了防治"非典"工作胜利。(2)围绕武钢生产经营重点、难点和关键环节,组织开展了创规模效益"一条龙"竞赛、开发新产品竞赛、对标挖潜降成本竞赛、二热轧达产竞赛,还开展了防"非典"、炼铁地区7号咽喉运输保产、3号烧结机"保安全、保质量、保工期"、3号焦炉一次性开工投产、工业港二混匀、襄钢大修改造等专项立功竞赛,34人荣立一等功,1人荣立特等功,22个集体荣立一等功,促进了武钢经济技术指标优化、新产品开发和经济效益增长。(3)开展以"爱武钢、当主人、献良策、奔小康"为主题的献计献策活动,62640多名职工提出生产、质量、管理、设备、安全、营销等方面合理化建议35283条,被采纳15174条,27条创效益100万元以上的"金点子"提议人分别受到5000～15000元的重奖。13个自主管理小组被评为全国优秀自主管理小组,48个小组分别获冶金行业、省市级优秀自主管理小组,武钢获"全国质量管理小组活动优秀企业"称号。命名、表彰、推广了13个公司级先进操作法,并分别给予了5000～40000元的奖励。成立了班组长联谊会,举办了红旗班组长"三个代表"学习班和计算机培训班,评出武汉市劳模40人,武钢劳模80人,武钢标兵121人。举办了6期武钢职工智力挑战赛和武钢职工经济技术创新工程成果展。

【坚持平等协商和集体合同制度】 2003年,武钢工会坚持平等协商并完善集体合同制度,维护职工合法权益。(1)在广泛征求有关部门和职工意见基础上,经过职代会专委会反复协商讨论,《武钢工资集体协商试行办法》7次易稿并在武钢十届四次职代会上通过。(2)指导37个单位集体合同续签和首签工作,组织检查组开展集体合同履约情况检查督促,提出工资协商、工作时间、休息休假和保险福利等57条修改意见,提高了集体合同质量。(3)加大劳动争议调处力度,启动工会法律援助工作,接待职工群众申诉137人次,依法立案14件,妥善调处12件。

【为职工群众办实事】 2003年,武钢工会切实履行工会帮扶职责,最大限度地为职工群众特别是困难职工群众办实事办好事。(1)实施制度帮扶。协助行政制定下发了《工资集体协商试行办法》、《职工互助保险基金管理办法》、《职工廉租房管理办法》,起草了《武钢劳动争议调解处理实施细则》、《武钢集体合同监督检查办法》。(2)实施基金帮扶。武钢扶贫基金达到了3000万元,帮困基金扩充到4000万元,各单位职工互助基金达到3200万元,建立武汉市、武钢、厂矿三级生活困难职工档案1889户。全年武钢走访职工15000人次,发放慰问金200万元,为218名困难职工发放基金困补款38万元。(3)实施结对帮扶。武钢工会与44个单位签订了扶贫帮困责任书,武钢所有处级干部参加了结对帮扶活动,帮助500户困难职工脱贫。(4)实施救助帮扶。帮助140名低收入职工办理了"低保"手续,为168户困难职工办理了困难职工优惠证,推荐和帮助153名困难职工待业子女实现就业,为107户(次)特困户实施季度物资救助,救助大米32100斤和食油1070斤,为79名特困职工子女和506名特困生减免或资助学费84730元,对38名孤残儿童开展了"爱心妈妈"帮扶活动。新增了红钢城、白玉山两个工会主席接待日地点,工会主席接待日全年共接待来信来访职工群众793件1193人次,已帮助解决188件,经宣传解释对方能接受577件。(5)完成了4万名职工医疗证审核工作,组织了2.02万人的妇女病普查普治工作;全年组织了101期3340人疗休养。

【强化职工劳动保护】 2003年,武钢工会贯彻全总劳动保护"三个条例",以"安康杯"竞赛为载体,积极开展了劳动保护"双优"竞赛,维护了职工劳动安全与卫生健康权益。(1)重新调整劳动保护的三级网络组织,与安环部门一起下发“安康杯”竞赛文件,组织各二级单位签定了2003年武钢劳动保护责任书。(2)积极配合组织“安全月”活动和高温时期劳动保护工作,参与企业安全大检查和安全巡查工作,组织参与对5个单位劳保用品使用情况调查以及二热轧“三同时”检查;组织参加了湖北省安全生产文艺汇演。(3)完成2003年度武钢劳动保护“双优”竞赛和100个安全信得过班组的评比表彰工作。该年,武钢第四次成为全国“安康杯”竞赛优胜单位,并获得全总学习“三个条例”“优秀组织单位”称号。

【提高职工队伍素质】 2003年,武钢工会按照建设高素质职工队伍的要求,围绕武钢改革与发展为中心,大力提高职工队伍整体素质。(1)开展了“三个代表”重要思想和党的十六大以及中国工会十四大精神的学习活动,组织了“解放思想、转变观念”大讨论,以“争当智能型员工”为目标开展了职工技能培训与岗位练兵活动,开展了“巾帼十杰”评比宣传活动,编发了《班组学习活页文选》和《班组学习资料》,武钢创建学习型企业经验在中央企业交流推广。(2)组队参加了全国、省、市职工技能大赛,夺得5个省、市技术状元和28个技术能手,获全国职工职业技能大赛车工比赛团体第一名。(3)弘扬劳模精神。成立劳模联谊会,组织劳模评选表彰,开展“劳模宣传月”活动,举行劳模事迹演讲报告会,武钢出台《劳模管理办法》,为600名劳模进行体检,为1000名劳模续办住院医疗保险,组织5期100多名劳模、特等红旗班组长赴港澳观光。

【开展职工群众文化体育活动】 2003年,武钢工会围绕庆祝武钢投产45周年,高唱主旋律,凝聚企业向心力,繁荣企业文化,创作文艺精品,不断丰富职工文化生活。(1)坚持开展传统大型文化活动,组织了千名职工迎春长跑和武钢之春、武钢之夏、“钢铁情怀”庆祝武钢投产45周年文艺晚会、职工广场卡拉OK大赛等系列文化体育活动,深受职工欢迎。(2)钢都阅览中心、白玉山文化活动中心、文化宫小礼堂相继投入使用,在35个街坊安装户外健身器材200余件;组团参加湖北省第十一届运动会,夺得金牌34枚,获企事业组团体总分第二名和“体育道德风尚奖代表团”称号;武钢文工团成功出访泰国,参加了中央电视台演出;《武钢文艺》设立文艺网站,出版《武钢文学史话》。全年武钢工会开展大型文体活动60多项(次),文艺精品获全国、省、市各类赛事金奖15个。

【实施女职工素质工程】 2003年,武钢女职工委员会围绕武钢工作大局,卓有成效地实施了女职工素质工程。(1)开展评选宣传武钢巾帼十杰活动,召开武钢“三八”表彰颁奖大会,表彰了189名先进个人和117个先进集体。(2)组织了女职工义务植树活动,连续4年在大型高线厂区植树,树起了第一块武钢“三八”世纪林碑。(3)开办女职工周末学校12期,组织武钢女职工计算机网页设计制作比赛活动;坚持“三八”文明示范岗创建活动,按照指标先进、管理科学民主、遵章守纪、环境卫生等4项目标开展竞赛,119个班组被授予武钢“三八”文明示范岗称号,40个班组先后被评为省、市女职工双文明班组。武钢女职工委员会获湖北省女职工工作先进集体、武汉市先进女职工委员会称号。

【发展工会企事业】 2003年,武钢工会贯彻全总“办好职工劳福事业,增强工会为职工办实事的能力”精神,积极发展工会企事业,为职工办实事实力得到增强。(1)健全各项规章制度,严格管理,开拓市场,规范、整顿了武钢工会“三产”事业。13家企业单位实现赢利,其中科工贸公司全面完成任务,赢利7万元,东华园也首次实现赢利。(2)武钢技协积极找市场、签合同、抓落实,推出一批优秀职工技术创新成果,实现技术合同额1400万元。

【加强工会自身建设】 2003年,武钢工会认真贯彻党的十六大和中国工会十四大精神,按照“三个代表”要求,不断加强和改进工会自身建设。(1)组织广大工会干部认真学习党的十六大精神和中国工会十四大精神,举办了工会主席理论学习研讨班,撰写了一批理论文章;各级工会组织学习贯彻《工会法》及《湖北省实施〈工会法〉办法》,组织了武汉市、湖北省、全总三级工会换届代表选举工作。(2)实施了工会工作职工满意度调研,完成调研报告并向武钢党委汇报;开展了企业工会工作理论政策调研,全年收集评审了67篇理论成果。(3)表彰了“双争”竞赛186个先进集体和252名先进个人;建立了工会干部数据库,举办了两期工会主席和工会干部计算机知识培训班,选送67名工会干部参加全总及省总研讨培训,提高了广大工会干部政治思想素质和工作水平。2003年,武钢工会和武钢一炼钢厂工会、金山店铁矿工会获“全国模范职工之家”称号。

（赵爱学）

共青团工作

【概况】 2003年，武钢共青团组织紧密围绕企业生产经营中心，继续实施青年人才战略，大力开展青年文明创建活动，扎实推进团的思想建设、组织建设、文化建设，共青团工作取得了新的发展：(1)大力加强了团员青年的思想政治工作。深入开展实践“三个代表”重要思想和学习党的十六大、团的十五大精神活动，深入开展了“爱国、爱厂、爱岗”青年理想信念教育和主题形势任务教育。加大了信息调研和宣传工作力度，加强团组织系统信息化建设。(2)大力推进了青年岗位建功成才、创新创效活动。积极开展了“青安杯”竞赛活动和“五小”智慧杯竞赛活动，进一步深化了“青年文明号”创建工作。(3)积极推进精神文明创建活动。深化了青年志愿者服务意识，组织了青年志愿者抗击“非典”疫情行动，大力开展了创建青年文化园活动。(4)加强和完善了团组织自身建设。完成了武钢第十二次团代会的前期准备工作，坚持党建带团建、党建促团建的原则，进一步优化了团的工作环境，加强了团组织的思想、组织、班子、队伍建设。(5)继续推进“武钢少年雏鹰行动”，少先队工作取得了新的成绩。截止2003年底，武钢共有包括在校学生在内的35岁以下青年68316人，基层团委90个，团支部1369个，团员18599人。武钢团委先后获全国“青年创新创效活动”先进单位、全国“五四红旗团委”称号。

【青年思想政治工作】 2003年，武钢团委坚持用科学理论教育青年，在各基层团组织和广大团员青年中深入开展实践“三个代表”重要思想学习活动，提高青年政治素养和理论水平。(1)通过“三会一课”、专题讲座、座谈研讨等形式，把学习党的十六大、团的十五大精神活动不断推向深入，提高了广大团干部和团员青年的思想认识和理论水平。(2)深入开展了“爱国、爱厂、爱岗”青年理想信念教育和主题形势任务教育。开展了“爱武钢、献青春、奔小康”主题教育及征文活动，组织了300名团员青年参与拍摄《武钢人》音乐电视，充分展示了武钢青年的良好精神风貌。(3)结合纪念“五四运动”84周年的契机，大力弘扬五四精神，配合推进武钢“凝聚工程”，进一步凝聚青年人心、凝聚青年力量、凝聚青年智慧，动员团员青年在服务武钢生产经营和新一轮改革发展中建功成才。(4)加大了信息调研和宣传工作力度。以“学习三个代表，拓展工作新思路”为主题，组织开展“学习调研月”活动，对共青团组织面临的新问题及解决对策、新世纪的发展方向等进行了深入探讨。全年基层团组织系统撰写理论调研成果300余篇，其中65篇获调研成果奖。该年积极推进共青团信息化建设，开通了武钢青年网站，扩大了共青团在企业内外的影响。

【青年岗位建功】 2003年，武钢团委以经济效益和人才效益的“双赢”为目标，大力推进了青年创新创效活动和科技攻关活动。(1)积极开展“五小”科技攻关活动，共取得“五小”科技攻关成果2584项，创经济效益4000余万元。大力开展青年岗位练兵、技术比武等活动，组队参加湖北省《科普法》知识竞赛并取得好成绩，激发了广大青工投身创新创效活动热情。(2)对一批先进青年典型进行了大力表彰和宣传，表彰了10名“武钢青年五四奖章”和10名“武钢青年杰出创新奖”获得者，大型厂青工程勇刚同志获“湖北青年五四奖章”，入围中央企业十大杰出青年候选人，并作为武钢青年的唯一代表入选“湖北青年日本行”访问团赴日访问。(3)以“青安杯”竞赛为重点，大力加强了青年安全工作。组织开展了青安岗、安全小卫士联合大行动、“战高温、保安全、创效益、促发展”竞赛等活动，组织开展了“青安岗在行动”活动、安全隐患自查整改活动，加强了对“危险人”、“危险源点”、“危险时期”的控制管理。充分发挥各级青安岗的主动性、创造性和青安岗的安全监督职能。武钢团委获全国冶金系统“青安杯”竞赛先进单位。(4)大力深化“青年文明号”创建活动，全年新授予武钢级青年文明号43个，复核31个，并有4家基层单位获省级青年文明号(生产线)荣誉称号，武钢股份公司冷轧厂生产线获湖北省“十大杰出青年文明号”。

【创建文明青年群体】 2003年，武钢团委积极推进精神文明创建活动，营造了健康向上的青年文化氛围。(1)深入开展青年志愿者行动，开展多种社会公益服务活动。在“3·5”学雷锋日和“金秋敬老节”期间，组织了4000多名青年志愿者开展了大型义务服务活动和“一助一”活动，服务项目100余项，受到了社区群众和老年居民的普遍欢迎。

与保卫部、钢城分局共同组建了3500人的治安志愿者队伍，动员广大青年积极参与治安综合治理。(2)在抗击“非典”疫情期间，开展了武钢青年志愿者特别行动，通过科学普及、义务咨询、求助热线、消毒杀菌等活动，为武钢在“非典”特殊时期保持良好的生产经营秩序做出了积极贡献。(3)举办了迎接武钢第十二次团代会青年召开在广场文化的演出，组织基层开展小型多样的文化活动，进一步丰富了广大青年的业余文化生活。全年继续加强武钢青少年活动中心阵地建设，不断完善其服务功能，从下半年开始教室向基层团委免费开放。

【团组织自身建设】 2003年，武钢团委以团代会的筹备为契机，进一步加强了团的组织建设。(1)按照武钢党委批转的要求，武钢团委严格按照组织程序，组织基层进行了会议代表、团委委员的推选工作，并展开了系列宣传工作，与中国青年杂志社联合编辑出版了《中国青年·青年武钢》增刊，在《武钢工人报》等媒体进行大量宣传报道，为团代会的召开做好了充分的舆论准备。(2)坚持依托党建带团建，党建促团建，大力推进基层团组织的建设与发展。积极在思想建设、组织建设、班子建设、队伍建设、工作发展、工作条件上得到党委的领导支持和关心，尽可能在团组织的机构、人员配备、经费、待遇等方面得到保障和优化，为共青团工作创造宽松的工作环境，促进创建“五四红旗团委”活动得到长足发展。(3)大力加强团组织干部队伍建设，努力培养复合型的团干部。全年举办了人文知识、法律知识、网页制作培训班，提高了团干部业务能力和综合素质。加大团干部的交流转岗力度，全年有27名团干部走上了新的重要岗位。组织团干部赴宝钢、邯钢等兄弟单位团委学习考察，学习了同行业团委好的工作经验。(4)以推进“武钢少年雏鹰行动”为主线，开展了少儿体验教育等活动，涌现了湖北省十佳雏鹰队员梁佳雯等一大批优秀少先队员，少先队工作取得进展。

（杨　亚）

● 人民调解工作

【概况】 2003年，武钢全面实施“十五”发展规划，在生产经营中加强人民调解工作，按照《青山区司法局2003年民调工作要点》的要求，以维护企业稳定为中心，全年武钢发生各类民间纠纷121起，纠纷及时处理率100%，企业无因民间纠纷激化引发刑事案件，无非正常死亡，无群体械斗，无集体赴京、省、市上访。2003年，武汉钢铁(集团)公司人民调解办公室、武钢工业港、武钢焦化公司、武钢技术中心、武钢建工集团被评为武汉市人民调解先进单位。

【建立人民调解工作长效机制】 2003年，武钢人民调解工作得到了进一步发展，组织网络逐步健全，各项制度逐步完善，人民调解工作在化解纠纷、维护企业稳定、实现职工群众自治和民主法制建设中发挥了重要作用。全年针对人民调解工作中出现的新情况、新问题，建立了长期有效的调解机制，组织各厂、矿、企业民调干部参加了青山区司法局举办的由中办、国办下发的《关于加强新时期人民调解工作意见》、《关于审理涉及人民调解协议民事案件的若干规定》和司法部制定的《人民调解工作若干规定》等文件精神的学习，从而明确了依法确认人民调解协议的法律效力，规范人民调解工作，深化人民调解工作的改革思路，不仅增强了工作的紧迫感和责任感，并在实际工作中，一同学习、一同宣传、一同贯彻，切实提高了人民调解工作水平。技术中心民调办在党委领导下，充分发挥各级民调组织作用，重点排查不安定因素，开展宣传、疏导、劝解工作，走访离、退、居休职工700余户，走访率达100%，增强了人民调解工作的责任感。同时，区分不同性质的矛盾，做到了抓早、抓少、抓苗头，把矛盾化解在基层，充分发挥民调组织在群防群治工作的主导作用，并把民调工作纳入了全年党委工作目标，调整了民调委员会成员，成立了稳定工作领导小组的专班，下发了人民调解工作的方针、目标、计划措施，制订了民间矛盾纠纷排查调解工作预案，使民调工作落实到了实处。

【人民调解工作的改革和发展】 2003年，武钢人民调解工作，主要围绕以下几个方面推进：一是进一步巩固和完善多种形式的人民调解组织，主要任务是解决本单位疑难、复杂的民间纠纷和跨单位的民间纠纷。武钢各单位加强了三级民调组织网络建设，做到哪里有职工，哪里就有民调组织，哪里有民间纠纷，人民调解工作就做到哪里。注重在第一时间里了解民间纠纷。二是建立完善人民调解工作规范化、科学化的运行机制，做到了人民调解工作，要依法调解与新时期工作机制相适应,建立民调登记、岗位责任,确保了人民调解工作的质量。三是建立有素质的人民调解队伍,通过培训、考评、奖惩等措施提高法律、政策水平和调解标准。焦化公司成功实施了焦化协力厂战略重组,将焦化协力厂隶属关系由实业公司剥离出来,归口到北湖集团,刚开始一些职工思想有矛盾,想不通,走不出脱离"母体"的阵痛,情绪波动很大,甚至出现集体上访的苗头,焦化公司领导积极做好宣传引导工作,编发宣传提纲,召开各层次的座谈会,强调"两个转变"(即:资产转变、管理转变)和"三个不变"(即:职工身份不变、工作环境和对象不变(逐步拓宽)、焦化公司扶持政策和力度不变)的重组原则,使职工认识到此次重组是解决企业生存发展的根本之路,是与职工自身利益紧密相连的,也只有这样才能真正提高职工收入,激发广大职工的积极性,赢得了职工的理解和支持。

【维护企业稳定】 2003 年,武钢在推进人民调解工作和发展的基础上,自觉以党和国家利益为重,把以维护企业稳定作为己任。全年在广泛开展人民调解工作中,针对突出的难点和热点纠纷开展工作,把预防、排查和调处矛盾作为新时期人民调解工作的重点,实行了"一个纠纷、一名领导、一套班子、一组方案、一抓到底、限期调解"。焦化公司民调办对每位退休职工上门排查,做工作,并热情邀请 1500 多名本厂退休职工回厂观看武钢的生产发展形势,座谈企业稳定工作的重要性。工业港民调办主动关心热点,主动了解重点,主动解决难点。2003 年武钢因医疗改革,退(居)休职工待遇、住房等问题职工上访较多,对此,民调员们主动上门家访和进行电话交谈,对重点对象重点做工作,同时在生活上给予照顾,解决实际困难,对于不能解决的问题,讲明政策道理,使他们情绪稳定。武钢各级民调组织,到实践中去调研,掌握民调规律,提高调解水平。开展法制宣传,讲解民调有关知识,组织撰写论文,对各种矛盾和问题认真分析、调研,做到"引法制教育之线,穿感情劝说之针",对纠纷当事人的不同事例、不同心态,采取多种形式进行调解,"以理服人、以情动人、以事感人",将矛盾化解在以人为本的情感中,从而形成了小矛盾不出班组,一般矛盾不出车间、重大矛盾不出厂矿的调解格局。

(王　昆)

● 科学技术协会

【概况】 2003 年,武钢科协紧密围绕企业生产经营和改革发展的总目标,充分发挥"三主一家"作用,以思想观念、工作方法和途径创新为先导,努力使科协工作把握规律性、体现时代性、富于创造性,推进了整个科协工作的前进与发展,全面地完成了 2003 年的工作任务:学术交流与科技活动完成 195 次;科技培训完成 3 个培训专题,参培人员 240 余人;《武钢科普画廊》出刊 25 期共 232 块版面;武钢电视台《科技之窗》栏目播出 8 期;《武钢工人报》"科技天地"专版完成 12 期;《武钢科普》小册子全年编辑 4 期 20 万字、印发共 4000 余册;"金桥工程"全年实现合同金额 600 万元,合同执行率达 100%。

【科普工作】 2003 年,武钢科协以《科普法》为指针,对过去的科普工作进行了认真的思考和研究,充分借助电视、橱窗、报刊(如《武钢工人报》,《武钢科普》小册子)、科技展板等媒体和途径,集中力量将实现科普工作"三进"(即进社区、进班组、进家庭)作为新的突破点,以共建"社区科普"为重点,着力打造武钢科普工作新格局,使武钢"科学素质工程"向纵深发展,对提高职工的科学文化素质,营造浓郁的科普氛围,扩大科普工作的影响力和渗透力起到了积极作用。2003 年 5 月的武钢科技周,以"依靠科技、抗击'非典'"为主题,编印抗"非典"疫情科普宣传手册下发到基层班组,增加了《武钢工人报》"科技天地"专版和武钢电视台"科技之窗"专栏的期数与内容,有力地配合了全国的抗"非典"疫情战役,同时还组织了以抗"非典"疫情保健康、"家庭信息化"宣传、家用电器维修服务为主要内容的科技咨询服务,取得了很好的效果并组织 140 余块科技周展板分别在武汉工程职业技术学院、钢都花园 A2 区、厂前机关食堂门前、钢电公司、冶金渣公司、运输部、炼铁厂、二炼钢厂、三炼钢厂、焦化公司等 10 余个单位进行了巡回展览;配合庆祝武钢建厂 45 周年纪念活动,制作宣传展板 40 块,组织到厂前、部分厂矿、班组及社区进行展出;武钢分别组织科技人员参加了省、市举办的"纪念'科普法'一周年科普知识竞赛"活动;凭借"武钢在线"等网络设施,建立了"武钢科普网页",先后将《武钢科普》小册子、《科普法》、防治"非典"疫情科普资料、揭批“法轮功”等内容上传至“武钢科普网页”；共建了“钢电公司109街坊科普宣传区”。

【学术交流和继续工程教育】 2003年，通过卓有成效、高水平的学术交流活动和继续工程教育，促进了广大科技工作者的知识更新，活跃了武钢学术空气。该年，组织高水平的学术报告会5次：2月，组织了由中国工程院院士、武钢科协名誉主席张寿荣同志主讲的《企业竞争力与创建学习型组织》的讲座；3月，特邀中国科学院院士、北京科技大学教授肖纪美先生作了《路—问题分析方法—实践认知材料和材料学》的讲学；9月，邀请了中科院院士李鹤林在技术中心作《关于西气东输管线和钢管的若干问题》讲座；11月，邀请国际继续工程教育执行委员会成员、英国剑桥知识学会约翰·罗理曼先生、美国加利福尼亚大学工程信息系统及技术管理学院院长F.E.布里斯先生分别作了《革命性的个人与组织的智力资本》、《加利福尼亚大学系统的继续教育》的讲座；技术中心教授级高工陈晓作了《武钢高性能中厚板用钢》专题报告。全年，分别组织评审、推荐和报送：“中国科协2003年学术年会”交流的学术论文8篇；“2003年中国钢铁年会”论文12篇；“武汉市第十届自然科学优秀学术论文”上报194篇等；编辑、出版了《科苑文萃—2000～2001武钢科协优秀论文集》；征集表彰2002年度优秀科技论文362篇，评出一等奖论文8篇，二等奖论文84篇，三等奖论文230篇。全年，基层科协结合自身特点，开展学术活动及各种学术报告会、研讨会、论文发布会共195次。武钢青年科协以创新创效为龙头，强化激励机制，推进青年职工的科技活动，取得“五小”科技攻关成果2500余项，创效益9000万元，武钢团委获湖北省青年科技“五小”活动优秀组织奖；武钢青少年科技辅导员协会组织武钢中小学生参加省市各级科技活动和竞赛，获得41项团体奖。2003年，继续工程教育克服教学场地缺乏等困难，先后举办了“Powerpoint2002演示软件应用”、“Photoshop7.0图像处理软件应用”及“网络化办公”等3个专题计算机培训班，参培学员共240余人。

【“讲、比”竞赛活动】 2003年，为了使参赛项目真正为企业的技术进步和生产经营服务取得实效，科协对“讲理想、比贡献”竞赛项目坚持做到“四个落实”（项目内容、完成单位、完成时间进度和责任人），进行动态管理。至年底，在对基层科协和专业学会申报的409个立项完成情况进行综合评价的基础上，共评出99个获奖项目，其中一等奖7个、二等奖34个、三等奖58个。

【金桥工程】 2003年，武钢“金桥工程”以抓建章建制为中心环节，对内通过深化改革、健全机构、完善制度、理顺关系、规范操作、强化服务、加强市场调研，抓好“三个一批”（即一批骨干力量、一批新生力量、一批稳定力量），依法保障科技人员的合法权益，充分调动各方面的积极因素；对外充分利用优惠政策，寻求新的合作关系，加强与湖北省科协的配合，接受省“中心”的业务指导，同时为技术成果发布、技术服务牵线搭桥创建平台，为全面实现“金桥工程”的年度目标创造有利条件。2003年共新增合同金额600万元，合同执行率达100%。

【科协自身建设】 完善规章制度，规范管理程序，2003年在2002年修订科协各部门职责与岗位工作标准的基础上，又对各岗位的工作制度与工作程序等进行了补充和完善，以确保各项工作有章可循；加大了经济责任制的考核力度，理顺了奖金分配关系，使之更加趋于合理；强化了内部管理制度，夯实了各项基础工作，为实现科协整体工作的规范化管理打下了坚实的基础。2003年，先后召开了科协主席及秘书长座谈会、“金桥工程”座谈会、“建家”工作座谈会、科技联谊工作座谈会、“迎国庆54周年，庆武钢投产45周年”武钢部分高级技术人员座谈会等5次座谈会。听取了大家关于武钢技术进步、发挥科技人员作用、加强科协各项基础工作等方面的建议和要求，不断改进科协工作。全年开展“创先争优”活动，激发会员的拼搏奉献精神。在年初，经武钢科协自筹资金，表彰了技术中心等11个“模范科技工作者之家”和二炼钢厂等13个“优秀科技工作者之家”；表彰了2002年度“讲、比”活动先进集体114个和先进个人57名、科普工作先进集体22个和先进个人81名、“金桥工程”先进集体11个和先进个人24名；对获武钢2002年度优秀学术论文一、二、三等奖的322名作者进行了奖励。开展科技联谊活动，全年组织科技人员联谊会9期，共365人参加。该年，结合科协学术报告大厅的改造，相应更新了科协的会议交流、影视编辑、电化教育、通讯联络、办公自动化等系统和有关的设施，使科协的硬件设施水平显著提高，巩固了科协的活动阵地。

【第十九届全国冶金企业科协主席联席会】 由武钢科协承办的第十九届全国冶金企业科协主席联席会议于2003年10月14～15日在武钢召开，来自宝钢、鞍钢、本钢、三钢等31家冶金企业科协的46名代表参加了会议。中国金属学会副理事长兼秘书长李文秀、中国金属学会综合部副部长李静安、湖北省科协副主席冯祖强、武汉市科协副主席严昌琪、武汉市科协企事业工作部部长黄智、武钢副总经理李富山、武钢科协主席张明达、中国工程院院士武钢科协名誉主席张寿荣、武钢副总工兼科协秘书长张翔等领导同志参加会议，中国科协厂矿科协协作中心向大会发来了贺信。与会代表根据会议的三个中心议题进行了热烈的讨论，交流了各科协的工作情况、体会和经验。武钢副总工程师、科协秘书长张翔，莱芜钢厂科协副主席杨庆堂、本溪钢铁公司科协科普部部长刘双伟、福建三钢集团公司科协秘书长陈礼铭等先后在大会作中心发言。会议号召冶金企业科协继续深入贯彻党的“十六大”精神，认真实践“三个代表”，抓住机遇，开拓进取，努力发挥行业科协的整体优势，为全国冶金企业和冶金企业科协事业的不断发展做出新的贡献。

（杨喜才）

● 企业管理协会

【概况】 2003年，武钢企业管理协会在集团公司内部推行“创先争优”活动，向上级企协推荐先进集体和个人参加各类评先活动。3月按武汉市企业联合会、武汉市企业家协会《关于评选2001～2002年度武汉市企业界优秀企业和优秀企业家的通知》（武企联［2003］4号　武企家字［2003］4号文）精神，向上级推荐候选单位和个人。推荐的原则是：（1）被推荐的单位或个人获得了武钢2002年度红旗单位或劳动模范；（2）具有一定代表性；（3）满足评选《通知》有关要求；（4）过去获得过上述荣誉的单位和个人不再重复推荐。按上述原则，武钢推荐了钢铁公司烧结厂、武钢计控公司、焦化公司、房地产开发公司为武汉市2001～2002年度优秀企业候选单位，推荐武钢股份公司经理刘文仲、矿业公司经理匡忠祥、兴达公司经理叶天长为武汉市2001～2002年度优秀企业家候选人。经武汉市企业联合会、企业家协会联合考察组到现场考察，武汉市企业联合会、企业家协会副秘书长合议推荐，常务理事投票选举，以上被推荐的单位和个人分别被评为2001～2002年度武汉市优秀企业和优秀企业家；武钢被评为该年度优秀企业。2003年底，根据武汉市企业联合会、企业家协会《关于评选2003年度武汉地区企业界新闻大事和新闻人物的通知》武企联［2003］、武企家［2003］10号文精神，推荐刘本仁总经理为武汉市企业界2003年度新闻人物，以“武钢积极引入创全国质量管理奖的标准，提升企业管理水平，2003年获得全国质量管理奖和武钢积极推行现代化管理方法，投资建设的整体产销系统于2003年正式运行，成为世界一流，全国最大规模的企业信息化工程”为主要内容，申报武汉市企业界2003年度10件新闻大事，经武汉市企业联合会、企业家协会理事会投票选举，以上推荐的新闻人物和新闻大事双双以排名第一的票数，被评为武汉市企业界2003年度十大新闻人物和10件新闻大事之首。在中国企业联合会、中国企业家协会主办的2003年度“中国企业十大新闻”暨“最具影响力企业”、“最受关注企业家”和“最具成长性企业”推选活动中，武汉钢铁（集团）公司被评为全国十大最具影响力企业之一。2003年，武钢企业管理协会分别被湖北省企业家协会、武汉市企业联合会评为先进企协。

（企管部）

卫生·教育·体育

卫生管理

【医疗保险制度改革】 2003年武钢开始实施职工医疗保险制度改革，这是关系到职工切身利益的民心工程，是建立健全社会保障体系的系统工程。为稳妥实施医改，武钢做出了极大努力。一是全面落实医改8项优惠政策。提高了退休职工个人账户资金水平，武汉市同意从2003年1月1日起，将退休职工个人养老金企业补贴全部纳入基本医疗保险个人账户计入基数，使退休职工个人医疗账户人均增加182元/年。解决了重症疾病范围窄的问题，武汉市已将重症疾病由5种扩展至6种，同时提高了慢性重症肝病及肝硬变等4种慢性重症疾病基本医疗保险支付比例。减少了自费项目，已将29项诊疗项目和273种药品纳入医保目录列入自负范围，76种医院自制制剂也纳入了基本医保用药范围。提高了住院费结算标准，武汉市将武钢医院住院综合结算标准提高了10%，对4个专科按专科医院标准结算。降低了住院费起付标准，武汉市已将武钢医院的住院费起付标准由900元下调至800元，在一个医保年度内两次以上住院费起付费标准由450元下调至400元，武钢又将住院起付费纳入补充医疗保险范围。降低了企业缴费标准，2003年下半年武钢基本医疗保险企业缴费由8%降为5%。有效解决药品价格偏高的问题，自8月份起，武钢陆续推出110种降价药品，让利于职工累计金额达61.7万元。减少挂号、结算等待时间。武汉市医保系统完成管理系统升级，武钢也自行开发了计算机管理软件系统，速度慢和经常死机的问题有较大改善。二是不断调整完善补充医疗保险办法。按规定比例，提高在岗、居休职工和退休人员住院和门诊补助待遇，将个人住院费自负起付标准纳入补充医疗保险范围；实行便民报销结算方式，补充医疗保险费报销结算由个人垫付改为在结算窗口直接核销，医院增开结算窗口27个，增设重症疾病和70岁以上人员报销结算窗口14个；扩大补充医保支付范围，将超过基本医保支付标准，属于自费范围的床位费和空调费纳入补充医保支付范围，取消部分如输液观察费、输液床位费、病员服等收费项目；对离休人员低于参保人员医疗水平部分也做了相应调整和提高；对2003年各单位超出按4%提取的补充医疗保险费的医疗费部分，由企业统一支付。自2004年1月1日起，武钢又将参保人员个人医保账户（IC卡）直接纳入补充医疗保险范围，职工医疗水平得以进一步的提高。该年武钢投入补充医疗保险费7616万元。为工伤、眷属等非参保人员报销医疗费1160万元。三是持续加大医疗保险监管力度。成立了武钢医改工作监督委员会，实行例会制度，对医疗保险实行全方位的监督管理。投资400余万元，建立了覆盖武钢医院11个定点医疗机构和医保、医疗管理部门的微机网络管理系统，12月31日系统正式投入运行。重新清理核对了8万余名在岗、居休职工的基本信息，提高了居休职工的基本医疗保险个人账户水平，对700名超过医疗期人员的供养关系进行清理复查，核发眷属医疗证5000多份；10月，武钢对医疗消费异常的53名参保人员和5名非参保人员的就医情况进行了全面深入的调查，4次召开专题会议并报武钢领导审议，对58名异常医疗消费人员和30名医务人员分别进行了处理，并在新闻媒体上曝光。有效的管理确保了医改的稳步推进。

【“非典”疫情防治】 2003年，“非典”疫情发生以来，总务部按照武钢的统一部署，积极构建武钢“防非”指挥系统和工作网络，实行了零报、日报工作制度。在医院设立了5个发热门诊，开辟50张床位的医学观察病房，接诊发热病人5409人次，X光检查7279人次，留观发热病人129人，接诊可疑疑似患者3人。同时加强对武钢厂区6个重点出入口进行监控，在学校、幼儿园、食堂等重点部位实行了体温日检制度，设置了25个公共场所"非典"监测点，实行有效疫情监测，在公共场所和重点部位进行大范围消毒。对从疫区返回的7000余人进行了三项内容的体检，并按要求对48名可疑接触者实施医学观察。由于工作到位，措施得力，武钢无一例"非典"及疑似病例，夺取了抗击"非典"疫情的阶段性重大胜利，武钢"非典"疫情防治工作得到国务院督察组和省市领导的高度赞扬。该年11月1日起，武钢重新启动了"非典"疫情防治系统。

【医政管理】 2003年，武钢继续推进以《医师法》和《医疗事故处理条例》为重点的医疗法律法规的贯彻实施，强化医疗安全管理和质量控制，杜绝医疗事故的发生。协调处理重大医疗纠纷2起，接待医疗纠纷信访30余人次，全年医疗事故为零。以医改为契机，在企业医疗机构加强开展医德医风教育，促进医疗服务态度的明显好转。曾长期困扰职眷就医的"三难一差"现象开始消失。为促进矿山医疗机构的发展，组织召开了矿山系统医院院长工作会议，就矿山地区各医院如何加强合作和适应市场需求等主题进行了充分研讨。继续开展每年一次的组织职工无偿献血活动。全年武钢共有1584人参加了集中无偿献血，献血量达31700 mL，超额完成了武汉市政府下达的献血指标，被评为武汉市无偿献血先进单位，另有27名职工被评为武汉市和青山区公民无偿献血先进个人。组织"5.12"国际护士节庆祝暨表彰活动。对评选出的19个先进护理小组、10名"十佳"护士、134名优秀护士及44名优秀护理管理者进行了表彰。认真开展调研工作。根据国家卫生体制改革政策及职工关心的热点问题展开调研，完成了《关于武钢卫生防病机构的现状和建议》、《关于武钢厂区卫生所存留问题的调研报告》、《关于武钢1～8月份未覆盖人员医疗费异常情况的调查》、《关于对武钢丙型肝炎患者情况的调查》及《关于武钢医疗机构自采药品可行性的调研》等6篇调研文章，为企业领导决策提供参考依据。

【公共卫生管理】 2003年，武钢公共卫生管理重点抓好传染病的防治、消毒杀灭和各项卫生监督工作。5月，组织防疫机构对所属各医疗机构肠道门诊、发热门诊进行了执法检查。召开了企业结核病防治及卡介苗接种监测工作总结会。协助工业卫生研究所就取得申报职业病鉴定资格接受湖北省卫生厅检查并获得通过。承担全国再就业工作经验交流会、全国钢铁信息工作年会、武钢工作会以及职代会等大型会议和活动的卫生防疫与医疗保健共16项次。委派职工休养团随团保健医师共21批次。对企业800余名接触放射线人员发放了保健药品。7～9月间，对住宅小区和公共设施及罗家港等2万m^2污水水面等蚊类孳生处，开展了每月一次、每次一周的灭蚊蝇活动；该年暑期高温期间，开展了对主体厂送医送药活动，共为公司26个二级单位送去6万余元清凉保健药品。

【职工健康体检】 2003年，总务部合理安排计划，加强组织协调，明确体检分工，认真完成各类职工身体健康体检工作。医疗单位专设15个体检点，成立专门体检班子，由高年资医师主持体检；提前维护好检测设备，限定每天职工体检人数，保证体检质量；实行职工体检档案微机管理，及时汇总和反馈职工体检信息，提出治疗指导意见。通过周密安排，消化了因"非典"疫情延误的体检时间，完成了全年体检计划，共体检在职职工10790人次，退休职工19850人次，武钢离休干部816人次、劳模2589人次。妇幼保健和卫生防疫工作有序开展，普查妇女病12076人次，进行流行病学调查175人次，接种"四苗"和肝炎疫苗2万余人，各项保健指标全面完成。

（王章纯）

【爱卫工作】 2003年，武钢爱国卫生工作以继续全面提高职工家属健康水平，培养职眷健康意识为总目标，以深入开展和巩固创建文明卫生企业，实现职工工作环境和生活环境的净化、绿化、美化为中心任务，大力开展环境整治、除害灭病、食品卫生和健康教育工作，为武钢的改革和实现生产经营目标做出了贡献。一是加强环境卫生检查和治理。该年每季度组织对青山地区86个厂、部、处室进行卫生检查评比活动，90%以上的单位获卫生先进、达标单位称号。武钢继续保持省、市、区爱国卫生先进单位。认真组织开展了"全国第十五个爱国卫生月"和6月"省爱国卫生活动月"活动，两次活动共出动车辆346台次，共有111900多人参加了活动，清理垃圾236 t，清除卫生死角265处，疏通沟道8000多米。从2003年9月开始，武钢开展了以"讲科学、讲文明、改陋习、树新风"为中心，以三干道沿线为主、覆盖钢花地区的整治乘车乱扔废弃物不文明行为的工作。通过近4个月的努力工作，三干道沿线以及钢花地区乱扔废弃物现象明显减少，环境卫生状况显著改善，整治工作取得阶段性成果。二是抓好除害灭病工作。组织了两次大规模灭鼠、灭蚊蝇和巩固性灭鼠活动。为防止剧毒鼠药(毒鼠强类)的危害,规范鼠药管理工作,指导各单位投放鼠药6100 kg,各类除四害药品1000多件。根据62个鼠情监测点资料统计,平均鼠密度降至2.16%,全年未发生一起“流行性出血热”、“钩端螺旋体病”和其他鼠媒性传染病,工业鼠害事故为零。三是狠抓食品卫生管理。继续贯彻《食品卫生法》,落实餐饮具消毒制度,多次组织食品卫生监督检查,对节日物资和有食源的单位进行了卫生把关。严格要求各职工食堂和快餐工厂供餐点做到不采购、不加工、不出售腐烂变质食物,无生产期、无出厂期、无保质期的食品不准上柜,杜绝食品中毒。全年未发生重大食物中毒事故。四是积极开展健康普及教育活动。结合季节特点和“世界卫生日”、“无烟日”、“爱国卫生月”等活动,与防疫站、宣传部、报社、职工医院、中小学教育处、团委等部门配合,利用专栏、报刊、候诊室、闭路电视、广播及上街宣传卫生知识,共发放卫生科普资料12400份,咨询过往群众4560人次。有42300多名职工接受了健康教育知识培训和书面测试。举办了二期“非典”预防和环境消毒知识的武钢卫生专兼职干部培训班。该年,为一线车间订阅《现代健康报》600份,卫生保健杂志780份。

(石光明)

【计划生育】 2003年,武钢计生办将控制人口数量、稳定低生育水平、提高人口素质作为工作重点,坚持“两种生产一起抓、两种计划一起下、两个目标一起考核”的工作方法,坚持计划生育“一票否决权制”,确保2万多退休育龄女职工无1例发生计划外生育,计划生育率达99.8%的政府人口目标,获“全国冶金计划生育协会中南片红旗单位”、“武汉市计划生育协会优生优育宣传培训工作先进集体”等称号。该年,一是加大人口目标管理工作力度。继续与青山地区69个厂级单位及22个部处室共89个单位签订了计划生育责任承包合同,各二级单位也分别与车间、班组、科室签订了合同,不仅对在岗职工实行分类、合同化管理,而且还将离岗离职、居家休养(在职不在岗)的职工纳入在职职工一同管理。流动人口管理继续以流入人口的管理为重点,实行甲方对乙方的合同制管理,督管民工施工队伍的履行计划生育义务。继续加强孕前管理,坚持对所有已婚育龄女职工开展一年4次孕情普查,定期进行查环、查孕、查病,确保了全年人口目标的顺利实现。运用现代化的管理手段,实现计生系统微机动态管理。计生管理工作已将职工生育、节育信息输入微机,进行动态管理,大大提高了计生工作质量和效率。二是大力推进计划生育宣传工作。根据国家计生委关于开展婚育新风进万家活动要求,武钢计生办在继续贯彻以“宣传教育为主、避孕为主、经常性工作为主”的三为主工作方针同时,把学习宣传《人口与计划生育法》与中央《关于加强人口与计划生育工作稳定低生育水平》的决定相结合,与相关的政策法规相结合,与人口基础知识相结合,与群众自我保健能力相结合,积极探索有企业特色的计划生育管理与职工生产、生活、生育及生殖保健相结合的新路子。全年共举办12期防疫保健知识的科普培训班,培训骨干学员约5000余人。举办各种生殖保健知识学习班共28期,听课人次达5200人。举办各种计生管理培训班12期,培训计划生育责任人近2000人。该年武钢计生办举办了“心系国策计划生育文艺作品创作大赛”,大赛共征集作品764幅。组织了36个单位参加计划生育大型宣传油画创作比赛。各厂级计生办组织近5万职工参加“学习人口计生法国策知识竞赛”。2003年,各级电视台、报刊共播放、刊登武钢有关计划生育信息84次。三是注重开展优生优育优教工作。为适应新时期计生工作的特点与要求,举办了2期“育儿有方、教子成材的好家长经验交流会”、“少儿书画大赛”。采取了具体措施控制出生人口性别比,协调医院加大B超监控力度,受到青山区政府的表彰。在世界人口日期间,武钢计生办有针对性地编印了几万册避孕节育知识宣传彩页,使职工在避孕节育的同时能明白地维护自己的身心健康。

(张建华)

● 卫生防疫

【概况】 2003年,武钢卫生防疫站认真开展疾病控制和卫生监督监测工作,并结合防保体制、卫生监督体制两项改革的实际情况,根据变化了的疾病趋势,从防疫走向了防病。全年认真贯彻执行《突发公共卫生事件应急条例》,把预防传染性非典型肺炎工作作为2003年诸项工作中的重中之重来抓。2003年,武钢辖区内法定报告传染病总发病率为158.06/10万,比2002年同期发病率下降了20.84%,甲类传染病处理率达100%,合格率达100%,无二代病人发生。全年未发生一例甲类传染病,未发生集体性食物中毒事故,未发生一例传染性非典型肺炎疑似病例和一例输入性传染性非典型肺炎疑似病例。

【计划免疫与预防接种】 2003年,武钢计划免疫常规接种17214人次,接种率99.90%。"五苗"(麻疹疫苗、脊髓灰质炎疫苗、白百破三联疫苗、卡介苗、乙肝疫苗)接种覆盖率达99.76%;全年麻疹疫苗接种1890人次,卡介苗接种率1152人次,脊髓灰质炎糖丸接种3749人次,白百破接种3423人次,乙肝疫苗接种3826人次,甲肝疫苗接种1133人次,安尔宝接种889人次,麻腮风疫苗接种1152人次,AFP监测继续加强零病例报告及主动搜索报告,未发现脊髓灰质炎野毒株引起的临床病例和AFP漏报现象。12月19日、20日、21日,武钢各医疗机构出动201人,对辖区内所有居民挨家挨户进行摸底调查,共调查登记0～7岁儿童4938人,查漏补种111人。

【传染病防治】 2003年,武钢辖区内法定报告传染病总发病率为158.06/10万,与2002年相比发病率下降了20.84%。发病率居于前3位的是痢疾、肺结核和病毒性肝炎,发病数分别为221例、141例和116例,与往年不同,肺结核发病位次超过了病毒性肝炎,排在第二位。6～10月,以霍乱防治工作为重点,加强对肠道传染病的防治,防疫站实行24小时疫情值班和重大疫情"零报告"制度,这期间防疫站开展外环境水样监测80件,检出不凝集弧菌39件,检出率48.75%;食品监测样22件,检出不凝集弧菌3件,检出率13.64%。各肠道门诊落实"逢泻必检"和就诊登记,共检索1512例,检索率100%,检出不凝集弧菌51例,检出率3.37%,未检出霍乱弧菌。2003年,武钢卫生防疫站继续加强对武钢哨点医院的监测工作,健全艾滋病监测网络,共检测HIV抗体41人份,全部阴性。对武钢交通运输公司、房产公司等120名长途卡车司机进行了血样监测,血样交市疾病预防控制中心经过进一步检测,全部阴性。该年,结合"12.1世界艾滋病日"等活动,加大对性病防治知识的宣传力度,通过上街宣传、报刊橱窗等多种形式,利用图文、声像多种载体向职工群众广泛宣传性病防治知识,提高人群自我保护能力。全年艾滋病监测HIV感染者为零,艾滋病人为零。2003年春秋两季,武钢卫生防疫站与青山区血防办联合对长江沿线27.6公里江滩、内河和北湖农场内垸组织了两次大规模的查灭螺工作,查螺面积近万亩,药物灭螺1000余亩。全年武钢辖区内未发生血吸虫急感病例。2003年疟疾防治工作重点抓好疟疾病人休止期治疗、扩大休止期预防服药和现症病人的正规治疗、访视等工作。通过发放通知单、告家长书、门栋张贴宣传单等多种形式对武钢辖区内职工及家属进行疟疾休止期摸底调查,共调查13万余人次,查出前3年患病2人,试治病人、不明原因发热病人和频繁往返疟区的重点人群3人,全部进行了休止期治疗和扩大休止期治疗,两率均达100%。全年发热血检未检出阳性病例,并在钢花社区开展了慢性病流行病学的调查工作。

【卫生监督监测】 2003年对辖区内220户食品生产经营单位进行了卫生监督924户次,监督覆盖率100%,监督频率4.2次/(户·a)。各类食品卫生监测:全年共对15类食品采样监测185件,合格160件,合格率为86.49%。其中13个类别食品监测数量达到10件以上。在这13类食品中,饮料、调味品、豆制品等类别的合格率相对较低。餐具消毒效果监测:对应开展餐具消毒的从业单位不定期进行餐具消毒效果监测,全年共采样432件,合格421件,合格率97.45%。生活饮用水监测:2003年,继续贯彻执行《生活饮用水卫生管理办法》,加强对辖区内自备水厂及二次供水单位的监督监测。全年生活饮用水水质监测综合合格率达92.7%,保持了较高水平。末梢水每月监测一次,5～9月份各增加监测一次;全年出厂水、水源水全分析2次。全年共监测出厂水41件,分析547项次,合格534项次,合格率达97.6%;监测末梢水181件,分析720项次,合格708项次,合格率达98.3%。公共场所卫生监督监测:对辖区内8户公共场所从业单位进行卫生监督52户次,监督覆盖率100%,监督频率6.5次/户。对旅店业、文化娱乐场所、理发店等公共场所进行了公共用品、微小气候和空气微生物等的卫生指标监测,共计监测379项次,合格358项次,合格率达94.5%;游泳池在开放期间每周每池监测一次,共检测84项次,合格80项次,合格率达95.24%。所有公共场所监测总计463项次,合格438项次,综合合格率达94.60%。高温休息室监测:摸底5户,监督监测5

户，监测 74 项次，合格 68 项次，合格率 91.89%。经常性学校卫生监督监测：全年对 16 所学校（9 所中学和 7 所小学）进行了经常性卫生监督监测，监测项目包括教室人均面积、教室采光、教室照明、课桌椅、黑板、环境噪声、生活饮用水、厕所等，监督覆盖率为 47.06%。学生疾病监测：每月对武钢 34 所中小学校开展一次学生疾病发生情况监测，每学期开展一次学生因病休退学、死亡监测。处理一起武钢一技校由肠腺病毒引起的感染性腹泻疫情，进行流行病学调查 140 余人，对包括 17 名校食堂工作人员在内的 46 人进行了肛拭采样，检查血常规、大便常规；配合市、区疾病预防控制中心对现患病人大便采样 24 份，血样 25 份，大便中检出 4 株肠腺病毒，配合区卫生局对一技校食堂进行卫生行政执法处罚，罚款人民币 5000 元。从业人员体检：全年完成“三大卫生”从业人员体检 4217 人，体检率达 100%，检出 HBsAg 阳性 174 人，阳性率 4.13%，复查呈阴性人员予以恢复上岗，复查仍呈阳性人员有 16 人（包含在法定时间内放弃复查权利者），均按有关法规条文的规定调离了相关岗位，调离率 100%。卫生知识培训：全年共培训各类从业人员 4082 人，培训率达 96.8%。办证：2003 年辖区内 220 户食品生产经营单位、8 户公共场所及 3 户供水单位均按要求进行了卫生复审及办证工作，《卫生许可证》办（复）证率 100%；各类从业人员办理个人有效《健康证》4217 人，《健康证》办（复）证率 100%；办理个人培训合格证 4082 人，办证率达 96.8%。

【健康教育及科研培训】 2003 年，对武钢二级厂矿及各学校、宾馆、公共场所发放各种卫生宣传资料及防治“非典”疫情知识宣传资料近万份，制作固定宣传牌 107 块；对武钢 7 个社区门诊部及各学校发放《现代健康报》1000 余份。“5.17”武钢科技宣传周，开展防治“非典”疫情知识宣传，发放各类宣传资料 200 余份，提供咨询 30 余人次，制作大型宣传板 3 块。在各类新闻媒介上发表新闻报道稿件 17 篇，卫生科普稿件两篇。制作卫生宣传栏、宣传橱窗 4 版次。抗击“非典”疫情期间在武钢电视台向群众宣传防治“非典”疫情知识 3 场次，12 月下旬口服预防脊髓灰质炎糖丸强化免疫活动在武钢电视台向群众宣传预防知识 5 场次。

全年对武钢两所医院及社区门诊部计划免疫人员进行了 4 期 100 人次计划免疫卫生知识培训，培训内容包括计划免疫报表的填写，麻腮风疫苗、新型乙脑疫苗、痢疾疫苗、新型流脑疫苗的特点、应用和应用注意事项等。卫生监督全年共培训各类从业人员 4082 人次，培训率达 96.8%，并办理了个人培训合格证。对站内职工进行了两次传染性非典型肺炎防治知识的培训，进行了 1 次计算机及网络应用知识的培训，进行了 1 次“非典”及传染病网上直报系统的培训。新开展了对临床内窥镜和血液透析的消毒监测。年初检验室获得了 HIV 抗体初筛实验室的认证资格证，开展了毒鼠强和食品中甲醛的定性检测两个新项目的工作。

【预防传染性非典型肺炎】 防疫站非常重视传染性非典型肺炎的预防工作，将这项工作列为 2003 年防病工作中的重中之重，采取综合措施抗击“非典”。从 4 月 28 日开始，卫生防疫站全体动员进入抗击“非典”战斗第一线，组成了有 22 人参加的武钢突发公共卫生事件疫情处理快速反应机动队，建立了 3 支流行病学调查队，1 支疫情监测队，2 支专业消毒队，3 支卫生监督监测队，率先启动了武钢 24 小时疫情报告、监测咨询热线，实行疫情日报和零报制度，为早发现、早报告、早隔离、早治疗打下了坚实的基础。从 4 月 20 日处理首例疫情开始，卫生防疫人员在市区、武钢防“非典”指挥部的指导下，无节假日和不分白天黑夜连续奋战了 70 余天，处理“非典”疑似疫情 3 人次，学校爆发疫情一起，进行流行病学调查 121 人次，指导、监督检查了武钢辖区医疗机构、发热门诊、留观点的建设达标，确保了医院隔离和医务人员的个人防护；直接参与了对两个留观点（二医院、新洲道观河）52 名留观人员以及疑似病人的接触者进行了医学隔离、流行病学调查以及解除隔离工作；对快餐公司等食品经营单位以及企业公共场所共 142 个监测点进行了巡回督查、监测，确保了武钢主体厂矿、企业发展公司、快餐公司及中小教、幼教系统抗击“非典”疫情工作的正常进行；截止 7 月 2 日，卫生防疫站共监测上报武钢发热职工 4820 人，拍片胸透 4284 人，体检排查 4181 人。按照武钢指挥部集中管理、统一指导、分工负责的消毒灭害工作原则，卫生防疫站组成两支专业消毒队对企业重点窗口单位、公共场所、各发热门诊、隔离治疗区、留观点等进行了消毒，面积约 18.67 万 m^2，对单位发放消毒药品约 9.6 t，举办了 4 期“非典”防治知识以及消毒知识培训班，制作固定宣传牌 106 块，发放各种宣传资料近万份，并且在武钢电视台、《武钢工人报》以及上街进行了健康教育宣传活动，增强了职工科学防治“非典”的信心。由于措施得力，全年武钢辖区没有

"非典"病例以及疑似病例发生,也没有输入性"非典"病例以及疑似病例发生,取得了抗击"非典"阶段性的胜利,保证了武钢一手抓防治"非典",一手抓生产的工作正常进行。武钢卫生防疫站获武汉市抗击"非典"先进集体,获武钢抗击"非典"一等功。

(盛卫东　靳生阳)

妇幼保健

【概况】 2003年武钢妇幼保健工作,紧紧围绕"以保健为中心,以保障生殖健康为目的,实行保健和临床相结合,面向群体,面向基层和预防为主"的方针,认真执行武汉钢铁(集团)公司的医保与补充医保有关文件,全面完成了各项妇幼保健指标。

【妇女保健】 2003年,妇幼所认真贯彻执行《母婴保健法》,以"产科准入"工作为契机,对所辖8个门诊、3个社区和241名专业工作人员进行全面清理和整顿,加强并规范了妇幼保健工作管理。第14次第二轮的妇女病普查16859人,普查率96.327%。查出妇科病患者4774人,患病率28.32%,普治率达100%;乳腺病患者2154人,患病率18%,普治率达100%。乳腺专科采用红外扫描检查5639人次,治疗52314人次,发现乳腺癌早期患者21人(手术确诊),确诊率100%。妇幼保健门诊诊治病人54069人次,计划生育手术314人次,无一例差错事故。全年认真执行《武汉市高危妊娠管理办法》,对高危孕妇实行了跟踪管理,武钢已连续5年无孕产妇死亡;对2003年1~9月共5例围产儿死亡原因与死因变化进行分析,结合实际对武钢的围产期保健提出了更高更新的要求;开展了"TOTCH优生5项"检测41人次,新生儿疾病筛查657例,无1例阳性;唐氏综合症(先天愚型)筛查517例孕妇,对其中9例阳性患者进行了治疗与保健的指导与跟踪,为提高武钢地区出生人口素质起到了重要作用。2003年上半年,出现非典型肺炎,妇幼所组织职工认真学习《传染病防治法》,进行了两次防"非典"知识培训与考试,选派两名业务骨干到总医院"非典"发热门诊工作,1名党员参加总医院"非典"防治小组并24小时待命。门诊设立发热检测点,对可疑患者严格检查,每天2次将门诊发热病人报告给总医院预防保健科,不放过1例可疑患者;对武钢托幼机构的681名保教人员进行"非典"防治知识培训3次,每周协同武钢防疫站对武钢20所幼儿园进行"非典"疫情巡视,确保了武钢集体儿童的身体健康。该年武钢地区未发生1例"非典"患者及疑似患者,"非典"疫情防治工作受到省市及武钢领导的嘉奖。

【儿童保健】 2003年,妇幼所在巩固"老四病"防治基础上,重点开展了儿童铅中毒与儿童肥胖症的防治工作,集体儿童健康体检4986人次,对教师与家长进行了铅污染有关知识的宣教4次,为降低武钢儿童血铅水平发挥了重要作用,同时对儿童肥胖症进行了相关因素的研究,将研究结果对家长进行反馈,指导家长科学饮食,纠正不良生活习惯,从根源上降低本地区儿童单纯性肥胖症的发生率;对武钢35000名中小学生进行了健康体检,并进行了相关疾病的流行病学调查,对他们进行了单纯性肥胖症、意外伤害及常见心理疾病的健康教育,取得良好的社会效益;妇幼所还向社会开设了儿童营养与喂养知识咨询电话,每天派1名专家接受家长的咨询,收集家长的问题,定期与不定期开办父母学校,2003年开办了父母学校与婴幼儿营养咨询学习班10期,对1058名家长进行了体弱儿、肥胖儿、喂养不当儿童营养咨询和指导;12月,对幼儿园大班的2200名儿童进行了心理测试和听力筛查。2003年共完成小儿肺炎、小儿腹泻等常见病防治7356人次,佝偻病防治4562人次,小儿贫血防治186人次,婴幼儿血铅筛查1561人次,肥胖儿管理32人次,体弱儿管理21人次,小儿口腔保健4577人次,小儿龋齿防治10714人次,小儿眼保健589人次,小儿智力测试402人次。集体儿童体检5423人次,集体儿童管理率达97.98%,建册5423份,建册率达100%;散居儿童体检3052人,体检率达97.5%,建册3052份,建册率达100%。

【医保工作】 2003年,武钢职工正式加入武汉市医疗保险,妇幼所成为医保定点医疗单位。为了让职工尽快掌握医保政策,做好三大目录对应,该所组织了多次学习和考试,选派1名副主任医师熟悉医保操作程序,使妇幼所的医保工作顺利开展起来,职工很快适应了医保后的医疗保健工作;为了让广大职工消除顾虑,进一步享受医保提供的保健服务,组织医务人员上街宣传武汉市医疗保险与武钢补充医保政策2次,并每天安排1名医务人员在候诊大厅导医并指导患者圈存,有效地保证了良好的医疗秩序;定期依照医保与补充医保的有关规定,结合医疗质量检查,针对检查结果进行奖惩与整改,有效地保证了医保与补充医保工作的顺利进行。

【健康教育与科研】 2003年,妇幼所医护人员下厂10次,宣传妇女病防治科普知识及接受健康教育2100人次;举办女工干部培训班4期,学员350人;更年期保健学习班3期,学员208人;围产保健学习班14期,学员254人;开办育儿学校24期,讲授合理喂养婴幼儿基本知识,听课2371人次。全年利用宣传栏、宣传画及发放宣传资料1500余册,普及妇幼健康知识。2003年妇幼所《更年期妇女健康状况及需求调查和干预研究》的科研课题获得湖北省卫生厅立项资助,共有10篇妇幼医护论文在国内发表及交流。

(曾　萍)

● 中小学教育

【概况】 2003年,武钢中小学教育处有直属中小学校34所,教职工2807人,在校学生35138人,其中小学生16556人,中学生16674人,职业学校学生1908人。2003年小学毕业生3018人,招生2231人;初中毕业生3735人,招生3219人;高中毕业生1788人,招生2830人(含综合高中招生629人);职业学校毕业生230人,招生212人。2003年,武钢中小学教育处坚持以教育教学为中心,狠抓教学常规管理和课堂教学改革,着力夯实基础工作,努力提升办学水平,全面完成教育教学各项任务指标。小学、初中、普高、中等职校毕业率均为100%;义务教育阶段入学率为100%;体育达标率为92.4%;中小学生违法犯罪率为零;高考上本科线以上687人,上省重点线330人,上省线1146人。有1281名学生在市级以上学科竞赛中获奖:武钢三中高二学生周游在第44届国际数学奥赛中获银牌,全处有9人获全国信息技术竞赛一等奖,其中有3人进入省代表队;22人获全国网络知识竞赛一等奖;九小学生合唱节目获全国首届中小学文艺汇演一等奖第一名;武钢三中学生周游、雷慧天入选国家数学集训队。勤工俭学通过强化制度建设,狠抓现场安全生产,规范经营行为,明确管理责任,提高生产质量,全年创利润676万元。该年,武钢北湖农场十四小、十五中正式划归武钢中小学教育处管理,武钢四中被评为市级办学水平示范学校,中等职校创建国家级重点职业学校工作通过省级评审。

【课堂教学改革】 为了进一步深化课堂教学改革,不断提高教育教学质量,2003年武钢中小学教育处深入开展课堂教学改革活动。(1)制订课堂教学改革方案,在武汉市、湖北省率先制定执行《新课改课堂教学评估方案》和《课堂教学常规评价标准》,强化课堂教学的过程监控,指导学校研究开发具有本校特色的校本课程,在全处开展新课程改革;该处成立学科指导小组,坚持下校指导,按学校地域分片组织交流研讨活动,扎实抓好小学、初中起始年级的课改实验;通过开展处、校教研教改活动,邀请教学专家作课改报告和课堂教学现场指导,举行示范课、研讨课、观摩课活动,着力提高教师业务素质,该年,全处有100余人次在各级各类教学竞赛中获奖;注重教学视导的针对性和实效性,全年处职能部门下校听课评课881节次,咨询诊断200余人次,主动帮教师解决教学中遇到的困难和问题。(2)对全处17所小学进行了为期一月的课堂教学改革专项督导评估,共听课549节,听课面达80%,涉及学科13门,学科覆盖面100%,召开教师、学生座谈会260次,访谈500余人次,查看教案611本,查阅资料500多盒,评出9所课堂教学改革先进学校和8所达标学校,为推进初、高中课堂教学改革和专项督导评估工作奠定了基础。(3)发展特色教育,通过开办特色兴趣班、活动课、学科竞赛、科技周等活动发现和培养具有特殊潜能的学生。(4)针对中、高考制度发生的重大变革,加大对复习备考的研究指导力度,深入分析研究各类备考信息,明确备考思路,坚持以"抓两头、促中间;大面积,高质量"为目标,周密部署,使中、高考再创佳绩。

【管理工作】 为了提高办学和管理工作水平,2003年武钢中小学教育处着力进行了以下工作。(1)深化改革、谋求发展:结合武钢给教育处岗薪增资6%的实际,完善岗薪制分配方案和奖金分配制度,理顺分配关系,强化激励功能;深化中层干部和教职工竞聘上岗的人事制度改革,以促进工作效率提高;改革办学体制,武钢三中异地新建项目已通过武汉市政府审批,三中建立国际部的构想也得到武汉市教育局批准,湖北省教育厅进行了实地考察;改革勤工俭学管理制度,实行风险抵押,奖优罚劣;改革食堂管理办法,推进食堂规范化建设和社会化服务。(2)面对突如其来的"非典"疫情,全员参与,团结协作,扎实做好预防监控工作,确保了师生身体健康和教育教学工作两不误。(3)加强安全工作,层层签订安全目标责任书,落实责任制,坚持开展师生安全教育,对容易发生安全事故的工作程序或部位,多次组织专项检查,及时发现整改安全隐患,全年全处安全生产、设备、火灾重大事故为零。(4)整顿学校门前及周边治安环境。充分发挥法制副校长作用,积极和青山区有关部门联系,清理学校门前摊点,拆除依托学校围墙搭盖的违章建筑;在武钢领导支持下,投资140万元,为9所学校修建学生自行车停车棚,聘专人看管,使学生自行车被盗和学校门前抢劫、揩肥案件明显减少,受到市、区领导和学生家长一致好评。(5)向争取武钢投入1040万元,自筹资金80万元,对部分学校校园进行维修和改造,完善了部分配套设施;争取武钢技措投入400万元,并自筹投入130万元,为部分学校建设校园网,配置计算机、投影仪、理化生仪器和体卫器材,改善了学校办学条件。(6)坚持以人为本,认真做好深入细致的职工思想政治工作,全年处、校慰问职工2000多人次,发放慰问品50余万元。(7)认真实行以校务公开为主要形式的民主管理和民主监督机制,鼓励职工参政议政;认真实行生活福利物资联合采购,教学装备公开招标,增强经营活动中的透明度;规范财务管理,加强校长和财务人员的财务知识培训,认真执行校长离任审计制度。

【文明行业创建工作】　2003年,武钢中小学教育处以武汉市教育系统开展的"新风杯"文明行业创建活动为契机,以规范办学行为,落实师德建设、优化机关作风为重点,在处、校、教研组(年级组)扎实开展文明创建工作。(1)成立处、校创建工作领导小组,制定工作计划,组织师德理论及教育法律法规学习,拟定并向社会公布"诚信承诺",开展民主评议行风活动,组织教育行风全员自查、互查、督查整改。(2)开展"师德师风年"活动:组织"21世纪教师形象大学习、大讨论",举办"师德典型事迹报告会"、观看《师德启思录》;开展专题理论研究和讲座,组织撰写一批较高水平并有一定指导性的师德理论研究文章;实行师生沟通和"家"、"校"互助,在全处广泛开展"学生评教,家长评校"活动,开展处第二届"十佳班主任"和"百优班主任"评选活动,并有3名教师被评为武汉市"百优班主任"。(3)开展"创文明岗位、让社会满意"活动,评选出33个处级和2个武钢级"文明岗位",认真把文明行业创建工作落实到教研组、年级组;组织民主评议行风专项工作大检查,并成立督导组,制定下发一系列整治规定,采用边学习、边讨论、边整改处理的方法,严格禁止"三乱"现象(乱收费、乱办班、乱订资料)和有偿家教,切实转变教育行风。(4)以处机关为教育形象窗口,开展"履行五项承诺,转变机关作风"活动,热情为学校和社会服务,机关办事做到"大事不过三,小事不过天",对群众来信和举报,做到"报必查,查必果",受理和查处,回复率达100%;落实行政执法公示制和过错追究制,对社会关注的重大问题,做到政策公开、操作公平、处理公正;定期征求意见。积极改进工作,以高效优质服务赢得基层学校和社会信任。

【培训工作】　2003年,武钢中小学教育处以干部教师转变教育观念、提高综合素质为重点。一是结合干部的实际工作,以《领导六艺》为载体,在干部中掀起学理论、上水平的高潮。二是举办行政校长(后勤主任)、政教主任、工会主席和团委书记培训班,组织专题理论学习,努力提高干部职工的政治业务素质。三是以学习新课程方案,课程标准为主要内容,召开基础教育课程改革和师资培训动员大会,制订课程改革师资培训工作方案,印发学习资料,以外请内培的方式进行新课程通识培训和学科适应性培训2100多人次;开办小学、初中起始年级新课程实验教师培训班,培训教师近400人。四是选派部分教师参加省市骨干教师培训,组织200余名教师参加市计算机高级考试。五是开展以全员职务为主要形式的教师继续教育,对970多名教师进行了适应本职级和本学科教育教学能力要求的培训。六是以提高职工队伍整体素质为目标,在全处组织开展"教师五项技能竞赛"(外语、说课、课件、制作、特长表演、即兴演讲)和"青年教师岗位技术大比武"活动,表彰了一批先进集体和个人。

【德育工作】　2003年,武钢中小学教育处学生德育工作坚持以养成教育和校园文化建设为重点。一是把“铸高尚师魂，育‘四有’新人”活动的重点放在学生德育上，深入开展“爱校爱生献青春”、“养成道德好习惯”主题教育活动和丰富多彩的体艺活动，努力增强德育的实效性。二是继续以“让地面说话、让墙面说话、让桌面说话、让脸面说话”（以下简称“让四面说话”）为基本教育形式，指导学校创新工作思路，建立适合本校学生实际的养成教育体系，通过卫生习惯的养成带动学生其他习惯的养成；通过文明礼貌用语的养成带动其他文明礼仪的形成；通过对学生心理问题的研究和心理健康教育，促进学生健康心理品质的养成；通过“让四面说话”活动促进校园文化建设，创造整洁、美丽的育人环境。为了进一步推进德育工作，武钢中小学教育处评选出7所养成教育示范学校和42名养成教育先进个人，并予以表彰。三是以培养学生创新精神和实践能力为目标，扎实开展“创新素质实践行”活动，有几十项学生成果受到武汉市奖励。四是开展“关爱贫困生”活动，各校都建立了贫困生档案和资助贫困生的长效机制；认真组织处第五轮“爱心扶贫奖励基金”发放仪式，共资助132名贫困生，金额4万多元，做到了无一名贫困生因贫困而失学。

（余传松）

职工培训

【概况】 2003年，武钢职工教育培训工作以邓小平理论和“三个代表”重要思想为指导，认真贯彻《国务院关于大力推进职业教育改革与发展的决定》精神，围绕企业2003年的生产经营与改革发展的中心内容，大力开展各类教育培训工作，全年培训职工6万人次，全面完成年度培训计划，武钢获中国企业联合会、教育部授予的“教育先进单位”、“创建学习型企业成绩突出单位”称号。

【管理、技术人员培训】 2003年，武钢组织人事工作创新管理和技术人员培训方式，积极开展“项目管理”式培训，签订培训合同，明确送培单位和培训院校双方的权利与义务。全年组织4000名科级及以上干部培训，在教学内容和方法上进行了大胆的尝试，如采用案例教学、互动式教学、研讨式教学等，主要课程有《项目管理》、《危机管理》等。该年，在武钢组织选拔了22名中高层管理人员赴美国俄亥俄州大学进行MBA培训。围绕企业重点技改项目、技术进步项目和生产中的难点、热点开展专业技术人员继续教育和操作人员的技能操作培训，如开办二热轧生产工艺技术研讨班、二热轧协议保产上岗培训班、干熄焦技术培训班、6号高炉新技术培训班等。全年共组织8000余人次专业技术人员进行继续教育培训，组织726名管理、技术人员参加轮岗培训。

【新招员工和岗位技能培训】 强化新招录人员的培训工作，2003年武钢分两次共招收新员工781人，涉及轧钢、仪表、炼铁、变电运行等20个专业工种。组织人事部制定了新招录人员培训管理办法，组织新招员工到相关的学校、厂矿进行为期3个月的上岗前的培训，使新招录人员尽快达到岗位要求。积极创建学习型企业，大力引导武钢各单位探索培训工作新思路，如股份公司开办了德国SIMENS PLCS7-400系统应用技术培训班；运输部开展车间全员培训、岗位练兵，二炼钢厂围绕新工艺、新设备开展职工培训，从而保证3号连铸机一次投产成功，3号吹氩站一次热负荷试车成功。

（王少文）

体　育

【概况】 2003年，武钢以深入开展全民健身运动，提高企业职工身体素质为中心，围绕组团参加湖北省第十一届运动会，组织了一系列体育竞赛和群体活动，有力地促进了企业精神文明建设。该年组织了武钢职工迎春长跑；武钢职工风筝比赛；武钢职工“钢电杯”象棋、围棋比赛；武钢职工“火车头”杯游泳比赛；武钢职工第十四届“振兴杯”乒乓球比赛等各类职工体育活动，参与职工达4000余人次。该年年初，由于受“非典”疫情影响，武钢体育馆按要求停止开放了近4个月，在此期间武钢体育馆积极做好消毒卫生工作，保证了体育馆开放后进场活动职工的身体健康。“非典”疫情过后，武钢体育馆承办了湖北省第十一届运动会职工类秧歌舞比赛;协助武钢(集团)公司和钢铁公司举办了两场大型职工文艺演出。该年,武钢体育馆对外开放吸引职工进馆开展健身活动,全年共接待职工活动4万余人次,体育馆开放率达70%。2003年,武钢116街坊游泳池全年安全开放,共接待职工6万余人次。该年武钢工会文体中心在整个青山地区职工生活区建置健身器材上百套,使职工和家属在家门口就可以开展体育锻炼活动。

【参加国内各项体育比赛】 2003年,武钢体协组织职工运动队参加全国及省、市各类体育比赛,均取得较好成绩。该年组队参加第十三届全国风筝锦标赛获得金牌2枚、银牌2枚、铜牌3枚,并获得团体总分第三名;组团参加湖北省第十一届运动会职工类(企业组)比赛,获得金牌13枚、银牌7枚、铜牌16枚,并取得职工类(企业组)团体总分和金牌总数两项第二名。

【参加湖北省第十一届运动会比赛】 2003年,湖北省政府主办了湖北省第十一届运动会,为了展现武钢人的精神风貌,在企业领导的大力支持下,武钢组成了以集团公司党委副书记、工会主席樊政炜为团长、各有关部门领导为副团长,由武钢工会及中小学教育处、武钢残联负责组队参加的代表团。具体比赛由武钢体协负责职工类(企业组)网球、秧歌舞、健美操、体育舞蹈、保龄球、乒乓球、门球、足球、围棋、象棋、桥牌、钓鱼、大众体育等13项比赛;武钢体校负责体校类柔道、田径、乒乓球、游泳等4项比赛;武钢残联负责残疾人类轮椅竞速、举重、游泳等3项比赛。经过代表团全体运动员的艰苦训练,顽强拼搏,最终武钢获得湖北省第十一届运动会职工类(企业组)金牌总数和团体总分两项第二名,其中网球比赛获得金、银牌各1枚,铜牌3枚;秧歌舞比赛获得一项第二名、三项第四名;健美操比赛获得2枚银牌、1枚铜牌;足球比赛获得冠军;围棋比赛获得团体第三名;象棋比赛获得团体第五名;体育舞蹈比赛获得金、铜牌各3枚;乒乓球比赛获得5枚金牌、2枚银牌、1枚铜牌;保龄球比赛获得银、铜牌各1枚;桥牌比赛获得两项第一名、两项第三名;大众体育比赛获得3枚铜牌;门球比赛获得第五名。残疾人类比赛获得团体总分第四名,并获得金牌14枚、银牌16枚、铜牌6枚,其中轮椅竞速获得金、银牌各12枚,铜牌3枚;举重获得金、银、铜牌各1枚;游泳比赛获得金牌1枚、银牌3枚、铜牌2枚。学生类比赛获得金牌4枚、铜牌1枚,其中毽球比赛获得金牌3枚、铜牌1枚;航空、航模比赛获金牌1枚。体校类比赛共获得金牌2枚、银牌4枚、铜牌8枚,其中柔道比赛获得金、银牌各1枚、铜牌3枚;田径比赛获得金、银牌各1枚、铜牌2枚;乒乓球比赛获得银牌2枚;游泳比赛获得铜牌3枚。

【老年人体协活动】 2003年,武钢老年人体协针对老年职工的兴趣,组织离休、退休、居休职工开展了多项老年健身活动,并重点抓好老年体协的协会建设,通过老年体协的体育骨干人员组织、辅导武钢老年职工的体育锻炼,并大力普及健身知识和锻炼技能,使他们健康、幸福地安度晚年。该年,老年人体协组织了女职工"三八"门球比赛;武钢老年人门球甲、乙级队比赛等活动,参赛职工2000余人;该年武钢老年人体育舞蹈队参加湖北省第六届老年体育舞蹈比赛,7对选手获得一等奖,6对选手获得二等奖,1对选手获得三等奖。

2003年武钢职工参加主要体育比赛成绩表

比赛项目	名次			备注
	第一名	第二名	第三名	
武钢职工"钢电杯"象棋、围棋比赛	大冶铁矿	程潮铁矿	钢电公司	中国象棋
	焦化公司	股份公司	大冶铁矿	围棋
武钢职工"火车头杯"游泳比赛	股份公司	运输部	技术质量部	4×50 m接力
武钢职工第十四届"振兴杯"乒乓球比赛	焦化公司	股份公司	耐火材料公司	男子团体
	中小学教育处	耐火材料公司	企业发展公司	女子团体

2003年武钢体育代表队参加国内主要比赛成绩表

<table>
<tr><th colspan="2">比　　赛</th><th>项　　目</th><th>成　　绩</th></tr>
<tr><td rowspan="13">湖北省第十一届运动会</td><td rowspan="12">职工类
（企业组）</td><td>网　球</td><td>老年女子双打:第一名　李佳欣　曾丽荷
男子双打：　第二名　陈　伟　葛　祺
男子单打：　第三名　陈　伟
女子双打：　第三名　李　蓓　富　丽
老年男子双打:第三名　刘　炎　孙少君</td></tr>
<tr><td>健身秧歌</td><td>企业B组自选套路:第二名</td></tr>
<tr><td>健美操</td><td>女子单人：　第二名　许东乐
6人规定动作:第二名
8人规定动作:第三名</td></tr>
<tr><td>足　球</td><td>第一名</td></tr>
<tr><td>体育舞蹈</td><td>中老年团体舞:第一名
摩登舞：　第一名　吴福清　陈桂枝(常青组)
　　　　　第三名　毛德亮　叶三凤(丙组)
拉丁舞：　第一名　钟锦连　龙春梅(常青组)
　　　　　第三名　邱建青　金春芳(丙组)</td></tr>
<tr><td>保龄球</td><td>双人比赛：　第二名　耿显光　刘　义
精英赛：　第三名　耿显光</td></tr>
<tr><td>乒乓球</td><td>男子A组　第一名　团　体
　　　　　第一名　王　辉　　　(单打)
　　　　　第一名　肖　遥　周　涛(双打)
　　　　　第二名　肖　遥　　　(单打)
　　　　　第二名　王　辉　杨　胜(双打)
　　　　　第三名　周　涛　　　(单打)
男子B组　第一名　团　体
　　　　　第一名　曾　文　　　(单打)</td></tr>
<tr><td>围　棋</td><td>团　体：　第三名</td></tr>
<tr><td>中国象棋</td><td>团　体：　第五名</td></tr>
<tr><td>桥　牌</td><td>老年组：　第一名　团　体
公开组：　第一名　团　体
　　　　　第三名　王少华　姜义胜(双人赛)</td></tr>
<tr><td>大众体育</td><td>第三名：　挥锹投石　(男子)
　　　　　袋鼠跳　(女子)
　　　　　双　拐　(女子)</td></tr>
<tr><td colspan="2"></td></tr>
<tr><td>残疾人类</td><td>轮椅竞速</td><td>第一名：　文　青　(女子100 m、200 m、400 m)
　　　　　翁德刚　(男子100 m、200 m、400 m)
　　　　　孙素珍　(女子800 m、1500 m、5000 m)
　　　　　黄志安　(男子800 m、1500 m、5000 m)
第二名：　韩　静　(女子100 m、200 m、400 m)
　　　　　潘　红　(女子800 m、1500 m、5000 m)
　　　　　张成尧　(男子800 m)
　　　　　陈　鹏　(1500 m、5000 m)
　　　　　王颜华　(女子400 m)
　　　　　李　林　(男子200 m、400 m)
第三名：　陈　鹏　(男子800 m)
　　　　　张成尧　(男子400 m、1500 m)</td></tr>
</table>

续表

比 赛		项 目	成 绩
湖北省第十一届运动会	残疾人类	举 重	第一名:陈 俊 (75 kg) 第二名:何 垒 60 kg) 第三名:孙传海 (60 kg)
		游 泳	第一名:张金波 (50 m) 第二名:张金波 (100 m、200 m) 李丰强 (50 m) 第三名:李丰强 (100 m、200 m)
	学生类	毽 球	男子团体:第一名 女子团体:第一名 男子双人:第一名 女子单打:第三名
		航 模	第一名
	体校类	柔 道	第一名:1 项 第二名:1 项 第三名:3 项
		田 径	第一名:1 项 第二项:1 项 第三名:2 项
		乒乓球	第二名:2 项
		游 泳	第三名:3 项
2003 年全国风筝锦标赛		风 筝	团 体:第三名 个 人:第一名 程兴泉(软翅大) 杨运策(最长串) 第二名 程兴泉(软翅中) 陈 辉(软 体) 第三名 程兴泉(软串大) 孙三毛(立 体) 林士杰(龙中)
湖北省第六届老年体育舞蹈比赛		体育舞蹈	摩登舞: 一等奖 杨振祥 齐志萍 毛坚荣 余顺芝 刘原竹 李春梅 肖玉连 包桂荣 二等奖 张化增 乐美珍 伍 戈 左艳明 拉丁舞: 一等奖 钟锦连 钟小英 二等奖 韩东中 金玉书 张新联 张爱珍 邹海南 陆玫英 段惠君 王桂珍 社交舞: 一等奖 邓品林 张春珍 段惠君 王桂珍 三等奖 邱 陆 袁亚文

(王 健)

钢铁公司

主业管理

【概况】 2003年9月26日，根据钢政发[2003]71号《关于撤销武汉钢铁有限责任公司成立武汉钢铁(集团)公司钢铁公司的决定》文件精神，武汉钢铁有限责任公司更名为武汉钢铁(集团)公司钢铁公司。2003年，钢铁公司以邓小平理论和"三个代表"重要思想为指导，认真贯彻落实党的十六大和十六届三中全会精神，在武钢的统一领导和部署下，坚持效益最大化原则，抓住钢材市场形势较好的有利时机，围绕全年生产经营和改革发展目标，充分发挥规模效益，大力推进科技创新，进一步深化企业内部改革，切实加强企业管理，有效地克服了生产压力大、资源紧张和"非典"疫情的不利影响，生产经营保持了良好的发展态势。全年生产生铁802.13万t、钢831.38万t、钢材677.16万t，同比分别增长10.54%、11.52%、10.79%，均创历史最好水平。实现销售收入203亿元，实现内部利润12亿元。全年重大人身伤亡事故、锅炉压力容器爆炸事故为零；工亡 事故1起，工亡1人；重伤事故为零；岗位粉尘合格率87.8%；无重大环境污染事故，所有污染物排放源达标排放，污染因子综合排放合格率达97%，超过90%的目标。"非典"疫情时期，采取有力措施，确保了公司无1例"非典"及疑似病例。该年钢铁公司获湖北省"防治非典型肺炎工作先进集体"。全年在生产经营中，该公司加强调控和管理，保证了生产经营的顺利进行。(1)坚持科技创新，进一步优化主要经济指标。至年底，吨钢综合能耗(标煤)水平下降到782.2 kg/t，同比降低28.2 kg/t，实现了"破八见七"的历史性突破。确定了149项科技攻关项目、47项技术革新项目。科技攻关A、B两类项目的达标率顺利完成，二层次科技攻关也得到稳步推进，重点攻关项目取得了突出成效。(2)突出品种效益，优化资源配置。调整品种结构，钢材"双高"产量比达51.18%，高于2002年同期水平。2003年钢铁公司"降废减损"成效显著，钢坯材合格率达99.68%，创历史最好水平，同比减少废品4500 t；钢和钢材不良品率为1.14%，同比减少不良品14120 t；钢材20个重点品种的原品种综合合格率达97.70%，较2002年又有新的提高。(3)深化星级设备管理，为生产经营顺利进行提供保障。2003年钢铁公司以星级设备管理为主线，加大"万点受控"工程的推进力度，至年底已在9个厂确定了关键设备状态控制点13399个，及时有效地进行了检查与维护，保证了设备的正常运行，其设备管理各项指标再创历史新水平。其中，实现重大、特大设备事故为零目标。(4)资讯系统一期工程投运以来，有效降低了厂际之间、工序之间的库存，缩短了合同订货周期，提高了管理效率和生产作业率。(5)深入开展降成本活动，不断提高财务管理水平。企业"对标挖潜"举措持续抓紧抓实，共下达对标指标48个，制定挖潜措施156条，多项指标均达到了历史最好水平，顺利通过各级财务、税务的监察和审计，并获武汉市"诚信纳税人"称号。(6)创建综合管理体系，提升企业科学管理水平。2003年10月通过认证注册，2003年11月18日取得中质协质量保证中心颁发的质量管理体系、环境管理体系和职业安全健康管理体系3张认证证书，成为国内率先通过"三合一"结合认证的特大型企业之一，实现该公司两年来的管理工作目标。(7)2003年，该公司以原燃料质量检验、工程管理、备件管理为重点，深入开展效能监察工作，组织"五外会审"443项，核减费用963.6万元，全年共完成专项监察102项，查处违纪金额41.22万元，挽回经济损失3182.3万元。(8)兴起学习"三个代表"重要思想新高潮。机关党委及二级单位党委都举办了科级干部学习"三个代表"重要思想理论培训班；同时进一步加强理论研究的阵地建设，2003年7月11日，组织成立了钢铁公司职工思想政治工作研究会和党建研究会,大力开展理论研究成果的学习交流活动,组织编撰了《创新之路——有限公司周年文集》。该公司党委坚持“从严治党”原则,加强新形势下的党建工作,“党员责任区”活动立足“把握形势、融入生产、带领群众、解决问题”,共建立党员责任区1344个,生产一线覆盖率为100%,在日常工作中把生产经营的难点作为责任区活动的重点,把行政工作关注的焦点作为责任区活动的切入点,全年立项并完成责任区攻关课题1084项。有3个党员责任区被评为武钢集团公司“标杆党员责任区”,4个党员责任区获武钢集团公司“优秀党员责任区”。深化形势任务教育,在纪念武钢投产45周年之际,组织开展了“爱武钢、奔小康”有限杯摄影大赛和摄影展,展出优秀作品近200幅,参观人数达万余人次,取得良好效果;落实“依靠”方针,促进企业民主管理工作,《职工合理化建议管理制度》、《职工自主管理制度》纳入综合管理体系程序文件。

【劳动工资管理】 2003年,钢铁公司完善岗薪工资制度,初步建立了工效挂钩制度,实现全员劳动生产率达到534 t/(人·a)。该年,一是按照《武汉钢铁(集团)公司关于下发实行岗薪工资制指导意见的通知》(钢政发[2001]83号)和《武汉钢铁有限责任公司岗薪工资制实施细则》(有限钢政发[2002]4号)的精神和有关规定,在完成所属二级单位岗薪工资制改革的基础上,实行了钢铁公司机关的岗薪工资制改革。二是规范了岗薪工资制管理工作。二级单位实行岗薪制后,为避免新老工资制度交替带来的管理上的混乱,在职工原有工资进行档案管理的基础上,结合岗薪工资结构设计了岗薪工资制管理卡,统一规范了钢铁公司实行岗薪工资制后的工资档案日常管理。三是认真做好岗薪制实施后的调研工作,解决岗薪制实施中存在的问题。四是加强了工资总额的管理,防止工资发放突破计划。另外,还认真抓好各项保险管理工作。一是在武钢企业补充医疗保险政策调整后,清理了前期就诊人员的医疗费报销情况,共清理就诊人员3276名,并集中对医改政策调整前已报销费用和未报销费用共3150人次的医疗费按新规定进行了核销,总计核销了医疗费用1625246.29元。二是组织按特殊工种提前退休的专项申报工作,共向武汉市集中报送了274名职工按特殊工种退休审批有关材料,至年底已审批可退休人员256名。同时,办理了243名正常到龄退休人员的退休审批手续。三是根据武钢的统一安排,对符合劳动鉴定范围的人员进行了清理,共申报134名职工和27名家属的材料,经初审合格后安排了体检。四是对2003年缴费基数(即2002年工资总额)进行了核定。

【计划财务管理】 2003年钢铁公司实现销售收入203.43亿元,实现利润12.03亿元,降低成本3.85亿元,存货周转率达7.83次。收入、利润及成本均超额完成预算目标。(1)加强财务预算管理。该年,为确保完成钢铁公司降成本费用3.5亿元、实现利润3亿元的目标,在总结2002年预算管理工作经验的基础上,客观分析各种新增不利因素,深入开展调研工作,科学制定了财务预算指标。在预算的编制方法上采用了“自下而上”与“自上而下”的相互结合。并制定了一系列预算保证措施和成本效益纵深行专项措施。在预算执行过程中,突出预算的动态控制和管理。为深入了解预算指标的分解落实情况,该公司分别召开了炼铁、炼钢、轧钢系统降成本工作座谈会,深入分析降成本工作中存在的问题,研讨下一步降成本的对策措施。下半年,按照武钢确定的全年18亿元利润的调整目标,继续深化了专项措施的制定和落实工作,确保了预算目标超进度完成。(2)推进成本效益纵深行活动。2003年钢铁公司在成本效益纵深行活动中坚持质量效益原则、规模效益原则、整体优化原则、经济运行原则,依靠技术创新和管理创新,完善炼铁系统区域责任成本包干和坯材质量、成本一条龙控制,共下达纵深行专项措施10大类63项,制定保证措施220条,取得了明显成效。全年在矿石、洗精煤、外购焦价格大幅上涨的情况下,有效地控制了生铁成本上升幅度,生铁同口径还原成本为999.04元/t,仅比2002年增加66.18元/t,相对全国平均生铁成本升高167.56元/t,升幅相对较小。2003年钢铁公司“对标挖潜”工作持续抓紧抓实,下达对标指标48个,制定挖潜措施156条,以指标对比为龙头,统帅企业生产经营全过程。转炉钢铁料消耗、转炉炉龄指标居行业领先水平。(3)加强产销资讯财务系统建设。该年,钢铁公司成立产销资讯财务系统上线工作领导小组,拟定产销资讯财务系统上线工作计划和相关财务系统核算制度;完成了系统上线过程中的静态资料完善、抛账数据核对、会计科目建立、系统核算资料录入、审核、抛账、对账、结转、报表编制等大量的工作;有计划、有组织地开展财务人员系统操作、查询、维护培训工作。与整体产销资讯财务系统相配合,标准成本体系的建立工作继续深入，组织收集整理了近3年来的实际核算数据资料，与系统开发人员一道进行数据审核、平衡、计算和录入，为系统上线和标准成本的推行奠定了基础。(4)加强内部管理，进一步理顺管理职能，建立健全计划财务基础工作。一是在计划管理方面，突出强调计划的归口管理。在计划的实施过程中，加强计划的协调与平衡，为按进度完成钢铁公司生产经营目标创造了有利条件；在固定资产投资计划方面，严格进行立项归口和跟踪管理，共向武钢集中申报了144个项目。二是在财务管理方面，建立健全资金、成本、价格、会计、税务等方面的管理规章制度，并着重加强落实。组织钢铁公司年报的编制和审计工作，顺利通过审计；开展会计基础工作规范化检查；有效组织公司纳税工作，使钢铁公司获武汉市第二届"诚信纳税人"称号；开展钢铁公司财产保险招标，积极组织钢铁公司财产保险理赔工作；协调并制订了二热轧的会计核算方案等一系列工作。另外，为了配合武钢主业重组的改革，组织开展了主业重组资料的填制、审核与上报工作。10月，在原法人资格撤销后，钢铁公司有计划地组织了企业范围内的全面资产清查工作。同时，对公司更名给会计核算、财务管理带来的新变化和新问题，及时与武钢集团公司、银行、税务等进行协调，使钢铁公司财务核算和财务管理各项业务得以顺利进行。

【企业管理】 2003年，钢铁公司企业管理工作以创建"综合管理体系"为主线，理顺管理职能，明确各项管理工作的职责和程序，完善和规范各项管理制度，使企业经营管理水平不断提高。(1)综合管理体系一次性通过中质协质量保证中心的认证注册。自2002年12月20日综合管理体系文件正式发布实施后，2003年该公司将工作重点放在文件实施的符合性和管理体系的有效性方面。加强了贯标知识的培训，建立了一支内审员骨干队伍。全年组织3期综合管理体系知识培训班，共培训243人，其中有112人取得综合管理体系内审员资格。3月中旬开展了综合管理体系首次内审，4月份组织了管理评审，根据内审和管理评审情况，在咨询公司指导下修改了《管理手册》和部分程序文件，完善了钢铁公司综合管理方针目标，进一步理顺了管理职能，明确了管理职责和程序。经过8个月正式运行，分别于2003年8月25～28日和10月13～17日接受了中质协质量保证中心第一阶段和第二阶段审核，一次性通过认证注册，于2003年11月18日取得中质协质量保证中心颁发的质量管理体系、环境管理体系和职业健康安全管理体系三张认证证书。(2)完善经济责任制考核体系，发挥经济责任制激励和导向作用。2003年在经济责任制考核中，对计奖比例、指标体系进行了重新设置，指标值分"计划值"、"目标一"、"目标二"3档推进，并将岗薪与奖金合在一起(简称浮动考核额)进行整体考核，加大了考核力度，促进了主要技术经济指标创水平和钢铁公司经营目标的实现。(3)大力推广现代化管理方法。2003年共评出现代化管理成果116项，其中，三等奖32项、四等奖60项、五等奖24项，并向省、市、武钢(集团)公司进行了成果申报，获得省级成果4项、市级成果5项、武钢(集团)公司级成果21项。(4)深化现场管理工作，提高现场管理水平。一是进一步完善了现场管理制度。年初制定下发了《2003年现场管理工作要点》，明确了现场管理工作的指导思想，制定了现场管理工作目标，并明确了8项重点工作。根据创建综合管理体系的要求，制定了《现场管理推进及评价管理程序》，增加了申办现场管理推进会的内容。二是坚持开展了现场管理检查和评价活动。现场管理评价工作按照坚持标准，从严考核，一季度评出标样单位8个，二季度评出标样单位5个，三季度评出标样单位9个，四季度评出标样单位8个。三是现场管理工作与防治"非典"工作相结合。制定了防"非典"疫情时期现场管理工作计划，督促各单位加强了"非典"疫情时期治理脏、乱、差的工作。四是召开了现场管理推进会，推广了工业港和棒材厂的现场管理先进经验。(5)开展了用户满意工程活动。每季度组织各厂对相关工序厂就产品质量、服务质量和用户意见整改等方面进行用户满意度测评和走访用户活动，通过走访用户活动，上下工序之间得到有效的沟通，解决了一些产品质量和服务质量问题，取得了较好成效。

【安全生产管理】 2003年，钢铁公司认真贯彻执行《安全生产法》、《职业病防治法》等国家有关法律、法规及规定，以科学的方法，务实的态度，严谨的作风，认真贯彻OSHMS系列标准，进一步完善运行综合管理体系，并一次性通过认证，获得了职业安全健康管理体系认证证书。全年实现了重大人身伤亡事故、锅炉压力容器爆炸事故为零，工亡事故一起，工亡1人，重伤事故为零，轻伤事故5起，轻伤6人次；岗位粉尘合格率为87.8%。一炼钢厂发生了"3.25"工亡事故。全年在安全生产管理中，推行了下列举措：(1)职业安全健康管理按照综合管理体系要求进行了试运行。进一步完善体系文件，制定各种安全管理记录表。对二级单位上报的不可承受风险重新进行了审定，共辨识出危害因素3354条，厂级不可承受风险108个，钢铁公司级不可承受风险6个，均制定了控制计划，其中钢铁公司级管理方案6个。钢铁公司共收集法律、法规、标准共306项。2003年8月通过第一阶段外部审核，10月通过第二阶段审核，11月18日获得认证证书。(2)安全活动接连不断，推动工作深入发展。钢铁公司组织召开了2003年安全环保工作会议，对2002年武钢有限责任公司安全环保工作进行了总结，并部署了2003年安全环保工作。全年开展了安全生产特殊时期的"议事故、学规程、反违章"活动、百日安全无事故活动等。(3)严格检查，加大激励，重点控制督促落实。加强了春节、"五一"、"十一"等节日期间安全巡查。钢铁公司领导带队到生产一线开展节日慰问及节日期间的安全检查。开展上半年及下半年安全大检查。加强对起重设备、锅炉压力容器等特种设备的安全专业检查，对检查出的问题逐一下发了整改通知单限期整改。每月坚持对该公司A级危险源点进行检查，确保控制措施落实受控。加强了施工现场管理，严格审查外委施工队伍安全资质。重奖重罚，层层实行安全风险抵押承包。经钢铁公司总经理办公会研究决定，从总经理奖励基金中划出60万元作为安全专项奖励。为进一步规范和加强安全考核，制定了安全专业经济责任制考核办法和安全专项奖奖励办法。(4)重视技术开发应用，提升本质安全水平。2003年安全科研攻关课题达5项，为2项科研、3项科技攻关项目。(5)加强安全宣传教育，提高员工安全素质。钢铁公司组织召开了实施安全生产法与综合管理体系(职业安全健康部分)研讨会，该公司管理者代表出席并与各单位安全环保科长及部门代表进行了深入的座谈交流。安全环保处专门组织了危害辨识、风险评价和风险控制研讨班，又在烧结厂召开了现场会，对有关问题进行了解答。6月组织开展主题为"实施安全生产法、人人事事保安全"的安全生产月活动，组织开展了板报巡回展、全员安全知识考试竞赛活动。(6)组织钢铁公司安全帽、劳保服的统一更换。安全环保处会同宣传处组织武钢北湖福利加工厂和武钢实业公司劳动用品服饰厂赴上海宝钢等单位进行了考察，在考察的基础上，组织上述两个厂家设计了新装设计方案，经征求部分单位、部门的意见后，组织设计出了第二套新装方案及安全帽的配备方案。2003年安全环保处组织了钢铁公司相关部门(公司办公室、财务部、纪委、工会、职工代表)人员，本着公开、公平、公正的原则，对武钢4家生产或提供劳保用品(普通工作服、安全帽)的单位所送样品、从款式、质量、价格、工艺等方面进行了评审。根据评审结果，组织了对钢铁公司安全帽、劳保服的统一更换。

【环保工作】 2003年，钢铁公司环境保护工作以抓综合管理体系贯标为主线，向世界先进企业看齐并使管理体系与国际惯例接轨，推行ISO14001环境管理体系取得了成效，2003年11月顺利通过了第三方认证，环保工作迈上了一个新台阶，环境管理的深度和广度得到了拓展和深入。全年环境指标情况：环境污染事故为零；污染物排放合格率达到97%，超过了钢铁公司目标水平。2003年，钢铁公司在推行ISO14001环境管理体系的过程中积极推进清洁生产活动，注重在生产过程中控制污染的产生和减害。在全公司范围内各单位都制定了生产和办公室区域《固体废弃物管理和处置办法》，将过去和生活垃圾一道丢弃的对环境极易产生污染的有毒有害物质定点收集，分类存放，单独处置。各单位还建立了各自的《污染防治设施应急预案》，为预防突发事件可能带来的环境污染制定了确实可行的预防措施，这些管理制度的建立不仅严格认真执行了国家法规，更体现了企业的社会责任意识和职工的环境保护意识。体系建立后，各单位都制订了结合自身特点的"环境管理方案"。这些环境管理方案投入相对较少，针对性更强，涉及面广，能够确实解决职工身边环境问题。由于实施全过程为各单位控制，因而充分发挥了各单位在环保工作中的潜力，调动了各单位职工保护环境的积极性。至年底钢铁公司为持续改进环境各单位共制订出环境管理方案30多个。

【办公室工作】 2003年，办公室认真贯彻落实钢铁公司工作会的部署，按照办公室年初制定的方针目标措施，以"质量、环境、职业安全健康"三个管理标准为依托，以提高质量、保护环境、保障职工职业健康为核心，狠抓内部制度建设，扎实开展工作，不断提高专业素质和工作水平，办公室的工作步入更加规范化、制度化的轨道，办公室的管理水平得到进一步的提高，较好地完成了2003年各项工作任务。(1)调研工作。2003年，办公室不断加大调研工作的力度，从注重超前性，把握全局性，突出调研重点：一是适应以二热轧投产为标志，生产规模快速扩大的新变化，围绕生产中心加强调查研究，形成题为《关于武钢炼铁工序产能状况的调查与思考》的调研报告，为领导决策提供参考意见。该调研成果获武钢2003年度调研信息成果一等奖。二是针对武钢主体厂人才流失比较严重这一现象，通过问卷调查、调离人员个体回访等形式，进行了为期1个月的专题调研，形成题为《关于武钢钢铁公司人才情况的调查与思考》的调研报告。该调研成果获武钢钢铁公司第二届“创新论坛”一等奖。三是围绕日常工作，不断提高办文办会质量。全年起草各类综合文稿、重要讲话、工作会报告、职代会报告、董事会报告及论文60余篇，共计80余万字。四是加强信息管理，不断加强调研信息网络建设，提高信息员队伍业务素质，共编辑《钢铁公司动态》11期。(2)督办工作。2003年，钢铁公司进一步完善督办管理。从分解、立项、登记、转办、催办、查办、审查、汇总、办结回复到立案归档，全过程完成督促检查，并及时以书面形式向领导通告督办结果。专项督促检查32件，结办率达100%。处理各类请示、报告500余件，及时反馈率95%。(3)“三办”工作。一是规范办文。9月前，针对公司各部门行文人员行文概念不清等具体问题，加大了公文审核把关的力度，严格按照公司下发的《武汉钢铁有限责任公司代拟文稿制度》，引导行文人员正确运用《公文处理管理办法》，并组织行文人员参加公文处理学习，使公文运转逐步走入正轨，遏制了文件倒流现象的发生。二是调整公文处理工作分工，着力把好公文内容关、政策关、法规关，切实提高了公文质量，全年共制发党政公文120余件；文书立卷78卷；“三密”文件清退率达100%。在贯标工作方面，一是对办公室负责的各项专业工作进行承接并完成了相关公司级、办公室内部体系文件的编制工作。对建立并完善的公司级程序文件《文件资料控制》和《消防管理》，指导贯标单位按照综合管理体系的要求，完成了文件资料和消防管理程序的承接工作，使综合管理体系的充分性、符合性和有效性在第一阶段和第二阶段认证中得到了中质协质量保证中心认证公司的认可并一次性通过了认证注册。2003年，共编制公司级程序文件2件，公司级其他程序文件11件，办公室职责条例、内部管理制度、岗位工作标准等体系文件65件。二是在实施《文件资料控制程序》和《消防管理程序》中运用“过程管理模式”，严格控制活动环节，跟踪实施过程中的问题点，进行整改验证，确保了综合管理体系的持续有效性运行。三是以综合管理体系为载体，将管理制度、管理办法等体系文件逐步从公文中分离出来，直接纳入程序，不仅进一步精简了公文，压缩了发文数量，充分发挥了公文效益，还真正有效地遏制了“两张皮”的现象发生，其《运用目标管理方法　规范文件管理程序》获2003年一季度现代化管理成果三等奖。四是承担了公司级程序文件的印制工作，克服时间紧、工作量大等困难，年初共印制体系文件52件，纸张数100余万张，确保了体系文件的发放。在会议审核把关方面，针对常出现专业部门会议撞车，影响领导工作等现象，按照公司下发的《关于进一步精简文件，控制会议和规范管理程序的通知》，进一步明确会议管理规定，强化会议登记制度，同时又以综合管理体系活动为契机，将会议管理办法纳入体系文件管理，使其更具有可操作性。(4)总务工作。2003年，办公室总务工作进一步明确了行政福利、爱国卫生、计划生育、防暑降温等4大管理职能和公司机关行政福利、防暑降温、计划生育、爱国卫生、固定资产、大修技措、水电风气、医疗卫生等8项服务。年初，面对突如其来的“非典”疫情，办公室以务实的精神和积极的行动，筑起防治“非典”疫情的严密防线。在防治非典疫情专门领导小组的周密部署下，大力开展爱国卫生运动，加强对公共场所、办公场所的消毒和清洁卫生工作；投入大量人力、物力和财力，及时向职工群众发放预防“非典”疫情的药品和物品，取得了积极的预防效果；同时，结合钢铁公司的实际，建立防治“非典”工作网络和信息员网络，制定“防非”工作的相关制度，如《有限公司“防非”工作职责条例》、《有限公司防治“非典”日报制度》、《有限公司“防非”工作区域管理制度》、《有限公司公共卫生管理制度》等等，确保职工的生命安全和身体健康，全公司没出现1例“非典”病人和疑似病例。防治“非典”疫情的经验和成效，得到了上级领导和有关部门的充分肯定，被湖北省企业工委评为防“非典”工作先进单位。全年在固定资产管理工作中，对机关4.7亿元的固定资产进行了认真清理，对能源总厂的13.8亿元的固定资产进行了实物核对，对计控厂的3.68亿元的固定资产进行了盘点；对账、卡、物不符的资产，进行了清理完善，使实物资产与价值资产相一致；积极配合财务以新增、流动资产进行盘点，为该公司钢铁主业重组打下了基础。在行政福利工作中，充分发挥协调职能，后勤服务的整体功能有所提高。在计划生育管理工作中，经常组织职工认真学习“一法三规”，全面落实湖北省计划生育条例，增强职工的人口与计划生育管理的自觉性；抓好计划生育政策的兑现，对下岗职工、特困家庭实行计划生育优惠政策；组织女职工进行透环检查，确保女职工的身体健康。钢铁公司被评为武汉市计划生育宣传工作先进单位。(5)人防武装工作。基干民兵的政治教育按季度安排，集中教育不少于24小时，并编发了教育材料。全年该公司武装部和各单位人武部撰写通讯报道多篇，其中上中央、省、市报纸12篇，上武钢工人报、电视台20篇。春节期间，钢铁公司领导、钢铁公司所属单位负责人和武装部对军烈属、伤残军人进行了走访慰问，并召开了春节拥军优属联欢晚会；11月底，在东华园成功举办了双拥晚会。春节期间走访慰问对象257人(户)；“八一”期间走访慰问转业军人151人，复退军人2681人，抗美援朝人员154人，军属250人(户)，烈属6户，走访慰问率达100%。开展人防工程达标创优活动。元月，配合武汉市人防办对该公司的6台报警器进行了检查，全部达到随鸣随响，实现了防空警报音响覆盖率为100%；5月，对该公司所属8个单位17处人防工程进行了普查，掌握了人防工事现状，设备运行情况，人防管理人员的第一手资料。切实做好稳定工作。该年切实加强了两会及重大节假日期间的稳定工作，并对重点人员开展走访慰问，实现了稳定工作目标。全年注重收集稳定工作信息，掌握动态，加强经常性、前瞻性的战略性思考，及时掌握并汇报了退休职工聚集的信息，对重点人员上门做思想工作。较好地解决了因四烧皮带粉尘污染，周围村民上访等问题。在消防管理工作中，全年对各单位分别开展了消防演练活动，共组织灭火演习38次，办消防培训班8期，培训职工16000余人。由于各级领导高度重视消防工作，各级防火责任人和消防管理人员恪尽职守，确保了钢铁公司火灾及其他重大灾害事故为零；火警与违章查处率达100%；全员消防安全教育普及率达100%；逐级防火责任人，专(兼)职防火干部消防培训率达100%；易燃易爆部位人员消防培训率达100%。在信访民调管理工作中，全年共办理职工来信40余件，接待来访职工15人次。对来信的办理结果均按要求向武钢回告，回告及时率达100%。11月，首次举办了钢铁公司信访培训班，组织了公司所属单位的信访工作人员学习了信访工作的文件。

【组织人事工作】 2003年，钢铁公司以“三个代表”重要思想为指导，始终把党建工作贯穿于生产经营全过程，推动了企业的改革发展。(1)组织工作。一是抓好党建调研，成立党建研究会。2003年，钢铁公司对直属单位的党支部工作、党员队伍、党员责任区状况和如何开展主题教育活动等情况进行了调研，并形成了调研报告。同时，为加强党建工作，探索新时期企业党建工作的新路子，钢铁公司于2003年7月11日成立了党建研究会。二是认真抓好党员民主评议，4959名正式党员参加了民评，其中处干107名，科干587名，共评出合格党员4954名，不合格党员2名。另对3名党员作暂挂处理。三是结合民主评议党员工作，抓好“七一”表彰工作。2003年度，3个基层党委获武钢“先进党委”称号；8个基层党委获武钢“党风建设先进单位”称号；3个基层党支部获武钢“红旗党支部”称号；15个基层党支部获武钢“先进党支部”称号；3名党员获武钢“模范共产党员”称号；32名党员获武钢“优秀共产党员”称号；13名党务工作者获武钢“优秀党务工作者”称号。四是深化党员责任区活动出成效。2003年，党员责任区活动立足于“把握形势、融入生产、带领群众、解决问题”，共建立党员责任区1344个，生产一线的覆盖率达到100%，全年立项并完成责任区攻关课题1084项，创直接效益19392.98万元。年底有3个党员责任区获集团公司“标杆党员责任区”；4个党员责任区获集团公司“优秀党员责任区”；钢铁公司从1000个基层党员责任区中评出10个“标杆党员责任区”和11个“优秀党员责任区”。另外，2003年，还组织了8名选手组成武钢代表队代表湖北省企业工委参加湖北省学习党的十六大精神知识竞赛活动，获三等奖。(2)干部人事工作。在干部管理上严格管理权限，做好适时调整交流。共调整科级干部144人，其中副转正42人；新提拔科干49人；免职38人。根据干部岗位工作的需要，从优秀工人中以聘任和公开招聘的方式，聘任了18名一般干部，解聘一般干部8人。在用工管理上，2003年接收复员退伍军人93名；从全国各大高校招聘大学本科毕业生和研究生64名；解决烧结厂二烧改造后富余人员问题，向炼铁厂、热轧厂、三炼钢厂、二炼钢厂调剂52人；面向社会招工262人。为调动职工积极性，在根据武钢安排组织评选出133名科技“三种人”的基础上，又组织开展了“三优人员”(优秀科技人员、优秀管理人员、优秀操作人员)的评选工作，共评出“三优人员”83名。

【宣传思想工作】 2003年，钢铁公司宣传系统以“三个代表”重要思想为指导，认真学习贯彻党的十六大和十六届三中全会精神，紧紧围绕企业生产经营和改革发展目标，按年初确定的指导思想和工作主线，稳步推进各项工作。(1)抓好理论学习，在干部职工中兴起学习贯彻“三个代表”重要思想的新高潮。抓好两级党委中心组的理论学习，制定下发钢铁公司两级党委中心组学习计划，加强党委中心组学习管理；与组织人事处一起举办了科级干部“三个代表”重要思想理论学习班，610名科干全部参加了培训；组织各单位、各部门结合企业实际，撰写学习十六大精神的理论文章40余篇，其中23篇获武钢优秀成果一、二、三等奖；做好理论调研成果的交流活动，编辑出版了《创新之路——有限公司周年文集》，收集各类文章61篇；2003年7月11日组织成立了钢铁公司职工思想政治工作研究会，部署研究课题，取得了一批较高质量的理论研究成果，先后在《武钢政工》、《武钢经济》上发表理论文章27篇。(2)深化主题教育活动，提高职工“居安思危、转变观念”的意识。在“两会”结束之际，组织召开了“认清形势、居安思危、加快发展”形势任务教育座谈会，各个方面的代表40余人参加了会议，使大家进一步统一思想、明确任务。大力开展“爱武钢、奔小康”主题教育活动，在庆祝武钢成立45周年之际，与武钢党委宣传部举办了“爱武钢、奔小康”有限杯摄影大赛和摄影展活动，摄影展围绕武钢的发展和变化，反映职工良好的精神风貌，在职工中有较好反响，摄影展开展2个月，参观人数达1万多人次。(3)加强企业文化建设和精神文明建设，增强企业美誉度。利用各种宣传途径，宣传钢铁公司的方针、政策、生产经营和改革动态，编写《钢铁公司动态》12期，《决策参考》10期。2003年，钢铁公司宣传系统在各级报刊杂志、电视台上发表新闻报道2100多篇，大力宣传了钢铁公司两个文明建设取得的新成就；在综合管理体系的认证过程中，主动做好宣传沟通工作，使“以人为本、让用户满意”的经营理念深入职工心中。防“非典”疫情期间，编印“防非”简报10期，及时编印3万余册《非典型肺炎防治工作宣传资料》，分发到公司每位职工手中；撰写的长篇通讯《敢赢两场攻坚战》真实反映了钢铁公司“一手抓‘防非’、一手抓生产经营”的工作经验，分别在《中国冶金报》、《武钢工人报》上发表。撰写的《“三个代表”兴有限》，宣传了公司党委认真贯彻“三个代表”重要思想抓好党建促发展的经验，引起了广泛影响。(4)围绕热点、难点、疑点问题，加强职工思想动态调研。围绕防“非典”、稳定工作、公司“两会”等主题，起草调研文章10余篇，为领导决策提供参考。(5)完善内部管理，推动宣传思想工作创新。制定《企业文化建设管理办法》、《创文明岗位、让用户满意管理办法》等程序文件，使工作规范化、科学化；修订岗位职责和内部管理制度，编写下发“对外宣传管理考核细则”，进一步完善宣传思想工作；筹办第二届钢铁公司“创新论坛”，征集创新成果32项；对宣传队伍进行专业培训，组织通信员培训班1期，“企业文化建设”培训班3期，使宣传干部开阔了视野，提高了理论水平，增强了业务能力。2003年，钢铁公司获武钢“思想政治工作先进单位”、“先进党委中心组”称号。

【统战工作】 2003年，钢铁公司统战工作认真落实中央统战政策和武钢统战工作精神，牢固树立企业统战工作为生产经营服务的指导思想，以深入开展统战系统“爱、献、作”活动为重点，推动统战工作全面深入的开展，为企业的改革发展和生产经营做出贡献。(1)充分发挥统战工作“团结人心、凝聚力量”的作用，做好统战宣传工作。2003年统战工作结合钢铁公司中心工作，积级抓好统战系统宣传教育，年初统战系统召开新春座谈会，通过摆事实、讲道理，增强了统战成员的大局意识，坚定了他们立足武钢、发展武钢、壮大武钢的决心和信心。中秋佳节来临之际，开展“迎中秋、庆国庆”联谊活动，组织统战干部与统战成员参加武汉国际旅游节活动，加强了系统成员之间的联系和沟通；在2003年统战宣传工作中，钢铁公司获湖北省统战宣传工作先进集体。(2)围绕“重点项目”，推动“爱、献、作”活动深入开展。根据武钢下达的“爱、献、作”创效益指标，结合生产实际在统战成员中广泛开展提合理化建议活动，在生产、技术等部门的协助下，确定钢铁公司级重点项目8项，各厂也根据单位实际情况确定了重点项目、一般项目和待实施项目，按计划稳步实施。2003年，统战成员共提合理化建议327条，采纳110条，重点项目均圆满完成计划目标，共创效益3165.94万元，超额100%完成武钢集团公司下达的任务。(3)抓好基础工作，推动统战工作全面顺利完成。一是抓好统战两支队伍的建设，加强培训学习。2003年统战干部培训率为80%，统战成员专业培训5人次。二是做好统战成员的管理服务工作。为各级人大、政协的换届积极物色、培养、推荐优秀人选，新增4人进入武汉市和青山区政协；认真处理统战成员来信来访，全年处理来信来访20人次；元旦、春节期间对重点统战成员进行走访、慰问,全公司慰问人数达179人。三是搞好统战理论调研工作。结合中央统战工作会议精神,下发调研课题,组织统战系统成员认真调研,撰写出8篇理论调研文章,其中有1篇论文获湖北省统战理论研讨优秀论文奖,有4篇论文获武钢统战理论优秀论文奖。2003年,钢铁公司及8个直属单位获武钢统战工作先进集体称号。

【纪检监察工作】 2003年,钢铁公司纪委认真贯彻党的十六大精神,积极组织协调和大力推进党风廉政建设和反腐倡廉工作。(1)强化党风廉政建设责任制。该公司总经理邓崎琳、党委书记王岭先后与钢铁公司班子成员以及所属11个单位的党政"一把手"逐级承接续签了2003年度党风廉政建设责任书。首次对完成2002年党风廉政责任目标的单位和个人实行奖励兑现。(2)开展形式多样的党风廉政教育。钢铁公司纪委编印下发《领导干部廉政读本》,5次购买和转发《党员领导干部廉洁从政手册》等学习资料共3008册,组织科级以上干部学习。共举办党风廉政讲座67场次,开展案例教育36场,组织党员干部、重点岗位人员观看廉政教育片《痛悔》52场次,受教育人数达1万余人次。据不完全统计,2003年有36人上缴礼品、礼金折合人民币88860元。(3)加大对信访举报案件的查处力度。2003年,钢铁公司纪委监察室共受理职工群众信访举报35件,有2名科级干部因受贿罪受到法律的惩处。18人的行为构成违规违纪。1人受到行政通报批评。4月,钢铁公司信访举报和案件审理工作被评为武钢集团公司年度达标单位。4月下旬,钢铁公司两级纪委与武钢集团纪委配合,严肃查处了质检中心烧结站部分质检人员与不法供货商内外勾结,做假样提高铁精矿品位的案件,收缴受贿金额15.29万元。该案经由司法机关的深入调查,共查处了武钢4个单位4名管理人员。(4)效能监察工作取得显著成效。共确立效能监察立项102项,开展"五外会审"443项,核减费用963.6万元,签订《廉政公约》917份,建立关键"廉政控制点"62个岗位、544人,提出监察建议38个,建章立制46个。查处违纪违规金额41.22万元,挽回经济损失2350.1万元,避免经济损失3182.33万元。钢铁公司监察室先后到建工集团、炉窑公司、金结公司及一冶等36家单位进行了"廉政走访"。(5)纪检监察工作的管理水平进一步提高。钢铁公司纪委监察室按综合管理体系标准对所有专业管理文件进行整合汇编,并下发到各单位运行。组织各单位纪委撰写学习十六大精神和"三个代表"重要思想的理论研讨文章24篇。分4批组织了各单位纪检监察干部,参加国家有关部门组织的专业培训。

【工会工作】 2003年,钢铁公司各级工会组织紧紧围绕企业生产经营中心任务和改革发展目标,履行工会职能,发挥桥梁纽带作用,全面完成了各项任务,促进了钢铁公司改革、发展和稳定。(1)组织开展"爱武钢、奔小康、创佳绩、立新功"劳动竞赛。该年,钢铁公司工会以创效益4000万元为目标,以创新技术、创新水平、创新管理、创新业绩、创最佳效益为主要内容,对11个主体厂设立了45项重点竞赛项目,并细化为3个层次的竞赛达标指标133个,组织开展了"爱武钢、奔小康、创佳绩、立新功"劳动竞赛,坚持季度考评、动态管理,推动劳动竞赛向纵深拓展。针对钢铁公司2003年重点效益工程,工会组织开展了二热轧达产、工业港二混匀送料工程达产、三烧达产、三炼钢宽板坯连铸工程达产4个专项劳动竞赛。该公司职工提出4900条合理化建议被采纳,其中创效100万元以上的"金点子"有8项,受到武钢重奖。钢铁公司注册的1105个自主管理小组持续开展活动,其中11项成果被评为全国冶金行业、湖北省、武汉市优秀管理小组。9名一线职工在武汉市职业技能大赛中获"技术能手"称号。(2)履行维权基本职责。圆满组织召开了钢铁公司两次职代会,职工代表提出的56条意见建议得到落实。退、居休职工列席职代会并形成制度。组织钢铁公司职代会专委会对防暑降温等工作落实情况进行巡视,并对有关问题进行了督促整改。加强了对集体合同履约情况的监督检查。召开了钢铁公司厂务公开经验交流会,推广了工业港"值班厂长信息员制"、烧结厂"值班车间主任制"、三炼钢厂"厂务公开网上行"等一批经验。组织了厂务公开调研检查,总结出钢铁公司厂务公开实现六大转变的经验,编发了《钢铁公司厂务公开工作经验交流论文集》。钢铁公司及其所属的一炼钢厂等7个单位获"武钢厂务公开先进单位"称号。(3)组织抗击"非典"疫情工作。在防治"非典"工作中,钢铁公司两级工会建立了"非典"疫情防治机制和应急处置预案,组建"防非"保产应急机动队,建立疫情和流动人口日报制度、监察机制、协调机制、环境卫生管理机制等,形成了全员性、全方位、全过程的防治体系。同时,在药物极为紧张的情况下,工会与行政部门共同努力,筹集消毒液22

t;医用口罩7.59万个;中草药剂10.45万份;干扰素滴鼻剂3万瓶;防护隔离服40套,实现了钢铁公司无"非典"病例、生产稳定顺利的目标。(4)扶贫帮困工作。在继续签订领导干部自愿结对帮扶责任书的基础上,重点对各项帮扶措施落实情况进行了调研,协调各项优惠政策落实到位,对"结对"情况进行了调整,完善了管理制度。对三级建档的127户困难户进行了重点帮扶。(5)维护企业稳定工作。钢铁公司工会对退休职工提出的意见和建议主动向上级及时反映或妥善处理;组织部分退休职工开展"新世纪、新武钢、新辉煌"参观活动,举办了"钢铁公司退休职工学习十六大知识竞赛";在稳定工作特殊时期,钢铁公司工会建立了稳定工作预案、日报制度、值班制度,各级工会干部、退管干部深入到退休职工家庭,广泛宣传企业生产经营形势,耐心解释各项政策,做好退休职工的思想政治工作,确保了钢铁公司退居休职工队伍稳定。(6)为职工办实事。在5号高炉故障抢修期间,钢铁公司工会及时将毛巾、饮料、药品送到抢险现场,送到职工手上,调动了参战职工攻克难关的积极性。持续高温时期,工会干部送清凉到一线,为职工发放T恤衫,督促落实各项防降措施,确保了高温时期无一人中暑的目标实现。中秋佳节之际,工会将中秋月饼送到每一位会员手上,体现了工会组织对会员的关爱。2003年,钢铁公司工会举办了《小康路上》大型文艺演出,显示了钢铁公司"争创一流"的气势,展示了钢铁主业职工队伍良好风貌,增强了钢铁公司职工队伍凝聚力。(7)工会自身建设方面。钢铁公司各级工会组织动员和带领广大职工,认真学习贯彻党的十六大和十六届三中全会以及中国工会十四大精神,推动了工会工作不断创出新水平。钢铁公司工会被评为武钢"模范职工之家",获"武汉市工会工作先进单位"称号,所属11个厂级工会分别被评为湖北省、武汉市或武钢"模范职工之家"、"先进职工之家",一炼钢厂工会获"全国模范职工之家"称号。

【共青团工作】 2003年,钢铁公司团组织在党委的领导下,按照"三个代表"要求,积极贯彻"以变求新、以新求实、以实求效、以效求为"的工作方针,努力完善"一三五"青年工作格局,以完善组织建设为基础,以强化主题活动为手段,以培养青年人才为目标,团结和带领广大团员青年为全面实现武钢生产经营与改革发展目标做出了应有的贡献。(1)加强思想教育,完善组织建设,不断增强广大团员青年的责任感和使命感。钢铁公司团委把"三个代表"重要思想、党的十六大、十六届三中全会、团的十五大精神作为理论学习和思想教育的重点,坚持发挥团委中心组的指导作用和青研会的阵地作用,采取灵活多样、务实生动的形式抓好宣传教育,不断增强广大青工的责任感和使命感。钢铁公司团委还认真贯彻落实《武钢钢铁公司党建带团建工作实施细则》,不断研究和改进新形势下团的工作方法和活动方式,保证了团组织的生机和活力。(2)加强和改进共青团系统的作风建设,提高团干部队伍素质。2003年是钢铁公司各级团组织的作风建设年,主要是为了全面加强和改进团的作风建设,从提高政治素质出发,加强理论学习;从提高业务素质出发,加强专业知识的学习;从适应新形势的要求出发,加强新知识的学习,从而全面提高了团干部队伍素质,增进了团干部之间的学习和交流。(3)大力推进青工实践活动的开展,服务青年成长成才,服务企业生产经营。2003年,钢铁公司团委以《武钢钢铁公司青年技术创新活动实施意见》为指导,不断推进科技攻关活动的深入开展。以"降成本、增效益"为主题,广泛开展青年成本项目攻关活动,在节能降耗、减损降废、修旧利废活动中,全年共开展各层次科技攻关200余项,产生效益近1000万元。2003年,钢铁公司青年安全工作仍以青年安全"5120"行动为工作主线,深入贯彻"固、实、强、深"的方针,进一步完善了表彰体系与机制,营造了良好的青年安全文化氛围,实现了全年青工重伤以上事故为零的目标。2003年,钢铁公司团委依托钢铁公司青年志愿者协会,组织了多种形式的义务服务和环保志愿者活动,将大型示范服务、小型日常服务及"一助一"长期结对服务、各种形式的短期扶贫服务等活动结合起来,全年共为1000余人次提供了义务服务,充分展示了钢铁公司青年乐于助人的青春风采。2003年,青年文明号生产线活动、青年文化园等活动也都围绕着生产经营中心,发挥团员青年的突击队作用开展工作。钢铁公司共青团系统全年共取得市级以上荣誉16项次。

(黄海波　黄　伟　王艳梅　彭志高　张爱鸣　徐胜华　侯红军　黄　健　方　波　许　敏)

技术质量部

【概况】 2003年1月,武钢以钢政发〔2003〕6号文,将原技术部和质量检验中心实行整合,成立技术质量部,保持了职工队伍的稳定。该部全年以全面提升钢铁主业市场竞争力为导向,坚持以发展为主题,大力促进科技创新,推进企业生产经营中的技术质量各项工作,在科技进步管理、产销系统成功运行、品种结构优化、工艺优化、原燃料检验、降废减损以及制度建设和内部管理等方面取得成绩。一是形成三大原燃料检验基地,全年实现原燃料质量索赔2324万多元。二是通过国家实验室认可委对武钢实验室质量管理体系和现场测试能力的认证。三是产品质量把关成效显著:17项主要质量考核指标全面完成目标水平,部分质量指标创历史最好水平。四是以团队竞赛为管理模式,强化经济责任制考核为主线,加强了职工教育,安全生产,设备仪器运行,党风廉政建设等内部管理。五是加强党建和思想政治工作,坚持依靠方针,发挥了党组织的政治核心作用和党员的先锋模范作用,六是技术质量部成立后,设立工艺技术处,技术管理处,原料管理处,化检验管理处,品质管理处,党委工作部,商检处,工会,综合办公室。形成精简、高效、集中、有序的管理体系。

【原燃料检验管理】 2003年,因钢铁原燃料价格普遍上扬,技术质量部针对市场变化,突出重点,加大了质量把关力度和两个原燃料检验基地建设。一方面,加大入厂原燃料质量把关力度。1～10月共检验矿石、土球团矿、洗精煤、无烟煤、动力煤、外购焦、合金炉料、材料等10多个品种共1313多万吨,原燃料检验量较2002年同期有大幅度增加。实现原燃料质量索赔2324万多元。另一方面,加快武东站扩建和炉料站建设速度。通过在设计、施工、费用等方面的管理与控制,武东扩建和炉料站两个原燃料质检基地投产后,由原来的单一的品种检验转向多品种、多项目检验,原燃料检验能力大大增强。尤其是有多项矿石物理性能检验,填补了武钢空白。两个原燃料检验基地建成,初步使武钢形成了水运和陆路铁矿石、煤、重油、炉料入厂质量检验格局。

【产品质量检查】 2003年,在抓好企业重点品种质量、建立和完善质量保证体系和质量管理制度等方面取得显著成效。1～10月武钢有17项主要质量考核指标全面完成目标水平,部分质量指标创历史最好水平。钢材综合合格率99.53%,比2002年提高0.09%,一、二、三炼钢厂连铸坯合格率分别达到99.77%、99.86%、99.92%的水平,均创历史最好水平。一是确保产销资讯系统在技术质量部的正常运作,按照“日事日毕,日清日高”的工作理念,在上线过程中,跟踪了解各检查站系统运行情况及系统中在产品质量检验、性能判定等方面出现的问题,负责产销资讯系统上线的组织及协调。二是随着二热轧产量增加,截止2003年11月,二热轧已经生产了40多万吨钢材,技术质量部对轧钢卷进行抽查,对平整、横切商品材进行检查,并到工业港、初轧库及一热轧库等多个仓库对直发卷进行外观检查,确保产品质量。三是保证杭州湾大桥工程用钢质量,共检查了3批20600 t,原品种合格率也明显提高。四是质检工作为武钢抢抓市场机遇作贡献,截止到10月31日,一热轧送冷轧直发卷外发量达到了82140.553 t,质量证明书开具量达到3572卷,72981.603 t。五是参加高线82B及钢帘线等的产品质量攻关工作,使82B质量异议大幅度下降,钢帘线1～10月份产量为2700 t,质量获得了贝卡尔特公司的认可证书,同时也受到了米其林公司专家的好评,六是圆满完成了中厚板重大工程用钢的质量跟踪、分析工作:为武钢生产高精尖名牌产品服务,全年共生产中厚板重大工程用钢4万余吨,包括北京电视塔标志性建筑用钢、中关村金融大厦、武钢高炉炉壳等重大工程用钢,确保其产品质量、工期,圆满完成了中厚板重大工程用钢的任务。

【化检验管理】 2003年,国家认可委对武钢国家实验室开展了复评和扩项认可。并于5月向武钢颁发国家实验室资格证书。全年积极推进星级设备管理工作,提出了全员设备管理的工作理念,强调全员管理,全过程控制,确保各设备处于良好的控制状态。并按《设备点检制度》加以落实,明确职责,规范操作。为适应企业生产要求,在化检验室系统平稳推进了“班制”转换,满足了企业物流管理的需要。该年,技术质量部承担了武钢多项科技进步项目,其项目实施率达100%,其中《提高取向硅钢中N元素分析水平》等7个项目,获得武钢科技攻关二等奖;《火花光谱快速分析钢中超低碳分析方法研究》等5个项目获武钢科技进步三等奖;另有12个项目获武钢科技进步四、五等奖。

【党建和企业文化建设】 2003年,技术质量部在党建和企业文化建设中,深化团队竞赛活动,使党建工作活力进一步增强。开展团队竞赛,比较好地实现了党群工作和行政工作的有机协调发展,各项基础管理工作水平得到了同时提升,并强化了内部人力资源的培养开发力度。在二热轧质检项目人员的配备上,采取竞聘上岗方式,面向全中心职工和武钢分配的20名新招收人员,公开招聘二热轧质检岗位人员,起到了积极效果。33个党员责任区进行攻关课题的注册工作,立项24个,取得了较好的经济效益。轧大室、武东站、三炼钢站获得武钢标杆、先进党员责任区称号。厂、站共建党员责任区活动进一步深化,促进了厂、站双方的相互沟通和协调。开展提炼技术质量部的企业文化表述语活动,确定了技术质量部核心价值观、企业精神、团队理念、人才理念、党建工作理念,为实现整合后的技术质量部集中办公营造了浓厚的企业文化氛围。积极倡导管理创新文化,加大了管理创新成果的奖励力度。组织开展了年度管理创新项目的申报工作。

【落实依靠方针】 2003年,该部进一步拓宽民主监督范围。认真落实了职工代表提出的近百条建议,推行厂务公开和值班厂长制度。全年,群众性"双创"竞赛活动成效显著,创效1223万元,武东站"双创"竞赛活动被武钢授予"集体一等功"。组织班组管理成果发布会和班组长持证上岗培训考试,汇编《班组管理论文集》,深入促进了班组管理建设。

(陈健楠)

工 业 港

【概况】

项　目	计　划	实　际
总作业量/万t	2905	3612.28 △
装船/万t	110	200.51
卸船/万t	760	822.84 △
装车/万t	260	376.06
卸车/万t	340	540.33
通廊送料量/万t	700	833.96 △
混匀量/万t	550	674.62 △
块矿过筛合格率/%	92.50	93.66
混匀合格率/%	84	89.89
成本/万元	29760	28643
千人负伤率/‰	0	0

注:△为历史最高纪录。

2003年,工业港各项生产指标超额完成钢铁公司下达的计划,其中总作业量、卸船、送料、混匀量4项技术经济指标创历史最好纪录。全年面对产量超设计能力,人员紧张,设备老化等问题,该港一方面加强生产组织和调度指挥,实行均衡生产,另一方面抓信息沟通,提前做好卸船、送料等工作,同时合理调整货场、料线、提高库容和送料效率,使全港工作步入协调、良性运行。

【经营管理】 2003年,工业港为完成生产经营目标,在生产管理上,一是精心组织卸船,加强对外协调,克服卸船设备老化、卸船能力和料场疏散能力严重不足等困难。抓生产操作,加强日常管理,开展卸船小指标竞赛,在8月和10月两次刷新卸船作业量历史纪录。二是紧盯现场库存,抓送料保产,抓生产操作、抓过程控制。三是加强了水检尺工作,做到重船不检不上档,空船不检不离档,检水尺率达100%。四是认真组织钢材外发,保武钢企业生产整体效益。针对产销资讯系统运行存在的缺陷,对外加强协调与沟通,对内强化管理,注重跟踪每一个操作环节,及时整改缺陷。在技术管理上,首先加强进港原燃料质量管理,对进港原料进行多级把关,控制不合格原料进港,全年处理质量异议车3655辆。制定了技术质量基础数据的管理办法,建立质量信息网络,加快了信息流的速度。其次加强过程协调工作。每季召开过程协调会,全年拟定协调项目44项。开展科技攻关活动,获武钢一等奖2项,二、三等奖各1项。在设备管理上,规范设备点检定修管理,推进主要生产设备"万点受控"工程。全年操作点检发现设备隐患444项，专业点检发现设备隐患754项，均100%整改。加强设备点检制度的落实，开展了“设备百日安全运行”活动，完成502项现场设备专项缺陷整改，对834个受控点推行点检量化管理，对575个点设立电子标签，建立电子巡检子系统，设备状态得到了控制。推行设备协议保产工作，明确了双方的责权利。加强备件、计量、能源管理，完成中控PLC系统、DQ2、DQ5、9-2号桥吊、RC4等28项大修和改造项目。

【安全管理】 2003年，工业港安全生产(轻伤、重伤、火灾、工亡)实现四个零，粉尘浓度合格率达94.29%。工业港全年重点抓好安全生产责任制，做好“两个控制”。一是认真抓好安全生产责任制的评价，实行一级评价一级、一级考核一级，强化部门承包车间、干部挂钩班组的办法，充分发挥党、政、工、团齐抓共管的作用。二是开展《安全生产法》的学习，加大现场安全检查力度，对事故及险肇事故严格“四不放过”。认真开展“百日安全无事故”和“安全放心”班组活动，46个班组被评为“安全放心班组”。三是加强了检修安全管理，大型设备检修必须有检修预案，有安全交底，明确安全责任人。小型检修实行分级监护管理，落实联保互保制度，严格落实停送电制度。四是加强了对外来施工人员的安全管理。五是加大事故隐患的整改投入工作，将事故隐患进行A、B、C分类，分级管理。全年共整改现场隐患200余处。

【创建综合管理体系】 2003年初，工业港围绕创建综合管理体系，开展系列工作，一是创建、完善综合管理体系，按照“综合管理体系”三个标准的要求，建立了“综合管理体系”各层次的管理文件，修订职责条例16个、程序文件37个、管理标准115个、岗位(作业)标准120个、B标准7个、安全标准67个、设备规程19个，清理整理质量记录208份。同时组织各级人员学习体系文件，按文件要求开展各项工作，保证了综合管理体系有效的运作，通过了认证审核。二是完善经济责任制。对经济责任制进行分解、量化，调动车间和部门的工作积极性，加大考核力度，突出安全、成本和质量工作，对主要经济技术指标实行分档推进，以分计奖，突出部门管理职能与车间的指标完成情况挂钩，发挥了经济责任制的激励和导向作用。三是加强现场管理工作。完成了新1号门、5号公路沿线，江边子堤沿线及二混匀区域综合整治项目60余项，加强了作业现场定置管理，改善了现场作业环境。2003年一、二季度现场管理工作均获钢铁公司“标样单位”称号，三季度获“最佳标样”单位称号，武钢和钢铁公司分别在工业港召开绿化和现场管理推进会，推广工业港抓现场管理经验。

【第二混匀料场试生产】 2003年11月17日，武钢投资1.04亿元。工业港第二混匀料场开始试生产。第二混匀料场是武钢为缓解工业港第一混匀料场送料压力于2001年11月20日兴建的又一料场。工业港第二混匀料场占地面积84524m^2，分为两个料堆，设计每堆长330 m，料堆宽34 m，堆高12.35 m，每堆储量13.7万t，年生产优质混匀矿430万t，实行“一堆两取”作业方式，由1台堆料机和两台滚筒取料机组成，配有8个配料槽，堆料机设计能力1900 t/h，取料机设计能力1500 t/h，每次建堆一般由4～5个品种参与配料，实行人字形行走堆料、全断面取料的作业方式，自动化程度达到国内先进水平。在试生产期间，工业港技术人员同设备制造厂家和建设单位一起对设备缺陷和隐患进行整改，保证了试生产期间生产正常。二混匀料场的投产大大缓解了第一混匀料场的压力，为四烧结源源不断送上了优质混匀矿，保证了武钢生产优质钢材的需要。

【建立“廉政控制点”】 2003年，工业港在开展党风廉政工作中，借鉴安全生产中的危险源点的管理原理，建立了“廉政控制点”。抓“廉政控制点”的实质就是控制人的不廉政意识和生产经营过程中的职务在各个环节上所显露出的不廉政的行为。突出预防教育为主的方针。在抓“廉政控制点”工作中，实行分类管理，扩大受控层面。工业港把所属的对外“窗口”部门、主要经营环节和特定管理岗位均列入“廉政控制点”，港纪委、监察室负责指导选题立项。已建立A类(公司级)控制点2个、B类(厂级)控制点3个、C类(车间级)控制点46个，形成了三级“廉政控制点”网络。每个“廉政控制点”都配备了行政责任领导和廉政监督员。规范廉政要求，加强纪律警示。要求各级管理人员在职务活动中，遵守“八不准”的规定，要求各控制点的行政责任领导和廉政监督员定期对有关人员进行守制再教育，并提出有针对性的廉政要求，必要时运用警示谈话、岗位交流和纪律处分等手段对控制点进行管理。加大奖惩力度，突出责任追究。廉政控制点的工作在每年5月进行一次检查总结，对取得明显成效的优秀“廉政控制点”，纪委、监察室将进行表彰奖励。廉政控制点的工作实施情况，作为年度“党风廉政建设先进单位”评选的核心依据。对于工作不力的单位，将按有关规定追究单位党政“一把手”的责任。实行分步实施，突出日常管理。将年度廉政控制点工作分为“三步走”，一是建网建制（选题立项、登记上报、修订规定），二是日常管理（定期制度教育、阶段警示教育、自查自改活动），三是总结评比（单位自评、厂级检查、总结表彰）。

【抓调研保稳定】 2003年，工业港党委深入开展调研活动，把握职工思想脉搏，做好职工稳定工作。一是贴近实际抓调研。工业港开展了“贯彻武钢‘两会’精神的调查”、“退休职工思想状况调查”、“‘非典’疫情时期职工思想调查”以及“职工对企业满意度调查”等多项调研活动，掌握了职工的思想状况，弄清了职工的愿望与呼声。二是发动职工保稳定。年初，针对“岗薪制”改革、医疗改革引发的退休职工集会、上访事件，成立了稳定工作领导小组，开展走访慰问退休职工和矛盾排查工作，确保无一人参加集会、上访。三是服务职工办实事。4月，“非典”疫情威胁着职工的生命安全，工业港积极做好“防非”工作，多次召开“防非”紧急会议，布置“防非”工作，设立“防非”信息网络；加大宣传力度，增强“防非”意识；加强外来流动人口控制；严格报告程序，落实责任追究制度，没有发生一起“非典”疑似病例。此外，工业港为缓解职工临时性困难，筹集100万元资金，建立职工互助基金；2003年对300余名困难职工家庭进行了走访，发放补助、慰问金13.6万元；解决了困难职工生活问题，保持了职工队伍思想稳定。

（石深江）

烧　结　厂

【概况】

项　　目	计　划	实　际
烧结矿产量/万t	900	928.86△
烧结矿综合一级品率/%	71	78.67△
设备完好率/%	96.33	99.83
烧结矿工序能耗(标煤)/$kg \cdot t^{-1}$	65	63.28△
工业总产值/万元		369202.85
定额流动资金占用/万元	3200	2900
烧结矿综合合格率/%	92	94.9
全员劳动生产率/$t \cdot 人^{-1}$	3540.61	3969.47△
千人负伤率/‰	1	0.072
烧结机利用系数/$t \cdot (m^2 \cdot h)^{-1}$	1.128	0.877
岗位粉尘合格率/%	85	85.71

注：△为历史最好水平。

【三烧大修改造工程竣工投产】 2003年3月21日，总投资2.5亿元的武钢“十五”重大技术改造项目——烧结厂三烧大修改造工程竣工投产，标志武钢告别了20世纪70年代初期落后的烧结工艺，迎来了烧结技术、工艺、设备新时代。三烧车间是烧结厂主体生产车间之一，于1973年1月建成投产。随着时代的推移，三烧车间设备老化，工艺落后、自动化水平低，生产成本高等问题逐渐显现出来，烧结矿质量已难适应高炉需要。为此，武钢作出了对三烧车间进行大修改造的决定，其工程于2002年5月9日开工。在烧结厂和参与施工单位的共同努力下，三烧工程创下了提前9天竣工投产、投产9天实现日达产、投产两个月实现月达产的3个奇迹，改造时间之短创国内同行业之最。改造后的三烧，将4台82.5 m^2 烧结机改建为1台360 m^2 烧结机，年产烧结矿324万t，比原来4台烧结机总产量还增加了44万t；采用小球烧结新工艺和模糊控制技术，实现全自动化控制；对其老式烧结点火保温炉进行了改造，使能耗显著下降，人员减少100余人，每吨烧结矿成本降低28元，年创经济效益达4100万元。

【一项新技术通过市级鉴定并获奖】

2003年4月8日，“武钢435 m^2 大型烧结机配用精矿技术的研究及应用”项目，通过了武汉市科学技术局主持的科技鉴定。这项由武钢烧结厂技术人员研究的新技术，年创经济效益达590万元，并且填补了国内空白，达到国际先进水平。这项新技术并在同年11月获全国冶金科学技术二等奖和武汉市科技进步三等奖。武钢烧结厂435 m^2 大型烧结机生产采用全粉矿烧结，以保持其原料透气性。由于武钢生产的特殊性，每年烧结生产必须配用自产310万/t左右铁精矿。铁精矿粒度细，在烧结生产中会严重恶化料层透气性，从而显著降低烧结矿质量。为解决在435 m^2 大型烧结机高料层生产中使用精矿的难题，武钢烧结厂科研人员自1999年2月开始，通过试验来寻找优化工艺参数，从原料结构及其配料比入手，摸索最适宜的混合料水分和配炭料，并采用添加一定数量生石灰的强化措施，在保持烧结矿产量基本不降低的前提下，提高烧结矿转鼓强度，降低氧化亚铁含量，降低固体燃料消耗而获得了成功。与全粉矿烧结相比，配用精矿的高料层烧结工艺，使四烧烧结矿转鼓指数提高了1.41%，燃料消耗降低了1.64 kg/t，一年创直接经济效益达590.1万元。

【获省市荣誉称号】 2003年12月，湖北省国有资产管理委员会、湖北省精神文明建设委员会联合授予武钢烧结厂2002～2003年度湖北省文明单位称号。2002年以来，烧结厂在精神文明创建活动中，坚持"三抓"，即抓班子建设、作风建设、职工队伍建设，夯实基础工作。烧结厂党委坚持对"三管六外"人员实行"廉政公约"制，并拓展覆盖面，有效地发挥了监督和制约的作用；坚持实行"党员活动日"制度，拉近了党员与党组织的距离；坚持实施干部谈话制度，沟通了党员干部与职工群众的联系渠道，保证了干部队伍始终处于良好的工作状态和严格的制度制约之下。烧结厂还坚持有计划地开展经常性的文明创建活动，领导重视、措施得力，创建目标明确，富有成效。烧结厂自1997年开始，在全厂开展创星级班组、星级岗位、标样车间的"三创"活动，并坚持每季度进行一次全厂检查、命名、表彰。到2003年底止，全厂共有武钢级文明岗位10个，一星级标样车间4个，二星级标样车间5个；全厂一、二星级岗位已占全厂岗位总数的85%。以"三创"为主要内容的文明创建活动的广泛、深入开展，使烧结厂整个精神文明创建活动在企业管理、班组建设中进一步深化，整体迈上了一个新台阶。

【获湖北省文明单位称号】 2003年4月下旬和12月下旬，武钢烧结厂先后获"湖北省五一劳动奖状"、"武汉市优秀企业"两项荣誉称号。2002年以来，烧结厂面对保产、改造、安全、改革等项工作，大力推进物质文明建设，团结拼搏，开拓创新，取得了显著成绩。2003年，烧结厂生产烧结矿928万t，实现年产量"破八见九"，再创历史最好水平；安全生产实现了全年重伤为零目标；降成本也超额完成了武钢下达的计划指标。烧结厂党委面对繁重的生产、改造任务，坚持强化思想政治工作，充分发挥了党组织的监督保证作用。烧结厂党委在全厂职工中开展了"3306"、"1306"主题教育活动，以此带动了各项工作全面、健康的发展。烧结厂党委深入开展"创、争、达"活动，在"党员责任区"活动中，充分发挥了党组织的先锋模范作用，使全厂党支部建设达标率、党员合格率均为100%。党委还狠抓了党风廉政建设，健全党风廉政责任区，从而从机构上和体制上筑起了反腐防变的堤坝，为全厂生产顺行营造了良好的政治环境。

（李　林）

炼　铁　厂

【概况】

项　目	计　划	完　成
生铁产量/万 t	790	802.17△
平均利用系数/$t\cdot(m^3\cdot d)^{-1}$	2.084	2.091
入炉焦比/$kg\cdot t^{-1}$	405	394.8△
煤粉喷吹/$kg\cdot t^{-1}$	120	121.0△
生铁合格率/%	99.70	100
生铁一级品率/%	91.3	91.45
吨铁工序能耗(标煤)/kg	453	446.74△
风温/℃	1110	1100
煤气中 CO_2/%	17.6	18.5
高炉设备休风率/%	1.5	0.56
粉尘排放浓度/$mg\cdot m^{-3}$	<80	36
千人负伤率/‰	<0.2	0.08
降成本/万元	7679	8342.12
全员劳动生产率/$t\cdot(人\cdot a)^{-1}$		4159.2△

注：△为历史最好水平。

【生产经营】 2003年，炼铁厂生产生铁802.17万t，与武钢年初下达的790万t目标计划相比超产12.17万t;与武钢下半年追加的10万t计划相比超产2.17万t;与2002年相比增产生铁76.37万t,创该厂投产45年以来最高水平。全年降低生产成本8342.12万元。2003年炼铁厂克服原燃料供应紧张和“非典”疫情的不利影响,科学决策、高效组织,充分发挥出工艺、设备、技术优势,主动适应外部生产环境的变化,保持了高炉炉况的长期稳定顺行,最大限度发挥出高炉规模生产效应。10月份,创造了月产生铁70.18万t的历史最高纪录。全年主要经济技术指标均得到优化,喷煤比达到121 kg/t,同比提高了7.7 kg/t;入炉焦比达394.8 kg/t,同比降低14.6 kg/t,并且实现了全年焦比“破四见三”(焦比从400 kg/t以上降至400 kg/t以下)的目标;工序能耗(标煤)达到446.59 kg/t,同比降低9.4 kg/t。该厂2号高炉职工自主管理成果《降低铁口休风率》,获全国冶金系统“琼崖杯”成果发布会优胜奖,并被授予“国优小组”称号。该年武钢炼铁厂评为“湖北市场杰出企业”称号。

【设备管理】 2003年,炼铁厂设备管理全面推行以“全效率、全系统、全规范、全员参与”为核心的TNPM管理模式、以状态控制为中心、强化定修项目管理,加大设备运行控制为主线,充分发挥岗位、维护、专检“三级”点检职能,确保了设备的高效、安全运行。该厂全年加大对关键设备的在线监测力度,使关键设备受控点达到1087个。炼铁厂优化高炉定修模式,将定修周期由以往的每月一次延长到一个半月一次,降低了设备休风率,减少了设备维修费。该厂全年设备休风率仅为0.56%,同比下降了0.23%;设备维修费仅为18.67元/t。2003年该厂完成了5号高炉计算机系统的升级。实现了备件入库的计算机网络化。还配合武钢主管部门,做好烟煤喷吹二期工程及6号高炉建设工程的推进工作。2003年,炼铁厂被武钢评为“四星级”设备管理单位。

【安全环保】 2003年,炼铁厂创建了综合管理体系,使安全管理逐步实现了科学化、规范化和制度化。全面开展危害因素辨识工作,加强对安全隐患的整改,对全厂各岗位下发了现场作业指导书,强化现场作业的监控和管理。通过对全厂各岗位的调查,整理出风险识别因素212项,环境因素110项。该厂还实行“安全风险承包”责任制,建立了厂、车间、班组三级安全网络化管理体系。扎实开展“安全生产月”和“百日安全无事故”等活动。全厂实现了无重伤以上人身事故、无压力容器、火灾及重大污染事故的目标。2003年,该厂完成了2号高炉槽下除尘改造工程,并在2号高炉炉前增设了除尘点,改善了高炉出铁场的环境质量。同时,还制订了《铁厂无组织排放粉尘尘源点的治理方案》,使粉尘排放有章可循。该厂全年烟尘排放浓度为36 mg/m^3,岗位粉尘合格率达到72.2%,均优于武钢相关指标。

【技术进步】 2003年,炼铁厂主要经济技术指标全面提升。高炉利用系数、入炉焦比、喷煤比、工序能耗等指标,共有87项次刷新历史纪录。该厂根据高炉生产实际,开展了一系列技术攻关。针对4号、5号高炉炉皮发红现象,采取安装铜冷却柱及造衬技术,及时对冷却水的温度、水量进行合理调节,延长了高炉寿命。在高炉年修停炉时,改变传统的压料方式,用净矿替代水渣压料,改善了料柱的透气性,减少了净焦加入量,避免了开炉后的炉况波动,缩短了高炉的恢复时间。该年对1号高炉的焦炭筛、焦丁筛以及矿石筛进行了改造,改善了高炉原燃料入炉条件。

(杨爱国)

第一炼钢厂

【概况】

项　目	计　划	实　际
钢产量/万t	175.6	182.35
铸坯合格率/%	99.65	99.77
吨钢工序能耗(标煤)/kg·t^{-1}	16	15.79
劳动生产率/t·(人·a)$^{-1}$	1404.96	1137.02
转炉平均炉龄/次	15000	17158
主要设备完好率/%	100	100
千人负伤率/‰	0.215	0
粉尘综合排放合格率/%	≥95%	≥98%
重点钢种内控命中率/%	99.10	99.36
钢铁料消耗/kg·t^{-1}	1110	1106.97
降成本指标/万元	3000	3191

【钢产量再次突破设计能力】 2003年，第一炼钢厂产钢182.35万t，超设计生产能力12.35万t，这是继2002年首次突破170万t设计能力后创出的又一高产，其做法是：(1)进一步优化全连铸生产组织体系；(2)围绕精炼工序、连铸工序等制约产能发挥的瓶颈环节开展攻关工作。在保证铸坯质量的前提下，开展Q235、HRB335等普通钢提高典型拉速试验，将平均拉速提高到1.7 m/min，使每炉钢的浇铸周期缩短2.5分钟；(3)继续深入开展生产横班党员责任区“创六无、争第一”主题竞赛活动。充分发挥生产一线党员“带头、带动”作用，以“无事故、无回炉、无断浇、无拉漏、无废品、无设备故障，主要技术经济指标争第一”为目标，不断优化岗位操作和工序过程控制；(4)夯实四星级设备管理基础工作，提高设备运行质量，为生产顺行提供设备保障。狠抓“设备到人责任制”的落实，推进了设备“万点受控”工程，加大了设备技术攻关和修配改工作力度。推进了计算机自动化管理工作及企业信息化建设；(5)克服非典疫情给生产经营带来的不利影响。制订了“防非”应急处置预案和保产预案，坚持一手抓生产，一手抓“防非”，强化领导责任制和区域责任制，实现了“抗‘非典’、保生产”的预定目标。

【继续开展品种质量年活动】 2003年，第一炼钢厂以市场为导向，以用户需求为目标，坚持依靠工艺技术创新推进产品质量创新创效。在借鉴国内外同行业先进技术的同时，不断探索和改进冶炼工艺，在对过程温度成分控制、典型拉速控制、钢中夹杂物控制、铸坯碳偏析控制、铸坯表面质量控制等洁净钢生产关键技术的开发与运用上，稳定提高产品质量和“双高”产品产量，共生产“双高”产品86.7万t，优钢比达45.9%，比2002年同期提高了8.92%，生产帘线钢6543 t，质量稳定，用户贝卡尔特评价：武钢的钢帘线盘条内部质量评分达800～900分，满足其700分以上标准要求，产品质量超过巴西，与日本神户水平相当。在绞线钢SWRH82B的质量控制上，运用轻压下技术改善了碳偏析和铸坯质量，共生产8.4万t，成分内控合格率达98.93%；出口3.4万t，销往马来西亚、泰国、印尼、韩国等国家，开创了武钢线材新产品走向国际市场的新局面。生产轴承钢5995 t，中国企业家协会认证：武钢转炉连铸工艺冶炼轴承钢为国内首创。生产重轨11.2万t，出口重轨3.5万t，创历史最好水平。生产冷镦钢18.76万t。焊丝钢形成气体保护焊丝和埋弧焊丝两个系列，广泛应用于桥梁、石油管线、船舶、压力容器、核电站等国家重点工程，扩大了武钢焊丝盘条在国内市场上的占有率。

【企业文化建设】 2003年10月9日，武钢在第一炼钢厂召开企业文化建设现场推进会，推广该厂以企业文化提升企业核心竞争力的经验。(1)领导重视，统筹规划。成立了企业文化建设工作小组，制定了《一炼钢厂企业文化建设规划》。(2)在企业文化的理念文化和行为文化上，实施“软件硬抓”举措。一是开展职工的养成教育，加强职业理想、职业道德、职业纪律、职业技能的教育。二是组织钢厂企业文化表述语的征集活动，组织“钢厂精神”为核心的企业文化建设的研讨会，提炼出“开拓创新、文明向上、追求卓越”的企业精神。三是修订《钢厂职工职业道德守则》，编印了《企业文化手册》，开展职工职业道德和岗位行为规范教育检查活动，逐步形成钢厂特有的核心价值观和经营理念。(3)在企业文化环境文化上，“硬件常抓”。开展以“净化、绿化、美化”为内容的现场整治和环境创新工作，拆除废旧的有碍观瞻的建筑设施34项，全厂绿化面积达12万多平方米，绿化覆盖率达39.05%，可绿化率达102.89%，植树造林和绿化面积分别是前40年总和的2倍和4倍。修建了水幕喷泉、彩虹栈桥、文化通廊、文化墙及纪念雕塑等文化设施。生产现场呈现出物流有序、备件物品定置管理和无流动吸烟的文明生产局面。还修建产品展示室，用钢帘线制作了展品参加国际工业产品博览会，展示企业新产品扩大了知名度。

【获“全国模范职工之家”称号】 2003年9月，第一炼钢厂工会被中华全国总工会授予“全国模范职工之家”称号。该厂工会以人为本，全年主要做法是：(1)建机制，维护职工民主政治权益。细化了《职工代表大会条例》、《职代会专门工作委员会条例》等一系列职代会运作程序，推行了厂务公开制和值班厂长制，在一线职工中建立了信息直报员网络队伍。(2)坚持开展“创全优、争第一”龙虎榜竞赛活动，推进经济技术指标上台阶。近年来，把50项重点指标，分解到班组，细化到人，形成了人人抓操作、个个管指标、合力争第一的局面。(3)开展扶贫帮困送温暖活动。该厂建立帮扶目标责任制，完善三级困难职工档案，采取领导干部结对帮扶、建立帮扶基金等一系列帮扶措施，在一定程度上解决或缓解了困难职工的急难问题，发挥了对急重困难职工的应急帮扶作用。(4)大力推进育人工程，不断提高职工综合素质。开展创建学习型组织活动，激发职工通过自学提高综合素质。同时，利用局域网，开辟班组政治学习专栏。组织劳模标兵赴终端用户、先进钢铁企业考察。总结了40余项先进操作经验，编印成《点睛之道》、《谈经论道》，在全厂推广学习，使学习成果转换成现实生产力。

【"平改转"工程被评为国家环境保护百佳工程】 2003年7月，第一炼钢厂平炉改转炉工程（简称"平改转"工程）被评为中国建设项目环境保护方面的最高政府性荣誉奖——"国家环境保护百佳工程"。第一炼钢厂"平改转"工程，于1998年3月破土动工，1999年6月30日全面竣工投产。该工程共投资6.5亿元，其中，环保投资1.558亿元，占总投资21.8%。与主体工程"三同时"新建的转炉一次烟气、二次烟气净化系统，混铁炉及铁水脱硫烟气净化系统，LF/VD炉烟气净化系统，散状料转运站小型布袋除尘净化系统，转炉、连铸及VD炉废水净化处理闭路循环系统，噪音控制及固废综合利用等环保设施，对废气、废水、废物进行了有效控制和利用。同时，高覆盖率、多物种、多景观并向空中延伸的厂区绿化，形成了绿在厂中、厂在绿中的现代化工厂特色，2003年2月，第一炼钢厂被湖北省绿化委员会授予"城市园林式单位"称号。

（桂建明）

第二炼钢厂

【概况】

项目	计划	完成
钢产量/万t	200	221.53
综合质量合格率/%	99.75	99.85
工序能耗(标煤)/$kg \cdot t^{-1}$	20	17.7
转炉炉龄/次	20000	29942
主要设备完好率/%	100	100
千人负伤率/‰	1	0.5
粉尘排放合格率/%	85	95
重点钢种命中率/%	98.1	99.72
钢铁料消耗 kg/t	1090	1087.8
降成本指标/万元	1580	1619

【生产经营】 2003年，二炼钢厂克服高炉龄、多品种、小批量等困难，以创新为动力，以提高核心竞争力为主线，完成了武钢下达的各项生产任务。生产合格铸坯221.53万t，超过武钢下达的调整指标1.13万t；其中硅钢44.40万t，超过指标0.2万t；连铸坯综合质量合格率达99.85%，重点品种钢炼成率达99.72%，出口坯合格率达98%，全厂质量异议万元损失率0.777元/万元（0.0077%），均创历史最好水平；完成了武钢下达的降成本任务；安全生产实现了重伤及以上事故、重大生产设备、重大环境污染、重大治安和火灾事故为零。时至年底，1号转炉单炉炉龄已超过29200炉。

【提高工艺技术水平】 2003年，该厂高效转炉工艺、铁水预脱磷工艺、双联炼钢工艺和纯净钢冶炼技术取得进展，为提高钢厂核心竞争力打下了坚实的基础。钢水纯净度进一步提高，平均出钢氧含量达到$495 \times 10^{-4}\%$，5类钢种出钢氧含量达到$449 \times 10^{-4}\%$。采用预直炼冶炼法，其中个别钢种中[N]、[H]、[S]、[P]、[O]有害元素控制在0.01%以内，达到国内领先水平。新产品开发能力逐年提高，2003年生产新试新推品种钢190个，新开发品种28个，试验成功率达100%，中、高牌号无取向硅钢、取向硅钢、电视机系列用钢和军工钢等二炼钢厂独有或具有技术领先优势的产品系列已具规模。转炉改用四孔氧枪吹炼，冶炼同期比原来缩短2分钟；采用二次脱硫法，使铁水中的[S]含量小于0.001%；3号混铁炉实施整体打结新工艺，混铁炉寿命提高了2倍；3号转炉吹氩站搬迁改造投入运行，优化了生产工艺；新3号连铸机投产一年来稳定运行，成功掌握了11项先进技术。在结晶器液压非正弦振动、动态软压下，结晶器在线热态调宽等技术上取得了新突破，其成果在2003年9月举行的全国转炉炼钢技术年会上被确认为达到世界先进水平。2003年11月，在中国企业新纪录新闻发布会暨现场经验交流会上，武钢二炼钢厂有3项纪录入选：29942次转炉复吹炉龄纪录、KR搅拌式深脱硫生产工艺、RH-KTB及开发的WPB工艺技术。

【转炉工序实现全年负能炼钢】 2003年，第二炼钢厂坚持走科技节能之路，克服能耗设备增多的不利因素，一方面采用先进的节能技术，降低水、电、氧气和氮气等各项能源单耗，另一方面加强煤气、蒸汽的回收利用,全年煤气吨炉钢回收量达到72 m^3,使转炉工序首次全年月月负能炼钢,月平均能耗(标煤)-0.3 kg/t,创直接经济效益百万余元,在全国同类型钢厂中处于领先水平。

【重奖创新成果】 2003年,二炼钢厂将“用创新的思维推进各项工作”确定为工作主线。通过设立创新奖、开展“推进创新实践,争当创新典范”、“创新论坛”、评选“创新亮点”、评选“创新明星”等活动。创新工作在全厂开展,开创了全员创新的喜人局面。全厂职工围绕生产重点、难点问题开展攻关活动,共提出创新建议3000余条,其中被确立为重点创新项目达513条,经严格审核,有77条创新成果受到了共计31万元的嘉奖,单项成果最高奖金达到2万元。创新活动使二炼钢厂在降成本、发掘人力资源、挖掘设备潜能、技术开发、提高劳动效率、清洁生产等各方面有了明显进步,仅“改进2号KR下料管的方式,提高搅拌头寿命和脱硫效果”一项创新成果,每年就可创经济效益119.26万元,而且有效地 改善了现场的生产环境,提高了安全系数。

【党建工作】 2003年,厂党委对照党员标准结合钢厂实际,在全体党员中开展了“生产指标排在前,重点工作干在前,联系群众走在前,遵章守纪做在前”的“四在前”教育。这是对党员标准的细化,是党员先进性教育的具体化。通过党训班、“三会一课”、党员责任区等多种形式,在全体党员中形成了浓厚的“四在前”氛围,充分发挥了一个党员一面旗的作用,在“共产党员与创新”的主题活动中,全厂400名党员结合本岗位工作,针对生产经营的难点和薄弱点,申报创新项目280多项,制定改进措施600余条。炼钢车间党总支以文化力激发职工创造力,增强了党组织凝聚力,被湖北省企工委评为全省红旗党支部,2003年12月中组部党建工作调研组领导到炼钢车间调研,称其为武钢的品牌支部。

【实施凝聚工程】 (1)为大力倡导“自加压力,永争第一”的企业精神和“三高两化”的管理理念。2003年,该厂建立了转炉复吹炉龄创世界纪录纪念碑、厂荣誉室等企业文化硬件设施,并制作了“品种钢生产基地”的电视专题片,扩大了钢厂的知名度和美誉度。(2)坚持全心全意依靠职工办企业的方针,采取多项措施改善工作、生活及环境,为职工谋福利。一是成立了菜谱审核小组,在供餐厅大力推行营养配餐,提高职工的身体素质。二是及时解决了职工反映较大的上下班无通勤站、高温休息室硬件条件差、更衣室环境差等多个问题。三是大力整治粉尘污染,新建了以炼钢平台安全走廊为代表的10条安全通道,钢厂的生产工作环境更加安全、清新、优美。(3)坚持开展“送温暖”活动。全年共成立慰问小组15个,走访困难职工137人,慰问离退休职工110人,筹集慰问款7.88万元,为特殊困难的职工捐款5680元,职工对企业的满意度呈不断攀升的趋势。

(张淑珍 谢守涛)

第三炼钢厂

【概况】

项 目	计 划	实 际
产量/万 t	427	427.5
综合质量合格率/%	99.75	99.92
工序能耗(标煤)/$kg \cdot t^{-1}$	9	7.77
全员劳动生产率/$t \cdot (人 \cdot a)^{-1}$	—	4500
主要设备完好率/%	100	100
钢铁料消耗(实物量)/$kg \cdot t^{-1}$	1111	1107.10
降成本/万元	4946	6127
计算机炼钢碳温双命中率/%	90	94.47

【3号宽板坯连铸机一次投产成功】

2003年8月30日,投资4亿元的三炼钢厂3号宽板坯连铸机一次投产成功,其标志武钢的核心竞争力将提升到新的高度。3号连铸机工程自2002年3月7日正式破土动工,主体部分由一冶负责施工,三电部分 由武钢自动化公司总承包,公辅部分由武钢建工集团承建,武钢技改部、生产部、设备部等众多单位参与了相关工作。三炼钢厂超前做好投产准备,加强职工培训,精心组织调试,为3号机的顺利投产奠定了基础。该机属于立弯型连铸机,主要技术从奥钢联引进,与该厂1号、2号弧形连铸机相比,它有利于夹杂物上浮,能更好地改善铸坯质量。同时,它采用了当今世界最先进的连铸技术,如结晶器液压振动、液压调宽、漏钢预报及动态轻压下等技术,特别适合浇铸管线钢、IF钢等“双高”产品。该机最大宽度达2150 mm,设计年生产能力为250万t。

【产量突破400万t】 2003年,三炼钢厂不断完善“时刻表”生产组织模式,引入“合同兑现率”概念,狠抓计划兑现率管理。一方面严格控制各种浇铸中断事故的发生,另一方面科学组织生产,将全连铸生产组织制度延伸至铁水准备区域。为了使鱼雷罐周转受控,设立了鱼雷罐铁水调度岗位,建立了鱼雷罐运行跟踪系统,对铁水装入量、鱼雷罐倒渣、鱼雷罐周转时间、鱼雷罐投入数量等影响鱼雷罐粘罐的因素进行跟踪控制,减少了粘罐的发生,使鱼雷罐周转率稳定在2.2次/罐以上。此外,为了实现高产稳产,全年狠抓交接班条件管理,严格按时刻表要求组织生产,进一步提高了炉机节奏合格率。该年生产合格钢坯427.5万t,较2002年增加了56万t,其中12月份创造了月产40.3万t、班产5723.5 t和日产16264 t的历史最好水平。

【攻克烟罩漏水难关】 三炼钢厂建厂时2座大型转炉烟罩从国外引进,投产一定时间后,2号转炉和1号转炉移动烟罩相继漏水,随后固定烟罩也开始漏水,且漏水情况日趋恶化。至2000年年底,整个烟罩系统漏水已严重影响生产,平均7天必须焊补一次,最短时不到3天,每次焊补耗时12～16小时。烟罩漏水不仅严重制约生产,也成为安全的重大隐患,是长期困扰三炼钢厂生产的“瓶颈”。针对这一情况,2001年三炼钢厂开始集中精力对烟罩漏水实施攻关,分别于2002年9月和2003年6月更换了2号炉和1号炉移动烟罩,基本上解决了移动烟罩漏水问题。2003年下半年,该厂与华中科技大学合作,对固定烟罩进行了机械力学的分析,在现场热位移试验中发现,烟罩热胀冷缩的实际位移值小于理论位移值。据此,该厂通过撤除烟罩上多余支架和更换受热管等措施,使固定烟罩的问题也得到彻底解决。自2003年11月开始,三炼钢厂实现了烟罩每月焊补一次的目标。

【改善厂区环境】 2003年,三炼钢厂大力开展“讲文明、改陋习、树新风”活动。6月20日,该厂专门召开动员大会,提出了“环境也是竞争力”的新理念,强调“一流的环境不仅有利于职工身心健康,而且能提升客户对产品质量的信心。”同时,明确了“通过长期坚持开展活动,实现职工行为规范和厂区环境根本性改观”的整治目标。为此,该厂开展了5方面的工作:一是建立完善了文明卫生及环境建设管理制度;二是将行为规范和环境建设作为各级领导的主要职责之一,层层建立领导责任制;三是充分发挥《职工话题》简报等宣传阵地的作用,加大教育力度,倡导时代新风;四是开展周五大扫除和义务劳动活动。全年共开展大扫除44次,参加人数1300余人次,清扫面积2万m^2,沟道2800 m,清除垃圾24 t;五是专门成立了环境卫生巡检队,随时检查厂区任何地方,并对不文明行为进行通报和严厉处罚。“讲文明、改陋习、树新风”活动的开展,进一步增强了职工的文明卫生意识,使厂区环境得到明显改善。

（胡东华）

大　型　厂

【概况】

项　　目	计　划	实　际
钢材/万t	型线:54(年初)～59.8(调整) 高线:68(年初)～68.2(调整)	63.52 70.90
综合合格率/%	99.60(型线) 99.20(高线)	99.68 99.33
综合能耗(标煤)/kg·t^{-1}	82(型线) 98(高线)	81.708 96.81
合同执行率/%	100	100
降成本/万元	1708	1967.79
安全生产	重大人身、设备及火灾事故均为零	重大人身、设备及火灾事故均为零

【钢材产量首次突破设计水平】 2003年,大型厂依靠科技进步,大力实施精品名牌战略,充分发挥产能优势,实现了规模效益的优化组合。型线在全型钢生产状况下,热轧量达到63.58万t,交库量达到63.5万t,达到了历史新水平,高线则以热轧量达到71.4万t,交库量达到70.9万t,首次超过高线设计年产量70万t的指标,实现了高速线材生产历史性的突破。两线钢材分别超武钢增产目标6.2%和5.4%,从而以134.4万t的总产量和4.59亿元的工序利润总额,创造了大型厂发展史上的崭新业绩。2003年国内大型材需求旺盛,使大号工、槽钢的产量相应增加了45.5%,进一步扩大了型钢市场。武钢的重点效益品种——重轨年交库12.47万t,比2002年增加了50%,其中出口继续保持强劲增长,年出口重轨29144 t。高线全年有11个月的优线比超过80%,平均优线比达到85.2%,较2002年又上升15个百分点。82B等线材每月保持在6000 t左右的出口水平,累计出口5.3万t,开拓了武钢线材新产品进入国际市场的新局面。线材极品钢帘线月生产批量超过700 t,总产量达到4183 t以上,为武钢增创了效益。

【贯标工作】 2003年,大型厂积极按照国际先进管理标准,建立起独具特色的综合管理体系,并已成功通过了中质协组织的综合体系认证和中国船级社的改版认证。大型厂以永争第一的企业精神和多年贯标的丰富经验积极开展新体系的创建工作。以观念更新为重点,以严格落实为关键,以建设现代化条材精品生产基地为目标,制定了《大型厂创建综合管理体系管理规定》,建立严格的考核制度,保证创建工作的顺利进行。全年还按照环境管理体系和职业安全健康管理体系的标准,对全厂各操作岗位以及作业过程开展危害辨识和环境因素评价,形成程序文件37份,精简、修改和增补各类管理制度114项。大型厂将日常管理与创建工作相结合,推动体系在生产经营中的高效运行。工艺管理人员将贯标工作渗透到流程完善的过程中,对生产工艺进行改进,使生产节奏明显加快;技术管理部门开展"用户满意活动",降低产品异议损失;设备部门实施"万点受控"工程,设备运行质量和精度明显提高。建立综合管理体系给大型厂带来了管理变革,追求卓越的企业精神使"贯标无终点"的理念得到进一步加强。

【设备改造】 2003年,大型厂针对设备所存在的隐患或系统技术装备水平低的缺陷,全年实施设备改造:高线加热炉PLC改造、空压站控制柜改造、后区净环水管改造、型线循环水内网改造以及860压下控制系统、760电气快开、三架后辊道、1200矫直机升降辊等8项设备技术改造工作。均取得了预期的成效。特别是型线循环水内网改造项目,组织施工难度大,一是工程量大;共需更换、敷设管路1100余米;二是时间紧,必须在年修期间实施,并且要与轧板厂检修同步,整个施工时间仅有36小时;三是交叉作业多,要与出炉辊道、860及760区域检修交叉进行,又不能影响加工线的正常生产。由于该厂准备工作充分、节点控制准确、现场协调到位,该项目顺利竣工投产,为武钢"老三轧"的水网改造做出了贡献。2003年9月1日武钢正式下文对高速线材生产线技术改造可行性研究报告进行了批复,标志着投资1.85亿元高线技术改造项目进入前期准备工作,该厂在武汉与美国摩根公司、GE公司、德国西门子公司、西马克公司及意大利达涅利公司就工艺、电气、机械等专业进行了技术交流。机电设备通过上网公开招标,并于2003年11月14日进行了投标,通过评标,最后确定了美国摩根公司、德国西门子公司两家中标。

【技术进步】 2003年,大型厂为适应市场需要,以科技创新为动力,不断新试新推适销对路的新产品,并扩大效益品种的生产规模。全年先后研制开发了ϕ9 mm、ϕ11 mm出口产品和建高压铁塔急需的16号角钢等"双高"产品。并于11月成功试轧55SiCr弹簧钢盘条,各项技术,质量指标均达到试制要求,使武钢高速线材产品家族又添新品种。2003年重轨产量历史性地突破12万t,高线优线比保持85%的高水平,超过了15%的设计值。继普线获得国家产品实物质量"金杯奖"后,CH22A冷镦钢盘条也获此殊荣,从而使高线产品连续6年荣获国家冶金行业产品实物质量的最高荣誉。全年完成武钢级科技攻关10项,组织厂级技术攻关12个。一批科研项目获武钢科技进步奖,成功解决了重轨帽形淬火、线材多头废品等质量控制难题,使线材成材率由96.35%上升到97.43%,使效益产品82B的原品种合格率提高到99.04%。钢帘线的月产能力也大幅增长,由当初不足100 t上升到700 t。型钢产品主要技术指标居国内同行业一流水平。

【党群工作】 2003年大型厂党委认真贯彻

"三个代表"重要思想和党的十六大精神,在三个文明建设中取得显著成效。连续3年获武钢党委先进中心组和连续2年获思想政治工作先进单位称号。一是以创建学习型企业为目标,大力推进理论武装工程,不断提高各级领导干部和职工政治理论与业务技能水平。举办了科级干部学习"三个代表"重要思想理论培训班。编辑制作了《学习贯彻十六大精神培训班解放思想转变观念大讨论》论文集,坚持求真务实的态度和理论联系实际的学风,全面提高了领导班子和领导干部在现代企业管理创新的推动力。二是大力推进党建工作,不断加强基层党支部建设和党员队伍的作风建设。紧紧围绕武钢和该厂生产经营中心,抓好党员责任区活动,2003年有9个党员责任区课题攻关共计创造效益206万元。三是以强化思想政治工作为基础,大力推进人心凝聚工程。厂党委以宣传武钢建厂45周年为契机,大力开展"爱武钢,爱大型,奔小康"主题教育活动。组织200余名干部职工到武钢科技馆参观了武钢建厂45周年成果展。组织党员"上井冈山,走红军路"进行革命传统教育,利用多种形式大力宣传武钢和本厂的改革发展成就,广泛弘扬职工爱岗敬业精神,及时传导两线生产经营所面临的压力和形势,使生产经营平稳有序地进行。四是大力推进党风廉政工程,坚持"规范操作,透明管理,权利制约"的指导思想,进一步增强了领导干部执行"一规三制"的自觉性。2003年该厂各级管理人员拒绝吃请、送礼达110人次,拒收红包礼金12400元。坚持抓好效能监察工作,全年完成效能监察课题11项,增创经济效益546万元。该厂2003年获武钢效能监察先进集体称号。五是坚持贯彻"依靠"方针,大力推进政治文明工程,不断推进物质文明、政治文明和精神文明的协调发展,造就一支高素质的员工队伍。加大对厂务公开的监督力度,坚持实行厂长与职工民主对话制度,深入实施"送温暖"工程,全年走访困难职工235人次,发放慰问金5.4万元,使各类困难职工和弱势群体得到及时帮扶,稳定了职工的思想情绪,使该厂连续6年获武钢模范退休职工之家称号。六是企业文化建设取得实质性进展,编辑下发了《大型厂企业文化手册》,通过广泛宣传,使该厂的经营理念逐步深入人心,并成为全体职工各项工作的行动指南。

(张建仁)

轧 板 厂

【概况】

项目	计划	实际
产量/万t	62	68.59
日历作业率/%	86	86.56
综合合格率/%	99.60	99.79
综合成材率/%	90.65	91.28
吨钢工序能耗/$kg \cdot t^{-1}$	119	116.19
合同执行率/%	100	100
安全生产	重大人身、设备、火灾事故为零	重大人身、设备、火灾事故为零

【生产经营】 2003年,轧板厂紧紧抓住难得的市场机遇,大力实施精品名牌战略,克服了整体产销资讯系统上线调试等一系列困难,生产经营和市场开发取得优异成绩,全年共完成缴库量68.59万t,为武钢下达计划的110.62%,品种钢比例、日历作业率等多项技术经济指标创历史最好水平。上半年,轧板厂作为武钢整体产销资讯系统的试点单位,调试上线,任务十分繁重,加上生产品种繁多、规格复杂,生产流水线长,因而,产销资讯系统上线的难度比其他单位就更大,而面对一季度因产销资讯系统上线压力大、产品压库较多、对生产经营影响较大等问题,轧板厂参与调试人员在厂领导和武钢产销资讯系统指挥部的大力协助下,克服了一个又一个困难,终于在一季度之后,使整体产销资讯系统轧板部分实现了顺行,解决了产品压库问题。产销资讯系统的调试上线过程,锻炼了职工队伍,提高了岗位职工的计算机操作水平,使全厂的现代化管理水平迈上了新台阶,为生产大批量高精尖产品奠定了良好的基础。2003年,轧板厂大力实施精品名牌战略。紧紧抓住难得的市场机遇,不断提高压力容器钢、耐火耐候高层建筑用钢、高性能结构钢、桥梁用钢等高附加值产品比例,通过劳动竞赛等方式调动广大职工的积极性,同时生产调度部门合理、科学组织生产,严格考核工艺制度,确保产品质量,充分满足用户需求,设备维护部门认

真搞好设备的巡检和专检,努力提高定修和年修质量,使设备完好率始终保持在较高的水平。经过全厂广大职工的艰苦努力,2003 年轧板厂共完成缴库量 68.59 万 t,为年计划的 110.62%,其中 7 月份还创造了 7 万 t 的高产纪录。

【高层建筑用钢中标北京电视中心大楼等工程】 武钢轧板厂依靠科技进步,大力发展"双高"品的生产,2001 年研制成功的耐火耐候高层建筑用钢,继成功应用于上海残疾人文体中心大楼以及北京国家大剧院以后,2003 年又大批量中标北京市重点工程——北京电视中心新大楼、中关村金融大厦等标志性建筑物,仅前一项工程供货合同就达 3 万 t,这是武钢轧板厂产品进军北京中厚板市场以来最大的一笔订单。轧板厂和武钢技术中心共同研制成功的耐火耐候高层建筑用钢集高耐火性、高耐候(耐大气腐蚀)性、高 Z 向(与钢板垂直方向拉伸)性和优异的焊接性能于一体,不仅不逊色于进口产品,而且其耐火性能还超过国外同类产品,因而被国家大剧院等重大工程选用。2002 年 6 月 26 日,武钢在北京新世纪饭店专门举行了有首都新闻界以及国家各部委参加的"武钢高性能耐火耐候钢重点推介会",在首都产生了广泛的影响。而北京电视中心和中关村金融大厦都是北京市的重点工程和标志性建筑,对于树立武钢中厚板形象,进而参与北京 2008 年奥运工程具有重要意义。从武钢到轧板厂都非常重视,担任轧制任务的轧板厂、负责科研的技术中心以及武钢生产部、技术质量部、三炼钢厂通力合作,认真做好各项准备工作,严格把好质量关,在职工中大力树立"每一块钢板都关系到武钢的信誉、关系到北京奥运市场的开拓"的指导思想,有效地保证了上述工程的质量,进一步提升了武钢高层建筑用钢的知名度。

【轧后控制冷却系统竣工】 轧板厂热处理系统自投产以来就面临较大的生产压力,由于热处理工序担负着钢板回火、淬火、退火等多道热处理工艺,并且热处理工艺所需的时间远远高于轧钢时间,因此,多年来热处理工序成为全厂生产流水线的"瓶颈",严重制约了"双高"产品生产能力的提升,且热处理工序还是能耗大户,制约着生产成本的降低和经济效益的提高。为解决上述难题,轧板厂在上级有关部门的大力支持下,于 2003 年二季度成功地实施了钢板轧后控制冷却系统技改项目,并于 7 月初竣工投产。该项目是现代化轧钢生产的重要环节,它采用钢板轧制之后快速冷却的办法,达到提高钢板的强度和韧性的目的。同时,该系统还利用钢板轧后的余热对钢板进行淬火处理,这样有不少品种可以不需要在轧制后再进行热处理工序了。因此不仅可以有效提高产品质量,而且还可节约宝贵的能源,大幅度降低热处理工序的生产压力,简化生产流程,提高生产效率。这一技改工程的竣工,有效地提高了武钢中厚板的竞争实力。

【厂容卫生】 2003 年,轧板厂全体职工在两级公司领导和厂党委的正确领导下,采取严格有效的各种措施,深化防治"非典"疫情工作,切实做到"全方位、全天候、全区域",彻底阻断传染源,切实保障广大职工身体健康,确保生产经营的正常进行,不仅取得了防治"非典"的胜利,而且还实现了生产经营的稳产高产。厂领导对防治"非典"工作高度重视,4 月下旬,成立了由厂领导牵头的防"非典"疫情办公室,并召集了本厂以及公司各驻厂单位如快餐公司、综合服务公司、协力厂等单位的联席会议,共同商讨、统一部署防治"非典"应对措施,制订了严格的《轧板厂防治"非典"加强流动人口管理预案》等相关应对措施,对在轧板厂区域进行作业和进行服务工作的所有人员进行一次彻底的大清理,通过审核和确认,发放厂内通行证;厂食堂和浴室也严格实行凭证入内的制度,为了最大限度地控制外来人口的进入,实施关口前移:在厂办公楼对外来人口进行体温测量的基础上,在厂区 3 个入口处,增设 3 个防治非典疫情检查站,严格实行凭证入厂的管理制度,即使公司内部人员来厂联系工作,也严格照章办理。厂防治"非典"办公室还严格按照上级的要求,切实加强对职工健康情况的动态管理,每天及时上报全厂职工的出勤情况,不放过一个疑点,不出现一个漏洞。5 月 19 日,得知机械车间一位职工家属发烧,厂部和车间马上派车前往该职工家中进行查访。为确保各项措施的落实,厂部成立了防"非典"疫情督察队,认真督促各项防"非典"措施的落实,及时公布检查情况;防"非典"办公室还对改善食堂通风环境、合理控制食堂进餐人员,提高饮食卫生水平采取了有力措施。经过全体职工的努力,轧板厂,使厂容厂貌有了很大的改观,职工卫生意识明显提高,厂区定置管理井井有条,为职工创造了良好的生产和生活环境。

(邵春华)

热轧带钢厂

【概况】

项　　目	计　划	完　成
产量/万 t	342	385.94
热轧材综合成材率/%	97.16	97.73
商品材合格率/%	99.40	99.63
热轧材质量等级品率/%	100	126.23
按国际先进水平生产产量比/%	无	87.08
热送率/%	55	62.83
主轧线日历作业率/%	81.5	80.18
主轧线有效作业率/%	85.5	85.23
主要设备完好率/%	100	100
款到合同执行率/%	100	100
重点钢种原品种合格率/%	98.91	99.21
工序能耗(标煤)/$kg \cdot t^{-1}$	112	110.18
千人负伤率/‰	0.45	0

【生产经营】 2003年热轧带钢厂瞄准新目标，制定新措施，探索完善新的生产方式，突出管理创新，挖掘内部潜力，促进了质量、生产、设备、成本等管理水平不断提高，不仅适应了市场竞争的要求，而且增强了企业发展后劲。全年轧制量达377.32万t、交库量达385.94万t(包括二热轧转一热轧材17.23万t)，再创新水平。2003年元月1日武钢整体产销资讯系统的投入，给热轧厂生产组织工作带来全新的课题，再加上该年热轧厂的品种结构更加复杂，给计划编排、生产操作、设备维护和质量控制等提出了更高的要求。对此，热轧厂一方面结合生产工艺实际组织人员培训，尽快掌握资讯系统操作，另一方面与资讯系统技术人员积极研究探索新的生产组织模式，不断改进完善资讯系统功能和作用，生产逐渐步入正轨。全年根据市场需求变化找准切入点，热轧厂有的放矢开发新产品，重点抓好高性能耐火耐候钢、汽车板、管线钢、海洋用钢、集装箱钢等专用钢的生产，不断优化品种结构，拓展“双高”产品市场，提升热轧材的竞争力，确保了重点品种合同执行率达100%。热轧厂还进一步深化全面预算和标准成本管理，重点抓好工序成本核算的细化工作，完善统计台账、原始记录等成本管理的基础工作，坚持成本分析例会制度，深化“对标挖潜”，落实责任成本管理，加强工序过程控制；优化工艺路线，科学、快速编制生产计划，增加普硅、X70等专用钢交叉轧制比，变集中轧制为分散轧制，采用新工艺生产，提高“双高产品”的小时产量；严格控制故障，加大技改力度，确保生产稳定，坚持以状态管理为中心，以故障控制为重点，加强对设备隐患的整改与分析，并制定相应的预防措施，防止突发事故，提高作业率水平。全年继续开展整治“跑、冒、滴、漏、脏、松、缺、锈”活动，推进“千点受控”管理，降低故障，提高作业率，不断提高设备精度，适应“双高”产品的增产需要。

【二热轧2250轧机热负荷一次试轧成功】 2003年3月29日20时15分，经过二热轧加热、粗轧、精轧、卷取等工序，作业线上的带钢顺利卷进武钢二热轧一号卷取机，继而有序地进入运输链，代表国内最先进热轧技术水平的武钢二热轧工程热负荷一次试轧成功。二热轧是武钢“十五”期间最大的效益工程之一，建成投产后将成为武钢具有核心竞争力的重要技术装备。按照武钢“将二热轧建成世界级样板工厂”的要求，热轧厂按照“设备一流、技术一流、素质一流、管理一流”的方针精心准备。在2003年，二热轧主轧线设备安装调试全面铺开，全体人员弘扬“争气、争光、争一流”的热轧人“三争”精神，日以继夜地紧张工作，相继完成了设备的安装、单机试车、热负荷试车等各项任务，终于实现热负荷一次试轧成功的目标。到年底二热轧已具备正常生产条件，实现阶段性达产目标，截止11月底二热轧共生产成品卷58.87万t，其中国家西气东输重点项目X70管线钢38034 t，X65管线钢26025 t，杭州湾大桥Q345-HQ桥梁用钢31170 t，合同兑现率达100%，已成为武钢效益新的增长点。

【厂党委被省企工委授予先进基层党组织称号】 2003年，热轧厂党委在上级党委的正确领导下，深入贯彻落实“三个代表”重要思想、十六届三中全会精神，开拓创新，把“围绕经济抓党建，抓好党建促生产”落到实处,生产保持强劲势头,产品实现零库存。该年,热轧厂党委坚持以科学的理论武装人,通过多种形式,认真组织干部职工学习“三个代表”重要思想。通过学习,使广大干部群众的思想进一步统一到“三个代表”重要思想的要求上来,在工作创新上多下功夫,适应市场竞争由国内的、局部的、不完整的竞争转向国际化、全方位的竞争要求;同时注重管理,在抓大事、抓制度建设上狠下功夫,增强对市场的快速反应能力,提升产品的技术含量和高附加值,逐渐形成热轧厂“链式管理”的理念,把各项工作纳入一个有序的链式运作的闭环体系中,使热轧厂最大限度地发挥党组织的政治核心作用。厂党委严格执行“党政工联系会”、“支部工作条例”、党委民主生活制度,落实好民主集中制原则。厂党委主要领导审批并帮助制定《各支部年度重点工作规划及进度表》,提炼工作主题,通过阶段性的自检和厂部考核推进,支部工作明显加强。厂党委一班人还带头跑市场,收集大量的第一手资料,据此,以课题的形式展开责任区活动,把党员的模范作用与市场行为紧密结合,纳入党员责任区和党员考核管理,全厂党员纷纷投入到“创一项最佳指标,攻一项技术难关,做一件实事”的活动中,促进了生产经营。“七一”前夕,热轧厂被湖北省企业工委授予先进基层党组织称号。

【防“非典”疫情】 2003年4月,热轧厂开始采取强有力措施,全面深入推进防“非典”疫情工作,以确保广大职工和家属的生命安全。该年全厂职工从容应对“非典”疫情,通过自身努力每天保证公共场所、办公楼、“三室”、生产现场等环境整洁,每天彻底消毒、清扫,同时学习相关科学知识,群策群力,集体联防,防止“非典”疫情在热轧厂发生。全厂总计发放84消毒液、口罩、喷雾器、滴鼻液、防护服等防“非典”疫情用品30余吨到车间、班组、职工。2003年热轧厂在设备年修中共有各类检修单位33个,总人数2903人分别承担198个项目。此次年修与以往不同的是恰逢抗击“非典”疫情的特殊时期,且外出民工大批返汉的情况下进行的。热轧厂对检修现场所有人员采取拉网式检查,对厂房大门和主要通道设监督岗,对身份不明者一律拒之门外;发动共青团的青安岗岗员和厂工会现场劳动保护成员及安全管理部门也加入现场督察组,每天两次以上对上场人员进行督察。4月30日,包括热轧厂职工在内的4000多人参加的设备年修完工,取得了防“非典”疫情工作的全面胜利。

【开展满意度问卷调查】 2003年热轧厂紧密围绕武钢开展的“爱武钢、奔小康”主题教育活动,联系热轧厂改革发展的基本状况,在全厂职工中进行建厂25年来第一次“工厂满意度”大型问卷调查。问卷测试题在设计上注重了内容的包容性和人文精神,提问包括5大方面、75个问题,计300个选项。调查问卷全厂1500名职工每人一份,全厂党支部书记、工会主席跟踪发放,并做好释疑解答,其中有效问卷1342份。问卷结果在全厂职工代表大会上进行公布。在所涉及的75个问题中,对“三争精神”的认同、连续多年荣获红旗工厂和先进党委、领导在关键时刻的威信、岗位分工的合理性等28个问题的满意度均超过80%。全厂综合满意率达到70.72%。通过问卷,既真实地了解到广大职工对武钢及热轧厂的深厚感情和殷切期望,同时找准了工作中的不足,为科学决策提供了详实可信的依据。该年,热轧厂健全完善了厂领导联系点、厂领导接待日、职工信箱等制度,及时听取职工意见和建议,并及时采纳和解决,另外还开展了专题性职工合理化建议活动,举办“厂长与职工对话会”,广泛收集建议,并积极采纳。

【深化“职工仲裁”活动】 2003年该厂钢卷车间将职工的事交给职工来办,深化“职工仲裁”活动,在班组开展了职工民主议事活动,成立了民主仲裁议事小组,对诸如经济责任制排队打分、事故责任等进行仲裁议定。2003年资讯系统投入生产后,如何进行经济责任考核是钢卷车间职工都关心的话题,车间组织全体车间民主议事小组成员进行议事,进而出台了职工普遍接受的相关制度,受到职工的一致好评。班组经济责任制考核事关每个职工的切身利益,排队打分是一个较好的管理手段,其公正程度受到了极大的关注。事故责任的判定,由于难以一时确定,经常会引起争执,仅靠行政手段,效果不是太好,职工有时口服心不服,攀比争执时有发生。该年车间通过发动班组职工进行民主议事,既准确分析问题确定事由,还使当事人心悦诚服。车间职工在议事中接受了教训,交流了经验,增强了能力。2003年车间民主议事近10次,议定事项无一人提出反对意见和向上级反映,党支部和车间的工作得到广泛认同。

(胡正红)

棒 材 厂

【概况】

项　　目	计　划	实　际
产量/万 t	30	36.22
销售量/万 t	30	40.43
销售收入/万元		100000
利润(内部)/万元	3000	26800
利税/万元		18400
生产成本/元·t^{-1}	1737	1716
全员劳动生产率/元·(人·a)$^{-1}$ (1990 年不变价)		1127527
设备综合完好率/%	90	93.23
质量综合合格率/%	98	99.09
千人负伤率/‰	0.6	0.18

2003 年,棒材厂实现了产量、销售量、利税指标的历史性"三突破"。该厂全年紧紧抓住国内钢材市场旺盛的时机,立足于实现产量规模效应,精心组织生产经营活动,不断提高生产能力。努力做到了"稳产保高产,高产促低耗"。并通过修订经济责任制,加强了成本和质量的控制和考核,从而使各项生产经济技术指标均取得较好成绩,提前 76 天完成全年计划生产任务,实现了该厂年初提出的持续盈利和持续发展的目标。

【新产品开发】 2003 年,棒材厂加大了新产品的开发力度,在组织生产 HRB400Ⅲ级螺纹钢筋 19698 t,电磁工业纯铁 6062 t 等优钢产品的基础上,又试轧了 GCr 轴承钢 5638 t,齿轮钢 4869 t、45 号钢 13685 t、35 号钢 363 t、螺旋钢筋 133 t 等特钢产品,其质量完全符合技术要求,经试用反映良好。为打开新产品市场销售渠道,该厂还加强了新产品推介力度,制作了新产品宣传册,召开了重点客户座谈会,增强了客户对新产品的认识和了解。2003 年,该厂累计生产优特钢产品 5.04 万 t,销售优特钢产品 5.25 万 t。

【对标挖潜】 2003 年,棒材厂围绕降成本,积极开展"对标挖潜"活动。规定全年钢耗不得突破 1040 kg/t,并以此为目标加强各项管理。该厂认真执行职能部门月检,生产车间专检、班与班进行红坯尺寸交接班的监督管理机制,生产作业岗位严格遵守工艺纪律,较好地控制了红坯尺寸,提高了定尺率、成材率和负偏差率,最大限度地减少了因工艺故障造成的中间轧废,从而有效地控制了钢耗。全年钢耗 1040 kg/t,轧制费 242.56 元/t,分别比计划下降 1 kg/t、14.44 元/t。在成本管理上,棒材厂还实行了费用包干制度,各单位各项费用支出实行"行政一把手负责制",并纳入经济责任制考核。该厂 2003 年平均单位成本比年计划每吨下降 21 元。

【设备管理】 2003 年,棒材厂继续坚持了三级点检管理,及时发现隐患,并以此作为重点检修内容,形成年、月、周检计划,充分利用生产间隙保质保量落实检修项目,保证设备的完好率。下半年,在钢铁公司设备部的帮助下,棒材厂初步建立了设备状态监测局部网络,通过对关键生产设备进行监测,将监测数据与传统点检信息进行对比,及时获得设备的动态信息,迅速解决存在的问题,提高了设备的超前控制管理能力。此外,还加强了各区域设备的在线管理、状态管理和运行管理,积极推行设备的全员管理,所有设备都明确了责任人,对关键设备则实行了专人重点监控。在设备备品备件的采购中,该厂制定了更加明确细致的备品备件采购计划,通过强化管理、落实职责和确立费用控制指标,将库存控制在合理的范围内,提高了资金利用率。棒材厂还加强了大型设备和关键备件加工制作的监制和质量验收,与供货厂家签订质保协议,从源头上把住质量关。针对 2003 年原燃料大幅涨价,主要备品备件标准价提价的现状,该厂严格按计划采购的同时,坚持货比三家,性价比最优的原则,在大宗备件采购方面坚持了集体讨论,领导审批,职工代表监督原则。

【党群工作】 2003 年,棒材厂党总支狠抓了党员干部的政治理论学习和教育,强化了学习落实和检查的力度。按武钢要求重新修订了《棒材厂党总支中心组理论学习制度》,并把学习制度延伸到各基层党支部。7 月,棒材厂成立了"职工思想政治工作研究会和党建工作研究会",组织开展了"三个代表"重要思想和十六大精神的学习研讨活动,厂党总支对21篇质量较高的论文给予了奖励，其中一篇论文在《武钢政工》上刊登。此外，还组织开展了“学习党的十六大百题知识竞赛”活动，全厂有433人参加了答卷，占在岗职工总数的97.3%。为调动职工好学上进、遵章守纪的自觉性，2003年，棒材厂党总支陆续出台了《职工自学成才奖励办法》、《职工奖惩管理规定》和《安全管理规定》等规章制度。还围绕生产建设和企业改革，积极引导职工献计献策，广泛开展提合理化建议活动。据不完全统计，全年职工提出的合理化建议有28条，其中10条被采纳实施，取得可观的经济效益。棒材厂党总支还高度重视发挥文化的社会教育功能，把思想政治工作同企业文化建设有机地结合起来。2003年，在全厂开始实施“塑造形象工程”，初步推出了企业形象、员工形象标准，并组建厂足球队，开展足球比赛、羽毛球比赛和举办迎春晚会等文体活动，发挥规范、凝聚、激励和导向作用，增强了思想政治工作的实效性。

【廉政建设】 2003年，棒材厂采取风险抵押承包的方式将党风廉政建设与经济利益挂钩，各单位党政一把手同时签订经济责任制和党风廉政两份《责任书》，通过这种形式把“一岗两责”提到了一个新高度。此外，该厂还加强了对“三管六外”人员的管理，采用“廉政建设责任书”，按管理权限(上下级之间)与“三管六外”人员分别签订了《对外业务人员廉洁从业承诺书》，以书面的形式明确了对外业务人员的廉政责任，保证了“一级抓一级，层层抓落实”。该厂还积极开展效能监察工作，把重点放在对大宗原料和备品备件的采购上。为此专门成立了招议标工作小组，按“公开、公平、公正”的原则确定供货方，使物资采购“透明化”。据统计，2003年通过“阳光采购”，该厂降低采购成本达109.4万元。

(龚永华)

武汉钢铁股份有限公司

管理工作

【概况】 2003年,武汉钢铁股份有限公司实现产品总产量142.5万t,完成年预算的102.89%,产品销售量达到142.85万t,为年预算的103%;实现主营业务收入68.07亿元,完成年预算的103%,比2002年度增加0.49亿元;实现税前利润8.68亿元,完成年预算的105.51%;净利润达到5.69亿元,超过了调整后的目标。2003年末,该公司的股东权益达到58.71亿元,每股收益为0.227元,每股净资产为2.340元,净资产收益率为9.70%。通过完善投资项目的管理,该公司取得短期证券投资收益710万元,是2002年的3.8倍,长期投资收益达到729万元,对外投资收益共计1439万元,比2002年增加了377万元。2003年,该公司还实现了冷轧技改一次通板成功,二冷轧、二硅钢工程达形象进度,及重大伤亡事故、重大设备事故、重大安全事故、重大治安案件、重大火灾事故、重大环境污染事故和锅炉压力容器爆炸事故为零的目标。该公司被评为"全国用户满意企业"、"全国实施用户满意工程先进单位",并在湖北省率先获得"全国质量管理奖"。武汉钢铁股份有限公司获"2003年度武钢红旗单位"称号。

【公司治理】 2003年,武汉钢铁股份有限公司按照《公司法》、《证券法》等法律、法规的要求,不断完善公司法人治理结构,规范公司运作。(1)董事会、监事会、股东大会。2003年,武汉钢铁股份有限公司先后召开了第二届董事会第十二次、第十三次、第十四次、第十五次和第十六次会议。武汉钢铁股份有限公司监事会先后召开了第二届八次、九次、十次、十一次、十二次会议,并列席了上述5次董事会会议。会议讨论、审议并通过的相关议题包括:《2002年度利润分配及资本公积金转增股本预案》、《关于投资建设硅钢扩建增产工程的议案》、《关于修改公司章程的议案》、《关于提请股东大会增加独立董事的议案》、《关于设立二冷轧、二硅钢筹备处的议案》、《关于武汉钢铁股份有限公司申请增发A股的议案》、《钢铁主业收购协议》、《商标无偿转让协议》等。2003年5月16日和12月19日,该公司先后召开了2002年度股东大会和2003年第一次临时股东大会,审议并通过了相关议题和议案。2003年,该公司董事会按照股东大会决议及授权,组织实施了相关决议;该公司监事会对公司股东大会、董事会的召开和议事程序、决议事项、董事会执行股东大会决议的情况,公司董事、经理和其他高级管理人员履行职务、执行制度以及公司财务制度执行等情况均依法进行了监督。(2)选举增补独立董事。2003年12月19日,在该公司召开的2003年第一次临时股东大会上,选举增补了博士生导师、武汉理工大学校长周祖德先生和教授级高级工程师、中国钢铁工业协会副秘书长李世俊先生为公司独立董事。由此,该公司已拥有5名独立董事。(3)利润分配。2003年6月,武汉钢铁股份有限公司组织实施了2002年度利润分配方案:该公司以2002年末股份总数209048万股为基数,向全体股东每10股送2股,送股为每股面值人民币1元的普通股,送股数量为41809万股,共计人民币41809万元。(4)综合业绩名列上市公司前茅。2003年6月,由国家权威机构承担的研究课题、经济科学出版社出版的《2002年度中国上市公司业绩评价报告》,将武汉钢铁股份有限公司的综合业绩列为上市公司第5名、行业第2名。(5)截止2003年末,武汉钢铁股份有限公司的股东总数为91688户。

【生产经营】 2003年,武汉钢铁股份有限公司克服"非典"疫情和技改工程建设全面铺开、交叉作战等不利因素,抓住良好的市场机遇,超额完成了年度调整后的生产经营计划。(1)冷轧厂在边生产边改造的不利情况下产量仍达到102.17万t,

提前并超额完成了年度目标计划；硅钢厂实现了“三大历史性突破”，即总产量40.33万t，取向硅钢12.53万t，无取向高牌号硅钢4.40万t。(2)切实抓好冷轧厂、硅钢厂的产能互补，实现两厂交叉生产9.25万t，充分整合利用各个局部的富余产能，生产冷硬卷8.5万t，酸洗钢2.3万t，使其成为该公司创值增效的重要组成部分。同时，该公司还积极协调、组织了外购热轧原料卷8.56万t、彩基材5.12万t。(3)产品研发。2003年，该公司进一步强化了重点品种的开发工作，为降低生产成本和生产难度而研制的低温取向硅钢，取得了良好的进展。开发了高牌号半工艺无取向硅钢WBG3等一批新产品，其中，科技人员开发研制的高性能无取向硅钢片，成功的应用于“神舟五号”载人飞船，航天部门有关单位专程给公司送来感谢信。2003年，该公司共计完成新产品产量13.92万t，为年计划的119.20%。(4)市场营销。2003年，该公司积极贯彻了“灵敏、灵活、精确、经济”的经营方针。审时度势，及时果断地调整价格政策，使该公司产品平均价格较2002年上调了22.2%；加大对库存产品的促销，到年底压库促销12.2万t，使该公司成品库存比近3年来的平均水平下降了54.4%，仅为1.19万t；为做好冷轧技术改造期间的产品销售工作，该公司首创了在现货产品的销售中采用竞标竞价的方式和对重点直供企业预储备料的服务方式，为公司赢得了显著的经济效益并受到客户的赞誉。(5)精品名牌。2003年2月，该公司收到中国钢铁工业协会的通知，该公司的“彩色涂层钢板及钢带”、“碳素结构钢和低合金钢冷轧薄钢板和钢带”、“连续热镀锌薄钢板(卷)”等3种产品被评为“冶金产品实物质量金杯奖”。至此，该公司共有8种产品13次荣获了这一奖项。同年9月，该公司的“连续热镀锌薄钢板”产品被中国质量协会和全国用户委员会评为“2003年度全国用户满意产品”。

【技改扩建工程】 2003年，武汉钢铁股份有限公司按照建设“汽车板”和“电工钢”两个基地的战略发展目标，加快了技改扩建工程步伐，以冷轧整体改造为代表的新一轮重点工程建设项目取得了阶段性成果。(1) 2003年9月16日，该公司冷轧厂实现了按计划停机——冷轧整体技术改造工程全面铺开。在技改工程人员、外国专家和各施工单位共同努力下，于11月15日23时和16日10时分别按预定时间实现了酸轧联合机组、热镀锌机组一次通板负荷试车成功，在工期上创造了世界冶金行业同类在线改造工程的新纪录。截止12月31日，酸轧联合机组功能已经全部投入，并轧制出合格钢板8016t；热镀锌机组也已开始试生产。新建的推拉式酸洗轧机组生产合格的酸洗钢2.9万t，3号横切机组生产合格产品9800t，1号镀锡剪切机组生产产品3650.9t，全氢罩式炉三期改造完成后生产产品25万t，新建酸再生1号机组完成投酸负荷试车，能源公辅配套设施全面完工并投入运行。(2) 2003年5月20日，该公司新建第二冷轧薄板厂工程项目环境影响报告书经国家审核获得通过，国家环保局以编号044公布该项目作为2003年第一季度批准建设的项目。同时，该工程还被列为国家第9批国债专项资金项目。该项目的酸轧联合机组合同于2003年10月26日生效。至年底，新建热镀锌机组完成了评标并上网公示。连续退火机组、彩涂机组、重卷纵切机组、横切机组和轧辊磨床项目完成了招标文件的编制，工程场地平整工作已完成，原料库厂房开始破土建设。(3) 2003年，该公司第二硅钢厂项目的前期工作取得重要进展。CA9、CA10、CS5—8、PA3、PA4等作业线进入了设备制造和设备基础施工阶段，酸轧联合机组进行了第四轮谈判。9月6日，该工程项目的主厂房立柱第一柱落位，标志着该工程全面进入钢结构安装阶段。至年底，该项目已完成主厂房的立柱基础施工和屋架安装，公辅设施建设全面启动，并完成了吊具设备的验收。(4) 冷轧精密带钢项目先后完成HC轧机改造中测厚仪项目的对外询价、乳化液改造项目的初步设计审查、电气控制系统改造详细设计审查。焊机引进项目完成了设备验收，以及单机平整机组改造可研性报告的审查工作。至此，武汉钢铁股份有限公司“十五”规划的各项重大改扩建工程已全部启动。

【管理创新】 2003年，武汉钢铁股份有限公司加大管理创新的力度，进一步提升了公司的核心竞争能力。(1)制定了《管理创新成果管理办法》和《知识管理办法》，鼓励员工立足岗位学习创新。2003年，该公司有1项管理成果获全国冶金企业现代化管理成果二等奖，3项获湖北省、武汉市现代化管理成果奖，10项获武钢现代化管理成果奖。同时，该公司共计收到员工提出合理化建议927条，采纳242条，其中，获武钢合理化建议“金点子”奖3项。员工自主管理活动出成果168个，有2项成果分别获得全国自主管理成果一等奖和湖北省自主管理成果优秀奖。(2)该公司对286项专业管理制度进行了清理，废除了不适用的制度57项，修订完善了相关管理制度85项，新增了15项。(3)积极发挥财务管理的决策作用，参与了中国国际工程咨询公司对二冷轧、二硅钢新建项目的立项评估工作。深入开展以“对标挖潜”为中心的“成本效益纵深行”活动，加强了全过程的成本控制与管理，2003年，该公司共计降低附加成本和费用8735万元。(4)在管理创新工作中，该公司加强了内部信息平台的建设，重新设计并推出了公司外部网站，还开发了办公管理、人事管理和客户关系管理等系统。公司的顾客满意度、员工满意度等两项管理的信息收集、分析与测评等系统管理机制已形成。通过持续改进，2003年该公司两个满意度有了新的提高。(5)该公司强化星级设备管理，坚持以点检定修为核心，实施了“万点受控”管理工程，使公司的产能得到充分发挥。同时，积极贯彻“健康、洁美、守法、改进”的职业安全健康与环境方针，提升了公司安全环保工作的综合管理水平。2003年5月9日，该公司通过了ISO14001环境管理体系和OHSAS18001职业安全健康管理体系的认证。

【获全国质量管理奖】 2003年，武汉钢铁股份有限公司确立继续争创全国质量管理奖的目标。该公司将“创奖”列入年度生产经营工作目标项目之中。在认真分析总结2002年创奖工作取得的成效和不足的基础上，并根据全国质量管理奖评审标准的新变化，该公司成立了3个重点改进工作小组和6个专项工作推进小组，运用过程和系统的方法，组织各部、室和冷轧厂、硅钢厂学习、对照全国质量管理奖评审标准并进行严格的自查。根据各单位自查的结果，该公司确定了60个问题改进点，设置了48个改进工作目标，组织实施了116项改进措施，使持续改进，追求卓越的思想深入贯彻到全体员工的实际工作中。2003年5月30日，该公司按期完成了《申报全国质量管理奖自我评价报告》，并通过中质协专家的文审，被推荐进入现场评审。9月17～23日，武汉钢铁股份有限公司接受了全国质量管理奖现场评审组的严格评审。在现场评审的末次会上，评审组对该公司一年来在战略目标实施、“共赢”文化的培育、领导及内部监管、以顾客为中心的营销体系、持续创新能力和价值创造过程等6大方面取得的明显成效给予了充分肯定。11月21日，在北京召开的“2003年全国质量管理奖颁奖大会”上，武汉钢铁股份有限公司等6家企业获得本年度中国企业管理的最高奖项“全国质量管理奖”。

【党群工作】 2003年，武汉钢铁股份有限公司党委以“创奖”为契机，以创新为动力，认真实践“三个代表”重要思想，有效地调动全体员工持续改进，追求卓越的积极性和创造性，为保持企业稳定、健康的发展局面提供了强有力的精神动力和思想保证，该公司被武钢党委授予先进党委和党风廉政建设先进单位。(1)理论调研。2003年，该公司党委中心组成员坚持理论武装，并紧密联系实际开展调研工作。先后组织大型理论研讨会2次，交流研讨文章50多篇，对外发表、交流40多篇。2003年10月，该公司党委还参加了湖北省上市公司党建论坛第二届年会，其理论经验材料作为重点文章在会上进行了交流。年底，该公司中心组被评为武钢先进党委中心组。(2)基层党建工作。2003年，该公司党委以满足市场需求和提高企业效益为重点，深入开展支部创先争优达标竞赛活动，在303个党员责任区共注册305个课题，有242个课题取得成果。冷轧厂机械二车间党支部书记黎友华、硅钢厂党员魏京桥分别被评为湖北省委企业工委优秀党务工作者和优秀党员。至年底，该公司发展党员40人。(3)党风廉政建设。2003年，该公司建立完善相关管理制度和规定20余项，交流“三管六外”人员10多人，促进了各级领导干部的廉洁自律意识的进一步提高，各级领导干部共上交礼品礼金折合人民币6万多元。坚持开展效能监察活动，选题立项63个，避免和挽回经济损失1888.26万元。召开“五外会审”会议11次，会审448个项目，节省费用785.29万元。年底，武钢在该公司召开了“武钢效能监察现场推进会”，该公司被评为武钢效能监察先进单位。(4)宣传思想工作。2003年，该公司党委进一步加强了有针对性的宣传思想工作，先后开展了20多次职工思想调研分析，接待来访职工274人次，在召开6次座谈会的基础上，组织了得力的专班分片分类型向全体离、退、居休职工宣讲了《武钢形势任务宣传提纲》，积极有效地做好释惑解疑、化解矛盾工作，确保了公司的稳定局面。同时，坚持开展“送温暖活动”，完成了对全体职工的身体普查，并建立了职工健康档案。走访慰问职工1686人次，向困难职工发放慰问金和补助款15.53万元。2003年，武汉钢铁股份有限公司获武钢思想政治工作先进单位，该公司工会获“湖北省模范职工之家”称号。

（宋　波）

武汉钢铁股份有限公司冷轧薄板厂

【概况】

项目		计划	实际
产量/万t		98.5	102.1
款到合同执行率/%		100	100
综合成材率/%		89.17	89.95
其中	普板成材率/%	89.6	90.02
	锌板成材率/%	89.5	90.24
	锡板成材率/%	79	79.78
	彩板成材率/%	90	93.86
综合合格率/%		98.68	99.21
其中	普板合格率/%	98.6	99.1
	锌板合格率/%	99.3	99.81
	锡板合格率/%	97.6	98.89
	彩板成材率/%		97.45
锡板Ⅰ组品率/%		80	92.34
锌板Ⅰ组品率/%		94	97.6
吨钢工序能耗(标煤)/kg		127	125.33

【技术改造】 2002～2003年,武钢股份公司募集22亿元资金对冷轧厂进行了大规模技术改造有12大项目:将现有酸洗连续机组和五机架冷轧机组改造成酸洗联合机组;全面改造连续热镀锌线;将48座普通N、H罩式退火炉改成全氢罩式退火炉;新建一条年产22万t无取向硅钢片连续退火线(包括重卷、包装线);新建一条年产能力为22万t的重卷机组;对3号横剪的飞剪进行更换;全面改造1号镀锡板剪切线;引进一台电火花轧辊打毛设备;新建一台工作辊数控磨床;新增一条年生产能力为35万t的推拉式酸洗线;新建能源介质配套设施。这次改造后使冷轧厂年生产能力由现有的122万t上升到185万t,品种规格由普板、镀锌板、镀锡板和彩涂板四大系列100多个规格扩展到五大品种2000多个规格,增加了无取向硅钢片,质量将达到轿车面板和家电用板的要求,极大地满足了客户的各种需求,使冷轧厂整体装备水平跻身国内钢厂领先水平。

【2项发明获专利】 2003年,冷轧厂机械二车间精整区域作业长、高级技师潘光武,刻苦努力攻关设备技术难关,获得了2项国家发明专利权。冷轧厂HC轧机主要生产镀锡原板和内磁屏蔽钢、荫罩带钢等高精度高附加值产品在轧制过程中,对轧制油乳化液的清洁度、铁粉含量控制、润滑性能、乳化性能要求非常严格。乳化液系统的关键设备——磁棒过滤器就是为有效过滤乳化液中铁粉而设计的。2001年,在潘光武担任轧钢区域作业长时,磁棒过滤器的刮污装置故障最为频繁,一般3个月坏一次。缀满永久磁铁的金属磁棒组成的链条长近10m、宽1m多。一旦损坏,更换起来很麻烦,半吨多重的链条和狭小的乳化液槽彼此牢牢吸附,价值10余万元的磁棒损坏就得全部报废。修理安装一次,HC轧机就要停产一个多星期,给该厂的产品质量和生产成本带来很大的影响,厂里让他负责解决这个问题。从2001年4月～2002年2月,他设计制作出一种新型单轮磁棒刮污装置,成功地解决了该厂HC轧机乳化液磁棒过滤器刮污装置容易受损变形、磁棒吸附的铁粉刮不干净的技术难题。2003年3月,这一新型设计获得国家专利。这一装置投入使用后不久,潘光武进一步设计出多轮磁棒过滤器刮污装置,在10个月里获得了第二项国家专利。潘光武设计的刮污装置不仅安装方便,不占用生产时间,安装后至今没有发生任何故障,基本上不用维护。据测算,这2项专利每年可为冷轧厂创经济效益110余万元。

【黄小平先进操作法】 2003年,冷轧厂平整车间双机机组生产工人黄小平针对内磁屏蔽钢生产和上工序来料缺陷总结出一套生产操作法,其主要操作要领:一是根据来料选择调整平整机组各种最佳工艺参数;二是在带头进行穿带、卷取时助卷机慢速移出进行卷取,防止带钢折皱、起梗印等缺陷;三是遇到来料粘结时,要及时减速并增加入口S辊的张力;四是为确保WCP钢的性能,平整压力不能超过230t,根据来料情况使用正负弯缸控制板形。其操作法在实际生产中起到了很强的指导作用,既克服了上工序来料缺陷的质量难题,又保证了WCP钢在双机平整工序的质量性能和成材率的提高,成材率由原来的不足75%提高到85.14%以上,并为今后双机平整大批量生产WCP钢提供了重要的技术保证。至年底该车间已在各班组进行全面推广应用,创造出了可观的经济效益,共创价值达400万元。

【党建工作】 2003年,冷轧厂党委在不断加强和创新党建工作。一是以"学理论、转观念、创新绩"活动为载体,认真学习党的十六大精神、十六届三中全会决定、"三个代表"重要思想,在全厂党员中开展了"爱武钢、奔小康"和争当实践"三个代表"模范的教育活动,组织"居安思危、转变观念"的大讨论,着力转变了干部党员职工中不适应市场经济要求的思想观念和思维模式。二是扎实推进"用户在我心中,质量在我手中"主题活动。大力开展新技术、新工艺的学习培训及"两降两提争当岗位明星"立功竞赛,广泛开展提合理化建议、自主管理、党员责任区、总结推广先进操作法等活动,全年创新创效1200万元。三是强化作风建设和廉政工作。坚持干部联系点、厂领导接待日、定期对话制度,进一步密切联系群众。同时抓好典型案例警示教育,加大警示"提醒"力度。四是创新值班厂长制的形式,至年底采取公开招聘的办法,在自荐、推荐的14名职工代表中竞选出2004年的4名值班厂长,进一步激发了职工参与企业民主管理的热情。五是坚持开展送温暖活动。开展经常性的走访慰问活动,全年共走访慰问帮扶对象及劳模共393户,办理困难补助、送慰问金、送物资共折合18.78万元。六是不断丰富职工的业余文化生活。先后组织职工迎春长跑、乒乓球比赛、拔河比赛、围棋比赛、"双升"比赛,共有15个个人和集体获奖。2003年,冷轧厂被评为武钢红旗厂矿、党风廉政先进单位、思想政治工作先进单位、模范职工之家、效能监察先进单位,并被武汉市评为厂务公开先进单位。

(陈庆华)

武汉钢铁股份有限公司硅钢片厂

【概况】

项目		计划	实际
总产量/万t		40	40.33
硅钢片/万t		39.6	39.93
其中	取向硅钢片/万t	12.5	12.53
	高牌号无取向硅钢片/万t	4.3	4.4
硅钢综合合格率/%		99.31	99.45
硅钢综合成材率/%		84.57	85.08
工序能耗(标煤)/$kg \cdot t^{-1}$	取向硅钢	822	829
	高牌号无取向硅钢	395	390
设备可开动率/%		91.00	93.17
附加成本降低额/万元		3000	3832.9

【生产经营管理】 2003年,国内冷轧硅钢产品承接2002年的市场走势,继续走强,武钢硅钢片厂的生产则因冷轧厂酸-轧连机改造,而面临交叉供料不能保证的不利形势,全厂干部职工按照"统一思想、坚定信心、抢抓机遇、扎实工作、开拓创新、勇于突破"的工作方针,迎难而上,全面完成了生产、二硅钢建设及争创国家质量管理奖三大任务。根据冷轧酸-轧连机改造计划,该厂对生产管理做出了三大战役的总体部署。冷轧停机改造前,该厂酸洗机组一方面腾出能力进行交叉生产,另一方面确保该厂轧机的供料。为了最大限度发挥酸洗工序能力,厂部成立CP1、CP2增产减故障攻关小组,制定详细攻关计划,对照细化指标,逐项落实各项措施,有效控制了机组的故障时间,提高了机组的有效作业率。CP1、CP2产量由2002年同期21.0t/h、44.5t/h分别提高到21.9t/h、44.9t/h,均创历史最好水平。9月中旬,冷轧停机改造,这一时期的重点是以轧机为中心组织生产。为充分挖掘轧机潜能,该厂大力开展提高无取向高牌号、取向二次材小时产量攻关活动,通过继续优化状态检修

模式，优化轧机轧制工艺，强化轧机组织管理等改进措施，首先在 ZR2 实现突破，由此推动了全厂轧制量的攀高，全厂轧制总量连续刷新月产纪录。11 月，3 台轧机的轧制量达 50132t，历史上首次越过了月产 5 万 t 大关。至 12 月 31 日，该厂完成总产量 40.33 万 t，完成取向钢 12.53 万 t，完成高牌号无取向钢 4.4 万 t，创出了总产量、取向硅钢产量、高牌号无取向硅钢产量等 3 项年产最好水平。此外，该厂全年降附加成本 3832.9 万元，超过了 3000 万元的目标值。

【技术进步】 2003 年，为了满足市场需求，全面实现一再上调的生产目标，该厂围绕产能的挖掘与新产品的开发，组织了系列攻关活动。一是致力于取向钢生产各个环节整合与改善。通过强化取向钢生产过程中出现问题而对症处理的运行机制，有效控制了取向材批量性氧化、底层质量问题；通过组织综合攻关，进一步提高了 CB 炉产能，使取向硅钢生产纳入良性受控状态。二是组织开展高牌号无取向硅钢产品的攻关活动，包括实时掌握前工序炼钢及热轧实物质量水平，动态了解原料情况，对不符合的原料卷集中处理；加大 CP1 工艺检查力度，确保剪边质量；进一步优化生产工艺；继续进行 ZR1 新型轧制油试验、减少常化开炉器件故障时间等，有效地解决了无取向高牌号硅钢产品生产的瓶颈问题。三是研制开发了 DW235 等产品品种，不断增强该厂的产品储备，满足了用户的急需。

【二硅钢工程建设】 2003 年底，二硅钢工程建设完成了场地平整工作。二硅钢工程建设是武钢“十五”形成一个规模、建成两个基地发展战略目标的重要组成部分。在前期工作的基础上，2003 年，武钢对二硅钢项目的初步设计进行了调整，确定了建设布局。根据调整后的设计，二硅钢将新建 18 条机组，形成年产取向钢 16 万 t，无取向钢 66 万 t 的规模。按照进度目标，一期工程的 8 条作业线(CA9、CA10、CS5、CS6、CS7、CS8、PA3、PA4)将于 2004 年 7 月投产。面对繁重的技改任务，硅钢厂做出了一边抓生产，一边抓技改的工作部署，抽调安排了脱产和半脱产两套班子参与前期的技术交流和技术审查。8 月又抽调出技术骨干 30 余人(含科级干部 8 人)，组成归口属武钢股份公司编制的二硅钢工程筹建处。至 2003 年底，二硅钢工程建设完成了场地的平整，开始了新厂房的建造和一期工程设备的选型与监制，开展了二期工程 PL-TCM、ROF2 的设计技术交流。

（范　钢）

能源动力公司

能源动力管理

【概况】

项　　目	完　　成
年供排水总量/亿 t	22.21
年配电总量/亿 kW·h	41.71
自发电量/亿 kW·h	3.95
输配煤气/万 GJ	7291.85
自产蒸汽/万 GJ	1789.21
能量转换差/kg·t^{-1}	7.19
吨钢能耗(标煤)/kg·t^{-1}	128.79
焦炉煤气放损/%	1.10
降低成本/万元	6114

【公司挂牌】 2003 年 3 月 28 日,能源动力公司在武钢宾馆举行成立揭牌仪式。武钢总经理刘本仁、党委书记王炯为新成立的能源动力公司揭牌。按照武钢批准下发的能源动力公司机构设置方案,能源动力公司完成了机构重组和管理干部调整。在此基础上,强化建章建制、理顺管理职能,结合该公司机构改革后新的实际情况,组织制定了新的《能源动力公司专业经济责任制考核管理办法》。质量管理体系初步建立。完善了各岗位的工作标准和作业标准,使各项管理工作做到"有章可依,违章必究"。

【降成本举措】 2003 年,能源动力公司与 2002 年同口径相比降成本 6114 万元,超额完成武钢下达的降成本目标。一是通过强化预算管理降成本。科学测算了 35 个产品成本构成,层层分解了预算指标,形成了纵横交错的责任网络体系和指标。根据降成本工作中的重点和难点问题,制定了 22 项专项管理措施;按月分析、考核预算指标完成情况,使预算执行置于动态管理和可控状态。二是通过"对标挖潜"降成本。重点围绕高炉煤气放散率、配电损失率等 26 项指标,找差距、订措施、挖潜力,降低了能耗费用。三是通过科技进步降成本。围绕优化工艺技术,保证安全生产和降低能耗的科技攻关重点,制定出 220 项科技攻关项目,其中武钢级 3 项。通过实施科技项目责任制,完成攻关项目 204 项,大大提高了能源介质生产运行的经济性。

【三项大整顿】 2003 年 4 月,能源动力公司针对一季度以来安全生产形势一度不正常状态,在全公司开展"三项大整顿",强化了责任意识,促进了管理,迅速遏制了事故多发的苗头。一是整顿思想。针对少数领导干部中一味强调客观,不做主观努力,思想松懈,考核不严,管理不力等问题,从整顿两级领导干部思想入手,实事求是地从主观上找原因,开展批评和自我批评,牢固树立"安全是第一责任"的观念。二是整顿作风。要求各级领导干部转变工作作风,认真落实领导干部联系点责任制度,敢抓敢管,从严求实,加强现场协调指挥,以良好的作风和形象,凝聚人心,提高满意度。三是整顿管理。以百分之百建立安全规程、熟悉安全规程、执行安全规程、对违章建制行为进行登记考核的"四个百分之百"为主要目标,开展"议事故、学规程、反违章"活动。建立安全预警机制,严格执行倒闸操作票制和信息反馈制度。编写《能源事故责任标准》,强化全员责任意识。同时严格按安全管理责任追究制度考核,对职责范围内发生安全事故的领导干部依责任大小给予组织处理、政纪处分和党纪处分。

【主题教育】 2003 年,能源动力公司党委以形势任务教育为先导,深入开展"爱武钢、奔小康,爱能源、作贡献"主题活动,并组建"两团"层层开展宣讲。一是厂内的"居安思危形势任务宣讲团",由政工干部、高工、青年骨干及职工代表 4 人组成，重点围绕“三个讲清、三个明确、三个增强”，即讲清武钢和能源动力公司当前的目标和任务，明确奋斗方向，增强发展使命感；讲清武钢面临的环境条件，明确机遇挑战，居安思危，增强危机感和紧迫感；讲清武钢和能源动力公司的关系，明确能源动力公司的地位作用，增强搞好能源动力公司的责任感等方面来开展宣传工作。“居安思危”宣讲团深入基层车间、站所巡回宣讲21场次，参加人数千余名。大家普遍反映，宣讲团深入浅出的宣讲，使职工们开阔了眼界，增强了信心，深受教育和启迪。另一个是后方的“老工人政策宣讲团”，由3名退休老工人组成，由领导带队，深入后方街区、家庭和11个自管小组，重点围绕“三个讲清，三个增强”开展宣传教育，即讲清政策，消除顾虑，增强信任感；讲清形势，居安思危，增强危机感；讲清发展，维护稳定，增强责任感，做到家喻户晓，人人皆知。

（张方明）

热力厂

【概况】

项目	计划	实际
高炉送风量/万 km^3	1039033（2002年同期）	1138544（增产99511）
产汽量/万GJ	1357（2002年同期）	1789（增产432）
供过滤水、软水/万t	1512（2002年同期）	1467
自发电/万kW·h	23000	25864.392
吨铁耗电/kW·h	95	94.38
吨钢能耗（标煤）/kg·t^{-1}	113	97.03△
能量转换差（标煤）/kg·t^{-1}	11.3	6.94
吨铁耗热/GJ	1.45	1.44
能耗变动成本/万元	54735（2002年同期）	（除新建工程能耗成本影响，实际降成本1236万元）
蒸汽配损率/%	10	9.47△
综合完好率/%	97	98.5
千人负伤率/‰	0.80	0

【安全供能】 2003年，热力厂设备检修、改造量大，技改任务重，特别是在必须保证蒸汽稳定供应的前提下，对热力厂部分蒸汽管网进行改造，加上青山电厂限量蒸汽供应，给热力厂生产组织带来了困难。热力厂为保武钢稳产的需要，实现安全供能目标：一是不断强化安全基础管理，落实安全生产方针。开展了“百日安全无事故”和“安全特殊时期”及“安全生产月”活动。通过各种会议、宣传栏等形式，强化全员安全意识，落实全员安全生产责任制，发动职工查找安全隐患176项。二是优化管网运行方式，整改设备隐患，提高蒸汽管网运行效率。一方面为了保证蒸汽供应稳定，该厂对6条外送蒸汽管道共计8500m进行了改造，消除了管网设备隐患，管网蒸汽输配能力大幅提高，保证了外送蒸汽供应。另一方面坚持三级供汽运行方式，对蒸汽管网及所有用户进行普查走访，整治了乱接、乱用蒸汽等违规现象，完善了能源计量点管理，全年整改计量缺陷113项，加强蒸汽输配成本控制。三是加大设备隐患整改力度，处理了冶炼一期工程建设中的100多处设备隐患。2003年6月27日冶炼热电车间顺利投产，缓解了高炉鼓风蒸汽供应紧张局面。四是合理安排鼓风机生产、调试和检修。热力厂充分利用高炉休风抢时间、抢进度开展鼓风机组的检修和调试，完成了6号机电液改造、1号、2号机安装调试工作，实现了不影响高炉的情况下施工，有效地改善了设备运行状况，保障了高炉稳产高产。

【降成本】 2003年能源动力公司下达热力厂能耗成本指标是55688万元，该厂多次组织技术人员对单位成本状况和技术经济指标进行分析，制定执行产品单项成本控制措施和办法，使该厂能耗成本与2002年同期比降低1236万元，降低率2.21%，其中吨钢能耗、蒸汽配损二项主要指标完成情况达历史最好水平。其一，该厂以“向技术进步要成本”为指导思想，发动广大职工和技术人员投入到技术攻关活动中。2003年，经能源动力公司审核批准热力厂技术进步项目28项，完成26项，实际完成成果50项。通过技术攻关，○七车间130t/h 6号锅炉实现燃烧全自动化控制，彻底改变了原有的人工操作工艺，大大提高了设备运行经济性。其二，强化考核，明确责任，加强成本管理和控制。该厂2003年坚持执行停机停炉管理办法，强化考核，有效降低了故障和非计划停机停炉次数，减少了能源消耗。该厂与计控厂配合，坚持生产数据传输系统，做到有计量表的能源数据每天出量，每天核算成本情况，增强了热力厂对成本的及时掌握和控制力。

【新建项目投产】 2003年6月，武钢为了解决新6号高炉的生产用风，投资8000万元新建热力厂三鼓风车间。该鼓风工程采用的鼓风机组为瑞士产MAN透平电动鼓风机组，生产能力7710km^3/min。三鼓风车间至年底已完成土建工程，进入设备总装阶段。热力厂2003年初开始对一鼓风车间1号、2号机进行更新改造，至2003年10月新1号、2号鼓风机组完成安装调试工作，正式投产，各项工艺指标达设计水平。热力厂与高炉鼓风站配套的冶炼车间一期供热工程4台150t/h蒸汽锅炉于2003年6月27日正式达产，完全满足了高炉鼓风用汽需求。冶炼二期工程仅用了6个月实现1台12000kW汽轮发电机组从基建到安装试运行，截止2003年12月已基本具备投产要求。

（杨　刚）

燃　气　厂

【概况】

项　目	计　划	实　际
变动费用/万元	12158.29	10938.39
高炉煤气产量/GJ		29319097
焦炉煤气产量/GJ		5388643
转炉煤气产量/GJ		4018246
重油输送量/t		111011
TRT发电/万kW·h		13673
主体厂对能源介质量投诉率	0	0
△加压煤气耗电/kWh·km^3	5	3.21
△燃气加工能耗(标煤)/kg·t^{-1}	5.5	3.43
一炼钢转炉煤气回收/GJ·t^{-1}	0.47	0.50
二炼钢转炉煤气回收/GJ·t^{-1}	0.47	0.50
三炼钢转炉煤气回收/GJ·t^{-1}	0.60	0.66
民用煤气前方5.4万柜/m^3 气柜出口煤气含萘/mg·m^{-3}	夏:100 冬:50	8 18
重点设备可开动率/%	90	100
设备星级站所达标率/%	100	100
焦炉煤气放损/%	1.2	1.11
高炉煤气放损/%	7	4.99

【TRT系统全面投运】 2003年，燃气厂TRT系统全面投运。TRT系统是利用高炉产生的余压煤气发电的设备，是能源二次利用的创效项目，2003年，燃气厂组织专业技术人员和岗位职工围绕TRT老系统的技术攻关和新系统的调试投运，攻克了影响发电量的诸多因素，实现了1～5号高炉燃气配套的5座TRT系统全面投运，截止12月31日，TRT发电量达1367万kW·h。2003年，燃气厂一是抓5号TRT发电设备的攻关创效，组织工程技术人员带领职工针对高炉变化和EP投运等影响发电水平的问题开展攻关，解决了TRT系统动态调整与高炉生产之间的矛盾，实现了TRT发电量的稳步增长；二是抓3号TRT设备控制系统、快切阀等设备改造后的投运；三是抓4号TRT新系统的调试投运，解决了该系统振动大影响投运等问题，该系统于2003年6月正式转顶压投运，标志着高炉燃气配套的TRT系统实现全面投运。

【降成本举措】 2003年，燃气厂引导职工瞄准全国同行先进生产指标，开展对标挖潜，依靠技术进步创水平，截止12月31日，全厂实现降低成本费用1219.90万元。燃气厂在降成本工作中，一是细化成本核算，建立健全核算体系，指标层层分解，实行成本的动态控制；二是以“对标挖潜”为切入点，组织专业技术人员和职工围绕高、焦炉煤气放损率，转炉煤气回收，TRT发电等9个重点指标提出34项攻关课题，开展攻关创效，仅“降低高炉煤气放损率”一项攻关课题就实现创效益达400余万元；三是发动职工围绕本岗位生产经营管理的难点开展自主管理和提合理化建议的活动，职工们围绕生产管理中的难点，提出合理化建议557条，完成自主管理成果39项，能源动力公司考核的燃气加工能耗等14项主要经济技术指标全部达目标值，全厂实现降低成本1219.90万元。

【效能监察】 2003年，燃气厂党委在加强党风廉政建设工作中，围绕职工关心的热点问题开展效能监察工作，有效地促进了干部管理职能的落实和廉政建设的健康发展。该厂开展效能监察工作，针对有的管理干部在工作中存在管理不到位的问题，狠抓干部勤政工作的落实，一是规定每个管理人员每月必须有一条以上的考核项目，没有考核项目的人员要受到考核，促进了各级管理人员经常深入基层班组指导职工解决生产难题；二是坚持每季度到各车间召开现场办公会制度，认真听取基层职工的意见，对基层提出的问题，落实整改单位，责任到人，限期整改，有效地促进了干部管理职能的落实；三是针对职工关心的废油泥处理问题，开展效能监察工作，厂党委在处理废油泥工作中请有管理能力的职工代表参与监督把关，厂纪检干部参与监督，公开办事处理程序，使废油泥处理工作处于有效监督之中，防止了吃、拿、卡、要现象的发生。该厂效能监察成果“实施清罐阳光管理”获能源动力公司效能监察成果发布一等奖。

【职工培训】 2003 年，燃气厂面对新建项目投产、转岗人员多和新入厂工人多，难以适应生产运行操作的状况，加强了对职工的培训教育，有效提高了职工的业务素质。全年开办了 TRT、电除尘、青工电脑知识的培训，组织专业技术人员为职工讲技术课，进行理论联系实际的培训，在较短的时间内提高了学员的业务操作能力；同时，针对新招收的 36 名新工人缺乏生产业务操作技能的状况，把这批新工人放到岗位边学习、边培训，系统地为他们传授业务知识、工艺技术以及规章制度，使他们在较短的时间内掌握了岗位的基本业务操作内容。此外，还开展导师带培对职工进行培训，开展岗位技术练兵，职工素质有了较快提高。至年底，该厂已有 459 名职工持有高级工的证书。

（曾伟仁）

供 水 厂

【概况】

项　　目	计　划	实　际
总供排水量/kt	2030000	2279049
净化水悬浮物(≤25mg/L)/%	98.50	99.99
设备综合完好率/%	97	99.7
吨钢能耗(标煤)/kg·t^{-1}	30.5	27.48
变动费用/万元	30188.96	29806.10

【开展“水质环保年”活动】 2003 年，供水厂为满足武钢主体厂生产“双高”品种钢对供水质量的要求，在全厂开展“水质环保年”主题活动。供水厂把工作的重心放在水质环保达标竞赛活动上，全厂职工以“用优良水质打造武钢精品名牌，以优质服务树立供水良好形象”为生产经营理念，优质服务主体。制定下发了《“水质环保年”活动实施管理办法》，在每个水站悬挂了活动的宣传标语及水温、水压、水量、水质指标数据牌，进行宣传造势，并采取“走出去、请进来”的方式，定期请主体厂技术人员来厂讲课，定期组织科室的专业技术人员、车间和水站站长到主体厂进行走访座谈征求意见，与用户“零距离”接触交流，了解用户与供水系统相关的生产工艺情况，了解用户对水质的需求。供水厂还聘请部分主体厂给排水技术管理人员为厂外特约“质量监督员”，创建了与用户之间的“信息直通车”，并随时接受“质量监督员”的质量监督。供水厂生产技术科、检验车间结合生产实际，围绕生产工艺、水质稳定开展技术攻关，解决生产难题，厂内进行职工技能培训，切实提高水站岗位操作人员的技能水平，供水厂针对部分用户对水质提出超常规、超能力、超标准的要求，深挖内部潜力，优化生产工艺，开展科技攻关，科学合理组织生产，千方百计地满足用户的生产需求，2003 年“水质环保年”主题活动取得良好成绩，全年用户水质异议投诉为零，受到了武钢和能动公司的一致好评。

【安全工作】 2003 年，供水厂以学习贯彻《安全生产法》为重点，强化职工安全生产责任意识，在全厂范围内组织开展了“特殊时期”、“安全生产月”、“安康杯”竞赛、“三个增强”、“三个深入”、“议事故，学规程，反违章”、“百日安全无事故”、“安全小隐患”整改等系列安全主题活动，及时调整了供水厂三级安全生产责任制管理网络，调整了干部挂钩班组名单，充分发挥了干部指导班组安全工作的积极性。制定了《安全生产责任制检查评价标准》、《2003 年安全工作计划》、《2003 年劳动保护计划》、《2003 年安全风险抵押承包管理办法》、《生产设备质量事故分类标准》、组织了对《安全操作规程》的修改，清查整理了供水厂成立以来所发生的 708 人次人身伤害事故并编汇成册，让职工牢记血的教训。组织全厂职工学习《武汉钢铁(集团)公司安全管理制度汇编》、《武汉钢铁(集团)公司伤亡事故案例汇编》、《供水厂事故汇编》、《煤气防护知识手册》，强化职工生产安全意识，大力推广“先进操作法”，严格执行各项规章制度操作规程，全年实现倒闸操作31862项次、大型停水作业77次无事故，查处事故隐患整改382项，实现了安全生产“五个零”目标。

【节能降耗】 2003年，供水厂在节能降耗工作中，加强了药剂管理，细化药剂使用管理办法，严把药剂的送货、验货关，并积极推广使用环保型缓蚀剂HS-905，采用“碳酸钠软化法”和回水“全循环”等生产新技术、新工艺，提高供水水质，降低生产成本，使水质排放符合国家标准。全年认真抓好重点技改工程建设，以提高设备装备水平来保证降成本任务的完成。紧密围绕生产过程中遇到的疑难问题和降成本的关键问题，大力推进技术创新，提高劳动生产率，以技术进步促进技术经济指标的优化，有效发挥科技降成本的主导作用。加强设备运行管理，及时解决设备密封胶圈老化等问题，杜绝循环系统溢流和跑、冒、滴、漏现象。对照经济技术指标数据认真分析，组织计量设备的现状调查，深入查找仪表故障和计量漏洞，做到发现问题及时整改；对不同水种进行细化核算，制定科学的费用考核指标体系，并结合季节特点和用户需求，控制好冷却塔风机、内部循环机组的运行；调整和优化机组的运行方式；充分利用电厂回水，降低供排水电能消耗，达到将成本管理与预算管理有机结合，超额完成了能源动力公司下达的降成本目标任务。

【干部作风建设】 2003年，供水厂党委在全厂党员干部中开展“干部作风建设年”活动。组织和发动广大党员干部在观念上解放思想，在工作中实事求是，在行动上与时俱进，牢固树立“三个服务”的理念，即：服务主体、服务生产、服务基层，促进了党员干部思想观念的转变和工作作风的改进。厂党委制定了《关于深化干部作风建设的若干规定》，对全厂54个干部岗位职责和工作标准进行了重新修订，进一步明确了每个干部的责任权限，使每个干部责任更明确、工作要求更严格。全厂干部坚持“三个面向”，即：面向基层、面向生产、面向主体，切实转变工作作风，深入现场，调查研究，发现解决处理生产问题，在转变干部作风建设活动中，厂党委要求干部到基层下现场，不能走马观花流于形式，要真正服务基层，厂党委明确提出干部下现场、要深入调查研究，不仅要发现问题，而且要解决问题。全厂党员干部在生产一线都发挥了先锋模范带头作用，干部作风建设大见成效，2003年供水厂被评为武钢集团公司思政工作先进单位。

（李忠红）

供　电　厂

【概况】

项　目	计　划	实　际
功率因数	0.95	0.95
综合设备完好率/%	98	99
配电损失率/%	2.45	2.42
重大事故/次	0	0
供电量/万 kW·h	413000	417000

【新变电所投运】 2003年，110kV6号高炉总降压变电所建成投运。110kV6号高炉总降压变电所地处6号高炉旁，由中南电力设计院设计，湖北省电建一公司承建。该变电所于2003年4月破土动工，同年6月土建工程完工，8月底主要设备安装到位，工程总投资4170万元。三路110kV电源引自青山热电厂、自备电厂和冶金变电站；110kV主接线采用三回电源接线，双母线接线形式，双母线两组母线同时工作；两台110/10kV，70MV·A主变压器具有有载调压功能；所用电系统采用两台所用变兼作接地变压器，给所用低压负荷供电；10kV主配电装置采用XGN2-10型双母线固定式开关柜，主结线采用双母线分段带出线限流电抗器方式，进线开关采用额定电流4000A、开断电流40kA的真空断路器。馈出线开关采用额定电流1250A、开断电流31.5kA真空断路器。分段及母联开关采用额定电流3150A、开断电流40kA的真空断路器；并设有防止操作过电压的吸收装置。于2003年11月24日正式送电，投产后主要担负6号高炉的供电任务。

【计量管理】 2003年，供电厂有各类计量表计5407台，该厂围绕武钢精确计量的战略部署，不断加强计量管理力度，把目标锁定在“零”偏差上，避免了巨额电费的流失。首先，在全厂推行新版国标计量程序文件，做到了从源头抓起，重点对新增站所、新增上岗人员的宣传和贯彻,并严格执行各车间分别把关制度,主管科室定期检查、辅导等措施,较好地杜绝了非法定计量单位的出现,使“计量法”和法定计量单位深入人心,提高了法定计量单位的正确使用率。其次,进一步完善了测量设备A、B、C分类和确认标记的管理。对技改项目遗留问题,纳入了限期整改范围,会同设备部门,认真清点,逐个落实,建账、建卡,并输入微机数据库,进行动态管理,有效的保证了新增仪表均运行在检定周期控制范围内。同时,在完善全厂计量台账的基础上,逐项的对各变电所测量仪表进行周检,从而保证了计量检测设备精度达标。三是精心测算、严格把关,精确计量向“零”偏差迈进。各单位严格执行程序文件,认真巡检各类仪表,加强维护力度,发现计量误差立即向主管部门汇报,相关技术人员及时对疑点问题进行测算验证,从根本上杜绝由于仪表故障引起的计量错误和人员疏忽造成的测量不实情况,确保电量受入和配出的精确性。通过强化计量管理,各类仪表维护状态优良,完好率达到100%,10月接受了湖北省、武汉市及武钢计量复查,一次通过认定。

【安全目标管理】 2003年,供电厂瞄准安全管理目标,切实抓好安全运行、文明检修工作,多次组织召开安全生产动员大会,积极开展“安全月、特殊时期”的安全活动。在“安全月”活动中,各级单位周密安排、精心组织,保证三大规程的执行不流于形式,不走过场;在特殊安全时期活动中,组织全厂670余人参加安全考试,合格率达100%,职工的安全意识和业务素质得到有效的加强。还突出抓了安全生产责任制的落实,厂各级管理人员定期深入操作、检修生产一线,加强现场安全监督与保护,加强甲级要害部位管理。在安全基础管理、操作票制度执行、安全学习记录和安全隐患整改等方面,实行安全动态管理、跟踪检查,确保安全检查全方位,不留死角。全年全厂纠正处理了检查中发现的问题多起,考核违规违制人员83人次。另外,还充分发挥各级安全监督员、监督岗的作用,形成各级主管“一把手”负责抓安全,广大职工积极参与齐抓共管的良好态势,有效地遏制了各类安全事故的发生,实现了全年安全运行、文明检修“六个零”目标的实现。

【设备星级管理】 2003年,供电厂以状态管理为基础,以点巡检为依托,以设备完好率为目标,不断深化星级设备管理工作。修订了《设备管理实施细则》,进一步明确了设备管理与维护的职责,增强了各车间、班组(站所)星级管理工作的责任心,《细则》的制定使实际操作更加规范,落实更有效果,考核更有标准,星级设备管理综合水平有了较大的提高。坚持以真实点巡检为重心,突出抓好点巡检的信息管理、过程跟踪,努力达到“全员参与,全效率保障,全面规范,全过程受控”的设备管理要求。主管部门把点检的到位率、准确率和故障率做量化考核,保证了供电设备点检的真实性、准确性和时效性。全年共查出武钢变220kV电流互感器、硅钢GIS组合开关储压筒、二总降110kV电流互感漏油、冶金变花冶线A相开关漏气等设备缺陷140余项并做了及时整改,还利用红外测温成像仪等先进手段,精密点检出电气设备接点、电缆头发热多起,使这些设备隐患得到了及时有效的处理。该年,配合完成了炼铁炼钢系统、烧结系统、轧钢系统等主体厂供电设备年修任务,提高了供电设备的安全可靠性,确保供电设备优质高效运行。

(鲁爱民)

能源试验研究中心

【概况】 2003年,能源试验研究中心围绕能源动力公司安全生产经营目标,以保能源介质安全输送为中心,全面完成了各项经济指标。全年开展了“安全特殊时期”、“议事故、学规程、反违章”、“安全生产月”、“百日安全无事故”等活动,规范安全管理,严格落实安全生产责任制,安全生产实现四个零。完成工业性作业收入248万元,比2002年增长11%。2003年完成调试项目12609项,其中继电室2826项,高压室8865项,节能监测试验918项。顺利实现全年安全生产经营目标。

【技术进步】 2003年,能源试验研究中心加大科技攻关与科技进步创新力度,以保能源介质安全输送为中心,以项目达标为动力,科技人才为主体,广泛挖掘科技人员的技术潜能,围绕技术难点、管理缺陷、事故隐患全方位开展立项攻关。全年技术进步立项16项,实际完成39项,《武钢35kV电力系统内部过电压研究》、《武钢变主变压器零序功率方向保护应用研究》、《治炉电站 150t/h 锅炉运行经济分析》等，对武钢电网的安全运行起到了重要作用，为现场解决了实际问题。全年能源试验研究中心共获得武钢科技进步一等奖 12 项、四等奖 11 项、五等奖 10 项，小改小革 17 项，创经济效益 900 余万元。

【防雷检测】 2003 年，遵照国家有关防雷工作的法令和规定，能源试验研究中心建立了相关管理体系和防雷检测技术标准，并依照湖北省气象局气雷发【2003】1 号文《关于〈武汉钢铁集团能源动力公司能源试验研究中心从事武钢内部防雷检测工作的请示〉的复函》精神，从事防雷检测工作，并于 2003 年 6 月获得湖北省气象局正式授权，全面从事武钢防雷检测工作。2003 年共完成 35kV 以上避雷器 92 组，接地线 3200 余根，配合湖北省防雷中心对武钢所属各单位防雷装置进行质量抽查，测 1100 余点，得到了湖北省防雷中心的质量认可。

【改造工程】 2003 年，能源试验研究中心配合有关单位完成武钢变 220kV 关武线、110kV 武矽线、武轧线保护系统改造。组织 220kV 花冶、凤冶、花武、关武线微机保护软件升级。完成二炼钢连铸水站的工艺调整及控制优化工作，改造了连铸水站故障分析控制系统，提高了计算机控制的可靠性。由能源试验研究中心自控室承担的 1 号高炉水系统计算机自动化控制改造，自行完成程序设计、安装及调试，使设备运行稳定，完全满足了高炉生产工艺的要求，节约投资成本 110 余万元。同时，该项目被评为武钢科技进步一等奖。

【年修工程】 2003 年，武钢主体厂矿的检修安排集中，时间紧，任务重，能源试验研究中心要求参加年修的职工以为用户服务，提高满意度为宗旨，强调调试质量和工期，自觉地服务一线。为了完成好年修任务，能源试验研究中心将调试计划、安全工期、质量、要求，层层分解，任务落实到班组，安全、质量落实到人。尽管时间紧，任务重，检修安排集中，能源试验研究中心参加检修的同志克服重重困难，在 2003 年相继完成热轧厂、冷轧厂、硅钢厂、三炼钢、大型厂、四烧、乌龙泉矿等相关供电系统的年修工程，没有发生一起安全和质量事故，确保了企业的安全生产和各项检修任务的顺利完成。

（李　力）

动　修　厂

【概况】 2003 年，动修厂以深化学习型班组创建活动为重点推进素质工程，以实施创优零投诉活动为导向推进星级工程，积极培植动力设备检修专业优势，确保为能介安全供应提供优质检修优质服务。一年来，全厂完成检修项目 4388 个，完成率超过 90% 的考核值达到以 96%，重点检修项目 54 项，完成率达 100%，完成工日 118508 个，超额 17.2%，一次试车成功率超 90% 达 100%，用户满意率达 100%，完成外委内干和修旧利废 99 项，节约费用 675 万元，实现责任人身事故，设备事故、质量事故、火灾事故和治安案件五个零的目标，相继被授予湖北省大型企业文明单位，武钢红旗单位，武钢先进党委，武钢党风建设先进单位和武钢先进职工之家等荣誉称号。

【获湖北省文明单位称号】 2003 年，动修厂以“三个代表”重要思想为指导，从本厂实际出发，深入开展精神文明和物质文明建设。(1) 以提升动力设备检修核心竞争力为目标推进素质工程，着力于培养水泵、风机、发电机、锅炉和高压开关检修等 5 项专业优势，在全厂开展学习型班组创建，先进操作法总结、大工种整合、专业班组整合等活动，有效提高了职工队伍的学习力和创新力；(2) 以提高能介运行用户满意度为目的推进星级工程，在全厂开展质量零缺陷，服务零距离为特征的零投诉活动，推广以自律管理精细作业为特征的数据化检修，同时引入 ISO2000 质量标准开展质量认证，强化质量管理。2003 年全厂共创建二星级工程 47 项，三星级工程 3 个，用户满意率达 100%。为全面协调地推进文明建设，该厂还树典型讲信念，开展先进性教育，不断提高党员素质；坚持干部思想作风和行为“三约束”，不断提升干部素质，全厂两个文明建设不断取得新的进步。2003 年被评为武钢红旗单位和先进党委，湖北省企业工委授予动修厂为 2003 年度“文明单位”称号。

【贯标工作】 从企业可持续发展的需要出发，2003 年动修厂把质量管理上台阶作为提升检修竞争力的关键，认真贯彻实施 2000 版国家《质量管理体系标准》,成立了“贯标”工作组织机构,制定了质量管理体系框架方案、质量方针、质量目标,按《标准》要求编制了《质量手册》、《程序文件》、《管理制度》、《管理岗位工作标准》、《岗位作业标准》等,进一步明确了管理职能分工,有效提升了职工质量意识,细化了各项管理工作,规范了检修相关工艺纪律,全年抽查工艺纪律54次,工艺纪律执行率达100%,一次试车成功率达100%,4项检修工程受到能动公司质量嘉奖。由于组织得力,推进实施到位,厂“贯标”工作经过准备、实施、预审和正式审核4个阶段,11月份顺利通过了北京大陆航星质量认证中心的认证审核,这是动修厂在能源动力公司内部首个获得该资格,同时也标志着动修厂的动力设备专业检修水平具备了一定的市场竞争实力。

【创建学习型班组】 2003年,动修厂从提高职工学习能力入手,把学习型组织管理这一先进理念,运用到企业改革和发展实践中,以此努力打造企业核心竞争力。其做法是:一以培育学习力为导向,创建学习型组织。全厂把学习型班组创建活动作为素质工程深化的切入点,首先从干部队伍入手灌输学习型组织管理理念及创建方法,定期组织专题学习及讲课,建设学习型的干部队伍。其次,以点带面创建学习型班组,在5个车间建立示范性学习型班组10个,学习类型分别为现场学习型、辅导学习型、目标学习型、竞技学习型等,并明确制定学习规章制度,把学习管理与生产检修有机结合,发挥了良好的带动作用,职工中兴起了学知识、攻技术、重管理的学习热潮,技术练兵、攻关等活动方兴未艾,40余名职工签订师徒学艺合同,10余名各具绝技绝活的能工巧匠脱颖而出,形成厂级先进检修操作法2个,创建星级样板工程5项、二星级工程47个,大幅提升了检修质量。二是以提高检修效率为重点,找准创建学习型班组着力点。厂生产管理部门针对职工在工作中提出疑点难点进行动态跟踪,采取集中授课、广泛解答的形式,增强职工的理论水平和实际操作技能,把创建活动与检修生产促进技术进步紧密结合,全厂共开展各类技术讲座30余次,600余人次参加了听课等活动,初步形成了全员学习的良好态势。学习型班组的创建提高了厂检修技术能力,在新技术、新工艺应用方面,仅氩弧焊一项就使焊接质量显著提高,大型高温、高压锅炉减温减压更换难关得以解决,耐压管道焊接质量达到100%,全年全厂共完成自主管理成果16项、科技攻关成果22项、现代化管理成果15项,取得经济效益583万元。

（武　功）

矿业有限责任公司

矿 业 管 理

【概况】

项　　目	计　划	实　际
采剥(掘)总量/万 t	527.6	554.8
铁矿石原矿量/万 t	337.3	354.3
生产铁成品矿/万 t	457.0	449.3
输出铁成品矿/万 t		384.4
生产铁精矿/万 t	328.0	328.9
输出铁精矿/万 t	230.0	266.1
生产球团矿/万 t		76.82
输出球团矿/万 t		76.22
矿山铜/t	3620.0	5119.7
钴硫精矿/t	32500.0	48450.0
黄金/g		169069.0
硫精矿/t		73036.8
硫酸/t		37873.0
成巷进尺/m	22300.0	20677.8
输出矿石合格率/%	99.5	100%
采出矿石品位/%	47.64	47.8
全员劳动生产率/元·(人·月)$^{-1}$		5946.6
千人负伤率/‰		0.07
铁矿石成本/元·t^{-1}		100.2
铁精矿成本/元·t^{-1}		229.1
球团矿成本/元·t^{-1}		365.6
销售收入/亿元		20.0

【企业管理】　2003 年,矿业有限责任公司企业管理工作的规范化和科学化继续加强。全年在质量管理中,对新项目、新产品的生产和服务建立了质量保证体系。大冶铁矿球团厂、金山店铁矿硫酸厂顺利通过了质量体系的年度监督审核,至年底,程潮铁矿球团厂和乌龙泉矿活性灰、轻烧白云石建立质量保证体系,同时规范了内部二级单位贯标的培训、咨询和认证工作。全年加强法律事务管理,坚持依法治企。根据矿山生产经营发展的需要,对内部管理制度进行了清理,修订完善了矿业有限责任公司合同管理办法,调整了公司的营业范围,并增加了公司的注册资本;妥善办理了湖北第二电机厂诉程潮铁矿拖欠货款案、灵乡铁矿原灵珠公司黄石经营部祝某承包合同纠纷案,避免了企业的损失。积极推进企业现代化成果管理,以普及、巩固、改进、提高为指导思想,突出创新创效,全年共推出有价值的管理成果 37 项,其中 4 项获武钢奖励。加强企业信息化管理,完成该公司广域网和矿山二级单位局域网建设,实现了信息共享,同时该公司与矿山二级单位建立了网上办公系统,初步实现了无纸化办公,提高了办事效率。

【企业改革】　2003 年,为适应矿山发展的需要,矿业有限责任公司加大改革力度。首先是有计划有步骤地对矿山中小学教育资源重新整合,将大冶铁矿一小、二小和三小合并,成立大冶铁矿子弟小学;将大冶铁矿一中和二中合并,成立大冶铁矿子弟中学。焦作矿子弟学校移交地方管理,为下一步将矿山学校整体移交地方积累了经验。其次是按照国务院八部委联合通知精神,按武钢统一部署,抓紧调研制订矿山辅业单位的改制实施方案,为不断深化矿山改革开辟新路,并对各单位设备检修、机加工等辅助生产系统实施分离和重组,为辅助生产系统全面推向市场做好了准备。再次是在实行单位工资总额与工效挂钩的基础上,稳步实施了岗薪工资制,增强了工资分配的激励作用,有效地调动了各单位挖潜创效的积极性。机构人事改革中,加大了人才的培养和奖励力度,27 人入选武钢科技“三种人”,表彰了 20 名优秀大学毕业生,每人奖励3000元；该公司机关撤销科室编制，科干职数由19个减至13个，减幅达31.58%，一般管理人员则全部下岗，再双向选择竞聘上岗；通过下岗分流，矿山系统整体减员达1500余人。

【财务管理】 2003年，在上游产品涨价，工资及附加费、预提费用上升等给矿山新增成本1.4亿元的不利情况下，矿业有限责任公司以效益为中心，大力强化财务管理，通过增收节支、挖潜降耗，降低成本3471万元，与2002年同期相比，降低率达2.56%。在全年财务管理中，一是通过深入实际调研，经过科学测算，给所属基层单位制订了比较合理的经营指标，并对其经营效益实行全过程跟踪管理，发现问题及时解决；二是以“成本效益纵深行”活动为契机，大力开展降成本活动。该公司制定了15项降成本增效益措施，每项措施都编制了具体的实施方案，全矿山由此创效8300多万元；三是加强预算管理和控制，确保利润目标的实现。要求基层单位坚持每月对本单位生产经营活动对照财务预算进行细致分析，并预测后期经营趋势，同时，坚持每季度召开经济活动分析会，剖析各种有利和不利因素并及时解决；四是强化了资金管理的力度，努力盘活资金现量，同时加强资金结算，多渠道筹措和回笼资金，并统一调度集中安排使用，全年回笼资金达到164657万元，其中货币资金128493万元，银行兑票36164万元；保证了矿山生产经营及重点项目建设的资金需求；五是抓会计基础工作，提高财务人员的管理水平。建立和完善了会计管理考核办法，组织了对基层单位财务人员新会计制度知识和会计电算化培训，实现了财务报表信息数据快速适时传递，降低了矿山财务资料的报送成本。

【安全工作】 2003年，矿业有限公司贯彻《安全生产法》和《矿山安全法》等有关矿山安全生产的法律法规，以全面落实安全生产责任制为中心，狠抓现场安全工作，实现了重大伤亡事故、重大设备事故、重大火灾事故、重大环境污染事故、重大治安事故为零的目标。(1)根据不同时期的特点，深入扎实开展了“特殊时期安全生产”、“议事故、学规程、反违章”、“安全生产月”、“夏季百日安全无事故”、“反松劲、反麻痹、反事故，抓整治”等活动，在矿山形成了“全员讲安全、全员抓安全”的氛围。(2)根据国家及湖北省安全生产监督局的有关文件精神，开展了非煤矿山、危险化学品、非全民所有制及射源装置安全专项整治工作并取得成效。经湖北省安监局组织对大冶铁矿、程潮铁矿、金山店铁矿、乌龙泉矿、灵乡铁矿5个矿山单位进行安全评估，武钢矿山整体取得A类矿山安全资质。(3)强化外委工程安全管理，对外来施工单位实行“安全准入制度”。一方面，对未通过安全资质审查并取得武钢《安全资格证》的施工单位，坚决不允许进入施工现场；另一方面，对未经发包单位安全主管部门签单的工程一律不予结算。同时在施工过程中，工程主管部门加大了施工单位的安全检查与考核力度，严禁“以包代管”。(4)加大了安全投入。为提高设备工艺本质安全化程度，改善职工作业环境和条件，该公司全年投资2887万元，在矿山组织实施了33项安措、环措项目，矿山安全生产的“硬件”条件大为改善。

【两大重点工程竣工投产】 2003年，矿业有限责任公司在实施产业结构调整战略中，两大重点工程相继竣工投产。乌龙泉矿18万t活性灰生产线是全国最大的熔剂矿工程，总投资5500万元，2002年5月16日破土动工，主要设备采用了目前国内最先进的低压竖式预热器和冷却器回转窑，2003年6月27日通过竣工验收，最高日产量达到600t，在国内同行业同规模中创下了建设工期最短、工程投资最省、活性灰质量最优3项纪录。程潮铁矿120万t球团厂是矿业有限责任公司“十五”规划的又一重点工程，2001年9月18日经武钢批准立项后，2002年6月18日正式动工，采用国际先进的链箅机——回转窑生产工艺，高压辊磨机和液压传动系统等主要设备从国外引进，通风除尘则采用国内领先的密封技术，总体装备达到国际先进水平。该项工程2003年12月17日竣工投产，至此，该公司已经形成了年产球团矿200万t的生产能力，由主要生产和输出铁精矿变成主要生产和输出高附加值的球团矿。

【兴建鄂州球团厂】 2003年，矿业公司鄂州球团厂工程正式开始启动。为满足武钢“十五”期间钢铁增产对矿石原料的需求，打造武钢新的“粮仓”，同时也为武钢改善高炉炉料结构，实施精料方针、提升高炉炼铁的技术经济指标，降低冶炼成本，2003年，武钢矿业有限责任公司经武钢批准，决定在湖北省鄂州市紧靠长江南岸的深水区附近，利用其便利的交通优势，以进口铁矿石为主，建造亚洲第一、中国最大的球团矿工程。该工程总投资预计达到9.6亿元，由中美联合设计，规模为年产优质球团矿500万t，引进的技术和装备将具有世界一流水平。截止2003年7月底，球团本体征地1000亩手续全部办完，厂区地质勘察、配套码头及铁路方案设计、工程建设立项和所有报批及批建程序顺利完成。至11月底，球团本体场地平整、配套码头所有施工图设计、配套铁路新建线路所有施工图设计完成，12月码头建设正式开始施工。整个工程2005年完工后，矿业有限公司将形成年产700万t球团矿的生产能力。

【科研工作】 2003年，围绕生产经营中的重大课题，矿业有限责任公司建立科研项目负责人制度，认真组织科研攻关计划，严格科研项目的合同管理，加强科研项目的过程控制，在充分发挥内部力量的同时，积极与国内科研院所和大专院校联合，在球团生产工艺、石灰石的高效利用、引进高效采掘设备后新工艺参数确定、提高铁精矿质量水平及新产品开发等方面取得了一批新成果。新开和接转科研项目48项，完成科研项目12项，有3个项目获武钢科技进步奖。其中，“程潮铁矿矿块崩落法实验研究”、“矿山用新型耐磨材料”等项目的完成，成功解决了困扰矿山生产的难题；与武汉理工大学合作的强磁选精矿闪烁焙烧工艺研究取得的阶段性成果，对中国低品位、弱磁性铁矿石的开发利用，对改善大冶铁矿资源紧张状态具有重大意义；硅钢用氧化镁、硫化亚铁等新产品的成功研制为矿山的发展提供了新的途径。

【三大选厂改造】 2003年，为服务武钢，满足钢铁生产过程对原料提出的新要求，矿业有限责任公司把矿山选厂改造作为突破口，瞄准国内先进工艺技术指标，先后对三大选厂的生产工艺进行技术改造。该年，程潮铁矿选厂自动化改造工作全面完成，其选矿生产工艺得到进一步优化，生产的铁精矿品位达67%以上，满足生产球团的用料要求，同时其选矿金属回收率由计划值的83.24%提高到95.37%，大大降低了生产成本；大冶铁矿选厂完成破碎部分工艺改造，矿石破碎粒度明显下降，入磨品位上升，精矿品位由计划值的64%提高到64.5%，尾矿品位由计划值的14.14%降低到13.91%，选矿金属回收率由计划值的71.37%提高到83%，创造了良好的经济效益；金山店铁矿选厂改造完成实验，在得到精矿品位68%、含硫0.06%的超级精矿成果的基础上，进入设计阶段。

【宣传思想工作】 2003年，矿业有限责任公司宣传思想工作以十六大精神和“三个代表”重要思想为指导，紧密结合企业生产经营和改革发展稳定实际，坚持正确的舆论导向，卓有成效地开展工作。(1)加强干部理论学习。学习内容上，将“三个代表”重要思想和十六届三中全会精神作为重点，对矿山干部的理论学习进行统一部署；学习方式上，注重辅导，聘请武钢党校教授赴矿山作专题理论辅导6场次，听众达2500余人；理论研讨上，组织矿山各级干部撰写理论文章900多篇，在武钢内外报刊发表100多篇。(2)开展形势任务教育和各种主题教育活动。编印了两期形势任务教育宣传手册，制作了两部形势任务教育宣传电视专题片；开展了“爱武钢、爱矿山、奔小康”主题教育活动、学习郑培民先进事迹教育活动，“解放思想、转变观念”大讨论教育活动。(3)强化对外宣传报道。起草下发了矿业有限责任公司对外宣传报道管理办法，对矿山的对外宣传工作进一步规范；组织撰写了《筑起矿山二次创业的保障线》、《百里矿山春潮涌》等长篇通讯，在《武钢工人报》、《中国矿业报》、《冶金矿山动态》等报刊杂志上发表，引起了较大反响。矿山宣传系统全年在武钢内外新闻媒体上发表稿件2900余篇，提高了该公司的知名度和美誉度。(4)推进文明创建活动。采取“两抓一推”(抓试点、抓典型示范，自上而下一级一级推动)的方法，按照“巩固、提高、延伸、辐射”的思路，深化了“创文明岗位、让用户满意”活动，共创建武钢级文明岗位12个，矿业有限责任公司级文明岗位28个。

【10年庆典活动】 2003年，是矿业有限责任公司成立的第10个年头，为反映矿山10年来在生产经营和改革发展等各方面取得的业绩，激励矿山干部职工，该公司组织开展了一系列庆典活动。一是组织开展了“矿业公司10年重大成果”评选，通过广泛宣传发动，使矿山干部职工受到了一次生动的自我教育；二是举办“武钢劳模事迹报告会”，在矿山巡回宣讲6场次，参加的职工近5000人；三是举办“庆祝武钢矿业公司成立10周年”文艺晚会，全部节目由矿山职工自编自导自演，具有矿山特色；四是组织“贯彻党的十六大，促进矿山大发展”征文活动，收到92篇调研论文，全部针对矿山的改革发展立论，具有较高的实用价值；五是组织开展“庆祝矿业公司成立10周年系列宣传”活动。拍摄了一部电视专题片，撰写了一篇长篇通讯，编写了一本论文集，编印了一本画册，举办了一次“矿业杯”摄影比赛，在武钢内外新闻媒体广泛宣传了武钢矿山取得的业

绩;六是组织评选矿山“十大杰出青年”活动,展示了“自强、创新、敬业、奉献”的矿山青年新形象;七是组织开展了以乒乓球比赛、羽毛球比赛及围棋比赛等为主要内容的系列文化体育活动。

【扶贫帮困】 2003年,针对矿山“半边户多、下岗人员多、待业青年多”的情况,矿业有限责任公司采取多种形式,加大了扶贫帮困的力度。一是制定扶贫帮困政策,热情帮助“低保线”下的困难职工家庭渡过难关。积极与地方民政部门联系,全年新增“低保”职工家庭94户,累计进当地“低保”职工家庭361户;坚持矿山困难职工生活保障线制度,418户困难户享受了临时困难补助,全年发放补助金20.45万元;为215户困难职工家庭办理了矿业有限责任公司扶贫“优惠证”,减免水、电煤气费和房租及住房改造费用11.53万元。二是坚持结队扶贫制度,以“扶贫责任书”的形式确定了该公司领导、厂矿领导、车间和科室领导三级扶贫网络,开展以“送思想、送技能、送信息、送真情”和“走穷亲戚”的“四送一走”活动,100余户困难家庭实现了脱贫。三是坚持特困季补制度。该公司全年直接补助困难家庭2949户次,发放救济金和慰问金100.38万元,同时开展秋季助学活动,为困难职工子女升入高中、大学学习,发放助学金3.69万元。四是开展就业扶贫,变“输血”为“造血”。公司建立了困难职工内部就业和外部就业机制,在内部就业方面,安排200余名困难户子女当临时工,同时在矿山生活区建立了60余个商业网点、租赁给困难家庭,有效地缓解了他们的困难;在外部就业方面,同当地政府合作,设立了两个就业指导站,选送了137名困难户子女到武汉及沿海地带就业。

(刘雨帆)

大冶铁矿

【概况】

项目	计划	实际
采剥掘总量/万t	107.60	135.11
采原矿/万t	73.00	103.64
铁精矿/万t	88.10	107.04

续表

项目	计划	实际
弱磁铁精矿/万t 铁金属量/万t	88.10 56.40	107.04 69.00
矿山铜/t	3500	4996
钴硫精矿/万t	3.50	4.85
球团矿/万t	80.00	65.00
黄金/kg		169.069
原矿成本/元·t^{-1}		85.69
铁金属量成本/元·t^{-1}		121.93
弱磁铁精矿成本/元·t^{-1}		249.60
球团矿成本/元·t^{-1}		358.28
钴硫精矿成本/元·t^{-1}		131.75
矿山铜成本/元·t^{-1}		10069.62
黄金成本/元·kg		77944.35
输出产品合格率/%	100	100
全员劳动生产率/元·(人·a)$^{-1}$	38241.68	127722
工业总产值 (按1990年不变价计算)/万元	22197.50	30448.60
千人负伤率/‰	0.5	0.075
粉尘合格率/%	86	87
综合设备完好率/%	87	93.35
产值能耗(标煤)/t·(万元·t)$^{-1}$	2.00	1.51

2003年,大冶铁矿职工在生产经营中务实进取,狠抓设备保产,抢抓输出良机,严抓节支降耗,圆满完成了年度经营承包指标。全年实现产品销售收入53200万元,创内部利润109.62万元,为年承包目标的109.62%。全年共开展科研项目24项,科技攻关项目74项,创效1000万元。

【东露天转地下开采工程竣工】 2003年10月1日,大冶铁矿接续矿山生产工程——东露天采场转地下开采工程竣工投产。该矿东露天采场采至设计标高-168 m后,露天采场闭坑,但采场的狮子山、尖山-168 m标高以上最终露天境界外尚有905.6万t矿石,矿石年均品位TFe51.6%,Cu0.48%。为使露天采场闭坑后,矿山仍维持一定的生产规模,决定建设地下采场。地下采场建设工程由长沙冶金设计研究院设计,二十三冶金建设公司负责施工。该工程于2001年4月开工,将20世纪40年代

“日铁”打的中竖井改造成主副井，井口标高 86.2 m，井底标高负 199 m，井筒长度为 285.02 m。采用无底柱分段崩落法采矿，坑内用多级机站通风。到 2003 年 9 月，完成井巷工程 5506.49 m，合 55982.48 m^3，达到投产标准，正式投入生产。地下采场设计生产规模为年产矿石 30 万 t，服务年限为 27 年。工程概算投资 4818.08 万元，投资利润率为 14.72%。可解决 580 人的就业问题。

【选矿破碎技术改造】 2003 年 7 月底，大冶铁矿完成了选矿厂破碎系统技术改造。该矿选矿厂于 20 世纪 50 年代由苏联设计，设计规模为年处理原矿 264 万 t，后经改造扩建，年处理原矿达到 430 万 t。但到 21 世纪，矿山露天采场闭坑，转入地下开采，矿石产量由年产 430 万 t 降至 100 余万 t，造成选矿厂大马拉小车，设备运转率低，生产成本高。为降低生产成本，提高精矿质量和选别指标，决定进行技术改造，首先改造破碎系统。(1)减少破碎设备；(2)将开路破碎流程改为闭路破碎流程，降低产品粒度，提高磨矿效率，实现多碎少磨；(3)增加洗矿作业，解决坑内矿石含泥量大，影响破碎流程畅通；(4)提高自动化控制水平，稳定生产，提高劳动生产率，改善技术经济指标。该改造工程由北京东方燕京地质矿山设计院和大冶铁矿工程设计院共同设计，二十三冶金建设公司和武钢矿山建设公司施工。2003 年年初开工，同年 7 月底完工。工程概算投资为 2648 万元，实投资为 1989 万元。通过改造，选矿厂处理矿石成本降低 2.4 元/t，年收益达 1132 万元。

【质量管理小组活动评国优】 2003 年，大冶铁矿被评为“全国质量管理小组活动优秀企业”。该矿的主要做法如下：一是始终把 QC 小组活动作为依靠职工办企业，提高职工积极性、创造性和实现管理创效的重要途径。每年都选送职工参加质量小组活动培训，每年都拨出专项资金用于 QC 小组活动。二是健全制度，完善机制，突出重点。形成由工会牵头、部门协作，车间落实、班组实施的整体运作模式。每年对全矿 QC 小组进行登记，对申报项目进行审定，使管理更加科学有序，每年至少组织一次成果发布会，对创造了效益的成果进行奖励。近 3 年中，共获省、市级优秀成果 17 项，国家级优秀成果 7 项。三是坚持三个着眼开展 QC 小组活动，即着眼于长远经济效益和社会效益的长期型自主管理项目；着眼于当前生产经营中的重点、难点攻关型自主管理项目；着眼于当前技术经济指标再次提前的效益型自主管理项目。开展 QC 小组攻关活动，共创效益 300 多万元。

【再次评选为省级文明单位】 2003 年，大冶铁矿被评为湖北省文明单位，这是连续 7 次获得这一称号。该矿的举措如下：(1)用先进理论打造发展新思路。狠抓“思想武装工程”，武装干部头脑。全矿共建立 17 个理论中心学习小组，边学理论，边就企业改制、非矿经济发展、改组改造、环境整治等 12 个重点进行专题研究，提出新建议和新点子 1000 余条。(2)用改革重组创造经济新亮点。把经济发展作为文明创造的第一目标，积极推行改革、改组、改制、改造“四改”方针，对资源进行重新组合。投入 8986.67 万元，用于“改造提速”，开展“创新创效活动”，创效益 3000 余万元。(3)用创业精神塑造矿山新形象。一是搭起工作平台树正气，倡导“勤政求实、廉政务实、创新唯实”的工作作风，矿负责人下基层现场办公，解决实际问题 729 项；二是搭起文化舞台鼓士气，全矿 2 年来共组织开展各项文体活动 250 多场次，参加活动职工达 20000 人次；三是搭起擂台显才气，倡导职工“精一门、会两手、懂三招”，把职工的劳动技能转化为强矿之本。组织技术比武，涌现出技术能手 60 名。全矿共建立了 500 个文明岗位。

（马景源）

程潮铁矿

【概况】

项　目	计　划	实　际
采掘总量/万 t		261.44
采出矿石量/万 t		140.30
生产铁精矿/万 t	112	113.47
铁金属量/万 t	74.48	74.60
生产球团矿/万 t		10.08
生产硫精矿/万 t(按 38%S 折算量)	3	3.15
生产矿山铜/t	120	123.67
销售收入/万元		37500

续表

项目	计划	实际
完成内部利润/万元	2000	2014.84
铁精矿制造成本/元·t^{-1}		233.28
采矿全员劳动生产率/t·(人·a)$^{-1}$	1167	1171.86
综合设备完好率/%	95	95.5
千人负伤率/‰	0.5	0.107
输出铁精矿/万t	92	106.94
铁精矿输出合格率/%	100	100
输出球团矿/万t		8.2

2003年,程潮铁矿抢抓发展机遇,一边抓球团建设,一边抓生产经营,克服利润目标高、生产经营压力大、球团建设时间紧、改革发展任务重等困难,全年生产输出铁成品矿115.14万t,实现利润2014.84万元,120万t球团工程竣工,全面超额完成矿业公司下达指标,多项指标创历史最高水平。两个文明建设协调发展,程潮铁矿荣获湖北省文明单位、湖北省思想政治工作优秀企业、湖北省理论学习先进单位等称号。

【球团工程竣工投产】 2003年12月17日,程潮铁矿120万t球团工程竣工投产。球团工艺是对铁精矿进行深加工,生产出酸性球团矿,在炼铁环节中与高碱度烧结矿配合使用,从而改善高炉炉料结构,提高高炉利用率,降低炼铁成本的一种新工艺。程潮铁矿120万t球团工程是武钢实施"高炉精料方针"的重要举措,也是武钢矿山重要的效益工程。工程2002年6月18日开工,2003年4月20日完成设备安装,5月5日完成筑炉工程及热风管内保温施工,5月18日点火烘炉,6月1日正式点火进入试生产阶段。在试生产阶段,该矿成立达产攻关组,全力组织设备整改和检修,在10月底前共安排各类整改12批次,整改项目共527项。11月又组织了历时一个月的综合性检修,分10个系统58台项进行整改。同时,健全和完善各项管理,制订了22个工种的三规三制、5个管理标准,编制球团质量手册,制定了17个管理程序文件并下发多项管理制度,为球团达产创效打下了坚实基础。该工程采用了链箅机—回转窑生产工艺、辊磨技术,属国际先进工艺的现代化球团厂。120万t球团工程的竣工投产,标志着程潮铁矿产品结构调整取得重大突破,矿石产品逐步走向深加工,为该矿长远发展奠定了坚实基础。

【企业改革】 2003年,程潮铁矿进一步推进企业改革工作,举措如下:一是平稳实施岗薪工资制。自7月起,在合理核定岗位、科学测评岗位的基础上,正式实施岗薪工资制。二是精简机构。机动车间、交运车间撤销工段成立项目部,撤销原开发公司并入附属公司,将机动车间铸造厂和生活服务中心液化气站固定资产进行出租,由附属公司租赁。采、选职工食堂从主体剥离,划归生活服务中心经营管理。学校合并初中,高中停止招生,为下步走向社会奠定了基础。三是实施电改。为减少用电流失、减少主变投入,该矿对电网实施改造,转供居民电移交地方管理,每年可节约电费500万元。四是继续实施减员增效。搞好业绩排队,实行尾者淘汰,以此不断提高职工的竞争意识和危机意识。减员分流完成矿业公司下达计划指标。五是规范住房公积金管理,结算办理职工民用房改房屋产权所有证2503户,办理职工退房款2213户,金额512万元;对全矿2002年以前职工公积金进行了全面清理,清理发放职工公积金4444人,金额2832万元,方便了职工存取、查询以及办理购房贷款。

【成本管理】 2003年,程潮铁矿通过严格管理,在消化了职工新增工资、球团修配改、材料备件、能源动力涨价基础上,全年实现销售收入3.75亿元,完成利润2014.84万元,完成年目标的100.74%。一是严格执行预算制度,逐级分解,落实到车间、工段、班组(岗位)。下半年根据情况变化重新调整经济责任制,全矿各二级单位成本费用压缩1018万元。二是继续开展成本效益纵深行和双增双节活动,重点推进班组成本管理和材料备件票证管理。三是对机动车间、交运车间、生活服务中心转变经营机制,模拟市场核算,降低了费用。四是积极开展清产核资,清理固定资产3300项,材料备件8558项,固定资产报损1.14亿元。五是狠抓经营指标跟踪、工程核算管理以及财务核算等基础工作。

【技术进步】 2003年,程潮铁矿科技进步和科研工作适应生产经营需要,紧紧围绕球团工程建设、采场调整、选厂质量等重要课题开展工作。相继开展了采场调整及难采矿的掘支回采以及铁精矿、球团矿质量、新工艺新设备消化吸收等多种攻关活动,选厂自动化和球团自动化系统在生产中发挥了较好作用，铁金属回收率、尾矿品位、选矿电耗等多项技术经济指标达国内重点同类矿山先进水平，取得明显经济效益。至年底“提铁降硫及提高铁金属回收率研究”、“大断面巷道掘进爆破参数优化及提高掘进效率的相关技术研究”、“程潮铁矿西区放顶工程采场地压与地下水监控技术研究”等多项科研项目均完成进度要求，选厂填平补齐设计、新主井双箕斗改造可行性研究工作正按进度要求开展。

【党群工作】 2003 年，程潮铁矿党委紧紧围绕“抓球团、保安全、降成本、保稳定”中心任务，充分发挥党组织的政治核心作用，为实现矿全年生产经营目标，确保各项改革工作的顺行提供了可靠的保证。该矿被评为湖北省文明单位、湖北省思想政治工作优秀企业，矿党委被授予“鄂州市先进基层党组织”称号。全年一是深入扎实地推进了理论武装工程。提出了“重在理论指导实践，重在推动工作，重在狠抓落实”的学习要求，明确了检验学习成效的三个标准，广泛开展了“学习‘三个代表’，推进矿山发展”调研并召开了专题研讨会，使理论学习有力度、有深度、有指导意义。矿党委中心组抓理论学习的做法，在鄂州市县级以上干部理论学习经验交流会上作为唯一的企业代表进行了交流。二是与时俱进地加强了党的自身建设。以深化“达标创先”竞赛为主线，切实转变干部作风，切实加强基层党组织和党员的教育管理。通过开展“党员四带头”、“三无一确保”、“争当满意党员”等活动，较好地发挥了基层党组织和党员干部在安全生产、成本降耗、生产组织等各项工作中的模范带头作用，党员的先进性得到体现。三是持之以恒地抓好党风廉政建设。在廉政教育上，突出针对性，把正面引导与反面警示相结合，相继开展“党风廉政教育月”、“以案为鉴、警钟长鸣”学习教育专题等活动，召开年度党风廉政讲评会、“三管六外”人员座谈会等，增强了党员干部和“三管六外”人员的廉洁自律意识。在监督管理上，突出周密性，把自律与他律相结合，认真落实领导干部党风廉政建设责任制，建立纪检监干部走访制，在副科以上干部配偶中开展了“争当廉内助”活动，进一步延伸了干部监管的触角，取得明显效果。在加强效能监察和案件查处上，突出严肃性，制定了一系列规章制度并严格执行，为矿挽回了损失，该矿被评为鄂州市纪检监察工作先进单位。四是全力以赴抓好稳定工作。针对职工群众关心的岗薪制、电改、个人所得税等热点问题，以《职工热点问题恳谈宣传手册》等形式加强宣传；针对退休职工的思想状况，及时组织座谈和形势报告会，确保了后方稳定；进一步抓好扶贫帮困工作，切实贯彻“群众利益无小事”的思想，保持了矿山稳定大局。五是坚定不移地落实“依靠方针”。深化厂务公开工作，进一步明确了厂务公开的内容、程序、责任单位和公开形式；在坚持矿长接待日、工会主席接待日、值班矿长制度的基础上，建立民主管理信息员制度；群团组织开展的“爱矿爱岗、发展矿山”以及青年“双争”、“双创”和“青安杯”竞赛等活动成效显著；文娱体育活动丰富多彩，该矿被评为武钢最佳“矿山之夏”组织单位。

（高永刚）

金山店铁矿

【概况】

项　　目	计　划	实　际
采掘总量/万 t	125	158.26
采原矿/万 t	86.30	110.32
铁精矿产量/万 t	120	102.82
副产硫精矿/万 t	4.5	4.34
硫酸/万 t	4	3.79
入选量原矿品位/%	43.79	43.74
铁精矿品位/%	63	63.40
回采率/%	75	76.36
贫化率/%	27	26
选矿铁金属回收率/%	81	84.92
输出产品合格率/%	100	100
铁精矿成本/元·t^{-1}	250	218.34
工业总产值/万元	0.00	18281.35
全员劳动生产率/元·$(人·a)^{-1}$	50760.00	53781.72
综合设备完好率/%	95	98.20
千人负伤率/‰	0.7	0.00

【地下开采扩建工程】 2003 年 3 月，金山店铁矿完成地下开采扩建工程可行性研究，于 8 月完成初步设计，12 月 8 日举行开工仪式开始兴建。金山店铁矿张伏山和余华寺两个矿区深部拥有丰

富的铁矿石资源，在 -680 m 水平以上有 111 b 级矿石 8020 万 t、122 b 级矿石 2894 万 t。为发挥规模效益，增强矿山发展后劲，矿业公司决定实施金山店铁矿地下开采扩建工程。该工程设计生产能力包括新建一条主井（$+107\sim-828$ m 水平）、副井延深、斜坡道、主溜井系统、余华寺二期工程和 -340 m水平开拓工程，采矿设备选用大型、高效、低能耗的地下铲运机，提升系统采用先进的全数字交－交变频调速系统。工程投资 1.58 亿元，主要工程量掘 16526 m/172609 m^3/混凝土 14999 m^3/建筑体积 27598 m^3，建设工期 28 个月。该工程建成后，金山店铁矿地下采矿生产能力达到 300 万 t/a，成为目前国内第三大地下矿山，采矿车间矿石制造成本将由目前的 64.53 元/t 降低到 44.59 元/t，年均产品位为 70%的铁精矿 122 万 t、35%的硫精矿 10 万 t。

【选矿厂改造完成方案设计】 2003 年 12 月，金山店铁矿选矿厂改造方案设计通过矿业公司组织的评审。金山店铁矿选矿厂改造工程是在武钢对铁精矿的品质提出了更高要求的前提下，为提高金山店铁矿的盈利能力，使其产品质量和经济效益适应武钢的整体发展而进行的技术改造。该工程完成后，金山店铁矿选矿厂将形成年处理原矿 300 万 t 的能力，年产含铁 67.5%的铁精矿 120.6 万 t，含硫 38%的硫精矿 13.83 万 t，铁精矿中铁回收率提高到 81%，硫精矿中硫回收率提高到 70%，尾矿品位 Fe、S 分别降低到 10.78%、1.36%，单位选矿成本和精矿成本分别降低到 107.96 元/t、268.57 元/t，经济效益显著。该工程主要建设内容包括对选矿工艺流程、供电系统、电力传动系统、自动化控制系统、给排水系统、土建工程等进行改造，概算投资 7979.5 万元。

【硫酸厂“四改六”扩建工程竣工】 2003 年，硫酸厂“四改六”扩建工程竣工。该工程于 2002 年 5 月立项，2003 年 1 月完成初步设计方案，于 2003 年 6 月开始施工图设计，10 月 29 日工程开工建设，于 11 月 26 日完成全部扩建改造工程。总投资 500 万元。改造项目包括：焙烧炉增容、新增 V 段转化器、净化系统文氏管扩大和泡沫塔直径扩大、新增 120 管电除雾器等 15 个改造项目。施工单位有：江苏扬州金圆化工环保设备总厂、江苏扬州庆松化工设备有限责任公司、湖北武穴祥云集团、福建百特防腐有限责任公司以及金山店铁矿实业公司、硫酸厂等。改造后硫酸厂生产能力由原来的 4 万 t/a 增加到 6 万 t/a。

【获“全国模范职工之家”称号】 2003 年，金山店铁矿荣获“全国模范职工之家”称号。近 5 年来，金山店铁矿工会坚持实施“创效益、善维护、创文明、送温暖、打基础、争满意”6 大工程，促进了该矿的改革、发展、稳定。2003 年 9 月获“全国模范职工之家”光荣称号。该矿工会 5 年来，发动职工开展劳动竞赛，增产原矿 46.17 万 t，增产铁精矿 23.71 万 t；提合理化建议 2900 多条，创效益 350 余万元；取得成果 135 个，创效益 360 万元。坚持职工代表大会制度，并积极推动厂务公开制度的实施，先后被武钢和黄石市评为厂务公开优秀单位。积极推动值班矿长制度的实施。坚持开展“矿安杯”竞赛，发动职工开展“自查一个隐患，整改一个隐患，建立一个文明岗”活动，来发动职工自查自改隐患 1700 多项。不断改善职工的文化生活环境，在行政的支持下，投资 500 多万元建设了职工健身中心、班组活动中心、改造了职工文化中心和灯光球场，联通了有线电视网络，为职工图书馆添加近万册图书，职工健身中心被评为省级健身俱乐部。走访慰问职工 533 户次，发放救济金 52.87 万元，救助困难职工 2514 人次，为困难职工子女提供就业信息 156 条，推介 54 名困难职工子女就业，使 53 户特困职工脱贫。建立了职工劳动安全互助保险基金和重大疾病医疗互助保险基金，基金总额达到 87 万元，为特殊困难职工解了燃眉之急。坚持开展企业形势和任务教育、职工业余文化活动，引导职工开展健康向上的文化活动；开展职工读书自学岗位成才、“做学习型职工”和“名师带高徒”活动，激励职工学习岗位技术，争当岗位能手。坚持开展“争创模范职工之家，争当模范职工之友”竞赛活动，推动职工之家建设。在会员中开展了“我为我家创效益，我为我家保平安，我为我家添温馨”为主题的“我爱我家”活动，发动会员参与职工之家建设，为企业生产经营做贡献。

【小白山公园改扩建】 2003 年 3 月，金山店铁矿开始规划新工人村生活区北端小白山公园的改扩建，至年底完成了主体工程。小白山公园始建于 20 世纪 80 年代初，初建占地 6300 m^2，仅建有望亭一座。改扩建工程由该矿自主规划、自主设计、自主施工，新公园占地达 20000 m^2（包括山上公园和山下绿化区两部分）。公园采用大片植林，以香樟为基调树种，林间植草坪，点缀观赏树丛和花木，共栽乔灌木9192株，植草坪5000 m^2，内有桂林、枫林、樱花林、红叶李、海棠、樟树6个专类林；建有六角亭1座，平顶亭4个，并配有石桌石椅等。公园充分利用天然山石、山坡地形，用园路将其分为9个部分，中部为安静游憩区，以大片树林为主，植以花木、草坪，中间有小亭点缀；东面缓地，拟设置儿童组合游具及设置秋千、滑梯等常见游具，适合不同年龄儿童游戏需要；林间空地可供游人锻炼，公园布局规划充分利用天然山石，使游人沿山石曲折的小路边游玩边赏石赏花；组景采用外敞内闭的手法，田园风光及全矿景色尽收眼底。

（刘雨清）

灵乡铁矿

【概况】

项　目	计　划	实　际
输出粉矿/万t	35.00	40.88
工业港加工矿/万t	16.50	24.51
输出优质石灰石/万t	15.00	4.75
输出普通石灰石/万t	5.00	2.33
输出球团矿/万t	4.00	1.70
输出高铁块矿/万t	10.00	1.23
输出产品合格率/%	100	100
销售收入/亿元	1.39	1.33
利润/万元	300.00	403.42
综合设备完好率/%		92.37
千人负伤率/‰	1	0

【管理创效】 2003年，灵乡铁矿以“管理创新”为主题，不断提高管理水平，优化产品结构，达到以管理降成本，保质量，促效益的目的。(1)创新安全管理。针对安全管理的新特点，坚持“安全第一，预防为主”的方针，全面落实安全生产责任制，推行安全生产目标管理，按照“谁主管、谁负责”的原则，在加强检修、技改工程施工、经营开发、外委工程等安全管理的基础上，着重落实灵乡铁矿关于设备设施检修安全管理规定，强化小型检修项目的安全管理。全年共查处隐患和问题178项次，整改178项次，处罚各类双违金额5130元，完成了原矿堆场减负、筛粉厂6号皮带通廊立柱浇灌、破碎口横梁加固、火药库整修和四合院危房拆除等较大隐患整治；对平地吹土烧球团及时采取了停产措施，并完成了竖炉球团易地改造工程建设。(2)强化生产管理。在生产组织中联系实际，统筹安排，合理布置，优化作业程序，科学管理货场，避免重复劳动，杜绝管理和设计不当。突出了营销工作在矿生产经营中的龙头地位，确立了生产为经营服务的指导思想。从矿源组织到输出组织，一切工作围绕经营效益这个中心，自觉服从于这个中心，生产组织、质量管理、售后服务等环环相扣，确保了营销畅通。(3)加强财务管理。注重加强制度建设，合理确定预算指标，尽可能拓宽预算管理范围，把企业生产经营过程中的所有财务收支都纳入预算管理范围，同时对预算外收支进行规范化管理，加强预算的硬约束管理，对预、决算指标的完成情况实行严格的检查、分析和考核，发挥预算的综合协调和全局控制能力。在生产经营活动中，通过经济活动分析会，对计划的执行情况实行跟踪管理。(4)严格成本管理。在总结多年成本管理经验的基础上，着力做好“对标挖潜”工作，深入推进班组成本管理活动，走“开发型”降成本之路，推行“三结合”网络管理模式，采取归口管理与财务、纪检部门参与相结合，“一枝笔”审批与归口管理、部门监督相结合，建立起相互约束、相互监督机制，扩大非生产性费用覆盖范围，变“三费”管理为“五费”控制。2003年，该矿获得武钢红旗单位、武钢思想政治工作先进单位称号。

【经营机制改革】 2003年，灵乡铁矿根据八部委(859)号文通知精神，实行机构整合，对后勤辅助系统以及生产辅助系统进行改革，大胆试行国有民营、联营、拍卖、租赁以及带资合作制，把国有资产量化到个人，从根本上解决企业内部经营机制问题，实现市场化运作。(1)民营尝试。灵乡铁矿汽运车间改制前共有职工106人，各类车辆43台，平均使用年限近7年，其中车龄在10年以上的车辆有6台。近几年来，由于矿经营格局转变、采矿规模缩小、车辆陈旧、车型落后等原因，该车间一直处于亏损状态。2002年，虽经多方努力，亏损依然达120余万元，成为矿亏损大户。2003年4月，该矿决定按照确保国有资产保值增值和体现自主经营、自负盈亏、多劳多得、按效计酬的原则，以达到提高劳动效率和经济效益为目的，对汽运车间大胆实施了经营机制改革的新举措。制定出台了《灵乡铁矿车辆管理规定》和《灵乡铁矿承包车辆安全管理规定》的制度。截止12月底，该车间通过实施买断、租赁、职工带资购买新车等政策措施，新增车辆12台，资产净值100余万元，9台超过使用年限的车辆被报废，车型配备不合理的状况得到初步改善；完成减员15人，在岗职工中有46人实现工资自筹，车间节省工资成本开支50余万元；在各种材料、备件和油料消耗方面，对比2002年节约成本5万余元；单车的养路费、保险费、折旧费等各项规费节约成本139338.73元。(2)集体承包。灵矿宾馆根据宾馆内部的实际情况，大胆推行集体承包责任制，使每个职工做到"有家可当，有财可理，有责可负，有利可得"。职工通过银行贷款，职工自筹资金共43.5万元，购置了各类较为先进的设施、设备，达到了"二星"级宾馆的设施标准。在管理上一方面建立健全各项规章制度，从难从严要求职工，牢固树立服务第一、质量第一的思想。另一方面注重对人才的培养，树立"人才是第一资源"的思想，采取送出去、走进来的办法，加大对职工的培养力度，广泛吸收饮食服务行业的一些好的做法、好的经验。截止12月底，改制取得明显成效，职工综合素质得到进一步提高，服务得到进一步规范，管理得到进一步正规，设施得到进一步完善，职工收入由改制前的700～800元提高到800～1300元之间。

【科技成果】 2003年，灵乡铁矿岩峰白云石合成镁砂钙技术研究取得成效。灵乡铁矿岩峰有着丰富石灰石、白云石矿，产品初级加工价值很低，必须实施产品的深加工，增加产品的价值，才能获利。从2000年起，灵乡铁矿就与武汉科技大学合作开发岩峰白云石合成镁砂钙技术的研究，该产品广泛应用于冶金、建材等炉窑工业区，是目前先进的耐火材料，而且还可以净化炉料，大大提高产品的质量。产品在试验室条件下试验，取得了理想的效果。至2003年底，产品的研究工作取得了实质性的进展。

【环境整治】 2003年，灵乡铁矿为进一步改善职工的生产、生活环境，真正实现"洁、绿、亮、美"的目标，坚持"高起点规划，高质量建设，高水平管理"原则，统筹规划，全年共种植各类树木17386株，其中具有观赏价值的树木86株，复垦荒山50亩，新增绿化面积3600 m^2，草坪3400 m^2，完成了中心广场的施工建设，面积达4200 m^2，并利用周边环境资源，培养各类盆景480盆，建成苗木基地2500 m^2；对矿区排水、排污系统进一步实施了技术改造，并对水厂的管理制度以及环境设施做了进一步的健全、完善，规范了秩序，保证了用水、排水畅通；对矿办大楼、生产大楼以及两个绿化广场等重要场所强化设施、设备以及环境卫生的管理，实行专人负责与聘请专职管理、维护人员相结合的原则，确保了各类设施、设备的完好率，真正实现了高水平管理。截止12月底，各类设施、设备完好率达99%。

（谢德志　李海清）

乌龙泉矿

【概况】

项　目	计　划	实　际
采剥总量/万t	270	274
入选原矿/万t	190	198.09
成品矿/万t	165	168.41
活性灰/万t	6	6.61
颗粒灰/万t	5	5.5
轻烧/万t	4	4.13
消石灰/万t	14	19.7
水泥/万t	4	4.6
销售收入/万元	15000	15385.5
利润/万元	500	500
产品输出合格率/%	100	100
综合设备完好率/%	95	96.97
千人负伤率/‰	1	0

【科技攻关】 2003年，乌龙泉矿在生产经营中，为优化技术经济指标，提高生产效益，全面开展了爆破攻关、成品回收系统攻关、竖窑攻关、焦改煤试验攻关、回转窑烧活性灰攻关等技术项目的攻关活动，取得了良好效果。尤其是在活性灰技术攻关活动中，把"降硫"作为攻关目标，坚持每日碰头会和每周工程例会制度，认真抓好物料、燃料质量的控制把关，抓好过程工艺参数的优化，抓好作业人员的技术培训，使活性灰的生产始终处于受控状态，活性灰的质量受到了用户的好评，产量也完全达到设计要求。通过开展全方位、多领域、多层次的科技攻关活动，该矿提高了产品质量，各项产品

输出大幅上升，其中效益品种轻烧、颗粒灰输出量与2002年同期相比，分别多输出9.2万t，0.36万t，增加销售收入510多万元。

【活性石灰回转窑工程竣工投产】 乌龙泉矿日产600 t活性石灰回转窑工程，是武钢实现年产1200万t钢的重点工程，也是兴建二热轧配套项目之一，同时亦是乌龙泉矿扭亏为盈的希望工程。在两级公司的支持下，经过参战的设计院、施工单位、监理公司、设备制造厂等各方的通力协作，该工程于2003年3月5日顺利实现点火烘窑。在试生产期间，产出的活性石灰供三炼钢试用，效果良好，完全能满足转炉炼钢的需要，产品质量稳定，达到了设计指标要求。该工程与国内同类项目相比，创下了投资最省(5500万元)、建设工期最短(10个月)、产品的生产成本最低、达产最快等多项全国纪录，标志着乌龙泉矿形成了年产18万t活性石灰的能力。该生产线的工艺技术属国内先进水平，为带竖式预热器、竖式冷却器的燃煤型号活性石灰回转窑，预热器系统采用了管道加料的专利技术；原料入窑前进行了强制洗石筛分，保证了矿石质量；窑尾废气处理采用了低压脉冲袋式除尘器，实现了达标排放；燃料采用优质烟煤，使排放的灰分小于11%，硫不大于0.4%；自控系统采用PLC现场站和上位监控站相结合，并在关键部位设置了工业电视监控系统，操作工人可在中控室监视设备运行情况。该工程投产以来，乌龙泉矿认真组织全矿科技人员集体攻关，效果显著，如回转窑结圈周期已由投产初期的两周延长至半年以上。

【轻烧白云石改造工程开工】 乌龙泉矿水泥厂转产轻烧白云石改造工程，一方面能填补武钢轻烧白云石的缺口，同时能彻底扭转乌龙泉矿水泥厂常年亏损的局面。该工程由武钢集团公司设计研究院负责设计，按照武钢矿业有限责任公司部署，工程分期建设，一期工程规模7万t/a(日产212 t)，二期工程形成10万t/a的能力。该工程自2003年3月25日动工兴建以来，经过参战的设计单位、施工单位、安装单位和业主的协同配合，主体工程于2003年底基本完工，关键工艺设备(预热器等)已安装就位。该项目采用的工艺技术比较先进，烧成系统为带$\phi 7\times 8$ m竖式预热器、$\phi 2.5\times 25$ m单筒冷却机(利旧)的燃煤型白云质石灰回转窑，其窑规格为$\phi 2.5\times 40$ m(利旧)，烧成系统的3大件与武钢耐火材料公司轻烧白云石回转窑基本一致；原料来自乌矿自产的轻烧白云石($MgO\geq 19\%$)，用振动筛严格控制不大于13 mm的筛下料，保证了入窑矿石(20～50 mm)的质量；成品运输以汽车运输为主，从出窑到炼钢炉的周期短，保证了活性度、MgO等质量指标。

【企业改革】 2003年，乌龙泉矿通过不断深化内部改革，激发了矿山活力，举措如下：(1)重新整合了后勤系统，把生活中心和服务公司合并组建成实业公司，加快了把后勤系统推向市场化进程，每年减少给原后勤的补贴支出达100多万元。在生产经营中遵循市场化法则实行切块经营，逐步形成了成本管理中心、利润中心、创收中心和费用控制中心的格局。(2)激励内部经营机制，实行形式多样的租赁和承包。对水泥厂制成系统、内燃机设备检修系统实行了租赁承包，对颗粒灰生产运输、外运输出、石料厂等进行了承包经营，既保证了国有资产保值增值，又充分调动了承包人的积极性。(3)完善各项制度，加强对干部职工的管理。对管理人员实施动态管理和招聘考试制度，加强了对绩效考核，并在年度机构调整时实行双向选择，竞争上岗；对操作人员实行了“持证上岗、竞争上岗、尾者下岗”的三级动态竞争机制，激发了广大干部职工珍惜岗位及勤奋工作的劳动热情。

(饶发明　吴　胜)

焦　作　矿

【概况】

项　　目	计　划	实　际
工业总产值(按1990年不变价)/万元	3526.6	1715.68
工业总产值(按现行价)/万元		4728.3
无烟精煤/t	300000	57889
高强度铝镁火泥/t	300	311
高铝骨料/t	840	1382
高铝浇注料/t	730	1435
黏土粉/t	840	1052
耐火材料制品/t	1630	2223
碳化硅制粒/t	1030	1712
棕刚玉/t	1200	2414
其他产品/t	370	45974

【通过ISO9000质量认证】 2003年3月，焦作矿通过了国家长城质量认证中心评审。该矿针对耐火材料市场竞争激烈、企业生产经营困难的实际，坚持走质量效益型道路，教育干部职工牢固树立“以市场为导向，以质量求生存”的观念，把“贯标”工作作为练好内功求生存、求发展的一个突破口。全年先后组织ISO9000质量标准培训班3期，培训职工537人次，建立并完善了《质量手册》一套，《控制程序》18个及管理制度4个、作业指导书2个、设备使用维护规程16个、采购规范11个，形成了管理体系的自我完善机制。

【焦作矿学校移交工作】 2003年12月，焦作矿学校14名教职员工调离手续办理完毕，学校整体移交工作进展顺利。按照国经贸企改[2002]267号文件精神，该矿结合学校实际情况，本着盘活国有闲置资产，减轻企业负担的目的，就学校移交地方与中站区开始接触。2003年3月，该矿将“武钢焦作矿子弟学校移交给焦作市中站区人民政府协议(草案)”上报武钢矿业公司，4月18日矿业公司做出了批复，并提出了相关的意见和建议。按照武钢矿业公司的意见和建议，该矿与中站区政府达成初步协议。6月20日，武钢矿业公司书面向武钢请示，7月2日武钢批示同意，该矿随即成立领导小组开展工作。至年底，移交工作稳步推进。

【凝聚力工程】 2003年，焦作矿党委认真贯彻落实“三个代表”重要思想，紧紧围绕企业生产经营中心任务，扎实有效地做好思想政治工作，从而增强了企业的凝聚力，促进企业经济效益的提高，呈现了良好的发展态势。该矿在生产经营过程中，矿党委结合市场形势和企业实际，做深入细致的思想政治工作，凝聚人心，积极为企业生产经营保驾护航。一是坚持形势任务教育活动不间断。宣传部门根据矿两会精神，在全矿广泛开展“爱武钢，求生存”的主题教育活动，及时编发《时事政治学习资料》5期，下发到车间班组。使广大职工通过学习，认清形势，明确目标。二是积极拓宽民主管理渠道，建立健全了矿务公开检查、监督机制。在对轮岗歇工人员进行重新上岗的过程中，实行全过程透明管理。通过考试，张榜公布成绩，择优录用，从而赢得了职工群众的信任和支持。三是围绕生产经营开展奉献活动，全矿干部职工心往一处想，劲往一处使，克服多种困难，全力以赴投入到生产经营中，保证了选煤厂的正常生产，较好地完成了今年的生产经营目标。

(姚金玲)

矿业建设有限责任公司

【概况】

项　目	计　划	实　际
建筑业总产值/亿元	1.5	1.91
全员劳动生产率/万元·(人·a)$^{-1}$	7	10.07
工程质量合格率/%	100	100
用户满意率/%	100	89.8
井建工程优良率/%	30	50.7
土建工程优良率/%	50	65.7
全年综合设备完好率/%	88	99
重点工程形象进度完成率/%	100	100
创优质工程项目/个	2	4
千人负伤率/‰	5	0.47

2003年，矿业建设有限责任公司以持续发展为目标，面对激烈的建筑市场竞争和矿业公司要求盈亏平衡的严峻形势，从长计议，自加压力，将销售收入由2002年的1.29亿元调增到1.5亿元。全年采取重点攻坚、全面管理、稳步推进等措施，施工经营与改革发展等各项工作取得进步，全面完成了2003年各项施工经营任务，全年实现产值1.91亿元，成本实现盈亏平衡，安全实现人身工亡、重大设备、重大火灾、重大治安、重大交通事故均为零的目标。同时，“贯标”工作通过中国建筑协会2000版转换复评后的第一次监察审核；创优良工程4项；创文明工地1个；武钢耐火厂新镁炭砖生产线工程项目部被湖北省冶金建设工程质量监督站、冶金工业工程质量监督总站武钢监督站评为优秀项目部；安全生产获武钢先进单位。该公司党委被黄石市委评为干部理论学习先进单位，被矿业公司评为“理论学习、政研工作、大学生就业安置工作、纪检监察、党风廉政建设”先进单位，被武钢工人报社评为新闻报道先进集体。

【重点工程施工】 2003年是武钢和矿业公

司重点工程投资较多的一年，大冶铁矿东露天转地下开采、程潮铁矿120万t球团矿、乌龙泉矿18万t活性灰工程是武钢和矿业公司重点工程。矿业建设有限责任公司承建了这三项重点工程后，为安全、优质、高效地完成施工任务，为矿业公司壮大发展矿山主业赢得时间，在施工中克服工期紧、任务重、施工条件艰苦、地质条件复杂，以及多单位、多工种、多层面同时交叉作业等种种困难，使这三大重点工程建设如期竣工。

【创4项优质工程】 2003年，矿业建设有限责任公司继续深入开展质量效益纵深行活动，以“诚信守法、科学管理、打造精品、追求卓越”为该公司经营施工理念，以优质服务取信业主。在质量管理中，强调“过程精品”，推进“用户满意工程”，把“贯标”工作同日常管理紧密结合，严格执行ISO2000版质量体系，全年共回访8个工程，走访调查15家用户近几年达30个工程项目，顾客满意率达89.8%，其中程潮球团工程、乌龙泉活性灰工程、焦化厂制冷站工程、轧板厂原料四车间办公楼工程被评为武钢优质工程。

【推广先进操作法】 2003年，矿业建设有限责任公司为了调动职工学文化、学技术、钻业务，立足岗位建功立业的积极性，改革传统的工艺技术，改善劳动条件，提高劳动生产率，降低生产成本，鼓励职工大胆探索新的操作法，针对生产一线作业复杂、劳动强度大、安全系数低、成本消耗高的施工工艺进行改造。陈伟是该公司井建工程部的一名普通工人，1982年参加工作，只有中技文化程度，先后从事测量、爆破工、工程管理等工作。1999年开始参与班组技术革新活动，2003年他根据自己多年的工作实际经验，创造出《竖井超长材料下放新操作法》，解决了矿山竖井超长材料安全下放运输难的困难。该先进操作法获黄石市十大职工先进操作法，2003年7月31日通过武钢先进操作法评审，并获武钢突出贡献奖，奖金1万元，成为唯一获武钢突出贡献奖的矿山职工。

【防“非典”疫情】 2003年上半年，面对突如其来的“非典”疫情，矿业建设有限责任公司迅速采取有力措施，一手抓防控“非典”疫情，一手抓生产经营。首先动员全公司在职职工和退居休职工2000多人，给不在本地居住的直系亲属和配偶寄出3000余封《告全体职工和家属书》，及时向亲人宣传抗非防非疫情的有关规定；二是通过在现场设立“防非抗非”宣传专刊，在闭路电视中开办“防非”专栏，通过各种会议宣传“防非”最新动态和知识等多种形式；三是严格“两控”措施，加强对从外地返回铁山的职工和民工进行检查与控制；四是严肃“抗非”工作纪律，落实“防非”工作责任，该公司以红头文件下发了“防非”工作要求、处罚决定，层层签订责任状，坚持日常预控和突出排查相结合，“非典”疫情得到有效控制。

【开展“双杯”竞赛】 2003年，矿业建设有限责任公司党委在总结以往开展党内主题活动的基础上，科学地提出了党建也是生产力的理念，在全体党员中开展了“支部堡垒杯”、“党员先锋杯”两杯竞赛活动，并将党建各项工作有机地纳入其中，实行每季一次联动检查考核，年终进行一次集中表彰。其中6个支部40多名党员得到了该公司党委的专题表彰，党建工作取得了好的效果，该公司党委“两杯”竞赛的经验也分别在《武钢政工》、《武钢工人报》、《矿业公司简报》、《黄石日报》、《冶金政工研究》等报刊杂志上发表。

【开展“阳光行动”】 2003年，矿业建设有限责任公司开展了“阳光行动”。该公司经营施工“点多面广战线长、苦累脏险贫户多”，为了保持职工队伍的稳定，该公司党委在开展思想政治工作的过程中，十分注意把解决实际问题和思想问题有机结合起来，以此起到潜移默化的作用，2003年该公司党政工组织共走访慰问职工348户，帮助42户困难职工享受地方政府最低生活保障金，办理武钢、矿业、矿建“三级”公司优惠证86份，领导干部扶贫结对40多户，实施发放困难补助12.4万元。此外，还先后为100名退休职工742名女职工进行了职业病和妇科病普查。

（郑建湘）

机械制造总厂

【概况】

项　　目	完　　成
机械产品总量/t	5974.51
机械加工件产量/t	3527.89

续表

项　　目	完　　成
销售收入/万元	12251.36
工业总产值(1990年不变价)/万元	3405.48
全员劳动生产率/元·(人·a)$^{-1}$	42199.2
冶金重点项目完成率/%	100
矿山重点项目完成率/%	100
机械加工综合合格率/%	100
综合设备完好率/%	100
千人负伤率/‰	0.086

2003年,机械制造总厂克服上游产品价格的持续上扬、综合成本逐步攀升等诸多不利因素的影响,坚持内抓管理、外拓市场,以推进高新技术工艺的运用为根本,强调高新技术的投入和产出,各项经济指标稳中有升,圆满完成了全年生产任务。

【安全生产】 2003年,机械制造总厂坚持"安全第一,预防为主"的方针,以落实安全生产责任制为中心,以反违章为突破口,加强宣传教育,认真学习贯彻落实《安全生产法》和武钢安全工作的指示,进一步增强职工的安全意识,在现场管理上,重点突出大件产品的吊装转运的安全管理工作,对重点作业现场进行重点监护。根据不同季节的特点,开展了有针对性的特殊时期安全活动、安全月活动、百日安全无事故竞赛以及矿安杯、青安杯等专项活动,严格考核制度,夯实基础工作,提高安全管理水平,正确处理了安全与生产,安全与效益的关系,保持了平稳的安全形势,安全生产实现1460天无轻伤以上事故。机械制造总厂上半年被武钢评为安全生产"先进单位",年底被评为湖北省安全生产"红旗单位"。

【质量管理】 2003年,机械制造总厂为切实提升产品的实物质量和服务质量,在全厂范围内开展了"以顾客关注为焦点,确保质量管理体系持续运行和产品质量上台阶"为主题的"质量管理年"活动。按照"一切规范,规范一切"的原则和ISO9001—2000质量体系标准的要求,进一步规范了工作程序和办事程序,强化过程控制,出台内外质量索赔制度,提高质量保证能力,通过加强宣传教育,强化文件控制、畅通信息沟通、进一步增强了职工的质量意识,完善了全厂的质量管理体系。在产品实物质量控制方面,加强产品的检验监督,依据产品的自身规律制定相应的质量检验指导书,严格质量跟踪卡制度,做好检验记录,严格考核产品的一次交检合格率。成立产品销售服务中心,及时跟踪,加强联系,抓好产品售后的技术质量服务工作,得到了用户的好评。全厂的质量工作得到了明显的改进,产品实物质量得到明显提高,该年4月顺利通过了ISO9001—2000质量管理体系监督审核。

【耐磨耐热生产线投产】 2003年,机械制造总厂为服务武钢矿山大球团厂对耐磨耐热备件的需求,经过对耐磨耐热件市场需求的论证,组织工程技术人员去各地进行实地考察,引进了耐磨耐热生产线的先进工艺。该生产线投资260万元,设计年产量5000t,于2002年10月筹建,2003年5月完工并组织产品试制,9月中旬首批样品交付程潮铁矿120万t球团厂试用。经过5个月的试生产,生产线运转正常,蜡处理工艺、型壳制作工艺和特种钢的冶炼工艺、原材料消耗等技术均已达到质量控制要求。

【党建工作】 2003年,机械制造总厂党委深入贯彻"三个代表"重要思想和党的十六大精神,加强党的组织、思想、作风建设,营造良好的改革和发展氛围,发挥了党组织的政治核心和战斗堡垒作用。在理论学习和形势任务教育方面,机制总厂按照武钢统一部署,结合自己的实际情况,组织党员干部和职工学习邓小平理论、"三个代表"重要思想和十六大精神。在组织方面,一是加强制度建设,用制度推动和保障党的建设。二是加强党支部建设,不断增强党支部的战斗堡垒作用。专门召开支部书记党建工作研讨会,围绕当前党建工作的难点和重点,探索在新形势下党建工作的新途径、新办法。三是加强党员的教育管理,用教育管理来增强党员的先进性。通过组织开展"实践'三个代表',永葆党员先进性"主题教育和"四个一"活动(重温一次入党誓言,开展一次扶贫帮困,接受一次廉政教育,进行一次岗位奉献),引导党员在厂改革发展进程中艰苦奋斗、顽强拼搏,吃大苦、耐大劳。党风廉政建设方面,党委按照"从严治党"、"从严治企"的要求,开展了"以案为鉴,警钟长鸣"廉政教育活动,狠抓源头防范,坚持制度约束。通过教育、管理、考评等方式的结合,突出抓好了党员干部的廉洁自律。

(陈俊杰)

矿山设计研究所

【概况】 2003年，矿山设计研究所历经费用递减为零、新产业尚未形成、科研项目大幅下降、外部市场竞争激烈、“三休”人员负担沉重等困难，全所职工紧密围绕科研经营目标，全面完成各项科研经营任务，实现盈亏平衡目标。全年实现收入740万元、利润1万元。2003年开展科研攻关、技术服务、咨询等项目30项，所有项目均按合同要求严格实施，兑现率达100%。安全生产实现了无轻伤以上的伤亡事故与重大设备、重大火灾、重大治安事故为零的目标。

【科研成果】 2003年，矿山设计研究所科研工作取得了一批新成果。(1)“难采矿回收攻关”项目，发挥了该所技术力量优势，采取有力措施，优化安全技术方案，并组织专家进行充分论证。在方法上，灵活多样，精心组织实施，2003年，已回收难采矿石23万t，创经济效益1150万元，同时创造了良好的社会效益。(2)“程潮铁矿提铁降硫试验研究”完成了室内试验和现场半工业试验的研究工作，经过反复试验，确定选择筛空0.154 mm、0.125 mm预先筛分，筛上产物分别磨矿，然后与筛下产物按比例合并入选，模拟细度 -0.076 mm时，采用脱硫浮选-磁选工艺，可获得精矿 βFe＞68%，含S＜0.08%～0.05%，εFe＞98%以上。结果表明：选厂生产铁精矿含铁品位达66.50%，含硫为0.4%左右，细度 -0.076 mm占据70%以上，采用浮选脱硫-磁选工艺处理，可获得优质球团矿原料。该工艺流程简单，易于在现场生产中实施，产出球团后原料后的浮选产物可并入现场生产流程中再回收硫和铁。(3)“灵乡铁矿石灰石深加工及其综合利用研究”，该矿岩峰石灰石矿产储量大，具有广阔的开发用途。课题组收集了大量的国内外石灰石综合利用及深加工资料，初步确定把重值碳酸钙作为主要开发方向，至年底课题组已完成实验室进行试验，取得大量原始数据和资料，同时，与苏州非金属矿工业设计研究院合作进行小试，下一步将进行可行性分析。

【产业结构优化与新项目开发】 2003年，矿山设计研究所取得如下成绩：一是逐步拓宽了专业研究领域，进一步提高科研水平，按专业分类重组了科研机构，把信息技术、球团技术、化工技术的研究和开发作为所发展的重点。二是进一步优化产业结构，分离辅助，将非科研、后勤行政性质单位集中由服务公司租赁经营，面向市场，自负盈亏。三是一批新项目研发成功，进入市场。(1)硅钢用硫化亚铁，完全凭借自己的技术，利用矿山附产品进行研制获成功，并已通过武钢技术中心硅钢研究所组织的评审，投入生产。硫化亚铁的研制成功，首先是紧密结合矿山实际，提高了矿山产品的综合利用水平，提升了矿山产品的附加值。第二，在工艺上，对老的工艺进行了重大的改进，摒弃了对环境污染较大的原料使用，大大地减少生产过程中对环境的污染。同时，改用矿山自有的原料进行生产，也大大降低了成本，并提高了产品的质量。第三，武钢打破了原料垄断局面，降低成本，实现原料渠道多元化。(2)爆炸法消除焊接残余应力技术成果，已推广应用到三峡工程，并参与了武钢重点工程“新3号高炉易地改造”建设的热风炉、二炼钢转炉、烧结厂烧结滚筒、程潮铁矿球团厂的干燥窑和回转窑、全国大型钢铁厂的烧结滚筒进行了爆炸消除应力，总长度1450 m，质量合格率达100%。(3)“三阳”系列防水涂料是该所开发出的新型高分子无害防水新产品，该产品将井下防水材料改型成适合于建筑屋面、地下室、厨房、卫生间、粮仓等多种建筑物的彩色防水涂料，具有防水、防渗漏、耐老化、耐擦洗、保色持久等显著特点，已投放市场使用，取得较好的效益，市场前景看好。具有高新技术含量的防腐材料，也已研制成功并已打入市场。(4)紧密结合矿山技术进步和新项目建设，将计算机技术、自动控制技术、视频监控技术渗透结合进去，实现了汽车衡、轨道衡计量网络化管理以及实时视屏远程监控。加大了工业电视监控技术的应用，分别在大冶铁矿东竖井、程潮铁矿球团厂、金山店铁矿余华寺主井安装了工业电视，大力提高了矿山安全技术水平，推动了矿山信息化进程。(5)抽检矿石化验执行率100%，月平均化验质量合格率95%。

【管理及降成本】 2003年，矿山设计研究所围绕实现全年的科研经营目标，深入开展“成本纵深行”、“双争双节”活动，对招待费、电话费、差旅费、非工作用车等严格控制，做到有标准、有考核、有办法，“三费”同比下降5%。全年继续坚持以财务管理为中心，立足于增收创效，坚持经济活动分析制度，起到了积极效果。在制度上，进一步建立和推行现代企业制度，规范管理，提升企业管理水平。在分配上，进一步突出效益优先原则，实行效益与收入挂钩的新分配形式，实施了岗薪制。同时，在实施项目组长负责制的基础上，制定了业务联系及项目引进奖励办法，最大限度调动了职工的积极性和创造性。

（潘复瀚）

湖北冶金技术学院

【概况】 2003年，湖北冶金技术工程学院继续克服资金锐减的困难，在矿业有限责任公司削减办学费用114万元的情况下，学院增收节支以收抵支，力求不超过矿业有限责任公司核定的226万元费用基数；克服师资不足等诸多困难，采取多种渠道和用工方式引进师资，继续保持着国家重点学校的办学水平，全面实现2003年的方针目标任务。(1)全面完成教学指标，教学计划完成率达100%，学生成绩及格率达到98%，双证考试合格率达100%，体育达标率达95%。(2)引进ISO9000质量管理体系，通过质量体系认证，进一步提高办学质量，改进办学理念和方法。(3)至2003年10月，2004届全部毕业生已提前被多家企业录用，2005届毕业生也有部分被提前预录，至此，该校已连续4年毕业生就业率达到100%。(4)该院首次被武汉钢铁(集团)公司授予年度“双文明”先进集体。

【抗击“非典”疫情】 2003年4月，当“非典”疫情袭来时，该院上下积极应对，制订了严密的工作预案，采取了具体得力的工作措施，实行两个月的全封闭管理，坚持消毒、检查体温、晨检、报告、隔离等制度，消灭卫生死角，增加师生营养。各级干部24小时值班，分级负责，带领师生抗“非典”疫情，成功拒病毒于校门之外。

【招生工作】 2003年，该院针对职业教育市场的激烈竞争，始终坚持面向市场办学，积极探索办学理念、途径、方法，创造和提高办学条件，加强校园建设和师资队伍建设，坚持全员招生举措，规范招生政策办法，加强市场看好的数控、模具、机电等重点专业建设，增强学校辐射力、吸收力。年初制定了具体的措施方法，层层落实分解，全体教职工不辞辛劳包片到校，走访学生家庭，共招收大、中专入校新生1000多人，首次突破社会招生千人大关。毕业生就业形势看好，富士康、鸿准、华硕、龙工等企业陆续来校招聘员工，2004年中专毕业生全部提前到厂顶岗实习。2005届毕业生也有部分提前预录。

【提高办学质量】 2003年，湖北冶金技术学院坚持抓教研教改、推行ISO9000标准，提高办学质量，继实现从市属职业中专、省属普通中专、省属重点中专的“三级跳”后，又向国家重点中专迈进。在自评自检、初评通过后，12月上旬湖北省教育厅专家组来校考察评估通过，并报教育部备案。另有数控、模具评为市重点专业，数控被评为省重点专业。在办好中专的基础上，积极申办高职，并取得实质进展。由于近几年坚持不懈的努力，争取省教育厅、劳动厅和两级公司的关心支持，研究制定湖北机电职业技术学院规划，开展了系列工作。11月上旬，由武钢组织的在该院召开组建“湖北机电职业技术学院”论证会，与会专家达成一致意见，形成《组建“湖北机电职业技术学院”论证会纪要》，2004年初将由湖北省教育厅组织专家论证后，报省政府审核。

【职工培训】 2003年，湖北冶金技术学院完成职工培训任务。该院几年来积极承担矿业有限责任公司职工培训任务，2003年采取师资内请外送、教学送教下矿的方法，热情为矿山生产服务。学院培训科尽管遇到场地搬迁、“非典”疫情干扰、人员紧缺等困难，积极开展培训工作，教学内容切合生产实际，与厂矿商定急需的培训项目，全年累计完成矿业有限责任公司职工培训和技能鉴定9000人次，实现预定年度培训计划。

（谈俊杰）

湖北鄂州综合食品厂

【概况】

项　　目	计　划	实　际
油脂产量/t	800	855
销售收入/万元	700	758

续表

项　目	计　划	实　际
工业总产值/万元	880	892
产品综合合格率/%	98	99
综合设备完好率/%	90	98
千人负伤率/‰		0

2003年,湖北鄂州综合食品厂在武钢和矿业公司的领导和支持下,努力实践“三个代表”重要思想,开拓非钢产业,克服困难,全面完成了2003年生产经营目标。2003年,该厂被鄂州市消费者委员会评为“鄂州市消费者满意单位”,被鄂州市工商行政管理局授予“守合同重信用企业”,被中华人民共和国国家质量检验检疫局颁发“全国工业产品许可证”,通过了ISO9001质量管理体系监督审核。

【企业管理】 2003年,湖北鄂州综合食品厂不断推进企业管理工作:一是加强财务管理和成本管理,严格控制非生产性开支,做到支出严控、票据严审、规范有序,将有限的资金保障生产经营正常进行。同时,做到定期对成本进行分析,制定了降低成本的有效办法,2003年降低生产成本20万元。二是加强采购管理,在多家供方中选择质量最好、价格最优、服务最佳的供方,并严格把好质量关、价额关、购进关,2003年仅包装物一项就降低成本26万余元。三是运用综合清欠手段加大清欠力度,经过艰苦的工作。2003年清收欠款10万余元。四是强化全面质量管理,认真执行ISO9001标准,健全生产工艺控制和质量检测工作,保证和提高产品质量,2003年未发生用户质量异议,从而增强了产品市场竞争力。

【深化改革】 2003年,湖北鄂州综合食品厂为了生存和发展,继续加大深化内部改革力度。(1)科级机构由原来11个归并为7个,其精简科级机构达36%,并调整了各科室的职责,从而达到了便于沟通、减少开支、提高工作效率的目的。(2)压缩中层干部使用职数,在原21名中层干部的基础上,采取个人申请、组织考核、职工测评的方法,重新聘任9名中层干部,精简中层干部面达57%。(3)严格控制非生产期间上班人数,重新进行定员、定岗、职工竞争上岗,使非生产期间上班人数下降了54%。(4)对可独立生产经营的单位实行招标承包,改变过去那种包而无责、包而无权的局面,承包实体采取自主经营、自负盈亏的独立经营方式,至2003年底,可以独立生产经营的单位都已承包到位。

【招商引资】 湖北鄂州综合食品厂有闲置土地200余亩、闲置厂房5000 m^2,该厂充分利用现有资源,用优惠的政策吸引投资者。2003年,该厂经过多方努力,引进3家投资商在闲置土地和闲置厂房投资办厂,至年底闲置厂房基本全部租出,每年将新增收入10万余元。3家投资方的引进,为该厂今后开发利用闲置土地积累了经验。

(李声光　余细华)

运输·储运·电力·维修·筑炉

运　输　部

【概况】

项　　目	计　划	完　成
铁路运输量/万 t	5100	5617.36
冶金车运输量/万 t	2320	2458.08
铁路货物周转量/万 t·km	40650	46468.5
机车综合能耗/kg·(万 t·km)$^{-1}$	230	218
吨钢综合能耗/kg·t^{-1}	4.5	3.9
局车停时/h	22.5	21.7
内燃机车完好率/%	87.9	93.3
厂内普通车周时/d	0.9	0.8
红旗列车正点率/%	93	93.7
机车台日产量/t·km	29000	35291
机车台日运量/t·km	3800	4526
运输全员劳动生产率/t·(人·a)$^{-1}$	12901.6	14275
运输工人劳动生产率/t·(人·a)$^{-1}$	14488.6	16910
万吨事故率/%	0.008	0.002
千人负伤率/‰	0.6	0.25

2003 年,运输部进一步强化"质量、安全、环境、效益"生产经营工作方针,突出保障职能,提升服务钢铁主业的能力,确保了武钢生产经营顺行。(1)优化运输生产组织。该部针对武钢发挥规模效益和优化品种结构的生产经营格局,增强运输效能,做到"四突出",即突出工序衔接,突出不同时期保产重点,突出运输方案的及时到位,突出计划的兑现。严格运输生产指挥调度纪律,加强与一铁三钢及货主单位的协调,满足了武钢生产运输需要,铁路运输量完成 5617.36 万 t,达年目标的 110.1%;冶金车运输量完成 2458.08 万 t,达年目标的 106%;局停 21.7 小时,比目标压缩 0.8 小时。(2)强化安全生产管理。运输部安全管理以贯彻落实各级安全生产责任制为核心,制定下发了《领导干部考核办法补充规定》及《安全专业经济责任制考核办法》。狠抓了安全管理制度和现场作业全过程的"安全彻查"工作。组织职工进行了《安全生产法》的学习考试。并以不同时期安全重点活动为载体提升安全管理成效。同时,加大对作业现场的整治力度,全年投资 140 万余元改善危险区域及地段的安全作业环境。

【创建学习型企业】 2003 年,运输部为了适应市场竞争、科技进步及建立现代企业制度的发展需要,着眼于铁路运输长远发展和不断提高企业核心竞争力,该部党委和行政把创建学习型企业作为运输部长期发展战略。通过逐步建立健全团队学习、实践运用和激励考核三个机制。开展了"干什么、学什么、精什么"的讨论活动,组织了"读一本好书,献一条良策,攻一道难关,创一项成果"推进会。围绕技术进步、安全保产和科技发展成立了各类攻关小组和自主管理小组 86 个。同时,以及时、精选、管用为原则,把管理干部、专业技术人员和操作人员学习的落脚点,放在提高管理能力、提高操作技能,适应企业发展上,对全部干部职工进行了管理和技能培训,部内办班累计 300 课时。设立 30 万元奖励基金,制定了《职工学习奖励办法》,将干部和职工学习与岗薪工资结合起来,对考试、考核成绩优秀者增加岗薪系数,在全部掀起了"争创学习型组织,争做知识型职工"的活动热潮。全年,组织实施了 6 项武钢级、9 项部级、30 项车间级技术攻关项目,21 项获武钢科技进步及小改小革奖。各方面工作获武钢级以上荣获 58 项,并获武汉市"五一劳动奖状"。

【通过内部换版认证】 2003 年 6 月 28 日,运输部"2000 版转换——文件化质量管理体系"

一次通过内部认证。该部质量管理体系一直延用ISO9002(1994版)质量保证模式。2002年6月,为适应内、外部环境条件的变化,基于“事实决策”的原则,运输部决定选择ISO9001—GB/T19001《质量管理体系要求》,完成质量管理体系文件转换。在换版工作中,该部以实施质量管理体系和符合认证要求为依据,以实现有序管理为目的,从冶金运输行业特点出发,确立了“安全、快捷、准确,满足货主需求”的质量方针,突出“以货主为关注焦点”、“持续改进”的质量管理原则,对原有各种文件进行调整,补充与删减,编写了新的《质量管理手册》,制定或修订程序文件34个、管理标准193个、岗位工作标准172个、岗位作业标准153个,形成了覆盖全部生产工作岗位,具有铁路运输特征的文件化质量体系,经试运行、审核和评价分析,满足了“充分性、符合性、有效性”的要求,成为全国冶金运输同行企业实施2000版转换的第一家。

【推进信息化建设】 2003年,运输部在巩固和完善现有“三网”的基础上,努力拓展信息化在管理领域的覆盖面,达到“一个准确、两个服务、三个重视”的工作目标,即两个作业网及作业管理所反馈的数据必须及时、准确;要为管理服务,为运输指挥服务;须重视外部各种先进指标的对比,重视运营指标的变化,重视资产管理的深化。使铁路信息化建设得到了进一步加强。(1)货车实时跟踪管理信息系统扩大了信息范围。8个车站的站区调都配置了货车跟踪工作站。同时,在原料车站4台机车上试点推行了机车移动信息平台技术,实现了调车作业计划的远程无线传输。2003年8月12日,该系统在运输部通过中国金属学会冶金运输专业委员会鉴定,被授予《科学技术成果鉴定证书》。(2)铁水调度智能系统开发、扩展了地面采集装置,实现了自动生成调度计划、检索进路及自动铺画调度图表的功能。(3)运输部办公自动化系统实现了与武汉钢铁(集团)公司办公网的链接,终端扩展到工段级,并已全面融入到武汉钢铁(集团)公司无纸化办公序列中。(4)建立了武东电子货票传输系统,研发了铁路运输网上结算和物资供应软件。(5)进行了运输部光纤传输网,即“光平台”的建设。

【降成本增效益】 2003年,机车燃油价格上涨、铁路运量加大等不利因素,给运输部降成本工作带来很大压力。机车综合能耗是体现铁路运输成本效益的重要指标。为此,该部将降机车综合能耗列为降成本增效益的专项工程,对节约燃油进行系统分析攻关。该部核算小组同归口科室加大项目指导督促和调整力度,层层实施跟踪管理。每月定期召开经济活动分析会,通过指标分析测算,随时监控车组燃油消耗,杜绝柴油燃烧不良机车出库,加强库外检修和临修。各车队建立规范完整的成本消耗台账,严格执行单机成本核算,对燃油无故超标及跑、冒、滴漏现象严格考核。将燃油核算到单机,成本指标到人头。并组织了63台机车组,460多名司机联手开展“降低机车燃油消耗”竞赛活动。同时,从百名司机的经验中总结推广了“一挡走车法”,即“利用内燃机车挡位特点,使燃油消耗最省”和“七字诀”,即“压、缓、提、抢、降、惯、溜”经济操作法,通过有效的措施,运输部将机车综合能耗由230 kg/(万 t·km)压缩到218 kg/(万 t·km),创冶金运输同行业领先水平。

(陈　颖)

交通运输有限责任公司

【概况】 2003年,交通运输有限责任公司按照“发展要有新思路,改革要有新突破,开放要有新局面,各项工作要有新举措”的总体要求,围绕“创立新机制,打造新品牌,再造新企业”的工作主线,强化内部管理,奋力开拓市场,有效克服了“非典”疫情和激烈市场竞争给生产经营带来的困难和不利影响,消化了岗薪补贴新增286万元的人工成本,顺利通过了中质协质量管理体系年度复审,取得了国家交通部二级道路货物运输企业资质。

【强化管理】 2003年,交通运输有限责任公司对客运高峰线路进行了资源整合,顺利实施了友谊大道沿线高峰改线及调整,提高了车辆的利用率,较好地缓解了新增专线带来的压力。对电车开班、收班时间做了相应调整,降低了电耗成本。为避免重要岗位人员出现断档的现象,该公司结合生产实际,对生产一线的劳动力结构进行了调整,有近50人走上了新的岗位,还培训储备了客车司机40余人。通过实施《岗薪工资管理办法》和《2003年度岗薪制岗位工资(系数)晋升办法》,进一步完善了分配激励机制。为满足生产需要,以星级设备管理为主线，强化了日常维护和点检预防制度，重新调整了设备检修计划，修订了《车辆检修管理规定》，提高了检修计划的严密性。检修系统加大了对工期、质量的组织管理力度，通过工效挂钩加强控制，收到了实效，检修质量、服务质量有所提高。制定了《物资采购领用管理规定》，加强了对物资采购和领用的控制。进一步深化全面预算管理，把预算指标与承包指标结合起来，定期进行经济活动分析，加强了对盈亏控制点的事前控制。制定了《交通运输有限责任公司非生产用车管理办法》，加强了对非生产用车的管理和考核，降低了非生产支出。

【拓展市场】 2003年，交通运输有限责任公司加强了市场调研，通过走访客户和召开客户座谈会等形式，增进与客户间的沟通，完善了市场网络管理和客户管理，进一步畅通了信息渠道，以“效益最大化”为原则，牢牢把握了市场竞争的主动权。在客运运力和人员严重不足的情况下，公司通过内部挖潜，整合资源，新增专线56条。在“非典”疫情影响上半年经营的不利情况下，紧紧抓住下半年学生秋游、“十一黄金周”和武汉市旅游节等机会，发动职工广泛捕捉信息，创临运收入94万元。全年先后承接了武钢职代会、中国钢铁信息年会、国企改制再就业经验交流会、武钢技术创新院士行活动等重要会议用车，以过硬的服务质量和鲜明的服务标识，为公司树立企业形象，打造优质品牌做了生动的广告。全年货运进一步突出服务意识和市场意识，紧盯武钢新建、扩建、改建项目，积极攻关，先后承接了新三焦大型结构件，三炼钢烟罩，三烧混料筒，五大氧大件，二热轧二期工程主要设备，热轧、冷轧年修等一系列有影响的吊装、运输任务。并成功地与二炼钢厂签订了保产运输协议，较好地完成了工业港矿石倒运及各炼钢厂的运输任务。为满足二热轧的生产运输，公司及时组建了专业化分公司，为二热轧保产运输提供了强有力的组织保障。公司还成立了货运公司成品材外发经营部，全面承接了二热轧商品卷的外发。在巩固、扩展武钢内部市场的同时，货运先后争取到涟钢氧气厂、蒲圻纸厂、阳新富池大闸等40多起吊装任务，共创外部收入272万元，同比增收89万元。检修在变活机制上下功夫，注重吸纳外部修理力量，利用外部资源和有资质的技术人才，为我所用，不断扩大承包经营规模，五十铃、重汽、陕汽、川汽、欧曼重卡特约维修业务量稳中有升，特约维修现场服务半径达200余公里，创出了品牌效应。汽车零配件销售已开始有业务往来。为了拓展液压工程机械检修市场，公司投资40余万元兴建了液压试验站，该试验系统采用计算机控制，能完成对油缸、油泵、液压马达以及阀类组件相关项目的油压、泄漏等性能的定量和定性科学检测，这套设备的投入使用极大地简化了检修过程，提高了故障判断准确率。各经营实体立足于发展壮大，积极为主业分流人员创造条件。经济发展公司整体接收了原五分公司带资分流的人员及车辆，增强了发展后劲。

【获国家二级道路货物运输企业资质】 2003年，在不断改善货运、检修软硬件条件的基础上，交通运输有限责任公司申报了国家二级道路货物运输企业资质，并对照申报资质需要具备的条件逐一落实，经武汉市、湖北省运政机构及交通主管部门审定后，最终通过了国家交通部评定，成为湖北省获取二级资质的6家单位之一，取得了全面参与运输市场竞争的“通行证”。与此同时，公司对各项管理制度进行了认真清理，加强了对质量体系过程、管理过程及生产服务过程的有效控制，消除了个别管理制度重叠、矛盾甚至抵触的现象，增强了管理制度的连续性、适用性，使公司质量管理体系各个环节运转良好，顺利通过了中质协年度监督验证审核。

【防“非典”工作】 2003年，4月份以来，交通运输有限责任公司以对企业和武钢职工高度负责的态度，把“防非”工作作为政治大事来抓，认真落实武钢关于“非典”防治工作的指示精神，形成了横到边、纵到底的三级领导体系，完善了组织实施、检查监督、考核奖惩程序，“非典”防治工作形成闭环管理。结合运输行业特点，把“防非”重点放在运输车辆上，制定了9条防范措施。狠抓防治“非典”，打胜了一场钢铁运输线上的“防非”仗，没有出现一例“非典”病例和疑似病例，确保了武钢的生产稳定，被授予武钢防治“非典”先进单位。一是建立层层负责的领导责任制。公司成立了“防非”领导小组，分别与基层单位签订了“防非”责任状。二是建立严密的防范措施。公司通过宣传单、简报、板报等形式向职工宣传科学防护知识，增加防护意识，消除恐惧心理，给所有职工购买发放了“防非”药品，为每个司售人员配发了口罩。各分公司成立了专门的消毒小组，每天两次对400台车辆进行消毒，张贴“此车已消毒”标签，把车辆消毒情况在车辆公示栏上公示，接受乘客监督。车辆消毒率、检查率、考核率均达100%,向车内喷洒消毒剂达5万余升。建立了三级疫情监控网络,对从疫区返汉职工和外来人员实行登记、体检、反馈制度,共对52人进行了健康登记,安排了12人体检,隔离观察了2人。对乘客中的发热人员,迅速启动应急预案,做好追踪确认工作。三是开展以防治“非典”为主要内容的爱国卫生运动。广泛动员职工及时消除卫生死角,切断“非典”疫病的传播途径。同时注重职工的预防,除为职工配发了必备的“防非”用品外,还投入20万元为每个职工购买了预防药剂,确保了公司无一例“非典”及疑似病例。为保证武钢职工生命安全,维护武钢生产建设的顺行做出了积极贡献。

【“讲文明、改陋习、树新风”活动】 2003年8月以来,交通运输有限责任公司深入开展了“讲文明、讲卫生、改陋习、树新风”活动,重点围绕车辆运行场地、线路、站点的环境创新,加大整治力度,要求职工每天清扫车辆。公司通过组织司售人员文明用语培训,开展文明岗位、文明线路、文明车组和服务明星的评选活动,组织“四净”文明行车竞赛等形式,对职工加强职业道德养成教育。同时,坚持检查考核与宣传教育并举,加强了对车辆“四净”的管理,强化考核,增强了职工行车前、收车后清洗车辆的自觉性,使车容车貌有较大改善。通过在每台客车上张贴《文明乘车公约》,强化了乘客的公共道德意识和文明意识。公司各级领导还坚持上站与司机一道做好文明乘车的宣传工作,对乱扔废弃物、哄抢座位、携带碗筷早点上车等不文明行为耐心劝阻、制止,引导职工争做文明乘客,取得了良好的效果。

【党建创新活动】 2003年,交通运输有限责任公司党委以“揽工程、接项目、找货源、创效益100万元以上”为主要内容,开展“共产党员与创新创效”党建主题活动。各级党群领导千方百计收集信息、承揽货源、占领市场,切实做到渗入中心、服务经营、促进发展,全年党员创效益超过100万元。公司党委将主题教育活动与“创文明岗位,让用户满意”和“铸名牌、塑明星”活动结合起来,全年共评选表彰各类名牌明星28个(名)。按照企业“十五”发展规划和建成全国冶金公路运输行业一流的现代化新企业的需要,党委以调整和优化人才结构为主线,抓住培养、吸引、使用人才3个环节,着力建设经营管理人才、专业技术人才、党建政工人才三支队伍。公司采取招聘考试、组织推荐等方式使一批年轻人走上了管理岗位,尤其是一些年轻的劳模、标兵、技术状元得到重用,在公司内部形成了良好的竞争择优氛围。2003年10月,又选送了30名干部到武汉科技大学进行经营管理知识的培训,收到较好效果。

【落实“依靠”方针】 2003年,交通运输有限责任公司坚持全心全意依靠职工办企业的根本指导方针,着力推进分公司事务公开和班组班务公开,真正让职工参与企业管理,进一步体现了职工的主人翁地位。并将做好耐心细致的思想政治工作和帮助职工解决实际困难结合起来,坚持开展“送温暖”活动,积极推行“连心卡”制度,领导与困难职工结成帮扶对子,明确帮扶责任,尽力帮助困难职工解决实际困难,增强了企业的凝聚力。全年共走访慰问3000多人次,发放慰问金、困补款近9万元,为多名困难职工家庭办理了房租减免或煤气补贴。退休职工的生活福利待遇也有所提高。年底,公司又拨出40万元对在职职工进行健康体检。2003年,公司进一步加强离、退、居休职工的管理,成立了离休、退休、居休职工管理委员会和办公室,及时化解矛盾,为企业集中精力谋发展构筑了稳定防线。

(吴卫斌)

储 运 公 司

【概况】 2003年,武钢以[2003]56号文决定,于2003年10月8日正式将武钢储运服务公司更名为武钢储运公司,开始独立运作。武钢储运公司设四部一室,即仓储管理部、运输管理部、装载技术部、外运服务公司、综合办公室。下设大型成品车间、轧板成品车间、热轧成品车间、股份成品车间、综合车间。武钢储运公司主要职责是:(1)负责武钢具备外发条件的产成品和品质合格的带出品的储存、外发管理;(2)负责进库废次材的管理及外发工作;(3)负责合同运输条款的审定;(4)负责装载技术及装载加固材料的管理;(5)负责运输作业方案的制定及整个运输过程的协调;(6)负责外发产品的码单与质保书的查询、清理、销账;(7)负责外发产品的异议处理;(8)代办武钢其他各有关单位的产品外发业务等工作。2003年,武钢储运公司完成外发产品998.4万t,其中商品材652.77万t(铁路312.56万t,公路281.55万t,水路58.66万t),钢坯112.10万t,完成了生产经营指标目标值。

【加强外发运输能力】 2003年,在武钢产品持续产销两旺的情况下,企业运输形势呈现出热点多、矛盾突出性强的特点,尤其在二热轧顺利投产后,外发量较2002年同期增加了12%。面对这种局面,武钢储运公司坚持抓好日常运输协调工作,发挥专业化管理优势,集中精力立足于主动,对内分析产品流向,制定运输方式、运补政策,疏通多种外发渠道,保证了产品的顺利外发。在铁路运输方面,一手抓运输计划,一手抓调度协调,做到均衡外发。同时不断提高工作质量,提高外发站点职工的“把关”意识,及时发现并纠正运输过程中的失误,尽量杜绝运输异议的发生。在各部门的配合下,全年共纠正错发局车100余次,节约成本约7万元。水路运输方面,下力气狠抓承运质量。该年出口孟加拉、巴基斯坦以及日本的重轨、线材,交付时间紧、质量要求高。特别是出口巴基斯坦重轨的交付期间正值“非典”疫情高峰,在巴方不能派员来现场的情况下,武钢储运公司找最好的承运商,提供最优质的服务,抓住理货、吊装、防护以及报关配合几个重要环节,精心操作、严格管理、全程控制,对船只运行情况,沿途到港的时间都提出明确的要求,使1.4万t重轨按时交付到了巴方手中。公路运输方面,在管理规范化下功夫。对高坡地车间、二热轧成品车间的部分自提合同进行了统一的归口管理,并采取了相应措施,为客户货物安全及时送达建立了保障机制。在二热轧、工业港、一冶码头及周边仓库转库等一系列作业中,公路运输为降低库存发挥了重要的作用。

【加强信息化建设】 2003年初,武钢产销资讯系统正式上线运行。“春运”期间,是运输与外发矛盾最突出的时候,由于资讯系统磨合期间种种因素的影响,热轧、轧板两个车间库存一度居高不下,外发产品严重受阻。针对这种状况,武钢储运公司一是加强领导,落实责任,成立出货领导小组,关键岗位责任到人24小时值班。二是搞好库存分析,把原来的每月库存分析改变成日有分析、旬有小结。根据分析及时进行内外协调,实施跟踪,为后期产品顺利外发做好准备。三是坚持目标管理,按照武钢集团公司要求每天定外发目标量,并分解任务到班组。四是抓好人员培训,在提高人员素质、健全管理体制上下功夫。该年武钢储运公司先后多次组织了各个层次的产销系统知识培训,近100余名职工参加了岗位培训。针对资讯系统上线过程中暴露出的大量具体问题,该公司坚持边实施、边改进、边规范、边创新的工作思路,在上线初期提出修改性意见20余项,对于合同的执行与分割、提单的传递、销账以及转库后的资金流动运作等一系列新问题创造性的提出了解决的方法,并在此基础上建立了一系列暂行管理制度。武钢储运公司下属的各个成品车间分散于整个武钢厂区,为提高信息流通速度,加快日常数据传递,武钢储运公司投资5万余元设计了一套办公自动化的信息软件。这套软件的实施,将会使各成品车间与管理部门之间形成一个完善的通讯网络,使管理者能够更好掌握现场的工作状况,更快捷、准确地作出决策。

【确保运输安全】 2003年,储运公司在确保运输安全方面下了一定功夫。近年,随着铁路一再提速和武钢产品单件吨位加大,如何保证产品的安全交付成为装载加固工作面临的重大课题。2003年,在装载加固工作中,武钢储运公司牢固树立“安全第一”的指导思想,做到“三个抓好”。即:抓好装载技术,确保运输安全;抓好装车质量,满足客户需要;抓好管理创新,提高经济效益。装载技术部门的工作人员经常深入现场,具体指导,利用每月一次的返厂车分析例会,交流探讨装载加固中的经验,分析运输装载加固中存在的不足,提出解决问题的办法。2003年中武钢储运公司共组织了超长钢板装载、重轨水运装载、二热轧大卷卧装及凹型草垫卧装等多种方案试验,引进了兄弟单位的先进装载技术,落实解决了大部分外发产品的装载加固方案,从而为武钢产品的安全外发提供了保障。通过抓好装载加固工作提高装车质量,使返厂车的问题得到控制,并取得明显的效果,2003年武钢储运公司返厂率指标降到了2.8%的历史最好水平。

【强化服务意识】 2003年,武钢储运公司强化了服务意识。作为武钢的一个窗口,直接和用户打交道,职工的言行代表着武钢的形象。2003年,武钢储运公司一方面提高职工的“窗口意识”和“服务意识”,为用户服务不讲条件,建立服务公约,严禁利用职权对用户吃、拿、卡、要,同时狠抓职工的工作质量,用优质、高效的服务,赢得用户的赞扬。另一方面武钢储运公司把推进民主管理，提高全体职工主人翁意识放在首位。对涉及职工利益的重大问题都是采取召开职工代表专题会议的方式进行讨论决定。在武钢组织开展的“爱厂爱岗、发展武钢”合理化建议活动中，职工踊跃参加，提出了70余条合理化建议，其中一部分已经实施，取得了良好的效果，使职工民主意识、参与意识有了很大的提高。

（李　丽）

钢电股份有限公司

【概况】

项　　目	计　划	完　成
发电量/亿 kW·h	163000	204223
发电煤耗/g·$(kW·h)^{-1}$	352	350
供电煤耗/g·$(kW·h)^{-1}$	383	383
油耗/kg·$(万 kW·h)^{-1}$	6.88	9.15
厂用电率/%	8.48	8.45

【建厂10周年】 2003年6月18日，为武汉钢电股份有限公司建厂10周年。武汉钢电股份有限公司创立于1993年6月，由武汉钢铁(集团)公司、中国工商银行武汉市信托投资公司、中国人民建设银行武汉市信托投资公司、深圳发展银行及北京京华信托投资公司5家单位共同发起成立。是湖北省最大的定向募集资金的股份制公司。该公司一期工程两台20万kW发电机组于1996年12月6日首次并网发电，两台机组于1998年2月23日正式投入商业运营。建厂10年来，武汉钢电股份有限公司在日趋激烈的电力市场竞争中坚持科技进步方针，实施紧缩成本战略，发电量与利润年年攀升，取得经济效益与社会效益同步增长的良好态势，企业人均创利水平由发电之初1997年的6.65万元提升到2003年的46.92万元，累计实现利税突破13.41亿元，成为武汉纳税大户。近年来，武汉钢电股份有限公司先后获得“武汉市重点税源单位”、“武汉市企业景气调查先进单位”、“武汉市工业企业综合实力50强”、“武汉市绿化先进单位”、“武汉市重合同，守信用先进单位”等近40余项荣誉称号。

【支持省网供电】 2003年夏季，湖北地区气温创下了近10年最高的纪录，连续1个月白天气温在37℃以上，为百年罕见。由于居民的用电量激增，湖北省的电网的用电负荷在7月间已超过了1000万kW，创下了历史新高，用电负荷的激增使得省网供电频频告急，武汉钢电股份有限公司在这期间将两台机组开足马力发电，全力支持省网供电。该公司在非常时期制定了周密的“迎峰度夏”计划，从思想上、人员上、安全上、设备上做了全面的准备，由于生产任务比平时高出近1倍，各分场高度重视此次紧急供电任务，技术人员全部到现场一线办公，检修人员随时待令，保证设备问题能及时解决，后期部门做好了防暑降温工作，安全部门严格管理，确保发电机组安全运行。在6月的生产中，该公司创下了2.08亿kW·h月发电量新高。

【入选企业界20件大事】 2003年，武汉钢电股份有限公司“锅炉燃烧三维温度实时监控”技术这一科技成果入选了当年湖北省企业界2003年20件大事。2003年，该公司联合华中科技大学等单位，在2号锅炉进行了燃烧三维温度场实时监测及燃烧优化的应用研究，采用了辐射能信息技术研究的最新成果，通过建立相应的数学模型和辐射成像模型，实时获得锅炉炉膛三维温度场可视化信息。通过视频分割器和视频采集设备将8路火焰视频信号转化为数字信号，传送出壁面辐射热流分布、火焰中心位置等关键的燃烧信息，从而实现对锅炉整体燃烧状况的实时、全面监控。经过实践检验，该应用研究成果比国际上通行的声学高温计测量、光测量、CCD成像技术测量表现出更高的优越性，达到了检测误差率小于5%，刷新时间仅为1秒，检测范围在500～2000℃之间的世界先进水平。自运用该技术以来，该公司的锅炉效率显著提高，锅炉水冷壁的使用寿命明显延长，单台机组年节约标煤在4000 t以上，仅此一项单机直接降成本超过130万元，间接降成本1000万元。

【利润分红】 2003年3月20日，武汉钢电股份有限公司召开二届六次董事会，决定对2002年度的利润进行分配，分配预案规定每10股拟派发现金红利0.625元(含税)，比2001年加了25%，这是该公司投产以来第5次派发现金红利。2002年钢电公司在电力市场仍持续低靡的情况下，不断加大技术进步和管理创新的力度，围绕“赶前争先、均衡稳产”的方针，积极争取参与市场竞争的主动权，利用紧紧抓住冬夏两个用电高峰的黄金时机，削峰填谷，使全年的发电量再创新高，全年实现利润1.43亿元，全年的经营水平创下了历史最好的水平，维护了广大股东的利益。董事会讨论通过了《修订公司章程》、《2002年度利润分配预案》等5项议案，《利润分配预案》建议2002年的利润按每10股派发现金红利0.625元(含税)。

(张　涛)

设备维修中心

【概况】 2003年，设备维修中心以确保武钢主业大生产顺行为己任，确保武钢整体效益为宗旨，在诚信服务中优质的完成了协议保产的各项维修保产任务。全年共检修主要设备680线次，检修项目19000余项，设备隐患整改5800多项，项目兑现率和点检到位率均达100%，检修质量、临时任务完成率等指标均达目标要求。全年实现保产收入8156.68万元，超额完成年度目标任务，保产协议内主要生产设备故障率控制在2.89‰，实现重伤及以上事故、火灾事故、重大设备事故为零的目标，该中心工作得到武钢领导和部门以及生产厂的认可。工业港、烧结厂、炼铁厂、一炼钢厂、二炼钢厂、轧板厂、大型厂、热轧厂等8家单位给中心赠送了锦旗或铜牌。2003年，设备维修中心被武钢评为安全管理先进单位和“双文明”建设先进单位，计划生育工作获武汉市先进集体称号。

【维修保产】 2003年，设备维修中心认真履行协议保产职责和设备管理职能，始终确保设备状态受控和经济运行，先后对基层岗位进行了岗位核实，对机关进行了整合，对制度进行了2次较大的修改与完善，把中心的各项专业管理融会到生产厂设备管理中，渗透到各厂的设备指标、生产指标、品种质量指标以及技术改造等各个环节之中，与主体厂主要指标挂钩考核，建立了规范的保产机制，使中心与生产厂设备管理形成合力。结合武钢“万点受控，经济运行”的要求，中心对2002年推行的设备监测岗管理工作进行了调整和深化，将管理职责下放到车间，加强对监测岗工作的监督和考核，提高监测岗工作的实效性，充分利用停炉、停机各种时机，开展了对主要设备的检查、维护工作，形成了集点检、维护、检修于一体的良性循环体系，共发现和排除各类设备隐患5800多项，避免重大设备事故、生产停机事故共160多项。中心积极开展了设备预知预防维修和设备寿命周期管理活动，对关键设备、易影响生产的关键部件早预防、早发现、早处理，摸索和掌握设备劣化规律，组织了科学合理的维护和检修，使设备运行的经济性和设备抢修快速性得到全面体现。中心成立了抢修应急分队，制定了抢修接人路线，建立了中心调度指挥系统，在各车间设立专职调度，并将抢修及时性纳入了保产工作准则。针对不同时期的特点，中心大力开展了“生产设备雨季防涝排渍”、“查隐患、抓整改、全面准备设备安全过夏”、“冬季五防”等主题管理月活动，有力提高了中心维修保产和参与设备微观管理的能力。中心大力优化人力资源，积极拓展保产范围，在确保主体厂设备稳定运行的前提下，主动介入和承担了三炼钢3号铸机、二热轧的部分维修保产任务，大力开展了“检修集中承包，维护分散负责”的检修互助活动，先后在一炼钢厂和二炼钢厂、二热轧等新保产工作中组织检修互助700余人次，有效地保证了主体厂检修计划的顺利完成。中心围绕主体开展了降成本工作，建立了中心成本工作管理体系，建立了成本计划、发生、结算全程登记和跟踪制度，实现了全年可控成本降低150万元的目标，立项并完成“成本效益纵深行”、“对标挖潜”项目56项，加大了备件修复力度，共为主体厂修复装配备件2700多台套，节省修复费用1100余万元，中心各驻厂车间打破区域界限，积极承担了一些较大检修项目，共完成协议外项目240余项，降低主体厂外委费用600余万元。

【安全管理】 2003年，设备维修中心坚持“安全第一，预防为主”的方针，认真贯彻落实武钢2003年安全生产动员大会精神，从强化各级安全生产责任制入手，健全和完善了各项安全制度建设和基础工作，狠抓了维修安全管理和措施的落实工作。一是狠抓安全生产网络管理，在认真贯彻执行《安全生产法》的基础上，层层签订了安全生产责任状，健全和完善了中心安全生产管理体系。二是以安全活动为载体，大力开展了“安全特殊时期”、“学、查、议、改”、“安全生产月”、“百日安全无事故”、“查隐患，定措施，促整改”、“反违章，促管理，查隐患，抓整改”等活动，自查安全隐患达569项，整改率达100%。三是深入开展了班组危险预知预警活动，加强了对班组职工在作业前的危险因数的分析、预测和维修过程中安全措施的落实，分区域、工艺、建立事故模型，找出事故发生的规律，制定相应的措施和办法，做到每项作业有一张危险预知分析及对策表，使职工上场作业前心中有数。四是坚持日常检查与季度检查相结合，加强了安全消防检查、整改力度，先后进行了7次安全大检查，检查班组100多个，抽查职工300多人次，对检查发现的近80个问题进行了通报和考核。五是以典型事故案例教育职工，中心整理汇编了近两年来企业的典型事故案例，重新统一修订了新的《安全操作规程》，下发到职工手中。六是大力提升职工的安全技能，中心全员接受了安全防火知识考试和培训，21名职工和15名班组长参加了武钢安环部组织的特种作业人员和班组长取证培训，3名安全责任人参加了武钢的防火知识培训取证，先后组织了35名焊工取证培训班，121名吊车指吊人员培训班，20名二热轧遥控天车人员取证培训班，734名特种作业人员的复审工作，有力促进了中心安全工作的开展。

【科技进步】 2003年，设备维修中心努力发挥专业集中优势和技术骨干对设备性能、工艺等熟悉的能力，继续开展了技术进步和小改小革活动。技术人员主动对主体厂生产设备排忧解难，有效地降低了设备故障、提高了设备精度、减少了检修工作量和成本消耗。炼铁26号转运站原PLC控制系统，常常影响高炉正常上料，车间组织力量将控制系统进行升级改造，获得武钢科技攻关一等奖。二炼钢喷号机、去毛刺机经常发生故障，中心组织力量攻关改进，使故障率降低了50%，受到了厂方充分肯定。一炼钢厂两台进口的针式打号机，很难适应连铸方坯打号的要求，经过攻关，解决了生产上的一大难题，年降成本720多万元，受到了质检中心和厂方的高度评价，被武钢评为“最佳改进措施”。全年中心共完成科技攻关项目67项，其中武钢级8项，中心级13项，车间级46项。中心加大技术培训力度，全年共举办各类培训班58个班次，累计授课1982学时，接受培训的人员达1553人次，提高了队伍的技术素质。中心开展了维修保产“三种人”(维修明星、技术巧匠、管理能手)的评选活动，共评选出“三种人”44人。

【重塑企业理念】 2003年5月，设备维修中心领导在深入一线职工中调研发现，有少数干部和职工在思想观念上依然陈旧、落后，有的以“主体老大”自居，不愿承认自己在维修中是“乙方”；有“大树底下好乘凉”的思想；有对“政策3年不变，3年后我们怎么办”的疑虑思想等。作为武钢的一支专业化维修保产队伍，必须让职工从不适应武钢改革与发展的思想束缚中解放出来，从不适应专业化管理的束缚中解放出来。本着对中心1500多名职工的生存与发展负责，对武钢整体利益负责的精神，在职工中开展了一场“解放思想，转变观念”暨“主体有需求，我们怎么办?”大讨论活动。使职工树立“围绕主体，诚信服务，内强素质，外塑形象”的企业理念，赢得了主体厂的好评。树立围绕企业生产经营的主市场，提供优质服务的产品观；塑造一流专业维修保产队伍，为主体厂生产保驾护航的目标观；内强素质，外塑形象的管理观；追求设备高效运行，追求企业效益最大化的价值观；优化人力资源，拓展保产范围，占领高新技术设备维修保产市场的发展观。大讨论教育职工认清了形势，为武钢新一轮改革和发展提供了强有力的思想保证。

【党群工作】 2003年，设备维修中心党委在党建工作中紧密联系本单位的生存与发展，有力维护了职工队伍的稳定，有力地促进了两个文明建设。一是切实加强两级领导班子思想作风建设。先后举办了4期中层干部学习“三个代表”重要思想及十六大、十六届三中全会精神培训班，推出了党委一班人定期参加或指派专人到车间督促、指导车间班子民主生活会的学习制度，中心与43名科干签订了《党风廉政建设责任书》，中心纪委历时2个月大力开展了“自觉遵章守纪，严肃工作作风，提高管理水平”为主题的自查整改活动。二是以“解放思想，转变观念，促中心可持续发展”为主题，推出了“四个一”活动，即在《武钢经济》上出了一期专版；制作了反映中心成立两年来工作历程，主题为《前进中的武钢设备维修中心》的大讨论展报在各车间巡回展出；制作了反映中心职工解放思想、转变观念历程的电视专题片《历经风雨见彩虹》；在《武钢工人报》出了一期反映中心企业理念和5个定位的大讨论专版。三是充分尊重职工的民主管理权利，大力推进以自主管理为主导的群众性经济技术创新工程。轧板维修车间自主管理小组《解决薄板划伤》成果在中国质量协会、《中国质量》杂志举办的全国“舜杰杯”成果发布赛上获一等奖。全年实施自主管理课题83项，有6个获武钢优秀自主管理小组，3个获武钢最佳自主管理小组。四是积极推行车间事务、厂务公开制度，增强民主决策的透明度。中心大力推行了中心《值班主任制度》，首任值班主任烧结维修车间职工罗先华任职3个月，促使中心的各项管理与基层建起了一座沟通的桥梁，为决策的准确性提供了有效的保证。五是大力实施送温暖工程，多办“为困难职工想、解困难职工难、暖困难职工心”的好事。中心两级工会共走访慰问79人次，发放慰问金4100元，并对68名生活困难职工给予3.89万元困难补助。六是以保产为中心、以安全为重点、以确保关键指标为前提、培养团队精神为目的大力开展了劳动竞赛活动。组织职工开展了“爱武钢、奔小康、立足岗位、建功立业”、“战高温、促安全、维修保产创佳绩”、“重点设备快速检修”、“三保二无一达标”、“防暑降温保安全，优质服务送清凉”等形式多样的立功竞赛活动，激发了广大职工立足岗位做贡献的热情，有力促进了维修保产工作。七是开展了“当主人、献良策、促管理、保安全”和“爱中心、促保产、求发展”献计献策活动中，共提合理化建议572条，采纳389条，整改251条。八是深入学习贯彻了中国工会十四大精神，为基层工会购置了《中国工会十四大报告学习问答》一书，组织了中心“学习贯彻中国工会十四大”精神百题知识征答竞赛，举办了38名工会小组长参加的中国工会十四大精神学习培训班。九是组织职工开展了丰富多彩的文体活动，成功举办了中心首届篮球赛及“钢城之夏”系列活动，深受广大职工的欢迎，得到了武钢工会的好评，并获武钢2003年度“钢城之夏”优秀组织单位。

（余良生　王宏彪）

炉窑建筑安装工程有限责任公司

【概况】

项　　目	完　　成
全年销售收入/万元	8863.62
全年实现利润/万元	485.84
工程一次交工合格率/%	100
分项工程优良率/%	94.8
综合设备完好率/%	96
工程开竣工率/%	100
千人负伤率/‰	0.8

【开拓外部市场】 2003年，炉窑建筑安装有限责任公司职工抢抓国内钢材销售“趋暖”，各大钢厂及民营企业加大钢厂新扩改建工程投入的时机，在巩固和拓展武钢内部市场的基础上，加大了外部市场的拓展力度。截止2003年12月底，该公司对外承接了20项大中型炉窑工程项目，完成合同金额843万元，回收工程款542万元，为全年外部市场产值目标的211%，创历年来最好水平。尤其是2003年3～6月防“非典”疫情期间，及时捕捉市场信息，主动出击加大外部市场承接力度，共承接了7项大中型新建和检修工程，总计工程收入为459.8万元。其中广东省韶关钢铁总厂120 t转炉新建工程，经过激烈的角逐，于3月20日凭借实力拿到“入场券”，仅用8天时间圆满完成新建工程，并实现了转炉一次性顺利出钢的承诺。韶钢领导在转炉开炉庆功会上当场决定，另一座120 t转炉新建工程由武钢炉窑建筑安装有限责任公司承建。5月24日，韶关钢铁总厂第2座120 t转炉新建工程如期开工。6月4日，仅用10天时间就全面竣工，并一次性验收合格交付韶钢正常使用。2003年3月，该公司获悉湖北凯龙化工集团将新建一座热风炉烘干窑，便及时上门接洽。该工程包括钢结构制作安装，管道制作安装，仪器仪表安装调试，设备安装调试及耐火材料的施工等诸多项目，甲方要求施工单位从设计到施工一条龙总承包。为了顺利拿下这个大型施工项目，武钢炉窑建筑安装有限责任公司抽调精干力量组成工程竞标专班，在较短时间内制作出一套科学而严谨的投标书，并以231万元的价格在众多的竞标对手中一举夺魁。12月19日，在广大职工的奋力拼搏下，圆满地完成了这项大型的“交钥匙”工程。

【冷轧连续退火炉新建工程竣工】 2003年10月20日，该公司承接的冷轧厂连续退火炉新建工程安全优质如期地完工。冷轧厂连续退火炉新建工程是武钢重点效益工程。该项新建工程施工范围十分广泛，诸如工程设计、土建施工，钢结构制作安装、仪器仪表安装调试，以及机械设备安装调试等项目都是该公司以前未单独承接施工过的。加之用户对工程施工质量要求很高，以及现场施工作业条件相当恶劣等困难和不利因素，对该公司圆满完成这项施工任务都是一次严峻的挑战和考验。2003年10月9日，经过长时间周密的准备后，该项工程顺利开工。为确保此次施工的工期和质量，该公司将工程根据专业和人员配置情况划分为3个责任区，分别由3位施工经验丰富的同志负责。同时抽调业务骨干加强施工现场管理，保证了工程施工进度按施工方案的要求高效安全优质地推进。施工期间，工程质检组的同志为了核实一组数据对炉身反复进行测量，在全体干管人员无声言行的感召下，广大职工发挥了炉窑人吃苦耐劳勇于拼搏的优良传统和作风，日夜奋战在施工现场，克服了许多难以想象的困难，保证了工程顺利推进。截止10月20日零点，冷轧厂连续退火炉新建工程比网络计划工期提前24小时完工。

【企业文化建设】 2003年10月9日，武钢企业文化建设现场推进会在一炼钢厂召开。炉窑建筑安装工程有限公司在会上作了题为《加强企业文化建设，增强企业凝聚力和竞争力》经验交流发言。该公司在成立之初，企业人心浮动，经营困难，亏损近千万元，从加强企业文化建设入手，促进生产经营迅速好转，保证了职工队伍的稳定，实现扭亏为盈，并连续4年超额完成武钢下达的利润指标。工程检修市场从武钢内部逐渐拓展到全国20多个省市和地区，使该公司从仅服务武钢的炉窑检修和保产单位发展成为一家服务全国市场的炉窑企业。该公司“从无到有，从小到大，从大转强”的发展中，公司领导层对企业文化建设十分重视，具体体现在“五个到位”上，即认识到位，职责到位，资金到位，策划到位，措施到位。实施中以人为本，增强企业的凝聚力和向心力。尊重每一名职工，给每一名职工展现才能的机会，给每一名职工创造尽可能好的工作环境，让每一名职工都能得到组织的温暖。该公司注重实施“形象工程”，以全面提升职工形象、企业形象和品牌形象。该公司成立之初，一无企业形象，二无名气，三无品牌优势，四无武钢之外市场。在这种困境下，通过加强树立人的形象、树立企业形象、树立品牌等三个方面工作加强企业文化建设，扩大了企业的社会影响力。同时，极力推行用户为中心的价值理念，全面提升企业的竞争力。把“以用户为中心”价值理念，置入企业每位员工心灵深处，贯穿到企业战略、企业行为和企业生产发展之中，不断提升企业竞争力是该公司最终的工作追求。为实现这个宏伟工作目标，该公司从服务好每一个用户，诚信对待每一个用户和追求与用户双赢目标等开展各项工作，赢得了用户的信任，创造了可观的社会和经济效益。

（赵国俊）

销售·供应·金融·外贸

销售公司

【概况】 2003年，销售公司积极应对复杂的市场形势变化，理性决策、科学运作、务实工作，严格按照武钢的精神组织合同，实现了产销平衡，确保了武钢效益最大化。全年共组织三轧材合同492.71万t，比2002年同比增加了111.29万t。实现预算项目销售收入155.95亿元，比2002年增长56.06亿元。货款回笼达273.98亿元，比2002年同期增加94.68亿元。货款回笼质量明显改善，全年累计压欠9064万元，全面完成压欠目标。2003年三轧材平均单价大幅攀升，达到2744.50元/t，比2002年同期增加了570.61元/t。

【价格预测分析】 2003年，销售公司自行开发的"国内重点钢材市场价格行情监测系统"模型对价格信息进行了预测分析，灵活运用各种定价策略适时定价，多次创造领涨效应和区域价格效应，武钢产品价格在国内钢厂中持续保持高位运行，在国内市场上确定了领跑地位。据此，武钢对钢铁市场价格的预见能力进一步增强，价格政策的准确性和科学性得到了较大改善，价格管理的信息化和系统化水平得到了大幅提高。尤其是在制定2003年三季度价格时，面对市场价格下滑尤其是热轧大幅降价的不利局面，在国内主要钢厂纷纷大幅降价的情况下，依靠准确全面的商情判断，预测价格将逐步止跌回升，调高了价格，并采取了推迟订货策略。

【精细营销】 2003年，销售公司严格按照武钢的要求组织合同，突出"以效益为中心，以市场为导向"，在资源紧张的情况下，依靠产销系统通过市场化运作，实现了资源的最优化配置。年初，结合行业特点和目标值分别制定了精细化的品种营销策略。(1)管道、容器行业依托工程；(2)铁路行业以地方铁路工程和出口东南亚市场为主；(3)集装箱以出口和沿海市场为主；金属制品以华东市场为突破口；(4)建筑行业以桥梁和高层建筑工程为营销对象。大力开发和培育了高效益品种钢市场，如管线钢、船板、汽车用钢、容器钢、重轨、优线等重点品种，其中管线钢完成了22万t，容器钢完成9.7万t，重轨完成12万t，分别完成年初计划量的220%、388%和120%。尤其是2003年国家固定资产投资持续增长，各项重点工程上马。销售公司抓住机遇，充分利用武钢技术优势，大力发展专用钢、双高产品市场，抢占重点工程市场。2003年，销售公司共中标包括北京中关村金融大厦、温州栅溪水利枢纽、西气东输工程、忠武管线、驻马店管线、靖边－西安复线、苏丹管线、巴基斯坦重轨、孟加拉重轨等22项国内外重点工程，累计实现工程用钢合同量29.5万t。其中杭州湾大桥13万t管桩钢卷合同是武钢迄今单笔中标数量最大的工程合同。

【销售渠道建设】 2003年，销售公司重点推进武钢销售渠道规范化管理，实现武钢和网络单位在营销上的"合作共赢"。利用各种形式与网络单位进行交流。通过各种形式与网络单位和直供客户进行了广泛地磋商和沟通。首次召开了"武钢营销渠道高层研讨会"，对国内外营销渠道理论与实践经验进行了深入的探讨分析。完善各类营销网络管理办法，分类总结网络单位的经营成功经验，与网络单位共同商讨了追求长期合作的新思路。通过这些形式，加强了与网络单位和客户的联系，维护了渠道信息的传递通畅，积极推进了渠道的增值服务功能，不断推动了营销渠道扁平化建设。

【驻外公司增收创效】 2003年，销售公司继续围绕实现武钢营销战略，加大了驻外分公司的营销管理力度。驻外分公司绩效管理的实施取得了较好的效果，在资源同比相当的情况下，分公司主要经营指标均超过2002年同期水平。全年销售钢材105.26万t，实现销售收入29.77亿元，实现利润6571万元，销售收入和利润总额再创分公司成立以来新高。按照公开、公平、公正的原则，对分公司的经营绩效进行了全面评价，调动了分公司不断开拓市场、加强营销管理的积极性。着重抓了分公司直供渠道的培养和区域市场的管理。在推进现货公司网上竞价方面取得一定进展，全年约6万t非计划资源通过竞价方式销售，非计划资金占用平均压缩15天，节约利息200余万元。

【提高合同兑现质量】 2003年，随着武钢整体产销系统上线，系统运行经历了从磨合到基本正常的过渡期，合同管理也相应的经历了一个逐步完善过程。销售公司积极落实三单配齐，将方便留给客户，将客户服务落到实处，提高了用户满意度。在整体产销系统磨合期内，克服多种困难和不利因素，顺利实现了全年合同执行率达100%。全面收集整理客户资料，对所有客户档案形成了电子版本，将客户档案的内容从客户的基本资料、客户信用水平拓展到客户销售资料、客户价格管理、客户费用和利润管理以及区域竞争对手资料等方面，通过系统和专业的管理方法对客户信息进行全方位的管理。实施客户经理管理制度，对重点品种的终端用户进行了个性化的跟踪服务。严格按照国家有关“加工出口”的文件精神，认真贯彻执行公司精品战略，积极推进加工出口业务。利用了武钢管线钢的良好品牌和销售渠道优势，在品种结构上不断扩展，全年完成加工出口合同59.42万t，比2002年同期大幅增加。

【次材管理】 2003年，次材中心加强源头治理，进一步健全和完善次材管理制度，制定了包括《次材资源管理办法》、《次材价格管理办法》、《次材竞价管理办法》以及《次材客户廉政公约》等一系列管理规定，全面完善了次材管理体系，逐步形成了闭环管理，从制度上确保和规范了次材的经营和管理工作。该中心全年认真抓好了次材“离线加工、场外仓储”工作，有效地降低了次材产出量。进一步优化了销售策略，推行竞标销售和深加工，全年通过竞标销售次材约2万t，较2002年0.84万t增长了1.06万t，同比增长了126%，实现销售增值达300多万元，次材的经济效益得到明显提高。积极推行包线专营、分选加工，支持次材深加工，实现产品增值，协助兴达公司和实业公司等有关单位解决下岗分流人员约1167人的就业问题，有效地缓解了企业就业压力，创造了良好的社会效益。

【法律清欠】 2003年，销售公司清欠办坚持以法律清欠为重点，以拍卖变现为中心，提升清欠还款质量，积极推动了欠款大户的清欠工作，严格控制了不良应收账款的滋生。2003年，以产顶进及重点工程收回6139万元，完成清收压欠3286万元，全年累计压欠9425万元。法律清欠手段和策略进一步灵活，外委风险代理管理得到创新和规范。回现款比例进一步提高，全年压欠收回现款比例达到90.5%。坚持了资产的可用性和价格公允等原则，对能够变现的资产及时拍卖变现，进一步提高了清欠回款的含金量，积极盘活了抵欠资产。

【理顺棒材营销管理】 2003年，武钢棒材营销划归销售公司。该公司该年销售40.4万t，产销率达112%，完成销售收入10亿元。销售公司推出了棒材销售网络代理制的重大变革举措，并在磨合中结合实际制定了有效的管理办法，实现了棒材管理的规范化、制度化；努力协调各方关系，化解各种历史矛盾，维护了市区厂的稳定，保证了生产经营顺利开展；抓住市场机遇，及时调整价格达21次，为武钢取得了良好的经济效益。

【营销课题研究】 2003年，销售公司深入研究市场营销工作中的理论知识，系统总结了市场营销实践中的成功经验和操作模式，积极探索销售公司发展战略和发展规划。为了规范课题研究和管理，专门制定了《销售公司课题管理办法》，精心确定了研究方向和课题内容，落实人员和进度，有组织有步骤地推进了专业课题及发展战略研讨活动。2003年销售公司课题研究取得较大成绩，全年课题立项36项，实际完成了38项课题研究，其中有4项重点研究课题获得了武钢现代化管理成果奖，3项获得湖北省和武汉市的现代化管理成果奖，另外，还有多项成果在各种刊物上发表。与经济研究中心共同完成的“国内重点钢材市场价格行情监测系统的建立和应用研究”作为武钢科技攻关课题，通过湖北省科技厅组织的鉴定，并被评为“武钢科技进步一等奖”。从而，进一步增强了武钢对钢材市场价格的预测分析能力，提高了价格政策制定的准确性和科学性。

【主题教育】 2003年，销售公司经常组织员工开展政治学习、并采取不定期的专题辅导及邀请有关专家作报告等多种形式，重点加强了形势任务教育；同时大力推进“爱武钢，奔小康”主题教育活动，结合武钢建成投产45周年庆典，进行居安思危的教育宣讲。紧紧抓住武钢深化改革中职工关注的热点问题，在该公司范围内组织开展了职工思想调研工作，对各种活跃思想进行了正确引导，发现并改进了前段工作中存在的不足，解决了职工的需求和困难，有效地维护了职工队伍的稳定。全年广泛开展各种形式的培训和教育活动。有100余名员工参加了整体产销资讯系统知识、分公司经理业务、领导艺术、洪恩英语口语等多项培训活动，被评为武钢职工培训先进单位，该公司产生了武汉市劳模、武钢劳模熊伟、武钢劳模陈育林、湖北省青年营销能手夏武川等一批先进员工。

【民主管理】 2003年，销售公司稳步推进厂务公开活动，加强了基层民主建设，进一步增强了职工主人翁地位，激发了职工参政议政的积极性。推行值班经理制度，认真开展自主管理小组活动。制定进一步推进分公司厂务公开、民主管理工作的相关规定，并对分公司进行了专项调研和监察工作，切实提高了分公司民主管理水平，职工参与民主管理的意识也得到相应提高。以次材管理改革和分公司经营为重点开展了效能监察工作，着力从体制上推进次材管理改革，实现次材“阳光管理”，注重分公司审计和经营检查相结合，以资源平衡、价格制定、客户管理、外销外购、重大合同、费用支出、奖金分配等7个方面为厂务公开重点内容，提高了分公司内部管理水平。进一步强化了钢材资源分配管理，逐步推行办公用品比价采购，确保了经营行为的廉洁规范和公开透明。

（梅 云 何 竣）

经营开发公司

【概况】 2003年，经营开发公司在经营中，一手抓现有产业的经营，一手抓资产经营。现有产业的经营克服资源紧张、合同量不足等困难，从年初开始，各经营单位主动出击，积极承揽合同订单。经营人员在“非典”疫情危发时期，赴新疆、兰州、江浙、广东，为组织生产单位急需的原料、销售武钢钢材和清理外部欠款，实行全程跟踪经营。2003年该公司全面完成各项指标，完成利润463万元，比2002年增长8.7%；销售钢材10.9万t，钢材销售收入3.4亿元，分别比2002年增长11.2%和17%；完成清收下账1476万元，为年计划的164%。

【经营管理】 2003年，经营开发公司在管理上，继续完善了制度和规章，相继制订和完善了《合同管理办法》、《固定资产管理办法》、《统计管理办法》、《项目管理办法》、《存货管理办法》等制度，对公司的管理制度文件进行了统一清理，并汇编成册。为加强资金管理，规范经营操作行为，提高资金使用效率，规避风险，2003年重新对资金管理办法进行了修订，对银行承兑汇票的使用做了相应调整，对内部贷款利率也做了下调，调动了各方面的积极性。坚持实行财务委派制和岗薪工资制度。进一步深化企业劳动人事制度改革，出台并实施了《武钢经营开发公司落岗、下岗职工管理办法（试行）》。管理制度的逐步到位，使经营风险得到了较好控制，利润数据比较真实地反映了基层单位的经营状况和经营水平，该公司全年继续加强责任人管理的同时，开拓新的工作思路，注重运用法律进行清收，千方百计搜集证据，延续债权时效，对抵欠的车辆等物资积极进行处理。2003年完成清收1460万元，为该年计划的168%。截止2003年底，应收款余额已经压至3000万元以下。2003年，公司党委紧密围绕经营工作，先后开展了“主业转型，我们怎么办？”大讨论和“我为公司谋生存，公司因我而发展”主题教育活动。共征集“金点子”100多条和30多篇征文稿件，促使职工观念进一步转变，为领导决策提供了参考。该公司党委积极探索职工思想教育的新方法、新途径，把敏感热点话题交给职工论辩，让不同观点公开辩论，通过现场点评加以引导，其效果良好，职工反响热烈。根据武钢的统一安排，钢政任[2003]12号文件任命李富山为经营开发公司董事会董事、董事长；樊政炜同志不再担任经营开发公司董事会董事、董事长。

2003年5月26日，经营开发公司职工胡端斌因犯贪污罪和挪用公款罪，终审被判处无期徒刑，剥夺政治权利终身，并处没收个人全部财产。同年12月被开除党籍和厂籍。

【钢材贸易】 2003年，经营开发公司钢材销售中心在武钢协议资源不能保证的情况下，积极开拓经营思路。他们在本公司取消铺底资金、使用公司贷款需支付利息的压力下，一方面积极争取武钢资源，现货和期货销售有机结合，利用有利的行情通过现货销售实现利润，并采取竞价的方式销售期货，实现利润最大化；另一方面，积极主动开发资源，组织社会资源购销合同，共销售社会资源 3.5 万 t，销售收入 1.6 亿元，分别占销售量和销售收入的 32%和 47%。2003 年共计销售钢材 10.9 万 t，销售收入 3.4 亿元，利润 240 万元，未形成一分钱的应收账款。

【资产管理】 2003 年，经营开发公司资产经营工作取得重要进展，2003 年共接收武钢划拨和武钢二级单位横转资产 1.46 亿元，并办理相应过户手续，完成了划转资产的清产核资工作，共报损和减值 13 项，金额 8820 万元，占划转资产总额的 50.87%。针对经营开发公司 10 多年来遗留的大量往来账，进行了有史以来规模最大的一次资产清理工作。由于形成原因错综复杂，时间跨度大，经手人员更替频繁，给清理工作带来了很大的难度。经过历时数月，对内部账务进行分类分析，提出了处理意见。同时，对抵欠物资进行了全面清理，整理入账，减少了应收款的虚增现象，共计申报资产减损 5800 万元。对几年来武钢委托经营开发公司的清收工作也做了系统清理。

【多种经营和技术贸易】 2003 年，经营开发公司多种经营单位尽管取消了铺底资金，上半年又受到了“非典”疫情的影响，但是他们更多地融入市场，发挥主动性和积极性，创造了可观的业绩。工贸公司积极参与重油等合同投标，努力组织资源，开发钒钛矿、锌锭、轮胎等业务，认真组织软管生产和销售，开拓武钢设备采购业务。2003 年实现销售收入 1105 万元，实现利润 37.3 万元。自动化公司以武钢的技术改造为契机，积极寻找创利机会，承接了一批项目，通过积极努力的技术服务和技术创新，实现收入 527 万元，利润 20.5 万元，为年度目标的 137%。安全环保公司经积极努力，取得多项武钢安全环保工程合同，同时发挥专业优势主动出击找市场，2003 年实现销售收入 250 万元，实现利润 15.7 万元，超额完成全年指标。钢加公司与中建、武建签订同盟合作协议，巩固市场，抓安全生产，质量异议和安全事故为零，并加强基础管理，降低成本，对钢纤维库存及八达、钢纤维设备进行了合理处置，顺利完成了厂房搬迁，在消化搬迁、处置费用后实现利润 44 万元。因推行负公差轧制工艺，提高成材率，获取附加利润近 10 万元。4 月 30 日，宏钢达公司正式成立。该公司是由开发公司和科技产业公司共同投资在原洪钢达公司清盘基础上组建的。宏钢达公司在狠抓基础管理的同时，积极开拓市场，承接和洽谈了一批工程项目，共生产了塑钢门窗 8767 m^2，彩板门窗 4359 m^2。二次资源部积极挖掘资源和价格潜力，提高服务水平，2003 年实现利润 443 万元。科技产业公司通过争取政策支持，突出服务质量，落实各项制度，严格考核，完成了沙钢、炼铁自动化、炉窑、天钢等技贸合同，实施了标的 300 多万元的津西热轧项目，老客户业务量持续增长，开发了储运、设备、大型等新客户，自主开发了轧辊改制项目。2003 年实现利润 115 万元。

【试行经营资金股权化承包】 2003 年，经营开发公司在多种经营单位试行经营资金股权化试点：采取让多种经营单位承包经营者和职工以自然人身份入股经营资金的办法，每个经营者拿出 5 万元资金，其他职工根据自身情况自愿出资，注入到本单位的经营流动资金中。该公司规定其年利润目标，实行超额奖励、完不成扣发年薪工资的奖惩措施，同时核定每个经营单位的“铺底资金”，实行贷款付息制度。由于把经营者和职工的利益同单位的效益“捆绑”在一起，各经营单位千方百计把贸易量做大。截至到 2003 年底，自动化公司、工贸公司等 5 个多种经营单位全部提前一个月完成全年利润计划，钢加公司提前半年完成了全年利润目标。

（王　铸）

物资供应公司

【概况】 2003 年，物资供应公司紧紧围绕企业保生产保供应的中心环节，突出“思维观念和经营理念创新、管理创新、体制和机制创新、用人机制和分配制度创新”在实践中的运作。全年注重领导班子建设、思想政治建设和党风廉政建设，圆满地完成了各项生产经营指标。采购成本：采购成本计划 88.5 亿元（调整后）实际完成 87.42 亿元，降低采购成本1.08亿元。存货资金占用:月平均完成4.66亿元,与年目标值7亿元相比,降低2.34亿元。管理费用:实际完成2175.85万元。与年目标值2177万元相比,降低1.15万元。实现重大用户质量异议投诉为零。实现重大人身伤亡事故、重大设备事故、重大火灾事故、重大环境污染事故、计划外生育为零。2003年物资供应公司获武汉市“创新质量、创新效益”建功立业先进单位、武汉市模范职工之家称号,物资供应公司备件自主管理小组“热轧带钢4号加热炉主泵国产化改造”课题获冶金行业优秀小组并同时获得国优小组称号。

【“阳光”采购】 2003年,由于国内钢铁行业规模进一步扩张,给本来就紧张的原、燃料资源采购、成本控制带来巨大压力。物资供应公司密切关注市场行情,适时分析变化趋势,在千方百计保资源供应、保质量合格的前提下,扩大招标采购的品种规格,寻求长期战略合作联盟,推行“阳光采购工程”,降低采购成本。物资供应公司分别对4个专业采购部门12个专业科室的招标品种、范围组织了审查,标前总金额6.7亿元,降低采购成本3700万元。(1)物资供应公司采取的主要措施有:一是加强对物料采购计划的严格审核把关,杜绝采购的盲目性和无计划性;二是不断扩大招标采购的范围。遵循的基本原则是:货比三家。能够招标采购的一律采取招标方式。对单一品种、特殊供货品种、市场紧俏品种等,不宜或不能采取公开招标方式,也纳入了严格的受控范围。三是继续做好所供应品种的替代使用。四是不断在矿石运输减载工作方面作文章,尽可能减少运输环节,降低中转费用。五是不断深化成本效益纵深行活动。质量索赔3255万元;外销铁矿石收益1700万元;原材料、备件替代节约2500万元;工矿、电仪备件修复节约791.5万元。(2)积极开拓市场,服务生产一线,提高用户满意度。针对资源紧缺、价格上涨、运力饱和而需求量大幅增加的双重压力,物资供应公司积极跑市场、下现场,全力挖掘市场潜力保证生产供应。2003年煤炭供应经常告急,有时有的品种只能维持1~3天的用量,面对这一严峻形势,该公司紧急动员,组织几十人的催煤队伍奔波在煤炭供应基地。特别是在“非典”疫情严峻的时期,物资供应公司领导和员工,冒着生命危险,坚持在催煤现场。

【重点工程用料供应】 2003年是武钢工程建设的高峰期。一冷轧在线改造、二硅钢、二烧结、1号和2号焦炉易地改造、三炼钢连铸7号和8号干熄焦改造、6号高炉、烟煤喷吹二期工程等,由于时间紧、任务重、要求高,物资供应公司克服困难,积极工作,保证了工程所需材料、设备备件的供应。在全国主要机械行业普遍生产任务极度紧张的情况下,针对武钢历史上少见的8个主体厂集中在5、6月份年修的状况,备件部有关人员在有“非典”疫情的特殊时期多次奔赴各有关单位催货,保证了企业主体厂年修均顺利提前完成。

【优化库存】 2003年,物资供应公司把优化库存结构,充分压库利库作为管理进步的重要工作举措。物资供应公司将存货资金占用指标层层分解,各科室,各库、站做到人人有指标,个个有压力。各库站计划人员深入现场,掌握消耗需求,使物资的出入库频次始终处于受控之中。2003年,该公司存货资金累计平均占用为4.66亿元,完成考核目标值66.5%,物资周转水平大幅度提高。物资供应公司不断开展“3个月无动态”物资管理工作,各专业科、各库、站结合生产需求,适时调整采购节奏和供应周期,加大直送力度,扩大零库存品种。

【规范管理工作】 2003年,物资供应公司继续不断清理和完善各项管理制度,先后修订出台了《物资供应公司供方管理办法》、《物资供应公司材料供应单及备品配件支出单管理办法》等管理制度,进一步规范了经营管理。(1)组织对全公司大部分岗位进行了以劳动强度、技术含量、环境污染、岗位责任的量化跟踪写实,为核岗定岗进一步完善岗薪制提供了科学依据。2003年物资供应公司加大职工培训力度,分别举办了统计员培训班、合同员培训班、义务消防员培训班6期,全年培训人员186人,取证率为98%。(2)围绕中心工作狠抓基础管理工作,积极推进自动化办公管理,2003年其办公室系统专业目标考核获武钢先进单位。(3)狠抓了事前预防检修,规范了维修申报和工程发包制度,开展了全员全过程的点检巡检工作,设备完好率达98%,设备维护合格率达100%,全年完成大修整改项目21项,投入大修费用336万元,安措工程项目7个,2002年转结项目3个,2003年新上项目4个,投资额714.3万元,保证了物资供应的正常进行。(4)安全系统生产责任制层层落实,安全防火管理网络健全,先后组织了9次安全防火大检查,已完成备件库消防管网、八大家库和炉料库天车以及炼钢站氧气、乙炔库、烧结站油库等10项隐患整改。完成了会议中心、退管办公室、油库办公楼、铁铺岭库房和八大家库门型吊改造等技措项目,先后完成物资供应公司办公楼区域供电线路改造、八大家库至江边线路改造、油库普通变压器改换防爆变压器,对有重大安全隐患的厂前加油站按进度进行改装,年终获"武钢防火工作标样单位"、武钢安全先进单位。全年厂容绿化工作共植树950棵,生产草花3800余盆;完成了炉料库、炼钢站的绿化景点改造。对单身职工住房的管理加大力度,清理闲杂住房人员,拆除平房,综合治理已见成效。为了给退休、离休、居休职工创造一个良好的工作活动环境,对退管办公楼进行了改造翻新,拆除危房面积4700 m^2,获公司厂容检查红牌。2003年,物资供应公司实现货运收入139.37万元,并完成了19000多台钢支架的转库任务;经营开发系统对内加强管理,对外开拓市场,拓宽经营范围,全年完成利润880万元。

【思想政治工作】 (1) 2003年,物资供应公司按照"三个代表"的要求,加强两级领导班子建设和干部队伍建设。坚持用"八个坚持、八个反对"的要求加强领导班子的思想作风、学风、工作作风、领导作风和生活作风的建设。干部队伍建设注重在动态中考察和挑选干部,把具有真才实学、工作实绩突出、群众公认的同志选拔到领导岗位上来。2003年物资供应公司按照干部定期交流制度的规定,对在专业科连续工作满6年的5名计划员进行了调整交流,并将这5个岗位全部拿出来进行公开招聘。(2) 加强党支部的建设,充分发挥党支部的战斗堡垒作用和党员的先锋模范作用。该年物资供应公司按照《武钢基层党支部工作条例》,修订了《武钢物资供应公司党支部工作创先争优达标竞赛考评办法》,使基层党支部建设更加具体化和规范化。积极开展党员责任区课题攻关活动。2003年全公司36个党员责任区设立攻关课题36项,完成课题32项。工会组织建立了扶贫济困工作网络和困难职工档案,该公司党政工领导与18户特困职工建立了帮扶对子。全年发放困难补助金83400元,使大部分困难职工受益,家庭困难得到缓解。物资供应公司坚持实行经理、党委书记、工会主席接待日制度,全年共接待来访职工60余人次,做到公司内能解决的问题不推诿上交;需要有关部门协商解决的问题,一方面耐心做好解释工作,另一方面积极与相关部门联系,尽快做出答复,让职工安心。2003年,该公司两级党政工组织走访慰问43户职工家庭,发放慰问金18200元、慰问品2358份。(3) 加强党风廉政建设,完善监督制约机制。全年该公司党委、纪委不断加强党风廉政建设,保证了物资采购供应工作和经营管理工作的有序开展。

【厂务公开】 2003年,物资供应公司深入开展厂务公开工作,充分调动职工的积极性。4月,党委转发了工会《关于在武钢物资供应公司广泛开展职工监督员活动的通知》和《职工监督员工作日的通知》两个文件,一是要求该公司基层的7个供应站、7个仓库,广泛开展职工监督员活动,让职工监督员制普及到基层,使"事务公开"、"班务公开"形成自觉行为。二是要求职工监督员在每一个连续工作日后,填写工作日记录,反馈到工会,由工会将意见汇总给行政部门,便于行政部门迅速安排整改措施。与此同时,物资供应公司对监督员的培训由招议标业务知识的普及转移到重点项目的专门培训,为监督员职责范围的延伸做好了准备。

(管国锋)

财务有限责任公司

【概况】 2003年,武钢财务有限责任公司坚持"立足武钢、服务集团"的经营宗旨,稳健经营,务实创新,超额完成了全年的经营目标,创造了该公司成立10年以来的多项新纪录:全年实现利润5618万元,年末总资产为38.89亿元,实现了不良信贷资产比率为零,金融风险事故为零,重大设备、火灾、治安事故为零的风险管理目标。其票据业务、结算业务、内部控制管理等工作多次受到人民银行和银监局的表扬。参与研究的《集团公司资金集中式管理》课题获得第十届全国管理现代化创新成果一等奖,2003年该公司再次被评为武钢"双文明先进单位";获得中国人民银行武汉分行授予的"金融统计先进单位"等称号。

【存贷款业务】 2003年,财务有限责任公司面对日益激烈的竞争形势,适时调整充实信贷营销部门力量,完善考核激励机制,充分调动了营销人员的主观能动性,通过开发多种存款来源渠道,如集中武钢职工购房款、债券款、工程款等专项资金,将贴现资金按照协定存款方式运作,以贴现业务带动定期存款业务的增长，以承兑业务带动保证金存款的增长，以票据托收吸收存款等，促进存款大幅增长。2003 年，扩大了对武钢贷款的市场份额，进一步提高优质信贷资产比例，优化贷款结构。全年在以贷款为依托的综合信贷业务中，根据贷款对象的实际经营状况，为客户提供个性化的信贷方案。由于贷款业务品种不断丰富，信贷资产管理水平进一步提高。2003 年，该公司累计发放贷款 6.5 亿元，年末本外币贷款余额达到 11.99 亿元，贷款利息收入占到营业收入的 47%。

【票据业务】 2003 年，财务有限责任公司根据武钢金融需求，大力开拓票据业务，实现了票据业务的跨越式发展。一是票据贴现业务和承兑业务量剧增，全年共办理承兑业务 8.93 亿元，其中：银行承兑汇票 7.65 亿元，商业承兑汇票 1.28 亿元，承兑金额是 2002 年的 10 倍以上，该年实现贴现利息收入占营业收入 17%。二是根据武钢对票据集中管理的要求，制定了《票据管理办法》和风险防范措施，统一办理武钢各单位的票据进出、票据贴现、票据拆分、票据承兑、票据托收等业务，实现了企业内票据即时结算，降低了票据流转风险。该年开发了网上票据管理程序，并开始实地测试查询功能。截止 2003 年底，该公司累计代保管票据 11100 笔，金额 180 亿元；累计发出托收 2330 笔，金额 32 亿元；累计代理查询 5888 笔，金额 82.7 亿元；累计办理武钢商票结算 118 笔，金额 3.67 亿元，年末库存票据达到 2417 张，票据金额 30 亿元，已逐步成为武钢票据管理中心。

【结算业务】 2003 年，财务有限责任公司通过稳步推进电子结算，进一步深化企业资金结算一体化改革，强化自身结算中心职能。2003 年，按照“安全、高效、易操作、易维护”的设计原则，采取“保留主干，优化对接，整体设计，分步实施”的方案，设计开发了电子结算系统，在通过安全性和功能测试后，采取了先试点再稳步铺开的推广方式，确保了客户资金安全。截止 2003 年底，共有 13 家单位开通电子结算系统，电子结算系统的成功开发与运行，为武钢成员单位提供了快捷的结算服务，大大减轻了财务人员的劳动强度，提高了结算服务水平和服务质量。2003 年，结算总金额为 1866 亿元，比 2002 年增加 13.2%，结算业务量达到 23.18 万笔，在日均结算 909 笔、7.32 亿元的情况下，该公司仍然保持了结算风险事故为零的良好纪录。

【激励机制】 2003 年，为配合武钢对财务有限责任公司综合评价考核体系的改革，财务有限责任公司按照“两低于、两挂钩”的总体原则，坚持“按需设岗、一岗多级、竞岗竞级、按级定薪”的竞争型工资分配方式，制定了《工资改革实施办法》，修订了《2003 年经济责任制考核办法》。新的分配方式基本实现了员工收入与公司经济效益挂钩及员工工作业绩挂钩。根据业务发展需要，重新核定了岗位编制及定员，开展了新一轮的竞争上岗工作，一批业务能力强、思想素质高的员工经过双向选择，竞聘到新的岗位，为财务有限责任公司各项业务的发展奠定了基础。

【内部控制与基础管理】 2003 年，财务有限责任公司进一步加强和规范基础管理工作。一是坚持内控优先的原则。在开展新业务之前，坚持“业务创新、制度先行”的原则，明确规定业务程序、分工及权限，保证了新业务稳定运行。2003 年，制定了《电子结算业务管理暂行办法》、《代理武钢企业债券业务暂行规定》，二是坚持内部控制后续评价制度。定期对制度进行检查，根据业务发展情况和金融宏观政策的要求，及时修订，保证了制度的时效性和全面性。三是坚持开展稽核检查，切实完善风险预警机制。加强了对风险易发环节的监督与检查，并针对风险隐患，及时整改，维护了内控制度的权威性和约束性。四是坚持信息化建设。2003 年，财务有限责任公司在做好日常计算机系统维护的基础上，开发了电子结算系统，票据管理系统、债券交易系统、网络安全系统、办公自动化系统，为内部控制管理创造了良好的技术条件。

（司　慧）

国 贸 公 司

【概况】 2003 年，国贸公司抓住全球经济复苏及国际钢铁市场回暖的有利时机，认真贯彻党的十六大精神，深入学习“三个代表”重要思想，坚持以市场为中心，克服“非典”疫情的不利影响，努力工作，全面完成了武钢下达的生产经营计划。截止 12 月 31 日，完成钢铁产品出口 39.94 万 t，创汇 9298 万美元，其中非钢产品出口创汇约 100.48 万美元；进口矿石 708.88 万 t，进口设备金额达 4463.85 万美元，备件金额达 1228.5 万美元。出口方面，该公司紧紧抓住国际钢铁市场库存下降、价格回升的有利时机，通过多种形式加强与客户的交流与合作，积极争取出口合同，同时，还做好出口资源的协调及合同的执行工作，通过强化出口合同档案及单证管理，确保了出口合同执行率达 100%。截止 12 月 31 日，完成钢铁产品出口 39.94 万 t，创汇 9298 万美元。为做好今后热轧产品的销售，还积极同国外客户联系以争取钢材销售合同。在开展钢铁产品出口工作的同时，该公司还加强了非钢产品的国际市场行情分析，扩大与国外客户的联系，全年实现非钢产品出口创汇 100 万美元，被湖北省人民政府授予 2003 年度企业外贸出口先进单位称号。进口方面，克服了"非典"疫情及欧元大幅升值的不利影响，以保技改、保生产为主线，重点抓好在建项目的技术、设备的引进，矿石的进口及生产备件、急件的进口。成套设备方面全年共新签二冷轧、二热轧、二硅钢、二炼钢 1 号、2 号连铸机改造及新 3 号高炉异地大修等共 25 个项目，签约金额达 10979 万美元及 17 万人民币；备品备件方面，对外询价 407 份，签合同 293 个，金额达 1643 万美元，获毛利 143 万元人民币；矿石进口方面，尽最大努力克服矿价上涨及运费飙升的困难，全年进口矿石 708.88 万 t，确保了武钢生产经营的正常进行。

【外贸运输及降低运费】 2003 年，国贸公司在外贸运输及降低运费方面取得一定成绩。外贸运输方面，根据武钢生产经营的需要，积极做好备品备件的转运、清关工作；根据重点工程项目的要求，在做好进口设备的转运清关工作的同时，及早准备好免税资料，及时办好免税手续；主动承担以产顶进钢材的运输及保险业务，解决了压船、压库等一系列问题；克服矿石进口报关港多、操作复杂的困难，确保进口矿石的运输。降低运费方面，认真分析国际航运市场的价格变化规律，经过艰苦谈判及时与海运公司签订了多船大合同，进一步降低了运费。

【安全收汇及付汇】 2003 年，国贸公司继续严格规范执行信用证结算制度，确保资金安全，做到安全收汇、付汇。在付汇方面，克服了收汇少、用汇多的困难，准确制定用汇计划，提前做好资金准备，使武钢及时掌握贷款时间，缩短贷款周期，降低财务成本。(1)在保证贷款支付的前提下，充分利用国际通行的结算日规定，尽最大可能节省财务费用。(2) 在内部管理上，加大了管理费及可控外事费的管理力度，使两项费用指标均控制在计划范围之内；继续巩固和加强了会计核算规范工作，通过开发专用软件，初步将进口各环节纳入到规范管理之中。

【外事及翻译工作】 2003 年，国贸公司认真履行职能，全年共办理出国项目 126 个，选派 500 余人次赴 10 多个国家和地区进行技术考察、培训及经贸洽谈等公务活动。在外事活动中，对参加外事活动的人员加强了外事工作纪律的宣传及教育，加强了出国人员的护照管理，确保实现了重大外事责任事故为零的目标。全年到生产、技改现场进行技术服务 280 人次，提供现场翻译 15000 人日，提供技术谈判等翻译 2000 人日，累计外译中 800 万字，中译外 80 万字，为武钢解决了大量生产技术难题，顺利完成武钢外事工作高峰年的各项任务。被武汉市外办评为 2003 年度外事管理先进单位。

【驻外机构管理】 2003 年，国贸公司继续巩固和完善了驻外机构的规范管理工作，完成了驻外机构稽查资料的填报工作，组织召开了 2002 年度海外工作会。在加强日常管理的同时，还根据武钢生产经营的需要，完成了武港贸易有限公司出资，设立"太仓武港码头有限公司"及"太仓武钢配送有限公司"的一系列工作，各驻外机构还为武钢的生产经营开展了对外询价报价及经济信息的收集工作，协助国贸公司完成了进口工作任务。

（袁祖彬）

科研·设计·院校·医疗

○ 技术中心

【概况】 2003年,技术中心以拓展武钢产品空间、优化品种结构、提高经济效益为中心,加强新产品开发管理职能,超额完成了年度工作目标。全年重点科研课题立项181项,172项按计划目标推进,超年目标的10.02%;新产品立项14项,B评审23项,鉴定11项,分别超年目标的75%、130%、10%;签订新产品销售合同109万余吨,超年目标的118.62%;完成出口加工合同7万余吨,超年目标的40%;新产品质量异议控制较好,杜绝了重大新试质量异议的发生;承接武钢3项重点科技攻关项目,措施落实率达100%;全面承接武钢下达的25项技措项目,均按计划有序推进;化检验完成10.66万件,实现收入397.09万元,分别超年目标的6.6%、10.47%;化检验准确率达100%,及时率达99.8%,分别超年目标的0.5%、1.8%;重点信息调研课题完成10项,超年目标的25%;编辑出版《武钢科技》期刊18期;申报国家专利10项,申报武钢及以上科技成果34项,在省级及以上刊物上发表论文115篇,分别超年目标的66.7%、88.9%、283.3%;安全文明生产实现了"四个零"目标,重大治安案件为零。该年,武钢科技进步成果有61项获奖,其中获国家科技进步一等奖1项、国防科工委科技进步二等奖1项、省级市级以上13项、武钢级46项。获国家专利授权34项,被湖北省知识产权局授予"组织实施省企业专利示范工程先进单位";组织成果鉴定36项,其中省级11项、市级2项、武钢级23项;全面行使武钢档案管理职能,重点对炼铁、炼钢、轧钢系统等技改工程的资料进行了收集、整编,确保了二热轧等企业重点建设工程的档案定期进库归档;组织国内外技术交流36次;质量体系运行良好;厂容环境、综合治理均达标。

【新产品开发应用】 2003年,技术中心一批新产品在国家的大工程、大项目、大用户中得到广泛应用,巩固和扩大了精品名牌地位。(1)桥梁用钢获得了杭州湾大桥首批13万余吨超厚钢卷用钢的供货权。"高性能桥梁WQ490D钢的研制"已通过了武钢成果鉴定,产品实物质量达到国际先进水平。作为桥梁用钢研制方参与开发的"大跨度低塔斜拉桥板桁组合建造技术"项目,获国家科学技术进步奖一等奖。(2)管线钢,全年获得了苏丹管线、"西气东输"、忠武管线等10余条管线工程的供货权。尤其是供苏丹管线工程高强度管线钢X65,性能合格率达94.99%,原品种成材率达91.81%。在武钢各方面的配合下,解决了高性能管线钢在二热轧投产试车生产过程中出现的系列问题,保证了"西气东输"工程用X70钢和忠武管线用X65钢按进度要求供货。(3)汽车用钢,全年开发量达10万余吨,其中大梁板WL510供全国几家大型汽车厂使用,全年创利润5000余万元,此项目获冶金科学技术二等奖。热轧车轮钢订货量达6800余吨,已逐步使武钢成为提供热轧汽车板的供应点。高强度汽车大梁WL590钢开始批量向东风汽车公司供货,合格率达100%。向神龙汽车公司供应轿车板近2000余吨,同时开始向奇瑞汽车公司供应轿车板。新开发的耐候冷轧汽车板WNQ300具有优良的综合性能和表面质量,用于制造豪华大客车和微型车的外覆盖零件,使用性能良好,产品实物质量达国内领先水平。热轧深冲酸洗板RSCB成功应用于东风汽车公司,取代冷轧深冲板,产品实物质量达到国际先进水平。(4)高性能建筑用钢,获得了北京中关村金融中心和北京电视中心等高层建筑用钢工程的供货权,此钢种及其生产方法,已获国家发明专利。2003年技术中心一批新产品日趋成熟,满足了用户特殊需求,逐步发展为精品名牌。(1)军工钢开发。全年完成了合同量4922余吨。GY4钢开发量创历史水平,达2700余吨,合格率达95%以上;连铸921A钢通过了结构模型鉴定会。945钢按照国家“十五”攻关要求,进行了工业性试制,其性能满足了技术指标要求。945钢还结合轧板厂控冷设备改造完成了16 mm、50 mm厚板轧后控冷试验,效果良好。防弹钢F601试制,通过成分调整和工艺控制,较好地解决了以前生产时出现的断坯问题,满足了用户要求。907A钢获国防科工委科技进步二等奖。(2)高线新产品开发。全年高线新产品开发量达34万余吨。82B等高速线材新产品,开拓了武钢线材新产品挺进国际市场的新局面。帘线钢的各项性能指标均保持在较高的水平。高性能焊丝钢开发出市场急需的2个耐候系列焊丝钢品种,保持了国内技术领先的优势。完成了X70钢等8个钢种的相关焊接性研究及焊接工艺、焊接材料的配套性能试验,为各钢种的评审、鉴定、推广提供了可靠的技术资料。(3)硅钢新产品开发。全年完成合同量10.5万余吨,超年目标35%。至年底已开发出QRD低温取向硅钢,新研制的35W230已用于我国第一艘载人飞船的发射工作之中。该年已能稳定地生产出成本相对较低的高磁感低铁损无取向硅钢W18G、BKG、W20G等产品,试制的W18G高效冰箱压缩机用钢WHG合格率高达95%。根据武钢“以冷代热”会议精神,在热轧厂对板坯在炉时间进行了调整,现场试验的W20磁性效果良好。DGX3已大生产试制,直接创效1671万元;DGX6通过了B评审;DGX5大生产试制成品200余吨并发往南京汽轮发电机厂试用。研制了极高磁感低铁损系列无取向电工钢,其中50WG470通过B评审,50WG400大生产试制成品182余吨。上述两个系列新产品与引进的专利硅钢比,合金量降低,易于热轧、冷轧和热处理,在成本、工艺、性能上均具有较大优势。高磁感系列无取向电工钢及生产方法已获国家发明专利。(4)特钢研制成效明显。2003年特钢开发遇到了市场上普通棒材价格飞涨,产能资源十分紧张的困难局面。在武钢多方面的支持下,完成新试合同量2.5万余吨,试制了ϕ12~20 mmGCr15轴承钢和20CrMo齿轮钢,达到国内先进水平。一批新产品超前开发,研制水平处于行业领先地位:(1)国家“973”课题推进。“超细晶355MPa级碳素钢热连轧板的研究”进行了批量工业性生产。对“新一代超细晶800MPa级钢中厚板的研究”进行了工业性试制;“超细晶粒钢的焊接研究”,按计划完成了国家“973”项目“800MPa超细晶粒钢研究”的焊接试验,在国内率先开展的新一代钢配套焊材研制取得了新的技术突破,完成了“973”课题验收工作;(2)高强度钢研制。高强度耐磨系列钢,通过徐州卡特彼勒公司批量试用,一次性能合格率提高到99.22%;高强度低碳贝氏体钢,成功地解决一次性能合格率偏低的问题。400MPa级高强度耐候钢完成B评审,已进行批量供货;用W400QN钢制作冷弯火车中梁试制成功,并顺利通过眉山车辆厂装车试制;450MPa级试验钢完成了实验室炼钢和轧制试验;耐蚀套管用N80钢进行了实验室试制,达到了预期结果;X80顺利通过原国家经贸委组织的课题中期评估,完成了实验室研究工作,为二热轧小批量工业性试制奠定了基础;J55直缝套管钢完成省级成果鉴定,产品实物质量达到了国际先进水平;(3)高技术含量的冷轧产品开发。电池壳用钢带WDC钢是冷轧产品中的高精尖产品,具有极薄的厚度、光亮的表面和严格的尺寸公差和极好的超深冲性能、加工性能和较高的硬度。该钢带在宁波和武汉等生产电池的厂家使用的基础上,又首次在全国电池行业最有影响的福建南孚电池公司试制成功,顶替进口钢板,使用效果良好。

【工艺技术研究】 2003年,技术中心的重点科研和科技攻关瞄准行业一流水平和竞争对手开展工作,取得显著成效。(1)炼铁专业,重点围绕高炉技术经济指标上台阶、节能降耗,研究改善焦炭质量,科学、合理配矿,提高高炉喷煤量和高炉长寿技术开展工作。“大型高炉混煤喷吹技术开发及应用”课题,年创经济效益达2752万元,被认定为国内先进水平,获武钢科技进步一等奖。“高炉用微孔刚玉砖的研制及应用”课题,为6号高炉陶瓷杯用砖提供了优质的微孔刚玉砖,获武钢科技进步一等奖,年创经济效益798万余元;“高炉焦炭热性能研究”课题,深入现场研究配煤变化后焦炭显微结构、热性能对高炉运行的影响,提出最佳配煤炼焦方案,确保了武钢高炉用焦质量和生产需要,年创经济效益2680万元。“烧结矿质量、产量和成本对生铁成本影响系统研究”课题,研究分析了国内46家钢铁企业平均配矿结构和配矿成本的数据,应用计算机优化和数理统计技术,进行了配矿成本的建模和分析,提出了科学合理的配矿结构和提高烧结矿熟料率更能降低炼铁成本的建议,实施效果良好,创效5503万元。“含钛耐火材料的研究开发”课题,所研制的自洁净浇铸料在高炉上试用,延长了铁沟使用寿命,耐高温强度提高2倍,有效降低现场维修强度。该项目已申报了含碳浇铸料的国家发明专利。“焦炭热性能及烧结矿还原性实验方法研究”课题，完成了国家标准内容，试验方法及设备已经申报实用新型专利。(2) 炼钢专业，重点进行了铸坯表面质量、钢水净化及其工艺技术、保护渣系列化研究等新工艺新技术研究。“超宽板连铸保护渣的研究”课题，在实验室采用不同厂家的基本渣料配制了低碳钢、中碳钢、超低碳钢保护渣，达到了研试目标。“一炼钢厂中间包滑板润滑剂的研制与应用”课题，通过采用国产原材料和研究制定的滑板润滑涂料制备工艺进行了润滑涂料的实验室研究，获得了与国外产品基本相同的实验效果，已形成了自身独特的滑板涂料制备工艺技术和专利技术。“框架钢亮线攻关”成果获武钢科技攻关一等奖；“保护渣熔化速度测定装置”获国家实用型专利；“旋转结晶器浸入式水口”成果申报了国家实用新型专利。(3) 轧钢专业及热能专业，重点开展了提高钢材质量等研究工作。“预应力系列盘条研制”课题，通过对过去产品缺陷进行分析，采用多项技术措施，使盘条各项质量指标稳步提高，创历史最好水平。“武钢硅钢厂 ROF 与 CB 炉底板延长寿命的研究”课题，解决了合金抗热振性、金属净化与合金化等关键技术问题，已具备形成独立知识产权技术的条件。“JY－1 型静电喷涂防锈油”课题，已通过了武钢鉴定，其防锈性能和润滑性能达到国际领先水平，综合性能达到国际先进水平，“倒 T 形脱硫喷枪长枪龄技术的研究与应用”成果通过省级鉴定，达到国际领先水平。对系列硅钢单片试样测量可靠性的系统研究，建立了两种无取向硅钢测量方法，该测试方法达国内先进水平，具有广泛的应用前景，已申报国家专利。

（袁小玲）

【获奖科技成果】 2003 年，武钢科技进步成果有 61 项获奖。

序号	项目名称	完成单位	获奖等级
1	大跨度低塔斜拉桥板桁组合结构建造技术	中铁大桥局集团有限公司、中铁建设开发中心、宝鸡桥梁厂、铁道部科学研究院、武钢技术中心、机械科学研究院哈尔滨焊接研究所、中铁山桥集团有限公司	国家一等
2	2800 四辊轧机板形控制功能完善及雪橇板控制参数优化	武钢(武钢轧板厂) 北京科技大学	湖北省一等
3	氮气与氩气中碳氟化合物杂质净除技术的研究与应用	武钢(氧气公司) 北京特金真空技术有限公司	湖北省二等
4	1700 热连粗轧机组负荷分配研究	武汉科技大学 武钢(武钢热轧厂)	湖北省二等
5	微合金化 08CrNiMo 钢的研究	武汉科技大学 武钢(技术中心)	湖北省三等
6	焦化产品蒸馏试验的气压补正方法	武汉科技大学 武钢(焦化公司)	湖北省三等
7	390MPa 级连铸 907A 舰船用钢的研制	武钢 北京钢铁研究总院	国防科学技术二等
8	武钢 435 m^2 大型烧结机配用精矿技术的研究及应用	武钢(武钢烧结厂)	冶金科学技术二等
9	汽车大梁用热轧钢板 WL510 的研制与应用	武钢(技术中心、武钢二炼钢厂、武钢三炼钢厂、武钢热轧厂)	冶金科学技术二等
10	高炉风口表面多元渗的研究与应用	武钢(武钢炼铁厂、机制公司)、武汉理工大学	冶金科学技术三等

续表

序　号	项目名称	完成单位	获奖等级
11	连铸洁净钢用无碳无硅水口的研制与应用	洛阳耐火材料研究院洛阳南苑耐火材料有限公司 武汉钢铁有限责任公司	冶金科学技术三等
12	武钢 250t 转炉炼钢系统新技术开发与应用	武钢(武钢三炼钢厂)	武汉市一等
13	APC 型带材自动纠偏装置研制与推广	武钢(硅钢厂)	武汉市二等
14	微孔刚玉砖研制	巩义市第五耐火材料总厂 武钢(技术中心)	武汉市三等
15	短片段引物 PCR 液相杂交法的建立及检测 HBVYMDD 变异的研究	武钢(二医院)	武汉市三等
16	集装箱用钢 SPA-H 的研制	技术中心、武钢热轧厂、武钢二炼钢厂、武钢三炼钢厂	武钢一等
17	管桩钢筋盘条 30MnSi 的研制	技术中心、武钢一炼钢厂、武钢大型厂	武钢一等
18	高韧性桥梁用钢 WQ490D(Q345qD)的研制	技术中心、武钢二炼钢厂、武钢三炼钢厂、武钢轧板厂、武钢热轧厂、武钢质检中心	武钢一等
19	脱硫喷枪长枪龄技术的研究与应用	技术中心、钢铁武钢三炼钢厂、兴达公司、武汉市新实冶金建筑安装有限公司	武钢一等
20	大型高炉混喷烟煤技术开发及应用	技术中心、武钢炼铁厂	武钢一等
21	国内重点钢材市场价格行情监测系统的建立和应用	销售公司、经济技术研究中心	武钢一等
22	D-T52、D-T57 冷轧电镀锡薄钢板的研制	技术中心、股份公司冷轧厂、武钢二炼钢厂、武钢三炼钢厂、武钢技术质量部、武钢热轧厂、钢铁武钢生产部	武钢二等
23	硅钙钡一级标准物质	技术中心	武钢二等
24	优质碳素钢 65 热轧盘圆的研制	技术中心、武钢一炼钢厂、武钢大型厂	武钢二等
25	硅铁一级标准物质	技术中心	武钢二等
26	程潮铁矿矿块崩落法试验研究	武钢矿业公司程潮铁矿、武钢矿业公司设计研究院、武钢矿业公司	武钢二等
27	优质碳素钢 35 号热轧盘圆的研制	技术中心、武钢大型厂、武钢一炼钢厂	武钢二等
28	快速测温热电偶	武钢实业公司测温元件厂、武钢技术质量部、武钢三炼钢厂、武钢物资供应公司	武钢二等

续表

序　号	项目名称	完成单位	获奖等级
29	CMS2000转炉内衬测量系统	武汉大学、武钢(武钢设备部、武钢三炼钢厂、武钢技术质量部)	武钢二等
30	采用连铸坯生产50 kg/m、60 kg/m钢轨	技术中心、武钢大型厂、武钢一炼钢厂、武钢质检中心	武钢二等
31	冷蚀检验在动态控制铸坯质量中的应用	武钢二炼钢厂	武钢二等
32	血管内皮因子基因的融合表达、纯化及肿瘤患者血清血管内皮因子浓度检测的临床意义	二医院	武钢二等
33	高速公路镀锌护栏用钢板HL235的研制	技术中心、武钢热轧厂、武钢二炼钢厂、武钢三炼钢厂	武钢二等
34	高铬球墨铸铁离心复合轧辊的研制	轧辊公司、武钢热轧厂、武钢生产部	武钢二等
35	MR-T57、MR-T61冷轧电镀锡薄钢板的研制	技术中心、武钢股份冷轧厂、武钢热轧厂、武钢二炼钢厂、武钢技术质量部、武钢生产部、武钢三炼钢厂、武钢股份技术质量部	武钢三等
36	国标32槽钢(Q235)的研制	技术中心、钢铁武钢大型厂、钢铁武钢一炼钢厂	武钢三等
37	钢中轻稀土合量的直读光谱的测定	武钢质检中心	武钢三等
38	烧结厂大星轮多点啮合柔性传动装置的研制	机制公司、武钢烧结厂	武钢三等
39	硅钢1号森吉米尔轧机(ZR1)测厚仪研制	工程技术集团计控公司、股份公司硅钢片厂	武钢三等
40	热轧冰箱压缩机外壳专用钢板WBY的研制	技术中心、股份公司冷轧厂、武钢热轧厂、武钢二炼钢厂、武钢三炼钢厂	武钢三等
41	碳钢低合金钢系列标准样品	技术中心	武钢三等
42	测温取样复合探头	实业公司测温元件厂、物资供应公司、武钢三炼钢厂、武钢技术质量部、武钢质检中心	武钢三等
43	直读光谱仪快速分析钢中超低碳	武钢质检中心	武钢三等
44	钢水、铁水取样器	武钢实业公司测温元件厂、武钢三炼钢厂、武钢技术质量部、物资供应公司、武钢质检中心	武钢三等
45	新型护轮轨装置	武钢(运输部)、北京铁科轮轨安全设备技术中心	武钢三等

续表

序　　号	项 目 名 称	完 成 单 位	获 奖 等 级
46	低合金钢成分分析国家标准物质(复制)	技术中心	武钢三等
47	优质碳素钢60热轧盘圆的研制	技术中心、武钢一炼钢厂、武钢大型厂	武钢三等
48	武钢矿业公司程潮铁矿西区疏干工程竣工后程潮大湾地面稳定性评价报告	武汉中汉岩土工程技术开发公司、武钢(程潮铁矿)	武钢三等
49	低碳钢盘条SWRM10的研制	技术中心、武钢大型厂、武钢一炼钢厂	武钢三等
50	钢中痕量元素超声雾化ICP-AES分析方法研究	武钢质检中心	武钢三等
51	不同时期鸡胚端脑正常发育中神经元凋亡的规律及意义	职工总医院	武钢三等
52	优质碳素钢50热轧盘圆的研制	技术中心、武钢大型厂、武钢一炼钢厂	武钢三等
53	掺烧高炉煤气锅炉MFT根治攻关	武汉钢电股份有限公司	武钢三等
54	矿山用新型金属耐磨材料	湖北省机电研究院、矿业公司金山店铁矿	武钢三等
55	智能型踏面数控车轮车床	运输部	武钢三等
56	优质碳素钢45热轧盘圆的研制	技术中心、武钢大型厂、武钢一炼钢厂	武钢三等
57	冷轧产品包装技术的改进	武钢质检中心	武钢三等
58	针状贝氏体球铁轧辊的研制	武钢轧辊公司	武钢三等
59	冷轧毛坯辊加工工艺研究	轧辊武钢、武钢冷轧厂、武钢生产部	武钢三等
60	82B及帘线钢线材包装技术研究	武钢质检中心	武钢三等
61	硅钢厂20辊轧机用Cr12MoVCo钢工作辊坯的研发	武钢轧辊公司、股份公司硅钢片厂、武钢生产部	武钢三等

【授权专利成果】 2003年,武钢获国家专利授权34项。

序　号	项 目 名 称	申 请 日	申 请 号	申请类别	授 权 日
1	采矿中深孔深度及倾角测量仪	2001.6.19	01249875.0	实用新型	2003.03.25
2	用明火加热生产取向硅钢的方法	2000.1.6	00114320.4	发明	2003.04.15
3	新型基础找正装置	2002.7.15	02278363.6	实用新型	2003.06.2
4	金属卷定圆装置	2002.7.15	02278365.2	实用新型	2003.06.2
5	多点集束皮托管流量测量装置	2002.8.22	02278879.4	实用新型	2003.07.3

续表

序　号	项目名称	申请日	申请号	申请类别	授权日
6	厕所放水自动控制装置	2002.8.22	02278880.8	实用新型	2003.07.3
7	新型单轮磁棒刮污装置	2002.2.26	02228496.6	实用新型	2003.07.10
8	上隔离中置式高压开关柜	2002.8.22	02278878.6	实用新型	2003.07.31
9	电磁感应式带材中心位置控制装置	2002.9.24	02279323.2	实用新型	2003.08.28
10	连铸坯切割机同步装置新型压块	2002.10.29	02279761.0	实用新型	2003.08.28
11	用于建筑构件安装的装置	2002.7.15	02278366.0	实用新型	2003.10.9
12	新型高炉冷却壁	2002.12.18	02290435.2	实用新型	2003.10.23
13	船舶水尺吃水刻度的光纤观测装置	2002.12.18	02290436.0	实用新型	2003.10.23
14	高炉风口燃烧状态检测装置	2002.12.12	022903569	实用新型	2003.11.13
15	新型堆取料机滚筒	2002.11.6	022840907	实用新型	2003.11.13
16	钢包车电缆保护装置	2002.12.31	022907122	实用新型	2003.11.13
17	钢卷径向紧固包装器	2002.12.31	022903917	实用新型	2003.11.27
18	保护渣熔化速度的测定装置	2002.09.04	022790349	实用新型	2003.07.24
19	大线能量焊接非调质高韧性低温钢及其生产方法	2001.08.06	011283165	发明	2003.07.10
20	大线能量焊接高韧性抗锌液腐蚀用钢及其生产方法	2001.09.19	011284765	发明	2003.07.10
21	低合金高强钢用高韧性气体保护焊丝	2001.11.08	01133651.x	发明	2003.10.30
22	高磁感系列无取向电工钢及生产方法	2001.11.27	011382244	发明	2003.11.20
23	制作彩色显像管防爆带用合金化热镀锌钢板	1999.11.11	991200438	发明	2003.08.21
24	高性能管线钢埋弧焊焊丝	2001.2.28	01106520.6	发明	2003.12.25
25	高性能耐火耐候建筑用钢及生产方法	2001.10.17	01133562.9	发明	2003.12.25
26	耐火材料保护套管式抽气热电偶	2003.2.12	03235457.6	实用新型	2004.1.15
27	多轮磁棒刮污装置	2002.03.22	02228762.0	实用新型	2004.01.08
28	连铸引锭杆卷扬机自动挂钩装置	2003.1.29	03235405.3	实用新型	2004.01.29
29	坯头车联结装置	2003.1.29	03235403.7	实用新型	2004.01.29
30	多点烟气取样器	2003.2.12	03235456.8	实用新型	2004.01.26
31	便携式示值误差专用检测装置	2003.3.21	03235924.1	实用新型	2004.02.27
32	旋转结晶器浸水式入口	2003.1.29	03235402.9	实用新型	2004.01.15
33	新型皮带通廊保护装置	2003.2.21	03235543.2	实用新型	2004.01.26
34	转炉氧枪枪位调整装置	2003.2.9	03235437.1	实用新型	2004.02.20

○ 设计研究院

【概况】 2003年,武钢设计研究院坚持“巩固内部市场,拓展社会市场,提高全员素质,增强竞争实力”的经营方针,以经营计划管理为龙头,大力拓展内外市场,较好地完成了武钢下达该院的各项任务和全年生产经营目标,全年完成设计项目225项,设计项段344项,完成设计工作量156442万元,签订合同198项,合同额3104.82万元。创省市优秀成果4项。安全生产实现重大人身伤亡事故为零、重大设备事故为零、重大质量事故为零、重大火灾事故为零的目标,全年六大生产经营目标全面超额完成。

【规划及可行性研究项目】 2003年,武钢设计研究院注重方案、初步设计、规划及可行性研究项目的设计工作,全年完成初步设计及方案设计项目有:(1) 武钢能源动力公司新建8万m^3转炉煤气柜初步设计。(2) 武钢能源动力公司高炉煤气管网联络管方案。(3) 武钢能源动力公司——炼钢厂区域焦炉煤气管道改造初步设计。(4) 武钢冷轧厂配洗线厂房屋架系统安全整改初步设计。(5) 武钢物资公司3号库房改造初步设计。(6) 武钢焦化公司焦炭库搬迁工程初步设计。(7) 武钢质检中心一炼钢化验室迁建初步设计。(8) 武钢厂区生活水系统及计量装置改造初步设计。完成可行性研究有:(1) 武钢第二炼钢厂高效连铸技术引进项目可行性研究。(2) 武钢冷轧硅钢片生产配套设施引进项目可行性研究。(3) 武钢二冷轧汽水厂搬迁初步设计。(4) 钢铁公司棒材有限公司棒材生产线技术改造可行性研究。(5) 济南钢铁股份有限公司球团原料场改造方案。(6) 宁波建龙钢铁有限公司配套项目预可行性研究。(7) 太仓武钢配送有限公司钢材剪切配送中心可行性研究。(8) 宁波建龙钢铁有限公司渣处理配套项目二期工程可行性研究。(9) 昆钢三炼钢1号、2号转炉烟气净化系统改造及煤气系统改造可行性研究。

【武钢内部设计项目】 2003年,武钢设计研究院承担下列武钢内部设计项目。(1) 武钢宾馆装修工程:投资2000万元,宾馆1～10层的装修设计及相应的水、电、通风、电视、通讯等专业的改造设计,装修体现企业文化,具有时尚、现代风格。(2) 炼铁厂1～4号高炉返矿改双系统,其目的是满足在二烧拆除后4号高炉的返矿去向的工艺要求,各增建一条B=1000 m,长度200 m、40 m、25 m的返矿皮带及相应通廊,节约设备及电力损耗60万元,每年节约返矿落地倒返铲车及翻车台班费246万元。(3) 厂区主干道公路整治工程:改造硅钢东路1010 m、热轧南路330 m、冷轧南路425 m、三炼钢西路南段1298 m,均为沥青混凝土路面基层处理,有排水设施和彩色步砖人行道,有些地方还采用钢渣沥青混凝土,改善了武钢厂区环境容貌。(4) 焦化公司煤场改造工程:改造煤场门型吊车及相应配套系统,使回煤率达60%。(5) 新建耐火材料公司碾泥车间工程:投资1800万元,新建一条碾泥生产线,碾泥设计生产能力为1.5万t/a,并考虑为年产3.6t/a,留有富余能力,满足武钢炼铁6号、7号高炉碾泥需求。(6) 烧结厂一烧40 $m^2$3号、4号电除尘器大修工程:将2台40 m^2电除尘器本体扩容改造成为2台48 m^2电除尘器,除尘器整体结构布置,按1个沉降室、3个电场设计,以提高收尘效果,降低排放浓度,降低设备故障率,方便检修。(7) 青山区47街危房改造工程:投资7500万元,新建1栋4层文化艺术中心,4栋11层小高层住宅,总建筑面积为52680 m^2,建筑外观新颖、现代,立面色彩简洁、明快。(8) 武钢焦化公司煤场改造工程:一期投资2990万元,采用总体设计,分步实施的工艺方案,一期改造煤场门型吊车及相应配套系统,使煤场回煤率达60%。(9) 武钢能源动力公司焦炉煤气管道改造工程:投资2940万元。新建区域焦炉煤气管道布局设计合理,最大限度减少对煤气用户的影响,并考虑武钢的发展规划,方便以后检修工作等因素,消除原焦炉煤气管道的隐患。(10) 武钢厂区生活水系统及计量装置改造工程:投资4490万元,将武钢厂区生活水管进行更新和优化,改造后,系统管网的泄漏率低于5%,管网最不利区域的干线压力不低于0.16MPa,适当增加水压泵房,完善系统计量装置。提高供水的安全性、可靠性和经济性。改善用水条件,促进节约用水。该院还承接了技术中心中试工厂工程、能源动力公司新建80000 m^3煤气柜、耐火镁砖生产线、焦化公司焦炭库搬迁等武钢大中修设计项目近200项。

【开发设计项目】 2003年,武钢设计研究院注重开发外部设计市场,先后承接和精心设计了许多工程。在民用建筑设计市场,形成了以青山区为中心,向武汉周边地区辐射的市场格局。(1) 湖北开诚大酒店:总用地面积59070 m^2,总建筑面积35227 m^2,由一栋主楼和多栋别墅组成,具有新古典主义风格与简约之美的现代主义风格,达到了很好的艺术效果,成为都市的标致性建筑。(2) 江西省萍乡市人工湖风景区规划设计系国际招标项目,武钢设计研究院面对来自日本、香港和国内多家实力雄厚的设计单位,一举中标,该区占地2000多亩,是萍乡市新市区,规划设计理念新颖,传承地域文化和精神。(3) 新仙桃一中:占地500多亩,投资1.5亿元,按120个班设计,师生总人数7000余人,是湖北省占地最大,功能最齐全的中学之一,溪水与绿荫的环境,让人体验山水园林型校园的自然感受,浓厚的文化生活气息渗透到校园生活中。(4) 武汉神龙置业公司宁康园小高层住宅,建筑面积3万余平方米,地理位置独特,毗邻武汉体育中心,优雅精巧的设计构思,饱含激情的艺术风格,使之成为都市亮丽的风景。(5) 江西省经济技术(蔡岭)示范区控制性详细规划,该区分一、二期工程,占地1万余亩,规划理念新颖,结合环境设计,真正起到了示范的作用。(6) 宁康园小区环境景观设计,具有鲜明的人文精神和理念。(7) 唐山建龙简舟钢铁有限公司冷轧带钢技术改造工程:投资3.6亿元,年产规模为50万t冷轧带钢,充分发挥原热轧的生产能力,积极筹建冷轧带钢生产线,增加高附加值的冷轧产品,使原冶炼、热轧效益得到充分发挥,充分利用资源。(8) 鄂钢1号高炉易地大修工程:武钢设计研究院是工程设计总承包单位,由武钢工程技术集团长寿公司、武钢设计研究院、武汉冶金建筑研究院联合投标并中标。在设计中采用了砖壁合一薄壁炉衬技术和软/净化水冷却系统,烟气余热利用节能降耗技术。采用总承包形式,降低工程投资3~4千万元,高炉主要技术经济指标达到国内同类型高炉先进水平。该院还承担了燕钢冷轧钢板有限公司冷轧带钢工程、黄石同大有限公司冷轧带钢工程、营口港鲅鱼圈1号港池矿石输送系统、昆钢二炼钢转炉储配站工程、沙钢北区工程3号高炉热风炉等设计项目工程。

【获奖设计项目】

序 号	设计项目	获奖等级
1	武钢一烧电除尘系统改造性大修新型控制装置的应用QC小组	冶金行业工程设计单位优秀质量管理小组二等奖
2	武钢热轧厂板坯库电动自闭式保温坑坑罩——保温罩在大型保温坑上的应用QC小组	冶金行业工程设计单位优秀质量管理小组二等奖
3	武钢二炼钢厂3号连铸机改造工程设计	冶金行业第11次部级优秀工程设计二等奖
4	武钢钢都花园A1区工程设计	冶金行业第11次部级优秀工程设计三等奖
5	上隔离中置式高压开关柜	中国实用新型专利证书:专利号:ZL 02 278878.6

(徐 萍)

○ 党校 武汉冶金管理干部学院

【教学任务】 2003年,武钢党校、武汉冶金管理干部学院面对"非典"所带来的严峻形势,坚持教育为企业生产服务的宗旨,以素质教育为主,不断提高教学培训和服务管理质量,全年完成武钢下达的各类办学指标和办学培训任务。该年,党校、管理干部学院面向武钢和社会招收函授本科生和大专生470人;招收计算机应用、财务会计、市场营销、物流管理4个专业高等职业技术教育学生235人;招收电子商务、外贸英语、工商管理、涉外会计等10余个专业学历新生大专生918人;中专招收幼儿师范、宾馆服务、计算机应用3个专业学历新生88人;全年,学校拓宽办学渠道,与北京科技大学联合开办本科4个专业,招收新生180余人。2003年,该校毕业函授学员6个专业计540人,毕业率为97%;学历教育毕业本科学员4个专业200余人,毕业率为98%;大专毕业9个专业653人,毕业率为98%;中专毕业4个专业180人,毕业率达100%。2003年,武钢党校、武汉冶金管理干部学院共完成教学量46740学时,比2002年增加10%。

【干部培训】 2003年,武钢党校、武汉冶金管理干部学院克服"非典"带来的不利影响,以培训工作为重点,努力提高培训质量和服务质量,直接为武钢的经济建设和社会发展服务,全年完成了武钢下达的各项办学培训指标。(1) 完成武钢第5期167名轮岗班学员的教学培训任务(其中处级干部轮岗班1期30人,科干、般干1期137人);(2) 完成第6期轮岗培训班173名学员的入学培训教育工作,教学工作正常进行;(3) 完成武钢处干、科干现代管理知识培训(学习时间跨度3年)的前期准备工作,确定必修课46个,选修课36个专题,部分科干2003年教学、培训考试已进行完毕;(4) 开办厂、处领导干部学习“三个代表”重要思想理论培训班9期,培训近900人(含二线处干、助理);(5) 举办两期科干岗前培训班培训204人,举办中青班2期培训71人;(6) 开办党支部书记培训班2期160人,党的积极分子培训班8期1100余人。同时,完成企业各类专业岗位培训任务140余期,培训10000人。学校全年采取多项措施改进教学培训方法,拓宽培训知识面对面,并为学员提供全方位服务,其互动式教学、多媒体式教学、案例教学等各类新颖教学方法,受到了培训学员的好评。在轮岗培训工作中,学校党委积极发动党总支、各班委开展了针对性较强的思想政治工作,通过暑期社会实践、学员联谊会、演讲、座谈等活动,及时化解学员的思想矛盾,活跃了班级气氛,稳定了学员的思想情绪,保证了培训计划的顺利进行。由于教学安排细致周到,班主任管理工作到位,教学活动组织得丰富有趣,使处干培训班、科干培训班的教学质量较以往有了很大提高。该年,学校除完成武钢下达的计划内部培训任务外,又配合武钢二级厂矿和部处室完成了评聘职称英语培训班、计算机培训班、销售公司营销人员培训班、工会妇女干部培训班、组织人事部养老保险培训班等专业岗位知识培训110余期,共计培训5000余人次,较好地完成了培训任务。

【完善办学条件】 2003年,武钢党校、武汉冶金管理干部学院进一步落实重组后的各项基础工作,不断完善办学条件,努力为教学服务。两校区各项基建工程顺利实施,投资184万元,修缮了两个校区的办公楼;维修了管院校区足球场;改造了党校校区门厅和楼梯;新建了管院校区自行车棚;改善了两校区学生招待所,为处级干部培训班、外地函授学员、脱产封闭式培训的学员提供了良好的住宿环境。此外,完善了教学设备、设施,投资20万元为处级干部班配置新电脑40台;为新计算机楼投资50万元添置设备;投资33万元建立新党校校区远程教育网;投资33万元顺利完成了变压器的增容改造;并多次向武钢申请拨专款购置教学管理所需的电脑、多媒体投影仪等;自筹资金80万元改造了学生宿舍、饭堂,新建学生澡堂,并制作新的床铺、行李架、生活用品橱柜等。“双争双节”活动中,全年节约差旅费7万元,办公费5万元,油料耗损、水电费等2万元,为全年计划均衡开支打下了良好基础。该校2003年在厂容、绿化、计划生育、治安综合治理的检查中均获武钢先进单位称号。该年,武钢党校、管理干部学院积极响应武钢创建“学习型”企业、营建“知识型”职工队伍的号召,狠抓教师队伍建设,不断壮大师资力量,新增7名应届本科毕业生充实教学一线,全年举办了两次教师授课技艺竞赛和两次青年教师示范课活动,发掘出了一批教学骨干。全年将《导师带培制度》、《中青年骨干教师和科技“三种人”的选拔》、《教师工作量考核办法》、《教师培训基金制度》等新规定陆续下发,并安排教师进修30余人次,提高了教师的政治业务素质。同时加强了对进修学员德育素质教育,并严格执行缺课25%取消考试资格的制度,经加强对班主任考核力度,改变了学员的出勤状况。

【科研为生产服务】 2003年,学校科研工作继续遵循“为武钢生产经营销售服务,以教学带科研,以科研促进教学”的原则,所选课题贴近市场、贴近武钢、贴近教学管理实际。该年,学校顺利编辑出版了两类学报(校刊)共8期。教职工中尤其是老师在学术研究和科研工作方面取得了新成果。由原常务副校长吴国和同志牵头,党史党建教研部老师为主承担的“国有大型企业党支部建设研究”课题,至年底已有了最终成果,将由红旗出版社出版。经管系部分教师与武钢有限责任公司技术质量部合作,开展“生产工序控制”课题攻关,具体承接的“2号高炉降硫控硅”子项,上半年已告结束。经有关部门论证,这一成果的运用,一年可降成本280万元。工贸系部分老师在武钢组织人事部的指导和支持下,完成了“武钢2003～2010年人力资源发展规划”课题的调研、积材、撰拟、统稿工作,已形成终审稿,送中组部、国资委有关部门审阅后,受到专家们的一致好评。由教授、原副校长蔡建华同志担纲主编的《企业管理新论》一书出版后在学术界反响很好,该项目的研究于2003年4月正式结项。此外,还有不少教师在完成教学任务的同时,结合企业生产、经营活动实际,撰写了一批质量较高、具有一定影响的论文和调研报告。

（范　平）

○ 武汉工程职业技术学院

【概况】 2003年,武汉工程职业技术学院全面完成了武钢下达的各项培训任务和其他工作。全年学院完成了武钢轮岗、转岗培训569人,继续工程教育5066人,职业技能鉴定培训1721人,其他各类培训598人,共计培训7954人,完成年计划的132.6%;招收高职生1062人,完成年计划的132.6%;承担武钢以上级别科研课题17项,均按进度要求进行。该年学院为了满足高等职业教育发展的要求,确立了走精品、名优等品牌专业领先的办学思路,将计算机应用与维护、汽车维护工程与驾驶技术、环境艺术设计、电子商务与市场营销,商务英语、金属压力加工等6个专业纳入了重点建设。在专业实验实训室建设方面,经过整合,机加工实训室已初具规模,并将液压、电工电子实验室、金相实验室和家电实训室申报为武汉市示范实验实训室。为了改善办学条件,学院对白玉山校区实训楼、后勤楼、仓库进行了大修改造,完成了电梯更新,锅炉更新,照明线路改造,道路整修等14项技改、技措项目。在抗击"非典"疫情中,学院采取有力措施,构建监控体系,坚实保障了师生的身体健康和生命安全,受到了企业、省教育厅的肯定和表扬。围绕企业、学院改革发展的形势,学院举办了多次形势任务报告会,先后组织了"爱武钢、爱学院、奔小康、谋发展","学习贯彻党的十六大精神,争当实践'三个代表'模范"的主题教育活动。在不断深化党员责任区活动的过程中,结合学院特点,把攻关难点重点定在学生教育教学管理方面,并把党建和思想政治工作做到学生中去,实现了学院不断跃向高等职业教育的新平台。2003年,学院获武汉市职业教育工作先进单位,职业技能培训工作先进单位和武钢科技工作先进单位等荣誉称号,共有17项主要专业管理工作在武钢以上级别获奖。

【继续工程教育】 2003年,武汉工程职业技术学院结合武钢生产经营和技术进步,加大以工程教育服务企业的力度。年初学院根据武钢产品结构调整,重点工程项目建设的要求,在培训课题上,采取武钢、厂矿、学院三方论证的方式,确立培训课题。(1)围绕企业重大科技攻关项目和重点工程,组织工程技术人员开展专题研修。针对企业生产经营过程中的难题及重大技改工程项目,举办了"组态软件在工业控制中的应用研修班"、"二热轧协议保产上岗培训班"、"四烧抽风机启动、变频调速研修班"。(2)结合企业实际,大力开展新技术研修。随着新技术不断融入企业生产经营,学院开办了"连铸新技术研讨班"、"铁水脱硫新技术研修班"、"纯净钢冶炼新技术研讨班",通过网络下载、计算机多媒体等教学手段进入课堂,学员普遍反映较好,对提高武钢钢材产品的市场竞争力起到了积极的推进作用。学院全年开办各类进修班129个,培训学员5066人,均完成了武钢下达的各项培训任务。

【科研工作】 2003年,武汉工程职业技术学院根据高等职业教育的办学要求和武钢科技创新的实际情况,积极开展科学研究,主动为武钢科技进步服务。学院承担了武钢17项重点科研课题,其中《提高线材表面质量》、《SWRCH22A冷镦钢盘条开裂原因的分析研究》等课题均从企业钢铁主业的工艺改进着手,开展技术攻关,提高了主体工序能力。土木与环保工程系长期为武钢开展厂房、设备可靠性以及变形检测、安全性鉴定和改造设计;机电工程系承担了武钢等大型设备的探伤、测频、测厚等工作。全院科技人员主动深入厂矿生产经营一线,找课题,深入开展研究,充分发挥技术和人才优势,在涉及工艺、材料、设备、信息、控制、建筑等领域开展科技服务30余项。2003年学院共有60篇论文在各类刊物发表。

【岗位培训】 2003年,武汉工程职业技术学院继续将岗位培训作为服务武钢的重点工作。在轮岗培训方面,坚持抓组织建设保优质管理,抓思想教育保优质服务,抓教学管理保优质教学,抓课余活动保优质活动,严肃教学值班制度和学员考勤制度。2003年上半年培训第五期轮岗学员283人,除居家休息及考研离厂等原因外,其余人员均顺利完成学业回到单位工作。第六期轮岗培训学员234人也顺利完成了第一期的培训学习任务。在操作工人岗前培训和职业技能鉴定方面,为满足厂方的需求,开办了高级技师、技师、高级工、中级工、初级工等7个专业40多个工种1721人的培训班。全年针对学员倒班特点,安排了不同的教学形式授课,并在教学上选派责任心强,有丰富教学经验的教师担当培训任务,使职业技能鉴定考试学员通过率达到了85%以上。

【学历教育】 2003年,武汉工程职业技术学院继续面向社会大规模招收应届高中生进行高等职业教育。为扩大生源,谋求更大的发展,学院在以往成功招生经验的基础上,加大宣传公关力度,除继续同湖北省境内47个县市、5个矿区和242所学校保持稳定的招生关系外,学院还将省外招生的10个省扩大到19个省;中专也首次面向江西、河北、广东招生。已形成了面向省市、辐射全国的招生态势。全年共招收计算机应用与维护、汽车维修与驾驶技术、电子商务与市场营销、商务英语等12个专业高职学生1062人;中专、中技87人;成教大专生247人。另外,学院加大了毕业生推荐安置就业的力度,2003年共向毕业生发布各类招聘信息30多次,成功举办各类应聘会达10余次,曾5次送毕业生到武汉市企业和沿海发达地区就业,实现毕业生就业达58.1%,其中2003届汽车驾驶与维护的毕业生全部被有关单位录用。

(武　萍　陈维胜)

○ 第一技工学校

【概况】 2003年,武钢第一技工学校全面完成教学目标,该校以服务武钢为宗旨,以职工培训为中心,以高技能人才培训为重点,大力推行技能培训、岗位培训、职工教育、技工教育等多层次办学形式,以多元化发展来提高学校的综合实力和竞争力,有效地克服了各种不利因素和"非典"疫情所带来的不利影响,全年完成12个轮岗培训班303人、新工人培训450人、压力容器焊接培训和换证培训127人、职工业余培训4103人、技师培训486人的教学任务,并完成职业技能鉴定培训和考试1600人次。2003年,该校被指定为湖北省职工技能大赛钳工赛址,承担了大赛钳工赛场的组织工作,为武钢争得了荣誉,并被评为武汉市第十三届职业技能大赛优秀组织单位。该校代表武钢组队参加湖北省第十一届运动会比赛,有6名学生获得铜牌,并获得湖北省第十一届运动会贡献奖;在参加武汉市技校广播操比赛中获得一等奖。2003年该校教师撰写的6篇教学论文在国家冶金行业协会获二、三等奖;参加劳动和社会保障部组织的职业培训软件大赛、教案大赛获得一、三等奖;并有一名教师被评为2003年武汉市优秀教师。2003年该校被评为武汉市职业教育先进单位。

【完善办学条件】 2003年,第一技工学校新建了5个多媒体投影教室和2个多媒体计算机教室;对西门子生产的S7系列PLC设备进行新的技术组合,变一为二,扩展了PLC控制系统的实习机位;购进一套机械设备故障诊断系统;组织教师自行设计制作了机械变速托辊传动机构;在2003年技师培训中进行了新课题的尝试,取得了良好的效果,得到武钢有关部门的肯定,使该校在培训和技能鉴定考试工作中显现了专业特色,体现出了该校在高新技术培训方面的创新特征。2003年该校注重送教下厂,现场教学是该校的培训特点。这种方式既能及时解决现场的实际技术问题,又能及时了解到新的课题,从而开展有针对性的教学培训,还加强了厂校之间的沟通,增强了培训力度,提高了培训效果,受到欢迎。2003年,武钢两次招工近700人,由于该校及时抓住信息,迅速行动,通过联办协作攻关,拿到了大部分新工人培训订单。全年围绕管理创新、技术创新,该校在过去培训工作的基础上认真总结经验,提高培训质量,加强培训内容的针对性,重视教学方法的灵活性上下功夫。全年加强师资队伍的建设,提高教师的素质,因提升学校培训层次是该校开展高技能人才培训的前提条件。为加快师资队伍建设步伐,通过内培、送培、聘用、自学等多种渠道来提高教师队伍素质。该校倡导和激励教师以自学来提高素质,教师要密切关心企业的发展,要到生产一线了解企业的新技术、新工艺,同时要围绕企业生产经营目标选定课题立项攻关,要结合课题开展有针对性学习,这样在实践中学到了新东西,又提高了自己的业务素质,如计算机中心2003年为武钢炉窑公司设计的资讯系统,积累了项目实施经验,为今后的研发工作探出了一条新思路。2003年,该校充分利用被定为国家高技能人才机电项目培训基地和武钢技能鉴定大楼建在该校的优势,制定科学合理的培训计划,大力宣传,扩大影响,树立起品牌专业,以做好武钢高技能人才培训和鉴定考试工作。

【招生推荐就业工作】 2003年,第一技工学校招生推荐就业工作采取"走出去"和"请进来"

的方式，针对近年就业市场信息，招办人员到有关企业调研和考察，有针对性地制订招生方案。在防“非典”特殊时期，克服困难，通过网络、信函、电话等方式发布招生信息，加上全校职工共同努力，2003年共招收技校中专生280人，比2002年人数有明显增加。学校还请用工企业的负责人到校参观考察，让他们全方位了解学校的办学实力。同时加强对即将毕业的学生进行就业前培训，让他们树立正确的就业观，同时还深入用工企业考察，公布用工信息，实行双向选择，收到了良好效果。该校与13家企业建立了良好的用工协作关系，就业率为90%。

【管理工作】 2003年，第一技工学校围绕武钢继续争创“全国质量管理奖”工作，进一步开展了各项管理工作。(1) 教学系统建立以教学质量考核为目标的评估体系。2003年坚持开学教学检查，进行了期中教学检查与评估和教学督察，全年对教学状况实行全方位的动态管理，以不断提高和保证教学质量。(2) 狠抓《安全生产法》的贯彻落实，严格落实安全生产责任制，开展“学规程、议事故、反违章、查隐患”活动。对计算机中心电压、学生宿舍安全通道等隐患，在武钢支持下进行了彻底改造，保证用电和消防的安全。汇编了国家、企业、学校有关安全的法律法规及操作规程；人防工程管理坚持按战备要求维护，确保了平战结合使用；针对学校地处偏僻，门卫加强了管理和夜间巡逻密度，特别是“非典”疫情时期严格门卫管理，把好了学校的第一道关口。(3) 积极发挥财务管理的核心作用，强化了全面预算管理，规范了财务管理制度。财务人员转变工作作风，主动配合学校在办学经费和开发税收工作上进行业务指导。该校开展增收节支、清仓查库和成本效益纵深行等活动。全年通过内部自身审核与社会审计相结合，确保了全年学校收支两条线平衡。(4) 加强了效能监察工作。通过以规范职务行为为主线，以强化管理增加效益为落脚点，深入开展以“治理乱收费”为课题的专项整治。2003年学校大宗物资采购达8次，由于坚持透明化操作，无一例违规违纪行为。(5) 严格各项考核制度，对违反制度和纪律的行为进行严肃考核。2003年在管理、安全、治安等工作上共对学校5个部门进行了经济责任制考核，扣奖达4580元。2003年该校的实习招待所以开展“树形象、立口碑”为主题的活动，提高服务质量，共接待外地来武钢实习学生住宿人员16万人次。2003年该校以新建技能鉴定大楼周围环境配套建设为主线，利用武钢绿化投资23.5万元、自筹资金25万元，对技能鉴定大楼、铆焊车间、焊培中心周围3912 m^2 的空地进行了改造和绿化，使原来脏乱差部位及卫生死角得到了根本性的整治。2003年共生产草花6000盆，常年生花木4000多盆(株)。铺草坪25000 m^2，校园绿化率达41.25%，绿化覆盖率达95.24%。该校参加青山区举办的迎春菊展，获扎景二等奖，团体二等奖。

（余国发　刘全新）

○ 总医院

【概况】 2003年，武钢总医院以医改为契机，以提高医疗服务质量为目的，以防治“非典”工作为重点，狠抓各项工作的落实，全年临床主要医疗指标完成情况：出院病人15915人，手术2999例，治疗有效率为95.3%，病床利用率为87.16%，病床周转次19.8次，平均住院天数14.5天，病房抢救成功率为81.8%，住院病历甲级率为96.1%，门诊量782107人次，全年未发生医疗事故和大的医疗纠纷。全年完成职工体检15000人次，中小学生体检3.5万人次，离休干部体检1400人次，劳模体检700人次。同时，积极组织下厂送医送药，2003年共组织9批100余名医务人员到一线厂矿，共服务8000人次，送药价值5万元，药品100余种。该年护理指标完成情况：基础护理合格率达100%，护理技术操作合格率达100%，护理文书合格率达98%，开展整体护理病房数达100%，急救物品完好率达100%，“三基”(基础护理、基础操作、基本技能)考核护理合格率达100%，王瑶华、彭英、张金梅3名护士被评为武汉市优秀护士。2003年监测出院病人12437人，无菌手术合格率达100%，卡介苗接种率达100%，糖丸接种率为96.3%，百白破接种率为96.5%。麻疹接种率为96.7%，乙肝接种率为97.4%，建立家庭病床512张，出床107张，建立围产期保健卡454人，完成脊髓灰质炎疫苗接种2045人。钢都社区服务中心通过了市局检查验收。兴建总医院新住院部综合大楼，设计为地下1层，地上20层，总用地面积为14672 m^2，占地面积为2098 m^2，建筑面积为31277 m^2，建筑高度77.7 m，自2002年12月31日新住院部综合大楼正式开工以来，施工建设进展顺利，至2003年底已经建到第13层，预计2004年3月底封顶，争取2004年年内启用新楼。

【科研技术】 2003年总医院结合实际，大力开展新技术、新业务和医疗科研工作，由何汉武主持的《细胞增值和凋亡与肺癌组织学分级和转移关系的研究》、高琳主持的“冰敷法肌肉注射提高痛阈的研究”、王建春主持的“寡核苷酸阵列芯片方法检测丙型肝炎病毒的基因型及临床应用”、林萱主持的“甲状腺癌蛋白的表达意义”、林翔主持的“应用红外热像技术诊断肝癌的临床研究”等成果，经武钢技术中心组织专家鉴定属国内先进水平。徐吟亚主持的“不同时期鸡胚端脑正常发育中神经元凋亡的规律及意义”课题，获武钢科技进步三等奖。全年获武钢科技进步四等奖15项，五等奖16项，获小改小革奖3项。开展新业务、新技术24项，开展科研22项，外投论文154篇，获武钢科协优秀论文15篇。组织全院性学术讲座14次，接受进修实习178人，外出培训进修84人。11月，总医院召开了第二届科技大会，部署了3年科技工作任务，出台了科技激励政策，表彰了科技工作先进个人，为总医院的科技工作发展起到了推动作用。

【抗击“非典”】 2003年，面对突如其来的“非典”，总医院根据上级的指示，迅速成立了以院长、党委书记为组长的防治“非典”领导小组和专家小组，为保证防治“非典”工作落到实处，同时还相继成立了综合组、医疗组、预防组、后勤供应组等机构，并在较短的时间内，设立了3个发热门诊。为打赢这场战斗，院党委先后3次组织动员，并向全院职工发出了公开信，全院职工积极响应，纷纷报名到一线。由于医院条件有限，设立发热门诊难度较大，院领导带领职工群策群力，克服困难，集中人力、物力在较短的时间内按标准建立了发热门诊。同时为保障医务人员的身体健康，医院发放口罩近2万个，板蓝根冲剂5000余包，黄芪精5000盒，干扰素滴鼻剂2万多支，为一线医务人员注射胸腺肽629支。医院还组织了对环境的消毒，抽调专门人员，每天按时进行喷洒消毒。为保证患者在炎热天气使用空调，医院抽调20多人组成空调清消小分队，对全院的空调进行全方位的消毒。医院加强了防治“非典”宣传工作，举办防治“非典”知识培训班4期，制作固定宣传牌200多块，发放各种宣传资料近万份。该年，总医院共接诊发热病人4446人次，X光检查3000余人次，留观病人60人次，没有发生一例“非典”病人和疑似病人。直接参与对两个留观点（二医院、新洲道观河）52名留观人员进行医学隔离，对快餐公司等142个监测点进行了巡回检查，各种场所消毒面积达15万m^2。接受中央、湖北省、武汉市、青山区及公司对医院防治“非典”工作多次检查，都得到充分地肯定。总医院党委被武钢授予抗击“非典”先进党委；总医院被武汉市和青山区评为抗击“非典”先进单位；防疫站被武汉市授予防“非典”先进单位；4名同志和2个单位荣立一等功；31名同志和3个单位荣立二等功；36名同志和16个单位荣立三等功；6名党员被评为武钢防“非典”先进党员。

【医保工作】 2003年，是武钢实行医疗保险制度改革的第一年，至年底，医保工作基本走入正常。据统计，全院收治医保住院病人9561人次，门诊接诊医保病人581092人次（其中重症门诊20737人次）。医保就诊自费率为2%，低于10%的要求，转诊率为0.8%，大额人次1553人，发生费用850万元。医保病人申报金额440万元，已结回3301万元。同时，为保证医保工作顺利实施，医院先后制定下发了《武钢总医院关于医保若干问题的暂行规定》等10个医保管理文件，处罚违规495起。通过积极协商，医院自制药品47种，被纳入市医保目录，新增诊疗项目60项，住院病人定额标准提高10%，医保接待咨询病人18000人次。

【医德医风建设】 2003年，总医院党委把医德医风建设作为提高医疗技术水平，提高医院市场竞争力的一项重要工作来抓。开展优质服务窗口，优质服务明星和“金牛奖”竞赛，提出了不准推诿、刁难病人；不准对病人生、冷、硬、顶；不准与病人发生争吵、不准拿“红包”、参与请、吃“回扣”；不准以任何理由向病人推销药品和商品；不准私自乱收费、多收费等“六个不准”的要求，努力改善服务质量，医院还抽调10名护士成立了导医服务中心，帮助病人解决一些实际问题，导医服务中心成立一年来，工作突出，深受病人的好评，为加强监督，医院组织对出院病人电话回访，共回访病人近千人，对提出的120条意见责成有关部门进行了整改。总医院相继成立了保洁服务中心、导医中心、支助中心、陪护中心，全方位为病人提供规范、方便、人性化的服务，效果明显，广大患者和职工反映良好。

（龚爱民）

○ 第二职工医院

【概况】 2003年,第二职工医院设有床位720张,医院门诊总量174214人次,收治住院病人8413人次。抢救危重病人552例,抢救成活率为72.6%;诊断符合率为99.5%,病床利用率为60.4%,平均住院日19日,治愈率为66.6%,病死率为1.9%;手术744例,手术前后诊断率为98.7%。该院全年坚持技术进步,狠抓管理和医德医风建设,不断提高医疗和服务质量,安全工作实现五个零,严重医德缺陷、重大医疗事故为零。武汉市卫生局下达的30项医疗指标和医院制订的6大目标全面实现,医院获湖北省卫生系统先进单位,武汉市2003年度卫生工作目标管理先进单位的称号。

【医疗护理】 2003年,第二职工医院拥有万元以上设备120台,50～100万元设备9台,100万元以上设备5台。该院以抓病案质量内涵为突破点,以抓住院病历、门诊病历和门诊处方为关键点,以加强医疗护理质量的检查、督导和考核为着力点,做到每天有检查,每周有讲评,每月有考核。该院还成立了医疗专家组和护理专家组,定期对疑难危重病人的情况进行会诊分析和指导。医教科、护理部每天下临床科室参加晨会、交接班、三级医师查房和院长查房,及时掌握医疗护理动态。针对《医疗事故处理条例》的有关规定,清理并制定完善了一批医疗护理管理制度。护理部在整体护理的基础上,重点抓健康教育、基础护理、专科护理和生活护理,基础护理和专科护理合格率达94%,健康教育覆盖率达97%。预防保健科通过下发的《武钢二医院院感工作计划和考核办法》,进一步明确了工作内容、职责和考核标准。对该年出院的8000份病历进行了回顾性调查,院感率控制在6.4%,漏报率为2.7%;完成5大项目监测643件,合格率达99%;住院部抗生素使用率为63%,预防用药率为48%,病原送检率为35%,达到了武汉市卫生局的考核要求。

【教学科研】 2003年,第二职工医院按照建设“学习型”组织的目标要求,强化医护人员的专业知识和岗位技能培训,举办全院性医疗知识、礼仪知识、新设备和新技术应用知识讲座13期,送院外培训人员90名。组织全院不同岗位人员“三基”(基本知识、基本技能、基本操作)知识考试3次,参考人员达98%。开展护理技术比武,并选送一批医护人员参加了武钢及武汉市技术运动会,均取得较好成绩。该年,共发表、交流各类论文138篇,其中23篇发表在全国性杂志上。科研与新技术立项69项,申请到武钢重点项目13项。其中,“CT和彩色多普勒检查预测肝癌切除手术安全性的价值”通过湖北省卫生厅鉴定,达国内先进水平;“短片段引物检测HBV基因变异的研究”和“血管内皮因子的融合表达、纯化及肿瘤患者血管内皮因子浓度检测的临床意义”获武钢科技进步二等奖。2003年接受大中专实习生67人,为职工办理自学成才奖14人,医院先后获武钢和青山区“优秀科技之家”称号。

【深化改革】 2003年,第二职工医院进一步推进了分配制度改革,制定了《武钢二医院经济责任制考核办法》和《武钢二医院岗薪工资分配实施方案》,临床科室奖金实行按比例的上不封顶,下不保底分配;同时加大了科室内二次分配力度,打破了大锅饭式的分配格局。岗薪制实施以后,大大地调动了青年人的积极性,也留住了一大批医疗骨干。全年加大了人事制度改革力度,科干、护士长的任用,由过去的委任制改为竞聘制,制剂工、电梯工、挂号员等也实行了竞争上岗。同时,加大了后勤系统的改革力度,食堂进行了新一轮承包,修建了康乐餐厅,开通了快餐热线,推出了点送快餐服务。维修、车队、洗衣等班组实行医院内部核算。全年坚持“一切为了病人”的服务宗旨,倡导以人为本的服务理念,建立完善了加强医德医风建设的学习教育制度、医德医风查房制度、社会监督制度、考核讲评制度和出院病人回访制度,开展了导医导诊、文明用语、窗口科室通透式服务,并向社会公开了5项承诺及举报监督电话。按照党委统一领导,党、政、工、团齐抓共管的工作原则,奖惩实行连坐制。个人医德医风考核结果同职称评聘、职务晋升、工资晋级等经济责任制挂钩。2003年,该院共收锦旗18面,感谢信103封,拒收现金及礼物142人次,优质服务满意率达96.06%。

【抗击“非典”】 2003年,面对“非典”疫情,第二职工医院投资720万元,购置了数字摄影X光机、消毒药品及防护用品，按标准建立了发热门诊、留验站和隔离病房。成立了防“非典”指挥部、医疗专家组和督查组。完善了分流导诊制度、消毒隔离制度、日报制度和零报告制度，保证了“非典”防治工作的科学性、规范化。该院还组织医疗专家开展了“抗击‘非典’、关爱健康”的大型义诊活动，做义诊病历 3000 份，发放宣传资料 6000 份。防“非典”期间，该院共接诊发热患者 986 人次，为返汉及外地民工体检 7100 人，收住 49 名隔离观察人员及 3 例高度疑似患者，医患未发生一例感染。国务院督查组长戴光前对该院“防非”工作给予了高度评价，该院被授予“湖北省企业工委防治‘非典’先进党组织”、“武汉市‘非典’防治先进单位”的称号，有 10 人在武钢、青山区及武汉市立功受奖。

（谢稚春　雷伟夫）

耐材·焦化·建筑·监理·氧气

○ 耐火材料有限责任公司

【概况】

项目		计划	实际
总产量/万 t		65	66.90
其中	不定形耐火材料/万 t	1.0	3.38
	耐火砖/万 t	3.50	4.17
	炉料及其他/万 t	61.5	59.35
工业总产值/万元		43000	43023
耐火砖综合合格率/%		95	97.40
耐火砖达国际标准"I"级品率/%		100	100
内部利润/万元		1300	1510
全员劳动生产率/元·(人·a)$^{-1}$		14.0	14.57
万元产值能耗(标煤)/t		5.10	5.12
主要设备完好率/%		95	98.53
千人负伤率/‰		≤3.6	1.02
岗位粉尘合格率/%		≥90	91.35

【市场巩固与开拓】 2003年,耐火材料有限责任公司克服"非典"疫情的影响和武钢内部竞争对手对炉料产品市场的冲击,跟踪市场动向,及时调整营销策略,致力于武钢内部市场的稳定和外部市场的拓展。在武钢内部市场,该公司以保钢保铁为原则,充分发挥耐材总代理的职能,合理调节自产和外购比例,加强自产和外购耐火材料的质量管理;通过技术攻关和技术进步,不断提高耐火材料的使用寿命,使武钢吨钢吨铁耐材消耗指标逐步降低,"三钢一铁"共降低耐火材料成本7000余万元;努力争取武钢的内部政策,确立了炉料主体保产单位的地位。在外部市场上,该公司牢固树立服务观念,进一步深化总包工作,巩固韶关钢厂、新余钢厂、鄂州钢厂、珠江钢厂等现有市场,提高供货比例;同时充分利用武钢的品牌和自身综合实力的优势,与兄弟单位、专业设计院进行合作,成功开拓了成都钢厂、石家庄钢厂、天津钢厂等7个市场。该公司还着力于信息资源的收集和潜在市场的开拓,在宁波建龙钢铁有限责任公司的投标中一举中标,双方签订了总价值4亿元的耐火材料总包合同,为实现跨越式发展创造了条件。在国际贸易方面,该公司出口防腐炭砖600余t,转炉镁碳砖470余t,实现销售收入1000余万元。

【实施减员分流与岗薪制】 2003年5月,耐火材料有限责任公司采取先机关后基层、先试点后推广的方法,实施减员分流,全民职工减员234人,分流77人,为全民职工总数的10.6%;集体职工减员134人,占集体职工总数的17.29%;清退外用工333人。减员分流工作优化了劳动组织机构,整合了人力资源,提高了用工效率,为岗薪制工资改革创造了条件。其后,该公司按照以岗定薪、一岗多薪、岗变薪变的分配原则,突出岗位要素在收入分配中的作用,将岗薪制向技术、管理岗位和短缺人才等关键性岗位倾斜,经武钢批准,于2003年7月1日试行岗薪制。2003年10月1日,岗薪制正式实施。该公司在减员分流和岗薪工资改革中注重稳步推进、友情操作,正确处理改革与稳定的关系,为今后企业改革改制探索了有益的经验。

【产业与机构调整】 2003年7月,耐火材料有限责任公司新的领导班子决定对有关产业实行关停并转的调整思路,并立即着手关闭了经营状况不佳的创新磁业公司,完成了相关的清产核资工作。随后,该公司又终止了与香港协丰公司的合作协议,关停了长期亏损的磁材车间。2003年8月份,该公司冶金粉剂厂召开职工代表会议,通过了关于终止耐火冶金粉剂厂委托耐火材料有限责任经营、恢复耐火冶金粉剂厂独立经营的决议,从经营模式和机制上为集体企业的二次腾飞创造了宽松的环境、提供了良好的机遇；9月，该公司成立了设备工程部和技术质量部，优化了组织机构，进一步理顺了职能。

【技改项目】 2003年12月4日，武钢批复同意耐火材料有限责任公司拆除白云石车间6座竖窑，在竖窑原址兴建无水炮泥生产线的方案，并提出生产能力应能满足6号、7号高炉的生产需要，设计年产量为1.5万t，与6号高炉同步建成投产，总投资为1800万元，由耐材公司自筹解决；二期工程达到3.6万t的生产规模，满足1～7号高炉出铁口对碾泥产品的需求。2003年12月28日，竖窑拆除工程动工。竖窑是上世纪武钢投资兴建的一炼钢平炉炼钢配套工程，1997年，武钢实施“平改转”后，竖窑产品烧结白云石失去了市场。该公司经过工艺改造，利用竖窑转产转炉炼钢所需的轻烧白云石，但产品杂质多，质量波动大，生产成本高，还排放大量的粉尘。该公司在武钢壮大非钢战略支持下赢得的这一发展机遇，既可清理主要的污染源点，又可淘汰落后的设备工艺，为实现跨越式发展目标垫实了基础。

【质量综合整治】 2003年10月，耐火材料有限责任公司以劳动纪律整顿为切入点，以镁砖、镁碳两个车间为试点开展质量综合整治，借鉴引进“窗口”武钢VSV合资公司的先进管理经验，以“遇山搬山、遇海填海”的决心，对现场环境、工艺技术等环节进行整治整改；实行质量综合整治例会制度，协调整治推进工作。质量综合整治工作开展以来，两个试点车间的现场面貌和质量控制都有了显著改观。其他车间也立足自身，纷纷开展了质量综合整治，以提高工作质量、增强产品竞争力。

【实践“三个代表”重要思想】 2003年，耐火材料有限责任公司党委扎实兴起学习、实践“三个代表”重要思想的新高潮，认真组织开展“转变观念大讨论”，在管理观上实现了由松到严的转变、由不负责任到追究责任的转变、由被动到主动的转变；党委围绕改革发展主题着力探求思想政治工作新途径、谱写新篇章的经验文章在《武钢工人报》、《武钢政工》等报刊发表。9月，该公司开展了投产45周年“五个一”纪念活动，即“组织一次征文、制作一部电视专题片、出一期《耐火通报》纪念专版、组织一台专场文艺晚会、举办一次摄影书画展”，活动取得了预期效果：展示了风采，鼓舞了干劲，凝聚了力量。该公司还大力开展送温暖工程，每名科干走访10户困难职工，并建立了100户特殊困难户捐助档案，“进千家门、办百家事”；工会建立困难职工捐助中心，将帮扶工作延伸到日常每一天和每一个细小的需求。这一系列举措，较好地保持了职工队伍的稳定，得到了武钢有关部门的肯定和推介。

（程　琳）

○ 焦化有限责任公司

【概况】

项　目	计　划	实　际
利润/万元	16800	47675.45
焦炭/万t	338	338.34
焦炭总合格率/%	99.7	100
工序能耗(标煤)/kg·t^{-1}	171	173.48
工业总产值/万元	106011	106140.37
综合设备完好率/%	92	95.30
全员劳动生产率/万元·(人·a)$^{-1}$	35	38.79
千人负伤率/‰	0.7	0.06

【生产经营】 2003年，焦化有限责任公司抢抓机遇，克服困难，全年实现销售收入31.4亿元，创利润4.7亿元，位居武钢子公司之首。2003年，焦化有限责任公司重点抓好“生产操作现场整治”、“设备跑冒滴漏整治”、“三规三制检查落实整治”、“厂容厂貌的环境专项整治”四个方面的专项整治，扭转了基础管理工作的滑坡局面。在生产工作中，通过加大来煤检验及配煤攻关，加强翻车机系统设备维护及合理作业，满足了炼焦用煤的需要；化产生产系统首次实施了《红旗化产系统生产管理评比办法》，促进了化产系统基础管理水平的提高。焦化有限责任公司在2003年成功投产了新3号焦炉，7号、8号焦炉干熄焦工程试生产成功，新1号、2号焦炉于8月份打桩施工，化产系统直排水改循环水、煤场改造、CPMS、装煤除尘等项目达形

象进度，焦油系统扩建改造、3号翻车机、型煤技术均处在可研论证前期准备阶段，大大加快了企业技术改造的步伐。科研和技术攻关也取得显著成果，组织实施了武钢重点科研项目13项重点A级科技攻关1项，获两项国家专利。焦化有限责任公司还不断开拓化工市场，完善经营策略，在销售管理和商情信息工作上，实现了顾客分类管理，保证了销售渠道的畅通，全年合同执行率达95%，并抢抓市场机遇，销售收入突破30亿元大关，创历史最好水平；该公司组织重点客户座谈会及用户走访，加强了信息沟通，争取效益最大化。尤其是在“非典”时期中温沥青销售困难，焦化销售分公司前往河南等地促销，签订沥青合同1万多吨，为企业创造了显著经济效益。

【新3号焦炉竣工投产】 2003年3月26日，武钢在新世纪兴建的第一座现代化大容积焦炉——焦化有限责任公司新3号焦炉竣工投产。新3号焦炉多项生产工艺及环保功能的科技含量在国际和国内同行业处于领先水平。焦炉系统55孔6m大容积焦炉，设计年产焦炭55万t，煤气发生量2.5万m^3/h，是我国目前技术装备最先进的大容积焦炉。该焦炉在全国同行业中首次采用了计算机控制炉温新技术；同时多项技术已达到国际和国内先进水平——采用先进的炉型结构和四大车(推焦车、装煤车、拦焦车、熄焦车)连锁技术，辅助设备采用PLC程序控制，仪表采用DCS系统，计算机编排计划；采用了先进的环保技术，建立了新三焦装煤除尘地面和低水分熄焦工艺，将焦炉粉尘浓度减少到500 mg/m^3以内，改变了过去焦炉粉尘对大气污染的局面。新3号焦炉是武钢投资2.1亿元，于2002年4月份开始兴建的工程，建设单位为武钢建工集团、一冶筑炉公司和武钢焦化有限责任公司，工程由鞍山焦耐院总设计。焦炉建设工期仅用15个月，创造了国内同行业焦炉建设工期最短纪录。焦炉投产后，极大缓解了武钢炼铁生产所需优质焦炭及煤气缺口压力。

【干熄焦工程试生产成功】 2003年12月30日，焦化有限责任公司7号、8号焦炉干熄焦工程经半个月的试生产，宣告成功。7号、8号焦炉干熄焦是国家批准立项的重点技改项目，是我国目前生产规模最大、产量最高的焦炉环保项目，也是武钢“十五”规划重点节能环保效益工程。工程由日本新日铁公司完成基本设计，中冶集团鞍山焦化耐火设计研究总院负责详细设计，引进部分关键设备，总投资2.1亿元。干熄焦工程配备了世界最先进的焦炉环保工艺，用干法熄焦，同等规模的焦炉，每年可少排有害气体700t。同时焦炭冷强度提高4%，焦炭质量得到显著改善。该工程全年可产优质焦炭110万t，用干法熄焦产生的热能每年发电近4000万kW，年回收能源(标煤)8万余吨，吨焦回收能源为80.4kg。7号、8号焦炉干熄焦的顺利投产，不仅产生了显著的社会效益和经济效益，也标志着武钢节能环保水平又迈上新台阶。

【焦化协力厂移交北湖农场管理】 2003年6月份，焦化协力厂正式移交北湖农场管理。焦化协力厂在市场经济大潮的不断冲击下，生产经营管理滞后，产品单一，缺少市场竞争力，生产经营连年亏损。为改变焦化协力厂生产经营的被动局面，谋求新的发展局面，使焦化协力厂实现大跨越发展，焦化有限责任公司决定将焦化协力厂整体移交北湖农场管理。在武钢同意和支持的前提下，为使移交工作尽快顺利实施，双方经协商组成移交工作组，对协力厂的固定资产、产品销售进行了全面清算。焦化协力厂移北湖农场管理后，实现“两个转变”和“三个不变”。“两个转变”是协力厂的资产由实业公司转为北湖集团，党群关系由焦化有限责任公司代管转为北湖集团管理；“三个不变”是协力厂职工的身份不变(仍为集体职工)，工作环境和对象基本不变，焦化有限责任公司扶持政策和力度不变。焦化协力厂正式移交北湖农场管理，标志着焦化协力厂将在北湖农场的管理下，开创新的发展平台，也为北湖农场的发展增添了新的活力。

(莫春强)

○ 房地产开发有限责任公司

【概况】

项　　目	完　　成
房地产开发量/亿元	1.1
建筑业及其他产业产值/亿元	1.03
工程质量合格率/%	100

续表

项　目	完　成
工程质量优良率/%	63
竣工面积/万 m^2	4.8
商品房销售收入/万元	5790
利润/万元	892

【企业改革】 2003年,为进一步适应市场经济发展的需要,增强市场竞争力,武钢房地产开发有限责任公司以生产经营为中心,着力推进了4个方面的改革:(1) 深化分配制度改革。该公司在总结多年分配工作经验的基础上,按照既体现"效益优先",又考虑经营主体"个性"的原则,实施了新的分配政策。对子公司和驻外分公司全面推行"工效挂钩"的分配方式,在充分落实各经营主体分配自主权的基础上,强化了公司宏观调控管理职能。在对房地产各业务部门分配上,改变过去管理部门与公司整体效益直接挂钩的方式,推行直接与项目挂钩,按项目节点进度考核的分配方法,加大了激励和约束力度。(2) 按产业发展需要,优化子公司资本结构。依法对武汉怡丰基础有限责任公司、武汉金阳彩钢制品有限责任公司、武汉金宏建材有限责任公司(以下简称怡丰、金阳、金宏公司)产权和投资结构进行了调整,顺利实施了招股工作,职工持股会共向职工募集股本81万元。(3) 加大减员分流力度。2003年8月,该公司针对人员过多,人浮于事,结构不合理的现状,结合武钢减员增效政策,制订了《2003年减员分流方案》,并提交职代会讨论通过。11月,减员工作全面推行,70余名职工办理了居家休息手续,公司组织机构进一步优化。(4) 该公司针对驻外公司暴露出的"人浮于事、机制不活、自行开拓市场能力不强"等问题,按照"精干高效"的原则精简了西安分公司及大亚湾分公司人员,将固德公司与武钢民用建筑工程有限责任公司(以下简称民建公司)襄樊分公司人员进行重组,使驻外公司的人员和机构整合优化,减轻了驻外公司管理难度和经营负担。

【生产经营】 2003年,房地产开发有限责任公司面对快速升温的房地产市场环境,以"立足武钢,占领青山市场,推动房地产发展"经营思路,跨出了房地产业发展的坚实步伐。一是通过分析青山房地产开发市场现状,提出对钢花南区二期、钢都花园 A_1 区闲置土地进行开发和红钢城8街坊、9街坊、10街坊改造方案,得到武钢大力支持:(1) 完成钢花南区二期土地转让、规划报批等前期工作,8月正式开工。(2) 完成钢都花园 A_1 区开发可行性研究、立项报批工作。(3) 完成红钢城10街坊住户抽样调查、拆迁房屋评估、拆迁费用测算和规划方案设计工作,并于12月10日在武汉市土地交易中心通过竞拍摘牌取得该项目的开发权。二是精心打造在建楼盘,完成了冶金新苑、临江雅居、20街坊危改项目、28街坊兴达火灾楼、西安卧龙巷等5个独立开发项目的建设任务,顺利交付使用。全年实现竣工面积4.8万 m^2。三是加强驻外公司联合开发项目管理:(1) 西安分公司在完成卧龙巷开发项目后,已按合约迅速组织工作人员进入西安骡马市商业步行街项目工程指挥部,实施合作开发的责任和权利;(2) 大亚湾分公司与合作方密切配合,克服资金不足等困难,顺利完成康汇花园的开发建设,并借"壳"牌石油基地启动的机遇,采取租售方式,进一步加大了康汇花园的销售力度。四是强化商住房销售,实现开发效益。该公司通过采用上门推销、派单、网络销售、报刊广告、牌位推广等多种销售手段以及开展"临江夜之梦"、"购房送清凉"等促销活动,有效推动了销售工作,使临江雅居、冶金新苑、大亚湾康汇花园小区销售率分别达到了90%、100%和70%。在建筑业及其他产业方面,房地产开发公司克服工期紧、任务急、施工工艺复杂等困难,在武钢总医院综合住院大楼、武钢宾馆装修等重点工程施工中,积极引入竞争机制,采用招标方式选择施工队伍,切实加大监控与协调力度,做到全天候跟踪管理,有效保证了各工程进度、质量和安全,赢得了良好的企业信誉,该年完成建安产值8880万元,实现利润260万元。金阳、怡丰公司根据市场行情,贴近市场,开拓经营,分别引进和购置了塑钢门窗、中空玻璃生产线和静压桩机、振动沉管桩机专业施工设备,提升了企业综合实力。该年,金阳公司实现销售收入250万元,怡丰公司完成产值606万元。固德公司转变观念,积极拓展经营空间,在立足襄樊樊城市场的同时,打破陈规,进入襄樊襄城商品混凝土供应市场,开创了生产经营新局面,2003年完成销售收入370万元。

【钢都花园收尾工作全面完成】 2003年,房地产开发有限责任公司克服钢都花园收尾工作繁杂、协调难度大等困难,按照武钢统一部署,圆满完成了各项收尾工作:(1) A_2 区人防绿化工程及

B_5、B_6、A_3区公建地增加植物、营造小森林工程按期完工,使钢都花园绿化率达35%以上。(2) B_5、A_3区地下停车场安防控制系统和A_3区01组团安防联网进一步完善并投入使用。(3) 房屋维保维修、市政道路、雨污排水设施等对口向武钢房产公司物业公司、城管局、水务局正式移交,纳入规范化管理轨道。

【优质工程】 2003年,武钢房地产开发有限责任公司创省、市优良及样板工程4项,其中钢都花园A_2区人防工程获“黄鹤杯”奖,武钢厂前接待中心获“楚天杯”奖。钢都花园A_1区9号楼、16号楼被评为湖北省无通病住宅示范工程。同年,武钢一技校综合楼工程、青山109街坊冶金新苑1号、4号楼分获武钢安全文明施工现场及优质工程。该公司被评为湖北省先进建筑业企业、武汉市第十一届优秀企业。

(王　星)

○ 星宇工程监理公司

【概况】 2003年,武汉星宇建设工程监理有限公司以市场为导向,以贯标为契机,深化企业的改革,规范和加强管理,实现工程监理收入的目标计划,外部市场的开发也取得了较大的成效,该年工程监理工作量继续增长,经济效益稳步上升,完成工程监理收入799.78万元,比2002年增长28.58%;实现利润115.31万元,超额完成武钢下达的利润指标82.85万元,比2002年增长40.86%;上缴税金47万元,比2002年增长29.8%;固定资产增值19.2万元。全年职工队伍进一步壮大,至年底全公司已有22人取得总监理工程师岗位资格证书,58人取得国家注册监理工程师岗位证书。2003年,该公司被评为“武汉市建设监理先进单位”。

【拓展业务】 2003年,星宇工程监理公司从实际出发,确立“以武钢工程为基础,努力开发外部工程监理市场”的经营发展方向,独立经营、自负盈亏、自我发展,发挥自身优势,继续在武钢工程监理市场保持主导地位,共承接武钢工程监理项目24项,工程总投资额达18.2亿元。在立足武钢市场的同时,不断开拓外部市场,参与社会的激烈竞争,充分开掘多种渠道,收集外部工程信息,积极组织并参与外部工程的投标,全年共投标14次,中标9项,项目总投资为14.44亿元。至年底,该公司在监项目38项,不仅有武钢内部的6号高炉、冷轧改造,硅钢片改扩建等一批重点项目,还有南京钢铁公司120t转炉工程、沙钢220万t焦化工程、首钢冷轧工程、海南精密带钢工程、福建三明钢厂烧结工程等8项外部工程。全年该公司的经营业务辐射面进一步扩大,遍及湖北、陕西、甘肃、北京、江苏、福建、海南等省市;其业务范围更加广泛,已拓展到工程建设技术咨询、工程造价咨询和工程项目评估等方面。

【项目质量管理】 2003年星宇工程监理公司“以质量为中心,精益求精,创建精品工程”为质量管理的追求目标,坚持“诚信、守法、公正、科学”的工作原则,以法律、法规为准绳,严格按照施工合同、监理规范和设计文件履行监理职能,注重把质量监控作为监理工作的重心。(1) 认真编制监理规划和监理细则,明确控制目标、专业重点和具体的监理工作方法,确保项目从开工到竣工全过程受控;(2) 坚持施工监理中的“三控制、二管理、一协调”制度,勤巡视,勤检查。其中,对工程材料构件设备报验、有关材料的见证取样及试验结果跟踪、分项工程质量检验、工序管理制度的执行和混凝土浇灌制度的落实等环节实行重点控制;(3) 加强工程监理资料的规范管理,结合该公司监理项目的实际,制定了“工程监理资料归档整理办法”和“监理大纲、监理规划、监理细则编写制度”,并为现场监理提供了切实可行、便于操作的示范文本,同时对项目监理部实施和执行的情况,坚持定期检查,及时整改验证,并抓好落实,保证了工程项目的监理工作从基础报表的填写开始,到日常资料的整理及竣工资料的归档,逐步达到规范化和标准化;(4) 开展了监理服务业主评价调查工作,上半年调查24项工程,满意的23项,满意率达96%,其中特别满意的有二热轧水处理工程、三烧改造一期工程,冷轧改造工程和老三轧水处理工程。2003年,竣工项目23项,资料合格验收率达100%。该公司监理的武钢厂前接待中心工程获得2003年湖北省建筑工程“楚天杯”奖;武钢三炼钢3号连铸机工程和武钢工业港二混匀料场工程被评为“武汉市先进项目监理部”；武钢6号高炉自主管理创新成果获“武钢最佳自主管理小组”。

【通过质量管理体系认证】 2003年，星宇工程监理公司为了促进企业质量管理工作，按照ISO9000—2000版质量管理标准要求，从武钢生产经营和发展需要出发，策划和建立了企业质量管理体系，编写了质量手册1个、程序文件8个、工作制度和管理办法34个，并编写了有关的“示范文本”、“示范表样”，夯实了质量管理体系的运行基础，同时对部门职责、经济责任制考核办法等进行了修订和完善，进一步理顺了各部门及项目监理部之间的接口关系。在实施质量体系试运行过程中，进行了两次内部审核、一次模拟认证和一次管理评审，对审核中发现的68个不合格项，制定了94条纠正措施，全部整改到位，确保了质量体系的有效运行，全面实现了拟定的质量目标。经过全体员工的努力，2004年11月27日顺利通过了北京中建协质量体系认证中心的审核认证，获得了“冶炼工程、房屋建筑工程等范围监理质量认证证书”。

【外聘人员管理】 2003年，星宇工程监理公司坚持以人为本，加强外聘人员监理专业知识和监理规范的培训，不断提高员工队伍的整体素质。该公司根据武钢继续工程教育和省市行业协会的要求，针对项目多、任务重、人手少，聘用人员参差不齐等状况，采取内培、外培、自办班、自学等多种形式，共完成500多人次的培训学习。(1) 根据武钢贯标工作的推进计划，适时采取集中和自学相结合方式，领会公司质量体系文件精神，推进管理工作文件化、标准化、程序化；(2) 根据业务发展的需要和外聘人员素质、能力、经历不适应监理服务工作要求的现状，与华中理工大学全国监理工程师培训中心联合，对该公司50名外聘人员进行了10天，每人80学时的监理工程师上岗培训，取得了结业证，已有35人取得湖北省建设厅监理工程师上岗证，大大提高了持证上岗率；(3) 根据该公司所管项目监理资料管理和资料归档不规范的情况，及时组织各项目总监和资料员20人进行专题讲座和培训学习，改变和提高了监理资料员对监理资料的管理水平；(4) 根据国家颁布的“工程建设标准强制性条文(房屋建筑部分)”的要求，及时选派38位总监等技术骨干参加湖北省质安站及湖北省监理协会的培训，并缩编和整理学习材料下发各项目监理部组织学习和考试，此外该公司还针对特殊专业采取邀请专家讲课、组织监理人员观摩特殊施工工艺等方式加强专业技术的实践交流，促使监理人员从理论和实践的结合上提高监理业务水平，把握监理职能履行尺度。

(王　姝)

○　氧气有限责任公司

【概况】

项　　目	计　划	实　际
氧气产量/万 m^3	78800	74626△
氮气产量/万 m^3	80000	87709△
氩气产量/万 m^3	1450	1339
液氧销售量/m^3		34926
氧气单耗/$kW·h·km^{-3}$	730	679
氧气放散率/%	7	4.74△
动力费用/万元	30705	32164
外销收入/万元	5000	5934△
利润/万元	7400	6066
千人负伤率/‰	2	0

注：△为历史最好水平。

【保产与外销】 2003年，氧气有限责任公司始终将确保武钢生产作为首要任务。全年围绕武钢扩大产能，优化品种结构的需求，在设备运力不足，可供外销气源紧缺的情况下，一是抓资源合理的调配，强化生产组织指挥的统一和协调，建立与武钢生产相适应的生产运行及设备保障体系。二是抓经济技术指标的优化，根据用户需求变化，调整优化制氧机的运行方式，既确保了气源的正常输配，又降低了氧气放损量及运行成本。全年氧气放损率创历史新低，主要经济技术指标创历史最好水平。若不排除电费涨价和设备折旧的集中计提等因素，全年实现利润9780万元。三是抓安全工作制度化管理，以“双星”、“双杯”、“安康杯”、“青安杯”活动为载体，突出了压力容器、危险源点、危化品及易燃易爆要害部位的安全检查与隐患整改，编发了《氧气系统事故预案》，并开始启动职业健康安全管理体系，正式颁发了“职业健康安全管理体系规范”的程序文件，实现了“五个零”的年度安全目标。四是抓贯标换版工作，经现场评审，获由北京BCC认证公司与英国NQA认证公司联合颁发的ISO9001—2000质量标准体系认证证书，使该公司系列气体产品走向国内、国际市场更具资质。五是抓外销的稳固与发展。在受资源短缺及“非典”疫情的不利影响下，合理把握资源、价格、合同三者间的关系，抓住高新产品，利用地域、质量、价格上的优势，扩大市场占有率，因措施得力，利润指标创历史最好水平。

【6万m^3制氧机建设工程】 2003年，氧气有限责任公司5氧建设施工有序进行。全年先后组织实施了对国内配套厂家的摸底考察，完成了合作制造设备供货合同的签订。7月17日，在武钢宾馆召开了“氧气公司新建6万m^3大型制氧机工程初步设计审查会”，与德国林德公司分别就总图、工艺流程、化验分析等技术问题进行了澄清和完善。7月30日，5氧主厂房破土动工，武钢修建公司、上海十三冶负责基础施工。9月30日，5氧工程主厂房竖起第一根立柱。截至12月底，5氧主厂房钢结构基本完成，开始进入空分装置及“三大机”基础建设。在抓紧5氧建设的同时，氧气有限责任公司又根据武钢“十五”将实现年产钢1400万t的规划，结合实际向武钢提出再引进一台6万m^3制氧机建成6氧的构想。此报告立即引起武钢领导层的高度重视，12月5日武钢领导率规划部、技改部等部门负责人亲赴该公司听取了有关6氧建设的规划以及相关情况的汇报，并实地考察了拟建6氧的选址。至年底新建6氧的项目已确定，正组织开展先期工作，并按超常规的方式加快推进。

【设备改造与技术创新】 2003年，氧气有限责任公司在不断提高设备工作微机管理水平的同时，提出了设备管理“零故障”和“无缺陷”目标，制定了主要设备定修模型，修定了设备检修定额，并完善了备件修复的管理制度。该公司抓住主体厂每次定检和年修的机会，及时安排保产设备的检修维护。如在炼铁厂4号、5号高炉和二、三炼钢厂年修之际，该公司圆满地完成了E、F台制氧机以及配套设备的检查与抢修。组织实施了D台制氧机、二空压站的改造，完成了四氮4号机及二氮供电系统的改造。另加大了星级设备管理力度，经武钢现场评审，被确定为“三星级”设备管理单位。在技术创新方面共完成技术攻关5项，技术进步40项，其中“3万制氧机快速变工况操作法”、“降低氧气放散率”、“污氮的开发和利用”、“ZR5系列螺杆压缩机的修复”等重点项目的完成，有力地促进了保产，并获得了较好的经济效益，特别是该公司10年来的科研项目：“氪、氙气中碳氟化合物杂质净除技术的研究与应用”被攻克，不仅填补了国内空白，居世界领先水平，还将为国家“高纯气体产品技术标准”的修订提供了技术支持，该成果获湖北省科技进步二等奖，并分别在中央电视台9套国际频道和10套《走进科学》栏目播出。

【企业文化建设】 2003年，氧气有限责任公司在企业文化建设上逐步建立并完善了以理念识别(MI)、行为识别(BI)、视觉识别(VI)为内容的企业整体形象(CI)的设计。该公司的“旗、徽、训、歌”已日渐在职工中入目、入耳、入脑、入心。2003年该公司在大力树立“创气体精品，建一流企业”的企业精神的基础上，又在九届四次职代会上确定了“用3～5年时间将氧气有限责任公司建成世界一流企业”的奋斗目标，号召公司职工努力从设备、产品、环境、指标、管理水平、员工素质等方面向国际一流水平看齐。全年中，该公司以“爱武钢、奔小康、兴氧气、比贡献”为主题的教育活动开展得有声有色，成果发布会上硕果累累。9月8～10日由该公司在武汉主持召开了“全国钢铁企业动力节能促进会制氧专业年会”。会议期间，氧气有限责任公司通过实施“七个一”活动，即一部介绍该公司近几年发展的专题片；一张《氧气公司之歌》的MTV碟子；一组“爱、奔、兴、比”主题教育成果发布的板报；一期庆贺《氧气信息》创刊100期的专辑；一套宣传企业理念和标识的办公用品；一篇《武钢工人报》推介该公司《网络管理效应》经验的头版头条文章；一台庆祝武钢投产45周年自编自演的大型文艺节目，掀起了一次企业文化宣传的高潮，给与会者留下深刻印象，增加了企业的知名度和美誉度。2003年，该公司获武汉市“五一劳动奖状”称号。

(左小红)

机械制造·金属结构·综合加工

○ 机械制造有限责任公司

【概况】

项　　目	计　划	实　际
销售收入/万元	26000	26615.66
内部利润/万元	262.75	302.77
工业总产值/万元	15000	17021.64
可比产品成本降低率/%	2	-0.18
产品综合合格率/%	98.6	99.54
综合设备完好率/%	95	98.05
千人负伤率/‰	0.66	0
粉尘合格率/%	91	93.21

【通过 ISO9001 质量认证】 2003 年,机械制造有限责任公司成功实现 ISO 质量管理体系由 1994 版向 2000 版的转版认证,推进了企业管理工作。该公司实行“两线三块”管理模式,对生产经营程序进行了规范。“两线三块”管理模式以合同签订和向用户交货两个时间点为线,把服务用户的全过程分成 3 部分:合同签订前由经营系统负责合同的工期、工艺、价格、质量评议,这一过程中扩大市场是各系统的中心工作内容;从合同签订到向用户交货这一时间段,生产系统负责组织各系统严格按合同组织生产,确保用户工期;向用户交货后,售后服务是工作的主线,质检部门围绕产品项目走访用户,提供技术服务和处理用户异议。“两线三块”管理模式以执行合同为核心原则,强调经营、生产和售后服务等三者各守其责,相互配合,较好地理顺了该公司的生产经营管理程序。

【市场开拓】 2003 年,机械制造有限责任公司在市场开拓过程中,以品牌产品为龙头,武钢内外两个市场并重,产品市场稳步扩大。在武钢内部市场上,该公司抓住武钢技改高峰的市场机遇,相继承接了冷轧五机架改造、6 号高炉新建、三焦改造、二炼钢连铸机改造、一炼钢渣罐车、硅钢厚壁套筒、烧结台车、工业港圆盘给料机、矿山造球机等项目。在外部市场上,该公司充分发挥技术优势和产品优势,与重庆、武汉、马鞍山、鞍钢、长沙等地的设计院校建立了信息业务联系。高炉冷却壁、轧机牌坊改造等产品远销沙钢、梅钢、涟钢、鞍钢、南钢、宁波建龙钢厂,并出口芬兰、加拿大、澳大利亚等国际市场。该公司全年实现武钢外部市场订货 1.3 亿元,创下了历史最好水平。

【技术进步】 2003 年,机械制造有限责任公司大力实施科技兴厂战略,取得了明显成效。全年围绕结晶器镍钴合金镀层、硅钢环型炉车体烘干设备、硅钢厚壁套筒的制作、烧结破碎系统的质量改进等重点技术攻关项目,不断优化方案,改进工艺技术。在轧机牌坊改造技术上,该公司在 2003 年相继完成凌钢、本钢热轧牌坊改造工程和武钢冷轧牌坊改造项目,实现了牌坊改造技术由热轧机改造向冷轧机改造的技术延伸。该公司全年申报科技项目 45 项,有 4 项科研成果获武钢科技进步奖,“金属定圆装置”、“新型高炉冷却壁”、“新型堆取料机滚筒”等科研成果获得国家专利。

【承办省、市技运会】 2003 年 7 月,湖北省职工职业技能大赛开幕,武钢机械制造有限责任公司承办了湖北省近 13 年来再次举办的车工大赛。在为期两个月的筹备中,该公司斥资 35 万元改建比赛现场址,先后集中安装调试 43 台比赛机床。整个比赛的赛程安排、赛件检测和比赛的公正性都得到了湖北省工会领导和参赛选手的好评。在此次大赛中,该公司有 3 名参赛选手代表武钢参赛,其中张志国获车工状元,并获得“湖北省五一劳动奖章”;高龙、杨锐分获第 3 名、第 4 名,该公司也被湖北省总工会授予“湖北省车工竞赛赛址单位”。8月下旬，该公司又承办了武汉市车工大赛，其选手在大赛中包揽车工比赛前6名。由于该公司在省、市车工大赛中的优异表现，湖北省总工会成立湖北省车工代表队，4名选手中有3名是该公司职工。11月，以该公司选手为主力的湖北省代表队从全国30多个省市代表队中脱颖而出，力夺全国车工大赛团体总分第一，杨锐获车工比赛个人第9名，实现了武钢职工参加全国职业技能大赛的历史性突破。

（郑　翼　李雁宁）

○　轧辊有限责任公司

【概况】

项　　目	计　划	实　际
轧辊年产(销)量/t	8000/7255	8378/7560
其中外产(销)量/t	1924/2016	3500/3549
产品年销售收入/万元	—	7460
其中外销额/万元	—	3713
离心辊产(销)量/t	—	4921/5006
离心辊销售收入/万元	—	5783
利润/万元	120	127
全员劳动生产率/t·(人·a)$^{-1}$	—	15.37
万元产值能耗(标煤)/kg·万元$^{-1}$	—	1371.76
千人负伤率/‰	—	0
粉尘合格率/%	87	87
工业总产值/万元	—	8228

2003年，轧辊有限责任公司坚持以“科技兴辊奔小康，与时俱进铸辉煌”的生产经营管理为主题，努力克服“非典”疫情的干扰及原材料涨价和内销不畅等困难，新增韶钢炉卷、马钢高铬、邯钢热连轧和新余厚板等10余家外部客户，外销收入占综合效益近50%、比2002年净增126%，并被武汉市工商局授予“重合同守信誉企业”称号，因连续24年未发生工亡和重伤事故，被评为湖北省冶金系统安全生产先进单位；同时，该公司党委认真贯彻十六届三中全会精神，结合辅业改制及生产经营的重点、难点，开展卓有成效的主题教育活动和调查研究，有力促进了改制试点和生产经营的有序进行，被评为武钢思想政治工作先进单位。

【技术改造】　2003年，轧辊有限责任公司投资1024万元用于主要装备的更新、改造，按期完成了新增3项(直读光谱仪、高温热处理炉和C8480轧辊车床)、改造4项(计算机网络、3t工频炉、M84100轧辊磨床和35 t反射炉)等重大项目。特别是总投资763万元的20 t中频感应炉(即35 t反射炉改造)竣工投产，为大幅提升生产规模及经济效益奠定了强大的物质基础。该项目2002年9月立项，2003年5月破土动工，9月安装设备，12月竣工投产。与已服役45年的35 t反射炉比较，该项目的主要优点是：提高生产能力和产品质量、保障厂区环境和安全生产、降低劳动强度和生产成本。20 t中频感应炉熔炼40 t铁水只需300分钟以内，能有效控制铁水温度和成分，由于采用先进的生产工艺以及电力代替重油作为能源，完全消除了燃油污染，并可降低能耗58.4%，设备冷却水97.3%得到循环使用；该炉定员14人，使操作人员减少2/3，并大大降低了工人的劳动强度。据测算，该项目建成达产后，每年可节约能耗250余万元，降低维修费用80余万元，减少工资支出40余万元，投资回收期为3.24年。

【技术进步】　2003年，轧辊有限责任公司进一步加大技术和产品创新的力度，并取得显著成效。上半年，由高级铸造工程师钏相昭等发明的“铸造带槽无限冷硬轧辊技术”获重大突破，按该技术试制的一对高线2架型材辊和3对25槽型辊已在钢铁公司的生产线上机试轧；加工车间班国伟、周剑等革新发明的“模块化镗铣床刀具系统”由专门用于镗铣加工件平面、铣削平面倒角(含过渡圆弧及垂直立面)和铣削各种键槽等三类模块化刀头组成，并能在共用同一个主刀柄的前提下实现任意组合，换刀时只需1个操作工在半分钟内完成，使轧辊加工镗铣工序提高工效3倍。至年底，上述两项成果因填补了国内空白，均由武钢申报国家发明专利。另外，为适应国际钢铁工业发展需要，武钢轧辊有限责任公司与北京科技大学签订了联合研制高速钢辊等一批科研课题攻关协议。

【首钢赠旗】 2003年5月9日,在进入抗击“非典”疫情攻坚阶段的紧急时刻,轧辊有限责任公司接到首都钢铁公司中板厂紧急来电:因生产备件出现意外情况,请求将4月签订的《高铬中板离心铸铁轧辊供货合同》的交货期尽量前移,并追加原合同量150%的订单,以解生产经营的燃眉之急。该公司领导当即表示,要把首钢辊作为一项政治任务来完成,用实际行动支持首都人民一手抓防治“非典”疫情,一手抓经济建设。由于首钢救援的中板辊是目前国内最长、最重、最大的品种,且工艺、技术要求很高,经销、生产和技术等部门打破常规,专管人员坚持在现场协调督战,铸造及加工车间各工序为其一路绿灯,安排生产骨干在各环节严格把关,组织24小时不间歇作业。经过20天奋战,5月18日,首批交货的中板辊装车启运。8月,首钢领导专程到武钢,给轧辊公司赠送“雪中送炭,质优效高”的锦旗。

【战略合作】 2003年6月,韶关钢铁集团有限公司(甲方)与武钢轧辊有限责任公司(乙方)签订了《设备、备件战略合作伙伴协议书》。甲乙双方同意构建设备、备件供需链,共同遵守平等协商、长期稳定、互惠互利、信息共享的原则;明确规定互相依赖、互相支持、共担风险、共同发展的责任;承诺履行在推进对方工作效率和经济效益的提高,在企业发展、基建技改、企业文化等领域以及在“进口设备国产化,技术强化攻关,关键备件总量包干或寿命计价,大型化,高技术含量备件”等方面开展合作等优势互补的义务。双方决定在本协议基础上,进一步商洽具体合作条款。

(胡学臻)

○ 金属结构有限责任公司

【概况】

项　目	计　划	完　成
产量/t	15000	21562
产值/亿元	1.1	1.4
销售收入/万元	8500	9000
非标压力容器产值/万元	4000	5062
产品质量优良率/%	92	92.5
千人负伤率/‰	≤2	0
设备综合完好率/%	92	96
全员劳动生产率/万元·(人·a)$^{-1}$	20	21
重大人身伤亡、重大设备事故、重大治安和火灾事故	0	0

【生产经营】 2003年,金属结构有限责任公司克服生产经营压力大、钢材涨价及“非典”疫情影响等多种不利因素,通过创新生产管理模式,加快新产品开发和技术进步,努力开拓内外两个市场,创造出均衡持续高产及订单充足的良好生产经营局面。全年完成产量21225 t,实现产值1.4亿元,销售收入9000万元。产量、产值指标均创历史最好水平;非标及压力容器产值首次突破4000万元,达到5062万元;职工人均收入为18039元,比2002年增长18.99%。在生产经营过程中,针对黄石电厂、宣威电厂、3号高炉易地改造等内外工程项目“量大、工期紧、质量要求高”的特点,打破常规生产管理模式,引进外来施工队伍两班作业,同时抓紧生产前期准备工作,每季度提前一个月下达次季度生产经营计划,使工作衔接有序。工作中,各单位顾全大局讲奉献,通力协作保生产,从3月起该公司连创高产,9月以后产量更上一个台阶,均衡保持每月2000 t以上,实现历史性跨越。年初市场部主动奔赴10多个省市进行招投标,全年签订合同量23476 t,其中招投标项目18529 t,占总量的78%。2003年国家电力行业投资规模稳中有升,金属结构有限责任公司紧紧抓住这个机遇,主动开拓外部市场。完成的主要项目有:黄石电厂330MW锅炉钢架2163.09 t,宣威电厂6号机组全部钢架2584.1 t,青山电厂锅炉钢架1388.7 t,共计6135.89 t。在武钢内部工程上抓住3号高炉易地改造和二硅钢改造工程两大项目,共完成结构件和非标结构件制作9384.67 t(其中3号高炉工程2590.9 t,二硅钢改造工程3444.5 t)。完成非标设备制作131台,修复101台(套)。完成标准组合钢模板609.88 t。

【企业管理】 2003年,金属结构有限责任公司进一步强化企业各项管理工作,并取得初步成效。(1)成功尝试项目经理制运作。首先以高炉项目作试点,成立了武钢新3号高炉项目部,打破部门管理界限,对工程质量、工期、成本全面负责。项目部在材料供应耽误3个多月工期的情况下,积极调整计划,全程跟踪指挥生产,在工艺技术上把关、在图纸设计阶段进行材料平衡、对施工质量和进度进行检查等,保证了高炉工地的安装节点。在第一阶段工作完成后,积极跟踪后续项目,又为该公司接回高炉炉顶吊车梁、钢架、主平台、热风主管等后续项目4000 t。由于责、权、利到位,项目部以扎实的工作、诚信的作风多次受到武钢技改工程指挥部表扬,同时赢得业主单位、监理公司及安装单位的一致好评。高炉项目经理制的成功运作,改变了该公司过去传统的生产调度管理方式,减少了中间环节,生产效率显著提高。在此基础上,该公司又先后成立了硅钢项目部和厂房改造项目部。(2) 实施产品质量分级核算管理。以前,产品合格就能拿加工费,实施分级管理以后,结算价格与产品质量等级挂钩,优质优价,推动了产品质量提高,承接的宣威电厂工程、高炉项目质量都受到业主很高评价。

【开发新产品】 2002年底,金属结构有限责任公司通过竞标争取到了容积为3200 m^3 的武钢3号高炉易地大修改造项目—高炉炉壳、高炉炉身框架,内外环吊车梁以及3台热风炉的制作订单,其中热风炉为该公司近20年来首次开发的新产品,总重量1688 t。该热风炉底部是13 m的平底封头,炉顶由数段不可展开的圆弧曲面(俗称蘑菇段)组成,制作上要达到设计要求和验收标准十分困难。该公司在没有任何施工经验和技术的情况下,不等不靠,成立了攻关小组,在广泛查阅多种相关资料及吸收兄弟单位制作经验的同时,结合现有的设备、机具和场地,自制了曲线双轨胎具,采用半自动切割机切割炉顶蘑菇段双曲面零件的做法,效果非常理想。炉顶蘑菇段上、下口平度是施工中的最大难点,上、下口平度是否在同一水平线上直接影响到工地的安装进度和精度。为达到验收标准,攻关组的同志反复试验,创造性地设计制作了弧形移动切割平台,将蘑菇段分带预装完成后再整体找平切割,大大提高了切割精度和效率,切割后的上下口水平精度远远高于验收标准,而且平度平滑,整齐划一,外观成形好。构件交付工地安装,偏差仅为允许的1/4。为此,武钢技改高炉指挥部以"四个满意"给予了高度评价:即工期满意、质量满意、安装满意、用户满意。

【招收新工人】 2003年7月,该公司自建厂以来第一次通过市场化运作,从社会上招收了35名新工人。新招收人员必须先培训后上岗,为此,该公司对他们进行了为期3个月的岗前培训。培训内容包括:法规教育、传统教育、金属材料、冷作工艺、焊接工艺、机械理论等,在教学方式上采取理论学习、岗位实习、再进行理论学习的循环过程。培训中,还结合"精益、正直、诚信、追求"的企业精神对他们进行教育,引导新工人做好职业生涯的定位与设计,并从学员的作业中选出18篇文章,合编成《青春如火》文集,发给每位学员以立其志。并以签订师徒合同的形式,为新工人拜师学艺创造了条件。

【党群工作】 2003年,金属结构有限责任公司党委认真学习贯彻党的十六大和十六届三中全会精神,努力实践"三个代表"重要思想,在两个文明建设中取得显著成效。一是进一步建立和完善了两级中心组学习制度,加强了对学习时间、学习内容,学习形式,学习效果的检查、考评,进一步提高了学习的针对性和实效性;在学习方式上,采取了系统学习与日常教育、个人自学与集中辅导、通读文件与专题发言相结合,强调领导干部撰写理论文章与心得体会。2003年,该公司党委中心组成员先后在《武钢工人报》、《武钢政工》、《中国青年》等刊物上发表了体会文章,两级领导班子成员共撰写理论研讨论文18篇,将理论学习推向了深入。2003年,金属结构有限责任公司党委中心组被武钢评为理论学习先进党委中心组。二是围绕生产经营抓好党建工作。(1) 加强对党员责任区14个重点课题攻关成果进行过程管理、跟踪检查,其中10个有代表性的成果进行了多媒体展示。(2) 加强了对离退居休及非在岗党员的管理,制定了适合离、退、居休党支部建设及非在岗党员管理等4项管理制度。(3) 严格坚持"三会一课"制度、民主评议党员制度和季评十佳优秀党员。全年有52名党员被评为优秀党员,一名党员受到武钢表彰,40名党员上了季评十佳优秀党员光荣榜,并发展新党员5人,为党建工作注入了活力。三是强化党风廉政建设。完善了科以上干部党员责任制,实行党风廉政风险抵押,制定了以"五外业务会审"为重点的5项党风廉政建设制度,并以"加强对外部市场的合同管理和监察"为题开展效能监察。2003年规范招投标20余次,采购钢材2万t,节约成本80万元,效能监察取得了成效。四是抓好稳定工作。成立了稳定工作专班，建立了公司、分厂稳定工作网络，制订稳定工作预案，明确工作职责，排查不稳定因素，针对各种不稳定情况的发生，确定应急措施。并在化解矛盾的过程中，尽一切可能解决离退居休职工的生活困难问题。该公司领导坚持走访慰问困难职工家庭，帮助解决职工的医疗及生活中突出的困难。2003 年上门走访慰问 410 人次，办理重症患者就医 28 人次，送慰问品、慰问金 84 万元。由于工作细致，深入人心，在武钢公司几次重大事件中该公司无一人参与上访，稳定了职工队伍，多次受到武钢督导组的好评。该公司退管工作因此获得流动红旗。与此同时，金属结构有限责任公司还坚持为职工办实事、办好事，从 2002 年起每月为职工祝寿，累计受益 1655 人。建立了劳模、标兵、好班长、优秀党员的奖励旅游制度，增强了职工的归属感。

（易春香）

○ 兴达经济发展有限责任公司

【概况】 2003 年，兴达经济发展有限责任公司认真贯彻落实党的十六大和十六届三中全会精神，按照“协力保产谋生存，次材加工图发展”的企业发展战略，带领全体职工开拓进取，全面完成了各项方针目标任务。全年实现销售收入 2.98 亿元，在新接收安置主体厂 39 名转岗分流职工的基础上，减亏 139 万元，并实现无重大人身伤亡、设备、火灾事故等工作目标。该公司贯标工作通过 ISO2000 质量管理体系认证。2003 年，兴达经济发展有限责任公司获武汉市“五一”劳动奖状，“硅钢次材专营”工作经验和稳定工作成果在武钢交流推广，产生了较大反响。至年底，经近年来的艰苦奋斗，该公司的生存空间和发展取得了长足的进步，管理明显加强，企业形象有了较大改善，职工收入大幅提高，队伍稳定，企业正步入健康发展轨道。

【转岗再就业经验受到中央关注】 2003 年初，中央政治局委员、湖北省委书记俞正声、国资委主任李荣融、全总副主席李奇琛等领导先后到武钢兴达经济发展有限责任公司混铁车维修厂视察工作，对这一由转岗再就业职工组成的群体所取得的业绩给予了充分的肯定。1996 年以来，兴达经济发展有限责任公司混铁车维修厂面对职工素质偏低、技术水平和装备较差的困难状况，转变观念、积极地迎接转岗再就业的挑战和市场的竞争，全面掌握了具有 20 世纪 90 年代世界先进水平的 320 t 混铁车的砌筑、维护和保养技术，而且锐意创新，发明了获国家发明专利的“320 t 混铁车内衬无拱胎砌筑法”和支撑杆设备，极大地节省了工期和材料，延长罐龄 30％以上，每年可为三炼钢厂节约费用近百万元。长期以来，兴达经济发展有限责任公司混铁车维修厂坚持服务主体的大局观念，信守混铁车“有用、好用”的服务承诺，用户满意率始终保持在 100％，工程优良率 90％以上，成为深受三炼钢厂信赖的协力保产力量。昔日的转岗分流职工重新回到了先进生产力的行列。俞正声等领导视察时说：“这些转岗分流职工不是包袱，而是财富。”

【硅钢次材专营】 为了推进武钢次材管理改革和支持兴达经济发展有限责任公司的发展，武钢集团公司决定从 2003 年元月起将硅钢厂的大部分次材交给兴达经济发展有限责任公司买断专营。面对机遇，兴达经济发展有限责任公司在武钢领导和纪委等部处室以及销售公司、硅钢厂等单位的支持下，高度重视，统一思想，立志将其建设成规范透明的阳光工程和转岗再就业的产业工程。在阳光操作方面，该公司领导班子坚持了“不打招呼，不批条子，不给非正常交易开绿灯”的“三不承诺”，成立了管理委员会和价格委员会，实行集体管理，坚持了生产与销售的两次分离，建立了涵盖供应、生产、销售三大环节的管理制度体系，推行了“公开、公平、公正”的招投标销售，与客户签订了廉政公约等等，保证了该项目的阳光运作。在深加工方面，该公司把握住“市场是领导、资源是前提、技术是核心、人才是关键、管理是保证”几个关键点，从人员、设备、技术、市场等方面整合各方资源，开发出了搪瓷溜煤槽、资料柜、万能角钢、钢衬等 10 余个深加工产品，初步形成了一个物流不断延伸、价值不断增值的产业体系。该年，硅次材专营项目共安置近 300 名职工上岗，实现利润 360 多万元，产生了良好的经济和社会效益。其主要经验和做法受到武钢领导和机关单位的充分肯定，先后 3 次在武钢相关会议上进行了交流，产生了极大的反响。该公司硅次材专营效能监察项目获湖北省企业效能监察优秀成果奖。

【稳定工作】 2003年,兴达经济发展有限责任公司稳定工作取得实效。该公司作为一个由转岗分流职工组成的特殊企业,却没有一名"法轮功"习练者,在部分离退休职工群体上访事件中,也没有一名职工参加,始终保持着企业的整体稳定。为了总结经验,提供借鉴,该公司于11月份召开了"安置、稳定、发展"成果发布会。会上,该公司汇报了稳定工作的基本经验和做法,其稳定工作的方针是:在安置中求稳定,在稳定中促发展,在发展中再安置。其基本做法是:(1)转变观念,增强承受力,不断巩固稳定工作的思想基础;(2)以人为本,凝聚人心,牢牢抓住稳定工作的关键;(3)齐抓共管,超前控制,切实建立稳定工作的保障机制;(4)强化管理,塑造形象,着力营造稳定工作的良好环境;(5)立足发展,夯实产业,紧紧把握稳定工作的根本。

【党群工作】 2003年,兴达经济发展有限责任公司充分发挥了党委的政治核心作用,提出了"围绕经营抓党建、围绕廉政强班子、围绕稳定带队伍、围绕改革促发展"的党建工作思路,并认真贯彻落实。一是实现经营和党建两心同一心。在生产经营工作中,始终贯穿着党的建设,党的建设又始终围绕着生产经营展开,实行零距离接触。对二级单位实行经营和党建双向挂钩、双向考核,基本解决了政工工作"两张皮"的问题。二是强化"一岗三责",狠抓两级班子建设。明确提出每名领导干部都要认真履行生产经营、思想政治、廉政建设等3个方面的责任,出台了《领导干部责任追究制度》,严格考核和责任追究,两级班子的战斗力和廉洁作风成为凝聚职工的一个重要因素。三是狠抓职工素质提高和企业形象建设。在职工队伍管理上,在做到关心关爱的同时,坚持原则,敢于碰硬,努力抓好作风整训、业务技能培训和特岗取证工作,使职工队伍的素质和作风明显好转。全年集中力量开展了小实体经营、物业管理、材料采购、业务员整顿等多项整顿工作。对即使有效益,但踩经营政策"红线"的项目,坚决停下来,推动了企业形象不断好转。四是开展"职工论坛",创新了民主管理新形式,使该公司的决策成为职工的自觉行动,群众的意愿成为领导努力的方向。五是以职工的利益为重,2003年兴达职工的收入在2002年上涨25%的基础上,又上涨了11%,企业的每一步发展都集中体现在提高职工收入上,维护了职工的根本利益。

【荣誉称号】 2003年,兴达经济发展有限责任务满意率三优"单位、武汉市"五一劳动奖状"、武汉市"实施(支持)再就业工程"先进单位等称号,公司经理、党委书记叶天长获武汉市"优秀企业家"称号。

(周茂林 刘 鹏)

○ 北湖农场

【概况】 2003年,北湖农场认真贯彻落实"三个代表"重要思想和党的十六大、十六届三中全会精神,牢固树立"发展是第一要务"的思想,努力克服"非典"疫情和原材料价格上涨等不利因素影响,扎实工作,开拓创新,全年完成产值4.6亿元,占年计划的109%,比上一年增长23%;实现利润2000万元,占年计划的130%,比2002年增长37%,两项指标均创历史新高;固定资产投资1054万元,技术装备水平进一步提高;综合治理、场容环境及计划生育等工作均全面完成指标。

【重点项目建设】 2003年,北湖农场紧紧抓住武汉市路桥经济的发展和武钢1400万t钢战略目标的实施给北湖地区带来的发展机遇,全面制定发展战略,积极创造条件,大力推进重点项目的建设,得到了武钢和青山区政府的高度重视。在道路建设、仓储项目、居民"农转非"、职工进社保等工作上给予了大力的支持。该年,北湖农场道路建设全面铺开,交通框架基本形成。在农场的积极配合下,武汉市绕城公路北湖段建设进展顺利,至年底"北湖互通"上下口已与青化路连通。新青化路北湖段正在紧张施工,道路基础工程部分已全线完成,将于2004年5月1日前建成通车。另外,农场还对红旗桥到三家村道路进行了拓宽,农场的交通状况在一到两年内将得到全面改观。北湖自主工业园已具雏形。在北湖农场"五区十园"建设规划中,自主工业园是率先建设的第一园。农场首期投资1200万元,用于工业园回填、厂房新建、道路整治、绿化建设、水电管网铺设等基础设施建设。至2003年底已回填平整面积约500亩,基本实现了路通、电通、水通。工业园内现有企业5家,年创产值8000余万元。为了适应农场发展规划的需要,根据不同地方土地使用性质的不同,农场分块办理若干个土地证。北湖农场边界界定工作已经完成。2003年,北湖农场完成边界界定及土地办证工作,结束了许多来土地权属不清、边界模糊的局面,使农场土地的使用管理有了法律保障。在此基础上,农场还制定了《武钢北湖农场土地管理办法》,对全场土地进行规范化管理和合理开发利用。北湖清淤还湖及农场绿化项目逐步落实。2003年,北湖清淤还湖项目的环评报告书已通过专家评审,进入项目实施的最后准备阶段。农场沿港绿化带已经完成,树苗成活率达到了预期目标,工业园绿化工程正在进行中,红旗桥至工业园道路绿化已先期完成。

【生产经营管理】 2003年,北湖农场加强生产经营的组织与管理,一方面合理安排生产,抢占市场份额,另一方面抓管理降成本。为了提高企业管理水平,农场开展了企业基础工作检查评比活动,还进一步完善了效能监察和年度审计制度,针对企业管理中的弱项开展效能监察3项,审计21家企业,对审计和效能监察中发现的问题,农场多次召开现场办公会,与相关企业和部门共同商讨解决办法,真正把监督和服务相结合,帮助企业查错纠弊,规范管理。该年,农场成立了安全生产管理委员会,每季度召开专题会议研究部署安全工作,对各单位负责人和安全员进行安全培训。针对安全工作存在的薄弱环节,农场加大了对安全工作的检查和考核力度,增强了安全例会的针对性,使农场的安全工作上了一个新台阶,正确处理了安全与生产、安全与效益、安全与发展、安全与稳定的关系,达到了经济效益与社会效益双赢的目的。此外,还有效地打击了哄抢、偷盗和强买强卖等违法行为,保护集体财产不受损失,维护了企业的正常生产秩序。

【新产品、新项目开发】 2003年,农场开发并投产了轻钢结构、活性灰、合金钢、凹型草支垫、玻璃钢垃圾桶、冷轧精整电工钢包装套、压力容器设备、稀土包芯线、炼钢调温料等项目,取得了较好效益,成为农场新的经济增长点。全年在巩固武钢市场,保证为武钢提供一流服务的基础上,北湖农场还大胆拓展外部市场。北湖铁路修建公司2002年成功承接了浙江衢州1000余万元的铁路建设工程,至2003年底一期工程已全部竣工;北湖金属制品厂的钢包头产品发展到3个品种10种规格,与甘肃、河北等地的厂家达成了合作意向;北湖津北环保科技公司的产品销往江苏等地;北湖碎铁大队充分利用武钢金属资源公司的生铁资源,走联营化道路,与该公司共同开发铁锅生产线,产品畅销社会市场;北湖皮革厂的手机套成功打入了武汉、广州、浙江等市场,市场前景看好;北湖修建工程队承接了沙钢烧结设备的安装工程,取得了较好信誉。

【党建工作】 2003年,北湖农场通过多种形式狠抓了党员的学习教育,组织召开了"学习十六大精神理论研讨会",举办了形势报告会和学习辅导报告会,向广大党员宣讲农场面临的形势和任务及取得的成就,增强党员的责任感和使命感。在宣传教育的同时,农场党委也加强了党员评议工作,开展党员责任区活动,发挥党员在农场"两个文明"建设中的先锋模范作用。利用党员评议活动,了解群众对每位党员的意见和看法,对不合格党员限期改正,对基本合格党员进行帮助教育,对优秀党员进行表彰。全年共发展新党员60名,预备党员转正44名,送党校培训13人。在2003年武钢第十二次党员责任区评比活动中,北湖福利加工厂党支部制衣车间党员责任区被评为"优秀党员责任区",北湖金属制品厂党支部电钳班党员责任区被评为"先进党员责任区"。为加强党风廉政建设,北湖农场下发了武钢印发的《案例汇编》200余本,组织党员干部、"三管六外"人员进行大型的党风廉政专题教育,对新提的科干进行廉政谈话,实行党风廉政承诺制度,并赠"廉政箴言书"。同时,将审计和效能监察作为重要的监督手段,坚持离任必审,任期经济责任每两年必审,发现问题必审。坚持对经营亏损、成本费用过高、业务费过大、群众反映较多的问题进行监察。通过这些有效的监督途径,促进了党风廉政建设。2003年农场被武钢评为"纪检监察工作先进单位"。该年,针对农场退休、居休党员较多的情况,农场党委多次组织居休、退休党员进行形势宣讲会,让广大居休、退休党员了解武钢和农场改革发展的新举措及生产经营形势,取得他们的理解和支持。组建成立了退休、居休党员支部,增强了居休、退休党员的归属感,对促进稳定工作起到了积极的作用。

【技能培训与再就业】 2003年,北湖农场在全场范围内开展了"创文明岗位,让用户满意"活动,广大职工积极参与,农场从近100个申报岗位中评选出了5个场级文明岗位，其中铁修公司原料工段三炼钢班被武钢评为“文明岗位”。农场工会组织了财会、装车工、养路工等3个专业工种的技术比赛，共有176名选手参加了技术比赛，从中评选出技术状元2名、技术能手26名。农场组织人事部先后送培了一大批从事技术工种的技术工人，并为培训考试合格的职工办理相关职业技能证书。该年农场多次组织下岗职工再就业培训和下岗职工再就业赶集会，并对全场各企业的用工情况进行检查，全年共安置下岗职工88名，安置待业青年和流动(歇工)人员286名。2003年，农场为1600多人办理了“农转非”，为职工进社保和申请特困职工最低社会保障金提供了条件。农场克服困难，将全场3685名在职职工和131名退休职工纳入社保，建立了个人账户，解决了全体职工的后顾之忧。同时，积极与政府相关部门联系，为8户贫困家庭申请了社会最低生活保障金。春节期间，农场走访了107户困难户，送去钱物达4万余元。

(曾福星)

冶金渣·金属资源·粉末冶金·铁合金

○ 冶金渣有限责任公司

【概况】

项　目	计　划	实　际
外销水渣/万 t	208	212.69
利润/万元	1800	3394
回收废钢铁/万 t	4.5	4.8
甲级废钢/万 t	4.04	4.08
乙级废钢/万 t	1.26	1.27
丙级废钢/万 t	1.40	1.40
脱硫渣/万 t	1.98	2.02
一炼钢空罐率/%	88	90.20
二炼钢空罐率/%	88	91.06
三炼钢误时率/%	0.80	0
铁渣罐翻罐率/%	98	100

2003 年,冶金渣有限责任公司坚持效益最大化原则,抢抓水渣市场需求旺盛的有利时机,充分发挥资源优势,加大市场营销力度,深化改革和强化管理,有效地克服了保产压力大和“非典”疫情的不利影响,全面完成了生产经营各项指标,创历史同期最好水平,顺利通过了 ISO9001 质量管理体系、ISO14001 环境管理体系和 OHSAS18001 职业安全健康管理体系的年度监督审核。

【安全保产】 2003 年,武钢钢铁产量进一步增长,给冶金渣有限责任公司的保产工作带来很大压力。为此,冶金渣有限责任公司加强了对生产现场、货位、线路的巡查,强化调度指挥和现场监控,主动收集生产信息,实行生产动态管理,及时调整生产节奏,均衡合理地组织生产,先后妥善解决了炼铁厂 5 号高炉突发故障、热泼渣渣厢修筑排水沟、清理渣厢滤水层、58 号线护坡改造期间高炉顺利排渣的问题。全年坚决贯彻“安全第一”的思想,树立“三抓、三严、三反”(抓安全、抓设备、抓劳动纪律,严要求、严管理、严考核、反麻痹、反松懈、反违章)意识,推动安全生产责任制的落实,将安全生产目标风险抵押与资产经营承包兑现相结合,强化危险源的控制管理,使 18 个危险源点均处于受控状态,并加强小型检修和外委施工项目的安全监督。全年针对不同时期安全工作的特点,先后两次开展了“百日安全无事故”活动,组织了“三规三制”学习以及特殊时期安全知识竞赛等活动,2003 年实现了轻伤以上事故为零的目标。设备管理从抓基础工作入手,修订完善了《设备专业考核办法》、《起重设备定期自检管理工作制度》、《设备故障管理办法》等规章制度,并将起重设备纳入竞赛管理。加大对主要保产设备、设施使用维护情况的检查和整治,彻底改变了设备“脏、乱、差”的状况。在点检定修的基础上,加强了对主要设备的检测诊断,合理地调整检修项目,增加了备件自制和修复能力,有效地降低了备品备件的库存积压。

【拓展市场】 2003 年初,冶金渣有限责任公司面对防“非典”疫情时期水渣市场相对疲软的不利因素,主动出击,准确分析市场形势,制定了正确科学的营销策略,有效地巩固和拓宽了销售市场,保持了较高的销售增长势头。一是在“周边保价、边缘走量、确保重点、抑制投机”的营销方针的指导下,通过市场调研和相互沟通,与江西、安徽、江苏、浙江等地的水泥生产厂家和水渣客户建立了长期稳定的销售渠道,沿长江“黄金水道”形成了具有较大规模和相对稳定的销售网络。二是坚持用户走访制度,在了解水渣使用情况的同时,积极向用户征求意见,从用户利益出发,做到让用户满意。为了减少水渣船运计量异议,在工业港安装了电子皮带秤,为计量数据提供了准确的依据,有效地杜绝了船运计量中的漏洞。三是成功召开了水渣供需协商会,通过集中协商,对资源进行分配,初步确定客户每月的需求量,这样既减少了平时的输出压力,又有效避免了淡季“找客户”和旺季“客户找”的局面,不仅减轻了 2004

年的销售、保产压力，而且使客户能够根据所协商的资源合理安排生产和采购。同时采取积极措施，促进集体企业健康发展，环保工程公司与上海同济大学合作开发了钢渣沥青路面骨料，并根据市场需求研制出了馒头石产品；对二渣场水洗料系统进行了改造，重新设计了1号、2号磨机水循环系统，减少了废水污染，还增设了皮带磁选系统，使尾渣中的含铁量大大降低，进一步提高了钢渣的综合利用率；承接了炼铁厂2号高炉槽下除尘改造工程，并在宁波建龙钢厂渣处理线项目中一举中标，修复了热泼渣自抱车，改造了热泼渣渣厢和钢渣车间管网。制品厂加大了产品开发力度，进行了皮带托辊的试制，开发了消失模铸造项目，组织人员对水渣选铁项目进行研究。加工厂把生产经营的重点放在磁选生产上，增加了一条900 t/月的粒子钢生产线，扩大了丙级废钢的生产规模，取得了较好的经济效益。工贸公司一方面加强水渣船运外发和自提工作的管理，另一方面克服生产燃料不足及价格上涨等不利因素，狠抓铸造产品的生产、销售。

【项目开发】 2003年，武钢决定在冶金渣有限责任公司及炼铁厂厂区道路刷黑工程中试用钢渣沥青混凝土，这为该项目在武钢范围内的大面积推广奠定了基础。钢渣地面砖性能研究在实验室研究的基础上，进行了两次工业试验，第二批试验路砖通过了武汉产品质量监督检验建材站的质量检验。水渣选铁项目对水渣车间冲渣沟的物理尺寸，渣流温度、渣流速度进行了测量，在此基础上拟定了《冲渣池选铁项目预可行性研究报告》及《冲渣池强磁滚筒水渣选铁项目建议书》。该年，冶金渣有限责任公司组织实施了技术攻关、技术革新项目40余项，其中504号小皮带和液压翻板电气控制改进、一渣场1号带选机皮带寿命延长技术攻关等项目的实施均解决了生产上存在的难题。

【强化管理】 2003年，冶金渣有限责任公司继续深入开展贯标工作，使质量、环境、职业安全健康3个体系健康发展，一次性通过了年度监督审核。加强了对各类资源的管理，进一步规范了尾渣销售、能源介质使用、集体及联营单位场地租赁费、资源费的收取，理顺了全民与集体、全民集体与合作经营单位的关系，避免了资源的流失，保证了该公司利益不受损害。办公自动化操作系统运行正常，提高了办公效率，实现了资源共享。进一步深化了"成本效益纵深行"活动，运用财务滚动预算的科学方法实施预算硬约束，构建了以完成年度资产经营目标为目的，以滚动财务预算和经营考核分析为支点，以公司、部门、车间为核心的全面预算管理网络体系，在年度预算的基础上，编制并下达滚动预算，根据收入水平和利润目标倒推成本费用，逐项分解落实到各专业部门。通过建立用车台账、加强采购定价管理和严格审核工程量等较好地控制了运输费用，降低了采购成本，节约了外委施工费。冶金渣有限责任公司从坚持依法治企、从严治企的方针入手，培养领导干部先进的管理理念和管理方式，开展了以"懂法规、知职责、学管理"为主题的岗位学习练兵活动，定期有针对性地组织干部观看管理录像，学习岗位工作标准、职责条例、贯标文件以及合同法、劳动法、会计法等相关法律法规，受到了广大干部的欢迎。同时，组织对操作人员进行"三规三制"的学习培训，提高了职工的安全意识，增强了岗位操作技能。成立了驻集体单位监事会，加强了对集体单位的管理和财务监督。集体单位改制工作已经展开，前期进行了广泛的政策宣传和摸底调研，制订了相应的改制方案，至年底拟定在环保工程公司进行试点。

（李锐芳）

○　金属资源有限责任公司

【概况】

项　目	计　划	实　际
废钢铁实物供应量/万t	123	127.25
废钢铁生产性回收/万t	32	36.84
废钢铁非生产性回收/万t	13	19.28
综合设备完好率/%	96	100
全员劳动生产率/t·(人·a)$^{-1}$	1227.7	1289.5
净利润/万元	0	账面18754.56
废钢铁质量事故	0	0

【废钢采购】 2003年，废钢市场资源极度缺乏，废钢价格上涨过快，废钢资源在国内国际市场都处于不稳定状态，给废钢经营运作带来了极大的困难，金属资源有限责任公司面对重重困难，积极争夺资源，占领市场。(1)以市场为导向，加强市场调研，深入了解国内外废钢资源及价格信息，了

解国外有关废钢管理政策和动态，分析市场资源流向及价格走向，为及时调整废钢经营策略打下了坚实的基础。(2)以废钢价格和验质内控标准为调控手段，根据市场的变化情况，灵活地调控，全年先后共出台了16号价，5次修订了验质内控标准，调动了废钢客户的积极性，确保了废钢资源进厂，实现了金属资源有限责任公司与废钢客户在利益上的“双赢”。(3)在立足周边、稳固边贸的基础上，开拓进口渠道、改善服务质量，拓展了废钢资源渠道，满足了生产需要。2003年，金属资源有限责任公司全年共采购废钢76.38万t。

【生产组织】 2003年，金属资源公司根据武钢“双高”产品比例的进一步提高，产销资讯系统的投入使用，钢厂生产计划由周计划变为日计划，对钢水品种的兑现要求更高等新要求，强化生产组织管理，建立了生产组织新格局。(1)完善按票装车、卸车制度，充分发挥调度员组织、指挥、协调作用，使生产组织计划进一步均衡，组织开展装载质量攻关活动，提高了装车的有效性和安全性。(2)采取积极措施，提高废钢品种兑现率。针对低硫低锰废钢资源不足的现状，金属资源有限责任公司根据钢厂需要，制定了中间包加工输出管理规定，保证了中间包返比按要求完成；组织了渣钢化验工作，把渣钢作为精料废钢的补充。(3)建立废钢原料收发存管理计算机系统，为准确及时了解料场资源打下了坚实基础。(4)进一步强化物流控制，把粗放型输出变为精细型输出，为钢厂搭配好废钢原料，做到数量均衡、品种均衡。

【企业管理】 2003年，金属资源有限责任公司根据企业发展的新形势，抓管理优化，提高了管理的有效性和科学性。(1)安全管理坚持以反习惯性违章作业为目标，全面落实各级安全生产责任制，层层签订安全责任状，横向到边，纵向到底；全方位组织学习贯彻《安全生产法》，结合开展“安全生产月”、“吓季百日安全无事故”等活动，保证安全生产秩序；全员组织开展“反习惯性违章”大讨论活动，围绕“谁违章就只考核谁”、“习惯性违章作业为什么屡禁不止”等专题组织职工认真讨论，进一步认清习惯性违章作业的危害性，提高安全防范意识。(2)设备管理围绕降低设备故障1000小时等主要指标开展工作，完善设备管理基础，建立了故障统计、运行状态、检修管理、备件管理等四大管理软件系统，实现了各项技术指标的量化管理。通过对故障的统计、分析，为杜绝重复性故障、超前预防故障奠定了基础。2003年，设备故障停机时间同比降低了1715小时，实现了设备事故为零的目标。(3)质量管理对照ISO9000:2000族标准的原则和要求，为质量管理体系进行了换版工作，进一步理顺了有关过程的“接口”和各有关部门、单位的职责；针对管理上的薄弱环节，制定完善了《汽车输出废钢铁产品管理办法》、《工业渣物流管理办法》、《工业渣可利用品外销管理办法》、《汽车及抓钢机燃油管理办法》等10个管理办法；推广和应用现代化管理方法，共取得成果7项，有1项获湖北省现代化管理成果二等奖。

【思想政治工作】 2003年，金属资源有限责任公司深入学习贯彻党的十六大和十六届三中全会精神，努力实践“三个代表”重要思想，紧紧围绕生产经营的重点和改革发展的难点，坚持“面对面，实打实，心贴心”的思想政治工作方法，把思想政治工作深入到一线，推进了该公司三个文明建设的同步发展。2003年武钢金属资源有限责任公司获湖北省“‘质量、诚信、服务满意率三优’企业”、“统战宣传先进单位”等5项荣誉称号，并获武汉市“重合同守信誉先进单位”、“武汉市爱卫‘百佳’单位”等5项荣誉称号，各项工作都进入武钢先进行列。该公司“面对面，实打实，心贴心”思想政治工作方法也在武钢内外推广，武钢宣传部并把它作为典型做法向中宣部汇报。

（岳洪全）

○ 粉末冶金有限责任公司

【概况】

项　目	计　划	实　际
还原铁粉/t	11700	11900
铁红/t	3000	2735
铁粉一次合格率/%	90	92
工业总产值/万元	8711	9270
销售收入/万元	7256	7525
全员劳动生产率/元·(人·a)$^{-1}$	83740	87876
千人负伤率/‰	0	0
设备完好率/%	92	98

2003年,粉末冶金有限责任公司围绕年度生产经营目标,规范管理,突出科技进步和市场营销,强化成本控制,优化品种结构,深入挖潜增效,加快重点技改项目的建设,进一步发挥规模、技术、资源优势,在市场竞争日趋激烈的困难形势下,生产经营和改革发展取得了较好成绩。全年共实现销售收入7525万元,完成率104%,应收账款降低488万元。数项指标均创该公司成立以来最好水平。同时通过严格工艺控制与生产过程管理,优化工艺技术参数,使产品实物质量有较大幅度的提高,并及时掌握市场行情,做好用户走访工作,适时调整经营战略,提高了企业在市场应变能力,并抓住基础原材料紧张的有利时机,适当地提高产品销售价格。全年将成本效益纵深行活动逐步走向制度化规范化,立项29项,增收节支116万元。

【技术改造】 2003年,粉末冶金有限责任公司加快扩建改造步伐,大力推进技术进步,并做了如下工作:高性能铁粉生产线建成投入试生产后,达到了设计生产能力。1号隧道窑综合节能改造项目完成了方案制订。至年底,铁粉车间的除尘改造项目已完成,改善了铁粉车间的周边环境,噪声扰民问题也相应得到整治。软磁铁氧体粉料项目已完成了技术和装备交流、招商引资意向洽谈、建设条件论证等项工作。冷却球团项目已完成生产线的建设,产品开始供应武钢内部市场。有关废焦粉污染治理的项目,已在武钢安环部立项。为缓解生粉品种瓶颈问题,北湖破碎生产线新装一台球磨机已投入生产。2号隧道窑4排罐改为5排罐已全面实施,提高了海绵铁锭的产量,降低了耐材成本消耗。窑车传动系统由油脂润滑改为石墨润滑的试验工作已完成,将逐步推广。2003年,由武汉市技术监督局主持,技术质量部等单位于4月9日在武钢党校,审定并通过武钢粉末冶金有限责任公司《粉末冶金公司还原铁粉》、《电焊条用还原铁粉》、《粉末冶金用水雾化铁粉》、《磁性材料用三氧化二铁》四大产品标准。

【技术交流与环境整治】 2003年3月5日,粉末冶金有限责任公司获得自营进出口权的证书,从此将拥有完全进出口的业务贸易权,增大了武钢粉末冶金对外的交流空间,扩大了交流与合作范围。2003年,该公司抽调资金100余万元对厂容厂貌进行清理和整治。对厂房进行了粉刷,对综合办公楼、浴室、铁粉车间休息室和操作间进行了改造及装修,补栽树木380株,铺草坪240 m^2,树立宣传广告栏3处,使厂容厂貌有了明显改观。7月该公司被武汉市青山国家环保产业基地领导小组授予"环保产业骨干企业"称号。

(刘雯君)

○ 铁合金有限责任公司

【概况】

项　　目	计　　划	实　　际
75硅铁/t	1312	1433
低碳硅铁(含特殊硅铁)/t	1180	1370
乙炔气/瓶	63000	56478
75硅铁合格率/%	100	100
低碳硅铁(含特殊硅铁)/%	90	95.6
合资合作生产硅系合金/t	—	22494
合资合作生产锰系合金/t	—	17327
综合设备完好率/%	90	95
千人负伤率/‰	0.0215	0
粉尘合格率/%	87	100

【生产经营】 2003年,铁合金有限责任公司在生产经营中,主要为强化内部合金产品和乙炔气的生产。年初,在组织3号合金炉一季度的生产中,生产技术部门和各保障部门密切配合,调动了所有员工的积极性、创造性,努力创造高指标,使3号炉一季度产量完成计划的107%,利润比计划增利40万元,产品综合合格率为95.14%,平均单电耗下降11.5%,平均班产达4.5 t,均超效益炉指标,直到4月17日停炉退役。至此,在铁合金有限责任公司内部合金产品生产停止后,乙炔气成为该公司唯一生产产品。该公司乙炔气生产是武钢唯一生产厂家,因受市场不规范操作制约,销售一直不畅,产品远远未达生产设计能力(10万瓶/年)。3月份该公司在保质量、保安全、保工期的前提下,对乙炔气厂进行了大修,并投资20多万元购进500个新气瓶投入使用,为确保全年效益目标的实现奠

定了基础。9月28日,以国家工商总局外资企业注册局王令浚副局长为组长的国务院《危险化学品安全管理条例》执行情况督查组,对乙炔气厂进行了检查,对其危险化学品安全管理工作给予了充分的肯定,并提出了意见和建议。2003年销售乙炔气56385瓶,比2002年增长5.16%,实现内部利润93.87万元。

【合资合作生产】 2003年,铁合金有限责任公司按照武钢下达的硅系合金90%、锰系合金80%的生产任务,认真组织好保产工作。该公司积极与武钢物资供应公司联系,多渠道了解市场情况及供货单位生产保障能力,在遇上国内电力紧张,铁合金生产严重不足,价格直线上涨,货源难组织等困难中,该公司全体职工克服困难,组织合资合作生产硅系合金22494 t,锰系合金17327 t。由该公司控股的兰江合资公司,全年生产脱硫剂1011 t(其中镁基脱硫剂861 t),实现利润29.76万元。

【铁合金战略基地筹建】 2003年4月17日16时,铁合金有限责任公司最后一座电炉合金3号炉在出完白班最后一炉铁水后退役,它标志着该公司厂内铁合金生产全部停止,向外转移工作全面实施。为确保武钢公司保产的需要,积极寻找合资合作新基地。8月15日总公司投资1530万元的武钢森泰通山冶金有限责任公司在湖北省通山县大路乡奠基,武钢有关单位、部门领导,咸宁市政协副主席许绮燕、通山县委书记龙良文、通山县县长刘新池等领导为该公司奠基,设计年产1.1万t硅铁的生产能力。2003年4月该公司2号炉、4号炉可利用设备和武钢市场干股入股的云南合资项目,合资合同与合资公司章程已签订与制定,现已进入评估阶段。12月,该公司分别与四川荥经华荥冶金有限公司和四川荥经秦川铁合金有限责任公司签订了合资建厂意向书,利用闲置设备投入建厂。

【人员安置　精简机构】 2003年,铁合金有限责任公司生产向外转移后,其机构人员富余。在武钢和有关部门的关心支持下,积极联系兄弟单位安置富余人员,25家兄弟单位共安置该公司富余人员220人。同期在武钢(集团)公司有关部门的安排下,开办炼铁、轧钢、天车3个专业转岗培训班,75人参加培训。厂内进一步加强了富余人员的管理,制定了《铁合金公司富余人员管理规定(暂行)》。对于向外转移后,无活可干的协力厂集体职工按国家政策实行了经济性裁员,有偿协商解除劳动合同。在人员安置后期阶段,撤销了3个科级建制单位,合并了3个科室,做到部门小而全、小而精。

【领导调研】 2003年,铁合金有限责任公司全面稳妥地实施停炉转移工作。元月13日,中共中央政治局委员、湖北省省委书记俞正声,国家经贸委主任李荣融、副主任蒋黔贵等在武钢(集团)公司总经理刘本仁、党委书记王炯等同志陪同下,视察该公司停炉转移及人员安置工作情况,对该公司的向外转移和人员安置工作给予了充分的肯定。在该公司最后一座电炉停炉后,武钢党委书记王炯、纪委书记毕传淑先后来该公司调研、了解停炉后的向外转移及人员安置情况,武钢领导肯定了该公司向外转移的发展思路及富余人员安置工作。

【管理工作】 2003年,铁合金有限责任公司以强化管理,落实责任制为主线,针对特殊时期的内部管理工作,级级签订目标责任状、层层落实,进一步推进了目标管理体系的深入。加大思想政治工作力度,保持企业稳定。该公司成立专门的领导班子和工作组,认真开展协力厂集体职工按国家政策实行经济性裁员有偿解除劳动合同工作,由于政策宣传和思想政治工作到位,原协力厂154名职工,除11人调出,其余全部与协力厂解除劳动合同。有针对性地做好退、居休职工的思想工作,营造了人心不散,秩序不乱、干劲不减的稳定局面,为该公司生产经营顺行奠定了基础。2003年,该公司获武钢厂容红牌3块、绿牌1块,厂容责任状验收被评为优秀单位;安全生产工作获武钢安全生产先进单位荣誉称号;统战工作获湖北省宣传先进单位称号。

(肖　俊　周　艳)

武汉钢铁工程技术集团有限责任公司

○ 技术工程管理

【概况】 2003年,工程技术集团坚持以市场为导向,以经济效益为中心,以发展高新技术,实现高新技术产业化为奋斗目标,充分发挥集团在技术、人才、装备等方面的优势,积极拓展内外市场,在实现成功起步的基础上,取得了较好的经营业绩。2003年全年签订合同额7.6909亿元,实现销售收入6.4688亿元,实现利润3041.9万元,合同总额和利润分别完成年目标值的153.82%、158.93%,超额完成了全年的经营目标。工资总额为:5500万元(包括计控公司、通信公司、自动化公司及工程技术集团机关)。2003年主要财务指标:总资产69874.20万元,(其中固定资产38003.48万元)负债21401.44万元,资产负债率为30.63%,流动比率为136.58%,速动比率为123.57%,总资产报酬率为1.52%。

【发展规划】 2003年,工程技术集团董事会决议要求,借鉴奥钢联工程技术公司的3条成功经验,紧紧围绕工程技术集团总体战略,制定武钢高新技术产业的发展规划,明确工程技术集团“十五”期间的发展思路和产业布局。(1)积极争取“技术输出归口管理”的扶持政策。工程技术集团根据奥钢联的成功模式以及武钢的整体战略布局,在整合武钢在钢铁主业生产建设过程中形成的各类先进技术、专有技术和专利技术的基础上,实施了对建龙钢铁公司“技术输出归口管理”的试点工作,规范武钢技术输出的渠道,推进了工程技术集团从产品、研发的资金投入型向技术输出创效型的经济增长方式的转变。(2)挂牌成立武汉华德环保工程技术有限责任公司。2003年4月10日,武汉华德环保工程技术有限责任公司(简称华德公司)成立,开辟了工程技术集团新的经济增长点。华德环保公司成立后,充分利用国家和地方政府对环保产业的优惠政策,不断拓展内外的环保工程市场,切实增强了环保合资公司的发展后劲。(3)加强了武钢软件园区的建设。通过成立武钢软件园区管委会、及时做好园区的建设规划工作、制定和通过了武钢软件园入园章程、对入园企业提供宏观引导和政策支持等工作。2003年9月26日,成立了以工程技术集团为主体的武钢软件园。在园区管委会的组织协调下,吸收了工程技术集团自动化公司、计控公司、通信公司、中冠信息科技公司、武汉工程职业技术学院、武汉阿尔斯通有限公司、武钢设计研究院等7家高科技企业作为第一批入园企业。(4)完成了工程技术集团机电总承包资质的申办工作。经过努力,按照“保二争一”的目标,获得了国家建设部颁发的工程总承包二级资质证书,为工程技术集团工程市场的开拓创造了更为有利的条件。(5)大力发展以高新技术为主导的支柱产业。按照建立工程、产品、经贸和服务四大产业链的工作思路,工程技术集团通过宏观规划和政策引导,加快推进了由技术优势向经济优势转变的步伐。

【市场开拓】 2003年,工程技术集团充分发挥集团自身的专业技术优势,先后赴江苏沙钢、华西钢厂、建龙钢厂等民营钢铁企业及鄂钢、马钢等国有钢铁企业,先后承接了工程技术集团有史以来最大的总包工程——江苏沙钢转炉炼钢总包工程,最大的交钥匙工程——湖北鄂钢1号高炉易地大修工程以及马钢120TRH真空处理总包工程和华西村炼钢脱硫工程,合同总额分别为3.4亿元、2.8亿元、7360万元和1400万元。全年根据市场形势的不断变化,及时制定了“抓大、放小”的市场开拓模式,除重大总包工程项目由工程技术集团出面承接以外,其他涉及各成员单位本专业的工程项目由各成员单位自行跟踪和承接。2003年5月,经工程技术集团董事会研究通过,成立了工程技术集团张家港分公司，在享受当地政府给予分公司各项税收优惠政策的同时，充分发挥分公司在市场中的桥梁和纽带作用，延伸市场信息链，实现对各类工程市场信息的适时收集、跟踪和及时决策，实现传统市场开拓方式向前沿化、边缘化市场开拓方式的转变。

【管理工作】 2003 年，工程技术集团围绕以人为本、以才兴业的指导思想，以建一项工程、打一片市场、交一批朋友、树一座丰碑、出一批人才的经营理念以及新观念、快节奏、高效率的价值观提升企业文化，按照“一切工作要围绕着有利于集团的发展，有利于集团的市场开拓，有利于集团资源的优化配置”三个基本出发点，有效推进工程技术集团的正常运作和专业管理。(1)创新工程技术集团的宏观管理模式。按照现代企业制度的要求，始终坚持管资产、管人、管事相结合的基本管理原则，在对各成员单位资产授权经营的前提下，由各成员单位实行自主经营、自负盈亏的运营模式，并确保集团授权经营的国有资产的保值增值；工程技术集团负责各成员单位的总体协调、专业分工以及对副处级以上领导干部的管理职能，并对各成员单位的成本、利润等经营指标进行严格考核。(2)进一步理顺了工程技术集团的资产管理。根据钢政函〔2003〕3 号、4 号的要求，较顺利地完成了工程技术集团对汉威炉外精炼公司股权变更的各项准备工作；工程技术集团对高炉长寿公司增股投资事宜与各股权单位进行谈判正在进行中。(3)进一步规范了集团的投资管理。在满足未来发展的投资战略需求的同时，针对工程技术集团各类投资过程中存在的问题，下发了钢工政发[2003]19 号《关于下发武钢工程技术集团公司投资管理办法的通知》的文件，明确规定了工程技术集团的总体产业布局、对外投资和扶持各成员单位的重点项目投资。(4)进一步明确了各战线领导的管理职责。按照分工合作的原则，对各战线领导实行了分工，进一步明晰了各战线间的管理职责和权限。

【信息化建设】 2003 年，按照工程技术集团精简、高效和扁平化的管理需求，并针对管理中的薄弱环节，不断发挥工程技术集团内部网络资源和信息技术的优势，加快管理创新的步伐，促进管理水平的全面提升。(1)为适应各项管理需求，构建了高效的办公自动化管理信息平台，对工程技术集团各管理工作的流程进行梳理和重新设计，构建适应高新技术产业的办公自动化信息系统，率先在武钢内部实现网络化办公。在系统的网络连接上实现了技术创新，通过“VPN”远程连接的方式，突破传统办公自动化系统的区域限制，延伸了工程技术集团办公系统的覆盖范围，满足各成员单位和驻外单位网络化的办公需求，实现各类文件、经营报表以及各类资源的充分共享和实时查询。(2)建立以财务为中心的经营核算体系。按照武钢的要求，坚持“以服务市场”为宗旨，建立了科学的财务核算体系。对工程技术集团的利润指标进行编制、分解和落实，形成集团 2003 年度利润指标，并与各成员单位充分协商的基础上，实行有效分解，为 2003 年全年经营目标的完成提供了考核依据。在此基础上，工程技术集团建立财务人员从业管理模式，把法人财产权、资金运作权等真正落实到集团各成员单位；及时实现集团的财务工作向工程现场前移，为工程技术集团本部各类工程项目的组织实施顺利提供了优质便捷的服务。并围绕各类工程的利润指标，加大资本运作的力度，坚持“先收后付”的原则，对工程技术集团各类工程始终保持适度的现金流入量，提高集团应收、应付账款的使用效率。

【企业改革】 2003 年，工程技术集团在劳动用工和分配制度上做出了大胆的尝试，逐步建立适应高新技术产业特点的激励和约束机制。进一步深化分配制度的改革。对成员单位按照“责、权、利”一致和“工效挂钩”的原则与各战线领导签订《经营风险目标责任书》，将工程技术集团的各项经营指标与各战线领导的年终兑现挂钩，并实行严格的奖惩兑现，对于超额完成各项经营指标的，实行重奖。对个人则按照“按岗定薪、突出能力，按效益计奖、突出贡献”的分配原则，按岗位合理地拉开职工收入水平，完善工程技术集团的岗薪分配制度，初步扭转“平均主义和大锅饭”的思想和观念。对于外聘的技术专家和业务骨干，采取协议工资的办法，多渠道、多形式地在收入分配上开源节流，为其提供具有吸引力和市场化的薪酬待遇，鼓励其为工程技术集团的建设和发展做出更大的贡献。加大人才队伍的建设力度。推行“一岗双责”、“一岗多责”的工作模式，围绕长期与短期相结合、内部与外部相结合、固定与聘用相结合的劳动用工制度，工程技术集团把人力资本的培育作为当前工作中的一个重要环节，在人事用工制度的改革方面取得了突破。采取多元化的用工制度，对各类人才的人事隶属关系实行分层次管理，即：按照关系隶属分为武钢、工程技术集团和社会3种用工关系；在实际工作中，采取统一标准按岗位绩效进行考核，切实增强了各类人才的竞争意识。

（叶建明）

○ 计控公司

【概况】

生产经营指标	计 划	实 际
主业收入/万元	14500	16418
非钢收入/万元	6000	6400
资产经营承包利润/万元	1309	1342
解决主体测控技术难题/项	10	10
关键设备停机时间/min	3600	405

【销售收入突破2亿元】 2003年，计控公司在全年利润目标调整情况下，克服困难，围绕武钢钢、铁、材生产，开展自动化仪表设备的专业服务工作，并积极开拓市场，全面完成了主业和非钢生产经营目标，实现销售收入22818万元，资产经营承包指标5年来首次突破2亿元。2003年，计控公司切实抓好设备运行工作，不断提高专业化服务水平，确保二热轧加热炉及主轧线、3号焦炉、3号烧结机、三炼钢3号连铸机大板坯等重点工程自动化仪表系统随主体一次投运成功。还进一步推进电子质量改善看板及设备隐患整改工作，以科技攻关为先导，满足生产要求。先后解决了炼铁5号高炉电动鼓风机操作不正常、5号高炉TDC3000系统升级、轧板厂2800轧机轧制压头不平衡波动、焦化二回收DCS升级等问题，受到主体厂用户好评。全年在管理上积极应对承包考核方式的变化，实行“利润基数环比考核法”，及时调整经营预算，分解落实环比指标责任，优化创收创效激励模式，并强化资金控制，加强成本费用管理，为全年方针目标任务的完成提供保障。

【成立湖北省武钢船舶水尺计重公正计量站】 2003年7月1日，由湖北省技术监督局认证授权，成立湖北省武钢船舶水尺计重公正计量站，并正式营运出具计量数据，成为具有法律效力的社会公正计量站，结束了武钢40多年水路货物运输计量空白的历史。自2000年以来，武钢计量委员会会同计控公司及相关部门一起组建武钢水运矿石计量验收体系，投资建立武钢船舶检水尺计量基地，配置专用仪器，培训检水尺专业人员，开展船舶检水尺计量工作。经过几年的运行，武钢水运计量从无到有，大大减少了矿石到港误差，改变以往以矿石装船量为结算基数而忽视航运过程中损耗的粗放计量模式，至年底实现到港矿石船检尺率和出单率均为100%。与此同时，计控公司起草的《湖北省船舶水尺计重技术规范》，通过了湖北省技术监督局专家评审，确保了出具计量数据的公正性，并具法律效力。这一船舶检水尺计量体系的建立，为武钢进口矿石和燃煤等外购物料的计量索赔提供了可靠依据。

【自动化工程配套服务】 2003年，计控公司强化工程管理和工程市场的开拓工作，先后参与了武钢炼铁厂1号、3号TRT、烟煤喷吹一期工程、一烧改造、一冷轧改造等10余项重点工程项目的相关配套工程建设。武钢三炼钢3号连铸机工程仪表控制部分采用的是目前世界上先进的现场总线仪表及网络控制技术，计控公司技术人员认真消化吸收新技术、新工艺，独立完成了仪表控制系统各种工程图纸的设计、绘制和软件编程工作，确保了该系统随主体设备一次投运成功。在武钢二热轧工程中，计控公司承接了加热炉部分的计控项目，工程技术人员在建设期内，克服各种困难，消化大量外文技术资料，自主完成了自动控制仪表从设计、软件编程和现场设备调试等全过程工作，确保了计控设备与二热轧主体一次投运成功。在为武钢内部市场提供专业化的技术服务基础上，计控公司还积极向外部工程市场拓展业务，承接了舞阳轧钢厂加热炉总包工程、沙钢加热炉工程及烧结、炼钢工程自动化系统的配套工程项目等。

【拓展IC卡智能水表等非钢市场】 2003年，计控公司继续发挥自身技术实力，研发高新技术产品，努力拓展非钢外部市场。4月，计控公司所属的武钢艾克普节能电器公司建成10万台IC卡智能水表检测线和年产6万台生产线，产品已批量销往市场。计控公司针对国内市场对新型智能水表的潜在需求，发挥技术优势，与高等院校联合研制出非接触式IC卡智能水表。实现了先充值购水再使用,无需人工抄表收费,计量准确,有效减少了水资源的浪费。该年,计控公司的另一实体,武汉华枫传感器件公司的产品锂离子电池也迎来了新的发展空间,于4月在原有年产10万支锂离子电池一期生产线基础上建成了年产300万支的二期生产线。这些产品为计控公司非钢产业的发展增添了新亮点。计控公司还依托东湖开发区申请成立了“武汉·中国光谷产业配套计量校准检测中心”,并于2003年7月18日正式挂牌,将武钢校准/检测实验室的业务拓展到东湖高新技术开发区,为光谷企业提供了专业计量校准检测服务,解决了开发区产业配套中的一个问题。

(尹永萍)

○ 自动化有限责任公司

【概况】 2003年,自动化有限责任公司在市场竞争日趋激烈和利润指标较2002年大幅度增加的情况下,坚持以市场为导向,以效益为中心,发挥人才、技术、设备和管理的优势,开拓内外部市场,不断扩大市场份额。全年共签订合同1.6584亿元;实现销售收入1.2955亿元,比2002年增长6.16%;实现利润1125万元,比2002年增长1.81%;全面超额完成了武钢下达的1005万元利润的生产经营目标。全年实现人身伤亡事故、火灾事故、设备事故、治安案件为零的目标。

【经营管理】 2003年9月,自动化有限责任公司为进一步加强财务管理,建立了该公司经营预测体系。及时对销售、合同额、利润情况实行动态预测。制定科学的成本、指标考核体系,逐步解决应收与应付资金流中的问题。按照“以信息化提高管理效率,实现管理创新”的总体要求,充分运用“管家婆”财务管理软件对财务报表、应收与应付账款等各项财务数据实现实时查询。该年,继续推行经营承包责任制,做到目标承包、责任到人、权限到位、绩效挂钩、超额分成。在责、权、利条款明确的前提下,自动化有限责任公司与下属各分公司负责人签订了经营承包责任书。对各项工程实行全面预算管理,坚持工程预算硬约束原则,使生产经营始终处于有效监督控制之中。2003年,自动化有限责任公司落实“打市场、严管理、带队伍”的9字方针,对机关管理职能进行了局部调整,机关人员实行竞争上岗,基本理顺了机关管理职能。该公司切实朝实现高新技术产业化的目标而努力,先后获得2003年度湖北省信息产业系统先进集体、武汉地区首届十佳IT企业、2003年度武钢双文明先进单位称号。

【质量体系认证和售后服务】 2003年,自动化有限责任公司不断完善质量保证体系,大力推进管理创新。以2000版改版为契机,认真贯彻ISO9001:2000版系列标准,健全考核体系,理顺管理职能。颁发质量手册、程序文件、管理办法及外来技术标准控制等3个层次新的质量管理体系文件,使管理程序化,工作(作业)标准化,2003年4月一次通过了ISO9001:2000版的贯标认证。为科学规范管理奠定了基础。该年,通过改版逐步规范了分供方、设备采购、设备入出库和验收、技术资料等方面的管理。落实项目经理对工程全过程负责制。工程管理部门每月对每个项目,尤其是大项目进行检查,在加强工程协调管理的同时,促进工程管理水平上新台阶。8月,该公司投入专项资金建立的控制工程技术平台正式投入使用。该年,自动化有限责任公司在售后服务方面注重强化服务意识,延伸服务领域。在确保大型计算机、高炉计算机系统等原有的相关运行维护业务正常开展,又为整体产销资讯系统一期上线后设定了相关的运行维护业务,进一步扩大了协议服务、保产运行的市场。2003年服务业收入有大幅提高,开辟了新的经济增长点。为确保该公司维护服务合同的正常执行,使服务达到用户满意,其“110”调度(维护)指挥中心落实“用户至上,服务满意,信誉为本,服务终身”的质量方针,服务范围已扩大并延伸到自动化公司承担的所有工程项目以及上级部门要求完成的抢修项目,24小时为用户单位提供优质的服务。2003年,自动化有限责任公司与惠普公司签订了总体合作框架协议和特约维修商协议,拓展了新的服务经营渠道,“惠普产品特约服务中心”于9月26日正式挂牌营运,为该公司服务业拓展了新的市场空间。

【二期整体产销资讯系统开工】 2003年1月,由中国台湾中钢专家指导、自动化有限责任公司为主体开发的武钢整体产销资讯系统一期工程上线投运成功,这不仅标志着武钢管理信息化达到世界冶金行业先进水平，促进了管理现代化，实现了业务流程的重组，而且给企业带来了巨大的效益，大大提升了武钢的核心竞争能力，每年能带来5000万元以上的经济效益。整体产销资讯系统开发并实现了武钢板材生产线的销售管理、技术质量管理、生产管理、出货管理、财务管理和信息作业的一级管理，同时还自主配套开发人力资源管理、电子商务和办公自动化系统。该系统在提高武钢劳动生产率、提高工作效率，降低库存、规范管理，准确、迅速地获取相关数据等方面发挥了巨大作用。年内，自动化有限责任公司的专业技术人员针对运行中出现的问题及时有效地进行分析整改，确保了武钢生产经营秩序的正常运行，大大缩短了磨合期。在整体产销资讯系统一期工程安全正常运行的同时，二期工程于2003年12月底正式启动。武钢整体产销资讯系统二期工程预计投资1.27亿元人民币，工期预计为15～18个月。武钢将在一期开发板、材、线整体产销管理的基础上，依靠自己的力量开发完成硅钢厂、一炼钢厂、大型厂、高线和棒材厂等型、线、棒材生产线的整体产销管理系统。二期工程将同步建设电子商务销售应用系统、物流及物料消耗管理系统、物资供应链管理系统、设备管理系统、生产库区优化管理系统、企业决策支持系统和企业信息门户管理系统、数据仓库和数据挖掘管理系统。

【软件产品开发】 2003年，自动化有限责任公司被湖北省信息产业厅认定为软件企业。该公司的《企业整体产销资讯系统》、《电子上午系统》、《转炉控制系统》等10个自主软件产品获得国家版权局颁发的《计算机软件著作权登记证书》。成为武钢软件园第一批入园单位。自动化有限责任公司总结、应用、推广整体产销资讯系统建设的成功经验，在武汉神龙汽车公司ERP项目招标中一举中标，承接了合同总额达300多万元的3个软件项目。实现了武钢软件技术项目输出重大突破。

【开拓内外部市场】 2003年，自动化有限责任公司发挥专业化分工优势，增强市场竞争能力。二热轧加热炉工程3月28日竣工并进行热负荷试车成功；三烧改造工程胜利竣工，消化、移植和自主开发的烧结模糊控制系统已初见成效；工业港二混匀料场、三炼钢3号连铸机、一冷轧推拉式酸洗等“三电”总承包工程先后竣工投产。特别是5号高炉上料系统改造为炼铁系统铁料消耗指标实现历史性突破做出了突出的贡献。5号高炉计算机系统、工业港中控电气与自动化系统改造和三炼钢水处理PLC系统改造工程三同步，实现新老控制系统的在线切换。2003年，自动化有限责任公司全年共承接外部合同6495.69万元，占全年合同总额的39%，较2002年有大幅度增长。涟钢焦化回收自动化系统验收合格交工；沙钢炼钢“三电”工程、神龙公司ERP项目按进度要求完成；江苏华西炼钢脱硫和烧结自动控制系统项目、鄂钢高炉“三电”总承包等项目正在按时间节点推进。

（洪志宇）

○ 通信有限责任公司

【概况】

项　　目	计　划	实　际
销售收入/万元	6370	6782.8
利润/万元	-200	5.9
子公司收入/万元	1000	1115
子公司利润/万元	100	86
通信设备完好率/%	90	92.1
电缆故障修复时间/h·次$^{-1}$	24	8.8
非电缆故障修复时间/h·次$^{-1}$	8	6.6

【经营指标】 2003年，通信有限责任公司本部实现销售收入6782.8万元，利润超计划205.9万元，其中，网络运营收入5309.2万元，利润128.53万元；产品收入1063.9万元，利润135.23万元；经贸收入409.7万元，利润42.2万元；工程收入1115万，利润86万元。全年设备运行指标全面达到或超过考核指标，其中设备检修完成率达100%；话费回收率达97%；通信设备完好率达92.1%；重大通讯阻断0次；电缆故障修复时间8.8 h/次；非电缆故障修复时间6.6 h/次；电话接通率为46.6%；用户回访率为98%、整改率为90%、满意率为85%；服务质量投诉成立数为零。

【经营创效】 2003年，通信有限责任公司作为投资主体多元化的控股子公司开始独立运营，该公司在不断稳固和发展传统通信业务市场的同时，适时进行技术及业务创新，市场份额和经济效益稳步增长，拥有固定电话用户已达2.9万户、有线电视用户7万多户。在武钢的支持下,通信有限责任公司投资近千万元,构建了基于电信网络的武钢固话宽带网,与有线电视网、虚拟移动网、GSB网一起形成了覆盖钢城、安全可靠、技术先进、服务种类齐全的"五网融合"的最优网络模式,并与中国移动、中国电信、中国联通、中国铁通和中国网通形成了网络直联互通。建立了自己的ISP,持续进行的宽带网络升级改造,使用户上网速度和网络稳定性、安全性不断提高,逐步受到用户的认可和信赖,至年底已拥有近4000宽带用户。该年在钢都花园B6区、A3区以及冶金街等区域的HFC网络双向改造完成后,基于同轴电缆的S-CDMA宽带接入技术的应用,不仅对固话宽带网形成了良好的互补效应,同时彻底改变了武钢有线电视网络有运无营无利的局面,并为今后通过网络综合利用实现"以网养网"打下了基础。该公司与中国移动、中国联通合作推出的武钢虚拟移动运营业务发展迅速,至年底已拥有2万多移动用户,1万多联通用户。2003年10月28日与中国电信武汉分公司签订了"小灵通"业务的全面合作协议,通过小灵通基站建设、运营分成及网络维护工程施工等,使通信有限责任公司每年可新增收入200多万元。全年与武钢内部10余家单位签订了监控设备代维协议,开辟了维护服务创收的新途径,并为运维服务走出武钢提供了新思路。2003年电讯分公司经过改进的生产调度系统及对讲产品相继在冷水江钢铁公司、天津无缝钢管公司以及攀钢、马钢、杭钢等企业安装使用,武钢外部市场份额逐步扩大,目前该公司70%的收入来自武钢外部市场。拥有通信施工总承包国家二级资质的钢讯公司和安检厂,在抓好武钢重点改、扩建项目配套通信工程的同时,积极走向外部市场,在宁波建龙、珠海粤裕丰、江苏沙钢、湖北省女子监狱、武汉光谷、神龙公司等企业承接项目,工程技术含量不断提高。武钢监控信息中心平台的建成,为利用GPS/GIS技术开展多种类增值业务开辟了广阔空间。

【企业管理】 2003年,通信有限责任公司不断深化改革,强化内部管理,逐步完善了内部运营机制和企业管理制度。一是按照现代企业管理框架构建新的企业管理模式。按照专业化发展思路,对各类资源进行优化重组,规范了网络运营产品、工程、经贸四大业务板块,构建了机关"五部一室",基层分局、分(子)公司的专业化管理模式。二是建立和完善内部管理制度。该公司按照ISO9001国际质量体系标准,对各类资源的管理、四类产品的实现过程及产品质量的测量分析和改进提出了总体性要求。至年底通信有限责任公司质量手册和相应的程序文件已经正式颁布实施。物资采购、工程分包、合同管理、印章管理等各项制度已发布并实施,岗位作业标准及第三层次其他管理制度的修订工作也基本完成,基本形成了较为规范的企业内部管理制度体系。三是提高全员管理理念。全新的经营压力和市场挑战,促使该公司全体管理人员乃至全体员工的市场意识,从计划运行的管理转变为适应市场经济运作的生产经营管理,企业日常管理也从单纯的生产运行指标管理转化为经济指标和经济效益管理。管理部和财务部相互配合,制定出公司所属各单位的收入、成本、利润等月度经营计划指标,逐月对实施情况进行分析,提出指导性意见,并督促改进,基本形成了计划、实施、考核、改进的良性循环。四是构建企业内部管理体系。适应武钢集团公司、工程技术集团、通信有限责任公司的三级管理模式,在设备运行上,形成接受母公司政策指导,管理部协调指挥各单位设备运行及技改、技措项目实施的管理模式。市场方面按照"分别对内、集中对外、资源共享、专业分工、系统合作"的原则,做到上承接工程技术集团市场部的指导,下协调指挥内部各板块营销行为,既有专业分工,又有协作经营的格局。财务方面实行内部财务人员的统一管理,子(分)公司实行财务主管委派制,既监控到位,又有利于各单位独立开展经营业务。

【企业文化建设】 2003年,通信有限责任公司以优质服务提升企业品牌形象,不断完善以管理部为龙头、客服中心为纽带的通信服务保障体系,启用"1000"号服务热线,集故障申告、调度处理、用户回访等职能于一身,实现了该公司对用户的"一站式"服务。全年该公司抓住"冶金行业年会"及"世界电信日"、武钢科技周活动的有利时机,通过报刊台和现场策划宣传、网络功能演示,对外展示了该公司的网络综合功能,扩大了该公司在武钢外部市场的知名度,2003年1月29日,中央电视台第二套节目《市场信息》栏目对武钢通信有限责任公司作为国企改革试点的成功典型,进行了3分钟的独家专访;9月,《人民日报》刊登了题为《拓展一片新天地》的反映该公司企业形象的宣传报道。精心组织了武钢用户座谈会,使其成为公司全业务、新业务的展示会及高新技术应用的消费引导会,既起到了形象宣传定位作用,又促进了高新业务的拓展。2003年为促进该公司的对外发展，经请示武钢批准，通信有限责任公司办公楼整体迁至青山区建设五路和平公园旁，通过公司办公环境整治，统一企业标识、服装及胸牌，制作企业宣传画册、邮册等方面的工作，在广大客户面前树立了通信有限责任公司的企业形象。2003年通信有限责任公司深化改革，理顺关系，强化管理，开拓经营，通过公司全体员工的共同努力，至年底扭亏为盈，该公司也被授予武钢质量月活动先进单位、武钢厂务公开先进单位、武钢党风廉政建设先进单位及武钢综合治理标样单位等荣誉称号，“双文明”建设取得丰硕成果。

（李　勇　袁少萍）

武钢建工集团有限责任公司

○ 管理工作

【概况】 2003年,武钢建工集团有限责任公司在管理工作中,紧密围绕年初既定的"八大目标",深入开展"管理年"活动,战胜"非典"疫情的影响,并克服资金紧缺、工程主要材料价格大幅上涨等多种不利因素,努力工作,较好地完成了全年经营生产目标。(1)全年完成销售收入7.07亿元,为年计划的129%;其中建设公司完成3.3亿元、修建公司完成2.27亿元、电气公司完成1.5亿元。建工集团有限责任公司年收入为组建前(2001年4.64亿元)的150%,净增加2.43亿元,比2002年(5.65亿元)增加1亿元以上,两年上了3个台阶;建工集团控股子公司全年完成销售收入6010万元。其中混凝土公司完成1800万元,环保公司完成1300万元,新技术公司完成1000万元;(2)全年完成利润795万元,为年计划的265%;其中建设公司385万元,修建公司215万元,电气公司为195万元;(3)全年上缴税金2815万元,其中,建设公司上缴990万元,修建公司上缴690万元,电气公司上缴800万元。建工集团控股子公司上缴税金357万元;(4)全年实现重大设备事故、重大质量事故和重大治安及火灾事故为零的目标,全年共计发生轻伤事故3起,轻伤3人,千人负伤率为0.59‰;(5)重点工程施工质量进步明显。三焦炉煤塔等3项工程被评为武钢优质工程,新三高热风炉本体安装等3项工程被评为武钢结构优质工程;建工集团新三高项目部、建设公司硅钢项目部被评为武钢优秀项目部;钢花116街小高层住宅楼荣获全国冶金优质工程奖;2003年度,建工集团获得武汉地区建筑业优秀企业称号。

【建立综合管理体系】 2003年,建工集团建立了质量、环境、职业健康安全综合管理体系,制定了《综合管理手册》、《程序文件》及其相关的支撑性文件。从6月26日发布运行,通过两次内审和一次管理评审,针对存在的问题,通过加大综合体系文件的培训、建立和完善,确保管理体系运行的考核办法,在较短时间内实现了综合体系的正常运转,并在12月17～18日顺利通过了第一阶段评审。

【推进技术进步】 2003年,建工集团公司紧紧围绕实施"人才兴企"战略,坚持技术创新,依靠科技进步增强企业市场竞争力。先后完成了"科技发展规划"、"人才发展战略"及选拔首席专家、高级专家、专家的管理办法。成立了科学技术协会,编写了建筑安装工程施工企业技术质量和工艺标准,开展了企业应用技术标准的注册登记工作,编写上报的11项建筑安装工程施工工法,有6项工法被审定为国内冶建系统行业级工法,结束了武钢自营施工企业无行业级"工法"的历史。其中《钢渣混凝土夯扩桩(CFS桩)施工》、《大型电除尘器设备安装施工》两项工法已申报"国家级工法"。

【稳定工作】 2003年,建工集团有限责任公司针对企业改革发展的新形势和新特点,把职工稳定工作作为压倒一切的大事来抓,形成了党政工团齐抓共管,前方后方互为一体的保证体系。一是针对年初有部分三休人员因医改等问题进行上访等情况,建工集团两级党委迅速成立领导小组,明确责任、制定措施、健全网络,通过召开不同层次的恳谈会、对话会30多场,对重点人物加强思想政治工作等措施,迅速控制了局面。至年底,建工集团两级组织已经成立了科级退管办,退管管理力量进一步加强。二是面对突如其来的"非典"疫情,按照中央和武钢的要求,迅速统一思想,形成专班,明确责任,采取有效措施,特别是针对农建队伍多、工作难度大的特点,落实农建队伍"非典"防治工作各项措施,使农建队伍做到人心不慌,队伍不散,秩序不乱。该公司的"防非"做法受到武钢防治"非典"办公室领导的肯定。三是做好企业改革过程中的职工稳定工作，如电气公司及时处理和消化因分配波动而产生的各种不稳定因素，通过耐心细致的思想政治工作化解矛盾，维护企业的正常经营秩序。四是把思想政治工作与解决实际问题相结合。对人均生活费在300元以下的76户困难职工进行挨家挨户走访，建立帮扶档案，制定帮扶计划，启动帮扶基金。各分公司党群组织也结合自身情况，发挥各自优势，对困难职工家庭和弱势群体开展各种帮扶工作，收到了明显的效果。

【落实“依靠”方针】 2003年，建工集团有限责任公司针对职工群众关心的“热点”问题，及时开展了各种类型的恳谈会、对话会、协调会，就涉及职工切身利益和职工关心的问题，如生产经营、生活福利、人力资源、财务、工资、采购、招投标等方面情况进行及时通报和对话，自觉接受职工代表的监督。各分公司在推行值班经理制度的基础上，制定实施了《建工集团职工代表值班经理联席会轮值经理实施办法》，统一规范了值班经理联席会及轮值经理的任职条件、职责、权力、义务以及任职期限和享受待遇等。轮值经理在任职期间围绕企业改制重组和安全生产及职代会提案的落实等进行调研、检查和督办，这一制度的建立和实施，得到了武钢工会领导的高度评价。此外，还围绕“三烧”、“三焦”等重点工程开展了以“保节点、保安全、降成本、创优质工程”为主题的劳动竞赛活动，进一步调动广大职工工作热情，确保了“三烧”、“三焦”工程提前投产。

（建　宣）

○ 修建工程公司

【概况】

项　目	计　划	实　际
利润/万元	275	433
主营业务收入/万元	18000	22500
总产值/万元	18000	22080
流动资金平均占用/万元	3329	7400
主要设备完成率/%	90	97.5
工程交验一次合格率/%	100	100
全员劳动生产率/元·(人·a)$^{-1}$	80700	91241
千人负伤率/‰	0.315	0.08
百元产值物耗/元·百元$^{-1}$	35	24.5

2003年，建工集团修建公司面对市场低价竞争、资金不足等困难，不断深化内部改革，加强内部管理，继续加大内外市场开拓，有效克服了“非典”疫情给生产检修带来的不利影响，全面完成了年生产经营目标，并获武钢先进单位称号。该年共承揽工程499项，承揽工程总量2.05亿元，实现销售收入2.25亿元，利润433万元，销售收入和利润两项指标均创历史最好水平，实现工亡事故、重大火灾事故、重大设备事故、重大环境污染事故为零的目标，千人负伤率为0.08‰，所承担的3号焦炉改造、3号烧结机改造、冷轧厂技术改造和3号高炉易地新建等武钢重点工程均实现或提前实现了工期、质量、安全目标。该年，修建公司按“管理对口、职能归并、精简高效、一专多能”的原则，对机关机构进行了改革，形成“七部二室三中心”管理框架。根据武钢岗效工资改革的精神，该公司积极稳妥地推进岗效工资改革，其岗效工资实施方案经职工代表大会首次以无记名投票方式表决通过，并于该年7月正式实施。

【工程施工】 2003年，修建工程公司参与了武钢一系列重点工程的施工及各厂矿的年修、保产抢修任务。主要施工项目包括：3号焦炉改造、3号烧结机改造、3号高炉易地新建、冷轧厂技术改造、煤气一净干管改造、3号烧结机Ⅱ系列拆除、焦化公司7号、8号焦炉装煤除尘系统改造、沙钢1号、2号烧结机安装工程等施工。该公司进一步加强充实了各工程项目部的力量，强化施工组织协调管理，安全、优质、快速地完成了各项检修(新建)工程施工任务。3烧改造工程和3焦改造工程相继于该年3月21日、28日提前投产，并分别创下了全国冶金行业同类烧结机技术改造和国内同规模焦炉建设周期最短的新纪录。3烧主厂房安装工程获武钢优质工程称号，并被评为武钢“安全文明工地”。新3高热风炉于5月27日全部封顶，比计划工期提前8天，该工程获“武钢优质结构工程”称号。3烧Ⅱ系列提前5天完成拆除任务。江苏沙钢烧结工程公辅设施全部完工并交付使用，厂房结构和主体设备安装基本完工，部分设备开始单机试车。该年，该公司共完成年修工程16项，其中包括前所未有的“六同步”年修工程(5号高炉、四烧、三炼钢厂、冷轧厂、轧板厂、一炼钢厂年修)，获武钢绿票嘉奖10张，热轧厂年修工程被评为武钢第一个检修型“安全文明工地”。同年，还组织了三烧5100风机抢修、4号高炉水冷齿轮箱更换抢修、一烧烧结机钢架加固抢修、轧板厂分配箱抢修、大型厂高线车间立式轧机抢修等施工，确保了各厂矿生产顺利。

【开拓市场】 2003年，为确保实现年度生产经营目标，修建公司进一步加大了开拓武钢内外市场的力度，工程承揽取得了较好成绩。该公司根据市场的需要，调整充实了市场营销人员，组织开展市场营销知识的讲座培训，提高了市场营销人员的业务素质。该公司多次派员远赴江苏、四川、湖南、安徽等地钢铁企业联系承揽工程项目，认真组织沙钢、涟钢、鄂钢等工程项目的投标，先后与湖南湘钢、安徽马钢签订了工程施工合同。2003年，该公司共承揽工程499项，其中大修费项目43项。生产费项目428项，重措费项目25项，武钢外部工程3项，承揽工程总量达2.05亿元，合同签订总量达1.15亿元，先后参与了武钢内外市场19项工程的投标，中标8项，中标率47%。此外，该公司坚持立足武钢，服务武钢，积极扩大协议保产市场。该年9月，维检人员正式入驻二热轧生产线开展保产工作。

【强化管理】 2003年，修建工程公司以市场为导向，以效益为中心，以成本管理为重点，组织开展了"管理年"活动。(1)加强资金、成本管理。建立健全了财务开支审批制度，进一步明确了财务开支审批权限和程序。按照全面推行项目法核算、建立效益、成本两个中心运行机制的指导思想，深入开展了工程成本分析活动，编制了单项工程成本卡程序。对工程成本实行跟踪动态管理。建立项目部成本核算体系，设立成本台账，对重点材料消耗实行"三算"对比，较好地控制了工程成本。(2)进一步加大了经营审计力度。在总结前几轮资产经营承包经验的基础上，制订了新一轮承包经营及分配方案。为了随时掌握承包单位经营状况，加强了对承包单位经营的审计力度，将过去的按季度审计改为按月审计，发现问题，及时整改，有效堵塞了经营管理中的漏洞，确保了该公司整体经营状况的稳定。(3)严格安全管理。针对技改工程安全管理薄弱的特点，按照《安全生产法》和建筑施工的要求，从施工的前期准备、施工过程的监控、完工后的验收等各个环节加强安全管理，确保了安全施工。(4)加强质量管理。对该公司质量管理体系文件进行了修改，使之更加具有针对性、有效性。按月组织综合质量检查，对重点工程下达质量情况通报，对发现的问题限期整改，较好地控制了工程质量。2003年，该公司用户满意率达98%，获国家级QC成果奖3项，申报国家级工法7项，其中4项被批准为国内冶金行业标准施工法，3项技术成果获国家专利局实用型专利。

（高爱彬）

○ 建设公司

【概况】

项　　目	计　划	实　际
建筑业总产值/万元	23800	33480.94
全员劳动生产率/万元·(人·a)$^{-1}$	12.2	24.93
工程质量合格率/%	100	100
基建分项工程优良率/%	50	86.8
检修分项工程优良率/%	90	100
全年综合设备完好率/%	86	95
设备利用率/%	55	62
重点工程形象进度完成率/%	100	100
千人负伤率/‰	3.0	0.71

2003年，建工集团建设工程公司面对"非典"疫情的影响和资金紧张的困难，在施工经营中坚持市场和现场两手抓，创造了公司发展史上工程任务最重、销售收入最高、经济效益最好的水平。全年完成销售收入3.35亿元，比2002年多完成0.71亿元，实现利润473.53万元，比2002年度预算多完成388.56万元。年初，该公司按照"把机制做活、把项目做优、把管理做精、把效益做大"的原则，进一步完善项目法施工管理，探索实施以工程项目管理为主的"扁平化"经营管理模式，先后建立了适应项目生产力需求的内部五大市场，推进各项配套改革。同时，该公司以"管理年"活动为主题，大力强化内部管理，狠抓贯标工作，使企业系统化管理水平不断提升。2003年，承建的三焦、三烧、二混匀等武钢重点工程按期完工，冷轧、热轧、硅钢年修如期竣工投产，工程质量受到各界好评。

【市场营销】 2003年，建设工程公司立足武钢，努力拓展内外市场份额。年初，武钢多项技改工程上马，武汉市也迎来难得的投资热潮。该公司针对市场实情，抽调专班成立投标小组，拓展渠道收集工程信息，发动全体员工积极参与市场营销，取得了较好成效。一是主动出击跑市场，任务源头抓营销。该公司两级班子克服"非典"疫情对市场的冲击，积极与新老客户保持联系，多渠道沟通信息，掌握市场第一信息资源，从源头抢抓市场营销。在捕捉到工程信息后，该公司委派专人专班对重点工程实行定点跟踪调查，及时把握市场变化，掌握主动权。二是建立网络促沟通，互动互补抢竞标。该公司充分发挥两级市场营销的积极性,充分利用各种社会资源,建立健全市场信息网络,拓展市场渠道。两级营销人员经常性地组织研讨会,针对市场招标方式的变化和不同的项目特点,采取不同的投标策略,极大地提高投标质量。下半年,先后中标二硅钢、二冷轧及鄂钢焦炉等工程。全年共组织内外工程投标50项,签订工程合同4亿多元,其中武钢内部3.63亿元,外部3826.59亿元,合同总量比2002年增长12.5%。

【完善项目管理】 2003年,建设公司按照"深化项目管理体制改革,构筑施工总承包体制框架,为建立工程总承包体系打好基础"的改革总体指导思想,进一步深化项目管理,加速项目体制改革。针对企业现有的项目管理人才资源状况,该公司修订了《建设公司项目管理人才中心管理办法》,对直管项目人员实行集中与动态管理,根据不同的工程项目类型,灵活地配置管理资源,形成了激励与约束相结合的用人机制。为了进一步健全项目成本管理制度,强化项目成本全过程的控制管理,该公司以新3号高炉项目部为试点,推行了项目信息化管理系统。经过半年时间反复改进,开发了具有自身特色的项目管理系统软件,促进了以项目管理为核心的综合管理体系的有效运行。2003年,该公司还修订实施了项目管理体系文件,该文件分为7大类18个工作程序和办法,从项目的管理与控制为切入点,强调从企业的目标和整体出发,界定了二级单位及机关职能部门与项目部的责权利关系,经颁布实施后,有效地促进了项目管理水平和工程实物质量的提高。2003年,该公司承建钢花116小高层被评为冶金建筑优质工程,二混匀配料槽、3号焦炉煤塔、二热轧工程获武钢优质工程奖、新3号高炉水处理冷却塔、604转运站及通廊工程获武钢建筑结构优质工程奖,二硅钢项目部获武钢优秀项目部称号。

【思政工作创新】 2003年,建工集团建设工程公司党委针对企业改革发展和生产经营中的热点、难点和不稳定因素,创新工作方法,提高工作质量,认真做好一人一事的思想政治工作,大力深化"一岗双责"和"项目大政工"活动,取得了较好成效。一是建立和完善"一岗双责"考核评价体系。年初,该公司党委按照"普遍性与针对性,可行性与操作性"的原则,细化分解了"一岗双责"的八大目标值,使党政干部责任更清晰,目标更明确,工作更规范。同时,该党委进一步调整和修订了党政干部的双重责任考核指标,把"一岗双责"考核与每月经济责任制考核并轨,形成了一套精神与物质相结合的评价体系和激励机制。另外,该党委站在培养复合型干部的高度,推行了党政干部交叉任职、轮岗锻炼等措施,不仅使党政干部双向介入,又使党支部优势互补,为优化干部结构、增强班子战斗力创造了条件,提供了舞台,营造了氛围。此举极大地提高了行政干部做思想政治工作的能力,同时又增强了党群干部参与管理、开拓市场的积极性。2003年,在武钢现代化管理成果评比中,建设公司《基层党政领导"一岗双责"的探索与应用》课题获四等奖。二是深入开展"项目大政工"活动,公司党群部门制定了项目挂钩制度,及时收集和了解一线施工情况,为一线排忧解难。项目党支部与该公司党群部门紧密配合,将宣传鼓动、劳动竞赛、安全保卫、后勤服务、效能监察有机地融入项目管理的全过程,逐步形成以项目党支部为龙头,企业党群部门为帮手,项目部全体党员共同参与的大政工网络,切实增强了"项目大政工"活动的针对性、实效性和主动性,此项工作受到武钢党委的肯定,并在武汉市企业党建工作调研会进行了经验交流。

(蔡贤超)

○ 电气公司

【概况】

项　目	计　划	实　际
产值/万元	15679	15918.97
利润/万元	285	373.74
电气单项工程优良率/%	85	95.5
设备综合完好率/%	97	100
全员劳动生产率/元·(人·a)$^{-1}$	168500	173787
千人负伤率/‰	3	0
电控设备制造/台	1900	2721
铝线产量/t	4586	3837.01
包芯线产量/t	744	839.64
电磁线产量/t	173	164.49
新制变压器/台	63	71
电气备件制造/件	15000	24256

2003年,在武钢和建工集团总体工作部署下,电气公司以围绕资产经营利润目标最大化为中心,抓质量,降成本,拓市场,克服了"非典"疫情等多种不

利因素的影响。生产经营取得了历史上较好的成绩。全年共实现销售收入15037.17万元,比2002年增长12.78%,实现利润373.74万元,超额完成建工集团下达的资产经营利润目标。各条生产线重大设备事故、质量事故为零;检修工程合格率、电控设备合格率、变压器制作合格率、检修计划实现率均达100%。各项专业管理工作有了新的进步,贯标工作获得了中国质量协会颁发的2000版本质量管理体系认证证书。电线厂和电控设备厂申报的单元产品3C认证均获得中国质量认证中心颁发的认证证书。安全生产实现了“四个零”的安全目标。安全生产、防“非典”疫情、党风廉政工作均被武钢授予先进单位,工会被武钢评为先进职工之家,思想政治工作连续两年获得武钢先进单位称号,还连续两年被武钢评为“双文明”建设先进单位。

【2000版本标准审核认证】 2003年5月13～14日,中国质量协会(以下简称“中质协”)质量保证中心审核组一行5人,对电气公司2000版本的换版工作进行了审核认证。两天里,审核组依据GB/T19001-2000标准和电气公司质量管理体系,以及国家有关行业法律法规文件,对电气公司的电机与变压器、高低压成套设备、包芯线的设计、制造与服务以及电磁线和电气设备工程检修、安装和服务等方面,通过现场随机抽样的方式,进行了全方位的审核。在质量管理体系复评末次会上,中质协审核组一致认为:电气公司2000版本文件的管理系统已经初步形成,质量管理体系的运行是充分有效的,产修品的实物质量和服务质量达到了要求,审核组同意推荐电气公司进行2000版本标准认证注册。

【单元产品3C认证】 2003年9月2日,中国质量认证中心派出的专家组,对武钢建工集团电气公司电线厂申报的电线电缆等“3C”(中国强制认证)认证产品进行生产实地检查。在检查中,中国质量认证中心专家组经过对电线厂的原始资料评审、现场随机抽查产品,表示了对电线厂产品的肯定,使电线厂“3C”认证工厂检查阶段工作得以顺利结束。2003年10月14日,电线厂获得中国质量认证中心颁发的认证证书。武钢建工集团电气公司电控设备厂生产的低压成套开关设备属于中国第一批实施强制性产品认证的产品目录范围内的产品,经过网上申请、样机型式试验,2003年10月14日,电控设备厂通过了“3C”认证工厂审查,顺利完成“3C”认证工作,通过“3C”认证的低压成套开关设备包括低压固定式开关柜GGD1、GGD2、GGD3、低压抽出式开关柜GCD117等4个单元产品。

【巩固和开拓工程市场】 武钢为确保2003年顺利实现生产经营目标,决定从2003年5月21日起,安排热轧厂、冷轧厂、硅钢厂、三炼钢厂、5号高炉、四烧结等6家单位进行同步年修。电气公司召开专题会议,安排部署年修工作。在40多天的紧张施工中,电气公司职工克服点多、面广、战线长等困难,圆满完成了所有年修项目及追加项目,每项工程均一次试车成功。为发挥电气公司的维检优势,2003年,电气公司成立了维检工程部。一方面抓好和巩固武钢三炼钢、四烧结和质检中心的驻厂维检工作。另一方面不断开拓新的维检市场。该年,电气公司与武钢二热轧厂、轧板厂正式签订了协议保产合同。2003年,电气公司还加大武钢外部市场的开发力度。一是抓好江苏省沙钢烧结厂工程,完成了沙钢烧结厂电气设备的修、配、改及设备安装、调试。二是承接广东省深圳等地区的电气设备及工程业务,电控柜产品首次批量进入武钢外部市场。三是先后两次完成南京梅山钢厂的检修和抢修工程。四是各经营实体拓展市场,铝线产品在巩固现有的钢铁市场外,相继进入广东省珠江钢厂和河北省华京公司。

【思政工作贴近实际】 2003年,电气公司针对生产经营和改革出现的新情况、新问题,坚持思想政治工作贴近生产经营,贴近改革实际,深入开展了“降成本、抓质量、占市场、兴电气”主题活动。在主题活动中,电气公司针对成本、质量、市场等方面存在的问题,组织职工找差距、订措施,抓落实,增强了职工的成本、质量和市场意识,促进了产品实物质量和服务质量的提高,降成本活动也取得良好成效。该年,在建工集团的统一部署下,电气公司稳步推行“岗效工资制”,经过从上至下和从下到上反复征求职工意见,经理办公会、职代会劳动人事专委会认真讨论岗效工资实施方案,将职工原有工资进档案,实际收入看效益,以岗定薪,岗变薪变,并确保每位职工的工资收入在原有基础上都有一定增长。自2003年4月开展的防治“非典型性肺炎”疫情工作,电气公司广泛发动职工开展以防治“非典”为主要内容的爱国卫生运动,对食堂、班组休息室、会议室等公共场所进行定期消毒,并对流动人员实行登记体检报告制度及强化对外用工的管理。

(陈　玖)

企业发展公司

○ 管理工作

【概况】 2003年，企业发展公司紧紧围绕年初制定的生产经营目标和工作计划，以改革、服务、管理为重点，创造性地开展工作，按照武钢下达的15210万元费用指标，降低费用1300余万元。全年共出售成本价自住房1791套，为职工办理"两证"31560本。组织落实了钢都花园商业用房的出售工作，销售商业用房7500 m^2，销售额3300万元。完成民用煤气销售量700000GJ，自来水销售量7893.6万t，水质综合合格率达99.6%。生产快餐1130多万份，熟食化检合格率达95.7%，餐具化检率达100%，食物中毒事故为零。生产和销售汽水5550万瓶，其中内销830万瓶、外销4720万瓶。生产桶装纯净水12万桶、瓶装纯净水3.9万件、塑料瓶饮料140万瓶、冰淇淋350万支。信件收发190万件，差错率为零。单身职工收住率100%，生产一线高温休息室、开水供应及浴室开放率均达到100%。栽植乔灌木4.2万株、藤本5900株、绿篱2.2万株，生产草花28.8万盆，植树成活率96%。适龄幼儿入园率达100%，幼儿全面发展评估合格率达98%，幼儿身高均衡发展率达97%，体重均衡发展率达98%，优良率为85%，幼儿一级以上安全事故为零。承接大、中型会议12个，接待内外宾客3.8万人次。被武钢公司和青山区政府分别评为防治"非典"工作"先进单位"和"立功单位"。

【优质服务】 2003年，企业发展公司遵循服务主体、服务生产、服务职工、面向市场的指导思想，将"人性化服务"、"无缺陷服务"等服务理念贯穿服务工作始终，全方位、多渠道、多层次地满足职工和用户需求，千方百计为生产一线和职工生活提供优质服务。一是强化服务意识，实行主动服务。坚持定期召开主体厂协调员座谈会，广泛征求各主体厂对后勤服务工作的意见和建议，有针对性地解决武钢生产和职工生活中急需解决的一些具体问题。快餐供应采取上门走访、调整供餐方式、增加花色品种、完善"刷卡"制度等措施，确保了供餐稳定运行。绿化工作以"主体厂、主干道、主门面"为服务重点，开展绿地面积普查，全面完成绿化植树和厂区道路清扫、保洁及住宅区绿化维护任务，提供各类摆花服务150余次。同时，按工程进度保质保量完成武钢股份公司创"全国质量管理奖"等绿化工程，受到各级领导和职工的好评。二是延伸服务内涵，实施亲情服务。综合服务深入开展创品牌岗位活动，实施洗浴、理疗、供暖和供冷配套服务；设立便民箱，开展预约服务。完成武钢单身职工团年饭300余桌和209名新分大学生接待安置工作。幼儿教育以"打造幼儿教育品牌、实施差异化管理"为发展战略，按照《武汉市幼儿园等级评定标准》，进一步完善办学条件，提高保教质量，教研成果和幼儿节目获得全国、省、市多项大奖。三是突出用户需求，推进特色服务和现场服务。房产管理实行"一张条子解决问题"、"110联动服务"，及时为辖区居民排忧解难。旅游接待推行"进门有迎声、咨询有答声、出门有送声、反馈有回声"的"四声"服务，并重点抓好"贯标"认证复审工作和武钢宾馆装修质量的监督工作，圆满完成武钢防"非典"疫情医学观察等工作任务。饮料供应在进一步完善防降服务设施并统一企业标识的同时，以用户需求为中心，召开用户需求座谈会，按用户需求组织生产，设立流动供应点，大力开展现场优质服务，将功能型、保健型饮料送到炉台、轧机等一线岗位，实现了无一人中暑的防降工作目标。

【创建品牌】 2003年，企业发展公司以厂庆10周年为契机，大力开展"企业文化建设年"系列活动，不断增强企业的凝聚力，进一步维护了企业稳定的发展局面。该公司突出以品牌求生存、求发展的观念，想方设法扩展生产经营的内涵和外延，不断满足消费者日益增长的物质文化需求。一是以创建品牌促发展。该公司以“创新服务理念、创立服务品牌”竞赛为主线，突出服务行业的特点，先后选树房产公司钢都物业123街管理处、旅游公司武钢宾馆总台、综合服务公司轧钢管理区热轧工段、快餐公司轧板供餐厅、绿化公司厂前二公司石山班及陈建华、罗功荣、江军等敬业尽职个人为“品牌岗位”。在给予重奖的同时，通过宣传和推广这些“品牌岗位”，着力培养具有该公司文化特色的服务理念，提高企业的声誉和知名度。同时，以“三满意”餐厅为依托，积极创建“放心早点店”，实施放心早点工程，形成早、中、晚全天候专业化供餐。南山老年公寓以创建湖北省二级养老院为目标，不断完善硬件设施，提高软件水平，抢占市场份额，至年底入住老人221人，入住率达90%以上。二是以品牌效应闯市场。饮料供应在满足内部市场需求的同时，积极拓展外部市场，已累计发展经营部13个、批发商17个、终端销售网点1万多户，“武钢人”品牌系列饮料被武汉市质量技术监督局授予“质量信得过产品”称号。速冻食品厂努力开辟创收渠道，逐渐形成多元化的经营格局。快餐供应以获得“中国十大快餐连锁著名品牌企业”为契机，积极扩展外部市场，与长江证券公司签订了供餐协议，为长证大厦等5家单位600多人提供营养套餐，在抢占社会团体供餐市场上迈出了坚实的一步。四海旅行社尽量减少“非典”疫情造成的损失，完成旅行组团280批，共4591人次。绿化机动公司、房产安居公司、汽运公司、青青幼儿世界等单位通过规范内部管理，增加科学技术含量，逐步走上良性发展轨道，市场竞争能力日渐增强。三是创建品牌以提高职工居住质量。房产管理围绕创建品牌，重点抓好钢都花园126小区和124小区创建国家和湖北省物业管理优秀住宅小区工作，受到了国家建设部和湖北省评审组的好评；筹建房产收费资讯系统，强化老住宅区住房管理，加大了拆除违章建筑力度，较好地制止了违章搭盖和破坏房屋结构的行为，为职工提供了安全、优美的居住环境。同时成立专班做好天然气进汉准备工作，进行相关可行性研究和论证。继续推进住房分配货币化工作，并逐步完善实施细则。加强水、电、气供应服务，实现了连续19年高峰供气无事故。

【企业管理】 2003年，企业发展公司以管理创新创效为重点，以建立与武钢主干网连接的局域网为契机，实行办公自动化，健全各项规章制度，加快了现代化管理步伐。在人力资源管理上，深入开展职工继续教育工程，抓好不同层次的职工培训工作，组织职工参加全国烹饪技术比赛、武汉市职业技能大赛，均取得优异成绩。在安全管理上，推行安全生产责任制，认真贯彻落实《安全生产法》，组织开展了“特殊时期安全生产”、“安康杯”竞赛和“安全生产月”等活动，举办安全生产培训班，加强安全检查，强化事故隐患整改，进一步提高了职工的安全防范能力和安全法治意识，实现了安全文明生产五大目标。在财务管理上，严格实行全面预算管理，定期进行预算指标分析，注重预算动态监控；加强资金管理，合理筹措调度资金；加强经营开发管理，严禁私设“小金库”以及“坐支”行为。在加强成本费用核算控制管理的基础上，深入推进“成本效益纵深行”活动。坚持把推行物资招议标采购制度作为降成本的重要举措，坚持对大宗原料、设备实行招议标采购，两级公司全年共组织招议标采购60余次，降低采购成本500多万元，有效地降低了企业生产经营成本。还进一步强化计划管理、工程项目管理、现场管理、设备管理和质量管理，推动各项管理工作上台阶。按照“统筹规划、分步实施、先易后难、规范操作、稳步推进”的方针，稳步实施改制工作。组织干部职工学习国家、省市和武钢有关文件，引导职工增强改革意识和承受能力，转变就业观念，使职工理解、支持改革。同时，组织职工到采取“推墙入海”方式进行改革试点的基层单位参观学习，提高思想认识，并要求这些单位及时总结经验，采取完全成本核算的方式进行独立核算，考察其市场生存能力。还组织改制办的成员赴鞍钢、宝钢等单位，学习、考察其改制情况，为改制工作的开展逐步积累经验。积极开展清产核资工作，共清理出不良资产1757万元，全面提升了资产质量。

【基础设施建设】 2003年，企业发展公司为切实提高企业的核心竞争力，集中有限的资金，投资兴建了一批效益工程，想方设法为职工办了一批实事。主要包括：建成该公司计算机网络系统，为实现办公自动化打下基础；“一卡通”二期工程竣工，二热轧、工业港、四烧等8个供餐厅实现联网供餐；快餐公司机关办公楼、供餐二部及美食广场、炼铁五作业区供餐厅进行大修，改善了职工作业及办公条件；对各供餐厅纱门、纱窗进行大修，为职工营造安全、卫生的进餐环境；饮料一厂整体搬迁费用已落实，前期准备工作基本完成；食品饮料公司办公楼大修，改善了工作环境；114街煤气柜4号塔塔壁更换工程完工，消除重大安全隐患；对23街、35街等7个街坊试行物业管理，使物业管理覆盖面达70%；沙湖港至厂前的自来水、煤气干管及21号公路自来水、煤气管网竣工；完成供水干管水表及水表井大修，有效减少水量漏耗，增加了水费收入；红钢城4街单身宿舍2号楼加层改造竣工；科技公寓、4街单身公寓全部实现宽带接入，满足了单身科技人员的需求。红外线元件厂配置了剪折两用机等设备，提高了市场竞争能力；南山老年公寓4号楼改造竣工，进一步改善了老人的居住环境；武钢宾馆1至10楼大修改造进展顺利；绿化公司土肥厂建成投产；绿化彩砖厂投产运行；各幼儿园室外消防栓改造完工；各幼儿园配备电脑、体育园新建体训楼和院内环境整治并配置教学设施，进一步完善了教学条件；各幼儿园还配备了地垫、纱窗，保障了幼儿安全和健康；更新车辆7台，并添置了锅炉报警器、工业洗衣机、液氯吸收装置、喷码机等生产急需设备。

【扶贫济困】 2003年，企业发展公司以人为本，千方百计关心职工生活，想方设法为生活困难职工解决实际困难，努力保持职工队伍的稳定。一是建立了与职工群众畅通的沟通渠道，定期采取座谈会、走访等方式，认真听取职工群众的意见和要求，筹集资金60余万元，组织2800余名退休职工进行健康体检，较好地维护了职工群众的利益。二是加大扶贫济困力度，在2002年筹措建立107万元扶贫济困基金的基础上，又新增资金100万元，用扶贫济困基金利息专款补助困难职工100人次，保证了困难职工中正在就读大中专的23名子女能够继续学业。在节日期间，筹集22万余元资金走访慰问困难职工2284人次，为他们排忧解难，让他们切实感受到了组织的关怀和温暖。三是平稳实施了“123”岗薪补贴或生活费补贴，调高了在岗工人和一般干部岗薪系数，调动了广大职工的工作热情，使他们自觉投身到企业的改革和发展中去。

(尹科伟)

○ 快餐公司

【概况】 2003年，快餐公司大力实施“三基工程”，即基础管理工程、基础制度工程、基础建设工程，全面完成了全年的生产经营和改革发展目标。全年生产快餐1130万份，完成年计划的112.34%；快餐合同兑现率达100%，快餐熟食化检合格率达95.96%，快餐餐具化检合格率达100%，主要设备完好率达100%，设备甲级维护率达95.92%，均超过目标值；安全文明生产实现五个零目标；进餐职工满意率达91.67%，创历史新高。全年成本费用控制在上级核定的指标之内。在外拓市场方面，成功地接管了位于汉口繁华地段的长江证券大厦餐厅。2003年，中国商务部和中国烹饪协会首次在全国范围内组织快餐行业品牌企业评选活动，武钢企发快餐公司凭借较高的知名度、较强的影响力以及强劲的竞争实力获“中国快餐连锁十大著名品牌企业”称号。2003年，快餐公司获“全国绿色餐饮企业”、“中国守合同，讲诚信，重质量典范企业”等称号。11月，快餐公司派出选手参加在徐州举办的全国第五届快餐套餐大赛，取得一金一银的成绩。

【优质服务】 晚餐、夜餐及双休日餐一向是快餐供餐管理上的薄弱环节。2003年，快餐公司推出了餐厅值班经理制度，晚餐及双休日餐厅由值班经理全面负责，并对供应的品种、环境、价格、质量作了统一严格规定，从而把这一特殊时期的供餐工作纳入了制度化、规范化轨道。同时，快餐公司积极采取措施解决职工异地进餐问题。实施快餐“一卡通”进餐后，武钢职工可持卡自由选择餐厅就餐，使轧板厂、一炼钢厂等餐厅进餐人数增加，快餐公司及时在物资储备、人员调配、生产组织、增设服务窗口等方面进行积极应对，使供餐工作始终有条不紊地进行。2003年，受气候和“非典”疫情等因素的影响，蔬菜及粮油食品价格一路攀升，快餐原料成本与2002年同比上升15%以上。快餐公司按照武钢“质量不变，价格不变，计量不变”的要求，内挖潜力，加强管理，在节能降耗、招标采购、刀工操作及品种等方面下功夫，千方百计克服生产成本上升的压力，有效地平抑了菜价，进餐职工较为满意。另外，在临时性的供餐任务如二热轧试车及炼铁5号高炉抢修期间，快餐公司职工自觉加班加点，克服困难坚持全天24小时供餐，为主体生产提供了有力的后勤保障。2003年，面对突如其来的“非典”疫情，作为餐饮行业，快餐公司责任重大。迅速成立了防“非典”疫情工作领导小组，严格食品卫生管理，把好快餐原料的采购、验收、储存、制作和销售关，严防病从口入。在费用异常紧张的情况下，建立了“非典”疫情预防专项基金，加大餐厅环境和餐具消毒力度，并采购预防“非典”疫情的中药免费向广大进餐职工发放。制定并在各连锁餐厅张贴了快餐公司预防“非典”疫情7项工作承诺，规定了职工抗击“非典”疫情十不准，在非常时期采取有力措施为武钢杜绝“非典”疫情做出了贡献，被武汉市评为第一批抗“非典”疫情卫生合格单位。

【管理工作】2003年，是快餐公司规范管理年。针对实施刷卡和“一卡通”供餐后管理工作有待于进一步理顺，制度建设滞后的状况，年初快餐公司抽调专班成立了建章修制办公室，对现有的各项管理制度进行全面清理、修改、补充和完善，先后出台了财务集中管理办法、经营集中管理办法、大宗物资集中采购管理办法，并建立了“以销定收，损益挂钩”的主导经济责任制考核办法，从而结束了快餐公司无主导经济责任制考核办法的历史。至年底，快餐公司对原有的196项制度进行了全面清理，共保留36项，修改60项，删除100项，新增60项，初步建立了比较完善的制度体系。自推行“一卡通”供餐后，职工可自由选择餐厅流动消费，各供餐厅原有的固定进餐人数波动，打破了快餐服务人员的分配模式。进餐职工迫切要求快餐公司引进竞争机制，以进一步提高供餐服务质量。2003年，快餐公司对分配体制进行了重大改革，核心是“以销定收，损益挂钩”。同时对一些规模较小、竞争力相对较弱的餐厅制定了保护性措施。通过改革，形成了供餐部之间相互竞争、连锁餐厅之间的竞争、餐厅内部各柜组之间的竞争的三级竞争格局，提高了快餐供餐的服务质量。2003年，快餐公司在干部人事制度改革中，本着公平、公正、公开的原则，首次对财务管理干部和餐厅经理进行了公开招聘，通过理论考试、公开答辩、组织考核等程序，共有6名同志走上了餐厅经理岗位，年龄最小的25岁，其中4名青年工人走上财务管理岗位。

（漆巨星）

〇 食品饮料公司

【概况】

项目	计划	实际
汽水/万瓶	5600	5670
纯净水/万瓶	90	93.6
冰淇淋/万支	330	350
食用冰/万块	5	5.4
机冰/万块	4	4.78
纯净水/万桶	10	12
PET饮料/万瓶	120	140

2003年，食品饮料公司坚持以市场为导向，以保武钢生产防降工作为重点，以提高市场竞争力为中心，强化各项管理，克服了“非典”疫情和气候因素等不利影响，较好地完成了全年生产经营目标，实现企业无一人中暑的防降工作目标。安全生产实现五个零。“武钢人”、“维士可”两大品牌产品连续3年登上武汉市技术监督局质量红榜。

【饮料生产】 2003年，饮料一厂以市场为导向，合理组织生产，严格设备管理，确保了内外两个市场的需求。该厂坚持“工艺纪律约束一切生产行为”的质量方针，进一步加强质量意识，严格执行工艺标准，对生产汽水、PET塑料瓶饮料、纯净水的关键环节严格把关。为进一步提高产品质量，该厂制定了高于国家标准的内部企业标准，化验员每小时对含气量、酸碱度、细菌数、电导率等重要指标逐一检查，有一项不达到内部标准，就不让产品出厂。在生产高峰期该厂积极开展劳动竞赛，充分发挥设备生产效能，主体设备实行三定挂牌管理，落实设备点检定修制，坚持“谁当班、谁负责”的原则，有效地保障了生产的满负荷运行。7月间创下了班产、日产、库存、外销、内销、设备运转率6项历史新高。随着“武钢人”、“维士可”牌系列饮料产品质量的提高，广大消费者越来越信赖这一品牌，针对市场上出现的伪冒“武钢人”牌汽水的现象，该厂在市、区工商及消协部门的支持下，进行了有力的打击，指定专人督察，在一定的程度上保证了产品的信誉。饮料一厂被武汉市消协授予“3.15”营造放心消费环境行业十佳单位称号。

【冰制品生产】 2003年，为满足市场需求，饮料二厂新引进了一条多功能冰淇淋生产线，并对现有设备进行了技术改造，更新改造后的设备已具备了生产高、中、低档冷饮品的技术能力和生产制作能力。为强化质量管理，该厂在生产过程中严把原材料采购关、工艺关和成品入库关，并重新修订了《产品检验制度》、《卫生管理制度》、《产品出入库制度》。在保证产品质量的同时，该厂努力降低生产成本，划小核算单位，实行单班单位产品核算，成本指标落实到人，将班组成本纳入经济责任制考核，使职工成本意识和效益意识明显增强。为提高市场竞争力，该厂在保留原有冰制品的基础上，新研制出了“鸡蛋牛奶杯”、“维士可方杯”、“水冰”系列等10个品种。新产品不仅配方独特，而且包装新颖，做到了色、香、味、型的完美统一。“维士可方杯”以营养丰富、口感细腻的特点受到消费者欢迎。经质量部门检测，该厂生产的冰制品各项指标均达到国家标准。

【产品销售】 2003年，食品饮料公司坚持内外两个市场一起抓，既保证内部供应不断档，又保证了外部销售不减量。饮料一厂针对市场结构，销售网络，运输方式，价格策略，包装物的回收，货币回笼，经营部自主经营管理等一系列工作，采取了有效的管理方法，继续和巩固加强了销售价格的货到钱清的结算方式。销售部克服各种困难，建立详细的客户档案，采取分区划分，进行跟踪服务，杜绝和解决了串区串片的销售现象，有力地调动了各经营部的销售积极性，以良好的产品质量和服务质量受到了消费者的欢迎，步入了良性循环的轨道。全年销售玻璃瓶汽水5670万瓶、PET瓶饮料140万瓶、纯净水93.6万瓶、桶装纯净水12万桶。在百年不遇的高温季节里，饮料二厂在全市所有冰制品断货的情况下，紧紧抓住商机满足冰制品的内部市场需求及部分外部市场的供应，机冰、食用冰销售量达5万块，创历史新高。该厂在巩固原有客户的基础上，还加大宣传力度，以武汉市为中心向周边地区辐射，大力拓展营销网络，根据市场需求积极开发新品种，以其清新的口感、价廉物美而广受销售商的青睐。该厂全年销售冰淇淋350万支，机冰4.78万块，食用冰5.4万块。

【优质服务】 2003年，食品饮料公司坚持“清凉饮料送一线，优质服务到现场”的宗旨，两个饮料厂与厂前供应部密切配合，切实抓好主体厂防暑降温工作。厂前供应部紧紧围绕企业防暑降温目标开展了以“五个确保”为重点的工作思路，即确保高温24小时现场供应；确保主体厂无一人中暑；确保服务无投诉；确保人员无安全事故；确保现场无一例纠纷发生。该部加强了与主体厂的联系和沟通，先后组织了4次防降服务座谈会和优质服务推进会。通过共建的方式对16个防降站点进行了房屋修缮，配置和修理设备20台套，添置部分防降用具和消毒用品，切实改善了防降工作硬件条件和工作环境。在“迎、介、问、选、递、送”6字操作法的基础上，又相继推出了“三个重点”、“四个到位”的服务新举措，力求提高服务档次。高温期间各防降站积极推行全天候服务承诺制，克服一系列困难，自制冰镇西瓜、酸梅汤、绿豆汤、银耳汤等冷饮品到轧板、炉台等一线岗位职工手中，服务满意率达98%，全年现场服务累计供应汽水16.55万箱，桶装纯水2.4万桶，瓶装纯水1.16万件，冰棒91.65万支，PET瓶饮料3.14万件，自制冷饮品226.2t。

【“党员奉献季”活动】 为了充分发挥共产党员的先锋模范作用，食品饮料公司连续6年在广大党员中开展“党员奉献季”活动。2003年，该公司党总支针对饮料一厂搬迁、“非典”疫情、气温持续偏低、效益下滑、冷饮产品在市场竞争激烈等诸多困难，确立了“团结奋进、创新创效”的活动主题。要求共产党员要努力实践“三个代表”，认真学习郑培民先进事迹，在困难面前走在职工群众的前面，以身作则，迎难而上，做职工群众的榜样，体现党员的先进性。在“党员奉献季”活动中，该公司各党支部根据活动内容和不同的活动主题，结合本单位实际制订了行之有效的活动方案。在党员中广泛开展了“面对市场竞争我们怎么办?”、“创新创效提高市场竞争力”的大讨论，让党员找差距，增强紧迫感和危机感；找优势，增强信心和决心。把思想观念从等、靠、要引导到干(实干)、闯(闯市场)、创(创新)，使每一个党员把企业的发展当做自己的责任。在“党员奉献季”活动中，广大党员围绕生产经营服务中的重点和难点动脑筋，在技术创新、管理创新、营销创新、服务创新、效益创新方面出主意、想办法。“奉献季”活动中，党员参加突击劳动20多次，解决生产服务难题6项，提合理化建议11项。

(刘华艳　张玲)

○　综合服务公司

【概况】 2003年，综合服务公司确定了以“管理思想科学化、设备设施现代化、服务理念人性化、服务岗位品牌化、服务项目系列化”的“五化”标准为总体发展目标。把创建名牌企业与企业文化紧密结合起来,坚持以服务为根本、以市场为导向、以创新为动力,取得了较好的社会和经济效益,全面实现了年度资产经营指标。全年费用支出4983万元,完成收入235万元,费用控制率达到承包指标要求。生产一线高温休息室共接待职工4.5万人次,浴室服务805.41万人次,开水供应547.27万人次,洗衣房洗衣99.99万件,女工卫生间服务15.16万人次,车棚存车132.63万辆次。为武钢会议服务23505人次,科技馆服务11837人次,信件收发218.24万件,失误率为零。全年供冷37928.7MJ,供暖面积446.5万m^2,单身职工收住3000余人,南山老人公寓收住老人221人,饮食营业额380万元,协力总厂完成门面收入90万元。家具厂销售额290.58万元。单身职工收住率、开水供应率、浴室开放率均为100%,服务质量满意率为96%,食物中毒事故为零,实现了各项服务全年无投诉。该公司获湖北省质量、诚信、服务满意率三优企业,湖北市场杰出企业及武钢红旗单位、武钢用户满意先进单位等称号。

【服务生产一线】 2003年,综合服务公司创新服务理念、扩展服务内涵,在实施品牌岗位的基础上,推出“人性化服务”新理念。所谓“人性化服务”,就是根据人的需求开展优质服务,始终把用户的要求作为服务工作追求的目标,以与时俱进的精神开展创新服务,不断延伸服务内涵,提高服务工作技术含量,最大限度地满足职工的需求,从而提高顾客“忠诚度”、“信誉度”,使各项服务和管理达到“卓越的境界”,并千方百计满足用户多层次需求,扩大企业生存的空间。为实施“人性化”服务新理念,实行“立足武钢、面向社会、服务大众”的经营运行机制,以创品牌岗位树名牌企业为手段,内抓严格管理,外塑诚信形象,把各项服务工作做大、做强、做精、做优。厂前各管理区不断扩展服务内涵,健全服务功能。一是推行科学化配套服务,在烧结厂一烧浴室建立了理疗保健房,实行洗浴、理疗配套服务,深受职工欢迎。二是推行系列化一条龙服务,在二热轧洗衣房增添熨烫衣服的服务项目,形成了收、洗、烫、叠、发系列化一条龙服务,一线职工深感满意。特别是在年初为了保证在防“非典”疫情特殊时期各项服务工作的顺利进行,确保一线职工身体健康,思想稳定,按照上级部门的统一部署和要求,快速反应,紧急应对,成立了党政一把手负责的领导小组,在生产一线和服务现场建立了13个“非典”疫情预防监测点,加强了对各项预防措施的落实检查,圆满完成了在“非典”时期的特殊服务工作。2003年,综合服务公司大力推进企业文化建设工作,制订了《综合服务公司2003年企业文化建设实施方案》,使企业精神得以发扬,凝聚力得以增强。在理念识别上教育和引导职工逐步形成共同的企业价值观,在行为识别上提高了职工遵章守纪的自觉性,在形象识别上逐步形成统一、醒目的“综合人”形象特征。2003年,各管理区根据自身工作的特点,狠抓各项优质服务工作。工业港管理区狠抓厂容绿化管理,对全港区60多万平方米绿化面积,12万多株各类树木、135000m^2的路面精心维护,使整个港区的厂容绿化工作始终保持较高的水准。武钢在工业港召开厂容绿化现场推进会,对厂容绿化工作所取得的成绩予以充分肯定。厂容绿化工作获得武钢先进单位称号。冶炼管理区通过推行《管理人员义务劳动制度》、《用户走访制度》等制度,夯实基础管理工作,使各项管理服务工作达到制度化、标准化。炼钢管理区积极主动与主体厂沟通,为创建一流服务设施、高品质的服务提供硬件保障,管理区共筹集资金200余万元,对三炼钢、二炼钢、冷轧厂的10多个服务设施进行了改造和更新,为主体厂职工提供了一个良好的服务环境。轧钢管理区将2003年的工作目标修订为“人人都做信任岗、工段达到信赖岗、全区力争品牌岗”,为实现这个目标,提出了28字方针,即“真心实意讲团结、真枪实弹抓管理、真打实练争标样、真抓实干创品牌”,通过在职工中开展“我为服务进一言”活动,激发广大职工做好本职工作的积极性和工作热情,真正做到:能做到的事一定要做好,能做好的事一定要做精,能做精的事要做到精益求精,圆满地完成了全年的服务工作任务。机关事务管理区在过去无投诉服务、5分钟承诺服务的基础上,以创新服务主线,推动承诺服务的实施,用创品牌岗位的形式保障承诺服务的贯彻落实,不断提高机关用户服务的满意度,为武钢和武汉钢铁有限责任公司创建一流的办公环境。2003年,为提高主体厂服务设施现代化水平,完成了冷轧厂开水房、三炼钢洗衣房大修、工业港备煤锅炉房改造、二炼钢女工卫生间和一烧浴室大修等项目,进一步满足一线职工的需求。

【单身职工服务】 武钢青山地区的单身职工服务与管理工作集中在综合服务公司所属物业管理公司和科技公寓。2003年,物业管理公司以创新服务理念,扩大服务内涵,做优服务品牌为动力,深化"用户满意工程"活动,为单身职工营造了温馨、舒适的生活环境。随着单身职工住宿条件的不断改善,物业管理公司为提高单身职工业余文化生活的质量,使他们更多地了解先进知识,掌握更多的信息资源,物业管理公司在大学毕业生集中居住的4街科技人才园安装了宽带网络,给他们带来了方便。为丰富单身职工的业余文化生活,物业公司组织了单身职工开展健康有益的文体活动,如进行沙滩排球比赛、垂钓比赛,举办新年晚会,到黄陂木兰天池郊游等,满意率达96%。2003年度大学毕业生的住宿安排正值防"非典"疫情后期,物业管理公司的所有服务人员不惧酷暑,尽心尽力地为大学毕业生们创造最好的居住条件。他们加班加点,调整出200多张床位,并对房间进行了消毒、擦洗,让他们居住得放心。对不熟悉新单位工作、生活特性的大学生们,服务人员特地设置了全天候服务咨询窗口,他们还主动与大学生们交心谈心,介绍情况,随时为他们解决生活中遇到的困难,使大学毕业生们感到像在家中一般。全年新安置188名大学生,完成单身收住率达100%。为给单身大学生提供优质服务,在科技园实行24小时服务制,卫生清扫预约到房间,为单身大学生提供便民箱,代收牛奶,提供自行车打气筒及洗衣设施等,这些服务项目的及时跟进,促进了各项管理与服务工作迈上一个新台阶。2003年,科技公寓领导班子以抓"两新两心"工作为主线,进一步改进服务质量,适应服务对象高文化层次对业余生活高层次的要求。他们一抓观念更新,以管理为切入点,引导职工强化"三个意识",一是提高竞争意识,要居安思危;二是加强被服务者就是上帝的意识,经常走访服务对象,互相沟通,了解需求,及时改进,力求更高的服务满意度;三是树立服务工作必须过得硬的思想意识,要求职工要勇于进取,不断创新。二抓管理创新。科技公寓以贯标为主线,推进各项管理工作标准化、规范化、制度化。他们结合本单位服务工作的特点和新形势的要求,对优质服务竞赛细则进行修订,把"创服务明星"、"创最佳服务窗口"活动切实地在各个岗位落实。三抓规范服务用语。以创品牌岗位为动力,深化用户满意工程,开展无缺陷服务,完善各项管理制度,坚持走访用户,持续开展满意、服务评价,促进各项服务工作迈上一个新台阶。全年单身职工收住率达100%,收住单身职工462人,接待大小会议8次,食堂营业额78304.6元,食物中毒事故为零。图书室、电脑室、健身房共接待9852人次,收发信件、传递报刊杂志2532人次,进房服务清洁1584人次。2003年,综合服务公司为更好地向生产一线和单身职工提供优良的服务,完成了四街二栋的加层改造,改造后的单身宿舍全部带有卫生间,配有电视、电话和全新的家具,同时还完成了铁珞山4栋、5栋、铁铺岭6栋和白玉山7栋的房屋大修,使居住的单身职工和过渡户的住房条件得以改善。

【饮食服务】 2003年,饮食服务公司进一步转变观念,克服困难,努力扩大市场占有额,实现了380万元营业额及承包经营指标55万元的目标。全年从加强沟通,强化管理,稳定市场入手,走出仅为单身职工服务的旧框框,进入社会抢占市场,主动与青山区饮食服务行业协会取得联系,争取支持,获悉政策和信息,与青山区行业协会联手举办了餐饮业服务技能比赛,并借此机会,向全社会展现了饮食服务公司的实力,扩大了知名度。从下半年开始,饮食服务公司积极实施放心早点工程,大力开发营养卫生、美味可口、方便快捷的早点食品,青山区将"三满意"作为全区"放心早餐工程标样推广单位",并授予"放心早餐店"称号。为提高炊事人员的烹饪技能,该公司还注重厨工人员的培训,全年共培训190人次,20人参加各类外培,13人获中高级职业资格证书,2人获技师资格证书,在参加武汉市烹饪大赛中,2名参赛人员进入了前5名行列。

【南山老年公寓服务】 2003年3月,武钢敬老院更名为"武钢南山老年公寓",公寓领导班子以"五化"标准为主线,全面推进服务管理工作达到一个新的水平。为方便老人行动和家属探视,对每栋楼的楼牌重新规范,在多楼层挂出定置牌,受到老人和家属的好评。为了从根本上解决老人冬季供暖问题,公寓对水暖管网进行了全面改造,外部管网全部更换,确保了该年冬天供暖的正常进行。在抗击"非典"疫情期间,护理员坚持每天早晨为老人量体温,增加了查房次数,尽可能全面了解老人的身体状况,以便及时处理。食堂员工严把卫生、消毒质量关,在整个防治"非典"疫情期间,公寓无一病例,确保了老人们平安。在服务工作中,公寓还根据不同时期、不同季节提出了不同的工作侧重点及要求，有重点地开展服务管理工作。一季度以送温暖为重点，开展“热饭、热菜送上手”活动；二季度防治“非典”疫情，以讲卫生，净化家园为重点；三季度以送清凉为重点，开展一系列适宜老人的室内外活动；四季度以让老人快乐为中心，开展各种文化活动，使老人们在辞旧迎新的季节心情愉快。2003年，公寓收住老人221人，服务满意率达95%，老龄委测评，膳食满意率为85%，超过规定指标80%，被湖北省评为“湖北省二级福利机构”。

【家具生产】 综合服务公司的家具厂是以生产办公家具为主的生产厂家，通过多年的生产经营积累，已成为具有一定生产能力的家具生产企业。2003年，家具厂在各项管理工作方面，围绕着新一年的经营指标，采取有力措施，确保任务的完成。在以往的基础上，进一步规范“购销比价”管理，使之制度化，降低了原材料采购成本，下调了产品价格，为增强整体竞争能力奠定了基础。加大技术创新力度，开发实验室工作台、宾馆酒店家具等，全年实现销售额30万元。对生产结构进一步调整，促进零件化生产线进一步规范，大力提高了生产效率，大力开展开源节流活动，杜绝设备空转，节约能源。充分利用边角余料，提高材料利用率。通过在家具市场的销售点广泛收集家具产品的新款式、新材料及价格等方面的信息，推动家具厂技术创新力度，促进产品质量的进一步提高。2003年，家具厂完成销售额290.58万元，完成减亏指标79.3万元。

【协力总厂生产】 该厂是2003年7月由原协力厂和鑫康公司重组而成的一个经营开发单位，其下属共有8个部门，基本形成面向社会市场的经营格局。重组后的协力总厂主要有集体劳务工的管理、休闲养殖中心、红外元件产品、纸品制造等项目。2003年，新组建的协力总厂，努力克服组建初期的各种困难，积极探索自身发展的路子，坚持“加强、巩固、提高、发展”的方针，8个经营和管理部门针对各自特点，提出了不同的经营目标，各部门明确管理和经营目标，注意研究市场，以市场需求为导向，突出自身产品的特点，积极地跻身于市场经济。全年完成经营指标108万元。

（李永相　谢作良）

○ 幼教中心

【概况】 2003年，幼教中心按照年初制定的生产经营目标和工作计划，以满足家长需求为切入点，完善服务功能，提高服务质量。全体幼教员工遵循服务家长、服务前方生产、面向市场的指导思想，将“服务多元化”作为目标，全方位、多渠道、多层次地研究和实践幼教工作在新时期的需求变化，使幼儿健康发展。该中心在抗击“非典”疫情期间，坚持一手抓抗击“非典”工作不放松，一手抓幼儿教育教学和服务武钢生产一线不动摇，实行差异化战略，打造幼教品牌，较出色地完成了各项生产经营任务，该年幼儿全面发展学期评估合格率为98%，优良率为85%，幼儿身高均衡发展率为97%，体重均衡发展率为98%，幼儿一级事故为零。

【幼教基础管理】 2003年，幼教中心以加强企业管理为重点，从夯实管理基础入手，结合生产经营实际，健全各项规章制度，保证各项工作有序推进。(1) 加强了现场管理工作力度，采取月随机抽查、季定期检查的方式，不断巩固和完善服务标准，切实推进现场服务管理工作，连续4个季度评为武钢企发公司标样单位。加大安全检查整改力度，重点对锅炉、大型玩具等危险源进行检查，同时为规避幼儿事故风险，与太平洋保险公司签订了幼儿在园安全保险，修订了幼儿事故管理办法。(2) 加强财务管理，坚持“财务集中、收支两条线”原则，定期进行预算指标分析，结合本单位实际制定和完善内部有关管理制度，加强对基层幼儿园收费管理，严格执行武汉市等级幼儿园收费标准，经常下基层幼儿园指导财务工作。(3) 加强师资队伍建设。结合幼教中心实际工作需要，开展了全优、专业教师评聘工作。共有134人包括全民正式职工、大集体职工、外聘职工报名参加考试，评聘出专业教师34人、全优教师24人。对聘任上岗的全优、专业教师实行岗系上调0.2的政策，极大地调动了全体教师学技能、钻业务、爱岗敬业的积极性，促进了保教工作质量的提高。同时加强外聘教师的管理，2003年共与24名外聘教师签订了劳务合同。(4) 深入开展合理化建议和自主管理活动，将新世纪幼儿园自主管理成果《提高家园互动管理能力》进行了发布，并获得武钢企发公司最佳成果一等奖、武汉市质量管理成果发布一等奖、国家优秀质量管理小组称号，实现了武钢后勤系统获国优成果奖零的突破。

【提高服务质量】 2003年，幼教中心不断强化服务意识，实行主动服务。1～12月召开了两次“让家长满意”恳谈会，广泛征求家长的意见和建议，有针对性地解决一些家长感到服务不周到的地方，使服务无缺陷。督导幼儿园园长带领教师上门家访，建立家园联系卡，使沟通无阻隔。在满足家长需求的同时进一步延伸服务内涵，实行全方位的服务。以23幼儿园为试点，进行开办0～3岁婴幼儿亲子乐园的尝试。在启迪园开办特色班，弥补二级园教育单一的不足。全托园完善服务功能，吸引更多的生源。各园开办晨间班和离园班，解决了早晚上下班职工的后顾之忧。另外通过丰富幼儿生活，为幼儿身心留下发展的空间，增进家园间的联系。5月27日，该中心组织了两个层面的庆祝活动，在中心层面的庆祝活动中，武钢电视台和武汉教育电视台录制了“健康快乐庆‘六一’”专辑，在“六一”期间进行了播放。在幼儿园层面的庆祝活动中，各园进行了唱歌、舞蹈、绘画、围棋、珠心算、电脑等特长之星的比赛，展示孩子们的才艺，展示幼儿园的教学成果。

【创建品牌】 2003年，幼教中心坚持以《幼儿园管理条例》、《幼儿园工作规程》为指导，不断推进教育教学的发展。以创建品牌为突破口，实施差异化战略，提高整体竞争力。(1) 以品牌效应闯市场。以“树品牌园形象，创品牌服务岗位”竞赛为主线，突出行业服务的特点，评选出一批优秀的服务明星，通过宣传和推广这些“岗位明星”，着力培养具有幼教特色的服务理念，以提高企业的声誉和知名度，促进企业健康持续发展。截止2003年底共创3所品牌园：青青幼儿世界、艺术幼儿园、体育幼儿园，3所品牌园利用办园条件好、办园思想和办园理念新，在青山地区乃至武汉市都有较高的知名度的优势，充分满足高收入家庭和幼儿特色教育的需求，取得了明显的经济效益和社会效益，青青幼儿世界由开园时的3个班发展到8个班，收托幼儿也由60人增至到200人。体育幼儿园和艺术幼儿园已限额招生。(2) 以品牌模式促发展。4所示范园作为国家、省、市重点课题和教改基地，努力探讨教育幼儿的经验和方法，充分发挥示范、辐射和基地作用，为其他幼儿园输送人才。其他特色园、二级园定位合理，白玉山地区开办特价班，联合招生，抢占低消费群体市场，基本上形成了品牌园、示范园、特色园、等级园共存的局面，满足了不同层次家长的需求，市场竞争力日渐增强。(3) 以品牌岗位提高教育质量。以一批优秀的青年教师和“岗位服务明星”来带动教科研水平上台阶，运用多种形式的教育观摩，提高教师教育理论与实践水平，使整体的教育教学水平在青山区乃至武汉市都处于领先地位，该年优质教学活动在武汉市获一等奖和三等奖。

【幼教成果】 武钢体育幼儿园体操代表队在北京举行的2003年“体之杰”全国幼儿基本体操表演大会上获一等奖、体育风尚奖及优秀编排奖、三连冠奖等4个奖项。艺术幼儿园舞蹈“龙凤吉祥”和“莲香湖韵”参加了湖北省羊年、猴年春节联欢晚会。奇星幼儿园围棋代表队获首届奥林匹克杯围棋团体第一名，体育幼儿园围棋代表队获武汉市第五届少儿大赛第一名，体育舞蹈《动感拉丁》获青山区五运会丁组第一名，艺术幼儿园幼儿美术作品获PHE国际中小学生幼儿美术书法大赛“沾化冬枣健康杯”一等奖、二等奖、三等奖。白玉山艺术园获“中国新加坡国际少年美术书法摄影比赛”银奖和铜奖，新世纪幼儿园和青青幼儿世界在湖北省少儿英语口语大赛中获一等奖、二等奖，还有各园97名幼儿在全国“双龙”杯美术比赛中获金、银、铜奖。幼儿大型体操《幼苗茁壮》参加了青山区第五届城市运动会。该年有4名教师的论文获全国优秀奖，2名教师的论文获武汉市优秀论文奖，4名教师的教学活动方案获武汉市一、二等奖、三等奖，8名教师的创新活动方案获武汉市教科院二等奖、三等奖。幼教中心被评为武钢教育工作先进单位和湖北省教育工作先进单位称号。

（何海燕）

○ 房产公司

【概况】

项目	计划	实际
大修工作量/万元	800	1496
全优工程/项	1	2

续表

项　　目	计划	实际
大修工作质量合格率/%	95	100
自来水销量/kt	78936	77444.241
水质综合合格率/%	98.2	99.57
民用煤气销售量/GJ	670000	697584
供气质量合格率/%	95	100
房屋完好率/%	93	96
上门服务率/%	28	36
年收入/%	12235	12549.35
年利润/万元	1300	1338.7

2003年，房产公司开拓创新求发展，打造具有行业特色的服务品牌。该年积极应对突发“非典”疫情，建立疫情应对措施和报告制度，加大生产经营举措力度，较好完成全年经营承包任务。重大人身伤亡事故、重大质量、设备及火灾事故均为零。2003年，该公司被评为武钢先进党委、党风廉政先进单位，并授予武汉市“五一”劳动奖状称号，连续7年被武钢评为双文明建设红旗单位。

【转机建制】 2003年，根据武钢、企发公司的资产经营承包责任制考核指标，为保证国有资产保值增值，确保经济效益和社会效益，基本形成由5个部分组成的考核体系：资产经营责任书、内部单位资产经营责任制考核办法、资产经营承包合同书、专业（专项）管理工作考核办法、岗位资产经营责任考核细则。主要细化6方面工作：一是拓宽考核范围，加大降低房屋维修返修率力度，要求服务一步到位，降低返修成本。二是细化考核标准，承包指标科学合理、责任到位、考核分明。三是实行标准成本制度。继续执行《房产公司工程投资控制及工程管理实施办法》及《公司工程预决算管理办法》的成本核算制度。四是开展查漏降耗工作，发挥测漏、探漏、巡线专班的专业优势，将各种漏耗控制在合理的范围内。五是加大重点环节的降成本力度，对班组成本，要节约原材料、修旧利废。继续推行物资采购招议标制度，严格费用指标考核。六是加强财务管理，发挥财务管理当家理财的作用。坚持定期开展财务分析活动，对成本和费用支出进行严格控制。全年开展“立足岗位创新创效”大讨论，层层落实责任。提高服务保障能力，拓宽增资增效新路子。将管人、管事、管物紧密结合起来，保持生产经济发展的良好局面。一手抓生产经营，一手预防“非典”疫情，面对突如其来的“非典”疫情，迅速成立了党政领导“防非”疫情小组，从建立网络、宣传教育、整治环境等方面入手，把预防“非典”疫情工作与生产经营同计划、同布置、同检查，确保了生产经营顺利进行。开展“三个最佳”活动，并向武钢申报了一项“最佳服务理念”、一项“最佳改进措施”和一项“最佳服务项目”等3项成果。全年加强自来水、民用煤气、民用电营抄收费工作，加大对营抄人员的奖惩考核力度，杜绝营抄中的估表、漏表、人情表现象。各营业所、物业公司、房管所成立了收费专班，探索完善了银行托收法、托收服务规则。针对前期IC卡表收费中存在的问题，积极改进，推动了民煤IC卡表计量收费工作。更换停、慢表6000块，使民用煤气的供销差率比2002年下降了8个百分点，推动了托收工作的良性发展，保证了资金回笼。

【住房制度改革】 2003年，重点开展了武钢实施住房分配货币化的调研、测算及论证工作，经过认真组织、广泛调研、精心测算和20多次易稿，完成了《武钢职工住房分配货币化实施方案》，并在武钢十届三次职代会上予以通过。修订和完善了《武钢住房货币化实施细则》，住房分配货币化工作得以稳步推进。全年根据房产公司房证办[2001]051号文件精神，对所管辖的住宅1069栋房产进行了认真清理和实地核对，清理面积达217万m^2，并按要求进行归档分类。对其中拟调出划入使用单位的62处房产约7万m^2和18处已拆除或准备拆除的房产做了固定资产下账处理。为理顺租赁住房和已售住房的关系，按成本价出售住房后的租赁户住房进行了认真清理和分类，各房管所和物业公司针对清理和分类情况，建立了企事业单位、居委会等用房档案。全年对80栋住宅的权属建筑面积进行了测绘和核定，按测绘收费标准：1.36元/m^2计算，为武钢节约成本支出24万元。全年按照省、市房改文件精神，对居住在武钢生活区内的“非武钢户主”自住房进行了出售，截止2003年底，共出售93套，面积达5266.69m^2，收回售房款211万元。办理了钢都花园生活区房屋所有权证（A1区、A2区、A3区、B5区）共182本大证；职工购房的《房屋所有权证》19700本、《国有土地使用权证》22531本，实现了近2年来累计办证4万本的目标。该年根据武钢建设科技大厦的需要，认真做好22街32门～附35门住宅楼（78户）的拆迁安置工作，在深入调查,多次座谈征求意见的基础上,制定了22街拆迁户安置实施细则,完成了拆迁安置前期的准备工作。积极开展白玉山大板房住户的安置、调研、测算、房改宣传工作,提出多种安置方案供武钢决策。积极协调解决钢都花园新建住宅及腾退住房选房结算后各种遗留问题。全年处理遗留问题110户(件)接待上访、群访300多人次,切实为二级单位解决职工住房困难。

【生活设施大修】 2003年,房产公司实施第三轮资产经营承包,强化计划的实施与管理,组织做好武钢和企发公司大修、技安措计划的申报、立项工作,严格控制质量、成本、进度、施工规范和验收规范,对街坊物业管理整治、冶金地区住宅改造、A2区创国优B6创省优小区整治、住宅照明系统等项目严格控制质量。严把预结算关,全年完成武钢大修28项,计划费用1398万元;企发公司大修项目7项,计划费用211万元;武钢技措项目9项,计划费用1267.8万元,安措项目1项,计划费用30万元;企发技措项目7项(含3项预备项目),计划费用743万元。对各类计划项目,现场核定工程量和工程预算,及时办理工程结算。办理:工程结算9670907元,核减费用6054549元;签订五处各类合同金额3841194元(招议标小组审定);签订印刷品合同227657元,核减费用289613万元。全年贯彻ISO9000系列,实施换版准备工作。为确保换版工作顺利完成,成立了房产公司换版工作领导委员会和基层工作小组,完成了原有质量体系包括质量方针、质量目标在内的《质量手册》、《程序文件》的修改,举办了为期3天的ISO9000:2000版标准知识培训班,提高了职工质量意识,为文件编写奠定了基础。

【自来水生产与供应】 2003年,围绕不同季节的自来水生产,从实际出发,精心调整生产运行方案,确保高峰期供水和低供水的正常生产。继续加强对制、供水设备和管网设施的维护,提高设备和管网设施的完好率,确保自来水正常优质供应;强化设备监控和水质检测工作,实施了二水厂过滤池恒水位过滤等生产设施的技术改造工作,提高了工艺技术水平,改善了水质。继续开展了CIO2技术运用的研究推广工作,配合武钢资讯系统工程,编制完成了生产运行、管线信息系统方案;完成了污水处理费调整的宣传、部署、普抄等项工作,使污水处理调整工作顺利进行,特别是面对突如其来的"非典"疫情给企业生产带来影响,做好"非典"期间水质卫生预防工作,加强了制供水工艺全过程控制,加大了巡检监测,及时调整余氯比例,将出厂余氯提高到0.8合理范围,确保了非常时期优质安全制、供水;在夏季高温持续时间长的情况下,以科学的优化高峰供水生产方案以及高峰供水前设备及管网设施的停水检修,顺利地实施了企业部分区域停水或低降供水最佳检修方案,继续保持了水质综合合格率达到国家标准。全年积极拓展供水市场,完成了黄家大湾地区二期供水工程建设,充分发挥了自来水生产规模效益。协调配合完成了厂区生活水管网改造的水量调查、设计审查工作及工人村、厂前、青山镇地区25套消防栓的增改工作,解决了该地区消火栓不足的安全隐患问题;21号公路新增DN800给水干管和改造DN700水管迁建工程方案设计和施工配合;友谊大道沙湖港至厂前DN600给水管的工程施工;和平大道南侧园林路至罗家港DN400及北侧DN300给水干管的工程施工;白玉山加压1号、3号机变频恒压供水的改造工作,收到了较好的效果,完成了一水厂取水,2台节能电机的更换工作和二水厂扩建工程自动化部分收尾工程的协调配合;青化公路白玉山至北湖农场改造水网的改造方案与设计工作。为降成本提高效益,组织加大查漏降耗工作的力度,以先进技术手段,进一步减少管网漏耗,继续以管线所、钢美华公司为主开展管网的巡线检漏工作,共查处漏点70余处,漏水量每小时达87.5t,并及时采取有效措施防止了漏耗。全年加快"一户一表"的推行和智能水表的试点工作,完成了"一户一表"的改造13869户,安装智能式水表6000余户。组织"三表"普查,制定了《自来水用户报装管理办法》,更换改造了部分死表、停表、故障表,制定了《街坊水表计量管理办法》,健全记录,统计计量,把供销指标落实到实处,提高自来水生产经营的管理水平。2003年,武钢贯彻国务院供水节水和水污染防治工作会议精神,以创建节水型城市为目标,狠抓节水计划用水,辖区计划节约用水963.4万t。全年开展节水宣传活动,召开了青山区第十五次节水工作总结表彰会,对节水先进单位、集体和个人进行了表彰。在《供水节水简报》、《中国供水水报》、《湖北城镇供水》、《武钢工人报》等报刊杂志上发表文章,着重宣传供水抢修、管网探漏,介绍先进单位的节水先进经验等,同时在企业内举办了一期新《水法》、《自来水价格管理办法》培训班,提高职工执法、守法意识。同时全年加强对单位生活用水和企业内部用水的管理，大力提倡水的重复利用率，对武汉众威实业公司等10余家单位进行了工业用水重复利用情况摸底调查。根据《节水型城市目标导则》的精神，结合青山区实际情况，节水办制定了“创建活动”方案，对月用水量3000t以上的单位，下发了《关于开展水平衡测试工作的通知》。该年邀请武汉市节水办的领导、技术人员，对24个用水大户进行了“水平衡测试”的技术讲座，学习“水平衡测试”的具体方法和节水指标的具体含义。通过技术讲座，提高了单位节水管理人员的技术水平，推动了节水工作的新进展。

【民用煤气输配】 2003年，为确保煤气收入3418万元的目标，狠抓民用煤气的生产经营工作。煤气收入2919万元，完成全年计划值的85%，11月份取消底度收费，预计3个月减少收入30万元。煤气调价后，利用天然气办公室进行公共福利用户市场调查的机会，积极开拓新市场，全年发展非武钢新用户2500余户，是往年年均的5倍，为完成收入指标奠定基础。新建管网设施与天然气接轨，避免今后改造时重复投资，完成钢都花园3162户及外营煤气1550户的管网建设、验收、送气任务。坚持煤气作业方案审查会制度，严把安全作业关，在全国各地煤气事故频发的情况下，武钢未发生一起煤气安全事故。该年对高峰供气进行了普查，早做出安排。开展高峰供气劳动竞赛，确保了青山地区9.8万m^3煤气用户安全、优质、稳定用气，整个高峰供气期间没有发生一起责任伤亡事故。完成两级公司煤气大修、技措项目10个，费用333万元，实施外营用户应急项目110万元。完成两级公司煤气大修、技措项目6个，费用168万元，以确保今冬明春高峰安全供气任务。2003年，开展天然气进汉的前期准备工作，参与制定武钢天然气利用科研方案，分析了武钢天然气利用的前景及经济性，对青山地区部分公共福利用户进行了市场调研，对原有煤气管网调查分类，拟定了原有焦炉煤气用户的改造置换步骤。完成了武青三干道(厂前——二气柜段)、21号公路、园林路的天然气管道建设，总投资500万元。开展青山区煤气用户市场调研，配合编制了武钢天然气利用可研方案，三易其稿并通过武钢组织的审查。争取到老区焦炉煤气不置换的政策，拟定了天然气利用战略，提出以友谊大道为主线，发展北湖新区、武东地区、杨春湖武汉火车站经济带、罗家港4个地区的天然气市场。根据武钢对天然气利用设想，完成了北湖地区天然气项目建议书并报武钢审批，同意自白玉山向北湖铺设DN350的天然气管道；同时与铁机小区的居民签订了供气合同，完成了园林路至铁机路、建一南路、王青公路的干管规划设计，实现了抢占战略要点的目标，已经报武汉市规划局等待审批。

【民用电配送】 2003年，收费计划指标1500万元，实际完成任务1600万元，电表抄见率为100%，收费率为98%，安全生产实现了“四个零”的目标，成本控制在计划之内。对低压电网及其供配电设施的日常维护保养，顺利完成了保高峰供电和日常维护检修工作，并对武钢住宅区供电设施增容改造。在用电高峰期间，实行昼夜值班，有计划地组织好限电工作，保障了武钢居民区的供用电。主要投资项目：武钢房地产公司兴建的“雅居苑”供电设施项目；对供电主要设备变压器进行检测，发现问题及时处理，确保了高峰供电期间没有发生一起设备安全事故；6月，该公司投入资金给各站配备了计算机，加强了收费的规范意识，严格收费程序，做到不估抄表、不漏抄表，使收费率不断提高，保证公司的利益不受损失。

【小区物业建设】 2003年，武钢物业管理工作，抓点带面，稳妥推进，加快红钢城、白玉山、冶金街地区7个街坊小区整改工作，使物业管理面积达45万m^2，共8436户。全年物业管理围绕“拆违、整治、管理、服务、收费”的方针，加强管理意识，转变服务观点，真正做到先树形象，后收费。物业人员深入现场挨家挨户宣传《物业管理各项规章制度》，逐街逐巷为业主整治小区硬件环境，共为业主解决疑难问题80余件。结合市区政府及街道办事处“883”社区建设达标活动，针对白玉山小区共建工作，新建一个健身中心和一个休闲地，齐心协力改变了“老区”的环境和面貌。白玉山4街坊、5街坊管理水平和收费率稳步提高，转制工作初见成效，使政企共建成为转制的一种新途径、新方法，被武汉市政府评为“883”达标活动先进单位。以“创建”为龙头，把2003年作为房产公司的“管理年”。以新颁布的国家《物业管理条例》为契机，分别在“老区”和“新区”向广大业主宣传物业管理知识。按照《物业管理条例》规定，选举成立了钢都花园126小区、124小区、冶金苑南苑小区业主委员会，并与小区业主委员会签订了管理合同，明确了双方责权利关系，健全了物业管理体系。利用“品牌”效应，与房地产开发公司联系，相互交流，制定出一套行之有效的规章制度，并签订了前期物业管理服务合同，填补了“武钢物业”管理社会化、市场化运作的空白。积极培育小区文化，促进两个文明协调发展，在小区内广泛设立宣传栏、信息发布栏和阅报栏等总计80多个；组织了“党在我心中”、“迎国庆金秋纳凉晚会”、“钢城之夏”等大型文艺演出10余场次，播放了8场电影，丰富了业主的文化生活。

【用户满意工程】 2003年，继续深化“用户满意工程”，通过“承诺制服务制”和“110联动服务”、“岗位品牌形象评选”等活动，运用形势报告会、电化教学等形式让广大党员干部职工树立与市场经济相适应的服务理念，大力实施精品名牌战略，全年评选出“岗位品牌形象”14人，其中有3个岗位被评为企发公司品牌岗位，实现了年创武钢“窗口岗位”2个、达房产公司“文明岗”达标率30%的目标。开展标准化服务竞赛，推行个性化、标准化服务，窗口岗位职工统一着装，实行挂牌服务。为辖区军烈属、孤寡老人等特殊对象义务服务达1153人次。召开住用户座谈会72次，走访用户1066人次，现场服务149次，许多问题都解决在用户产生抱怨、不满意之前。“用户满意度”得到了明显提高。全年用户投诉成立为零，季度评价均在85分以上，服务维修及时率、工程质量合格率等承诺经营服务指标均达历史同期最好水平。2003年，房产公司“运用系统工程原理提升用户满意度”获湖北省企业管理现代化成果发布二等奖。

（陈桂荣　黄　欣）

○ 绿化公司

【概况】

项　　目	计　　划	实　　际
乔灌木/株	40630	41423
藤本/株	5915	5915
绿篱/株	21805	21805
生产草花/万盆	28.8	28.8
树木成活率/%		96
绿化覆盖面积/m^2		3030000

2003年，绿化公司以服务、管理、改革为重点，按照“树立一流形象，创造优美环境”的要求，坚持“科技兴绿”方针，突出规范管理，突出创新创效，突出资产经营、突出用户满意，以自负盈亏经营、降费经营缴纳风险抵押的风险承包为机制，确保了总费用未突破2544万元，实现了资产经营承包指标和各项任务的全面完成。全年分别完成绿化栽植任务的102%，厂区道路维修实际完成率达100%，主体厂室外道路和厕所保洁率达100%，新栽树木成活率达96%，安全生产实现了“四个零”的目标。

【绿化生产】 2003年，绿化公司始终坚持“一切为用户服务，一切让用户满意”的服务宗旨，突出“主体厂、主门面、主干道、主窗口”4个重点，抓好“绿化养护、工程建设、道路清扫与维护、厕所保洁”4个方面，继续实施创建“科技兴绿”和建设“花园式工厂”达标活动，确保了优质服务和绿化生产水平的不断提高，确保了各项服务指标的圆满完成。(1)强化责任意识和质量意识，确保栽植任务的超额完成和养护管理质量的不断提高。为了进一步提高绿地的质量，绿化公司以“绿化武钢，美化武钢，亮化武钢”为工作目标，坚持“种养结合，种管并重”的原则，做到了精心养护、精心管理，确保新栽树木“栽下去、活起来、长得好”，并采取技术管理措施，控制了树梢烧黄现象，使新栽大树成活率达98%以上，绿化工作取得武钢第一名和厂容绿化先进单位称号。(2)强化优质服务，确保用户满意。全年，始终坚持“用户是上帝，我们是公仆”的服务观念，遵循“服务主体、服务职工、面向社会”的指导思想，坚持“一切为用户服务，一切让用户满意”的服务宗旨，狠抓“用户满意”工程，不断提高服务质量。全年共召开服务主体恳谈会2次，召开协调员会议4次，开展服务主体征询意见问卷活动2次，主动上门走访主体厂124人次。绿化整治、道路清扫、洒水、厕所保洁等服务工作收集各类整改意见21项，整改率达100%，道路清扫、厕所保洁率均达100%，确保了厂区沟道畅通、环境整洁。绿化公司配合武钢股份公司，为武钢取得“全国质量管理奖”、钢都花园A2小区取得创国优和B6小区取得创省优佳绩做出了贡献。(3)加强突发问题的处理，实施随叫随到服务。为了切实提高武钢窗口形象，真正将优质服务落到实处。全年反应快捷地处理危树类事件90余件。为科技馆、三炼钢等地接待任务实施的修剪绿篱、清扫道路、摆放鲜花、新铺草坪等工作，营造了清洁优美的环境。(4)筹建了花卉分公司。2003年7月，绿化公司在○七地区筹建了花卉分公司,新建成立的花卉公司以草花生产为主,对绿化公司花卉生产初步实行集中统一的管理;花卉公司占地35亩,生产人员30人,年产花卉20万盆,木本花卉3万盆,基本已具备“模拟市场,投入产出,独立核算,自负盈亏”的能力。

【绿化工程】 2003年,绿化公司以狠抓工程质量为重点,严格工程管理程序,继续推行项目经理责任制,切实抓好工程施工与现场管理。9项自管绿化工程全部一次性验收完工,完成栽植乔木3275株、灌木32759株、绿篱8030延长米、草坪5979 m^2、清渣9836 m^3、铺装水管1370 m,改造绿地1.6万 m^2,新建绿地1.1万 m^2。使厂区景观沿线绿树红花相间,乔灌草结合,充分体现了大色块的绿色景观效果。2003年5月钢都花园露天广场绿化工程全面竣工并交付使用,共栽植乔灌木4000余株、绿篱1.7万株、色块类植物3.5万株、藤本植物2000株、草坪9090 m^2,新增绿地1.34万 m^2,改善了职工的居住、娱乐环境。高质量、高水准地完成了8项公路大修(水泥混凝土及沥青混凝土路面16810 m^2,城市型人行道、水泥混凝土路肩7550 m^2及排水设施)、民用大修10项及内部维修30余项任务。完成计划外8个绿化整治项目和部分道路整治工程,主要路段包括硅钢东路、热轧南路、三炼钢南路、冷轧南路等,新铺沥青混凝土路面41450 m^2,人行道彩色步砖11843 m^2,修复破损路基7863 m^2。所有工程在确保施工进度的同时,保证了工程质量及施工安全。

【钢都花园绿化】 钢都花园住宅区绿化是钢都花园建设工程的一项重点配套项目,于2000年3月开工至2003年5月完工。钢都花园绿化分A1、A2、A3、B5、B6、C1和钢都南区共7个小区20多个组团,共建成5000~10000 m^2以上的大型绿化公建地4个,2000 m^2以上中心绿地20多个及每个小区房前屋后的园林景点等。钢都花园绿化有多项创新创优项目,这些创新创优项目主要有植物反季种植、大树栽植和大树养护等。钢都花园盛夏反季种植樟树、广玉兰、红枫、女贞等植物近千株,成活率高达98%以上,此项成果拓宽了武钢园林绿化工作的一个新领域;钢都花园大树种植工作也开创了武钢绿化工作先例,种植的几千株樟树、雪松、桂花等 ϕ15~20 cm以上高大乔木,成活率达90%以上,高于市区各园林单位大树种植成活率的20%左右。同时,钢都花园大树养护管理工作中推出的“打点滴”技术也先后被《湖北日报》、《长江日报》和《楚天都市报》等报刊大力推广。

【科技兴绿】 2003年,绿化公司将科技攻关的重点放在了绿化生产中的难点和关键问题点上,取得了较好的成绩。一是与华中农业大学合作的科研项目“工业污染区园林植物选择及绿地景观研究与应用”,召开了中期学术研讨会,并已取得阶段性成果;二是成功召开了2002年度科研论文或成果发布会,增进了科学技术间的交流,促进绿化专业技术进步;三是在对武钢厂区、生活区绿地组织全面绿化普查的基础上,将辖区绿地进行等级划分(一级、二级),并制定了《绿地养护管理分级标准》和《星级绿地考评办法》,为2004年全面推进和实施绿地星级养护管理奠定了基础;四是年初制定的8项绿化科技攻关课题或项目均顺利实施,并取得阶段性成果,提交科研论文、成果图片8篇。其中《园林病虫害综合防治技术研究》、《武钢厂区绿化特点及景观效果分析》和《武钢生活区园林绿地景观效果简要分析》获武钢科协科研论文评比二等奖,《草花选种与引种技术研究》获三等奖。同时,积极参加武钢“科技周”活动,绿化科技展板获武钢一等奖;参加武钢“讲理想,比贡献”竞赛活动,获集体二等奖。另外,绿化公司还被武钢科普委员会评为科普工作先进单位;2003年自主管理成果《多效唑对几种草花矮化和促花效应研究》获冶金系统优秀成果奖。

【庆典花展】 2003年,绿化公司全年本着高标准,高档次的原则,圆满完成了武钢职代会、工作会,股份公司“创奖”,武钢投产45周年,科技馆接待,第十八届菊展,各主体厂各种庆典(会议)活动及元旦、春节、“五一”、“十一”等节日摆花等任务共150余次,摆花成果受到了各级领导和职工的称赞。绿化公司在武钢公司办公楼、会议室、厂区各景点摆花19处,摆放各类花卉1.67万盆,扎制花卉造型6个,受到武钢、武钢股份公司的好评。在武钢第八届盆景根艺展暨青山区第十届盆景根艺展中,绿化公司制作的59件参展作品中有12件获奖,其中:“战歌”、“碧绿清波”、“江南秀色”等5件作品获一等奖,“盛世金秋”、“清流直下”、“层林尽染”等7件作品获二等奖。在武钢第十八届街头菊花展览活动中,绿化公司扎制的5个展台,扎制选题新颖,紧扣时代脉搏,表现手法不拘一格,加上声光电动表现方法,体现出我国十大传统名花的风范;营造了蓬勃向上的企业精神，展示了武钢人昂扬向上的精神面貌。在这次评比中，绿化公司获青山区菊花展览团体一等奖。

（桂习武）

○ 旅游公司

【概况】 2003年，旅游公司围绕提高服务质量，培育企业文化，降低管理成本，开拓内外市场，加强安全文明服务等方面开展工作，在“非典”疫情影响到来之前各项经营工作较以往有起色。一季度，旅游公司累计实现收入365.8万元，比经营形势较好的2002年同期增收45.12万元。但随着4月份“非典”疫情的影响，旅游业遭到打击，使创效的黄金季节进入了经营淡季。6月份全国“非典”疫情缓解，旅游公司及时抓住时机，一方面积极争取政策对相关服务设施进行改造；另一方面要求宾馆餐饮部门、会议中心、四海旅行社及度假村等部门及单位利用“非典”疫情后的经营反弹形势，狠抓效益工作，使经营工作在极为艰难的情况下取得了一定成效。ISO9001国际质量标准自正式挂牌以来，几次组织严格内审，使得第三方监视性审核工作取得较好效果。但由于“非典”疫情以及武钢宾馆的整体装修使得经营工作受到了较大影响。旅游公司2003年共实现收入1394万元，其中宾馆收入932.2万元，度假村收入40.8万元，四海旅行社收入421.16万元。工资及工资性费用445.83万元，比2002年同期增长了59.67万元；折旧费145.23万元，比2002年同期增长了21.44万元；能源费用258.9万元，同口径下降15.9%，其中水费下降20%，电费下降10%，耗煤下降27%。

【资产经营】 2003年，旅游公司进一步理顺关系，加强管理，推动资产经营工作目标落实。为确保全面实现2003年资产经营目标，根据市场发展态势，在深入调研的基础上，突出市场导向作用，强化经营工作的日常管理，提高市场应变能力，坚持每月经济责任制考评会，加强动态考核，同步分析经营工作中出现的问题。充分运用管理手段，及时进行跟踪指导，提高了各部门经营管理水平。武钢宾馆各部门积极落实旅游公司创效要求，以优质接待大型会议、庆典为重点，高质量完成了“中国钢铁信息及自动化推进会”、“国有大中型企业改制分流促进再就业工作经验交流会”、“湖北省委企业工委工作会”等近10个大中型会议的接待工作。四海旅行社抓住春季旅游时机，及时推出岳阳君山岛、张谷英村二日游等市场热点旅游新线路，开辟了新的客源市场，随着“非典”疫情后旅游市场的开禁又推出了“车团风险共担游”业务活动，让利游客，全年共组团280批，接待游客4591人次，取得了良好的经济效益和社会效益。度假村服从武汉钢铁(集团)公司防“非典”疫情大局，其间完成了武钢隔离人员的接待工作。此外突出品牌意识，强化经营工作中的质量管理。在抓好经营的同时，注重树立品牌意识，将实现效益与抓质量管理有机结合起来，在完成利润的同时使服务质量再上台阶。武钢宾馆总服务台在抓客源创效的同时，继续以“青年文明号”活动为契机，打造总台服务品牌形象，除连续几年获武钢及武汉市“青年文明号”称号外，2003年又获湖北省“青年文明号”以及武钢企发公司品牌岗位等称号，优质服务得到了社会的认可。

【防治“非典”疫情】 2003年4月，面对“非典”疫情，旅游公司全面贯彻国家旅游局下发的《旅游经营单位预防控制传染性非典型肺炎应急预案》及武钢公司关于防治“非典”的有关精神，对宾馆、旅行社、度假村全面实施预防控制措施，明确提出要不惜一切代价，预防、禁止通过旅游途径，人员流动造成“非典”疫情的传播和扩散。明令旅行社不得组织跨区域旅游，不得组织到疫情发生地旅游，不得接待疫情发生地的旅游团队，并及时清退已预订的跨地区旅游团队。专门成立了防“非典”领导小组，拟订预防控制传染性非典型肺炎应急预案，按部门分工制定下发了《防治非典型肺炎工作责任制》，逐级落实责任，划清职能，加强管理。在充分发动职工的基础上利用各种形式突出抓好有关“非典”防治的相关科普知识的宣传教育，在显要位置悬挂横幅、举办预防“非典”知识专栏，增强职工防治“非典”的意识，并将《武汉市旅游行业防范和处置非典型肺炎知识手册》、《预防非典型肺炎应急预案》迅速下发到每个班组，组织职工学习，努力使员工做到了“两熟知”、“两能够”。在武钢宾馆设立了防“非典”疫情检测点，对进出宾馆的人员进行体温监测，尤其是外地客人的身体状况，将宾馆的外地客人集中楼层入住，集中管理，并落实每个房间、每处楼道、每间办公室、每处场院撒药消毒和员工个人卫生防护。指定专人坚持每日对所有公共区域进行两次消毒，对电梯按钮、楼梯扶手、公共卫生间、公用电话等关键部位实行每小时消毒。组织力量对每个楼层管道系统逐段清洗，保证每台空调消毒落实。针对餐饮部门特点专门制定了《防治“非典”消毒制度》，对餐具清洗、原材料采购及保存、员工上岗等都进行了具体要求。此外，客房和餐厅坚持每日开门开窗，空房24小时通风，保证空气流通。四海旅行社停止一切组团活动，阻止疫情传播。四海度假村服从武钢防“非典”疫情大局，完成了武钢隔离人员的接待工作。防治期间，旅游公司共发放消毒药水156瓶，口罩175个，体温计112支，这些防护药品的及时发放保证了防治工作的正常开展。在防治“非典”疫情工作中，旅游公司分别接受了青山区和武汉钢铁(集团)公司领导以及武汉市爱卫办、武汉市旅游局等上级主管领导及部门的多次检查，并被武汉市爱国卫生运动委员会授予“防‘非典’、除四害、保健康”卫生达标单位称号。

【服务设施建设】 2003年，旅游公司积极争取政策改造经营环境。全年完成武钢宾馆电脑软件升级和舞厅电脑点歌系统的安装；完成1号、2号锅炉大修，两台补水泵更换，水处理系统检修；为保证夏季送冷，对溴化锂直燃机组进行了维修保养；对宾馆及道观河度假村房间空调进行了调整并组织了安装；完成宾馆餐饮部门油烟系统的整改及炊具的整修工作。此外，由武钢、企发公司投资1400万元对武钢宾馆整体装修，第一期工程于8月15日正式启动，对宾馆1～10楼客房、会议室进行全面改造装修，旅游公司及时成立协调小组，深入现场，克服困难，积极配合，千方百计抓好工程质量，保证工程施工工期，预计一期装修工程于2004年3月完工。此外，随着假日旅游经济的蓬勃发展，为了服务武钢和拓展旅游市场，企发公司决定进一步发展武钢四海度假村项目，扩建新州道观河旅游基地，计划投资330万元，占地面积2900 m^2，建两栋独立式别墅建筑，总建筑面积1400 m^2，可新增客房24套，该项目已完成可行性研究、征地及设计等相关工作。

(吴幼华　彭轶鹃)

○ 武汉天宝厨房设备有限公司

【概况】 2003年，根据武钢及企业发展公司的决定，武汉天宝厨房设备有限公司董事会进行了换届，重新任命了新一届董事会成员及高级管理人员。

中方：武钢(集团)公司总经理助理治胜利为天宝公司董事长。
武钢企业发展公司总经理易炎鑫为天宝公司董事。
周学龙为天宝公司总经理(董事)。
王永健为天宝公司营销总监。

日方：西山进三为天宝公司副董事长。
山田达彦为天宝公司副总经理。
梅田政德为天宝公司董事。
白波濑重定为天宝公司董事(兼生产总监)。

2003年3月19～20日，天宝公司本年度董事会在武汉举行，中方全体董事会成员，日方斋藤隆哉社长及全体董事会成员出席会议，本次会议审议通过了天宝公司2002年度工作报告及财务报告，双方对2003年度天宝公司生产经营方针目标、财务预算方案进行了认真讨论，并就新产品开发，返销产品，中日方高级管理人员责、权、利等特定议题深入交换了意见，取得了共识，形成会议纪要，会议取得了圆满成功。在新一届董事会的领导下，该公司从注重抓企业管理，增强企业活力及提高职工素质入手，积极争取有利政策，改变劳动组织方式，实行了招聘、返聘、借聘等多种用工形式，有效弥补了工种不全、工程外包等不利因素。在企发公司的大力支持下，上半年对车间、办公楼进行了改造，同时积极协调，取得青山区城管执法部门配合，全面整治厂区周边环境，清理工业生活垃圾、菜地，平整场地300 m^2，粉刷围墙，绿化厂区300 m^2，使厂容厂貌焕然一新。全年根据生产需要，该公司投入资金修理设备、工装模具，并购置氩弧焊机2台、点焊机1台、等离子切割机1台、其他电动机具15台、电脑3台，重点对阿玛达数控冲剪机进行了维修保养，使各类设备保持了良好状态，满足了生产需求。全年加强外采物资管理及费用控制，强化成本质量意识，主要原材料采购由该公司领导和职工代表参与考察、比价、决策，外协加工实行招标采购，各项管理费用、销售费用实行计划考核，大大降低了生产费用成本，使该公司生产、管理工作上了一个新台阶。

【营销工作】 2003年，随着国内高校生活后勤改革的深入进行，对中央成套厨房设备呈现较旺的需求，武汉天宝公司以高校市场为营销切入点，及时抓住信息，以南京高校市场为突破口，首先建立南京办事处，发挥上海等办事处的优势，开展强有力的营销工作，先后与南京邮电大学、南京林业大学、常州信息学院等高校签订了成套设备合同。在此基础上，又与山西长钢集团签订了“300”米饭生产线成套设备合同，从根本上扭转了外部市场营销的被动局面。全年在提高产品质量、降低成本、完善售后服务的举措中见成效，该公司重新赢得了武钢内部市场，各类单机设备为武钢集团公司各供餐点所采用，受到用户的一致好评。在中西式厨房工程项目竞标中，2003年先后承接了上海咖喱屋、盛贺美、襄樊宏伟公司、大连亚惠、武汉小博士等多个项目，全年完成销售收入600万元，超目标150万元。

【通过ISO9001:2000质量管理评审认证】 2003年，该公司强化企业管理，促进生产、营销工作全面推进，并开展ISO9001贯标工作，成立了以总经理为组长的贯标领导小组，组织各类管理人员负责贯标工作的具体开展，督促各部门重新修订各项管理制度，并按贯标要求，建立《质量手册》1套、二级程序文件7个、作业文件17个、作业指导书2套，建立设计标准、规范及法律法规20个，完善各类岗位工作标准和操作标准及设备管理规程，形成了科学管理，规范有序的质量管理体系，并于2003年12月23日顺利地通过了中鉴公司的审核认证。贯标工作有效地提高了企业管理水平、服务质量，为企业的改革发展打下了坚实的基础。

（向卫平）

武汉钢铁冶金有限责任公司

○ 管理工作

【概况】 2003年是武钢冶金有限责任公司巩固改革发展成果、生产经营状况明显好转的一年。在武钢的正确领导下，两级党委认真学习贯彻党的十六大和十六届三中全会精神，深入学习实践“三个代表”重要思想，组织动员广大职工，克服“非典”疫情的不利影响，消化原材料涨价因素，提升了生产经营和各项工作水平。2003年，共生产钢11万t，比2002年同期增长29%；生产（加工）钢材25.5万t，比2002年同期增长25%；生产焦炭18万t，比2002年同期增长6%；实现销售收入9.89亿元，比2002年同期增长52%；亏损182万元（含土地摊销等非经营亏损），比2002年同期减亏2279万元；上缴税金5100万元，比2002年同期增长19%；减少应收款2677万元，比2002年同期降低11%；职工人均年收入9888元，比2002年同期增长21%。该年“2.26”、“3.10”，在汉口轧钢厂、精密带钢公司发生工伤各死亡1人事故，冶金有限责任公司吸取教训，加强安全管理，开展了特殊时期安全生产教育活动，定期组织了安全生产大检查，狠抓安全生产责任制的落实，加强了危险源的控制，排除了事故隐患。全年按照新《企业会计制度》，组织开展了清产核资工作，核销损失3.11亿元，减值3.58亿元，合计6.69亿元。核销和减值经中喜会计事务所审核通过，上报国资委批准实施。下属各生产企业通过了ISO9001-2000质量体系审核和认证。根据武钢领导的指示精神，冶金有限责任公司组织学习中央八部委859号文件，研究探索企业下步改革模式，并有选择地考察了湖北省和武汉市典型改制企业，学习和借鉴宝钢和攀钢兼并、改组、发展市区冶金企业经验，通过反复调研和论证，结合该公司的实际，提出了改革改制“三套方案”，供武钢领导决策参考。为了加快企业改革发展步伐，冶金有限责任公司两级领导班子转变观念，统一认识，围绕“三套方案”，积极做好各项准备工作。劳资处和组织部对该公司的人力资源进行了调查，并分析企业人力资源状况，为企业在改革发展中的人力资源开发利用做了铺垫。

【技改与市场开发】 2003年，由于汉阳钢厂北厂已被纳入武汉市汉江两岸旧城改造范围，冶金有限责任公司积极争取武汉市的政策支持，并结合实际，研究修订了发展规划。围绕建设武钢产品深加工基地的思路，不断推进技术改造与技术进步；汉口轧钢厂新建6号机，充分发挥3号机、4号机生产大规格冷弯型钢的潜力。改造4号机在线收集与打包装置、冷却塔、在线处理大小头设备及改尺修复加工线。改造3号机高频主机、飞锯及收集装置等；钢丝绳厂完成了2台水箱拉丝机、60 t拉力试验机、螺杆空气压缩机、酸洗表面处理生产线的技术改造，并对 ϕ450 mm×12捻股机、2号镀锌炉收线部位传动整体进行了大修；精密带钢公司改造了磨床、平整辊、1号法兰线和平整机涂油装置，二期罩式退火炉竣工投产，新建了涂漆捆带生产线；汉阳机械厂新建了一条钢结构生产线等。2003年在市场开发上，汉口轧钢厂认准铁道造车用材发展方向，与各铁道部机车车辆厂保持紧密联系，积极参与新车型用材的设计和试制，开发和试制新品种30个，另开发了P字管、扇形管、不等边槽新产品，使汽车材产品成为该厂第二大支柱产品。在工程建设用材领域，承接了重庆江北机场航站楼、上海东海大桥、澳门体育中心等10余项工程的供货；钢丝绳厂积极收集市场信息，走访潜在用户，参与工程项目投标，连续在澳凼三桥、安庆长江大桥、黄延高速公路等重点项目中夺标；精密带钢公司以市场为导向，优化品种结构，增加高附加值产品，重点发展直供和区域代理销售；江南燃气公司巩固和拓展营销市场，发展煤气新用户4000户；汉阳钢厂琴台市场新增门面200间，使钢材贸易量突破100万t，并被评为全国6大优秀钢材市场之一。

【管理创新】 2003年，冶金有限责任公司不断创新特色管理，完善运营机制，提高管理协调能力。汉口轧钢厂颁发《经济信用管理办法》，推行全程信用管理。根据客户资信状况评定信用等级，设计日预警分析表，建立应收账款预警机制及追究营销人员责任机制，有效地控制了新欠的发生；汉阳钢厂琴台市场借鉴行业协会模式，按照市场规则成立仓储协会，实行统一统计报表，统一服务标准，统一收费标准，保证信息共享、资源共享，使各仓储单位既有竞争，也保持合作，促进了钢材市场的健康发展；汉阳钢管厂在清欠工作中，对清欠实行工资、费用包干，按比例从清收账款中提成，将清欠任务分配到组，落实到人，财务科、经营科、清欠办三部门联动，密切配合，从1996～2003年，应收账款由4234万元下降到1801万元，清回现款1356万元，实物892万元，下销呆账185万元；汉阳机械厂实行风险金抵押承包，对两个主体车间和经营科开展竞标竞争上岗，缴纳风险金，建立激励机制，促进了经济效益的大幅增长。2003年，冶金有限责任公司在管理创新方面还加大了对内部资源的整合，协调厂际间生产要素的合理流动，使资金、技术以及人力资源得到充分的利用：汉阳机械厂为汉口轧钢厂加工Z形钢30 t、矩形钢60 t，为钢丝绳厂、精密带钢公司、汉口轧钢厂加工设备零部件150 t。精密带钢公司为汉阳机械厂运输产品500 t。汉阳钢厂为汉口轧钢厂114无缝生产线试制管坯1000 t。汉阳钢管厂派出人员到精密带钢公司介绍清欠经验，协助该厂的清欠工作，并取得了较好的业绩。

【党群和稳定工作】 2003年，冶金有限责任公司党委将学习贯彻“三个代表”重要思想与企业生产经营和改革发展结合起来，组织开展“学习贯彻十六大精神”、“实践三个代表，力争四个创新”等主题调研活动。参加武钢党建调研获优秀调研成果三等奖3篇，先进个人3人，另有6篇论文被武钢评奖并被《学习贯彻十六大精神理论研讨会论文集》选录。加强党风廉政建设，按照领导干部“一岗两责”的要求，与55名厂级领导干部和350名中层领导干部签订了党风廉政建设责任书；两级领导班子民主生活会共收集意见119条，形成整改措施47条；开展“学、查、改”专项效能监察，共清查物资采购和工程项目上使用资金6.6亿元，整改21项，完善规章制度24项，查出违纪金额30万元，挽回或避免经济损失530万元。加强基层党组织建设，组织完成了年度民主评议党员工作，对该公司81个党支部进行了年度考核。各基层党组织围绕生产经营积极开展党员责任区攻关活动，创效益400万元。参加武钢组织的党员责任区成果发布，被评为优秀党员责任区1个，先进党员责任区7个。在“七一”评先表彰中，冶金有限责任公司党委被评为先进党委和党风建设先进单位。另被武钢评为“思想政治工作先进单位”2个，“先进党委中心组”2个，“文明岗位”2个。全年贯彻落实“依靠”方针，组织开展合理化建议活动，共收到各类建议1792条，被采纳435条，组织开展自主管理活动及劳动竞赛，完成456万元创效目标。2003年，冶金有限责任公司在抓好生产经营的同时，始终视稳定工作为一切工作的重中之重。认真落实稳定工作责任制和工作体制，将稳定工作网络延伸到班组和社区，制订和实施稳定工作预案，重点做好下岗买断及退休职工的思想政治工作，缓解或化解了一系列矛盾和纠纷。建立健全了困难职工档案，其中市级5户，武钢183户，厂级179户。坚持“一对一”帮扶制度，为70名困难职工子女就业牵线搭桥，参与了中百仓储的应聘，对8名困难职工子女的就学资助了5000元。将稳定工作与解决职工实际问题结合起来是冶金有限责任公司的一贯方针，通过两级党组织的共同努力及深入细致的思想政治工作，2003年没有发生到省、市政府和武钢集团公司的群体上访事件和重大恶性事件，为企业的改革发展提供了有效保障。

（詹万程）

○ 汉阳钢厂

【概况】 2003年，汉阳钢厂不断进行产业创新、产品创新和设备技术升级，提高企业生产和应变能力，以确保企业生存和可持续发展。该年生产钢11.24万t，钢材8.65万t，与2002年相比，分别增长29%和5%，使钢铁主业实现销售收入2.67亿元，与2002年相比增长66%。控亏463万元，上缴国税、地税1300万元，成为武汉市纳税百强企业之一。2003年，该厂被评为武汉市绿化先进单位、武钢先进单位和先进党委中心组。

【产业结构调整】 自1999年开始，汉阳钢厂结合实际，以长远的生存观和发展观，真抓实干，经过5年不懈努力，至2003年底企业产业结构调整基本形成钢铁、市场仓储、房地产和物业管理四大板块的新格局。钢铁业：炼钢、轧钢生产仍是汉钢的主营业务，但与过去不同的是其生产工作的目标和意义有很大转变，过去只顾生产，不顾环境保护；只讲企业效益，不讲社会效果。炼钢、轧钢烟尘废水排放造成的环境污染常遭到附近市民投诉，并被环保部门处罚。现经转变观念，把钢铁生产与工业旅游结合起来，以“钢铁是怎样炼成的”为主题，加大投资，大力创造工业旅游环境，提升企业文化。2003年为使电炉产品升级和环保达标，该厂加大投资，新上1套连铸圆坯设备，新上1台9000 kV·A变压器，新上2台脉冲式除尘器及1套分析检验炼钢产品化学元素的光谱仪。炼钢开发出20 G管坯和45号优质结构钢。炼钢连铸比达93%。而今，电炉以技术升级，效益显著，环境美化的新形象，开始吸引大批市民及集体参观的中小学生。轧钢积极适应市场开发出ϕ10～12 mm直条圆钢，使钢材产品形成角钢、线材、圆钢3个品种多种规格。全年经营销售连铸坯2.27万t，销售钢材8.6万t，产销率达100%。

钢材市场与仓储业：2003年，该厂在琴台钢材市场与仓储业的发展中，借鉴同行业地处闹市盲目求大，堵塞交通最后被迫搬迁的教训，只求强不求大，找准发展定位，控制规模。全年钢材交易量达100万t。市场以“诚信商之本，互利财之源”的经营理念，狠抓场内交通、企业文化、安全服务及环境卫生等管理，塑造市场形象，扩大知名度。同时，市场成立足球俱乐部，不定期组织经营户参加活动，参加集体旅游，这些举措加强了市场的软环境建设，促进了市场的健康发展，使琴台钢材市场闻名华中地区，成为全国六大先进专业市场之一，并参加国家工商管理局与《人民日报》在北京人民大会堂举办的颁奖会，介绍经验。钢材市场的兴旺拉动了仓储物流业发展，销售公司、神龙公司、运输、原料、机电等单位相继兴办了钢材仓储，在满足市场服务需要搞活物流的同时，为企业创造了经济效益。为加强仓储服务规范管理，防止和杜绝互相恶意竞争，2003年成立了仓储协会，会员实行三统一、两共享：即统一统计报表、统一服务标准、统一收费标准，信息共享、资源共享。

房地产业：2003年，该厂房地产开发完成总计划中的市船舶技术学院雅苑学生公寓3号楼7600 m^2和生活服务综合楼4800 m^2的项目建设，并交付使用。至年底完成“雅丽花园”三区商住楼项目建设31500 m^2，已全面封顶，开始售楼工作。经3年建设共完成学生公寓5栋住宿楼和1栋综合楼的全部工程，总建面积4.47万 m^2。入住大学生4200人。预计8年收回全部投资。在商品房开发中，汉钢“雅丽花园”形成3个各自独立的小区，共20栋房。而雅丽三区是汉钢雅苑房产公司首次参与市场竞标，购买土地自主开发商住楼的尝试。

物业管理业：随着该厂房地产的开发与发展，物业管理形成一种新兴职业，2001年，汉钢成立了千禧物业管理有限责任公司和雅苑学生公寓管理部，前者管理雅丽花园小区，后者管理学生公寓，物业管理解决了部分下岗职工再就业的困难，也拓展了企业的生存空间。为搞好物业管理，管理人员转变观念，从头开始学习物业管理政策法规和业务知识，努力打造服务品牌。千禧物业提出“以业主为中心优质服务”的经营方针，贯彻执行以“科学的管理态度，亲情的服务方法，严谨的工作作风，高效的服务质量”的服务宗旨，雅丽花园一区2001年被汉阳区委、区政府评为“社区建设先进单位”，并被武汉市综治委授予三星级治安小区，2002年被湖北省综治委授予“安全小区”。学生公寓是当代高校后勤现代化、社会化改革的产物，雅苑学生公寓管理部遵循“安全为前提，服务为根本”的原则，采取市场经济运作方式，高品质、全方位地为学生提供一流后勤服务和居住环境，多次在湖北省教育厅和船舶技术学院检查工作中给予高度评价。

【企业管理】 该厂在深化企业改革发展中，不断加强企业管理，特别是针对改革中出现的新问题、新矛盾，认真分析问题的症结，分清轻重缓急，逐步完善制度，加强规范管理。2003年主要加强了厂区治安管理、劳动用工管理、原材料采购管理、用水用电管理和厂容管理等，均收到了较好的效果。在厂区治安管理中，汉阳区新修的琴台路穿厂而过，使厂区的封闭圈被打破，厂区形成南北两片，四通八达，失去安全保护屏障。社会闲散人员和盗贼有恃无恐，出入自由，曾发生多起社会治安案件。该厂以企业经济效益和社会效益为原则，沿1.2千米长的道路两侧以平房代围墙修建两排长龙似商铺，成为再就业一条街。在路南侧主要路口新修汉阳铁厂仿古牌楼和汉阳兵工厂仿古门楼。至年底，汉阳火药厂大门正在设计规划之中。再就业一条街的建成不仅美化了厂区环境，保障了厂区治安，还成为一道旅游景观。全年加强用水、用电管理，对厂属各单位的生活用水实行计划定量考核，使全厂生活用水量下降三分之一。全年也加强劳动用工管理：一是针对劳动用工多样化，制定全厂劳动用工管理制度；二是对各单位在册不在岗的人员名单进行清理，全部划归厂保卫科集中统一管理，避免矛盾而影响车间、科室生产工作。

【党群工作】 2003年，汉阳钢厂党群工作始终坚持以企业生产经营为中心，贴近实际，贴近一线，贴近职工。2003年该厂生产经营的目标是控亏500万元。生产经营及改革发展目标是实现可持续发展，并创环保旅游工厂。围绕这个目标和主题，厂党委在全厂干部职工中认真学习贯彻党的十六大精神和十六届三中全会精神，努力践行“三个代表”重要思想，在职工思想政治工作上，广泛开展形势任务教育，积极引导干部职工树立开拓创新、艰苦创业、管理创效的精神，教育职工讲奉献精神，讲安全生产，讲长远效益，强化干部转变作风，规范管理和企业的可持续发展观。强化企业基础建设，以建文明岗位，让用户满意活动为载体，加强班组建设，夯实基础，全年创建厂级文明岗位24个、武钢集团公司文明岗1个、红旗班组3个、红旗车间2个、红旗科室1个。在宣传工作上大力弘扬正气，宣传先进典型，结合“七一”两评和年终双文明评比，利用厂务公开栏宣传模范党员和标兵的先进事迹。在加强组织建设上，坚持党管干部原则，管好人，带好队伍，加强班子建设，积极发挥基层党支部战斗堡垒作用和党员先锋模范作用。在群众工作上，主要发挥工会民主管理监督作用，协助财务和纪委对下属单位的财务进行检查。同时做好困难职工的补助和慰问工作，全年在岗职工奉献节日慰问费30万元，厂拨款50万元对全厂4000余名退休人员进行慰问，另外对职工和退休人员日常困难补助和节假日慰问50万元，用于老红军、离休老干部医药费100万元，还组织职工参加社会献爱心扶贫捐款4.5万元。党群工作的“三贴近”和行之有效的措施，有力地促进了企业的改革发展，维护了企业的稳定。

（雷永顺）

○ 汉阳精密带钢有限责任公司

【概况】 2003年，汉阳精密带钢有限责任公司面对上游产品价格上涨，流动资金严重不足，市场竞争激烈的局面，以及“3.10”工亡事故和“‘非典’疫情”对生产经营带来的不利影响，适时调整经营策略，调动全体员工的积极性，始终以创新为主线，将工作重心和着力点放在扭亏为盈、调整品种结构、拓展市场占有、盘活资金上。至年底，该公司消化了部分历史旧账，综合产能、综合效益是近几年来最好水平。全年指标完成情况：带钢产量36433 t、销量36739 t、产品销售收入14955万元、废料收入374万元、利润－190万元（通过资产减值后，2003年利润实现275.4万元）。该年完成清欠指标744.9万元（可下账的731.2万元，合计1476.11万元），处理库存1943.9 t。全年安全生产中，发生一起工亡事故。

【产品销售】 2003年，该公司以市场为导向，进一步优化品种结构，增加高附加值的产品销售量，确保销售利润空间，对一般产品确保边际利润的策略，使产品销售价格在不同程度上有所提高。2003年增加销售量6000 t（其中销售积压库存产品1900 t），销售差价由1600元/t上调到1700元/t。“新欠”用户和“新欠”资金得到有效控制。该公司产品销售工作在新的管理模式下，最大限度地调动销售人员积极性和创造性，体现责、权、利的有机统一，制定了新的内部管理若干规定。全年不断完善销售基础管理工作。一是建立销售日报制，规范合同管理，实行销售合同签章前的审批制，对合同全过程跟踪，适时掌握动态；二是架构销售信息平台，创建《销售信息》月刊，三是重新建立《用户及合同全程跟踪台账》，按用户资信、需求量、近期营运能力、诚信度和合同履行程度等要素进行综合分析和评价；四是对客户进行星级评价；五是理顺用户异议处理程序。2003年该公司实行精轧和连轧产品分类分部销售，并在原料采购和新产品开发中，一是加强了市场调研和行情预测，注重拓宽原料采购渠道。在原辅材料价格上涨的情况下，通过招标采购轧辊，其采购价格比2002年同期下降282.2元/条。全年节约轧辊采购费用3万元。二是在生产制造部的全力支持下抓紧了新产品、新工艺的研究开发工作，分阶段先后不同程度地开发了1017链条用钢带和药芯焊丝、涂漆捆带等新产品。

【生产经营管理】 2003年，该公司生产制造系统以满足用户订单交货期为重点，狠抓了生产的组织、调度以及工序平衡工作，全年新增生产能力10000 t，新增产量6000 t，提高了综合产能水平。全年加强钢耗管理，针对各工序的不同生产特点，采取相应的措施和办法，全厂年综合钢耗计划117 kg/t，实际为109 kg/t，实际为计划的93.1%，每吨节约钢耗8 kg。并积极开展产品质量的全过程跟踪管理的同时，对各种辅料备件实行招标采购，年创利8.5万元。全年加强产品品质控制，满足顾客需求。产品综合合格率为99.61%，比目标98.8%提高了0.81%，上级质管部门检查产品实物质量二批次，受检产品四大类，均100%合格。全年合理调度用电，避免新报增容400 kV·A，减少电费支出91200元。加强用水管理，在水费上涨0.4元/t，产量增加6000 t的情况下，全年水费支出节约6万元。该公司建立健全了安全环保委员会、安全生产网络，分别与二级单位签订了安全责任书。确保特殊岗位100%持证上岗。

【技改项目】 2003年，该公司完成技改项目：(1)二期罩式退火炉项目竣工投产。(2)完成了连轧车间1号法兰生产线的改造。改造后的法兰线，每生产1 t捆带节约电耗50 kW·h。同时，连轧车间还针对1号、2号轧机铜滑块消耗大，增加了设备修理时间，影响生产进度等问题，对1号、2号轧机的对齿箱进行了改造。通过小改小革，铜滑块的使用数量由原来的60块/月下降29块/月，下降金额2000元/月。(3)完成一期罩式退火炉2000 kV·A变压器负载调试，有效地改善了510轧机的用电情况。(4)完成磨床的大修改造工作和平整辊的选型工作。(5)建立了涂漆捆带生产线。(6)精轧分厂较好地完成了平整机涂油装罩的改造，有效地改善了产品防锈蚀问题。

【企业改革】 2003年该公司在企业内部组织结构上完成了“四个中心”的构架，使内部各系统职责和目标更加明确，内部管理的协调性也进一步地加强。(1)完成了岗薪工资制方案的调研、测算、起草、讨论等一系列基础工作。10月份实施了岗薪工资方案，在岗职工人均收入增长18%，极大地调动了广大干部职工的积极性。(2)2003年是该公司通过ISO9001:2000质量管理体系认证后的第一年，按年度内审计划安排，在3月对体系内所有单位进行了一次全面审核，对审核中提出的11份不符合报告进行了限期整改。(3)完善“招标竞聘、双向选择、竞聘上岗、择优录用”的中层管理人员暂行办法，组织了应聘演说和新聘人员的答辩工作，强化了中层管理人员的危机意识和工作责任感，优化了中层管理人员的知识、年龄结构，干部交流面达17%。完成一般干部的评聘工作，其中新聘人员2人，部分管理人员进行了工作调整。至年底主体在岗人数567人。(4)积极开展职工技术培训工作，组织部分技术工种人员取得了高级技术资格证书，完成外培职工62人次。(5)2003年共完成退休办理人数45名，其中特殊工种24名、病退13名、正常退休8名。解除劳动关系7人，重新安置上岗21人次。

(熊　立)

○ 汉阳机械厂

【概况】 2003年，汉阳机械厂克服人员少、劳动强度大、原材料价格不断攀升、主导产品销售价格提不上来的诸多不利因素，在企业内部开展“双增双节、挖潜创效”活动，努力降低生产成本，取得较好效益。2003年该厂实现销售收入753万元，为年计划的109.9%；实现利润15.31万元，为冶金有限责任公司年度考核目标值的5.1倍；完成压欠清欠任务80万元，为冶金有限责任公司年度考核目标值的100%。该厂在生产经营中，强化安全管理，加大安全风险金抵押金力度，细化厂安委会成员的工作职责，安全工作实行区域化管理，责任落实到人，坚持每天的安全值日制度，做到月考评、季考核、年终评比兑现。2003年该厂实现了重大安全事故、重大设备事故、重大火灾事故、综合治理均为零的考核目标值。

【新产品开发】 根据武汉市人民政府关于“汉江两岸”和南岸嘴景区开发规划，该厂地域处于总体规划范围内,市政府已通知该厂做好搬迁准备。2003年,该厂借企业搬迁的机会,以土地换资金、以资金上项目、以项目求发展。在3月初开始经过半年的市场调研,认为钢结构住宅产业是一个朝阳产业、绿色环保产业、国家"十五"规划明确扶持的产业,该厂决定结合企业的优势,并在冶金有限责任公司的支持下,投资100余万元引进国内钢结构生产线,开发钢结构新产品,12月底前已进入钢结构生产线安装调试与试生产阶段。

【创新管理机制】 2003年该厂进一步创新企业竞争机制,在原来效率挂钩的基础上,实行全方位,多指标挂钩的风险抵押承包责任制,半年进行一次考核。年初将企业内的机械分厂、铸造分厂、经营科3个单位的厂长、科长重新竞标招聘,共有6人报名应聘,经过书面应试、应聘演说、标的竞标、综合考核、组织谈话等5项程序后,录用3人进入承包岗位。在职工大会上3位承包者与企业法人签订了风险抵押承包合同,3人并按中标金额共交风险抵押金4.4万元。半年后,机械分厂、经营科两承包单位出现亏损,按规定解除合同并扣罚全部风险抵押金。承包合同同时规定,原承包人可继续承包,但必须再交风险抵押金。结果机械分厂、经营科原承包人分别续交风险抵押金1万元和0.6万元之后再次与企业法人签订了2003年下半年的承包合同。在他们的努力下,两承包单位下半年经济效益较上半年有大幅度的增长。

【拓展市场】 该厂在巩固主导产品销售市场的同时,立足武钢,服务武钢和市区各厂。2003年,为汉阳钢丝绳厂提供优质价廉的产品。还先后为汉阳精密带钢公司、汉口轧钢厂加工产品和制作设备配件。由于这些产品及配件是汉阳机械厂过去没有涉足过的业务,该厂认真对待每一笔业务,并组织项目专班认真对待,精工细作,让用户满意。在承接汉口轧钢厂的Z形钢加工中,由于该厂设备不具备加工条件,且技术要求高、难度大、时间紧。但是该厂成立以厂长为首的攻关队伍,利用现有设备,日夜加班,提前一周交货,该产品的直接用户武昌车辆厂在提货时对加工质量表示十分满意。2003年该厂为冶金有限责任公司内部企业承接加工业务150 t,为企业增收16.5万元。

【技改项目】 为攻克企业主导产品磨煤机配件复合材料淬火工艺,2003年该厂领导决定组织企业内部技术骨干进行攻关,依靠职工的智慧攻克了技术难关。新工艺的采用提高了磨煤机配件复合材料的使用寿命,在投入市场后深受用户的好评。

【稳定工作】 2003年,该厂坚持一手抓生产经营,一手抓企业稳定工作。该厂采取"一三三"做法,确定一个目标:即保平安、保稳定;做好3个方面工作:即企业在职职工队伍稳定工作,企业退休人员的稳定工作,企业买断工龄人员的稳定工作;注意3个跟踪:即随时注意对"法轮功"骨干分子活动情况进行跟踪,有重点地对离退休人员中不稳定因素的重点人员的帮教跟踪,有针对性地对企业买断人员中的闹事者跟踪做工作。至年底,由于采取了行之有效的措施,该厂没有发生一起闹事事件,确保了企业生产经营工作的顺利进行。

(熊师海)

○ 中南轧钢有限责任公司

【概况】 2003年,中南轧钢有限责任公司积极探索房地产业及转三产项目的开发,全年实现租赁收入116万元,较计划增收46万元,另外通过资产变现增收35万元,开展贸易等实现其他业务收入25万元,即全年实现除税费后净收入170万元,超年度计划110万元,不仅做到了自收自养的收支平衡,而且较好地完成了全年控亏目标,全年按考核口径亏损14万元比武钢集团公司考核目标年控亏的130万元,减亏89.2%,在岗职工收入与社会平均工资保持了同步增长,安全生产上实现了轻伤、重伤、工亡、设备事故、火灾均为零的考核指标。

【机构调整】 近年来该公司基本情况发生了变化,2003年上半年因设备、资产转付汉钢后,部分机构职能丧失,人浮于事的现象较为严重,职工中产生了"企业到头,个人到站"的消极思想。该公司党委决定进行机构调整,精简人员。如何稳妥解决减员增效,并稳定职工情绪,经广泛征求干部、职工意见,制订出切合企业实际的机构调整方案。通过竞争上岗、招聘、双向选择的原则,9月下旬顺利完成了机构人员的调整,由原有的在岗人员54人,调整为39人，先后有10名中层干部免除职务。

【增收节支】 2003年，该公司规范管理，并开源节流以利控制亏损。为实现全年的经济工作目标，确保收、养资金平衡，经营开发科和相关职能部门主动内引外联，按照短、平、快和大项目相结合的原则，扩大租赁范围，当年实现租赁116万元，较计划增收46万元。另外通过资产变现增收35万元，开展贸易等实现其他业务收入25万元，即全年实现除税费后净收入170万元。根据该公司的实际，强化了以财务制度为中心的管理体系，建立健全了一系列规章制度，如用电管理制度，用水管理制度，小车管理制度，客餐管理制度等等。从而保证了控亏目标的实现。

【稳定工作】 2003年该公司于年初制订了《中轧公司关于加强2003年度稳定工作的预案》，针对各种不稳定因素进行分析，提出对策措施并健全网络，加强了做稳定工作的力量。抓稳定工作必须务实，为职工办实事。在上级公司的帮助下，至年底解决了多年遗留下来的医药费报销问题，并为职工办理了医保。同时工会组织积极开展扶贫工作，走访探望特殊困难户，并建立档案。该公司领导与特困户建立帮困对子，特别是对困难户的职工子女上学捐款捐物。退管办的同志还对住在边远农村的困难户上门探望，把组织的关爱送到职工家中，受到了职工的好评。

（王跃先）

○ 汉阳钢管厂

【概况】 2003年，汉阳钢管厂按冶金有限责任公司提出的“创收、自养、保费用”要求，一是强化企业内部管理，转变工作作风，树立企业形象，增强企业信心；二是抓住当前市场产品需求增加和市场行情上扬的契机，积极开展生产自救，全年克服诸多不利因素，基本完成了年初冶金有限责任公司下达和自订的各项生产经营目标，实现销售收入902万元，为年计划的106%；应收账款压欠211万元，为年计划的106%；控制亏损196.88万元，为公司控亏指标（230万元）的117%；各类安全、火灾、重大设备事故为零。

【生产自救】 2003年，汉阳钢管厂根据市场需求，认真开展市场调研，在2002年生产的基础上调整了生产销售计划，规划了新的生产经营方针。(1) 在坚持以经营工作为龙头的前提下，完善经营工作的监督和保障机制。对经营科实行费用包干，以按销售量回收现款提成实施经济责任制分配机制，不搞一刀切，严格检查和考核经营工作制度的执行情况，减少和控制新的应收账款的发生；2003年，该厂销售管材2814 t，比2002年同期增加销售量40.5%，形成销售利润32万元。(2) 对焊管机组进行改造，合并二条生产线，形成一套多种规格功能的生产机组，为企业新产品开发创造了条件。另外，对焊管车间生产实行吨工资含量、成本费用，生产边际利润考核的管理办法，实行合同管理，从而极大地调动了生产、经营部门的积极性，2003年该厂经过调整生产计划，全年完成生产1238 t，比2002年同期生产量增加23.2%。(3)根据冶金有限责任公司“建设武钢产品深加工基地”的方针将冷弯型钢建设成为冶金有限责任公司的支柱产品的战略设想，结合汉阳钢管厂的厂房、场地、水、电、气等优势，该厂将汽车用精密冷弯型钢作为新产品开发的主攻方向，经反复的技术咨询和市场调研，在冶金有限责任公司的指导下，至年底已基本完成了项目的可行性研究和初步设计。(4)盘活资产存量，扩大对闲置场地的进一步利用，2003年该厂在原来的基础上，又对闲置的镀锌车间、原料库和锅炉房、老办公楼对外出租，获租赁收入近百万元。

【清欠工作】 2003年，汉阳钢管厂的清欠工作取得了显著的成绩，但年初面对余下的清欠对象全是“呆账、死账”，为防止债权的丢失进行了如下举措：(1)厂部与清欠专班的同志签订了新一轮的清欠承包合同，修订和完善清欠工作制度，严格经济责任制考核。加强思想教育，提高清欠工作责任感。(2)会同有关部门对债务人的产生、经营状况进行认真分析，保持信息畅通，科学地、灵活地运用清欠方法，提高清欠工作的准确性和效率。(3)加强法律法规的学习，运用法律清欠方式，全年实现应收账款压欠211万元，下销呆死账181.15万元。

【企业管理】 2003年，汉阳钢管厂针对企业内部环境和特点，在抓企业管理工作中做了以下几个方面的工作:(1)做好资产管理工作,按上级公司的要求,该厂对固定资产进行了再次清理,对需报废和按规定减值的资产及时建档上报并定期开展严格的检查,防止资产流失。(2)加强干部管理,调整干部队伍,每半年对管理人员进行考核评价一次,增强了人事管理和业绩考核力度,提高了管理人员的工作积极性和工作效力。(3)按ISO9000—2000版质量体系标准的要求,对各项基础管理进行标准化建设。2003年9月完成了ISO9000标准从1994版到2000版的转换工作,并通过了中国冶金质量认证中心的认可。

【安全防火】 2003年,汉阳钢管厂针对租赁单位多,厂内人员复杂,企业生产呈现间歇性等特点,将安全防火工作作为企业的重点工作来抓,(1)成立特殊时期安全防火领导小组,将整个2003年确定为安全防火的特殊时期,实行了厂级、中层干部及部门安全工作考核评价和考核制度。(2)实行了全员安全风险抵押承包,加大安全考核力度。(3)全年举办安全知识培训班二期,全员性安全知识考试和安全防火知识竞赛一次,根据企业的特点,修订和完善了安全操作规程,对安全防火隐患的整改实行全过程的跟踪,实现全年安全、火灾重大设备事故为零的目标。(4)定期对全厂的消防器材进行检查和更换,在对外租赁单位签订租赁合同的同时,签订安全消防合同,对于不符合安全防火要求的出租户坚决拒租和清退。

【稳定工作】 2003年,汉阳钢管厂为维护正常的生产秩序,积极做好企业的稳定工作,(1)企业领导班子积极带头,充分发挥稳定工作小组的作用,发挥党员干部的带头作用,加强职工队伍教育,增强职工爱岗敬业精神。(2)将企业的稳定与做好退休职工和买断职工的服务工作相结合,积极做好宣传解释工作,注重工作方法,提高工作实效。(3)加强对重点工作对象的跟踪服务工作,保持和地方政府的信息畅通,切实为职工解决实际困难,开展好送温暖活动,该厂全年进行走访退休职工家庭57户,对17名生活困难的买断职工进行了慰问,使广大职工感受到了组织的温暖,维护了企业稳定。(4)在二级公司的关心和支持下,该厂对原厂宿舍7号楼严重倾斜的危险情况及时向上级提出专题报告,经上级公司批准拨款,至年底已实施修整工程,从而消除了危险楼居民的不安心理。

(周炳森)

○ 钢丝绳厂

【概况】 2003年,钢丝绳厂紧紧围绕生产经营中心和改革发展目标,优化品种结构,开拓市场,深入挖潜增效,强化质量管理,依靠科技进步,提高职工素质,充分发挥思想政治工作的整体优势,有效克服了"非典"疫情及资源紧张且价格持续上涨等不利影响,各项经济指标比2002年都有较大幅度的增长,产量首次突破3万t,比2002年增长60.5%;销售收入首次突破亿元大关,比2002年增长66%;利润比2002年增长13%。2003年该厂连续8年被评为武汉市"重合同、守信誉"单位;获武汉市劳动和社保局"2003年度劳动保障信用合格单位"和武汉市绿化先进单位,被武钢评为质量管理先进单位。

【生产经营管理】 2004年,该厂大力开发PC钢绞线市场,使PC钢绞线在没有工程业绩、知名度不大的情况下,有效地抢占了市场份额,连续在澳门澳凼三桥、安庆长江大桥接线工程、黄延高速公路等重点工程中标。该厂通过不断探索PC钢绞线生产工艺技术,加强员工技能学习培训,探索出润滑、模具速度的合理组合及质量、设备、效率的合理组合,投产当年就达到了设备的生产能力。该厂经过精心策划、工艺跟踪及反复研究与试制,成功开发出特高强度特高1%应力要求、大跨度$\phi3.13\ mm-1\times19\sim15.65\ mm$镀锌钢绞线,为武汉电缆集团铝合金导线有限公司提供了出口美国的特高强度特高1%应力要求$\phi3.376-1\times7-\phi10.128\ mm$镀锌钢绞线,生产出三峡配电工程需要的特高强度特高1%应力要求、大跨度$\phi3.07-1\times7-\phi9.21\ mm$、$\phi3.7-1\times19-\phi18.5\ mm$镀锌钢绞线等特殊产品,这些高难度品种规格产品的成功研制生产,有效拓宽了该厂产品市场竞争能力。

【技术创新】 2003年,该厂经过市场考察筹措230多万元,仅用3个月时间,新建成PC钢棒和无粘结预应力筋两条生产线,生产出合格产品投放市场,取得了良好的经济效益。全年还针对用户的需求,该厂依靠新技术、新工艺、新材料对现有设备、生产线、工艺流程等进行技术创新，对 60 t 拉力试验机和钢丝表面酸洗处理生产线进行了技术改造，并试用新型磷化液，有效降低了成本，提高了钢丝表面质量。还对 ϕ450 mm×12 捻股机和 2 号镀锌炉收线部位传动系统整体进行技术改造，投入使用后，有效改善了设备的精度，优化了工艺，提高了生产能力和产品质量，通过这一系列的技术创新，为该厂持续健康发展，实现做大做强的战略发展目标，提供了保证。

【抓好党建促经济】 2003 年，该厂按照“围绕经济抓党建，抓好党建促经济”的工作思路，不断加强党的自身建设，发挥了两级党组织和党员在促进经济发展中的重要作用。召开了“创新工作研讨会”和“思想政治工作暨学习十六大精神研讨会”，配合质量月、安全月活动，在全厂开展了“重塑企业形象大讨论”和“树理想、讲奉献、比贡献”及“理想、信念、宗旨”教育活动，通过《武绳报》、黑板报、橱窗和评选“每月一星”以及“双文明表彰”，宣传和动员广大党员、干部职工积极投入生产经营主战场，在本职岗位上做一流工作、出一流产品、创一流服务，把职工的聪明才智和创造精神充分发挥出来，使“抓管理、降成本、上质量、增效益”成为职工们的共识，有效提高了产品质量，提高了职工技术业务素质。该厂还坚持党员挂牌上岗制度，效果良好，挂牌上岗使党员进一步增强了荣誉感、责任感和使命感，使每个党员努力做到“党员身边无违纪、党员身边无事故”，做群众的表率、做企业改革、发展和稳定的促进派，真正做到“一个支部一面旗，一个党员一个闪光点”，为创建文明工厂、培养文明职工、促进职工素质的全面提高起到了重要的作用。

（王友平）

○ 汉口轧钢厂

【概况】

项　　目	计　划	实　际
利润/万元	1000	1079
产量/t	80000	99030

续表

项　　目	计　划	实　际
销售量/t	80000	103314
销售收入/万元	31000	35972
清欠压欠/万元	4600	5617
千人负伤率/‰		工亡 1 人

【机构及劳动人事管理】 2003 年，汉口轧钢厂对机构进行了局部调整，对分配制度及劳动人事制度进行了改革。(1)将销售公司并入了冷弯分厂经销科，增设了企业管理部，全厂机构 15 个，党支部由 9 个调整为 8 个。(2)2003 年 12 月，对中层管理人员进行了年度聘任，共聘任 49 名，解聘 3 人。(3)面向社会招聘应届大学毕业生 11 人，安置退伍军人 6 人，办理职工退休 68 人。截止 12 月 31 日，全厂职工人数 1100 人。(4)在全厂实施了岗薪工资制。

【经营开发】 2003 年，汉口轧钢厂继续贯彻执行“巩固老用户、抢占新市场、开发新产品”的经营方针，克服“非典”疫情造成的市场影响，紧盯市场变化，加大开发力度，扩大经营规模，经营工作取得成绩，冷弯型钢产品产销量首次突破 9 万 t，在国内同行业中排名第一。(1)铁道车辆用材市场一直是该厂生存和发展的支柱，为稳定这个销售市场，该厂坚持与各铁道造车厂保持紧密联系，紧盯铁道造车用材的发展方向，积极参与新车型用材的开发、设计和试制，牢牢抓住了铁道材市场。2003 年，铁道材销量 35000 t，比 2002 年增长 35%，开发试制新产品 30 余个，对铁道车辆用冷弯型钢中梁进行了研制，并通过了铁道部的技术审查，为今后的发展开拓了更广的空间。(2) 通过经营人员的努力，汽车用材产品已成为该厂的第二大支柱产品。2003 年开发了 P 字管、扇形管、不等边槽等新产品，进一步拓宽了汽车用材市场。汽车用材的销量达 27000 t，比 2002 年增长 40%，使该厂对铁道车辆用材市场的依赖程度降低，产品结构更趋合理。(3)建桥用材、矿山用材销量比 2002 年有大幅增长。在工程建设用材领域，承接了重庆江北机场航站楼、上海东海大桥、澳门体育中心等 10 余项工程的供货业务。还先后对桥梁建设用材、钢结构用材、环保用材等新产品进行了试制，通过开发、设计、生产人员的共同努力，全部产品试制成功，至年底已应用于相关领域。

【技术改造】 2003年,汉口轧钢厂坚持走技术进步的道路,进行了一系列技改技措。(1)自行设计新建了一条P/R560开口冷弯型钢生产线(即6号机),当年开工,当年投产,各项技术指标达到预期要求。该机组投产后,将使该厂冷弯型钢产品的生产布局更趋合理,充分发挥各机组生产优势,实现各机组的专业化生产,提高生产效率,降低生产成本。(2)设计改造了4号机在线收集、打包装置、冷却塔、在线处理大小头设备和改尺修复加工线,减轻了职工的劳动强度,提高了4号机的生产效率和产品改尺修复速度。(3)对3号机高频、主机、飞锯及收集装置进行了一系列改造,降低了设备故障率,为充分发挥3号机生产潜力,实现尖角、帽钢等产品转向3号机生产打下了基础。(4)利用现有设备改装成2号机切头剪,提高了2号机工作效率,为工厂节约了大量资金。(5)为适应30 t规格原料的生产,改造了英纵剪上料小车,使上料能力由原来的20 t增加为30 t,开卷机能力由20 t增加为25 t,提高了设备负荷能力。(6)完成了无缝分厂114机组精整线的安装。

【企业管理】 2003年,汉口轧钢厂提出了精细管理的要求,通过一年来的推行,全厂各方面管理工作都有不同程度的进步。(1)全面贯彻执行ISO9000质量体系标准,开展了质量体系内审,对内审中发现的不合格项,实施改进,以保持质量体系的有效运行。冷弯分厂通过了ISO9000质量体系年度审核,无缝分厂通过了ISO9000质量体系认证。(2)加强人力资源管理,实施分配制度改革,在试点的基础上,对全厂实施了岗薪工资制。配合岗薪制的改革,制定了《岗位竞聘及考核管理办法》、《关于设置岗位资质标准及高岗低聘的有关规定》等管理制度。推行新的分配机制和竞聘上岗,激发了职工的工作积极性,增强了职工的竞争意识和危机意识。根据工厂生产发展的需要,招聘大学生11人,制定了详细的实习培训计划,一对一地签订师徒合同,明确阶段培训效果目标,并实施考核检查。加强了培训工作,从生产实际中寻找培训课题。全年共举办各类培训班51期,参训人员达1644人次。加强了考场监督,采取严格的考试管理办法,提高了培训质量。(3)加强制度建设,坚持每月抽查制度的执行情况,建立了全程信用管理制度,对经营活动中出现的"新欠"进行了有效的控制。为减少工厂支出,保证工程质量,防止腐败现象,颁布实施了《厂招投标管理办法》,对工程建设、产品运输及设备采购等7个项目进行公开招标,节约资金近200万元。(4)建立了财务电算化局域网,提高了工作效率和数据准确性。坚持每月编制财务分析模型,为企业决策提建议、当参谋。通过与工行、中行协商,达成还款免减息协议,豁免金额达96万元,减轻了工厂的财务负担。(5)吸取"2.26"工亡事故教训,加强了职工的安全意识教育和管理人员的安全责任教育,组织开展了"特殊时期安全生产"活动和"安全生产月"活动,每月进行安全大检查。(6)无缝分厂114机组进行了3次试生产,各项技术经济指标均有大幅提高,综合成材率为89.2%,产品合格率为99.2%,煤耗降低指标267 kg/t,电耗指标降低33 k W·h/t,工具消耗也大幅下降,基本达到设计指标,设备故障率下降到8%以下,平均班产量91.5 t,最高日产量305 t,基本实现生产成本达到市场要求;产品质量、规格达到用户要求;生产能力达到设计规模。

(孙卫民)

○ 武钢江南燃气热力有限责任公司

【概况】 2003年,武钢江南燃气热力有限责任公司全年生产焦炭17.5万t,完成计划103%;新发展煤气用户4028户,累计现有用户42975户;供应民用煤气14000 km^3,保证了安全稳定供气,实现了产销两旺;焦炭合格率达100%,达到武钢集团公司核定及客户用焦要求;煤气质量基本稳定,实现了安全生产"五无"。全年实现销售收入7800万元,上缴税费1200万元,实现盈利208万元,创历史最好效益。

【置换天然气前期工作】 2003年,为迎接天然气到汉,武钢江南燃气热力有限责任公司积极做好管道民用煤气置换天然气的前期准备工作,为燃气发展做好准备。该年委托西南设计院完成了《江南公司天然气工程项目建议书》和《江南公司天然气利用工程可行性研究报告》,并且对可行性报告组织了多次讨论，提出修改意见和建议。全年结合实际，对现有煤气用户进行全方位的普查建档工作，包括灶具、户内立管、中压干管及庭院管网在内的所有设施。同时，有计划、有重点对现有管网中腐蚀严重、反映比较大的隐患工程进行了局部整改，完成18号调压站等改造工程15项，突发性抢修项目8项，户内抢修维修整改5029户次，确保了安全保供，也为置换天然气打下了良好的基础。

【工业园建设及环境建设】 2003年，在武昌区政府和白沙洲街的大力支持下，该公司建立了武钢江南燃气工业园，并利用工业园这个平台，积极做好企业产业结构调整的准备，努力实现广大职工各有所岗、各有所业的发展目标。在项目引进上坚持做到“三积极，三不要”（即：积极寻找合作伙伴，积极引进高新技术，积极开发新的项目；技术含量低、效益不高的不要，环保污染大的不要，规模太小、安置职工少的不要）。园区内的天源公司率先合作引进生产装饰装潢生产线，注册成立了第一个真正意义上的合资公司。同时，还接谈考察了多个项目，其中在第六届北京国际经济洽谈会上，该公司与澳方就生产“无石棉刹车片”项目签订了《合作前期意向书》，10月底澳方代表到武钢江南燃气热力有限责任公司进行了实地考察，对厂容厂貌及企业的管理水平给予了充分的肯定，制定了《商业计划书》，为双方的正确决策提供科学依据。2003年，该公司进一步加大了环境创新的力度，对办公区整体墙面重新进行了粉刷，并封闭政工楼的走廊，修建和改造花坛等景点。同时从软件上加强了厂容卫生的环境检查考核，强化了责任区的职责和范围，使企业容貌改观。全年大力改善班组的硬件设施，重点对生产区域各二级单位41个班组、休息室及生产单位办公室进行了硬件更新，粉刷墙壁，装饰地面，重新购置桌椅，使班组环境更为舒适，职工小家更为温馨。2003年，武钢江南燃气热力有限责任公司按照现代企业制度的要求逐步科学化、规范化，抓好各项管理工作，以提高市场竞争力。该年通过积极努力，取得了《消防安全检查意见书》资质，并完成了安全评价，编写了该公司《应急预案》。至年底《危险化学品经营许可证》资质处于审批阶段，待“两证”齐全后将办理《生产经营许可证》资质。

【设备安全生产管理】 2003年，该公司狠抓设备管理，一方面坚持以设备管理的检修、定修为中心，结合“四个十工程”和“树做”活动，开展对设备的评比考核，对设备管理网络进行了有效管理；另一方面对不能满足生产要求的设备进行了改造、更新，完成了包括自来水网改造、3号集气道更新改造、两次对部分回炉煤气管更换等19项较大的检修和隐患整改。设备管理的各项指标达到或超过计划指标，主要设备完好率90%以上，检修计划实现率达100%，故障停机率小于5‰。在管理上，加强了基础工作的管理，特别是原始记录、基础台账方面得到加强，全面保证了正常生产、供气的需要。2003年，该公司从抓劳动纪律、工艺纪律落实入手，重点狠抓了反违章作业、反习惯性操作，加强了三规三制的检查考核，加强了企业安全责任制的落实。全年累计查找并整改安全隐患82项，其中较大的整改工程5项。组织学习《安全生产法》、《消防法》等有关法规，开展了“安全生产月”活动，继续坚持安康杯活动及“青安杯”竞赛活动，重新修订了安全风险抵押责任书，进一步明确了经济责任考核制度，调整安全管理组织机构与网络，增强专职安全员及安全管理网络的力量。进一步加大了消防环保工作管理力度。逐步完善了消防管理网络，建立了消防档案及消防器材管理考核制度，实行定岗定员管理，严格落实消防管理责任制，补充完善了动火申请的程序、内容、操作规定及注意事项。该年环保管理工作争取了环保基金贷款，完成了废水设施技术改造工程项目，恢复了4台曝气机运行后，废水处理效果得到明显改善，降低了氨氮超标排放量，减少企业排污的费用。

【职工收入及福利】 2003年，该公司为理顺社会保险缴费关系，两次调增岗薪工资。该年因企业取得了较好的经济效益，从解决职工的后顾之忧出发，不仅要使职工在岗能有较好的收入，还要兼顾退休后生活有保障，为此对社会保险缴费标准和岗薪工资进行了调整，调整后该公司现在岗职工退休后收入水平接近社会中高等水平。与此同时，为了进一步发挥基层管理骨干的能动性，充分体现管理在生产要素分配中的作用，突出兵头将尾岗位的责任制，在进行严格的考核后，增加了班组长、作业长的岗位津贴。

【企业文化建设】 为了进一步深化“四个十工程”主题活动，2003年初，该公司党委在2002年提炼的“事事为用户着想，人人树企业形象”的企业经营、服务理念基础上，继而开展“树企业形象，我该怎样做"的主题活动，以提高职工敬业精神和职业道德水平。为使"树做"活动和经济工作、管理工作紧密结合，并和"四个十"、文明创建相结合，以经济为杠杆，用思想工作的方法，采取公司和二级单位层层考核、打分、挂旗的办法考核，把企业管理理念和规章融于职工行为之中，培植职工健康向上的集体价值取向。"树做"活动开展提高了干部、职工的责任心和荣誉感，促进了管理上台阶。

（王希平）

○ 汉口冷轧有限责任公司

【概况】 汉口冷轧有限责任公司根据国务院国有资产管理委员会和武钢清产核资办公室关于对该公司清产核资的要求，2003 年对 2002 年以来企业资产进行了认真的清产核资工作。经国务院国资委批准，该公司 2002 年原账面资产总额 4383.79 万元，核减损失及预计损失后，2003 年末资产总额为 1342.9 万元，其中流动资金 143.65 万元，长期投资为 111.5 万元，固定资产 1087.75 万元。该公司占地面积为 32612.06 m^2，因属关闭型企业，生产活动终止，全公司主要收入均为设备、厂房租赁收入。2003 年目标收入为 100 万元，全年实际收入 126.16 万元，其中其他业务收入 119.18 万元，与 2002 年同期相比，增加收入 56 万元。投资收益 6.97 万元，2003 年冶金有限责任公司下达控亏指标 -147 万元(含固定资产折旧 57 万元)，实际亏损为 -36.57 万元，(按企业会计制度账务进行了调整)减少亏损 100.43 万元，与 2002 年同期相比降低亏损 658.76 万元。清欠情况：目标清欠 80 万元，已完成清欠抹账 80 万元，占目标计划的 100%。截止 2003 年 12 月底，全厂在职职工 88 人，其中在岗 39 人，内养 49 人，离退休职工 205 人。

【物业管理】 该公司实行整体经济性裁员后，生产经营活动终止，为关闭性企业，企业由生产经营型转变为物业管理服务型。为适应改革形势，该公司专门成立了物业管理办公室，负责该公司厂房、设备、空地对外租赁招商，该办公室加强管理，首先制定标准统一房屋租赁标准和价格，将原出租房价混乱，高低不齐的收费标准统一。其次组织职工动手，腾出车间、库房，扩大出租面积。其三，清理、平整公司内部空地，扩大空地出租面积。其四，对所有出租户的水、电与企业分离，实行一户一表，并确定专人巡回检查，对"倒转表"、"不转表"、"慢转表"发现后坚决取缔，对"长流水"、"长明灯"、"长开门"、"长付费"的电话进行了治理，增收节支。该公司由于全面停产关闭，经营形式，经营手段，经营对象均发生变化，由于租户增多，涉及行业众多，外来人员和车辆骤增，对该公司的安全管理工作提出新要求，安全管理工作面临新的任务和对象。为了确保安全管理目标的实现，该公司 2003 年强化了安全管理工作。一是大力宣传"安全生产法"，组织干部，职工认真学习《安全生产法》，从思想上树立"安全第一"的思想。二是加强对外来租户安全管理工作，对所有承租户均签订防火、防盗安全管理责任书。三是完善修订厂安全保卫人员岗位责任制。四是贯彻落实物业管理人员对全厂安全管理巡查制度，定期检查全厂电线、电路、防火、防盗设施，发现隐患及时排除。五是形成合力，齐抓共管。各部门都制定了安全管理岗位职责，把安全管理工作落实到每个部门。尽管该公司租户众多，入租行业繁杂，车辆出入频繁，由于措施得当，管理到位，该公司 2003 年安全生产事故为零，未发生火灾和重大被盗事件。

【稳定工作】 2002 年该公司实行整体经济性裁员后，仍有许多关系职工切身利益的收尾工作亟待解决。2003 年，为了搞好买断职工、退休职工和在职职工的稳定工作，经研究，该公司成立了稳定工作领导小组，各车间、科室均相应成立了稳定工作小组，构成稳定工作网络，上下一致，形成合力，确保稳定。(1) 以党、团员为骨干，划分 15 个责任区进行分片包干，定期排查不稳定因素，化解矛盾，截止年底未发生因矛盾激化，出现聚众闹事或集体上访事件。(2) 在坚持正面教育、疏导工作的同时，积极为职工做了力所能及的工作，如档案托管、住房公积金、失业保险金等项的收尾工作。(3)为减少聚众机会，组织人员按责任区域上门服务，把每一份资料和单据送到买断工龄职工家中。(4)对退休职工生活给予极大关注，特别是对退休职工的医疗费高度重视，多方筹措，先后 3 次对 1999 年以来拖欠退休职工医疗费按规定报销共计 61.8 万元，有效地消除了不稳定因素。(5)对在岗和内养职工的生活也给予充分关注，为内养职工中低于武汉市最低生活保障线人员调资，人均增资49.14元。对在岗职工中工资低于最低工资标准的一部分职工填平补齐。同时，为提高在岗职工待遇，在岗职工工资由技标一，调至技标二。2003年，在上级公司关怀下，从技标二调整为岗位工资，使在岗工人月均工资达到600余元。(6)为了解除退休、内养、在岗职工医疗费用的后顾之忧，该公司为上述人员全部办理了社会统筹保险手续，有力保障了稳定的局面，使职工免除后顾之忧。(7) 做好困难职工的稳定工作，满腔热忱地帮扶弱势群体。该公司利用元旦、春节、“五一”、“十一”等节日，对单位特困在岗职工和退休职工、下岗职工、内养职工及低保户全面进行走访慰问，以不同形式将组织温暖送到上述人员家中，特别是对少数困难户该公司派人上门慰问，解决燃眉之急。坚持做到凡是职工生病住院，必须到病床前探望。退休职工去世，必须到职工家中抚慰。2003年，该公司共走访慰问90余次，用于帮扶资金8000余元。(8)该公司为了特困职工办实事，送温暖，根据有关精神，分析特困家庭状况，将该公司特困户划为三级，并做好建档工作。根据特困级别，确定帮扶项目和资金。该公司2003年组织了7次再就业赶集会，帮助一批特困家庭成员及子女走上了就业之路，缓解了家庭经济困难的状况。

【机构改革】 该公司实行整体经济性裁员后，工厂的任务、人员结构、管理对象、岗位职责均发生重大变化，作为特困、关闭企业，中心工作就是在上级党组织的领导下，保持企业稳定，自救图存已成为企业经济工作的中心工作。2003年，该公司上下达成共识，实行三个转变；即：在经营方式上由生产经营性向物业管理服务性转换，在思想观念上由领导管理身份向岗位职责身份转换，在工作标准上由原来指标化向细化物业管理服务项目转换。为建立一支高效实用，精干的管理机制，打破干部职务终身制，将过去的车间、科室全部撤销，根据工作需要建立二室六组，即：党政合一的综合办公室，资产保全增效的物业管理办公室、政工组、劳资组、财务组、清欠组、行政组、保卫组，各岗位人员职责明确，管理工作收到明显成效，物业管理收入较2002年增收34万余元。将党群工作、反腐倡廉、党风廉政责任制工作落到实处，使党建、宣传、组织、老干、信访等工作件件有着落。政工部门撰写的理论性调研文章6篇，其中3篇在武钢集团公司及冶金有限责任公司获奖。

（龚宣传）

控股公司

○ 武钢集团襄樊钢铁长材有限公司

【概况】 武钢集团襄樊钢铁长材有限公司(以下简称襄樊长材公司)主要设备有20 t炼钢电弧炉2座、30 t精炼炉1座、三机三流连铸机1套、1500 m^3/h制氧设备1套、六连轧轧机1套。具有年产钢20万t、材20万t的生产能力。在中西部地区的螺纹钢市场占有相对优势。2003年该企业登上湖北百业(电炉钢)状元榜,获湖北省著名企业称号。

2003年,在停产改造两个月的情况下,襄樊长材公司仍提前30天完成全年生产经营任务。其中钢产量完成年计划的103.1%,材产量完成年计划的112.33%,实现销售收入完成年计划的149.21%。

2001～2003年主要指标完成情况表

项　目	计量单位	2001年	2002年	2003年
钢产量	t	157105.34	156901.18	145762.86
钢材产量	t	157170.93	164651.80	150239.44
钢材销量	t	153595.40	167926.89	157429.23
销售收入(含税)	万元	35814.14	37207.97	45709.03
实现利税	万元	2935.44	2950.63	4173.05
其中:实现利润	万元	1530.33	553.40	1727.30
上缴社会保险费	万元	180.83	225.67	251.60
在岗职工年人均工资	元	10372.00	10856.00	13543.50
社会贡献总额	万元	5019.19	5096.89	6300.00

【管理创新与深化改革】 2003年襄樊长材公司广泛吸收同行企业各具特色的管理方法,借鉴民营企业的有益做法,创新管理机制,企业管理水平进一步提升。完善坚持岗效工资制度,突出绩效考核目标,对特殊岗位和专业技术人员实行岗位专项津贴制度,在生产单位采取减人不减资的分配激励措施。完善干部动态管理机制,开展转变干部作风大讨论,大胆选拔使用工作能力强、业务素质精的"创新型"人才,淘汰办事效率低、工作不负责的干部,强化"零时差"管理,树立"敢负责、办实事、会学习、能创新"的干部形象。加大人员结构调整力度,完善末位淘汰机制,职工总数由2003年初的1269人减少到1110人。

【技术改造和环境治理】 2003年9月1日～2003年10月30日,襄樊长材公司仅用60天时间完成了炼钢系统改造及环保治理项目,使企业在国家行业政策的指导下,走可持续发展的道路。这次炼钢技改工程自筹资金2000多万元,于10月31日生产试运行,2座EBT电炉改造后配以新建的30 t LF炉进行炉外精炼,形成了一条计算机自动控制,工艺布局合理、技术装备较为先进的生产线。炼钢工艺系统改造投产后,实际冶炼时间缩短30%,月产量可由原来的1.5万t增加到1.8万t。工艺进一步优化,钢坯优质品率由80%提高到95%以上。投资230万元改造后的氧气分子筛顺利投入使用,氧气纯度达到99.8%,小时产量达到2000 m^3,出氧能力提高20%以上。经过一个多月的试生产,完成了人机磨合,实现了改造后顺利达产的目标。新除尘设备运行后,烟尘收集率大于95%,完全符合环保要求,彻底解决了多年来困扰企业的环境污染问题,受到湖北省、襄樊市政府的一致好评。

【开展"双创双爱"活动】 2003年襄樊长材公司以"十百千万"工程(即争创十佳爱厂爱岗品牌岗位,争当百位创新创效能手,发动千名职工全员参加，创造效益200万元）为目标开展一系列主题活动。在活动中注重发挥典型示范作用，评选出“十佳”品牌岗位明星和百位创新创效能手，培养了一批在全公司范围产生积极影响的典型人物，激发了全体职工投身企业生产经营和技改工作的热情。重视发挥知识分子的作用，搭建适合发挥知识分子才干的平台，采取特殊政策，解决了6名处于生产经营一线关键岗位的刚入厂的大学生家属就业问题，职工队伍稳定。

【创建省级模范职工之家】 2003年，襄樊长材公司在企业的改革发展过程中，认真落实建家目标责任制，做到党委重视建家、行政支持建家、工会主动建家，职工参与建家的良好局面。该公司坚持全心全意地依靠职工办企业，发挥职工代表在企业管理和重大决策上的作用，不断深化厂务公开，定期召开职工代表大会、民主对话会。加强民主管理，与职工进行多种形式的沟通。做到群众利益无小事，对涉及到群众切身利益的事情竭尽全力去办。在预防“非典”疫情工作中，早行动、早安排，制定周密的“防非”疫情工作计划，购买“防非”疫情药品送到生产一线，为职工发放“防非”疫情药品和物资价值13万元。2003年还投入大量的人力、物力开展环境整治，重塑企业形象，改善职工就餐和乘车环境。并持续开展送温暖活动，对困难职工进行走访慰问、捐款救助。同时建立特困职工档案，申办最低生活保障。全年完善职工劳动保护档案，定期组织进行职业病检查。

（张启敏　陈建民　刘耕耘）

○ 武钢集团武汉冶金设备制造公司

【概况】

项　　目	完　　成
销售收入/万元	13485
利润/万元	−2729
全员劳动生产率/元·(人·a)$^{-1}$	59405
合同交货率/%	83.3
固定资产净值/万元	19976

2003年，武汉冶金设备制造公司根据冶金行业市场趋好的形势，坚持依托“两钢”（武钢、宝钢），扬长避短，注重资信，树立品牌的营销策略，着力巩固优势市场，开发主导产品，在有效降低经营风险的同时，实现了合同产值大幅度的增长，全年共承揽合同24596万元，较2002年增长73.25%。主要合同项目有：武钢460 m^{2}环冷机、宝钢4号高炉炉壳及附件、热风炉炉壳及附件、宝钢宽厚板轧机工程、宝钢宝新罩式炉、淮钢起重机、南钢900 t混铁炉、黑龙江建龙110 m^{2}环冷机等。2003年该公司面对合同订单增多，生产任务繁重的局面，一方面严格生产计划管理，重点项目按网络计划节点实施控制，并纳入月度计划完成率指标重点考核；另一方面加强生产的协调和平衡，通过内部协作缓解关键工序工期矛盾，提高企业资源的利用率，确保了宝钢4号高炉炉壳、沙钢415 m^{2}环冷机等一批重点项目按期完成。2003年该公司投入技改技措资金300余万元，完成了吊具厂整体搬迁，使吊具厂房面积增加1倍，扩大了产能。首台模锻锤改电液锤改造取得成功，使该公司锻造技术水平上了一个新台阶。2003年，扩充和改造了企业局域网络，改进了HP大型绘图机系统。

【再造国内最大高炉炉壳】 2003年11月30日，由武汉冶金设备制造公司承接并制造的国内最大高炉炉壳——宝钢4号高炉4350 m^{3}特大型高炉炉壳，在经过有关专家组A级达标验收后，最后一批炉壳构件全部装船启运宝钢。至此，历时7个月，该公司终于按质按期完成了这一具有国际水准的特大型高炉炉壳制造任务。这也是继宝钢2号、3号高炉炉壳之后，该公司制造的第3座4000m^{3}级特大型高炉炉壳。为了按质按期完成宝钢4号高炉炉壳的制造任务，该公司成立了由总经理领导的项目质量监督组，对整个炉壳的选料、尺寸、工艺、焊接严格把关，监督落实。在生产制造过程中，该公司采用新工艺、新技术，先后攻克了炉壳孔位分度和风口带法兰焊接等重重技术难关，圆满完成了宝钢4号高炉炉壳的制造任务，受到宝钢和安装单位的好评。

【进军桥梁项目】 2003年4月，有“湘江第一桥”之称的黑石铺湘江大桥顺利对接。其主桥工程两边跨钢管拱由武汉冶金设备制造公司承制并安装，总重量达2700余吨。这是该公司涉足桥梁市场的第一个项目。为了按期完成这一工程项目，该公司在初次涉足桥梁市场，无管理经验、无成熟工艺、无专用设备等情况下,通过成立黑石铺湘江大桥项目部,对该项目进行了总体策划和组织实施。一方面,通过自制红外线加热成型装置、自动焊接线等设备,解决了设备“瓶颈”问题。另一方面,发挥工程技术人员的积极性,采用新技术、新工艺,攻克了钢管拱拱肋成型、焊接等一道道难关。2002年4月,第一件钢管拱试制成功。同年11月,钢管拱开始批量交工。2003年2月,主桥48件钢管拱顺利完成并投入现场安装。同年5月,该公司还为鄂州洋澜湖大桥提供钢管拱372 t。

(李永年)

○ 武钢集团海南有限责任公司

【概况】 2003年,武钢集团海南有限责任公司围绕全年生产经营目标,不断调整和优化产品结构,在大力开发生产以精密极薄带钢为核心的高附加值、高技术含量产品的同时,抓住市场机遇、发挥企业规模效益,加强质量、成本、资金管理,实现销售收入3.5亿元,比2002年增长40%;实现总产量10万t,比2002年增长30.9%;实现利润500万元,首次实现全年扭亏为盈的目标,完成了2003年企业生产经营任务。该年,被评为“海南省质量信得过十佳企业”和“海南省思想政治工作优秀企业”。

【市场开拓】 2003年,海南有限责任公司把握市场机遇,根据市场需求,把“为顾客创造让渡价值”作为营销核心,谋求双盈、共同发展。全年推行客户经理负责制,改革营销机制,建立和发展了该公司的一级经销商,发展了22家销售网络会员,构建了稳定的销售网络,确立了海南公司的产品品牌,产品的市场竞争能力逐步提高,在珠江三角洲地区的销售已得到用户认可。全年为贯彻“以效定销、以销定产、以产促销、产销均衡”的整体产销管理原则,以效益最大化原则测算产品的边际效益,并结合市场价格、客户需求及原料状况合理制定产品的品种结构及规模。根据月生产计划,细化计划管理,以作业计划保旬计划、以旬计划保月计划的均衡稳产的管理模式,理顺生产与技改、产量与质量之间的关系,生产潜能不断被挖掘出来,2003年3月份首次突破月产万吨大关。

【技术改造】 2003年,海南有限责任公司在武钢的大力帮助下,按照生产开发精密极薄带钢的要求,进行了10项技术改造,合同签订共计1984万元(新建脱脂机组计划投入资金1360万元)。技术改造包括:对各工序设备系统进行有计划地恢复与配套改造、轧机右卷取齿轮箱改造、轧机张力控制系统改造和AGC控制系统改造。经过改造后的生产线改善了板面质量,扩大了内磁屏蔽钢等极薄带产量。

【新产品开发】 2003年,海南有限责任公司以科技创新为突破口,围绕产品转型,实施新产品开发工作。通过对极薄带钢系列产品的可行性论证,从试制开发到小批量生产,已经掌握了内磁屏蔽钢的核心技术及生产过程控制,全年生产内磁屏蔽钢2000 t,比2002年翻了两番,其成材率达70%以上,实现了内磁屏蔽钢(硬态)的批量试生产。与此同时,还开发出了附加值较高的耐候钢及冷凝管钢等新品种,并形成少批量生产能力。

【企业改革】 2003年,海南有限责任公司根据市场及企业内部改革发展的需要,借鉴海尔等先进企业的管理经验,推进“市场链”管理为核心,再造企业管理体系,使企业内部形成有序的市场运行机制。该公司将吨钢工资作为重要核奖指标纳入考核,与劳动量、质量、成本、利润等指标直接挂钩,形成对员工的“动力+压力”激励机制。为了有效控制生产成本,合理配置资源,该公司还实施全面预算管理,进一步细化成本管理工作,将全年预算成本分解到各个车间、部室,实行经济责任制考核,并在经济责任制考核的基础上,开展“成本效益纵深行”活动,改革成本核算方法,实施成本倒算的目标成本控制方案,制定成本目标计划,做到“先算账,后干活”,使单位加工成本明显下降。同时,为了全面提升企业素质,该公司全力推进ISO9000系列标准,全年完成管理评审2次、内审3次,并于同年9月顺利通过中国质量协会的年度监督审核。

【企业文化建设】 2003年,海南有限责任公司党政工作注重抓好企业文化建设,不断提升职工队伍的思想素质和业务素质。该公司组织职工认真学习《公民道德建设实施纲要》,增强职工在社会公德、职业道德、家庭美德方面的修养。全年充分利用职工(党员)培训学校,把党员教育和职工教育结合起来,同步推进。2003年,该公司紧紧围绕企业生产经营目标,对管理、技术、操作等岗位的人员进行不同层次的培训,全年开展各类培训50余项,培训职工已达700多人次,培训率达170%,培训面达标100%。为促进培训工作的落实和职工技能的提高,该公司对18个岗位的78名操作人员按岗位标准进行了包括操作技能、设备规程和工艺规程考核在内的职工岗位技能测评。11月,该公司工会还举办了"首届职工技术运动会",参加人员达150人,通过竞赛,迅速在企业掀起"比、学、赶、帮"钻研技术的学习热潮。同时团委还开辟了"青年讲坛",聘请该公司领导就有关企业经济学知识、人文知识、班组建设等方面进行专题讲座,扩大青工的知识面,较好地促进了职工队伍素质的提高。为加强企业文化建设,全年该公司党委、工会、团委紧密配合,根据现代企业制度的要求,围绕企业生产经营目标,编制公司《企业文化建设规划》、《2003年企业文化建设计划》、《职工行为规范》和《日常行为规范》,召开企业文化建设筹备会,讨论、布置企业文化建设工作,以文化内涵陶冶职工的情操,用企业精神来鼓舞职工爱岗敬业。该公司工会、共青团在"五一"、"五四"期间,开展评比表彰"青年突击手"、"青年文明号"、"青年岗位能手"、"年修之星"和"标兵事迹宣讲"等活动,激励广大职工积极向上,在各自岗位上创新创效,为企业做出积极贡献;为活跃职工的业余文化生活,增强职工的凝聚力,该公司还积极开展丰富多彩的文娱、体育活动,举办了"迎'五一'、'五四'"、"迎新春"系列文化活动,开展知识竞赛、演讲、征文、摄影、体育等项目的比赛和联欢活动,广大职工利用业余时间踊跃参与,极大地丰富和活跃了职工的业余文化生活。

(海　郑)

实业公司

○ 实业管理

【概况】 2003年,武钢实业公司坚持以"三个代表"重要思想为指导,认真贯彻党的十六大和十六届三中全会精神,大力开拓市场,加强生产经营的协调,培育新的经济增长点,全面完成了各项任务和生产经营指标。该年,实业公司所属青山地区企业完成生产经营总值14.34亿元,实现销售收入14.93亿元,累计实现利润6508万元。在全年生产经营活动中,实业公司青山地区企业为武钢服务总值为12.62亿元,占生产经营总值的87.98%,其中直属单位为武钢服务总值为7.02亿元,占其生产经营总值的82.12%;二级厂办企业为武钢服务总值为5.42亿元,占其经营总值的96%;合资企业1801万元,占其生产经营总值的100%。实业公司青山地区生产经营总值中,工业产值为8.88亿元,占经营总值的61.9%;建筑业产值为2.16亿元,占经营总值的15.1%;商业营业额为1.05亿元,占经营总值的7.3%;其他产值为2.25亿元,占经营总值的15.7%。

【企业经营管理】 2003年,实业公司加强了企业日常生产经营工作的组织协调,在工程、备件、物资、耐材和劳务等各专业的业务量较2002年均有了明显增长。同时,该公司顾全武钢(集团)公司发展大局,积极与有关单位协调,精心组织工程用地拆迁还建工作,保证了拆迁还建工作的顺利进行。铆焊厂新基地建设全面完成,企业面貌发生了显著变化。该年,实业公司与武钢股份公司等单位组成武钢展区,代表武钢参加了第四届武汉国际机电产品博览会,该公司9家参展单位广泛接触客户,积极推介产品,并现场签订了部分供货合同。

【安全生产】 2003年,实业公司认真贯彻《安全生产法》,强化安全生产管理。该公司广泛开展了以"议事故、学规程、反违章"和"学习安全生产法,人人事事保安全"为主题的安全生产月活动,制定下发了《实业公司安全生产责任制检查评价管理办法》,加大了安全生产责任制落实力度。全年加强了安全生产检查工作,重点对基层单位的锅炉、压力容器、管道和特种设备进行了检查,推动了安全生产管理;并开展了特殊工种培训、换证工作。该公司2003年生产中人身伤亡、重大交通事故、环境污染和锅炉压力容器爆炸事故发生率均为零。

【劳动工资管理】 2003年,实业公司加强了劳动合同的动态管理,进一步理顺劳动关系,清理在册不在岗人员。清理的重点是具有双重劳动关系的不在岗人员。全年通过清理,将在册不在岗人员清理归类,并选择在册在岗人员较集中的商业公司、建安公司和型材协力总厂开展了在册不在岗人员的清理试点工作。3家单位原有不在岗人员1017人,通过清理,推荐就业41人,调动工作47人,具有双重劳动关系的人员协议解除劳动合同349人,依法除名3人。

【党群工作】 2003年,实业公司思想政治工作取得一定成效。(1)党建工作。全年共发展党员104人,其中35岁以下43人、大专文化程度以上53人、生产一线职工98人,在无党员班组发展新党员32人;民主评议党员1833人,优秀率为24.9%,合格率为74.8%。该年,实业公司纪检监察部门共收到群众举报案件29件,办理结案27件,立案查处违反党纪、政纪案件5起,查处违纪党员干部并给予党纪、政纪处分6人,免职处理2人。(2)宣传思想工作。实业公司党委以振奋精神、鼓舞斗志、服务中心、保持稳定为主旋律,加强宣传报道工作。该公司围绕企业生产经营、改革改制和稳定等大事,深入挖掘典型人物和事件,大力开展正面宣传教育活动,较好地起到了引导舆论、维护稳定、促进职工思想观念转变的作用。宣传部编写《调研信息》11期。全年在《武钢工人报》、武钢电视台发稿和播放新闻、通讯70篇(条),自办《武钢工人报·集体经济》44期,发稿500多篇。制作并在武钢电视台播放电视专题片4部。(3)企业文化建设。实业公司坚持企业文化研究制度,定期召开企业文化研讨活动,并将研究重点放在学习和实践"三个代表"重要思想、搞好企业生产经营、企业管理和党的建设等方面,形成了一批有价值的研究成果,并汇编成《武钢实业公司企业文化论文》(第五辑),共辑录了55篇研讨文章。2003年,实业公司获"武钢思想政治工作先进单位"、武钢工人报社"新闻报道先进单位"等荣誉称号。(4)工会及共青团工作。工会充分发挥维护职能,坚持主渠道,拓展新形式,促进厂务公开工作的深化。该公司28个基层单位建立了厂务公开栏,把职工的知情权、监督权落到实处。2003年,实业公司直属单位职代会建制率、召开率、企业招待费报告率均达100%。2003年,实业公司两级团组织充分发挥党密切联系青年的纽带作用,围绕中心工作,开展了"承诺式服务"、"五小科技活动"、"青安岗四个一活动"等,把青年人吸引到党和共青团组织的周围,较好地发挥了生力军和突击队的作用。(5)武装保卫、综合治理、计划生育、统战、残联等工作也取得了较为显著的成绩。

○ 工　业

【概况】 2003年,实业公司完成工业产值8.88亿元,占经营总值的87.98%,其中产品生产完成产值5.26亿元,占经营总值的36.7%;工业性作业3.62亿元,占经营总值的25.2%。该年,实业公司大力推进技术进步,实现企业技术创新,有效增强了企业的核心竞争力。其中,新实公司开发生产的单镁脱硫喷枪和挡渣塞2003年双双登上湖北省百业状元榜,印刷总厂生产的气相防锈纸在2003年获湖北省同类产品评比第一名。2003年,实业公司完成29项新产品、新项目的开发,新增销售收入3320万元,利税509万元,新增就业岗位538个。

(李耀荣)

○ 商　业

【概况】 2003年,实业公司商业公司紧紧围绕"扭亏、改革、稳定"3条主线,积极开展工作,取得较为显著的成效。全年实现销售9223万元,完成年计划的132%,与2002年同期相比增加1274万元,增幅为16%,全年实现利润24.9万元,与2002年同期相比增加110万元,摆脱了连续3年亏损的局面。经营工作取得显著成绩,全年应收租金395万元,租金收缴率达91%。该年,商业公司围绕经营工作,调整经营策略,制定了业务集中、房产集中、下岗人员集中等3个管理办法。

(兰林英)

人　物

武钢群英谱

全国“五一”劳动奖章获得者

陈永钊　刘幼生

湖北省“五一”劳动奖章获得者

谢　林　程国威　罗德信　贾宝军
魏建中　张志国　杨　锐

武汉市“五一”劳动奖章获得者

周光明　曾庆菘　刘须柱　尹小青
余　静　胥长友　高　凯　张爱珍
马志民　龙长祚　刘敬斌　祝友喜
周丰年　洪　伟　钟良豪　朱自荣
邓海燕　金元平　张志国　江　军
徐光忠　何益洪　容双年

2003年武钢劳模简介

王　泽　钢铁公司工业港二作业区主任。2003年，他带领作业区职工克服设备老化、货场紧张等一系列困难，开展“卸船”劳动竞赛和设备维护竞赛，三次刷新卸船纪录，10月份创造了月卸船80.11万t的历史最好水平，设备故障率同比下降50.01%，提前21天完成卸船760万t全年生产任务。

钟永红　钢铁公司烧结厂生产技术部部长。他在三烧新设备试投产过程中，组织相关人员制定了新的操作参数和生产组织模式，使新烧结机投产9天实现日达产、两个月实现月达产，创全国同行业之最。他主持的《435 m^2烧结机配用精矿的实验研究及应用》获武钢科技进步一等奖。他提出以四烧为核心，充分挖掘内部潜力，有效地协调了厂内生产秩序，为厂实现“破八见九”做出了突出贡献。

陈　浩　钢铁公司一炼钢厂炼钢车间甲段工段长。他带领工段职工年产钢量超设计能力107%，实现全年无规外、无号外、无回炉，质量合格率达99.96%，居四班第一；新试轴承钢炼成率达100%；他组织实施《调温块使用制度》、《铝钢不断浇冶炼要点》等工艺制度，二次污染等“三控”指标创新水平，降成本344万元。

韩树良　钢铁公司二炼钢厂连铸车间专业组段长。他在消化吸收3号机新技术、新工艺的过程中，组织机组人员创造多品种、多断面、多炉连浇379炉的全国纪录，3个月实现达产目标。他参与开发了3项新工艺，解决了2号机漏钢难题，创经济效益148万元。他提出改进工艺的新方法有效地降低了中厚板裂纹发生率，使全年中厚板废品减少53%，创效益252万元。

张建国　钢铁公司二炼钢厂炼钢车间乙班工段3号炉炉长。他带领全班职工取得了综合质量合格率、重点品种炼成率、硅钢质量合格率等多项重要指标达100%。实现了连续冶炼6000多炉无改钢、7000多炉无回炉的好成绩，平均降低钢水氧含量$123.4\times10^{-4}\%$，为纯净钢冶炼做出了突出贡献。

任玉忠　钢铁公司三炼钢厂炼钢车间丙班工段转炉作业长。他带领职工在厂四横班竞赛中取得全年综合指标第一的好成绩，计算机炼钢率97.9%，计算机双命中率达94.4%，新品种炼成率达100%，创世界一流水平，并在钢铁料消耗指标创水平中发挥了重要作用。

刘　斌　钢铁公司大型厂轧钢车间轧钢甲班班长。他围绕生产重点狠抓质量、合格率、成材率，严格控制中间轧废，全年实现无质量事故，无质量异议，无修磨品的“三无”目标；质量合格率、成材率分别达99.8%、98%，多创效益130余万元。

张崇东　钢铁公司轧板厂精整车间乙班班长。他在生产中推广实施“一停、二看、三划线、四剪切”的先进操作法，对关键操作岗位提出“左右适中、一次到位”的操作原则，所在班级的剪切成材率由89.5%上升到91.36%，剪切量12.5万t，生产钢材17.1万t，用户满意率达到98%以上。

陈文煌 钢铁公司轧板厂机械车间丁班班长。他提出了“保生产、保成本”的“三保”工作宗旨，年降低设备耗材成本30万元。所在班组年故障时间考核值低于目标值13小时，创经济效益50万元。他先后发现并处理了2号加热炉底衬板断裂、立辊轧机主传动轴扁头定位销窗口等多项设备事故隐患，为全厂完成生产经营目标做出了突出贡献。

吴炳火 钢铁公司轧板厂厂长。他带领职工年产钢材68.6万t，超产7.05万t，是年目标的110%，销售利润突破4.5亿元，创历史最好水平。完成了中关村、国家大剧院、武汉天兴洲大桥等国家重点工程用钢1.25万t。全年合同兑现率100%，降成本1449万元，提前1个月完成全年生产任务。

倪保华 钢铁公司热轧厂热轧车间主任。他坚持不懈地完善本单位科学管理体系，率先在公司实施对操作人员的“在线跟踪考核”和“班组日写实管理”模式，实现了车间以凭经验为主“定性”管理到科学的“定量”管理的转变，最大限度地减少了人为失误对生产和管理工作的影响，从而使车间生产步入了良性循环。为厂全年超产30万t做出了突出贡献。

周敦云 钢铁公司热轧厂机动地区工人。他把查隐患保顺行作为主攻方向，在热轧生产线保产“特殊时期”中，及时发现和组织处理的R2下主轴扁头纵向贯穿性裂纹等隐患，避免轧机损坏热轧停产的重大设备事故，为热轧厂完成全年342万t任务，做出了突出贡献。

张志宏 钢铁公司热轧厂厂长。他带领全厂职工共轧制钢材377.3万t，超目标计划35.3万t，创造了月缴库量38.78万t，月精整商品材量28万t，日产轧制量1.64万t的历史纪录。全年合同兑现率100%。二热轧全面完成调试、达产、合同考核项目任务。

张国华 钢铁公司棒材厂生产调度室主任。他合理编制生产计划，充分发挥本厂的生产能力。2003年累计销售钢材40.78万t，产销率为112%，销售收入达10亿元，同比增长3.2亿元，为本厂年超额完成新品种试制和产销计划，实现2.68亿元内部利润做出了突出贡献。

张保东　钢铁公司技术质量部轧板大型检验室轧板丙班副班长。他带领班组职工严把检验质量关,避免质量事故5起,检验准确率、及时率达到100%。全年义务加班270多小时,完成试样加工61365件,提前4个月完成全年工作任务。为保证公司整体产销系统顺行、保证厂全年合同兑现做出了突出贡献。

李　灵　钢铁公司技术质量部技术管理处标准科主任科员。她组织制定、修订了237个企业标准,使武钢的产品标准覆盖率由40.34%提高到99.15%。她组织对公司12大类产品建立了2662个产品规范和4786个冶金规范,并实现了技术数据共享,为武钢产品订货、生产、销售等提供了技术依据。

刘　俊　能源动力公司供水厂11号水站站长。他狠抓水站的基础管理工作,使设备甲级维护率达100%,备用完好率99.8%,星级设备和基础管理工作跃上新台阶。他针对生产运行的薄弱环节进行攻关,取得了多项成果,其中《英巴回水干管安装回水阀,延长运行周期》和《改进净环水工艺、降低电耗》获武钢优秀自主管理成果,创效益100万元。

钱　军　股份公司硅钢厂热二车间CT1机组机长。2003年,他将CT1机组氯丁橡胶辊改造为聚胺酯辊,彻底杜绝了因设备不良造成停机、断带事故,确保了取向硅钢稳定运行。年产量达52000 t,同比增产2500 t,成材率同比提高1.81%,多创效益125万元,并参与《提高取向硅钢300—130》技术攻关,获武钢科技攻关一等奖。

严　肃　股份公司冷轧厂设备科高工。他主持减少五机架头尾超差长度技术攻关,使五机架穿带和摔尾超差长度由66 m减至45 m,创效益210万元,获武钢科技攻关一等奖。在酸轧联机改造中,多次解决计算机模块不匹配,卷取机卷筒打滑等难题;负责完成MRG主斜率发生器、WDPF与TDC通讯软件结构的编程,为酸轧联机一次通板成功做出突出的贡献。

鲜小毛　能源动力公司经理。他大胆实行机构改革,对各部门职责、岗位标准、办事程序等一系列企业管理标准进行了重新清理、编制。对能源系统的各类事故进行定性、定量的标准化工作,完成了能源系统几十年安全管理工作的第一部法典。全年实现降成本6114万元,全面超额完成5000万元目标任务,吨钢综合能耗、自发电量等创历史最好水平。

陈尚恒 钢铁公司设备部计量电控处处长。他提出了“五查五改”模式，有效地提高了电控设备的管理水平。在工业港中控楼PLC和5号高炉上料控制系统同步改造中，出色完成任务。他负责“三电”和酸洗线所有工作，为技改成功做出巨大的贡献。负责计量工作，加强进出口原材料计量设备的运行监督和质量检验管理，全年创效3025.17万元。

陆　君 钢铁公司生产部副部长。他负责炼钢生产组织和二热轧的组织与协调工作，全年完成钢材668万t，超目标计划47万t；合同兑现率100%；合同执行率100%；实现了产销资讯系统在轧板、一热轧和二热轧厂上线运行。所负责的武钢生产系统质量管理体系和综合管理体系文件的编写和组织落实，通过了法国BVQ1和中国船级社的认证。

刘文仲 股份公司总经理。2003年，他带领公司员工努力拼搏，实现产品总产量142.5万t，销量142.85万t，销售收入68亿元，是年计划的103%，税前利润8.4亿元。荣膺“全国质量管理奖”殊荣。冷轧技改一次通板成功，创造了世界同行业在线改造新纪录。二冷轧、二硅钢重点工程建设达到形象进度目标。股东大会通过增发新股和收购主业议案。

何益洪 股份公司冷轧厂酸轧车间HC轧机白班作业长。2003年，他运用最佳轧辊配置，使内磁屏蔽钢质量合格率同比提高20%，实际轧制厚度超设计能力为0.05 mm。他提出的卷取机加装“易拆卸扩径瓦”获武钢合理化建议金点子一等奖，创效益130.8万元。参与开发的光缆被覆钢、电池壳用钢等新产品填补了国内空白。

陈建华 企业发展公司房产公司红钢城房管所班长。他坚持“上水维修不过天，下水维修不过夜，24小时随叫随到”的服务承诺，完成任务1320余次，工时达1890个，解决维修疑难问题10项，收感谢信11封，随叫随到上门维修385次，晚间义务加班70余次，受到红钢城地区住户一致好评。

胡新安 企业发展公司食品饮料公司饮料一厂厂长。他带领职工连续4年突破5000万瓶的产量大关，2003年产量达5620万瓶，创历史最好水平，创效340万元。上缴纯利润60万元。他加强程序化、规范化管理，狠抓质量，“威士可”系列产品连续3年被评为红榜产品，被湖北省消协评为“质量信得过产品”。

尹小鹏　矿业公司大冶铁矿矿长。2003年，他带领全矿职工，实现产品销售收入5.32亿元，创内部利润118.76万元，是年承包目标的118.76%。矿先后被评为“湖北省安全生产先进单位”、“湖北省文明单位”等称号。

肖　军　矿业公司程潮铁矿采矿车间工人。他在工作中总结出“一看二听三闻四触”四字检查法，使自己的采矿技术突飞猛进。2003年，他放弃休息时间80余天，个人采矿4.31万t，全面刷新个人纪录，超年计划100%。

方国俊　矿业公司大冶铁矿选矿车间调度室甲班调度员。他合理组织生产，用“三勤”工作法抓好选矿生产。2003年，他们班铁、铜、硫精矿生产率分别为年计划的113.93%、129.89%、133.01%。球磨台时达62.75t/(台·h)；铜、铁金属实际回收率超计划值3.47%和7.3%。峰期用电同比下降5.3%，节电创效15万元。他组织实施的《延长球磨中心皮带使用寿命》课题获全国质量管理成果奖。

秦俊华　矿业公司大冶铁矿地测质检科井下地质组工程师。他以科学技术为手段，狠抓井下矿石质量管理。2003年在井下空场较多，矿量减少的条件下，对井下矿量进行重新勘探，绘制剖面图90幅，抽查矿石样103个，并制定开采计划，提供井下矿石强采方案，运用科技攻关强采矿石18.18万t，多创效益140万元。

李建平　矿业公司金山店铁矿井下车间一区工段四队队长。2003年，他带领全队职工，克服了作业条件差等困难，共完成出矿12万t，是年计划的160%，多创效益10万元。个人出矿达2.5万t，是计划的247%，名列全矿个人出矿之首。

韩　冰　矿业公司灵乡铁矿生产营销科副科长。他在市场营销中，严格把好收购关、质量关，紧紧抓住矿源、货源，全年收购和销售成品粉矿24.8万t，块矿1.42万t，铁精粉矿1.44万t，一级粉矿2.49万t，球团矿5247 t，石灰石矿1.7万t。为矿实现400万利润做出了特殊贡献。

卢继远 矿业公司乌龙泉矿运输车间组长。他探索出“三分法”，即分安全操作，找出新工艺存在的危险因素，做到检修不出事故；分理论掌握，学习各类设备的构造，掌握流程、设备设计的规律；分实践摸索，积极参与协助现场施工，边干边摸索，做到检修无漏点。他全年义务加班76个，创效益20多万元，为乌龙泉矿活性灰工程的设备改造和故障抢修做出贡献。

於　强 矿业公司设计研究所硫化亚铁项目部高工。他利用矿山丰富的硫精矿资源，负责研制出拥有完全知识产权的硅钢用添加炉料“硫化亚铁”，通过了武钢技术部组织的专家评审。该产品的研制成功，既降低了生产过程中对环境的污染，又降低了成本，提高了产品质量，年创效益80万元。

刘海军 矿业公司矿建公司青山工程部经理。他带领职工完成工作量9000万元，超计划工作量3000万元，上缴利润600万元，工程合格率100%，优良率60%，其中焦化制冷站和轧板厂原料车间办公楼、乌龙泉活性灰工程被评为武钢优质工程。

陈　钢 建工集团电气公司电机修造厂外钳一班班长。他带领全班共完成大小检修工程123项，其中抢修20项，工程优质率达到100%。连续7年在梅钢热轧厂检修工程中干出样板工程，为武钢赢得好声誉。所在班组连续3年获武钢特等红旗班组。

孙秋华 建工集团修建公司沙钢1号、2号烧结机项目部党支部书记兼副经理。2003年，他在沙钢烧结机设备修、配、改和安装攻坚阶段，精心指挥，积极协调，仅用一台吊车，半年时间就超额完成设备安装总重量两万余吨，节约人工、车辆达200余万元，完成1.5亿元施工产值。为武钢和建工集团占领沙钢市场做出显著成绩。

陈　浩 建工集团建设公司机电工程处冷轧项目部电气工程师。他带领机电项目部职工在冷轧改造中翻译外文资料30万字，查找更正外方设计失误200处，索回遗漏文件价值50余万元，完成产值2300万元。所负责的四烧改造工程获湖北省“黄鹤杯”奖，一烧改造工程获武钢集体一等功。

谭丽丽　审计部部长。她带领审计部职工，全年完成各类审计项目82项，纠正违规违纪金额7640万元，提出审计意见和建议174条，促进公司增收节支3720万元。她主持的12项管理课题获全国、省、市现代化成果奖。主笔的《管理审计》论文获中国内部审计协会理论研讨会一等奖。

朱志荣　工程技术集团自动化公司信息分公司部门经理。他负责武钢整体产销资讯系统软件开发，实现了大型ERP软件实施范围最大、上线时间最短、达产时间最快、技术难度最高的国内同行业领先水平，使系统负荷由上线初期的100%下降到60%，节省硬件投资1000万元。积极开拓外部市场，首次将软件技术输出到神龙汽车制造公司，为武钢的信息化建设做出了突出的贡献。

张云玖　工程技术集团通信公司电讯分公司经理。他带领销售人员走遍攀钢、天钢、建龙、杭钢等10多个地区、厂矿，为通信公司签定了40多项共计1300多万元的销售合同，实现产值1060万元，创利106万元。

于汶湘　工程技术集团计控公司综合站班长。2003年，他负责完成燃气厂1号变电所DCS系统电源，5号高炉煤气余热发电控制电源，焦化二回收电气控制停机故障等重大抢修任务。参与武钢重大科研项目“炼钢连铸大包熔渣检测系统”的研制，负责前置放大及信号处理部分的设计、制作，该产品在二炼钢、三炼钢得到应用，同时销往首钢、太钢等公司。

陈　鞍　企业管理部全质处处长。他协助股份公司完成6万余字的“自我评价报告”和其他创奖工作，为最终获“全国质量管理奖”做出贡献；组织公司的“换版”工作，并通过了认证，实现了公司质量体系由1994版向2000版的升级；清理公司822项管理制度，为公司形成“依法建章”的机制做出贡献。

蒲　挥　焦化公司一炼焦车间机修班班长。他带领班组对焦炉10个上升管60处漏点进行攻关，对四大车设备隐患进行了3次整改，为车间争取红旗焦炉创造了条件。在焦炉上首创班组联保包机新机制，使其班组所维护的设备保持零故障率。全年完成数十项技术革新和技术改造，为企业创效110万元。

张成斌 耐火公司市场营销部区域经理。他努力学习营销知识，积极开拓外销市场，在鄂钢 60 t 电炉材料供应中一举中标，年创销售收入 2000 万元。在激烈的竞争中拿下鄂钢钢包和活性石灰、轻烧石灰供应合同，销售额 1200 万元。开拓了杭州钢厂市场，实现销售收入 1000 万元。

黎作虎 金资公司安环科科长。他抓制度建设突出一个“全”字；抓现场安全突出一个“严”字；抓班组安全突出一个“实”字。一年来处理危险品 606 件套，封闭容器 7357 个，处理放射性超标事件 4 起，保证了安全工作的顺行。

胡小敏 氧气公司经理。他唱响管理“规范、严格、科学”三步曲，成功完成营销队伍整顿，内保主体、外拓市场，全年完成销售收入 5.01 亿元，实现利润 5917 万元，创历史最好水平。其主持的“黄金气体的提纯”获省科技成果奖，并被中央电视台 10 频道采播。

余振东 老干部服务中心处长。他从严管理，坚持“知实情、办实事、创实绩”的优质服务，确保老干中心服务质量和服务态度，满意率达 100%，优秀率达 90% 以上，老干部工作被省、市评为先进单位。关心下一代工作被评为市先进单位。

周桂春 直属机关机关党委纪委书记、工会主席。他组织开展“服务基层办实事”、“爱武钢奔小康、推进管理创新”课题攻关活动，取得创新成果 84 项，创效益 800 多万元，机关工会获市模范职工之家称号。担任机关纪委书记期间，组织开展各种不同形式的党员教育活动，开展“学、查、改”活动，收到实效，多次被评为党风廉政先进单位。

邱冬香 交运公司货运四分公司经理。他以求实的态度、拼搏的精神、自律的作风，贯彻“保市场，夺市场，拓市场”的工作方针，提前两个月完成 2003 年生产经营目标。实现利润 278 万元，创历史最好水平。

吴水冰　运输部安全环保科高工。他严格审查新、改、扩工程项目施工方案，坚持施工“三同时”、“三把关”，签订96份施工安全协议，拒签11份。审核2444份原始工伤档案，办理206名重伤、268名轻伤及5名遗留问题职工的工伤医疗证。重新核定部属71处道口管理等级，整改39处重点道口设备，42处薄弱道口，与施工单位签订95处“自管”道口安全管理协议，使道口管理科学化、规范化。

徐培干　冶金渣公司钢渣车间车间调度。他对工作进行合理调配，使生产现场井然有序，为车间生产经营创造了良好的条件。2003年，车间完成甲钢3.11万t，乙钢1.15万t，丙钢3.13万t，使两个钢厂的保产工作未受任何影响。

周国斌　技改部工程管理处处长。他负责技改部工程现场施工管理工作。承接重措、基建项目40多项，其中投资过亿元的大型重点项目17项、一般项目350余项。全年共完成投资59亿元；并在二热轧、三烧、6号高炉等重点工程中取得了节约工程投资3000多万元的成绩。

洪　伟　物资供应公司党委书记。他率领全体职工，克服煤炭和焦炭市场资源紧张等重重困难，2003年采购燃料817万t，同比多采106万t。严把到货质量关，对严重超标的煤炭坚决拒收，拒收煤炭227车，拒收焦炭63车，共避免经济损失583.14万元。

郑　烈　技术中心高新技术研究所无机非金属研究室高工。2003年他带领课题组成员针对武钢煤资源紧缺，煤种变化大，焦炭质量差等多种不利因素，应用岩相配煤炼焦新技术，向武钢配煤领导小组提供多个最佳配煤方案，有效地指导了武钢煤种采购和配煤炼焦的生产，在武钢有关单位的支持和配合下，提高了焦炭各种性能指标和整体质量，确保了高炉的顺行生产，为武钢炼铁焦比下降6.7 kg /t，降成本2600万元做出了贡献。

左　军　保卫部厂区管理科科员。他全年共抓获偷窃人员14人，查获违章运输废钢车辆39台，违规车辆3台；共收缴废钢8.9 t，为武钢挽回直接经济损失1.8万元。2003年4月7日，因为追捕盗钢车辆，被犯罪分子开车辗压双腿致残，最后，终于在大队人员的配合下查获了盗钢车辆。

马旭辉 保卫部部长。他开拓进取，妥善平息23起群体聚集事件，实现公司“法轮功”“四个为零”、重特大火灾事故为零、要害部位无盗抢、无起火事故目标，圆满完成武钢与市政府签订的8项防火工作目标。所在部在市消防技能比赛中荣获个人全能4个单项第一名。

田　海 钢电公司发电分场运行B值机长。他将安全稳发作为班组首要任务，2003年他领导的班组共发电4.1亿kW·h，超计划3000万度，各项经济指标在分场内名列前茅。他两次避免非计划停机，避免直接经济损失达200余万元。

卢少龙 襄钢公司经理。2003年他面对原、辅材料货源紧缺等重重困难，带领全体职工抢抓市场，提前30天完成了全年生产经营目标。年产钢14.58万t，产材15.17万t，实现销售收入4.43亿元，利润1600万元，同比增长300%。企业荣获“湖北省百业”(电炉炼钢)状元榜，“湖北省著名企业”等多项荣誉称号。

吴建平 总医院呼吸内科主任医师。在抗击“非典”战斗中，她共排查疑似病人近70余例，受到武汉市嘉奖；2003年收治病人985人，出院956人，收治危重病人500人，3日确诊率为98%，抢救病人成活率为92%。开展了纤支镜62例、肝功能550例、肺活检10例等新技术。

袁　玮 分医院医技科业务主任。她主持开展的10多项科研项目，其中《PCR微板杂交技术应用》等7项获省及武钢科技进步奖，年创效益12.5万元。并获发明专利3项，为临床诊断提供了科学依据。还连续四届获武汉市技术比武个人一、二、三等奖。其自制试剂代替进口，准确率达98.46%，年降成本10万元。

孙玉贤 党校管院经管系副教授。她作为《武钢2003～2010年人力资源规划》课题副组长，担负整体构思、总体策划的任务，与课题组人员经过多渠道的信息采集和科学的数据分析，为武钢领导提供了大量有价值的信息，该课题受到中组部和国资委有关专家的高度评价。承担繁重教学任务，年完成课时量610节，学员评教名列前茅，成为专业学科带头人。

程乾坤　组织人事部人力资源中心主任。他积极推进武钢下岗职工再就业工程，广辟就业渠道，关心他们的疾苦，2003年慰问下岗职工100多人次，帮助93人实现再就业。公平、公开、公正招录员工781人，取得了社会各界的广泛认同。居休工作形成了困难有人管、思想有人抓、管理规范的新局面。

杨　锐　机制公司工具车间车工。为迎战全国职业技能大赛，他反复查找资料，研究双刀加工螺纹的方法，节省一半的加工时间。在比赛中，他沉着应战，从30个省份的125名选手中脱颖而出，夺得第九名的好成绩，为湖北省车工代表队获得全国团体第一名做出了贡献。

杨国松　冶金公司江南燃气热力公司经理。他带领全厂职工适时调整营销策略，巩固拓展营销市场；热力公司强化内部管理，推进机制创新；创利税1368万元，实现盈利208万元，同比净增180万元，创历史最好水平。

陈育林　销售公司钢材部工程科营销员。2003年，他中标苏丹、西气东输等11项国内外重大工程，销售管线钢22万t，超年度销售计划8.5万t，为历史最好水平；实现销售收入6亿元。还加强与钢厂的信息沟通，管理定价，提高产品的非价格竞争力，为企业赢得了显著的经济效益。

易　矛　计划财务部部长。她带领财务组的同志系统地组织了财务模拟核算报表的编制、审计等工作，配合各种方案设计的资产、效益测算、分析和优化工作，为保证主业重组做出了贡献。采取借国内现汇归还国外贷款的置换措施，实现二热轧日元贷款节约利息1亿元。存货周转率增幅达22.33%，武钢成本费用降低6.96亿元，流动资金周转率和应收账款均创历史最好成绩水平。

王建钢　实业公司钢业测温机电有限责任公司总经理。他带领职工完成企业改制，推动技术创新，多项产品填补了国内空白，在不断开拓市场中，获得新的发展空间，成为实业公司内率先走出国门的企业。2003年，该厂创产值1918.1万元，实现销售收入1927.6万元，完成利润50.92万元。

熊　伟　销售公司西安销售分公司营销员。他立足兰州，按照以扩大西北地区市场份额为工作中心，以抓工程供料和重点用户供料为重点工作，努力开拓甘、青、宁、新4省(自治区)市场，推进兰州销售点工作。全年销售钢材1.6万t，同比增长70%，为西部大开发和提高武钢市场份额做出了贡献。

2003年武钢模范共产党员简介

涂庆胜　有限公司设备部运行管理处工程师

涂庆胜是干一行钻一行、防患于未然的防震减灾能手。15年来长期扎根在防震减灾工作岗位，勤勤恳恳，不计名利。先后独立和主持完成《武钢破坏性地震应急预案》、《武钢工程地震安全性评价管理办法》等3项管理制度的编制和实施；大力开展防震减灾法规和抗震知识的宣传教育活动。他先后主持完成了武钢震害预测研究等重大科研项目，组织对武钢二热轧等工程实施场地地震安全性评价研究。完成工业与民用建筑鉴定面积达50余万平方米，实施抗震加固面积达30余万平方米。使武钢成为全国冶金系统仅有的两家被中宣部、国家地震局联合授予"全国防震减灾宣传工作先进集体"之一，先后3次被评为全国冶金系统防震减灾先进个人。

申清潭　有限公司大型厂机动车间副主任

申清潭是高度负责、一心扑在高线设备上的实干家。从高线工程筹建开始，为认真把好设备制造和安装调试质量关，在筹备组人员纷纷出国考察时，他两次推迟婚期，到太原驻厂监制设备质量。高线年修，连续8天8夜奋战在现场，小孩生病，妻子找到厂里，他也顾不上。为充分发挥高线工程的效益，带领工程技术人员以不屈不挠的精神，实施科技攻关，解决了设备存在的问题，累计降低各类费用100余万元。针对设备管理薄弱环节，他通过建立内部设备管理数据库，细化作业标准，引入点检管理模式，使设备故障率大幅下降，为高线全年轧制量超70万t，优线比达71.38%，做出了重要贡献。

吴新中　有限公司烧结厂动检车间高级技师

吴新中是自学成才、勇攀高峰的技术能手。作为只有初中文化程度的技术工人，在工作实践中凭着一种永不服输的精神和敢攀高峰的劲头，不断更新专业知识，刻苦钻研新技术，敢于突入禁区，向国外先进技术挑战。担任武钢重点效益工程四烧的电气技术负责人，带领电气技术组的同志，先后攻克了烧结机抽风机软启动困难、控制系统备品研制和反击式煤粉粗破系统自动停机等11项疑难问题，消除了一系列困扰四烧多年的重大缺陷隐患。他参与和承担完成了近百项电气技术课题攻关，为武钢重点效益工程——四烧投产、达产、稳产、高产，最大限度发挥综合效能做出了突出贡献。2001年度被湖北省委企业工委评为优秀党员。

刘幼生 焦化公司筹建办电工

刘幼生是富于创造性思维、善于发明创造的新时代技术工人。先后完成"消火车自动双音报警器"等革新与发明30多项，与技协会员共同完成技术发明和攻关项目36项，为企业安全生产做出了突出贡献，创效超过620万元。他发明的具有教学与环保双重价值的发明专利技术"电动旋转式无尘黑板"，在国际发明博览会上获取3枚金奖。他自觉在奉献中实现自己的人生价值，担任"焦化技术协会"理事长以来，利用工余和休息时间组织"创造性思维"培训，开展技术攻关课题的征集、研究、发布等活动，推动职工由简单体力型劳动者向学习型、创造型职工转变。先后获全国"五一劳动奖章"、"国际专利技术评估师"。

刘　俊 能动公司供水厂炼铁水处理车间11号水站站长

刘俊是敢于攻坚，善于攻关的技术技改先锋。先后参加过3座高炉改造新建配套水站的筹建工作。2002年，在1号高炉改造配套的11号水站工作中，为攻克世界最先进的软水密闭循环技术，刻苦钻研，记录各种原始数据十万多个，拟定改进方案47项。1号高炉改造投产后，带领水站职工运用计算机等现代管理手段建立设备管理、成本管理等40多项管理台账，取得了全年倒闸操作3005次无事故的好成绩。带领水站职工积极开展技术攻关活动，《合理改进英巴机组出水管、确保高炉安全生产》攻关成果，弥补了原生产工艺的不足，创直接经济效益100多万元。另有15项技术攻关成果分别获武钢技术攻关、现代化管理成果奖，被评为武汉市劳动模范。

谭丽丽 公司审计部部长

谭丽丽是勤于钻研、勇于创新的学习型组织带头人。她通晓经济、统计、会计、工程技术、内部审计等多种专业，并获得高级审计师、高级工程师、高级会计师、中国注册造价工程师职称。在财务管理、工程造价管理、内部审计等领域创造了一系列行之有效的管理方法，在全国、全行业得到推广。她以国际现代内审运作为指导，为公司识别防范风险、提高经济效益发挥了积极作用，创造直接经济效益7500万元。她每到一地，便在一方培育出浓厚的学习氛围和健康向上的风气，带出了一支支优秀的学习型团队，受到全国总工会和湖北省内审协会的肯定和推广。先后被评选为湖北省巾帼建功标兵、武汉市劳模、武汉十大女杰、享受政府津贴专家、省第八次党代会代表。

王宝琪　兴达公司混铁车维修厂筑炉瓦工一班班长

王宝琪是能抓善管吃苦耐劳的好班长。2002年带领全班人员创下了大、中、小修合格率达100%，用户满意率达100%的历史纪录，并使罐龄由过去不到1000次提高到1250次，仅此每年降成本100多万元。他所在的班组工作异常艰苦，很难留住年轻人。为了留住人，他关心工友生活，有困难时总是力所能及地帮助解决，被工友称为“贴心人”。引导工友学技术，针对班内人员技术青黄不接的实际情况，把“拜师学艺带新人，提高质量创效益”作为党员责任区攻关课题。他带头带徒弟，在武钢筑炉技术比武中，他的徒弟们一举囊括前三名。在工作中，他总是吃苦在前。为保三炼钢高产，在50℃的高温和呛人的粉尘中，他总是第一个冲进去，在铁罐车内清除结渣，一干就是七八个小时。被授予武钢青年“五四”奖章。

张　龙　机制公司开卷中心镗工技师

张龙是精益求精、创新操作的新型技工。凭着坚韧的毅力和责任心，用两年的时间攻克了30余项高难度的专业课题，创造了1年生产3台地下卷取机的奇迹，实现效益300万元，其中在武钢热轧厂服役的地下卷取机创造了生产105万t的历史好成绩，超过日本同类产品的生产能力。靠着谙熟的机械知识和精益求精的工艺操作技术，全年创台时5550小时，产品合格率达100%。用1年时间完成了相当于正常情况下需两年半时间才能完成的工作，既缩短了开卷机的生产周期，又提高了工作效率。机制公司及时总结他的工作方法，命名为“张龙镗床操作法”，在全公司推广，先后被评为武钢和武汉市劳模。

邹明金　技术中心工艺技术研究所炼铁研究室主任

邹明金是敢于攻坚、勇攀高峰的科技尖兵，他负责的“大型高炉混煤喷吹”课题通过专家鉴定，达到国内先进水平，打破了武钢不喷烟煤的禁锢，创经济效益2700多万元。他淡泊名利，外单位重金聘请，他不为所动。在工作中，他身先士卒。进行“大型高炉混煤喷吹”课题的研究，为寻找质优价廉的煤源，他来回奔波于全国20多个大小煤矿之间，亲自到采煤点下煤井取样，圆满完成了任务，使武钢的最高喷煤煤比达到150 kg /t。他带领全室人员全年完成A类课题3项；B类课题两项；发表论文10篇；国家行业标准修标任务两项；两项国家试验方法标准获得公司科技进步二等奖，多次荣获武钢科技先进工作者，被评为武汉市劳动模范。

徐宛君 实业公司建安公司机电分公司经理

徐宛君是一心为了集体职工、全身心投入集体企业的当家人。作为一名集体小厂的经理，她关心职工，忘我工作，舍小家，顾大家，体现了一个共产党员无私奉献的高贵品质。一年来，她带领分公司职工超额完成生产任务，实现产值650万元，利润94万元。她没有节假日的概念，没有白天黑夜的区别。在最困难、最艰苦、最关键的时刻，全厂职工总能看到她的身影。职工住院开刀，她总是跑前跑后；职工家有困难，她带头捐款；职工施工回不了家，她带领办公室人员买米买菜，送到职工家中。可她常年把女儿放在姥姥家，丈夫长期在亲戚家搭伙，自己常常是两个馒头管半天。就这样一步一步地把工厂带出困境，扭亏为盈，荣获武钢“三八”红旗手。

2003年武钢先进人物名录

国家各部门表彰的先进人物

全国“最受关注企业家”
刘本仁
全国扶残助残先进个人
刘本仁
中国企业文化建设贡献奖
刘本仁
全国质量管理小组活动卓越领导者
刘本仁
全国优秀工会工作积极分子
刘本仁
中国青年“五四”奖章
王　炯
全国优秀工会工作者
樊政炜
全国实施用户满意工程先进个人
刘文仲
全国用户满意杰出贡献者
应　宏
全国经审工作先进个人
叶丽珠
全国质量管理小组活动优秀推进者
秦金祥

省级各战线表彰的先进人物

湖北省落实党风廉政建设责任制先进个人
毕传淑
湖北省企业纪工委“纪检监察先进工作者”
毕传淑
湖北省巾帼建功标兵
谭丽丽
湖北省防治“非典”先进个人
曹雁阁
湖北省企业工委防治“非典”工作优秀党员
王志昌
湖北省高校优秀党员
石茂祥
湖北省青年五四奖章
程勇刚
湖北省第十六届青年“五小”活动先进个人
赵爱学
湖北省防震减灾宣传工作先进个人
严开勇、黄坤平、涂庆胜
湖北省企业工委优秀党务工作者
黎友华
湖北省企业工委优秀党员
魏京桥、刘吉斌
湖北省安全生产先进工作者
牛　龙、田期文
湖北省优秀工会工作者
牛　龙
湖北省职工思想信息工作先进个人
贾厚松
湖北省质量管理小组活动优秀工作者
肖绍鸿
湖北省企业家协会积极分子
朱跃刚
湖北省企业纪工委“案件管理先进个人”
程　斌
湖北省党委系统信息工作先进工作者
朱永锋

市级各战线表彰的先进人物

武汉市"中国创业企业家"

刘本仁

武汉市优秀企业家

刘文仲、叶天长、陈再斌、钟良豪、匡忠祥

武汉市"十佳"职业道德建设标兵

李能刚

武汉市十大女杰

谭丽丽

武汉市防治"非典"先进个人

李　毅

武汉市第十三届职业技能大赛技术状元(车工)

张志国

武汉市第十三届职业技能大赛技术状元(工业统计)

邓海燕

武汉市第十三届职业技能大赛技术状元(中式烹饪)

江　军

武汉市第十三届职业技能大赛技术状元(消防员)

金元平

武汉市第十三届职业技能大赛技术能手(中式烹饪)

李运仙　崔　卫　黄希伦

武汉市第十三届"双鹤杯"优秀护士

曹新生　王毛英　王瑶华　彭　英　张金梅

武汉市职工技术协会先进个人

周尤栋

武汉市职业技能开发工作优秀教师

赵海廷、吴　凌

武汉市职业技能开发工作优秀教育工作者

吴吉瑞

武汉市百家优秀班主任

李　娅

武汉市优秀教师

刘宁刚

武汉市质量管理小组活动优秀推进者

肖永刚

武汉市灭鼠工作先进个人

石光明

武汉市先进宣传思想工作者

陈国宏、李宝成

武汉市优秀工会工作者

田期文

武汉市职工建功立业活动先进工作者

田期文

武汉市安全生产先进工作者

张建中

武汉市集体合同先进个人

朱跃刚

武汉市先进人民调解员:

王　昆　李清平　何　纯

武汉市同法轮功邪教组织斗争先进个人

刘华桥

武汉市首届十佳 IT 风云人物

朱志荣

2003年武钢公司在职领导名单

总　经　理： 刘本仁（党委副书记，中管干部）
党委书记： 王　炯（副总经理，中管干部）
党委副书记： 樊政炜（2003年11月不再担任此职，中管干部）
副总经理： 李富山（中管干部）
邓崎琳（中管干部）
纪委书记： 毕传淑（女，中管干部）
副总经理： 邵为民（中管干部）
胡望明（中管干部）
彭　辰（中管干部）
王　岭（中管干部）
工会主席： 樊政炜（2003年11月不再兼任此职）
总工程师： 邵为民（兼）
总会计师： 彭　辰（兼）
总经理助理： 蒋　淳　顾力平　赵小明　贾宝军　陈明杰
刘新权　治胜利　刘强（2003年6月任职）
副总工程师： 张　翔

2003年武钢厂处在职领导名单

办公室

主　任：周忠明

副主任：陈永志（兼调研处处长，2003年4月前任调研处处长）

　　刘汉良（2003年4月前任组织人事部综合管理处处长）

秘书处处长：李　勇

信访处处长：曾祥营

领导秘书：程奇志

驻北京联络处主任：岳　峰

驻北京联络处副主任：宋贤治（2003年9月参加处干轮训班学习）

驻上海办事处主任：何　涛

委派武汉市扶贫和小康建设工作组负责人：李学军

规划发展部

部　长：付新安

副部长：成飞宇（兼发展战略处处长）

投资管理处处长：高　波（2003年8月任职）

计划财务部

部　长：易　矛（女，兼财务委派管理中心副主任）

副部长：程赣秋（兼会计处处长）

　　王连祥（兼综合信息处处长）

资金管理处处长：马孟武

资产管理处处长：杨国彪

经营预算处处长：郑舟帆

工程预算处处长：姚文中

党总支副书记：王　荣（女）

财务委派管理中心主任：彭　辰（兼）

财务委派管理中心副主任：过建民

驻能源动力公司财务处处长：郭佩琍（女）

驻物资供应公司财务处处长：侯　云（女）

驻企业发展公司财务处处长：刘光明

驻矿业公司财务处处长：于　钢（2003年8月前参加处干轮训班学习）

驻工程技术集团总会计师兼财务部部长：

　　周　禺

　　陈　威（2003年4月前任襄樊公司总会计师）

组织人事部

部　长：刘　强（兼）

副部长：王宏胜（兼人力资源服务中心主任）

　　黄　鸣（女，兼领导班子管理室主任，2003年8月前任钢铁有限公司组织人事处副处长）

综合管理处处长：邱江明（2003年8月任职）

组织处处长：任卓斌

工资保险处处长：李建军

培训处处长：孙志桥

人力资源管理处处长：秦　敏（2003年8月任职）

人力资源开发中心主任：程乾坤

专业职称考评中心主任：陈玉荣（女）

职工劳动保险中心主任：叶远全

职业技能鉴定所所长：韩有福

企业管理部

部　长：刘新权（兼）

副部长：王先强（兼法律顾问处处长）

　　李代新

　　徐名涛（兼实物资产管理处处长）

全面质量管理处处长：陈　鞍

经营考核处处长：谢家红

体制改革处处长：李　军

安全环保部

部　长：吴声彪

副部长：陈政怡（兼安全处处长）

环保处处长：王　敬

技术改造指挥部

部　长：陈明杰（兼）

副部长：吴晓东

　　朱从波（兼设备管理处处长）

党总支副书记：肖　健（2003年8月前参加处干轮训班学习）

工程管理处处长：周国斌

设计管理处处长：向慧敏（女）

武钢工程质量监督站站长：徐汉强

设备采购供应公司经理：邱　劲

宣传部（企业文化部）

部　长：龙长祚（兼新闻中心主任）

副部长：王游霁（兼企业文化处处长）

宣传处处长：汪志平

理论处处长：杨泰山

党总支副书记：董洪胜

新闻中心副主任：马金山（兼《中国冶金报》武钢记者站站长）

武钢工人报社社长：张厚东（兼总编）

武钢电视台台长：朱生东

武钢电视台副台长：熊　莺（2003年2月前任焦化公司工会主席）

　　祝裕斌（2003年8月免职）

纪律检查委员会（监察室）

副书记：刘英杰

　　范学农（女，兼监察室主任、案件审理室主任）

办公室主任：刘金华

案件检查室主任：陈海彦

党风廉政建设室主任：粟仲富

效能监察室主任：肖文臣

工会

第一副主席：牛　龙（兼党总支书记）

副主席：叶丽珠（女，兼女工部部长，2003年8月前兼权益保障部部长）

　　田期文（兼文化体育中心主任）

权益保障部部长：肖厚福（2003年8月前任工会办公室主任）

财务部部长：余汉生

组织宣传部部长：王　勇

经济工作部部长：秦金祥

退管服务中心主任：郁汉康（2003年4月前任企业发展公司综合服务公司经理）

退管服务中心书记：郭丽英（女，2003年4月前任退管服务中心主任）

文化体育中心副主任：朱利人

审计部

部　长：谭丽丽（女）

副部长：徐京桥

工程审计处处长：乐文斌

经营审计处处长：杨艺玲（女）

下派子公司监事会

第一监事会：

主　席：舒汉文

第二监事会：

主　席：林　景

第三监事会：

主　席：朱宏寿

副主席：王　凯

第四监事会：

主　席：方国材

第五监事会：

主　席：黄国桢

副主席：赵二伟（女，2003年1月免职）

第六监事会：

主　席：钱国元

副主席：郭凤龙

第七监事会：

主　席：范　砥

副主席：胡先伟
第八监事会：
主　席：付厚昌

用户服务办公室
主　任：李承斌
副主任：吴建钢（2003年4月前任领导秘书）

总务部
部　长：袁　原
副部长：潘玉强（2003年2月任职）
　　　　杨　毅（2003年2月免职）

人防武装部
部　长：赵永寿

团委
书　记：吴朝安（2003年4月任职）

统战部
部　长：张静茹（女）

机关党委
党委书记：黄立全
纪委书记：周桂春（兼工会主席）

合同预算处
处　长：李金山
副处长：刘立新（女）

经济技术研究中心
干事长：游发华
企业文化研究室主任：吴礼祯
管理现代化研究室主任：田新华
发展战略研究室主任：邓果宇
信息管理室主任：方桔萍（女）
技术经济研究室主任：张四海
企业管理研究室主任：艾上钢

老干部管理服务中心
主　任：余振东
副主任：韩桂枝（女）

保卫部（2003年2月重组）
部　长：马旭辉（2003年2月前任兴达公司党委书记）
党委书记：吴　伶（女，兼纪委书记，2003年8月前任职工总医院党委副书记兼分院党委书记、纪委书记）
副部长：于新祥（兼综合管理处处长、工会主席，2003年2月前任实业公司保卫处处长）
　　　　王　勇（兼保安管理处处长，2003年2月任职）

党校
校　长：王　炯（兼）
党委书记：贾红安（兼纪委书记）
第一副校长：许法成
副校长：王村平（女）
　　　　杨维春（2003年8月前参加处干轮训班学习）
工会主席：胡学诚

武汉冶金管理干部学院
院　长：许法成
党委书记：贾红安（兼纪委书记）
副院长：王村平（女）
　　　　杨维春（2003年8月前参加处干轮训班学习）
工会主席：胡学诚

工程职业技术学院
院　长：王展宏（兼干部研修室主任）
党委书记：钱昌仿（兼纪委书记）
副院长：王建中
　　　　闻朝中（2003年9月参加处干轮训班学习）
　　　　龚福生（2003年8月免职）
工会主席：张　欣（2003年8月任职）
　　　　　张仲和（2003年8月免职）

第一技工学校

校　长：齐贵涛
党委书记：范国强（兼纪委书记）
副校长：王中华
　　苏秋明（2003年9月参加处干轮训班学习）
工会主席：赵秋林

职工总医院

院　长：余新华
党委书记：周永祥
党委副书记：李双一（女，2003年8月任职）
副院长：曹雁阁
　　何汉武（兼办公室主任，2003年8月前参加处干轮训班学习）
　　张新光（女，兼干部保健中心主任，2003年8月前任干部保健中心主任）
　　韩锦昭（2003年8月任职）
　　张均克（2003年4月免职）
纪委书记：王建新
工会主席：李觉非
党工部部长：吴满惠（女）
药械中心主任：苏伯萍（女）

职工总医院分院

院　长：曹雁阁（兼）
党委书记：李双一（女，兼纪委书记）
副 院 长：覃婉茹（女）
　　吴远志（2003年8月任职）
工会主席：周素敏（女）

中小学教育处

处　长：刘诗雄（兼武钢三中校长）
党委书记：白士铎
党委副书记：陈忠望（兼纪委书记）
副处长：朱　欣　陈国志
工会主席：陈则荣（女）
武钢三中第一副校长：周新华（兼党总支书记）

钢铁公司（2003年9月更名）

总经理：邓崎琳（兼）
党委书记：王　岭（兼）
副总经理：王　岭（2003年4月前兼任）
　　张　翔（集团公司副总工程师，兼总工程师）
　　胡邦喜　宰文新
党委副书记：孙一锋（兼纪委书记）
工会主席：马启龙
副总会计师：施世忠（兼财务部部长）
副总工程师：傅连春（2003年4月兼技术质量部部长）

办公室

主　任：郭自祥
副主任：喻建徽（2003年8月前参加处干轮训班学习）

生产部

部　长：谈宜旺（兼总调度长）
副部长：王　平（兼副总调度长）
　　陈　东（兼生产协调处处长）
　　祁和平（兼生产准备处处长）
　　陆　君
生产计划处处长：程树翔
能源处处长：王建辉

设备部

部　长：严开勇
副部长：魏厚培（兼检修管理处处长）
备品备件管理处处长：张亦平
计量电控处处长：陈尚恒
运行管理处处长：黄坤平（2003年4月派任潜江市副市长）

安全环保处

处　长：梅书荣

资讯管理部

部　长：任邦钧
副部长：张汉欣

企业管理处
处　长：张先贵
副处长：石建辉

财务部
副部长：黄浩莹（女，兼会计管理部部长）
　　吴培养（2003年8月任职）

组织人事处
处　长：孔国元
机关党委书记：王贤成（兼机关纪委书记、工会主席）
副处长：潘经安

宣传处
处　长：徐永骏
副处长：武红钢（2003年9月后参加处干轮训班学习）

纪委
副书记：应卫超（兼办公室主任，2003年9月后参加处干轮训班学习）
办公室副主任：李道贵

工会
副主席：陆维滨
　　文先菊（女）

工业港
主　任：熊新海
党委书记：欧武生
副主任：张望兴（兼总工程师）　熊述波
纪委书记：吴昌农（兼工会主席）

烧结厂
厂　长：孙文东
党委书记：王少华
副厂长：胡立新　吴新刚
总工程师：胡　平（2003年1月派任鄂州市梁子湖区科技副区长）
纪委书记：朱转运（兼工会主席）

炼铁厂
厂　长：郑卫国
党委书记：黄益辉（兼纪委书记）
副厂长：熊亚非　邹江华　姜文革（2003年8月任职）
总工程师：李怀远
工会主席：喻荣森

第一炼钢厂
厂　长：余新河
党委书记：王崇德
副厂长：程　锐　秦生财
总工程师：赵继宇
纪委书记：彭洪清（兼工会主席）

第二炼钢厂
厂　长：李凤喜
党委书记：李建民（兼纪委书记）
总工程师：喻承欢
工会主席：王利民

第三炼钢厂
厂　长：余志祥
党委书记：王　刚（2003年8月任职）
　　刘庆学（兼纪委书记，2003年8月免职）
纪委书记：马勤学（兼工会主席，2003年8月任职）
副厂长：兰正录　于勇汉（2003年8月任职）
总工程师：郑　万

大型轧钢厂
厂　长：程先舟
党委书记：童健龄（兼纪委书记）
副厂长：谭钢军　陶荣伟
总工程师：熊建良（2003年8月前参加处干轮训班学习）
工会主席：周　洁（女）

轧板厂

厂　长：吴炳火
党委书记：王建平（兼纪委书记）
副厂长：戴根宝　陈建华
工会主席：彭章焕（2003年8月前参加处干轮训班学习）
总工程师：张　华（2003年8月前参加处干轮训班学习）

热轧带钢厂

厂　长：张志宏
党委书记：宋汉庭
党委副书记：陈庆春（兼纪委书记、工会主席）
副厂长：魏钢城　万晓丹（2003年8月前参加处干轮训班学习）
总工程师：宋　平

第二热轧带钢厂筹建处

副组长：常志明
　　廖树仑（2003年9月参加处干轮训班学习）

技术质量部（2003年4月整合）

部　长：付连春（2003年4月兼任）
党委书记：白海山（2003年4月前原质量检验中心党委书记）
党委副书记：张思文（女，兼纪委书记，2003年4月前任武汉钢铁（集团）公司团委副书记）
第一副部长：刘　翔（兼商检处长，2003年4月前原质量检验中心主任兼商检处处长）
副部长：李国彬（兼工艺处处长）
工会主席：柯　达（2003年4月前任原质量检验中心工会主席）
原料管理处处长：赵蕴智（女，2003年4月前任原质量检验中心副主任）
品质管理处处长：宋木清（2003年4月前任原质量检验中心副主任，2003年9月后参加处干轮训班学习）
技术管理处处长：吴新春
检验管理处处长：李小杰（2003年4月任职）
党工部部长：赵　辉（2003年8月任职）
　　刘昆华（2003年4月免职）

棒材厂

厂　长：石昌明
党总支书记：黄新民

武汉钢铁股份有限公司

总经理：刘文仲
党委书记：刘须柱（兼纪委书记、副总经理）
副总经理：应　宏　尹晓青
　　赵华荣（兼生产部部长）
　　徐景山　涂　翔
财务总监：汪文敏（兼计划财务部部长）
工会主席：李　明（2003年8月前参加处干轮训班学习）
纪委副书记：曾德利（兼监事会办公室主任）
董事会秘书：施　军
总经理办公室主任：胡勇华
企业规划部部长：王永泰
设备工程部部长：周凤波
技术质量部部长：欧阳金明
人力资源部部长：付涤锋
政工部（企业文化部）部长：丁秀英（女）
市场营销部部长：李献宏

冷轧薄板厂

厂　长：尹晓青（兼）
党委书记：危文炎
副厂长：黄　勇　唐顺保
工会主席：扈邯松

硅钢片厂

厂　长：应　宏（兼）
党委书记：吴人奇
副厂长：曹　阳
工会主席：张树生

初轧厂留守处

负责人：李　平

能源动力公司

经　理：鲜小毛

党委书记：程虎江

党委副书记：铁红英（女，兼纪委书记，2003年8月任职）

副经理：杨先桥　张百训

段余平（2003年8月任职）

邹家武（2003年8月免职）

纪委书记：洪宗平（2003年8月免职）

工会主席：凌丙书

办公室主任：刘英亮

生产技术部部长：徐成浩

设备部部长：熊光华（2003年8月前任燃气厂副厂长）

经营计划部部长：陶　志（2003年8月前在处干轮训班学习）

安全环保部部长：刘国强（2003年8月任职）

组织人事部部长：付林昌（2003年8月任职）

宣传部部长：肖长年

经理助理：李文军

副总工程师：何群林（2003年8月任职）

热力厂

厂　长：张明春（2003年8月任职）

汤会良（2003年8月免职）

党委书记：李延民（兼纪委书记）

副厂长：杨国华（2003年8月任职）

工会主席：谭义平（2003年8月任职）

洪子明（2003年8月免职）

燃气厂

厂　长：钱红辉

党委书记：张文浩（兼纪委书记，2003年8月任职）

徐家庚（兼纪委书记，2003年8月免职）

副厂长：王莉（2003年8月任职）

工会主席：钱家汉

供水厂

厂　长：刁明安

党委书记：容嘉春（兼纪委书记）

副厂长：吴良玉（2003年8月任职）

工会主席：赵建设

供电厂

厂　长：钟循智

党委书记：朱乃礼（兼纪委书记）

副厂长：刘良秋

工会主席：陈　军（2003年9月参加处干轮训班学习）

动修厂

厂　长：项开选

党委书记：宋池冰（兼纪委书记）

副厂长：黄本元（2003年9月参加处干轮训班学习）

工会主席：毛德荣

能源试验研究中心

所　长：熊　力

党总支书记：刘新华

运输部

主　任：林栋材

党委书记：熊时超（2003年8月前任氧气公司党委书记兼纪委书记）

党委副书记：张源达

副主任：马志民（2003年2月任职）

陈荣志

余治兵

总工程师：欧阳荣庆（2003年9月参加处干轮训班学习）

纪委书记：孙向阳

工会主席：杨梅初（女）

设备维修中心

主　任：孙勤刚（2003 年 4 月任职）
　　　　徐小宁（2003 年 4 月免职）
党委书记：杜功柳
党委副书记：杜洪祥（兼纪委书记、工会主席）
副主任：马汉超

设计研究院

院　长：丁　雄（2003 年 8 月任职，2003 年 8 月前参加处干轮训班学习）
　　　　嵇启新（2003 年 8 月免职）
党委书记：肖　兵（兼纪委书记）
副院长：熊存德
工会主席：李金安（女）

技术中心

主　任：刘本仁（兼）
常务副主任：刘振清（2003 年 6 月兼党委书记）
党委书记：雷永照（2003 年 6 月免职）
党委副书记：唐小明（兼纪委书记）
工会主席：程德贝
副主任：蒋扬虎　郭爱民
　　　　曾　武（2003 年 1 月前任股份公司物资采购部部长）
科研处处长：叶仲超（2003 年 6 月任职）
综合管理处处长：吴庆夕（2003 年 6 月任职）
　　　　梅安静（2003 年 6 月免职）
总工程师办公室主任：周桂峰（2003 年 6 月任职）
　　　　陈邦文（2003 年 6 月免职）
条件保障处处长：谭伯聪（2003 年 6 月前任检测研究所所长）
　　　　陶光华（2003 年 6 月免职）
钢铁产品研究所所长：汪福成
工艺技术研究所所长：吴捐献
高新技术研究所所长：李安平
组织部部长：郑　红（女，2003 年 8 月前参加处干轮训班学习）
宣传部部长：马玉明（2003 年 9 月参加处干轮训班学习）
硅钢研究所所长：曾　武（2003 年 6 月兼任）
硅钢研究所副所长：骆忠汉（2003 年 6 月前任有限公司技术质量部硅钢一贯管理办公室主任）
　　　　张凤泉（2003 年 6 月任职）

科技信息研究所

所　长：丁世学（兼党总支书记）
党总支副书记：于七一（女）
副所长：陈　卓

科学技术协会

秘书长：张　翔（兼）
副秘书长：刘振清（兼）
　　　　王书真（女）

国际经济贸易总公司

经　理：余维浩
党总支书记：杨德华（兼第一副经理）
副经理：史美浩

销售公司

经　理：赵昌旭
党委书记：张方成（兼第一副经理）
副经理：朱江悦（兼钢材部部长）
党委副书记：程晓明（兼纪委书记、工会主席）
综合处处长：谢向前
商情资讯部部长：覃唯强
市场经营部部长：蔡　超
结算部部长：杨珍珍（女）
党委工作部部长：李公民（2003 年 9 月参加处干轮训班学习）

武汉销售分公司经理：黄　龙（2003 年 7 月免职）

储运公司（2003 年 8 月改制）

经　理：张再超（2003 年 8 月前销售公司副经理兼储运服务公司经理）
副经理：胡修甫　罗学练
工会主席：张爱中（2003 年 8 月前任第三炼钢厂工会主席）

物资供应公司

经　理：陈先文
党委书记：洪　伟（兼副经理）
党委副书记：周南丰（兼纪委书记）
工会主席：张秀琴（女）
综合管理部部长：张　建
燃料部部长：谢海平
原料部部长：郭仲明
备件部部长：陈为民
储运部部长：朱祥安
材料部部长：张国号

炉窑建筑安装工程有限责任公司

经　理：廖海潮（2003 年 4 月任职）
党委书记：胡学锋（兼纪委书记）
副经理：张瑶全
总工程师：蔡方正（2003 年 4 月任职，2003 年 9 月参加处干轮训班学习）
　　　　　方信华（2003 年 4 月免职）
工会主席：朱启元

金属资源有限责任公司

经　理：高　凯
党委书记：高梅春（兼纪委书记）
副经理：余　诚（2003 年 8 月前参加处干轮训班学习）
　　　　谢汉江（2003 年 9 月参加处干轮训班学习）
　　　　亓效联
工会主席：杨晓明

财务有限责任公司

经　理：赵小明（兼）
副经理：周秀芝（女）
　　　　张爱荣（女）

实业公司

经　理：钟良豪（兼劳动服务公司经理）
党委书记：毕心武
党委副书记：汤运志（兼纪委书记）
副经理：杨庭玺　付正生
　　　　胡智祥（兼劳动服务公司副经理）
工会主席：柴　捷（女）
办公室主任：李　强
财务处处长：裴剑平
生产处处长：江汉玺
保卫处处长：曾清平（2003 年 8 月前任建安公司党委书记）
企业管理办公室主任：金忠才
行政处处长：温金建（女）
劳资处处长：胡志辉（2003 年 9 月参加处干轮训班学习）
组织部部长：万立金
宣传部部长：南序初
开发处处长：丁禹清
审计处处长：张亚萍（女）
残联理事长兼残福会秘书长：张道旺

商业公司

经　理：李　罡
党委书记：陈旺生

建安公司

经　理：张继福
党委书记：李慧峰（2003 年 8 月前处干轮训班学习）

北湖农场

场　长：曹贺卿
党委书记：董新发

武汉钢电股份有限公司

总经理：吕传新
党委书记：舒明贵
副总经理：裴振林
纪委书记：彭卫华（兼工会主席）

襄樊钢铁长材有限公司

经　理：卢少龙
党委书记：尹少群
纪委书记：张启敏（兼工会主席）
副经理：谭　清（2003年4月任职）
罗　钢（2003年4月任职）
沈建华（2003年6月免职）
总会计师：蔡庆青（2003年4月任职）

海南有限责任公司

经　理：李洪波（2003年2月前任第一副经理）
刘　禾（2003年1月去世）
党委书记：彭光训（兼纪委书记）
副经理：廖卫平
陈　乔（2003年9月参加处干轮训班学习）
许文启
总会计师：栾建港
工会主席：杨　红（2003年4月任职）

机械制造有限责任公司

经　理：谭建中
党委书记：韩纪祥（兼纪委书记）
副经理：杨观雄　陈训广　鄢向东
刘良千（2003年8月前参加处干轮训班学习）
总工程师：吴定川
工会主席：王钢强（2003年9月参加处干轮训班学习）

焦化有限责任公司

经　理：潘立慧
党委书记：吉照东
副经理：魏松波　李世明　夏焕志
总工程师：刘智平（2003年8月前参加处干轮训班学习）

耐火材料有限责任公司

经　理：田学光（2003年4月前任炉窑公司经理）
陈家唯（2003年4月免职）
党委书记：孙淳元
党委副书记：邹志鹏（兼纪委书记，2003年8月任职）
赵中斌（兼纪委书记，2003年8月免职）
副经理：黄有国（2003年8月前参加处干轮训班学习）
刘崇濂　黄志明
杨德志（2003年8月免职）
陈勤佬（2003年8月免职）
总工程师：洪学勤
工会主席：徐中福

建工集团有限责任公司

经　理：张玉才
党委书记：王进章
党委副书记：吴汉忠（兼纪委书记、工会主席）
副经理：于汶秦（兼总经济师）
彭祥明
叶建新（兼总工程师）
党工部部长：吕立元

建设公司

经　理：夏艳望
党委书记：杨坤望（兼纪委书记）
副经理：杜富洲（2003年9月参加处干轮训班学习）
李钦华
陈　静
工会主席：陈　平（2003年8月前参加处干轮训班学习）

修建公司

经　理：王浩满
党委书记：晏仁章
党委副书记：卢建武（兼纪委书记、工会主席）
副经理：裴治江（2003年9月参加处干轮训班学习）
　　　　夏　苇
总工程师：徐种喜

电气公司

经　理：汪平刚
党委书记：任永国
副经理：王建国
纪委书记：张列强（兼工会主席）

房地产开发有限责任公司

经　理：关少波
党委书记：陈昌明
副经理：杨平宗　雷　斌
　　　　金　焰（兼总工程师，2003年8月前参加处干轮训班学习）
纪委书记：蒋果中（女）
工会主席：孙　剑（2003年9月参加处干轮训班学习）
民建指挥部指挥长：祝树枝（2003年2月免职）
钢都花园建设副指挥长：陈新中（2003年10月前任民建指挥部副指挥长）

交通运输有限责任公司

经　理：周丰年
党委书记：詹才茂
党委副书记：曹汉桥（兼纪委书记）
副经理：李占义
　　　　朱华强（2003年8月前参加处干轮训班学习）
　　　　周继宁
工会主席：詹少国

轧辊有限责任公司

经　理：那庆泽
党委书记：饶邦木
副经理：李　伟　韩家春
工会主席：田　英（2003年8月前参加处干轮训班学习）
总工程师：甘宅平（2003年9月参加处干轮训班学习）

金属结构有限责任公司

经　理：范崇显
党委书记：朱汉成（兼纪委书记）
副经理：王　硕（2003年8月前参加处干轮训班学习）
　　　　龚德厚
工会主席：刘兴福

铁合金有限责任公司

经　理：李启发
党委书记：丁金虎（兼纪委书记）
副经理：张昕光
　　　　姚建京（2003年1月派任通山县科技副县长）
工会主席：刘江泉

粉末冶金有限责任公司

经　理：戴晓光
党委书记：王国振（兼纪委书记）
副经理：刘广敏（女）　张志刚
工会主席：肖森清

工程技术集团有限责任公司

经　理：顾力平（兼）
党委书记：顾安祥（兼纪委书记）
副经理：王卫平　郑世权　黄　波
　　　　宋世炜（2003年9月参加处干轮训班学习）
　　　　李学东（兼市场部部长）
工会主席：魏福雄
综合办公室主任：李　政

计控公司

经　理：王卫平（兼，兼总工程师、校准监测室主任）
党委书记：徐顺生（兼纪委书记）
副经理：陈建生　张伟国
工会主席：方治安

自动化有限责任公司

经　理：黄　波（兼）
党委书记：袁　左（兼纪委书记）
副经理：李永兵
工会主席：汪国才

通信有限责任公司

经　理：郑世权（兼）
　　　　宋世炜（兼，2003年8月免职）
党委书记：王寿春
副经理：陈章芬
纪委书记：吴汉平（兼工会主席）

氧气有限责任公司

经　理：胡小敏
党委书记：吴汉勇（兼纪委书记，2003年8月任职）
副经理：熊贤信　陈建平
工会主席：丁汉英（女）

冶金渣有限责任公司

经　理：朱跃刚（2003年8月任职）
　　　　万喜老（2003年8月免职）
党委书记：张吉荣（兼纪委书记）
副经理：陆明弟（2003年9月参加处干轮训班学习）
　　　　高国华（2003年8月前任工会主席）
　　　　王　宏（2003年8月前参加处干轮训班学习）
工会主席：魏玉霞（女，2003年8月前任兴达公司工会主席）

华新水泥有限责任公司

副经理：陈　静

经营开发有限责任公司

经　理：付建刚
党委书记：黄建初（兼纪委书记）
副经理：彭昌葆
　　　　张　伟（2003年9月参加处干轮训班学习）
　　　　张　勤（2003年8月任职）
工会主席：崔顺文

兴达经济发展有限责任公司

经　理：叶天长（2003年8月兼任党委书记）
党委副书记：何　纯（兼纪委书记）
副经理：张良斌
　　　　张浩峰（2003年8月前参加处干轮训班学习）

企业发展公司

经　理：易炎鑫
党委书记：徐佐安（兼纪委书记，2003年8月前任绿化公司经理）
　　　　　胥长友（2003年8月免职）
副经理：王经建
纪委书记：铁红英（女，兼工会主席）
经营计划处处长：刘忠秋
宣传部部长：刘运高
工会主席：王凤翱（2003年8月前任办公室主任）
组织人事部部长：万正伦（2003年8月前任技术改造部党总支副书记）

快餐公司

经　理：冯德和（2003年2月任职）
　　　　罗贤洪（2003年2月免职）
党委书记：田光星
党委副书记：陈友铭（兼纪委书记、工会主席）

副经理：陈厚元
　　　　蒋　虹（2003年9月参加处干轮训班学习）
天宝公司经理：周学龙（2003年2月任职）

综合服务公司

经　理：陈济元（2003年4月任职）
党委书记：蔡力红（2003年2月任职，2003年8月兼任纪委书记）
　　　　　杨祖述（2003年2月免职）
副经理：邓　峰（2003年8月任职）
纪委书记：王祖云（2003年8月免职）
工会主席：戴泽宇（2003年8月任职）
　　　　　余长进（2003年8月免职）

房产公司

经　理：陈再斌
党委书记：戴以彪（2003年8月兼纪委书记）
副经理：雷兆鸣
　　　　方立新（2003年8月前参加处干轮训班学习）
　　　　郑德桥（2003年8月任职）
工会主席：周汉钢（2003年8月任职）

旅游公司

经　理：马福喜（兼党总支书记）
副经理：陈　勇（2003年8月兼任党总支副书记）

绿化公司

经　理：郭尔祥（2003年8月任职）
党委书记：谭　科（兼纪委书记）
工会主席：程保灿

食品饮料公司

经　理：刘　智
党总支书记：余志勇（2003年8月任职）
　　　　　　石光明（2003年8月免职）

幼教中心

主　任：胡丹丹（2003年8月任职）
党总支书记：江海清（女）

矿业有限责任公司

经　理：匡忠祥
党委书记：王春华
副经理：梅智学　郭廖武
纪委书记：吴伟江
工会主席：方少章
办公室主任：许春波（2003年6月任职）
经营计划处处长：肖金发（2003年6月任职）
生产处处长：赵荣坤（2003年6月任职）
安环处处长：刘家盟（2003年6月任职）
设备处处长：周兴华（2003年6月任职）
工程处处长：朱殿柱
技术处处长：祁超英
组织部部长：周春华（女）
劳资处处长：陈坦发

大冶铁矿

矿　长：尹小鹏
党委书记：熊守安（2003年6月前任程潮铁矿党委书记）
党委副书记：阎建武（2003年6月兼任纪委书记）
副矿长：江　兵　高　磊
　　　　梅　丰　李振祥
　　　　周家平（2003年6月免职）
纪委书记：彭学文（2003年6月免职）
工会主席：向伟基（2003年8月前参加处干轮训班学习）

程潮铁矿

矿　长：何明华
党委书记：蔡光明（2003年6月任职）
副矿长：王　剑　李铁一
　　　　胡焕斌　杜学所
纪委书记：史少华
工会主席：张香成（2003年9月参加处干轮训班学习）

金山店铁矿
矿　长：夏金瑞
党委书记：祝继平（2003年6月前任矿研所党委书记）
　　袁从国（2003年6月免职）
党委副书记：向桂秋（兼纪委书记）
副矿长：余松明
　　彭文斌（2003年6月任职）
　　鲁炳强（2003年6月任职）
工会主席：余启龙（2003年10月前任副矿长）
　　陈崇德（2003年10月免职）

灵乡铁矿
矿　长：王　宾
党委书记：吴永茂（兼纪委书记）
副矿长：戴长华　李绍荣
　　易良喜（2003年6月任职，2003年9月参加处干轮训班学习）
工会主席：张国权

乌龙泉矿
矿　长：颜钦武
党委书记：蔡建钢
党委副书记：王正中（兼纪委书记）
副矿长：范建中　熊自苏
　　金升怀（2003年6月任职）
工会主席：艾东记（2003年9月参加处干轮训班学习）

焦作矿
矿　长：许　彦
党委书记：谷茂安（兼纪委书记）
副矿长：吕和平
工会主席：林述全

矿山研究所
所　长：詹展平（兼党委书记，2003年6月前任大冶铁矿党委书记）
　　余奎香（2003年6月免职）
副所长：任贤锋
纪委书记：姜国升（兼工会主席）

矿山机械制造总厂
厂　长：易良杰
党委书记：陈立富
副厂长：昝旺泉　钱中年
　　陈胜和
工会主席：刘远程

矿山建设有限责任公司
经　理：徐腊明
党委书记：梅银芳
副经理：张　桦　刘建新
　　余心成（2003年6月任职）
工会主席：王　健（2003年8月前参加处干轮训班学习）
　　胡开华（2003年6月免职）

湖北冶金矿业高级技工学校
校　长：韩瑛梅（女）
党委书记：王光明（2003年6月任职，2003年9月参加处干轮训班学习）
　　肖列华（2003年6月免职）

鄂州综合食品厂
第一副厂长：董方平
副厂长：李大华　徐卫东
纪委书记：李声光（兼工会主席）

鄂州球团厂筹备组（2003年5月新建）
负责人：陈荣华（2003年6月前任矿业公司经营计划处处长）

星宇建设工程监理公司
经　理：谭建武

武汉冶金设备制造公司
经　理：万安元
党委书记：笪善桃（兼纪委书记）
副经理：钱新路　熊建杰

胡银华（兼总工程师）
工会主席：刘同文
总会计师：牛德斗（2003年4月免职）

冶金有限责任公司
经　理：陈方烈
党委书记：叶其祥
副经理：周民华（兼办公室主任）
李勇健（兼企业管理处处长）
工会主席：严昌芬（女）
纪委副书记：吴人伟（兼组织部长）
经营计划处处长：沈建一
财务处处长：高士厚
劳资处处长：桂权先
开发处处长：邓　文（2003年9月参加处干轮训班学习）

汉阳精密带钢有限责任公司
经　理：李继明
党委书记：郑新翘（兼纪委书记）
副经理：叶望午　毛跃荣
邱　岗

中南轧钢有限责任公司
经　理：周民华（兼）
党委书记：彭　健（兼纪委书记）
副 经 理：王衡章　田炳炎
工会主席：周厚诚

汉阳钢厂
厂　长：徐国敏
党委书记：莫　宁
党委副书记：余华康（兼纪委书记，2003年9月参加处干轮训班学习）
副厂长：胡家泉　王大健
工会主席：符　娟

钢丝绳厂
厂　长：曹万国
党委书记：陈炎坤（兼纪委书记）
副厂长：董德昌　孙新民
工会主席：殷恒庆

汉口轧钢厂
厂　长：万国胜
党委书记：周明高（兼纪委书记）
副厂长：喻善喜　夏克思
曾祥明（2003年8月前参加处干轮训班学习）
工会主席：陈小竹

江南燃气热力有限责任公司
经　理：杨国松
党委书记：闵群英（女）
副 经 理：胡正元　肖时钧
纪委书记：方建民
工会主席：许惠仪（女）

汉阳钢管厂
厂　长：韩永桥
党总支书记：陈明贵

汉口冷轧有限责任公司
党总支书记：周林喜

管业科技有限责任公司
经　理：张汉桥
党总支书记：程翼龙

江苏太仓武钢工业园筹备组
负责人：徐才发（2003年8月前任热轧厂副厂长）

武钢人新事例

“非典”时期走进天使家

5月11日,国际母亲节。

5月12日,国际护士节。

两个节日刚刚过去。蓦然回首,突然感觉2003年里这两个特别的日子竟如此贴切地相依相偎。感觉这两个洋节日与我们中国人的心比任何时候、比任何“舶来品”都贴得紧,也感觉母亲与护士、与所有医务人员是怎样的血脉相通,须臾不可分离。

在“非典”时期,医务人员走上前线,我们每一位受益于她们的人心有感激。母亲节、护士节后,记者走进了这样3个普通的家庭。

地点:钢都花园叶淑南家

叶淑南刚从郊外武钢隔离点归来。半个月来,她一直瞒着在马来西亚读书的儿子,76岁高龄的老母亲天天翘首盼望着女儿平安归来。4月30日,钢都门诊部叶淑南大夫接到通知:赴市郊隔离点执行紧急任务。来自公司22个单位的34名职工在隔离点接受医学观察,他们曾到广东、北京、山西等“非典”疫情较重的地区出差。叶淑南是点上唯一的医生,负有为被隔离者医学鉴定和签发“解禁令”的重要职责。

起初,这些被隔离者情绪不太稳定,一名女同志曾几个小时不吃不喝,叶淑南苦口婆心地做工作,帮忙与其所在单位联系,解决实际问题,才使她逐渐稳定下来。在隔离点里,叶淑南说她最惦记的是母亲,母亲患有严重的美尼尔氏综合症;她更惦念远在马来西亚的儿子,本来4月份放假他可以回来的。母亲节这天,她还在隔离点上。长期受到叶淑南夫妇资助并视作已出的3个侄女分别从新加坡、广东顺德和武钢给叶淑南打电话,祝贺其母亲节快乐。儿子的电话打到家里,爸爸一字不提妈妈去隔离点的事。叶大夫叮嘱在武汉的侄女多陪陪奶奶。

13日下午,隔离点撤销,老母亲早早地从七楼下到一楼,等了一个多小时,才盼回了心爱的独生女。一到家,叶淑南亲自拨通了儿子的电话,告诉他:“妈妈刚从前线回来……”儿子一时没听懂:“什么?你别吓唬我呀!”继而又开起了玩笑:“妈妈,你没有得‘非典’吧……。”记者在一旁听着看着,感觉到一股浓浓的母子情在涌动。

地点:钢花新村刘红莲家

女儿对她说:妈妈要是染上“非典”死了,我会哭得很伤心的。在总医院发热门诊,记者见到了裹得严严实实的刘红莲,约摸1小时后,在她家里见到了这个带着女儿、笑得很灿烂的母亲和主妇。

刘红莲在总医院干保中心做护理工作。4月23日护士长周志敏找她谈话,要她过两天就与另外20名医生护士进入医院临时设置的发热病房。回到家里,爱人李志刚开玩笑地说:“那么多护士,怎么就选中你了?”小李前年不慎摔断左腿后,腿上钉入了一尺长钢钉,准备“五一”节前取出来,然后休息长假。这一下,计划泡汤了。刘红莲对8岁的女儿讲:“妈妈在病房里万一染上‘非典’,死了怎么办呀?”乖巧的女儿这时却很认真地讲:“我会哭得很伤心。要不你跟护士长说一说,不让你去好不好?”眼眶里泪水直打转,小刘赶紧一把抱紧女儿,紧紧地贴着女儿的小脸。

刘红莲对记者讲:“玩笑归玩笑,其实当时心里难受得很。”与妻子很感性的描述不同,李志刚打了一个比方:“任何事故总是要有人冲在前头。好比一条大船要漏了,有一个人脱了岗,整条船非沉不可。”环顾他们刚刚装修完的家,记者心里仿佛一下子也涌进了许多的爱和温馨:这个家的装修是李志刚设计的,窗帘和壁纸是女儿选定的,每天家里的烹调洗涮自然是刘红莲的事,母爱、情爱以及所有骨肉之爱,一个都不能少!

地点:钢花东区仇春华家

小女儿第一次离开这么久,父母每天收看所有跟“非典”疫情有关的电视节目,爸爸特别关注病例增减的数目,妈妈看一次,掉一回眼泪……

走进总医院护士仇春华的家,已是钢城华灯初上的时刻。我们坐在沙发上,只见电视机旁有一捧紫红色的月季,茶几上则是一束淡雅的康乃馨。这一天,也是仇春华顺利完成在郊外隔离点护理工作，回家与父母团聚的日子。

妈妈潘时成告诉记者，4月30日那天下午两点半，仇春华突然回家说：我要上前线了！我们还觉得她在开玩笑，以为她要上夜班才提前回家。谁知是真的。我帮她收拾衣服，她爸爸只是说：千万要注意自我保护呀。小仇是隔离点唯一的护士，主要负责给被隔离者每人每日两次量体温。小仇回忆说：刚进点时，每个人都戴着厚厚的口罩，气氛有点紧张，后来好多了，大家有说有笑。在这十几天里，我每天晚饭前给家打电话报平安，我这是第一次离开父母这么久。母亲节快到了，我打电话叫姐姐买了19支康乃馨送给妈妈。

小女儿“上前线”了。潘时成夫妇每天从电视中收看与“非典”疫情有关的节目。爸爸仇平贵特别关注“非典”病例增加的数目，尤其是医务人员被感染的人数。妈妈看到中央电视台的王志到病房采访医生回忆叶欣，一边看，一边跟着哭。

仇春华就要回来了，姐姐和她的男朋友特地给妹妹捧回了19支紫红色的月季。他们说“19”代表“天长地久”。妈妈则爬上屋顶花园剪下了爸爸亲手栽出的7朵开得最鲜艳的花儿，插在了女儿的床头……

母亲给予我们生命与爱，天使护佑生命同行。

巴黎街头兵车行

武钢退休职工蔡达将漂洋过海，去法国巴黎展示他的仿古车阵，传播中国的传统文化。

蔡达的家里没有新潮家具，室内也没有装修，一切很简陋。但在他的卧室靠东墙一排深色的玻璃柜里摆满了巴掌大小的古车模型，一辆辆有浅黄色、深黄色、棕褐色的，又分为独轮、两轮、四轮的，还代表着西周、战国、唐、宋、元、明、清不同的时期。上至帝后嫔妃的龙车凤辇、下至黎民百姓的独轮推车，100多辆古车，把几个橱柜挤得满满当当。这些用竹片、三夹板、冰棒棍做成的古车被赋予了生命，散发出浓浓的华夏古风神韵。

一位学炼铁出身的72岁的老者，退休10余年来，怎么就会对中国古车如此精道？用蔡达的话说：“中国历史有多长，古车史就有多长。古时候，车有多少标志着国家有多富。一车四马为一乘，所谓‘千乘之国，万乘之君’就是这个意思。”蔡达曾在武钢文工团做过舞美、道具。退休后学习过剪纸。1993年，有关部门在武汉杂技厅进行民间工艺展览，他帮助筹集展品。一家工艺厂送来了3辆巴掌大的古车模型，并说该厂已经不做这类古车了。蔡达从此对古车产生了浓厚兴趣，试着做水车、牛车，最后迷上了古车。为了做古车，他远赴山东临淄的中国古车博物馆参观，托人四处找资料，收集故宫收藏的慈禧坐车照片。蔡达对古车如痴如醉的劲头感动了女婿，他辞去了工作，专心跟蔡达学古车制作。

2000年，江泽民主席访问法国时与法国总统希拉克签署了中法文化交流协议，2003年在中法文化节上将展示中国的“衣、食、住、行”，其中这“行”就是武钢退休职工蔡达制作的29辆古车。

工人尹汉强与锁具

2003年初，武钢职工获悉：近日，国家知识产权局为武钢运输部工人尹汉强颁发了专利证书，并在网上发布。尹汉强平静的生活被打破了，每天都要收到国内外的电话和函，打听了解专利锁的有关情况。一个从事铁路运输工作10多年的工人，尹汉强如何与锁结下不解之缘呢？

那是一次偶然的机会，尹汉强在电视上看到这样一个场面：在一次大火灾事故中，很多逃生的人跑到紧急道口，由于铁锁无法打开而被夺去生命。又过一、两天，他又从报纸上看到一篇“开锁”的报道，有关专家称，我们现在的技术开启弹子锁不成问题，一把钥匙开几把锁非常容易。尹汉强震惊了，强烈的责任感促使他想：要是有这样一把锁，它既能防盗，又不用钥匙打开，该多好啊！愿望是美好的，可设计起来谈何容易！尹汉强1993年进武钢一技校学习铁路运输专业，毕业后一直在运输部从事铁路运输工作。学的、干的与锁根本搭不上“边”。但是，尹汉强顶着困难往锁里“钻”。

尹汉强家住汉口二七路，常年倒班，搞业余设计又不能影响正常工作。怎么办？他把上下班路上的时间和大部分休息时间全部投入进去，查资料、画图纸、逛李文锁城、走各类书店，了解有关锁具的书籍。经过大半年的思索，花费5000多元的积蓄，2002年春节前夕，他的按键式数字密码防盗锁研制成功了。武汉科宏专利事务所得知后，积极帮助查询，代理申请国家专利。2002年3月22日申报，12月18日一次评审通过，国家知识产权局局长王景川签发528946号实用新型专利证书。该局网站发布此项专利时，称此锁使用方便，准确按压密码按键随时关门，防盗性能好，破解机率极小，把锁具带入了崭新的数字化时代。

几天后，广东、安徽等地的客商要求与之洽谈转让事宜，经济日报社主办的《经济月刊》杂志记者约定2003年元月中旬专程来汉采访，介绍给国内外厂商；《人民日报·海外版》来信表示愿意帮助推广转让；对外经济贸易合作部计算机中心将此项专利列为实施国家重点专利推荐工程，并称美国一客商对此很感兴趣，要求进一步洽谈；香港国际专利技术博览会把这项专利评为“2002年香港国际专利技术博览会金(牌)奖”，同时邀请尹汉强赴香港考察或商务洽谈……

销售场上“智多星”

夏武川获得湖北省营销岗位能手称号，同伴们为他骄傲和自豪，因为他是武钢唯一获得此项殊荣的营销员。从2002年至今，他和同事为武钢销售公司长沙分公司实现年销售收入1.22亿元，完成5.5万t销售量，创造利润363万元。

开展市场策划——创新思维谋发展

工作中的夏武川有一股韧劲，更有一股子敏锐洞察市场发展态势的灵气。去年2月，武钢高速线材产品合同量严重不足，合同缺口近3万t。面对瞬息万变的市场，及公司开拓市场争创效益的重托，他在综合分析了当时武钢出厂价格基础上，对照历史价格水平，得出这样的结论：此时的产品价位已是历史最低水平，而此时长沙地区的区域钢材市场价格和社会、市场库存均处于正常水平以下。同时，长沙地区周边的其他钢厂可供资源较少，后期市场走势呈现需求旺盛局面。他认为分公司尚有一定的利润空间，便迅速建议长沙分公司率先订购武钢2月份高速线材产品1万t，分别发往长沙、桂林、南宁等地，紧接着，其他中间商相继跟进市场。果然，在长沙分公司的努力下，不仅使武钢2月份高速线材合同顺利组织到位，而且还实现满负荷生产，缓解了生产难题。

客户关系管理——服务宗旨显奇效

湖南一家“国字号”企业对钢铁产品的需求不仅量大，而且对质量、服务的要求也高。为将武钢产品用于浦沅的产品开发上，夏武川及时向长沙销售分公司建议对其开展适时供货营销服务，并对每笔订单进行全程跟踪服务。经他努力，该公司年使用武钢高强度焊接结构钢材较2001年增长了15%。为了振兴民族工业，夏武川在营销工作中融入技术服务的内涵。湖南一家上市公司因其使用钢材标准高，过去一直依赖进口钢材。夏武川根据武钢生产高强度焊接结构钢技术含量高的特点，在帮助这家公司细算采购成本的基础上，积极为用户提供了全面的技术服务，最终赢得了用户的青睐。该公司放弃了准备进口的瑞典和意大利钢板，全部选用武钢的高强度焊接结构钢。

开拓工程直供市场——岗位创效见功劳

夏武川不满足于日常性的营销工作，他爱动脑筋，勤于思考，时常拓展新的营销业务，在长沙销售公司的同伴称他“智多星”。在实践中，他不断钻研营销业务，努力拓宽钢材产品直供渠道，使长沙销售分公司的钢材销售直供比例大幅上升。仅2002年，就由过去的20%大幅提高到40%以上。武钢产品一直想进入湖南一家名扬三湘的机械企业。早先，该公司并未认可武钢钢材，但夏武川没有被困难吓倒。他知道要使武钢的钢材进入这家企业，除了产品内外质量要过硬外，更需要营销人员具备过人智慧和毅力，用诚心为厂家提供服务，用诚信换来收获。他从为客户拟定订单开始，始终主动服务，帮助客户起草订货协议，全程跟踪生产，安排运输，直至验货，这家公司由此也顺利地进入长沙分公司的直供渠道，并且当年就与武钢签订了3600t供货协议。

沧海横流，方显英雄本色。每当拿到一份新的合同订单，夏武川心情总是难以平静，为自己能把武钢的产品推销到祖国的四面八方而自豪。

护“胆”卫士

“改革嘛，总是要牺牲一部分人的利益的。是党员，就应该支持改革；是党员，就应该起模范带头作用，就要有娴熟的技能和过硬的本领。”当年转岗分流到兴达公司时，有人砸玻璃、打领导，甚至把大头鞋和安全帽扔进茶水桶。有一个人却在琢磨着怎样学技术、练本领。他就是2003年公司命名表彰的模范共产党员、兴达公司混铁车维修厂筑炉瓦工一班班长王宝琪。

维修厂是为三炼钢厂服务的，主要是修砌混铁车的内胆——炉衬砖。混铁车俗称“鱼雷罐”，自重

320 t，是从日本引进的世界一流设备。砌筑一台用砖就达 48 种，16005 块，最重的达 36.5 千克。圆环形的砌筑方式对质量的要求十分严格，砖缝间距不能超过 2 mm。这些对平炉炼钢出身的王宝琪来说，是一个全新的领域。为了练技术，王宝琪从技术组借来砌筑工艺图纸和筑炉工艺学等书籍资料，刻苦钻研筑炉理论。“过渡环砌筑”和最后的“合门”是砌筑技术的难点。为了尽快掌握和提高这两项技术，王宝琪利用一切可利用的时间，在别人休息的时候，一个人蹲在现场用废砖一遍一遍地苦练。几十公斤的砖，他搬来搬去，常常累得腰酸胳臂肿。2001 年，他夺得了武钢热修瓦工技术状元。

开始时，班里的小青年对王宝琪的技术有点不服气。厂里组织技术练兵时，他们刻意找到王宝琪，要求比试比试。青工们和别的师傅干一边，王宝琪一人干一边。最后，王宝琪以精湛的技术赢得了比赛，同时也赢得了大伙的敬佩。从此，小伙子们争着要做王宝琪的徒弟。王宝琪班上一部分是年龄老化的分流转岗人员，一部分是初出道的技校生。面对高温粉尘和繁重的体力劳动，班组人员出现了“青黄不接”的现象。为了留住人，稳住心，王宝琪像亲兄长一样关心他们。

青工小罗的爱人是农村户口，一家三口租住在郊区的农舍里，日子过的比较艰难。一天上中班，小罗的孩子突然发烧，急需送医院治疗，他爱人打电话到厂里来的时候急得直哭。王宝琪一面向厂领导汇报，一面代表组织随小罗去探望。当时的情景把小罗吓得不知所措。王宝琪不由分说，抱起小孩就往医院跑。郊区夜黑，等他们到医院时，王宝琪全身汗透，像刚从水里捞起来的一样，令小罗的爱人十分感动。真情换来真心，从此，小罗更加努力地投入工作，终于成了班里的技术骨干，并在武钢技运会上夺得了状元。

2002 年 6 月至 9 月，江城酷热，三炼钢厂连创高产，“鱼雷罐”连连告急。大批罐子结渣严重，每个罐子光渣就有 80 余吨。为了保证“鱼雷罐”的周转，他们必须冒着 50℃ 的余温进罐清理。在这种中间大、两头小，除了入口没有通风孔的铁罐子里，坐着不动都会汗流浃背，就更不用说干活了。关键时刻，班长、共产党员王宝琪第一个冲了上去。七八个小时过去了，工友们浑身都是厚厚的汗泥，几位青工累得一屁股坐了下来。风镐声也慢慢地弱下去，停了，只剩下王宝琪的还在响。当他们透过“粉幕”，努力看清他的脸时，发现他的鼻子正在流血。这时，他只是稍微止了一下血，又操起了风镐。忽然间，罐内所有的风镐一起响了起来，汇成了一曲气势恢弘的交响乐。

辛勤的耕耘赢来了丰硕的成果，鲜艳的党旗映出了责任区里无边的春色。在王宝琪的影响和带动下，筑炉一班捷报频传；混铁车大修质量优良率达 90% 以上，大、中、小修合格率达 100%，用户满意率达 100%。混铁车罐龄由过去的不到 1000 次提高到 1250 次，仅此一项就为三炼钢厂降成本 100 多万元。

转岗厨工夺大奖

32 岁的江军是快餐公司一位平凡的厨工，在 11 月 3 日江苏徐州举办的第五届全国快餐（套餐）比赛上，荣获银牌，再次给职工一个惊喜。此前的 8 月，他参加武汉市第十三届职业技能大赛烹饪工种比赛荣获状元，并荣获武汉市“五一”劳动奖章和新长征突击手两项殊荣。

1997 年，江军在快餐公司工程队担任机电队队长，他与职工一起摸爬滚打，认真对每一台设备“体检”，对设备精心保养维护，使设备完好率连年达 95% 以上，保证了生产的正常进行。2000 年元月，企业机制改革，江军由一名电钳工转岗成为一名厨工，刚开始，他有一种莫名其妙的抵触情绪，在单位见了熟人都不好意思打招呼。但江军是一位上进心极强的青年，他明白再这样下去有可能自己长时间不能适应新的工作和环境，他抱着既干之，则干好的态度，决心以转岗为契机，干出点名堂来。

为了提高自己的操作技能，他决定从最基本的做起。在厨房工作，没有一把好刀是不行的。江军每天上班第一件事就是磨刀，自己的、师傅们的，每天共有六七把。为了练好用刀的腕力和臂力，他包下了餐厅每周三的 150 kg 排骨、100 kg 脊骨、100 kg 筒子骨的砍剁任务，手指没有五六分钟是伸不直的，第二天手臂几乎抬不起来。经过一段时间的磨练，他砍排骨、剁脊骨又快又标准。为了练刀功，他仔细观察师傅的每一个动作，然后再细细琢磨。他把每一次用刀都当作一个练习的机会，给自己规定计时。经过 3 个月的苦练，餐厅每周一、三、五进来的 14 kg 榨菜他基本可在 50 分钟内将其切成火柴棍大小。在师傅们的指教下，江军很快学会了面点制作、配菜、中灶炒菜的基本技能。

一个偶然的机会，江军看到了供餐厅一位师傅雕的月季花，他眼前一亮，原来普通的萝卜在厨师的巧手下可以变得这么美。他一方面虚心向师傅求教,一方面找来烹饪书籍学习,闭门苦练,一周后便达到了3分钟雕一朵月季花的速度。为提高雕刻技艺,他跑遍武汉三镇的大小书店,买来有关书籍和光碟回家揣摩,到市场买回各种材料在家进行练习,就这样用了近一年的时间掌握了二十几种花、鸟、虫、鱼、兽的基本雕刻技法。

2000年底,为迎接武钢快餐公司首届职工技术运动会召开,供餐一部进行了一次选拔赛,江军抱着试一试的心情参加了,取得了第八名的成绩,他是前八名中唯一转岗的职工,受到了领导和大家的好评。此次比赛,他既看到了自己的进步,更看到了与他人在理论和实际操作中的差距。2001年初,因工作需要,他被调到机关一餐厅任副管理员,半年后又调入供餐二部任生产计划员。但他仍然没离开实际操作一线,一刻也没有放松对操作技能的学习、练习和提高。2001年10月,公司开办拉面培训班,他是每堂课必到,毕业时取得了第二的好成绩。为不断充实和提高自己的烹饪理论知识,他经常利用双休日,上武昌、跑汉口、泡书吧。2001年底,他参加快餐公司第二届职工技术运动会,取得了第二名的好成绩。为了准备参加武钢公司第九届职工技术运动会,他把从旧书摊上收集来的200多本《中国烹饪》杂志几乎翻了个遍,在家里反复试做书上的菜肴。正是凭着这股钻到底的“傻”劲,一举夺得武钢(集团)公司炊事员技术比赛状元称号,也正是这股“钻”劲,使他今年获得武汉市第十三届烹饪比赛冠军,全国第五届快餐(套餐)赛银牌。

老当益壮展雄风

洪辉,交运公司货运公司四分公司废钢运输班班长,一名有着30余年驾龄的老司机。他虽年近半百,但仍老当益壮,带领全班同志迎风冒雨、涉难闯险,日夜奋战在废钢运输线上,一次次圆满完成运输任务,多次受到用户单位和交运公司嘉奖。11月,在武汉市公路运输管理处开展的货运“十佳”驾驶员评选中,他从全市上万名驾驶员中脱颖而出当选为“十佳”之一。

想在用户之前

年初,当四分公司争取到二炼钢厂的废钢运输任务,决定成立废钢运输班时,对于谁当班长,领导首先想到了洪辉,49岁的洪辉挑起了重任。作为一班之长,洪辉深深理解用户至上的道理。他想,公司打开一个市场不容易,我们一定要用优质服务占领这个市场。于是,他主动熟悉二炼钢厂的生产工艺,了解用户单位的需求,制定出相应的运输计划,大大提高了废钢运输的效率。对于用户的需求,洪辉样样记在心上。一天,快到下班时,洪辉发现二炼钢当天的废钢“吃”得很快,他想:如果废钢供应量不够,钢厂夜班的生产就会受到影响。于是,他在二炼钢调度并没有下达运输计划的情况下,主动指挥班员每人又多运了一车废钢才下班。第二天,二炼钢有关负责同志找到四分公司领导表示了感谢。像这样的事,在洪辉身上举不胜举。用户单位的同志说:“我们没有想到的,洪辉都能替我们想到。”

干在班员之前

废钢运输是个既脏又累、劳动强度大、时间长的苦活,没有节假日,没有星期天,冬天寒风刺骨,夏天酷暑难耐,工作环境十分恶劣。铁灰渣尘遮眼,钢刺铁片扎胎,电吊倾泻的惯冲力,不仅车损严重,也使身体受到很大影响。长期的驾驶工作,使洪辉患上了较严重的颈椎、腰椎病和胃炎,但他以身作则,事事带头冲在前。他不仅要开车,还要兼顾现场调度,每天第一个到现场,又是最后一个离开。不管是白天、黑夜,还是晴天、雨天,只要命令一下,他立即赶赴现场,有时忙得连饭也顾不上吃,几乎每天都要工作12小时以上。数不清多少次,他刚拖着疲惫的身躯回家,正想好好地睡上一觉的时候,又来了临时任务,他马上组织班员赶赴现场,直到抢运到深夜才回家。近一年来,洪辉几乎没有好好地休息一个双休日。“十一”长假7天,他又扑在了运输一线,人黑了、瘦了,可他没有一句怨言。正是他这种苦干实干的工作精神,扎扎实实的工作态度,赢得了班员的信赖。

学在时间之前

洪辉虽然是个经验丰富的老司机,但他一刻也不放松学习技术。他认为,作为一名优秀的驾驶员,仅会开车是远远不够的,还必须学会排除故障。30多年来,凡是他开的车,一般故障都是他自己动手处理。多年来,他养成了一个习惯,每天提前一个小时到岗,根据一清洗、二检查、三紧固、四润滑的要求,仔细维护车辆,确保“病车”不出门。无论领导安排他开哪辆车,他都及时弄清车辆的构造、性能,主动向修理工请教车辆故障的诊断、处理方法，使他能很快掌握车辆故障的处理技术。随着年龄的增长，他越来越感到时间不够用。他利用业余时间搜集各种车型的资料，琢磨紧急排故障方法。废钢运输现场作业条件差，车辆损耗较严重，班上7台车，难免会出现一些故障，有时车辆坏在现场，而修理工又不能马上赶到。为了不影响工作，洪辉都能立即进行应急处理，班员们称他为“万事通”。由于勤练技术，谨慎驾驶，他安全行车30余年，从未发生一次安全事故，多次被交运公司评为“安全标兵”。

在洪辉的带领下，废钢运输班以一流的服务、一流的作风、一流的技术，打造了交运公司的优质服务品牌。2～9月，全班共运输废钢11万t，创收1.30万元，为分公司完成全年生产经营任务奠定了坚实的基础。

“毫秒状元”金元平

2003年金秋，以金元平为首的武钢保卫部15名消防员进军武汉市第十三届职业技能大赛，一举夺冠：金元平个人获第一名，王建林、盛慧平和邵华进入前八名；团体总分第一名。赛场上，人声鼎沸，龙腾虎跃。一辆辆红色消防车进出自如，一条条白色水带迅猛延伸，一架架黄色拉梯平地而起，被誉为“铁人”的武钢赛手在各项比赛中遥遥领先，把占据第二名的某兄弟团队远远地抛在后面。他们再次为武钢赢得了声誉。

前不久，记者来到武钢消防大队焦化中队，见到了金元平和他的战友。金元平，24岁，一位来自河南淮滨农村的合同工。他清楚记得进入武钢的日子：1997年1月17日。6年弹指一挥间，当年一起进入武钢的12名战友和同乡只剩他一个人，他也由一名新兵成长为武钢保卫部不可多得身兼数职的消防骨干。

焦化中队也是武钢消防战士的训练基地。走进战士们的集体宿舍，只见室内所有的物品摆放整齐，被子叠得方方正正。金元平和他的战友坐在床边，与记者聊起了他们引以自豪的这次参赛成绩：个人两盘水带连接5秒87毫秒，两人5盘水带连接15秒，攀登两节拉梯8秒41毫秒……金元平说：“我们练得很辛苦，为的是缩短一毫秒、十几毫秒，一毫秒压倒一排人哪……”记者打断他：“比赛固然要快，但真正的消防实战几秒几毫秒也起不了多大作用呀。”看来，这个问题金元平早就琢磨透了，他不紧不慢地解释道：“训练是一个技术性问题，讲究一个‘快’字，动作不断重复，习惯成自然。实战是战术性问题，要求的是灵活处置取得效果。”

为了一个“快”字，金元平动了不少脑筋。就一个“拉梯展开”科目，本来是一组连贯分节动作：双手推梯——拉绳——翘腿上梯，金元平改成三个动作一起完成：推梯、拉绳，两手左右开弓，单腿同时就势上梯，12秒一下子缩短到8秒。每年，全武汉市700多名消防官兵都要到杨汉湖消防训练基地集中训练，武警发现武钢改进的动作又快捷又科学，就“一锅端”全部移植过去，成了他们的训练标准。

走出宿舍，我们一起来到训练场。战士们搬出水带、分水泵和拉梯进行训练。训练用的器材上也有金元平用心良苦的痕迹；分水泵提手原来是纵向的，消防员行进时，容易撞腿，最后被他改成了横向提手；水带连接后抛在地上，外活动环和过长的内口易使两个水带脱开，小金拿掉外活动环，锯短内口，解决了问题，这些都使训练和比赛成绩一毫秒一毫秒地缩短了。

屈指算来，金元平进入武钢已6年有余。他捧来一大袋红色获奖证书和培训合格证，其中有一本小金参加武钢党校预备党员培训合格证。武钢消防大队副大队长邵强告诉记者：“金元平是我们的重点培养对象，他还入围了今年武汉市‘十佳进城务工人员’候选名单。”看来，金元平极有可能成为武钢第一个加入党组织的进城务工人员。

排石能手的情怀

熊道立今年七十有六，1982年从建设公司退休后回到老家黄陂。他懂得一些中医药，经当地主管部门批准开起了“家庭诊所”，给乡亲们抓药看病，20多年来，远近闻名，尤其是治疗结石病症，颇具传奇。建设公司有位老领导患输尿管结石20多年，曾在协和医院治疗过，没过一年又复发了。去年，结石把左输尿管堵塞，造成左肾中度积水，并发炎症高烧，住了两个多月医院，仍没解决问题。经该公司退管办介绍去找熊道立，服下十副中草药，一颗黄豆大小的带刺结石排出了，所有症状消除。机关一位吕姓司机，与这位老领导患同一种疾病多年，先后开了3次刀，受尽了折磨。今天6月份，他旧病复发，B超显示结石多颗，肾积液高达6cm，无奈之际，驱车前往黄陂找老熊试一试。也是10副中草药,10天后再做B超,结石全不见了,肾积液也没了。他连连称奇:“晓得有这样的巧板眼,我就不会挨那三刀了。”在武钢、建设公司有许多结石患者找熊道立诊治而解除了病痛,他的家庭诊所里挂满了感恩颂德的锦旗。

熊道立行医以来,每年接诊患者千余人次,治愈结石病症5000余例,患者有城里的,有乡里的,有近的,还有浙江、江西、四川和广州的。他善排结石,并非祖传秘方。据他自述,得益于20世纪六、七十年代在单位担任过“赤脚医生”的实践,转战攀钢、武钢的工程建设,经常和同事们一起外出采集中草药,走遍了云贵高原,潜心苦练,认识了数以千计的中草药。一次有位工人干活闪了腰,服他开出的药后,不仅治好了腰伤,而且排出了十几颗结石。意外的发现,使他萌发了研究排石方剂念头,后来给职工治疗结石连连得手,独特奇效的排石药方逐步成熟起来。

退休后,有人找他看病,他总是有求必应,不收分文。后来找的人多了,开办家庭诊所,也只收成本费。他处处替患者着想,能一付药打下结石,决不开两副。远道而来的病人,一次把药配好,免得再花路费。附近的患者,按总量减半开药,结石下来了,决不让患者再花钱。只要是贫困户,成本费减半或减免。熊道立出名了,有人提醒他,你有如此绝技,何不借此发财。他笑笑说:贪财损寿,积德延年。有人高薪聘请老熊到闹市挂牌应诊,他摆了摆手说:“算了,算了,我走不开,也消受不起。”建设公司有关领导和退管办人员到他家问及晚年生活时,他风趣地递过一幅四字谜:转运车派去,台置汉水边,红时工化吉,岩上山搬移。

通信老工人“救火”

2003年3月间,武钢消防队119台经常收到不是报火警的电话,有时候一天接7、8个,给武钢消防工作带来极大的麻烦,但又不能有丝毫的懈怠,以免错过真正的火警,给国家和人民带来损失。

武钢通信公司老工人罗建华发现这一情况后,对几台设备及线路进行了全面检查。在彻底排除由于线路设备引起的故障后,凭着二、三十年的维护经验,罗建华感觉可能是用户使用电话不当造成的。为了印证这一想法,他又接连几个星期守在武钢消防队119报警台,通过来电显示全程监控错打电话的情况,和错打用户直接联系,了解出错原因。经过仔细观察,罗师傅发现错号很有规律,如某一用户本来拨打武钢电话2119X,结果错打到119台,很可能是用户在拨打中由于2号键未按下或2号键未发号,拨到后3位正好是119,所以就错打到武钢消防队119台。另外,武钢通信公司开通的联通和电信的长途号193、190,如拨不好也是造成错号的主要原因。3月初,武钢某单位发传真至天津,拨号为190—022—81XXXXXX;还有某职工打长途到广东,拨号为193—020—26XXXXXX,由于手指在拨打时抖动,结果连续发了两个1号键,190变为1190;193变为1193,长途未通,全部错打到119台。给武钢消防队带来了不必要的麻烦。

了解情况后,细心的罗师傅想:尽管不是我们维护设备的责任,但如果不提醒用户,就会造成很多麻烦。于是,他自己琢磨着写了一篇稿子《防止按错号,听准哆、咪》分发给用户,提醒用户在拨打电话时,拨号要听准确认音,按一次键只能听一声,特别是按1号键或0号键时应更加小心。使武钢消防队119台错打的情况不再发生。

着装展风采

在二热轧厂房前,常常可以看到一群群身着整洁的浅蓝色工装的青年职工,迈着自信的步伐,精神抖擞地进入现场。在他们良好精神面貌的后面,有着这么一个特殊的后勤服务窗口——综合服务公司轧钢管理区二热轧洗衣房。

二热轧洗衣房是综合服务公司以专业化管理优势接管二热轧洗浴中心大楼后,通过一流的管理、一流的服务、一流的岗位技能,得到主体厂充分信赖而赢得的一块服务领域。二热轧调试初期,职工经常加班加点,工作服严重油腻,又由于是全棉面料,不像涤卡那样平整,洗后有明显的皱折,穿在身上皱皱巴巴的,这对具有国际一流先进生产水平国家重要轿车板材生产基地的二热轧而言,可以说是严重影响整体形象。综合服务公司根据企业服务业不断向社会化、产业化和市场化推进的要求,大胆创新,把只有生活小区才有的整烫服务搬进了厂区,把洗衣房的单一洗衣服务延伸为“洗衣、缝补、整烫”一条龙服务,让职工穿得干干净净、整整齐齐。从而塑造当今产业工人的外在形象,展示武钢人的精神风貌。

洗衣房为使现场职工送洗工作服方便,安排了早上、中午和下午3个时间段进行收、发服务,并且在收与发的时间间隔上保证周期循环，以便让职工能及时穿上干净的工作服。在收、发过程中，服务员严格按照岗位作业标准进行操作，做到凭证服务、一证一号、收发有序、有条不紊。在洗衣、缝补、整烫一条龙服务操作上，实行收、洗、缝、烫、发各程序环环相扣，即将收进的脏衣服集中放置在统一的塑料筐内，定点送入洗衣房分类清洗，洗干净的工作服再按照收发记载对破损部位予以缝补，再由经过专业培训上岗的整烫工进行缝补、整叠，摆放整齐，按号发放。

为进一步提高服务质量，洗衣房不断推进“人性化服务”的新理念，按照人性化需求开展“亲情服务”、“提醒服务”，把职工的需求作为追求的目标。每当职工送衣服到窗口时，服务员总会热情地提醒他们清理一下工作服口袋，以免物品遗忘在口袋里。与此同时，服务员收进衣服后还会再检查一遍，如有职工粗心遗忘物品，她们会记下工作服工号，将物品（或现金）替职工认真保管，并如数地交还到职工本人手中。洗衣房以其特有的一条龙服务而深受主体厂职工的欢迎，当看到洗衣房服务员细致的服务，洗得干净发亮的工作服，缝补得完好如初的裤腿，烫得平整笔直的“刀印”，职工们的得意都写在盛满笑容的脸上，融入到饱满的精神状态中。在综合服务公司召开的主体厂恳谈会上，二热轧领导对洗衣房的一条龙服务赞不绝口，尤其是对新增加的熨烫上装服务新项目，给予了高度赞誉。

男儿自强当飞扬

2003年金秋，我们走进了程潮铁矿百米矿井下那个英姿勃发的青春方阵，将目光定格在一个名叫余晶津的年轻矿工身上。这就是余晶津？站在我们面前的这个身高只有一米六，瘦小得让人难以相信，笑起来还有点羞涩的小伙子，就是那个1999年获得湖北省“五一”劳动奖章、2000年获得武钢（集团）公司首届“五四”青年奖章、2001年被授予全国“五一”劳动奖章、2002年被评为湖北省劳模，有一大串耀眼称号的“采矿大王”？在矿山地层深处这个靠强健身体而生存的雄性世界，向来有“四块石头夹一块肉”的惨烈说法。而余晶津，这个身体素质比别人差一大截的年轻人，却取得了比别人更辉煌的成绩。他究竟付出了多少的汗水？走过了多么令人难以想象的艰难道路呢？带着崇敬和疑问，追寻余晶津铸造辉煌的脚步，我们走进了他年轻却不平凡的世界……

1994年，24岁的余晶津子顶父职“轮换”进矿，成为程潮铁矿一名井下矿工。单位考虑到他人小力单，照顾他到较轻松的计量工岗位上班。一年后，性格倔强、万事不服输的余晶津偷偷地学会了开铲运机。他找到工段长：“我想去开铲车出矿，这更能体现我的价值！”在他的死缠硬磨下，工段长不得不同意了他的申请。一个重达10 t的钢铁庞然大物就这样成了余晶津心爱的坐骑。在身边老师傅们的帮助下，勤于思索的余晶津很快就琢磨出了一种在掌子面与矿石井之间穿梭采矿的“三点式”出矿方法，即先左、后右、再中间，从而轻而易举地将进口铲运机驯服得服服帖帖。他以自己的实际行动提前3个月上岗，成了一名合格的出矿工。

1996年，余晶津采矿25327 t，完成了年计划任务的130%，在同期青工中名列第一。1997年，他采矿31097 t，完成当年任务的144%，以漂亮成绩挤进工段前三名，紧紧跟在全国劳模周德亮和武钢劳模吕继武之后。为了让余晶津发挥更大的潜能，工段奖励他开一台新铲运机。组织的信任和鼓励，激发了余晶津的拼搏劲头，让他有了实现青春价值和生命价值的无穷动力。2001年他出矿26000 t，2002年出矿30000 t，均居于单位前列。

然而成功并不是偶然的。余晶津付出的汗水和艰难求索，别人是不敢想象的。铲运机是从美国进口的现代化高效采矿设备。为了学好维护技术，余晶津边生产边摸索。机器坏了，钳工们帮着修理，余晶津就站在旁边看。久而久之，他干脆自己掏钱买了一套工具。机器出了故障，他就自己处理。这样就节约了时间，也不影响别人的生产。余晶津严格执行铲运机维护规程，上机器前，他采用“看、听、摸、查”的办法，全面检查设备的工作状况，将故障消除在萌芽状态，决不让设备因停机检修而影响生产时间。在实践中，余晶津勇于探索。他将高效采矿和精心维护设备有机结合起来，摸索出一套“铲矿准、装矿满、运矿稳、倒矿快”的操作方法，达到了采矿时铲装快而省力，车子装得满，可跑在巷道里既稳又快的工作效果。余晶津的心中装着一个目标：上班至少要出一百车矿，如果车坏了而影响工作，就要想办法补回来。一次中班，采场刚放完炮，炮烟还没有完全散尽。为了多出矿，余晶津第一个开车到采场。刚采几车矿，他感到一阵恶心，来不及下车就吐了。他下车在通风的地方坐下来休息了一会，又去出矿了。就这样，装装停停，停停装装，一个中班，他吐了3次，硬是支撑下来，还超额完成了任务。

成绩背后,是无私的奉献。1999 年 6 月父亲因肿瘤开刀住院 20 多天,余晶津只在手术当天去看了一眼病床上的父亲。工友们看不过去,劝他回去照顾父亲。余晶津说:“现在矿里处在‘大干六月,实现双过半’的关键时刻,大家都在拼命干,我怎么能开口说回家呢。”平时他陪伴妻子的时间很少,更不要说陪妻子逛街了。余晶津上“三班倒”的班,加上井下高强度的劳动,回到家里他往床上一躺就睡着了。妻子想和他说说话,也成了一个奢侈的要求。此次采访时,余晶津反复地对我们说:“作为劳模,我做得还不够,要走的路还很长哩!”这,就是矿工永远不灭的精神支柱。这,就是支撑矿山发展的钢铁脊梁!

附　　录

2003 年全国重点钢铁企业主要指标水平比较

〔汇编说明〕 1. 本期资料选择了 15 家重点钢铁企业 52 项指标比较，在 52 项指标中，武钢处在第一位次为 0 项，第二位次为 2 项，第三位次为 3 项，前 3 项占总项数的 9.62%，总平均位次为 7.87%。

2. 武钢各类指标所处位次分布情况如下：

指标类别＼位次	1	2	3	4	5	6	7	8	9	10	11	12	13	14	15	合计
7 项经济效益指标			1	1			4		1							7
主要财务评价指标		1		1		1	2	1					2			8
主要技术经济指标																
烧　　结						2			1	2	1				1	7
炼　　铁				1		1			2			1	1			6
转炉炼钢及连铸		1	1	3						1		1				7
轧　　钢				2							1	1				4
炼　　焦			1							1		2	2			6
能源消耗				1	1	1	2	1							1	7
合　　计	0	2	3	9	1	5	8	2	4	4	2	5	5	0	2	52

3. “空格”表示指标未到，或者没有此项指标。

4. 本期资料来源：企业间年报指标。

7 项经济效益指标

单位	总资产贡献率		资本保值增值率		资产负债率		流动资产周转率		成本费用利润率		全员劳动生产率		产品销售率	
	%	名次	%	名次	%	名次	次	名次	%	名次	万元/(人·a)	名次	%	名次
鞍钢	7.45	10	116.70	5	46.58	4	1.53	13	5.38	11	10.37	11	100.15	6
首钢	3.49	15	102.50	13	52.29	6	1.91	8	3.53	13	8.63	13	99.89	10
宝钢	28.60	2	114.7	6	40.88	1	3.44	1	29.45	1	150.50	1	99.31	14
武钢	**12.90**	**7**	**111.21**	**9**	**56.21**	**7**	**1.94**	**7**	**10.91**	**4**	**12.69**	**7**	**100.44**	**3**
本钢	3.81	14	112.59	7	58.46	10	2.84	2	2.41	15	7.59	14	100.30	4
太钢	6.22	12	105.65	10	56.72	8	2.5	4	5.44	10	11.22	8	99.32	13
马钢	20.99	3	123.75	3	43.10	2	2.29	6	23.59	2	15.92	5	100.07	7
包钢	7.10	11	100.88	15	57.26	9	1.18	15	3.87	12	9.74	12	100.56	2

续表

单位	总资产贡献率		资本保值增值率		资产负债率		流动资产周转率		成本费用利润率		全员劳动生产率		产品销售率	
	%	名次	%	名次	%	名次	%	名次	%	名次	万元/(人·a)	名次	%	名次
攀钢	7.86	9	101.44	14	52.13	5	1.56	12	2.98	14	7.42	15	99.79	11
唐钢	14.54	6	119.01	4	65.25	15	1.89	9	9.08	5	10.76	10	100.16	5
重钢	29.42	1	139.56	2	45.88	3	2.63	3	21.10	3	19.76	4	99.16	15
湘钢	16.17	4	149.49	1	59.65	11	2.48	5	6.77	8	12.94	6	99.94	9
酒钢	5.34	13	104.33	12	60.00	12	1.26	14	8.59	7	11.03	9	99.70	12
邯钢	10.47	8	104.50	11	63.61	14	1.88	10	6.05	9	25.56	2	98.84	8
济钢	15.12	5	111.90	8	61.34	13	1.64	11	8.93	6	21.01	3	101.17	1

主要财务评价指标

单位	销售利润率		总资产报酬率		资本收益率		流动比率		工业增加值率		速动比率		应收账款周转率		存货周转率	
	%	名次	%	名次	%	名次	%	名次	%	名次	%	名次	%	名次	%	名次
鞍钢	4.92	11	3.09	13	17.45	8	94.39	9	37.63	8	63.51	10	9.79	13	3.30	15
首钢	3.40	13	3.49	11	5.40	12	105.02	5	18.56	15	74.87	5	19.44	9	4.33	10
宝钢	22.54	1	17.11	1	56.06	3	114.76	3	55.11	1	68.24	9	29.26	6	8.00	1
武钢	**9.82**	**4**	**6.78**	**7**	**23.41**	**7**	**86.88**	**13**	**38.44**	**6**	**59.94**	**13**	**49.13**	**2**	**4.55**	**8**
本钢	2.32	15	3.12	12	11.15	10	91.04	11	24.79	13	62.56	11	17.63	10	4.15	11
太钢	5.07	10	5.29	8	13.80	9	103.41	6	26.78	12	69.92	6	21.52	8	4.37	9
马钢	18.98	2	14.15	2	43.27	4	119.29	2	44.61	2	84.15	1	45.46	3	5.71	4
包钢	3.64	12	2.64	14	0.30	15	80.58	14	32.62	10	57.8	14	3.87	15	3.44	14
攀钢	2.90	14	2.34	15	0.65	14	71.50	15	38.27	7	47.47	15	8.57	14	3.59	13
唐钢	8.21	5	7.77	5	29.58	6	102.07	7	30.12	11	80.78	4	74.41	1	6.72	3
重钢	17.23	3	11.29	3	91.69	1	130.52	1	40.49	3	81.97	3	14.67	12	4.76	6
湘钢	6.16	8	7.39	6	60.34	2	94.41	8	40.11	4	68.81	7	45.10	4	7.08	2
酒钢	7.75	7	5.20	9	8.85	11	91.50	10	32.96	9	68.46	8	24.05	7	3.82	12
邯钢	5.55	9	4.77	10	4.58	13	89.84	12	39.00	5	60.90	12	42.06	5	4.56	7
济钢	7.88	6	8.10	4	31.49	5	114.00	4	24.11	14	82.00	2	15.05	11	4.76	5

烧结

单位	烧结矿合格率		烧结矿品位		烧结矿转鼓指数		烧结矿固体燃料消耗量		烧结机有效面积利用系数		烧结矿含铁原料消耗		日历作业率	
	%	名次	%	名次	%	名次	kg/t	名次	t/(m²·h)	名次	kg/t	名次	%	名次
行业平均	89.55		56.74		71.83		55		1.494		933.59		90.11	
鞍钢	82.61	14	58.19	4	79.82	3	56.23	11	1.200	14	901.08	4	84.23	12
首钢	98.74	4	57.76	5	86.10	1	41.03	1	1.414	8	883.59	2	92.02	6
宝钢	100.00	1	58.73	2	75.50	8	50.42	5	1.222	13	996.00	14	96.84	3

续表

单位	烧结矿合格率		烧结矿品位		烧结矿转鼓指数		烧结矿固体燃料消耗量		烧结机有效面积利用系数		烧结矿含铁原料消耗		日历作业率	
	%	名次	%	名次	%	名次	kg/t	名次	$t/(m^2 \cdot h)$	名次	kg/t	名次	%	名次
武钢	**95.69**	**6**	**57.30**	**9**	**76.55**	**6**	**54.98**	**10**	**1.090**	**15**	**945.72**	**11**	**87.41**	**10**
本钢	94.09	10	57.53	7	77.50	4	54.00	7	1.605	4	822.00	1	72.93	14
太钢	95.00	8	59.75	1	71.85	12	49.11	3	1.460	6	949.18	12	88.04	9
马钢	95.27	7	56.86	11	76.27	7	50.00	4	1.568	5	914.00	5	84.96	11
包钢	89.86	13	56.29	12	70.83	13	65.43	14	1.287	11	927.23	7	92.64	5
攀钢	99.92	2	48.96	15	68.11	14	54.37	8	1.332	9	924.26	6	93.57	4
唐钢	98.81	3	57.56	6			54.44	9	1.282	12	944.11	10	97.26	2
重钢	94.78	9	53.67	13	76.62	5	66.87	15	1.680	3	895.56	3	90.79	7
湘钢	91.49	12	57.06	10	72.56	10	46.11	2	1.810	2	956.50	13	97.42	1
酒钢	98.23	5	50.71	14	82.07	2	56.84	12	1.450	7	1019.00	15	79.75	13
邯钢	93.10	11	58.21	3	72.33	11	62.03	13	1.330	10	933.77	8	67.96	15
济钢	81.36	15	57.43	8	72.78	9	51.50	6	1.922	1	939.85	9	89.44	8

炼　　铁

单　位	喷吹煤粉		入炉焦比		入炉矿品位		高炉有效容积利用系数		休风率		平均热风温度	
	kg/t	名次	kg/t	名次	%	名次	$t/(m^3 \cdot h)$	名次	%	名次	℃	名次
行业平均	118		433		58.49		2.474		1.86		1082	
鞍　钢	134.59	4	415.24	8	59.24	6	1.860	14	1.49	8	1023	10
首　钢	88.71	13	416.90	9	59.27	5	2.176	10	2.13	13	1005	14
宝　钢	192.54	1	287.33	1	60.15	2	2.248	8	1.60	10	1240	1
武　钢	**120.96**	**9**	**394.84**	**6**	**58.93**	**9**	**2.091**	**13**	**2.05**	**12**	**1100**	**4**
本　钢	95.00	11	459.00	11	58.19	11	2.588	4	2.52	14	1017	11
太　钢	115.92	10	366.65	3	60.28	1	2.270	7	1.67	11	1098	5
马　钢	134.5	5	364.00	2	57.98	12	2.673	2	0.86	2	1078	7
包　钢	124.53	8	459.95	12	58.24	10	1.850	15	1.03	3	1147	2
攀　钢	129.21	7	483.14	14	49.30	15	2.644	3	0.77	1	1138	3
唐　钢	72.21	14	449.77	10	58.96	8	2.177	9	1.22	6	1009	13
重　钢	65.00	15	496.63	15	56.80	13	2.120	12	2.95	15	1005	15
湘　钢	137.45	3	368.35	4	59.23	7	2.501	5	1.40	7	1076	8
酒　钢	139.00	2	413.00	7	52.27	14	2.145	11	1.57	9	1069	9
邯　钢	129.30	6	392.52	5	59.38	4	2.390	6	1.18	4	1080	6
济　钢	91.76	12	481.29	13	60.01	3	3.097	1	1.22	5	1011	12

转炉炼钢及连铸

单位	钢锭合格率(综合)		钢铁料消耗		日历利用系数		炉衬寿命		连铸坯合格率		连铸合格坯收得率		连铸日历作业率	
	%	名次	kg/t	名次	t/(t·d)	名次	炉	名次	%	名次	%	名次	%	名次
行业平均	99.68		1091		36.231		4674		99.67		98.14		74.09	

续表

单位	钢锭合格率(综合)		钢铁料消耗		日历利用系数		炉衬寿命		连铸坯合格率		连铸合格坯收得率		连铸日历作业率	
	%	名次	kg/t	名次	t/(t·d)	名次	炉	名次	%	名次	%	名次	%	名次
鞍钢	99.70	10	1106	15	27.000	12	11745	8	99.70	10	98.18	12	66.01	14
首钢	99.49	14	1088	5	25.240	13	6492	15	99.49	16	98.43	9	70.15	9
宝钢	99.98	1	1091	8	20.670	17	4851	17	99.56	14	97.40	17	67.63	12
武钢	**99.88**	**4**	**1071**	**2**	**26.790**	**12**	**14504**	**4**	**99.88**	**4**	**98.75**	**3**	**69.84**	**10**
一炼钢厂	99.77	7	1057	1	24.980	14	17158	4	99.77	7	99.03	2	79.95	2
二炼钢厂	99.85	5	1088	4	40.460	5	18058	1	99.85	5	98.01	13	65.64	15
三炼钢厂	99.92	2	1069	3	23.420	16	8295	13	99.92	1	99.02	3	68.34	11
本钢	99.81	6	1093	10	35.140	9	8194	14	99.81	6	99.12	1	73.70	7
太钢	97.80	17	1113	17	40.640	4	11528	9	99.52	15	97.63	15	66.76	13
马钢	99.05	16	1088	6	41.050	3	17411	2	99.05	17	97.61	16	71.22	8
包钢	99.44	15	1103	14	23.760	15	13074	7	99.64	12	98.76	4	82.73	1
攀钢	99.67	13	1098	12	30.540	10	8550	11	99.89	4	98.20	11	76.38	5
唐钢	99.69	12	1090	7	39.670	6	13149	6	99.69	11	98.32	10	69.91	10
重钢	99.76	8	1101	13	37.450	8	6250	16	99.76	8	98.73	5	57.24	17
湘钢	99.89	4	1109	16	29.980	11	17222	3	99.89	3	98.62	7	78.55	4
酒钢	99.70	11	1091	9	51.670	2	8315	12	99.62	13	98.72	6	57.81	16
邯钢	99.74	9	1096	11	38.070	7	15131	5	99.74	9	97.89	14	78.59	3
济钢	99.90	3	1067	2	55.060	1	10227	10	99.90	2	98.58	8	75.36	6

轧 钢

单 位	钢材合格率		锭材综合成材率		轧机日历作业率		等级品率	
	%	名次	%	名次	%	名次	%	名次
行业平均	99.53		94.93		64.29		109.79	
鞍 钢	99.50	9	93.89	10	54.09	14	121.90	3
首 钢	99.48	10	96.14	4	57.47	12	106.22	10
宝 钢	99.63	5	92.59	12	75.74	6	118.14	5
武 钢	**99.42**	**12**	**93.53**	**11**	**77.67**	**4**	**119.28**	**4**
本 钢	99.28	14	94.82	8	56.21	13	116.36	7
太 钢	99.79	3	92.43	13	64.31	9	67.50	15
马 钢	99.44	11	94.68	9	71.25	8	84.20	13
包 钢	99.37	13	94.94	7	44.24	15	128.76	1
攀 钢	98.78	15	87.41	15	58.40	10	93.55	12
唐 钢	99.58	6	96.61	3	82.71	1	123.91	2

续表

单　位	钢材合格率		锭材综合成材率		轧机日历作业率		等级品率	
	%	名次	%	名次	%	名次	%	名次
重　钢	99.54	8	91.83	14	58.07	11	73.68	14
湘　钢	99.58	7	97.51	1	78.35	3	118.14	6
酒　钢	99.88	2	95.91	5	80.78	2	112.75	8
邯　钢	99.65	4	96.79	2	75.82	5	107.13	9
济　钢	99.89	1	95.43	6	75.05	7	104.47	11

炼　　焦

单　位	冶金焦抗碎强度（M_{40}）		冶金焦耐磨强度（M_{10}）		冶金焦灰分		冶金焦硫分		冶金焦率		吨焦耗洗精煤	
	%	名次	%	名次	%	名次	%	名次	%	名次	kg/t	名次
行业平均	81.25		7.06		12.61		0.61		93.38		1383	
鞍　钢	79.65	13	7.40	11	12.28	6	0.60	8	92.75	11	1382	6
宝　钢	88.89	1	5.54	1	11.32	1	0.55	5	91.92	14	1474	15
武　钢	80.10	10	7.50	12	12.75	12	0.50	3	91.97	13	1408	13
首　钢	80.63	5	7.38	10	12.44	9	0.68	10	97.02	1	1413	14
本　钢	79.72	12	7.27	7	12.51	11	0.52	4	92.39	12	1378	4
太　钢	80.58	6	6.84	3	12.30	7	0.59	7	94.27	9	1381	5
马　钢	84.32	2	6.44	2	12.23	5	0.68	9	94.14	10	1398	12
包　钢	79.17	14	7.98	15	13.64	15	0.83	13	95.73	4	1385	8
攀　钢	80.37	9	7.60	14	12.05	3	0.47	1	91.52	15	1363	3
唐　钢	80.49	8	6.95	4	12.50	10	0.70	12	94.41	8	1386	9
重　钢	79.88	11	7.51	13	13.54	14	0.88	15	96.94	2	1312	1
湘　钢	78.70	15	7.36	8	12.42	8	0.56	6	96.29	3	1388	10
酒　钢	80.53	7	7.37	9	13.08	13	0.88	14	94.85	5	1383	7
邯　钢	83.99	3	7.03	6	12.14	4	0.48	2	94.67	6	1342	2
济　钢	80.81	4	6.98	5	11.80	2	0.69	11	94.49	7	1396	11

能　　源

单　位	吨钢综合能耗		吨钢可比能耗		炼焦工序能耗		烧结工序能耗		炼铁工序能耗		转炉（炼钢）工序能耗		轧钢工序能耗	
	kg/t	名次	kg/t	名次	kg/t	名次	kg/t	名次	kg/t	名次	kg/t	名次	kg/t	名次
行业平均	770		709		148.51		66.42		464.68				96.29	
鞍钢	941	11	870.940	14	157.60	11	66.44	11	481.26	11	40.27	13	110.35	12
首钢	794	8	799.900	12	167.97	14	55.19	2	470.48	9	30.02	11	88.11	7
宝钢	675	1	647.000	1	131.20	5	61.12	6	394.27	1	14.00	6	92.44	8
武钢	785	7	776.000	8	131.30	6	63.40	7	446.43	5	12.00	4	163.87	15
本钢	1001	14	792.000	10	146.00	8	71.00	13	474.00	10	17.65	7	93.66	9

续表

单位	吨钢综合能耗		吨钢可比能耗		炼焦工序能耗		烧结工序能耗		炼铁工序能耗		转炉(炼钢)工序能耗		轧钢工序能耗	
	kg/t	名次	kg/t	名次	kg/t	名次	kg/t	名次	kg/t	名次	kg/t	名次	kg/t	名次
太钢	904	10	796.000	11	138.96	7	50.64	1	433.22	2	13.22	5	129.94	13
马钢	781	6	752.000	7	163.00	12	66.00	10	446.82	6	7.99	2	84.70	6
包钢	1019	15	922.000	15	168.63	15	88.76	15	484.99	12	60.50	15	109.23	11
攀钢	946	12	776.000	9	107.48	2	60.17	3	485.49	13	29.50	10	131.04	14
唐钢	761	4	712.300	5	156.00	10	60.79	5	461.90	7	21.50	8	24.20	1
重钢	799	9	736.000	6	165.38	13	69.16	12	465.81	8	10.97	3	77.79	5
湘钢	749	2	707.000	4	147.32	9	65.02	9	445.92	4	-0.13	1	74.67	3
酒钢	990	13	811.000	13	125.77	4	64.40	8	487.00	14	29.07	9	101.00	10
邯钢	776	5	673.800	2	125.73	3	71.77	14	438.34	3	45.61	14	75.32	4
济钢	755	3	689.000	3	76.55	1	60.60	4	492.53	15	35.20	12	71.75	2

主要经济指标(一)

(万元)

单位	资产总额	流动资产合计	存货	其中:产成品	负债总额	流动负债合计	所有者权益合计(期初)	所有者权益合计(期末)
鞍钢	6741127	1955070	639642	107062	2681768	2071186	2500255	2917798
首钢	4867705	1816674	521550	88088	2545279	1729819	2265781	2322426
宝钢	6005036	1048875	425225	21613	2454599	913971	3095411	3550436
武钢	**4668957**	**1472084**	**444727**	**78013**	**2624580**	**1714094**	**1682589**	**1871278**
本钢	3027137	1018849	278028	53349	1710876	932553	1169075	1316261
太钢	2685512	1059605	445640	49384	1797298	1024696	840714	888214
马钢	2635523	833404	245489	34551	1135946	698661	1211779	1499576
包钢	3175803	1239614	350402	56075	1818509	1538419	1137889	1147902
攀钢	2658034	907972	274341	92631	1354686	1269909	972437	986440
唐钢	2193695	976069	203616	23144	1431380	956255	640546	762314
重钢	588083	261817	89276	11594	269788	200588	228070	318294
湘钢	788454	307457	83374	11748	470335	325662	212806	318123
酒钢	1849240	785306	197704	54856	1109506	858290	616989	643705
邯钢	2328844	827994	266711	81595	1481394	921659	810958	847451
济钢	1669018	911857	251616	60003	1023831	802574	573053	641246

主要经济指标(二)

(万元)

单位	实收资本	平均资产总额	流动资产平均余额	固定资产净值平均余额	应收账款平均余额	平均存货	流动负债平均余额	产品销售收入	产品销售成本
鞍钢	1111808	6710129	2048895	3686462	321113	638542	2004959	3143854	2109211
首钢	1071194	4106284	1474327	1764053	145031	550486	1290626	2819394	2385438

续表

单　位	实收资本	平均资产总额	流动资产平均余额	固定资产净值平均余额	应收账款平均余额	平均存货	流动负债平均余额	产品销售收入	产品销售成本
宝 钢	1251200	5904621	1283267	4518352	150917	381631	860453	4415846	3053651
武 钢	**7818697**	**4493837**	**1404869**	**2387391**	**55589**	**450950**	**1560384**	**2731316**	**2050167**
本 钢	531879	3290735	951795	1834006	214600	303330	1164229	1545773	1258333
太 钢	345787	2528310	881568	1489057	96375	401739	865466	2073985	1757039
马 钢	645530	2153912	686279	1058854	34625	204799	521364	1574234	1169416
包 钢	1121865	2693788	1237949	1723398	362337	334471	1163551	1402246	1149309
攀 钢	953058	2423506	786238	1175269	155581	299181	1074659	1333329	1072597
唐 钢	200000	1837188	774196	862671	19979	177180	707386	1486646	1189957
重 钢	106394	507120	194802	271679	38237	88533	186573	560931	421615
湘 钢	49389	696592	272246	362683	14962	74535	296478	674780	527945
酒 钢	364537	1507896	638028	643766	33448	15020	590399	804433	599541
邯 钢	278608	2216561	694044	1199296	31090	226086	835679	1307583	1029958
济 钢	230564	1408993	785377	367074	85605	196967	622115	1288354	938015

主要经济指标(三)

(万元)

单　位	产品销售费用(营业费用)	产品销售税金及附加	管理费用	财务费用	利息支出	利润总额	净利润	应交增值税
鞍 钢	52264	35248	656983	57069	52740	154763	19404	250760
首 钢	22764	16443	223178	68191	66478	95914	57880	157381
宝 钢	36211	36227	213473	75945	44511	995200	701399	358787
武 钢	**45230**	**29113**	**299793**	**63238**	**36397**	**268318**	**183014**	**240385**
本 钢	11212	17428	104551	46827	44332	75239	59330	134559
太 钢	16087	12907	135116	37778	30558	105102	47704	126317
马 钢	7974	13007	74386	14801	8950	298791	279297	128010
包 钢	15469	16216	120729	32675	32185	51064	3325	124215
攀 钢	60102	12819	140430	26197	26851	38688	6232	106748
唐 钢	11401	13216	116356	26781	27155	122063	59162	105843
重 钢	13628	169	15906	6807	7459	96626	97552	49251
湘 钢	8634	5569	59333	12859	10336	41578	29802	55738
酒 钢	36519	6888	68277	21202	20779	62349	32264	73752
邯 钢	4874	10571	128025	37516	37026	72610	12764	102014
济 钢	16529	13884	160257	21963	20720	101542	72603	92338

主要经济指标(四)

（万元）

单位	实现利税总额	工业总产值（不变价）	工业总产值（现价）		工业销售产值(现价)		工业增加值	本年固定资产投资完成额
				新产品产值		出口交货值		
鞍钢	478271	1640363	2934824	367744	2939181	168737	1104386	452026
首钢	292376	2202832	3768219	516260	3764130	68964	699374	163016
宝钢	1403451	3190064	4258864	692048	4229551	437440	2346928	496410
武钢	**568542**	**1490540**	**2482504**	**377560**	**2493512**	**77174**	**954296**	**477789**
本钢	308989	1464397	2925202	695399	2934044	62099	725106	305976
太钢	259312	2005780	2206766	554192	2191768	44137	591066	191519
马钢	444336	719589	1531337	160560	1531770	72112	683182	502069
包钢	186633	1301881	2019144	140695	2030373	33690	658578	164670
攀钢	171905	720503	1280226	148195	1277560	91673	490000	230519
唐钢	245698	838217	1421025	271806	1423300	2689	427957	137258
重钢	147270	268421	565661	74910	560931		229019	30495
湘钢	106386	398351	644782	245172	644423	76072	258591	117810
酒钢	151159	411058	800138		797874	22749	263697	202926
邯钢	192034	669436	1329535	56829	1314055	82	518509	135527
济钢	208621	739960	1450523	427000	1467480	129696	349763	169197

主要经济指标(五)

单位	钢铁产品出口额/万美元	钢铁产品出口量/万t	全部从业平均人数/人	全部从业职工工资总额/万元	死亡人数/人	钢材销售量/万t	钢坯销售量/万t	钢材库存量/万t
鞍钢	20085	649258	120628	218557	7	9586852	105830	129933
首钢	6802	258870	81037	179608	2	7701727	510190	58862
宝钢	38012	976847	15594	141634	1	10251791	735017	71398
武钢	**9198**	**399433**	**85362**	**223742**	**2**	**7105616**	**1164679**	**74099**
本钢	7508	258029	95458	144956	9	5915857	2622000	103441
太钢	5299	56750	54886	100290	1	4003723	652495	78375
马钢	8719	313918	43814	101759	2	5565800	115492	28730
包钢	3116	108579	67583	108090	7	4921655	56959	149137
攀钢	8155	328387	66035	126636	0	2728164	793608	28033
唐钢	180	6401	39786	84089	2	5545531	50405	26565
重钢			11588	29548	0	1900998	211113	22025
湘钢	8956	327776	19976	41666	0	2555801		33097
酒钢	2752	113660	30261	54050	1	2511250	216945	72505
邯钢	9	269	26511	51279	1	4510396	299772	31259
济钢	15626	628665	16651	48558	3	4359598	428612	41610

主要产品产量

（万 t）

单位	生铁	钢	连铸坯	成品钢材									
					铁道用材	普通大型材	普通中型材	线材	硬线	中厚板	薄板	硅钢片	带钢
鞍钢	1024.75	1017.68	1017.68	957.08	39.39	26.21	13.22	72.38	33.95	409.02	326.90	1.00	0.00
首钢	788.17	816.75	814.73	778.12	0.00	2.19	4.72	302.79	38.06	115.23			0.12
宝钢	1023.89	1154.73	1014.08	1019.59	1.94			56.97	28.42	184.72	640.47	50.91	2.64
武钢	**802.13**	**858.01**	**841.87**	**706.92**	**12.48**	**41.32**	**14.74**	**74.27**	**39.42**	**265.95**	**154.81**	**39.93**	**26.36**
本钢	750.54	719.77	677.19	587.26	1.05			51.42		221.23	171.60		
太钢	410.32	460.36	397.45	398.8	0.00	2.39	1.46	16.51		162.18	161.41	21.35	0.27
马钢	544.67	606.21	596.89	556.4	9.82	101.65	73.63	89.33	12.36	88.22	8.98		31.74
包钢	530.34	525.06	478.25	493.49	35.24	36.84		58.49		195.48	32.27		13.40
攀钢	427.02	400.14	239.38	256.5	42.24	21.97		25.85	2.96	52.39	105.15		0.72
唐钢	545.64	608.12	608.12	553.89	2.29	13.51	21.58	186.42	25.00	0.00	55.24		40.07
重钢	183.62	205.02	205.02	170.06		10.87	7.52	20.77	5.05	92.04			
湘钢	251.08	262.61	262.61	233.06			0.16	168.32	27.74	0.00			
酒钢	273.14	283.05	283.05	251.59			0.00	86.46	5.40	79.01			
邯钢	468.1	502.24	502.04	450.73		8.43	34.24	73.64	6.17	167.61	56.12		
济钢	417.96	505.02	502.64	439.62		0.00	47.83	16.34		227.44			

世界钢铁技术信息动态

【世界最大高炉点火运行】 新日铁公司君津厂4号高炉第2次大修工程于2003年5月8日竣工并重新投产。此次大修工程将炉容扩大到5555 m^3,成为世界最大的高炉。高炉大修后,还原性和透气性得到改善,操作效率得到提高,利用系数为2.3 t/(m^3·d)左右,日产铁可达1.29万t。大修工程花费约240亿日元,高炉的拆卸和营建采用"大块施工法",工期从过去120天左右缩短到88天。过去4号高炉采取将2000块冷却板嵌入炉内的冷却方式,此次大修采用了11段合计556块铜冷却壁,在炉缸铁口下H_2、H_3两段安装了52块,炉腹、炉腰B_1、B_2、$B_3$3段安装了168块,炉身S_1~S_6区域6段安装了336块铜冷却壁。炉喉下安装了两段铸铁冷却壁R_1,R_2,R_3段为外覆挡板的水冷却炉喉钢砖。大修后的高炉,不仅在热负荷高的部位,而且在炉身上部和炉身下部也设置冷却壁,实施全炉体冷却,这就大幅度提高了高炉的冷却效率。另外,炉缸侧壁采用高导热率炭砖,即使继续采用通常的高炉操作,高炉的目标寿命也可达25年。

继4号高炉大修,新日铁公司计划着手大分厂的2号高炉大修。该公司一系列的高炉大修均采用铜冷却壁,将使该公司高炉总容积扩大到40000 m^3。

【NKK的炼铁技术】 (1) 高炉大量喷煤。

日本钢管公司(NKK)拥有4座高炉,年产量达1000万t。这4座高炉均安装有喷煤系统(PCI),随着喷煤量的增加,易产生高炉上下部透气性较差,煤粉的燃烧效率降低。为解决这些问题,NKK开发了以下技术:改善烧结矿性能,使其适合于大量喷煤,优化控制炉料分布以及采用更高燃烧效率的喷煤枪。为改善烧结矿的性能,福山厂努力降低混合球团矿中SiO_2的含量并增加烧结矿的还原度指数。该厂3号高炉的喷煤量达到266 kg/t,达到世界最高水平。(2) 低Si铁水冶炼技术。目前,转炉的无渣操作已成为冶金企业追求的目标。为此该公司炼铁部采用两种途径努力降低铁水中的Si含量:一是降低出铁前铁水中的Si含量,二是降低出铁后铁水的Si含量。为降低出铁前铁水中的Si含量,实时精确地测量高炉热平衡是非常重要的,但其难度极大。为解决此难题,NKK开发出一种采用光纤维直接测量出铁前铁水温度的新技术,该技术不受外界干扰可直接对铁水进行测量。采用该技术可使铁水中的Si含量降低0.1%以上,并可使铁水温度降低20℃。(3) 提高铁包的脱Si处理水平。改进了往铁包中加抗泡沫剂的方法,采取抗泡沫剂的添加和脱硅剂喷吹分开独立进行,这样可抑制泡沫的产生,使脱硅效果更明显,有助于实现无渣炼钢。(4) 炼铁环保技术的开发。重要的一个项目是高炉内喷入废塑料技术。福山厂的1号、3号高炉均已实施喷废塑料操作,可处理废塑料8万t。

【日本开发汽车用高强度钢板】 据日本颁布的2010年节能环保企业自主行动计划,日本钢铁工业除自身节能10%外,还要通过生产高强度钢等节能性钢材为社会节约钢铁耗能4%,为此,日本各大钢铁公司结合强度、寿命加倍的超级金属的研究,其主要工艺措施是经过控轧控冷以细化晶粒来开发强度高且韧性好的高强度钢板。

日本钢管公司(NKK)通过控轧控冷工艺生产高强度钢,并已在板材和型材上广泛应用,其生产的80 kg级高强度钢板,由于晶粒的细化和综合加工性能良好,经4个汽车制造厂用于悬挂结构和车体等方面,使汽车比用60 kg级钢板减轻10%以上。为满足汽车厂扩大应用的要求,已将80 kg级高强度钢由月产1000 t扩大到3000 t,并正在进一步开发研究100 kg级高强度钢板。

川崎钢铁公司已开发出80 kg、100 kg级高焊接性的高强度钢,并已开始批量生产,已在部分汽车厂使用。这种钢的焊接部位的强度比传统钢高50%~70%。传统的汽车用高强度钢,受碳和磷等元素的影响,焊接可靠性差,该公司选择钛、铌等不损害焊接性的强化元素,另外使结晶粒微细化,而大幅度提高焊接部位的强度。

神户制钢已正式宣布,该公司开发的100 kg级高强度钢板已由在美生产的丰田汽车所采用。由于通过晶粒细化而提高强度,故综合加工性能良好。在汽车的车体结构和其他部件推广使用后,车体约可减轻20%,对汽车轻型化节油十分有利。该公司100 kg级高强度钢板,也是采用控轧控冷工艺用于生产的。

新日铁和住友金属亦十分重视汽车用高强度钢板的开发，现正从事100～120 kg级高强度钢板的开发。

【福特汽车大量改用热镀锌钢板】 美国福特汽车公司已经计划在2003年与2004年的新型汽车上，大量使用热镀纯锌汽车用钢板，以代替原来的电镀锌板。这种热镀纯锌板主要用于汽车车身暴露面。福特汽车公司是美国汽车制造商中首家正式大量改用热镀锌板的，认为这项改革是非常合适的，并准备进一步扩大这种热镀纯锌钢板在汽车外板的使用量。

据报道，福特汽车公司采取上述用材的改革，原因是多方面的。有经济上的问题，但主要原因可能是热镀锌板在精加工、外观及可靠的供应保证等方面。

为此，热镀锌钢板生产厂家对福特汽车这项用材改革，引起极大关注。并认为，通用汽车公司也可能正在做同样研究，如果将来大量使用热镀锌钢板，必将对电镀纯锌钢板市场构成威胁。

目前福特汽车公司外侧板采用热镀锌钢板包括：面向公众大批量生产的F-150型小型卡车上的挡泥板、移动门，"Windstar"型号汽车的起降门等。据估计，福特公司每年要生产经重新设计的F-150卡车75～100万辆以及生产经重新设计后的"福特牌"和"Mercury"小型货车30多万辆。以上汽车必然会使热镀锌钢板用量大增，也必将引起电镀锌钢板制造商的极大关注。

【薄壁不锈钢管的应用前景】 国外应用薄壁不锈钢管起始于20世纪60年代，目前，发达国家在建筑给水、水处理系统的应用日趋普遍。

薄壁不锈钢管在建筑给水中应用有以下优势：(1) 安全可靠，表现在不锈钢管机械强度高，特别坚固，且韧性好，在低温下不变脆；(2) 能承受的水流速度可高达30 m/s，因而冲蚀、涡流、水锤不会造成任何影响。不锈钢管的强度大约是镀锌钢管的2倍，塑料管的4～6倍，且抗冲击性强；(3) 连接方法多样，接头可靠，强度高；(4) 热膨胀系数小，热传导率低，这一特点更适用于供热水，(5) 使用寿命长。

薄壁不锈钢管，我国在20世纪90年代末才问世，其使用的优越性已被工程界所公认。根据《建筑事业"九五"计划和2010年远景目标纲要》测算，2001～2010年，每年管材的需求量为50～60万km，其中住宅建筑区内冷热水管需求量为40万km。随着不锈钢水管的开发应用，对提高城市现代化建筑的档次，意义重大。另外，随着国民经济的发展，采用管道直饮水在深圳、上海等城市发展迅速，经济发达的中等城市也积极规划，直赶而上。在直饮水中，采用不锈钢管无疑是最好的选择。

目前，国内已有一部分厂家具备了生产和进一步研发薄壁不锈钢管材和管件的能力，已自行研发的活接式连接技术和管件等产品，技术可靠，成本得到进一步降低，这对薄壁不锈钢管的推广应用与发展是极为有利的。

【连铸结晶器电磁搅拌效果】 据报道，日本新日铁经过长期反复的研究，用结晶器内的电磁搅拌装置(简称M－EMS)控制钢液流动，大幅度提高了板坯表面质量及合格率；均匀了铸坯初期凝壳厚度，减少了因铸坯纵裂而引发的拉漏事故，稳定了连铸操作。其主要效果有：(1) 减少铸坯针孔缺陷。采用M－EMS连铸时，铸坯(特别是表层)的针孔密度指数大幅度降低了，由未采用M－EMS时的1.0降至采用的0.05，即后者为前者的1/20；(2) 减少非金属夹杂物，通常中包内钢水液面下降会减少中包内钢液中非金属夹杂物的上浮效果，增加由中包带入结晶器内的夹杂物量，使用M－EMS后可使夹杂物明显减少，从而获得清洁度稳定的铸坯；(3) 铸坯表面纵裂的减少，由于弯月面四周钢液易停滞，铸坯宽面方向的温度不均匀导致铸坯壳厚度不均，故铸坯表面易纵裂，特别是含碳量为0.1%～0.15%的低碳量因冷却不均更易产生纵裂；(4) 稳定连铸操作，采用M－EMS时，警报拉漏的结晶器表面异常信号发生率指数为不用M－EMS的1/9～1/10，从而实现了连铸稳定操作；(5) 最终改善成品材质量，由于采用M－EMS可减少铸坯表面针孔及非金属夹杂物，可使轧件火焰清理和检修材料消耗减少40%，将裂纹不合格品减少50%。

【钢包炉深脱硫技术的开发】 近年来，为了使钢材的性能更好，钢中硫含量低于$1\times10^{-4}\%$的超低硫钢(如耐氢诱裂纹的管线钢、高强度钢等)的需求不断增长，因而引发出在炼钢过程中对深脱硫技术的开发研究。

日本川崎钢铁公司，为了稳定地将硫含量降低到$1\times10^{-4}\%$以下，该公司水岛厂过去的操作法是采用钢包炉(LF)处理后再进行喷粉处理的工艺来生产低硫钢，这种方法的特点是处理时间长，难以保持转炉、精炼装置和连铸机的协调运作,连铸的连浇炉数较少。为了提高生产效率,该公司开发了一种新的钢包炉脱硫技术,可以省略喷粉过程。新脱硫技术有两个特点:一是使用两个透气塞,增强了钢包搅拌的能量,以提高钢包炉的脱硫效率;另一个是优化钢包用合成渣的成分,提高合成渣的硫含量。在钢包只使用一个透气塞的情况下,很难在不喷粉的情况下将钢中的硫含量降低到 $1\times10^{-4}\%$ 以下,故在钢包底部增加了一个透气塞。两个透气塞的位置应尽可能远离电弧加热位置。为了使钢水获得强烈地搅拌,应造成单向回流,尽可能减少钢水表面的波动。所进行的试验证实:和原用的工艺相比,新的双透气塞的脱硫工艺的脱硫效率是原先的 1.63 倍,钢包炉处理后的硫含量也从 $10.3\times10^{-4}\%$ 降低到 $5.2\times10^{-4}\%$。很明显,钢包炉采用新的双透气塞进行搅拌后,可以不用再进行喷粉脱硫处理,使超低硫钢总的冶炼成本降低了 25.5%。

【新日铁的新技术】 (1) 转炉多功能化的新精炼技术——在以往的铁水预处理法中,存在着因精炼功能分散而导致热损失、铁水处理时间和铁水滞留时间增加的问题。为此,新日铁公司开发了多功能转炉炼钢法,即转炉集中了脱硅和脱磷的预处理功能,在相同一座转炉中能进行脱硫、脱磷、出渣和脱碳,既保持了预处理的效果,又能使废钢的添加量与使用普通铁水的相同或更高,同时大大缩短钢水的处理时间和滞留时间。目前该技术已应用于室兰厂和大分厂。在转炉炉渣碱度低和(%TFe)含量高时,采用本法能进行快速脱磷,但在脱硅和脱磷期由于有意识提高渣中的(%TFe)含量,因此能控制渣的形成状态,随后通过摇动转炉就可使渣自然排出,而且连续脱碳可以进行到出钢为止。但脱碳后的炉渣一部分仍留在炉内,利用其热量可以循环用于下一炉次的脱硅和脱磷处理。(2) 有助于节能的高效薄电工钢板。为降低马达的能量损失(铁损),减少所用电工钢板的厚度是一种有效的方法,新日铁除了生产以往的厚度为 0.15～0.2 mm 的钢板外,还生产性能更高的高强度薄电工钢板和高转矩、加工性良好的薄电工钢板。马达的转子高速旋转时会产生大的离心力,如果电工钢的强度不足,就有可能出现断裂的危险。特别是对于在电工钢板的转子中挖开孔插入磁铁的马达,从结构上确保磁铁夹持部分的强度是个重要的课题。高强度薄电工钢板既能将铁损抑制在最少程度,又能使强度超过以往钢板 2 倍以上。(3) 超高加工性铁素体系不锈钢。新日铁利用高效真空精炼技术和从铸造到热轧－冷轧的联合生产工艺中的金属组织控制技术,开发了加工性和深冲性显著提高的超高加工性铁素体不锈钢板。以往的铁素体钢板至断裂时的延伸率小、成形性差。采用高效真空精炼技术可以减少导致延伸率下降的夹杂物,通过将钛的添加量控制在最小,可使延伸率比以往的 SUS 430 钢提高大约 10%,兰克福特值也可上升 2.0 左右,显著提高了冲压成形性。这种钢可用作燃烧器具、电池盒、汽车部件、厨房用具和建筑物内装饰材料等。(4) 耐酸腐蚀焊接材料的开发。新日铁开发成功耐盐酸、硫酸腐蚀焊接材料,对于化工设备和垃圾焚烧炉等受烟气中盐酸等腐蚀的设备,可降低焊接部位劣化。这种新的焊接材料通过在钢中加入铜、锑等合金元素,使接触盐酸下的腐蚀速度可抑制在普钢的 1/10 以下。这种钢材的价格仅为普钢的 2 倍,但仅为不锈钢的 1/3 左右。

【高功能表面处理钢板技术】 日本作为钢铁强国,近年对发展表面处理钢板技术十分重视,并根据用户要求不断开发出高功能新产品,其开发研究工作如下:(1) 汽车用表面处理钢板。包括有电镀合金钢板、热镀锌合金钢板、并开发出 PZA、PZB 和 PZM 等新品种。在连续热镀锌生产线生产的热镀锌合金板 PZA 是将热镀用原板经退火后,在退火气氛下冷却至镀层温度时送入热熔锌液中,再经合金化的热处理而生产出来的。作为二层热镀锌合金板(PZB、PZM)是在生产线将 PZA 板的上层再附上一层含 Fe 高的 Fe－Zn 电镀皮膜的产品。为了进一步提高 PZA 的冲压成形性以及适应更高要求用户的需要,在生产工艺方面率先开发了新技术,如采用氧化铱被覆电极等。(2) 家电用表面处理钢板。开发出不需涂装的高功能化学处理钢板,即在镀锌板表面覆上一层极薄的有机、无机薄膜,并开发成功以镀锌层为基板的涂装钢板,包括高功能化学处理钢板,家电用涂装钢板。最近又适应环保要求开发成不用六价铬而加工性和耐蚀性兼备的家电用"无铬涂装钢板"。(3) 建材用表面处理钢板。高加工性涂装 55%铝、锌合金镀层钢板,这种钢板由于其耐蚀性好,已在屋顶和外墙方面的应用迅速扩大,因其具有高的耐蚀性和高加工性,从而适应了建材市场的需求。(4) 高功能无铬化学处理钢板(GF)的开发。GF 和铬酸盐处理钢板具有同样的外观及耐蚀性。特别是经碱脱脂处理后耐蚀性基本未劣化,说明具有优良耐蚀性。由于皮膜较薄,导电性和焊接均良好。

【高强度镀锌钢板的开发】 近几年虽然合金化热镀锌高强度钢板已形成了系列,但仍存在着一些技术问题,如(1) 为提高钢的强度,添加在钢中的硅、锰和铬等元素在退火时会出现元素的表面富集现象,从而妨碍热镀锌的效果;(2) 添加在钢中的磷和硅元素会使合金化反应迟滞,它不仅会导致生产率的下降,而且还会出现因高温合金化而使镀锌钢板抗粉化性能下降;(3) 在合金化热镀锌过程中,由于特有的加热循环,因此会形成与未电镀钢板不同的组织。为此,合金化热镀锌高强度钢板的开发思路主要有:(1) 强化合金化热镀锌高强度钢板的元素,作为提高钢的强度的方法有:1) 添加硅、锰和磷等的固溶强化;2) 利用钛和镍的碳化物和氮化物等的析出强化;3) 细化晶粒;4) 利用马氏体和贝氏体的组织强化。无论采用何种强化法,都必须添加硅、锰、磷等元素。但由于硅容易产生表面富集和妨碍电镀性,因此它不适合作为强化元素。锰虽然也会产生表面富集,但在晶界中存在偏析的倾向,不像硅那样容易妨碍电镀性。因此,决定在合金化热镀锌高强度钢板中,添加必要的最少量的锰。磷的氧化性接近于铁,因此在退火时可以避免表面富集。另外,在使用其他的强化方法时,则要避免磷的添加。抑制磷的添加,还有助于改善钢的焊接性。(2) 合金化热镀锌高强度钢板的组织控制,冷轧钢板轧制时的冷却速度大约是 5℃/s,而合金化热镀锌时的冷却速度大约是 0.5～1.0℃/s。因此,为获得马氏体组织,有必要将锰当量增加至 2.3%～2.5%,但必须考虑到由于锰的表面富集会导致电镀性的下降,因此有必要考虑添加一种能增加锰当量,使临界冷却速度下降的元素。(3) 在合金化热镀锌高强度钢板中添加钼,加钼后,能获得屈服强度低的钢板,即双相型合金化热镀锌高强度钢板。

为了使汽车车身轻量化和提高车身的防锈性能,经过大量的开发研究已获得以下成果:(1) 开发了抗拉强度等级最高达到 980 MPa 级高强度镀锌钢板系列;(2) 钼在退火时不会发生表面富集,不会妨碍电镀性,因此钼是合金化热镀锌高强度钢板中的有用元素;(3) 通过添加钼,开发了双相型合金化热镀锌高强度钢板;(4) 通过添加钼和添加少量的磷,开发了不会妨碍生产率、抗粉化剥落性好的高强度钢板。

【日本新钢铁产品开发动态】 (1) 放热性钢板的开发。近年来,随着 DVD 和液晶电视等电器和家电产品的高性能化,IC 和半导体等的发热量趋于增大。虽然采取了风扇的强制冷却和在装置本身上开孔进行内部散热等措施,但存在着加工费高、密封性和电磁波屏蔽性等问题。为了解决这些问题,神户钢铁公司开发了放热性钢板(KOBEHONETU),其散热量是以往电镀锌钢板的 7 倍以上。这种钢板是在特殊皮膜中适当添加散热性好的添加剂,利用钢板表面的这种涂覆可以最大限度地提高散热率。使用“KOBEHONETU”后可以降低电器内的温度,因而可以降低冷却风扇的容量或无需使用风扇,适应了电器的高速化、高功能化和小型化的需要。而且这是一种考虑到减轻环境负荷的无铬化钢板。另外,这种钢板除了具有高的散热性外,还具有以下几个特点:1) 具有表面导电性,通过壳体能够接地;2) 没有保护膜,因此可以弯曲、深冲和凸肚加工;3) 色调稳重、图案性好;4) 具有高的耐蚀性。(2) X100 级管道钢的研制。日本钢管公司(NKK)最早在世界上开始进行“X100 级(标准下限屈服强度为 690 MPa)”这种最高强度管道用钢的商业生产。目前世界上对长距离管道钢用高强度钢管的要求越来越大,这与 X100 的开发有密切关系。从高强度化的总成本优势来看,与目前广泛使用的 X65 相比,使用 X80 可节约成本 5% 左右,使用 X100 其成本只有 X60 的 85%左右。为达到高强度、高韧性和良好的焊接性,因此在生产 X100 管道钢时,采用了具有世界最快速冷却速度和均匀冷却功能的快速冷却技术。(3) 高炉渣的新开发。在城市道路中因局部气温升高而导致路面出现热岛的现象已成为严重的社会问题。针对这个问题,川崎钢铁公司利用钢铁生产副产物——高炉渣固化体生产技术开发了吸水渣,并与鹿岛道路公司共同开发了结合路面排水设施铺设的“采用兼有透水性和排水性的高炉渣抑制路面出现热岛现象的铺路技术”。作为高炉渣主要成分的吸水材料是气孔为 1 μm 左右、含水率为 50%左右的固化体。当被太阳照射时,保存的水分会慢慢放出,利用其蒸发热可以冷却路面。该开发技术采用特殊的施工方法,把这种吸水材料充填到沥青的空隙中时,能确保雨水的通道,具有抑制热岛产生的作用。该项目已在千叶钢厂内进行试铺路,效果良好。

【新一代汽车用钢动向】 全球 2003 年汽

车产量稍低于上年的4110万辆。这主要是由于世界三大汽车消费地区:美国、西欧和日本产量下降所致,以对应汽车销售减少。预计在2004年和2005年全球汽车产量将分别增长3.1%和4.6%。由于受较低生产成本和日益增长的国内汽车销售量的吸引,可以预计在新出现的市场,如中国、土耳其和巴西汽车产量会大幅度增加。

在过去的一些年,钢在汽车中的应用与替代材料(如铝、镁和塑料等)的竞争日益加剧,其主要原因,就是汽车制造公司要生产重量更轻的汽车,这也是出于环保法规的要求。为此,有些汽车制造公司如奥迪和美洲豹汽车公司已经开发出铝制车身,并成功地应用于实际生产中。从20世纪90年代初以来,奥迪汽车公司在其A8汽车上采用了全铝骨架结构设计,而美洲豹汽车公司的XJ型汽车为全铝车身。同样,镁合金在汽车引擎中的使用正在不断增加,同时,塑料件的使用也在增加。这些替代钢的各种复合材料虽有其使用价值,但由于其昂贵的制造成本限制了应用的扩大和增加。因此,钢仍然是目前汽车制造中最主要的材料。近年,钢铁公司和汽车制造厂正在开始紧密合作,开发研究新一代汽车用钢。如所开发的超轻钢汽车车身(ULSAB)项目系列的最新阶段——ULSABAVC(先进汽车概念)已经完成,并提供给全球的汽车制造厂使用。通过使用,向人们展示了降低汽车重量的巨大潜力。

【铌微合金化钢的发展】 我国微合金化技术和微合金化钢的开发起步较晚,始于20世纪80年代初的国家科委组织的“七五”和“八五”科技重点攻关项目,首先由武钢随后由鞍钢、舞钢用铌生产X60管线钢、海洋平台用高强度Z向厚钢板、船板钢等微合金化钢,但由于冶炼加工装备技术水平的限制,产量很少,质量也达不到国际先进水平。20世纪90年代以后,以宝钢、武钢为代表的现代冶金装备和技术的引进,从传统的低合金高强度钢脱颖而出,为开发和生产含铌微合金化钢创造了条件。含铌微合金化钢的生产每年大约以大于25%速度增长。由于国内铌资源的限制,我国钢铁业消费的铌铁主要(95%)来源于巴西CBMM公司。中信金属公司(国内总代理)的销售量,从1990年15 t,到2000年1065 t;又从2001年的1265 t增长到2002年的1569 t,增幅为28%。这些铌铁95%以上用于微合金化钢的生产,微合金化钢中的平均铌含量约在0.035%~0.04%。用于特钢和其他钢铁制品中的铌铁比例约在3%左右。我国铌铁消费量最大的10家钢铁企业是:宝钢年耗铌铁469 t,武钢260 t,鞍钢224 t,舞钢150 t,南钢86 t,马钢70 t,本钢50 t,重钢42 t,天管28 t,梅钢14 t。可以看出,以宝钢、武钢、鞍钢和舞钢为代表的大型钢铁公司的铌微合金化技术及其铌铁消费强度水平正向工业发达国家水平靠拢。

【多模式电磁搅拌器】 日本钢管公司与达涅利罗特莱克共同开发出M-M EMS多模式电磁搅拌器。利用这项技术,可根据需要以不同方式搅动结晶器内的钢水,显著减少连铸板坯铸造缺陷。这项技术采用4个线性电磁搅拌器,位于结晶器高度方向的中部,分别装在背板后面,位于浸入式水口两侧,每侧两个线圈并排设置,可用于使浸入式水口流出的钢水制动(EMLS)或加速(EMLA)。第三种工作模式则用于使位于弯月面的钢水转动(EMRS)。这项开发研究已由日本钢管公司首先用于该公司福山厂5号和6号高速连铸机(最高拉速可达3.0 m/min),EMLS/EMLA功能主要用于使弯月面处的钢水流速稳定在一个最佳工作范围内。该公司使用后的数据表明,冷轧带卷表面缺陷因保护渣等夹杂物所造成的切损最少。而第三种搅拌模式(EMRS),可有效地控制热传导梯度和坯壳凝固前沿的均匀性,消除了某些钢种存在的气孔、针孔和表面夹渣等铸造缺陷。最近的研究表明,采用这项技术后,在常规浇铸速度下也能获得多方面的显著效果。

除了用于高速连铸的EMLS/EMLA搅拌模式和用于特殊钢钟的EMRS旋转磁场搅拌模式外,还推荐采用一种永久性的EMLA电磁加速模式,用于将不稳定的单向流股钢水流动模式转变为稳定的最佳双向流股流动模式。

【高纯净度轴承钢生产】 近年,为了适应汽车业等领域降低燃耗和费用的需求,强烈要求包括广泛使用的轴承在内的各种机械零件小型化、轻量化,同时还希望其使用寿命不降低甚至不断提高。

轴承钢的寿命一般由钢中所含杂质元素的种类和含量以及非金属夹杂物的数量和大小决定。原来采用钢中氧含量作为高纯净钢的评价标准,但在超低碳领域,将氧含量当作轴承钢使用寿命的指标并不充分。对此,各轴承钢生产厂家进行了非金属夹杂物组成、尺寸和颗粒数测定技术的开发,其中川崎钢铁公司已开发出“高纯净度轴承钢生产工艺”。这项工艺流程的特点是：高炉铁水预处理 ⟶ 转炉吹炼 ⟶ 钢包精炼 ⟶ RH 真空处理 ⟶ 连铸。由于在铁水预处理阶段的“双脱”中分别将[P]和[S]降至不大于 0.015% 和不大于 0.005% 的超低水平，故在随后的转炉吹炼中就可确保终点[C]=0.9% 左右的高水平。从而尽可能减少钢中的氧（和氧化物夹杂）含量，这就为稳定确保钢的高纯净度奠定了基础。在钢包精炼中，加入的精炼渣实现了碱度、黏度和熔点的最佳化，且吸收夹杂物的能力强，再经过 RH 真空循环脱气处理，促进了钢液中非金属夹杂物的上浮分离，从而提高了钢的纯净度。研究和实践均表明，减少轴承钢中氧化物系非金属夹杂物的尺寸和颗粒数，就能提高轴承钢使用寿命，而其关键技术，首先必须实现钢包精炼渣组分的最佳化，以便抑制钢中 $CaO—Al_2O_3$ 系大型夹杂物的生成。

【激光技术在金属材料表面强化的应用】 我国自从将激光器、激光加工设备和材料激光加工工艺的开发，列为国家重点科技推广项目后，经过多年的努力，已取得重大进展。这项高新技术，无论是激光表面强化、激光表面修复，还是激光产品化技术，都能使低等金属材料实现高性能表层改性，达到零件低成本与工作表面高性能的最佳结合，对重要的构件材质与性能的选择匹配、设计、制造产生有利影响，甚至能导致设计和制造工艺的某些根本性变革。该高新技术在我国已广泛用于航天航空、模具制造、内燃机制造、汽车工业等领域。近年来，冶金、石油、化工等工业正在逐步扩大对激光金属材料表面强化技术的应用。通过不断地广泛应用，该项高新技术体现以下几个特点：(1) 提高冶金备件寿命，降低了消耗。如应用激光相变和激光合金化技术处理轧辊，其使用寿命提高 2～3 倍。主轧机大山滑板、矫直辊、运输辊道、天车车轮、导卫板等均可提高使用寿命 1～3 倍。而激光加工一个旧部件费用仅相当于购置同样一个新部件费用的 30%～50%，具有很高的直接和间接经济效益。(2) 进行激光热处理，解决了机械产品表面热处理工艺难题，提高了产品附加值。应用激光热处理，可进行局部加工，可由计算机控制加工形状复杂的工件，处理后的表面硬度均匀，硬层高于渗氮，无变形，简化了加工工艺。(3) 使用激光熔敷技术可对因磨损报废的大型工件、模具进行修复、延长其使用寿命 3～5 倍。

【高速连铸低碳钢保护渣的开发研究】
日本住友金属公司综合技术研究所，进行了含碳量为 0.09%～0.12% 的亚包晶钢中厚板坯的高速（最高达 5.0 m/min）连铸用保护渣的开发研究，并取得了良好效果。试验时，为了进行对比和选择而采用了 A、B、C 共 3 种熔剂。A、B、C 型的成分（%）：CaO/SiO_2 分别为 0.85、1.01、1.15；CaF_2 分别为 20.5、20.5、24.7；Na_2O 分别为 10.0、10.0、8.0；$T.CaO/SiO_2$ 分别为 1.30、1.50、1.80，凝固点（K）分别为 1482、1476、1509、在 1573K（即 1300℃）的黏度分别为 0.07 Pa·s、0.06 Pa·s、0.04 Pa·s。

试验结果：分别采用 A、B、C 型熔剂进行连铸试验表明，采用熔剂 C 可使铸速达到 5.0 m/min。从浇钢中的相关实测数据可知，只有 C 型熔剂可将结晶器的钢液面波动稳定在 ±5 mm 范围内，且使弯月面以下 45 mm 处的结晶器铜板温度波动很小。试验结果表明，采用 A 或 B 型熔剂浇铸时，铸坯表面纵裂和热电偶测出的温度波动都相应增多变大。如采用 A 型熔剂的铸坯纵裂指数从拉速 3.0 m/min 时的 0.25 以下猛增到 3.5 m/min 的 0.25～0.70 区域。而当采用熔剂 C 时，即使铸速达 3.0～5.0 m/min，铸坯表面也无纵裂纹发现。由实测得知，采用熔剂 B 和 C 时，直到弯月面下方 10 mm 左右，两种熔剂薄膜厚度均为 0.8～1.6 mm，所不同的是前者存在玻璃相，而后者的整个断面都是由致密部分和柱状部分构成的结晶相。C 熔剂的衍射强度比 A 型和 B 型熔剂都要大。

【废塑料在焦炉的回收利用】 日本铁钢联盟根据其节能行动计划，提议到 2010 年在 1990 年的基础上节能 10%，它还提出通过利用废塑料作为冶金原料再节能 1.5%。回收利用废塑料的数量每年定为 100 万 t。

通过试验，证实了化学再生利用工艺的生命力：利用焦炉中的碳化作用，将废塑料和煤混合后产生的焦炭、焦油、轻油和煤气加以回收利用，并不会影响焦炭质量。试验结果表明，普通废塑料碳化后产生约 20% 的焦炭，40% 的焦油和轻油，40% 的煤气。

日本钢铁工业每年炼焦煤的消耗量大约为 5000 万 t。如果向煤中加入 1% 的废塑料，废塑料将达到 50 万 t。另外提出，若煤中大量加入废塑料时（例如，超过 2%），焦炭强度可能会恶化，需要对废塑料加入量的上限做进一步研究。

通过焦炉将废塑料转化为化学原料的废塑料回收利用方法，已在日本得到广泛认可。新日铁公司已在2000年首批采用两台设备，分别在名古屋厂和君津厂投入商业化生产。包括废塑料预处理设施在内的设备和焦炉运行状态均良好。

【鞍钢建成高速重轨基地】 我国铁路四次提速，鞍钢装备再度提高，中国第一条万能轧制钢轨生产线在鞍钢新轧钢大型厂于2003年初，通过验收已正式投入大批量生产。经过历时两期大规模技术改造，拥有世界先进技术装备水平的集精炼、精轧、精整于一体的高速重轨生产精品基地在鞍钢建成。

鞍钢重轨生产线始建于1953年，是我国恢复建设时期著名的“鞍钢三大工程”之一。从1997年到2001年，我国铁路运输实施了4次大提速，建设高等级、高速度的“铁路大动脉”成为我国“十五”期间铁路发展的重点。顺应这一时代潮流，鞍钢重轨生产线从2001年年初开始了历史上最大规模的技术改造。重轨生产线的改造分两期进行。一期改造侧重于后部精整工序，引进德国西马克公司世界先进水平的平立复合矫直机和四面压力矫直机，解决了钢轨平直度不高以及两端存有矫直盲区的技术难题；采用国际先进的重轨加工线纵向布局，使生产线具备了生产50 m长重轨的生产能力；建设了具有平直度检测、涡流和超声波探伤等多功能的现代化钢轨在线检测中心。这次改造于2001年4月1日竣工投产，产品规格和控制精度实现了历史性突破。二期改造工程于2001年6月开始，瞄准时速300 km以上的高速、高强度重轨，在国内首家引进世界先进技术水平的钢轨万能轧机。这种轧机消除了普通轧机生产的钢轨底部强度不够、轨底外凸和钢轨不对称等缺陷。

【中国台湾省钢铁信息】 (1) 在经过长达一年的谈判之后，中国台湾的中钢、烨隆与日本的住友金属、住友商社签订合资协议和销售协议。中钢与住友金属、住友商社共出资303亿日元成立东亚联合钢铁公司(EAU Steel)，销售协议则加入烨隆共4家公司签订。中钢公司的合资目的是稳定烨隆公司板坯供应源。合资协议中，首先住友金属将和歌山厂的生产线，包括炼铁、炼钢及板坯连铸机等分离出来成立一家新的UPCO公司。中钢、住友金属和住友商社成立的东亚联合钢铁公司将拥有UPCO公司100%的股权。UPCO公司生产及销售中钢集团所需的板坯，也同时生产圆坯或方坯供应住友金属，中钢可以通过合资公司最高可获得每年180万t高品质板坯，有利于中钢集团旗下的烨隆公司稳定生产经营。新公司的资本结构，住友金属投资188亿日元，持股62.05%；中钢投资100亿日元，持股33%分4期投入；住友商社投资15亿日元，持股4.95%。

(2) 中国台湾钢铁业积极在祖国内地投资。近几年陆续加入内地投资建厂行列的有中钢、东钢、春源、春雨、中钢构、高兴昌、美亚、烨辉、志联、大成钢、彰源、三星五金、荣刚等企业。其中持股比例100%的有中钢的上海综贸(钢铁贸易)，春雨的东莞春雨(螺钉、螺帽)，烨辉的常熟欣瑞科技(酸洗、冷轧、镀锌、彩涂)，大成钢的保定大成(产销不锈钢)，彰源的苏州彰源(产销不锈钢)。

(3) 中钢公司董事会决定，将投资新台币46.78亿元建设第2条热浸镀锌生产线，年生产能力为30万t，从而使其镀锌产能增加1倍以上。据说，增加这条生产线的主要原因是看好中国台湾和大陆未来的汽车、电脑及家电等产品的市场。这条热浸镀锌线主要产品为锌铁合金钢产品12万t，纯锌钢产品18万t，预计2006年12月完工。

(4) 中国台湾省Feng Hsin公司采用达涅利连铸技术，已签订一台新的3/4流方坯连铸机订货合同。该机基本弧半径为9 m，最初可浇铸3流结构钢方坯，并预留将来增加第4流和生产特殊钢的可能性。铸坯断面为130 mm×130 mm，150 mm×150 mm，160 mm×160 mm方坯。结晶器装有电磁搅拌，采用5辊式拉矫机，铸坯可通过辊道直接送入加热炉，实现热送热装。计划2004年初建成投产。

(5) 中国台湾省义联集团在广州黄埔区投资8亿美元设立联众不锈钢厂。联众公司是由义联集团旗下烨联钢铁公司进行投资，初期投资1.2亿美元建设冷轧厂，全部独资经营，其中自有资金4280万美元。设计能力30万t，预计2004年年底前可以完成试产。最终目标发展成炼钢轧钢综合钢厂。联众公司计划在6～8年内兴建年产80万t的不锈钢厂，并预留扩建空间，采用先进的生产设备，年产值可达100亿元人民币，工程投产后，80%的产量都将以中国内地市场为主。

【首钢双高产品不断出新】 首钢面对国内外钢材市场的激烈竞争，确定以市场为导向，以经济效益为中心，以技术和管理进步为保障，充分发挥已投产的各项技改措施的作用，并对现有工艺装备进行必要的填平补齐，创出“双高”产品的新水平。2003年“双高”产品产量272万t，“双高”产品增加效益2亿元。“双高”产品也催生了一批新产品的研制与开发，如合金焊线、汽车用钢、塑料模具钢板等将投放市场。另外，板材品种将推出桥梁板，CD级船板、锅炉板等多个“双高”品种，在市场营销方面全力出击，开拓市场。为此，首钢技术研究院迅速调整状态，制定以下措施：优化“双高”产品结构；调整工艺，扩大“双高”产品能力；推进科研开发工作，实现产品工艺技术升级；加强市场营销手段、拓宽销售渠道；加大对“双高”产品的奖励力度等。“双高”产品的生产关系着首钢总公司整体效益的实现，是首钢结构调整的重要组成部分。首钢第三炼钢厂大力组织品种钢生产与开发，产品由过去的5大系列品种增加到目前的13大系列，牌号增加到近80个，该厂一方面对已生产并形成规模的“双高”产品，抓紧工艺质量攻关，保证兑现合同，满足用户要求，同时对新开发的“双高”产品精心组织管理，做到开发一个，巩固一个。该厂去年试制成功并投入生产的72A钢帘线钢是中长材的顶级产品，经上海东方钢帘线厂拉拔成直径0.35 mm的钢丝，达到连续生产726 km不断裂的满意效果。

【马钢的开发研究动态】 我国马钢为调整产品结构，积极应对国内外市场竞争，保持稳定发展，正在建设薄板项目。这些项目包括引进SMS-Demag公司具有当今世界先进的紧凑型(Compact Strip Production简称CSP)薄板坯连铸连轧生产线一条；先进成熟的三菱——日立公司的冷轧和新日铁的热镀锌生产线一条；以及法塔-亨特的彩涂钢板生产线两条。这些项目已于2003年底陆续投入生产，将形成年产200万t热轧卷，150万t冷轧卷板，70万t热镀锌板(一期35万t)和30万t彩涂板的生产能力。马钢冷轧、镀锌和彩涂所用的原板和基板大多由马钢自己供给，因此，CSP热轧薄板的产品定位及工艺技术的开发将起着龙头作用。马钢CSP在将来生产的钢种中，采用微合金化的品种约占总产量的25%左右，其中采用Nb微合金化或铌、钒、钛、钼等复合微合金化的品种将占总产量的20%以上。马钢目前已初步制定根据市场需求开发Nb微合金化的新品种，开发研究与之相适应的CSP生产工艺。

另外，马钢200～700 mm热轧H型钢生产线投产后，结束了我国热轧H型钢依靠进口的历史。马钢研制的铌微合金化SM490YB H型钢，由于冶炼、连铸、轧制上采用了一系列先进的工艺技术、综合性能检测表明，H型钢产品的强度高，韧性好，尤其是横向低温冲击性能完全满足美国石油协会关于石油平台建造规范要求，表面质量好，内部组织细小均匀等，全部满足相应标准的要求。

【越南钢铁工业新建项目】 越南钢铁公司在胡志明市建立第一座冷轧厂，已与意大利达涅利公司签订合同，提供所需设备，新建的冷轧厂将生产冷轧带卷，计划在2004年底建成投产。一期工程年设计能力为205000 t/a，以后将扩大到400000 t/a。达涅利提供所有的生产线，其中包括：推拉式酸洗作业线；可逆式冷轧机；可逆式冷轧/平整联合机组；分批退火设备；重卷作业线等。产品的主要规格热轧带卷厚度为1.5～4.0 mm，带卷宽为650～1350 mm，最大卷重25 t；冷轧带卷厚度为0.15～1.8 mm，宽度为650～1300 mm，最大卷重25 t。设备的主要特点：(1) 推拉式酸洗作业线。由达涅利威恩联合公司研制开发的酸洗罐，其装入的酸洗液少，酸洗速度快，效率高。串列式冲洗段只用极少量的冲洗水即可有效去除酸洗带钢表面上的氯化物；(2) 可逆式冷轧机和可逆式冷轧/平整联合机组。两架单机架4辊轧机具有1500 t轧制力，在顶部安装有HAGC—油缸等设备；(3) 分批退火设备。100%氢气气氛分批退火炉包括12个底座、5个加热钟罩和7个冷却钟罩，总处理能力为175000 t/a；(4) 重卷作业线——对带卷进行检查、切边、矫直，并按用户要求切分为较小的规格。

近年又建成一套年产能力30万t的高速棒线材轧机，并于2003年2月通过生产考核。其产品规格为10～36 mm直径普通棒材和螺纹钢、5.5～12 mm直径优质线材卷。这是在最近继SSE和Hoa Phat钢厂之后，在越南建成投产的第3套先进的达涅利摩根沙玛轧机。

另外，达涅利将为隶属于越南钢铁公司的南方钢铁公司，承建一座年产50万t钢的小钢厂，这将是越南首家电炉钢厂。该厂以生产小方坯、棒材、线材为主，合同总价值9000万欧元，包括机械设备、土建工程和生产技术与诀窍等方面。该厂建在富美地区，预计于2005年6月投产。

【美国钢铁业的重组】 美国钢铁公司与已破产的国家钢铁公司已达成资产收购协议，同意收购国家钢铁公司所有生产经营资产，此次交易金额高达 9.5 亿美元。这 9.5 亿美元的交易金额包括承担国家钢铁公司 2 亿美元的债务，7000 万美元的现金。还有国家钢铁公司将接受美国钢铁公司总价值约 1 亿美元的股票，并且美国钢铁公司还将支付 2500 万美元给国家钢铁公司保障记账账户。但美国钢铁公司将不承担与国家钢铁公司员工养老金或员工退休后福利相关的义务。

美国钢铁公司计划在收购后的两年间每年削减成本 1.7 亿美元。为实现这一目标，公司将裁减冗员、改善规划、提高运营效率、降低运输成本。据称，收购这些资产符合美国钢铁公司未来发展战略，将提高该公司的盈利能力，并且巩固该公司作为全球高附加值产品主要供应商的地位，特别是满足北美地区包括汽车、罐装业、家电业和建筑业在内的关键用户目前和未来的需求。收购后并能给公司股东带来丰厚的回报。

另外，美国国际钢铁集团已宣布另一项更大规模的合并案，该集团提出收购伯利恒钢铁公司，涉及收购金额为 15 亿美元。

美国钢铁公司和国际钢铁集团所提出的并购计划将成为北美钢铁工业结构调整的里程碑，使美国钢铁工业生产格局出现巨大变化。

【新日铁发展战略信息】 (1) 在 2003～2005 年计划中，新日铁除了提高集团整体设备投资和资产效率及获利能力外，也计划降低集团有息负债，目标是：比 2002 年减少 3400 亿日元，到 2005 年将降为 150 万日元以下。该公司希望保持现有设备能力，在提高劳动生产率的同时，继续加强与国内外同行的合作，如钢铁业通过高炉扩容和降低采购费用等降成本活动，其中高炉扩容可产生 300 亿日元的效益；采购成本削减 300 亿日元；通过减员 1500 人，提高劳动生产率，减少 200 亿日元的费用支出，通过上述方法，预计 3 年可节约 1300 亿日元的成本，可提高钢铁主业的获利能力，钢铁业今后 3 年的销售目标是，至 2005 年底，销售额达到 20500 亿日元，税前利润从目前的 500 亿日元上升到 2300 亿日元。(2) 新日铁与欧洲阿塞勒钢铁公司正在合作开发表面处理钢板等产品，这些产品主要用于汽车结构件和汽车车体上，部分产品已进入试生产阶段。(3) 新日铁已开始整合集团内盈利能力低的业务，目前正在对其子公司——新日铁化学决定淘汰盈利小的业务，保留成长性好的业务，从而彻底改善经营结构，摆脱财务出现困境的局面，并使新日化成为新日铁全资子公司。(4) 在开发研究方面，着重从基础研究一直到高精尖技术研究、开发和工程设计，将产品开发与解决技术结合在一起，目标是提高公司的竞争力。(5) 合并子公司，通过实施一致战略进一步加强集团统一管理，强化推行统一的 PDCA(计划——操作——检查——执行)方案，并且实行现金统一管理。(6) 在非钢领域，新日铁将充分利用其公司资源，包括其在核心领域炼钢生产过程中积累起来的技术，人力和物质资源，努力在非钢领域不断捕捉获利机会，以更好地实现盈利和拓展收入来源，如在工程建设方面，增加海外项目的合同量和销售额，主动进入新的商业领域，如环保、节能等。

【韩国浦项钢铁公司发展动向】 (1) 浦项公司宣布实施的战略规划将使公司资产在未来 5 年内提高 50%，并将下属众多的子公司剥离，使其成为独立的公司。按照 5 年计划，浦项下属 13 家子公司的资产将从 2002 年的 2 万亿韩元升至 3 万亿韩元(24.6 亿美元)，经营收入也将从目前的 5.2 万亿韩元增至 2007 年的 8.5 万亿韩元。纯利润将增长 200%达到 3500 亿韩元。浦项公司还将对其部分下属子公司进行公开招标出售，其中包括光阳特殊钢公司和浦项工程建筑公司。浦项将清理总价值约 1730 亿韩元的低利润和未实现盈利的资产。(2) 浦项公司已决定在上海附近的昆山建设中国最大汽车板加工中心。这是一个双赢战略，浦项及其中国客户公司双方都能从中收益。由浦项全资子公司——浦项苏州汽车板加工有限公司负责该加工中心的建设工作。加工中心的设计年生产能力为 20 万 t，到 2005 年 4 月浦项苏州有限公司将对其投资总额达到 2000 万美元。中国汽车工业发展迅速，每年达到 30% 的增长速度。预计到 2010 年可能达到 1000 万辆，对汽车板的需求可能增加到 1040 万 t，而浦项公司准备在 2010 年出口中国的钢材将达到 100 万 t。加工中心发展的第二阶段，将安装用于生产拼焊板的激光焊接设备和生产高性能汽车板的冲床，使该加工中心的年生产能力增加到 35 万 t。(3) 在中国成立“浦项中国投资有限公司”，其目的是巩固成长战略，强化本地经营，提升投资事业的竞争力，通过钢铁业的交流与协作，追求中韩两国钢铁产业的共同发展。投资性公司初期资本金为 3500 万美元，首先收购本溪浦项冷轧、青岛浦项不锈钢、浦项苏州汽车钢材加工等项目各 10%的股份。并计划将通过分阶段增资收购张家港浦项不锈钢、顺德浦项钢板、大连浦项钢板等项目各10%的股份。此外,在本溪钢铁的合作项目上投资6.6亿美元,在张家港浦项不锈钢项目上投资7.7亿美元,并计划到2006年以前将追加14亿美元的投资。(4)浦项已开发出世界首创的生物波钢板,这种钢板能挡住有害的电磁波,并能发出对人体有益的远红外线。生物波钢板的温度和成分被设置成最佳水平,从而能有效地拦截电磁波。钢板的表面覆盖了远红外线,这种远红外线能加快血液循环并杀死细菌,从而使这种钢板成为能用于钢结构房屋、家用电器和家具的理想材料。

【俄罗斯钢铁工业发展信息】 根据俄罗斯经济发展部所提出的2004～2006年俄罗斯社会经济发展计划纲要,俄钢铁工业在2004～2006年间的年增长速度约为2%～2.5%。到2006年俄罗斯的钢材年产量将增长到5050～5100万t,钢管年产量将增长到570～600万t。俄罗斯经济发展部在纲要中认为,政府采取有关扶持措施对发展俄钢铁工业至关重要。此外,对钢铁工业实施现代化技术改造,采用先进生产工艺,保护生态环境等综合措施对提高俄钢铁企业的国际竞争力也具有十分重要的作用。发展纲要认为要使俄钢铁工业得到良性发展,首先要扩大俄罗斯国内对钢铁产品的有效需求。据分析,2006年俄国内市场对钢材的需求量将达到2480～2530万t,钢管需求量将达到570～590万t。俄国政府还调整了除废钢外的钢铁产品的出口税,对俄罗斯进口钢产品的数量也作了一定限制,并与俄罗斯钢铁产品的进口国举行了多次谈判,从而扩大了俄罗斯钢铁产品的出口数量和出口渠道。

最近,俄大钢铁公司要求政府采取措施减少废钢出口。建议俄政府将废钢的出口关税每吨提高15～30欧元,并减少废钢出口的海关通道。据报道,近一年来俄罗斯废钢经销商大量出口废钢,其价格已经上涨了1.5倍,严重损害了俄罗斯钢铁生产企业的利益。由于废钢的大量出口,使俄钢铁生产企业不得不在炼钢时减少废钢的使用量,从而增加了生铁的使用量,这将使俄罗斯的生态环境保护问题更加尖锐化而不得不提请政府关注。

【俄罗斯马钢发展动态】 俄罗斯马格尼托哥尔斯克钢铁公司(MMK,简称马钢)始建于1928年,1932年2月投产,迄今已有70多年历史,从1941年起成为苏联最大的钢铁企业,直到现在仍保持着在俄罗斯的领先地位。这个特大型钢铁企业经过几年的现代化技术改造已获得新的发展,如停止大量的平炉生产,改用350 t顶吹氧转炉多座,增加连铸机能力,使其连铸比达到80%左右,轧钢部门已基本上得到更新。1991～2001年马钢用于技术改造和更新设备费用达17亿美元。根据俄马钢董事会"关于2002～2010年俄马钢公司投资规划决议",在此期间用于新建设备和技术改造的投资规模将超过10亿美元。主要的技术改造方向是:实现生产工艺流程的自动化、采用能源节约型和资源节约型的生产工艺、大力发展产品的深加工(如涂层板等)、提高产品质量、减少生产消耗等。2002年俄马钢从意大利达涅利公司引进年产50万t汽车用板的连续式板材热镀锌机组在No.6板材车间建成投产,从而成为俄罗斯首家能为汽车工业提供各种镀锌钢板的钢铁企业,也成为俄罗斯最大的汽车用镀锌钢板生产企业。为延长轧钢工具的使用寿命,俄马钢于2002年9月同一家捷克公司签订了引进一套轧辊镀铬设备的合同,该设备现已投产,每年可为1.4万支轧辊镀铬。2003年马钢进行了分阶段改造No.4板材车间2500热轧板机组生产设备,以达到扩大产量,降低能耗,提高产品质量。在2500轧机上采用生产过程自动控制系统,设置轧辊磨床,改造No.5,No.6轧机机架传动系统等内容。2003年10月俄马钢与达涅利公司签订合同,将由达涅利对马钢的整个长材产品轧钢厂进行大规模升级改造。合同规定,将用3套全新的技术装备先进的超灵活高效轧机更换全部现有热轧设备。3套轧机年生产长材产品200万t。这3套设备的主要情况是:(1)双线高速线材轧机,小时生产能力130 t,用于生产5～22 mm直径优质结构钢和工程用线材,线卷重为2 t,最大轧制速度可达110 m/s。(2)直条棒材轧机,产品规格为10～50 mm直径的圆钢和螺纹钢、相应截面的方钢、六角钢、扁钢和角钢等,小时生产能力100 t。小规格圆钢将采用多线切分轧制技术生产,QTB淬火和自回火系统将用于生产螺纹钢。(3)棒材和型材两用轧机,小时生产能力130 t,可生产22～75 mm直径棒材和螺纹钢、方钢、六角钢、最大边长为125 mm的角钢、最大宽度为180 mm的槽钢、扁钢、工字钢和异形钢。轧机年设计能力为80万t左右,由16个SHS机架、冷床、在线矫直一剪刀和堆垛设备组成。

【美钢协的技术开发动态】 美国钢协2003年技术开发项目有以下几种:(1)大喷吹条件下高炉内煤粉的燃烧与炭残留——该项目的目标

是在北美众多的钢铁公司中应用新开发的方法、评估喷煤生产时煤炭和高炉的性能。煤炭燃烧的实验室研究将与实际高炉样品进行对比分析。高炉样品包括喷煤时采集的高炉粉尘和泥渣,用来确定残留炭的比例和煤粉的燃烧效率。(2) 钢自动净化工具开发的相关研究——其目的是研究夹杂物特性,开发生产人员在钢铁生产周期中用来评估钢质量的工具,并要求突破传统钢洁净度分析的局限性。(3) 提高电弧炉生产效率——本项目是要开发“炼钢导航员”智能工艺控制系统,集先进的计算技术知识和传统的数学方法于一身,用来对炼钢工艺和设备进行监控、优化、定序和控制。并在塔姆科钢公司进行了“炼钢导航员”系统的首次演示,连续出现了 82 kW·h/t 钢的改进效果,总体上,“炼钢导航员”实现了降成本预期目标。(4) 改善钢管加工与性能的形变热处理——主要目标是开发高温钢管加工技术,精密控制微观组织及随后产生的性能,来改善材料的加工性能,降低加工成本和能耗。近期的进展集中在制造微观组织和伴随性质的方法的开发与测试方面。(5) 洁净钢超前技术——主要是解决加强钢洁净度的局限,实现氧含量 $1\times10^{-4}\%$ 以下,夹杂物直径不超过 5 μm。该研究将尽可能深入了解渣金界面对夹杂物排除的影响。

(符　哲)

2003 年部分文件索引

文　　号	标　　　题
钢发[2003]4 号	关于落实稳定工作责任制进一步做好当前稳定工作的通知
钢发[2003]7 号	中共武汉钢铁(集团)公司委员会　武汉钢铁(集团)公司关于进一步加强离、退、居休职工管理工作的意见
钢发[2003]8 号	中共武汉钢铁(集团)公司委员会　武汉钢铁(集团)公司关于下发加强领导干部廉政建设若干规定的通知
钢发[2003]12 号	中共武汉钢铁(集团)公司委员会关于为在防治“非典”特殊时期工作提供强有力组织保证的通知
钢发[2003]14 号	中共武汉钢铁(集团)公司委员会关于下发对外宣传管理办法的通知
钢发[2003]16 号	中共武汉钢铁(集团)公司委员会　武汉钢铁(集团)公司关于深化厂务公开制度的实施意见
钢发[2003]21 号	中共武汉钢铁(集团)公司委员会关于开展解放思想转变观念大讨论活动的通知
钢发[2003]22 号	关于开展“爱厂爱岗、发展武钢”献计献策活动的通知
钢发[2003]26 号	中共武汉钢铁(集团)公司委员会　武汉钢铁(集团)公司关于下发《企业文化建设规划(2003～2005 年)》的通知
钢政发[2003]5 号	武汉钢铁(集团)公司关于提高优秀科技人才津贴的通知
钢政发[2003]9 号	武汉钢铁(集团)公司关于将钢城分局移交武汉市人民政府管理的通知
钢政发[2003]13 号	武汉钢铁(集团)公司关于重新组建保卫部的通知
钢政发[2003]38 号	武汉钢铁(集团)公司关于下发要害部位保卫管理办法和出入制度的通知
钢政发[2003]45 号	武汉钢铁(集团)公司关于组建硅钢研究所的通知
钢政发[2003]47 号	武汉钢铁(集团)公司关于下发内部会计稽查制度的通知
钢政发[2003]48 号	武汉钢铁(集团)公司关于下发有突出贡献的合理化建议提议人员奖励的决定
钢政发[2003]49 号	武汉钢铁(集团)公司关于下发职工医疗保险管理规定的通知
钢政发[2003]59 号	武汉钢铁(集团)公司关于下发效能监察实施办法的通知
钢政发[2003]61 号	武汉钢铁(集团)公司关于对有突出贡献人员奖励的决定
钢政发[2003]62 号	武汉钢铁(集团)公司关于实施钢铁主业重组的决定
钢政发[2003]69 号	武汉钢铁(集团)公司计算机信息系统安全管理条例的通知
钢政发[2003]71 号	关于撤销武汉钢铁有限责任公司成立武汉钢铁(集团)公司钢铁公司的决定
钢政发[2003]74 号	武汉钢铁(集团)公司关于进行辅业改制试点工作的通知
钢政发[2003]79 号	关于下达武汉钢铁(集团)公司 2005 年 1000 万 t 钢生产安排及保产措施计划的通知
钢政发[2003]80 号	武汉钢铁(集团)公司关于下发《工资集体协商试行办法》的通知
钢政发[2003]81 号	武汉钢铁(集团)公司关于下发内部审计工作规定的通知
钢政发[2003]82 号	武汉钢铁(集团)公司关于下发合同管理办法的通知

续表

文　号	标　　题
钢政发[2003]83 号	武汉钢铁(集团)公司关于下发审计监察监管暂行规定的通知
钢政发[2003]87 号	武汉钢铁(集团)公司关于下发城镇最低收入职工家庭住房保障暂行办法的通知
钢政发[2003]88 号	武汉钢铁(集团)公司关于工资总额管理暂行规定的通知
钢政发[2003]89 号	武汉钢铁(集团)公司关于提高中夜班津贴标准的通知
钢政发[2003]90 号	武汉钢铁(集团)公司关于批准申请执行《企业会计制度》的决议
钢政发[2003]91 号	关于将基本医疗保险个人账户资金纳入补充医疗保险支付范围的通知
钢政发[2003]92 号	武汉钢铁(集团)公司关于下发职工扶贫救助基金管理办法的通知
钢政办发[2003]2 号	关于下发公司换工子女管理有关规定的通知
钢政办发[2003]4 号	关于医疗保险费用财务管理规定的通知
钢政办发[2003]7 号	关于调整离休干部特需经费标准的通知
钢政办发[2003]24 号	关于建立离退休职工帮困基金的通知
钢政办发[2003]30 号	关于下发《武汉钢铁(集团)公司补充医疗保险办法(试行)的调整暂行办法》的通知
钢政办发[2003]40 号	关于做好非典型肺炎防治工作的通知
钢政办发[2003]47 号	关于对内部管理制度进行清理汇编的通知
钢政办发[2003]66 号	关于下发《武钢环境卫生管理处罚条例(试行)》的通知
钢政办发[2003]71 号	关于下发《武汉钢铁(集团)公司非全民所有制单位安全管理暂行规定》的通知
钢政办发[2003]72 号	关于下发《武汉钢铁(集团)公司劳动保护用品管理办法》的通知
钢政办发[2003]74 号	关于加强固产设备抵免企业所得税项目管理的通知
钢政办发[2003]76 号	关于下发武钢公文管理办法的通知
钢政办发[2003]77 号	关于下发《武汉钢铁(集团)公司会计工作交接管理办法》的通知
钢政办发[2003]81 号	关于下发《武汉钢铁(集团)公司厂区的道路交通安全管理实施办法(试行)》的通知
钢政办发[2003]84 号	关于下发《武汉钢铁(集团)公司办公自动化系统管理办法》的通知
钢政办发[2003]93 号	关于下发调整部分居休、下岗职工生活费意见的通知
钢政办发[2003]94 号	关于调整部分退休(职)人员养老金中企业补贴意见的通知
钢政办发[2003]96 号	关于进一步加强重要信息报告制度工作的通知
钢政办发[2003]99 号	关于下发《武汉钢铁(集团)公司实行代培管理办法》的通知
钢政办发[2003]100 号	关于下发《武汉钢铁(集团)公司招收录用人员培训管理办法》的通知
钢政办发[2003]101 号	关于加强民工队伍安全管理的通知
钢政办发[2003]110 号	关于下发武汉钢铁(集团)公司用户信息员管理办法的通知
钢政办发[2003]115 号	关于下发《武钢产品异议退赔管理办法》的通知
钢政办发[2003]116 号	关于下发《武汉钢铁(集团)公司人民防空工程平时使用管理规定》的通知
钢政办发[2003]117 号	关于下发《武汉钢铁(集团)公司人民防空工程平时使用消防安全管理办法》的通知
钢政办发[2003]119 号	关于下发武汉钢铁(集团)公司工程竣工资料管理办法的通知
钢政办发[2003]120 号	关于下发《武汉钢铁(集团)公司设备与建安工程划分规定》的通知

续表

文　号	标　题
钢政办发[2003]122号	关于下发《武钢用户服务管理办法》的通知
钢政办发[2003]123号	关于下发《武钢形象展示管理办法》的通知
钢政办发[2003]125号	关于下发《武钢参观接待管理办法》的通知
钢政办发[2003]129号	关于下发《武汉钢铁(集团)公司职工企业补充养老保险实施细则》的通知
钢政办发[2003]132号	关于下发《武汉钢铁(集团)公司商标管理办法》的通知
钢政办发[2003]133号	关于下发《武汉钢铁(集团)公司工商执照管理办法》的通知
钢政办发[2003]134号	关于调整职工住房公积金缴存基数的通知
钢政办发[2003]139号	武汉钢铁(集团)公司关于下发《厂区物资进入管理办法》的通知
钢政办发[2003]140号	关于资产损失认定标准、损失申报及审核鉴定工作程序的通知
钢政办发[2003]145号	关于下发进一步做好毒鼠强专项整治工作实施方案的通知
钢政办发[2003]148号	关于贯彻落实《企业国有资产管理暂行条例》进一步加强武钢法制建设若干问题的意见

2003年文件选编

武汉钢铁(集团)公司对外宣传管理办法

2003年5月20日,中共武汉钢铁(集团)公司委员会以钢发[2003]14号文颁发了《武汉钢铁(集团)公司对外宣传管理办法》,全文如下:

为了加强对外宣传的管理,塑造武钢的良好形象,统一对外宣传口径,坚持正确的舆论导向,保证改革顺利进行,根据中央有关精神和国家法律、法规,结合武钢改革发展实际,特制定本办法。

本办法适用于所有对外宣传的管理(包括互联网武钢主页、广告宣传及产品折页、宣传画册等)。

第一章 宣传导向

第一条 对外宣传工作必须高举邓小平理论伟大旗帜,以江泽民同志"三个代表"重要思想为指导,遵循马克思主义新闻观,坚持新闻工作的党性原则,坚持围绕稳定、鼓劲和正面宣传为主的方针,唱好主旋律,打好主动仗;自觉服从和服务于武钢工作大局,塑造武钢的良好形象,推进武钢改革工作顺利进行;自觉地贯彻执行党的基本路线、方针和政策,在思想上、政治上、行动上和党中央保持高度一致,始终坚持正确的政治方向和正确的舆论导向。

第二条 对外宣传中需要注意把握以下5个方面的问题:

(一)报道武钢党委、行政的重要决策、重要会议、重要工作,以及武钢主要领导同志的讲话、照片、文章等,必须按照有关规定执行,严格报审,不得随意报道。

(二)宣传武钢重大成就、重大典型必须送公司领导审定;采写处级以上领导干部和重点科技工作者的个人事迹,事前须征得公司组织人事部、纪委的同意,发稿前应送组织人事部和技术主管部门审定或由组织人事部送公司领导审稿。

(三)计划财务部是武钢所有数据的归口管理部门,对外宣传引用公司级统计资料时,必须经公司计划财务部审定,不得使用自行计算的数据或转抄的数据;引用有统计资料的稿件,未经计划财务部审定,不得随意外发。

(四)任何单位无权组织新闻发布会。公司确需以新闻发布会形式对企业形象以及产品进行宣传时,必须向省市主管部门申报,在未获批准前,无权组织和邀请武钢以外的新闻记者参加新闻发布会。

(五)认真贯彻落实上级党委及宣传部门、行政主管部门下发的关于宣传报道的规定和要求以及特别提请注意的事项,步调一致,形成合力。

第三条 对外宣传中不得出现下列内容:

(1)直接或间接损害武钢形象;

(2)影响武钢安定团结;

(3)国家秘密和企业的经济技术信息、商业秘密等;

(4)未经审定的统计资料或尚在保密期的两级统计资料;

(5)宣传伪科学、迷信、邪教、凶杀;

(6)诽谤或侮辱他人;

(7)尚未定性的刑事、经济、民事案件等;

(8)违反党和国家宗教、少数民族政策等。

第二章 宣传纪律

第四条 对外宣传要遵守政治纪律,必须立足于塑造武钢的良好形象,提高武钢的美誉度,扩大武钢的知名度。有利于武钢的改革发展稳定大局,有利于加强武钢两个文明建设,有利于调动广大职工艰苦创业、开拓创新的积极性。

第五条 对外宣传要遵守组织纪律,必须接受和服从党的领导,全面、完整、准确地贯彻公司党委的工作部署和工作安排,守土有责,令行禁止。

第六条 对外宣传工作要遵守职业纪律,必须忠诚于党的新闻事业,敬业爱岗;坚持新闻的真实性原则,实事求是,坚决反对虚假新闻和失实报道。

第七条 对外宣传工作的归口管理部门是武钢党委宣传部。凡属重大、全局性的新闻报道活动,由武钢党委宣传部统一运作。对外宣传口径由武钢党委宣传部统一落实。

第三章　管理制度

第八条　实行新闻采访通报制度。任何部门或个人在接受外部媒体采访前,必须向武钢党委宣传部通报,以决定是否接待。对未按归口管理程序,擅自采访的任何一家外部媒体的记者,均应予以拒绝。

第九条　实行新闻采访陪同制度。按照归口程序安排的采访活动,各单位在查验《记者证》并确认后,必须热情接待,积极配合,争取宣传。同时安排专人陪同,一方面为采访提供方便,另一方面对不宜采访的内容、不宜进入的区域进行控制、把关。

第十条　实行内外采访有别的制度。对境内、境外媒体采访必须有所区别,境内媒体采访可在武钢党委宣传部指导下进行;境外媒体记者的接待工作是一项政策性强、政治敏感度高的工作,统一由武钢党委宣传部按有关规定办理。

第十一条　实行调研控制制度。武钢是生产经营单位,原则上不接受任何媒体、调研机构、咨询团体以各种名义进行的社会调查、问卷调查等。此类活动只能由武钢党委宣传部进行或授权进行。

第十二条　实行新闻报道审稿制度。下列内容的外发新闻稿件必须向武钢党委宣传部或有关部门报审:

(一) 涉及公司全局性的大事;

(二) 重大意外事件、突发事件的报道;

(三) 公司改革措施实施过程中引起的一些难点、疑点或敏感点的报道;

(四) 处级以上干部和重点科技工作者的个人事迹;

(五) 新技术、新工艺、新产品的开发、研制、成果等的报道;

(六) 各单位形象宣传及产品宣传的媒体广告、折页、画册等。

第十三条　加强通讯干事管理。各单位要对本单位的通讯干事加强管理教育,更换人选时,要及时向武钢党委宣传部通报。通讯干事原则上只负责本单位的新闻采写,不得超越职权范围违规采写新闻稿件。

第四章　职责与考核

第十四条　各单位主要负责同志要加强对外宣传工作的领导,关心和支持对外宣传工作,为武钢的对外宣传工作创造良好的环境。

第十五条　各单位要选调政治强、业务精、作风正的通讯干事,从事对外宣传工作。要关心通讯干事的成长,加强培训工作,不断提高他们的政治素养和业务水平。

第十六条　实行通报嘉奖制度。对模范执行本办法的单位和个人,由武钢党委宣传部进行通报表扬并记录备案,作为年度评先、考核等重要依据。

第十七条　实施重大责任警告和追究制度。出现下列情形之一的,要提出警告,直至追究责任,严肃查处:

(一) 损害武钢整体形象,造成恶劣影响;

(二) 管理松懈,对外新闻宣传工作中损害本单位形象或把关失职;

(三) 违反保密法规,造成国家、企业秘密泄露;

(四) 片面报道,影响兄弟单位声誉;

(五) 假新闻或失实报道;

(六) 武钢党政认定的其他严重错误;

(七) 第三条规定的不得出现的内容。

第十八条　各单位通讯干事要明确对外宣传工作的重要意义,明确自己所肩负的历史责任,以无私奉献的精神,坚韧不拔的意志,求真务实的作风,解放思想,开拓创新,努力提高工作质量和水平,不断扩大武钢的知名度,提高武钢的美誉度,为武钢的改革发展做出更大贡献。

第十九条　本办法由武钢党委宣传部(企业文化部)负责解释。《关于转发新闻处武钢对外宣传管理办法的通知》(钢办发[1997]11号文)同时废止。

本办法自下发之日起执行。

武汉钢铁(集团)公司企业文化建设规划
(2003～2005年)

2003年12月5日,中共武汉钢铁(集团)公司委员会、武汉钢铁(集团)公司以钢发[2003]26号文颁发了《武汉钢铁(集团)公司企业文化建设规划(2003～2005年)》,全文如下:

十六大报告明确提出，全面建设小康社会，必须大力发展社会主义文化。企业文化是社会主义文化的一部分，企业要建设优秀的企业文化。

企业文化是企业在长期生产经营中形成的以价值观为核心的企业意识形态、管理思想、管理方式、群体意识和行为规范。开展企业文化建设是市场经济条件下加强和改善企业管理的必由之路，是企业深化改革、加快发展、提高竞争力的迫切需要，也是企业成功的关键要素之一。为推进武钢企业文化建设，构建有武钢特色的企业文化，不断提高企业的管理水平和综合实力，结合武钢实际，特制定本规划。

一、指导思想

以邓小平理论、“三个代表”重要思想为指导，以优秀的民族文化传统和社会主义先进文化为底蕴，兼容中西方优秀文化，为我所用；以人为本，以广大职工为主体，紧扣时代主题，大力推进理念文化、行为文化和标识文化建设；以丰富多彩的活动为载体，在职工中逐步确立企业文化建设永远是一个过程的观点；坚持归口管理，统筹规划，分步实施的基本原则。党政工团各负其责，扎扎实实、一步一个脚印地创建具有武钢特色的一流的企业文化。

二、实现目标

企业文化建设的目的就是要实现文化力的转换，以文化力提升武钢核心竞争力。“十五”期间，武钢企业文化建设要围绕把武钢做优、做精、做强、做大，实现“一个规模，两个基地”和创建“花园式工厂”的目标而创建一流的企业文化。具体地说武钢企业文化建设 3 年要上 3 个台阶。

（一）2003 年狠抓企业文化建设基础工作，重点是确定企业文化表述语、规范企业标识，确定集团公司的厂歌、厂旗，以武钢投产 45 周年为契机，组织系列企业文化活动，进一步增强企业凝聚力、激发职工积极性，使武钢企业文化建设迈上规范化的台阶。

（二）2004 年以推动职工行为规范建设为主，形成企业统一的员工行为守则（员工行为规范），扎扎实实在“养成”上狠下功夫，树立武钢企业文化建设的先进典型。努力提高武钢企业文化建设的有效性，提高职工和用户满意度。以适应市场经济的激烈竞争，使武钢企业文化建设达到冶金行业的先进水平。

（三）2005 年在借鉴吸收国内外先进企业文化的基础上，创建国内外一流企业文化。全面弘扬武钢人精神，发挥上下两个积极性，真正使武钢企业文化在国内外有广泛的知名度和美誉度，使武钢企业文化建设进入国内先进水平，努力创建一流的企业文化。

三、建设内容

企业文化建设的最终目标，就是要把企业的经营理念、价值观念等转化成职工的自觉行动，使职工在企业文化的熏陶下，对企业共同价值观产生认同，并最终形成强有力的凝聚力、文化力，促进企业市场竞争力的提高。为实现“把武钢建成世界一流的钢铁企业和花园式工厂”的“十五”规划目标提供精神动力和智力支持。

（一）强化理念宣传

目前，武钢已经初步统一了企业文化表述语：武钢经营理念是“走科技创新质量效益道路，创建世界一流企业”，武钢价值观是“市场的需求就是武钢的追求”，武钢企业精神是“争先、争优、争一流”，武钢人形象是“敬业、创新、文明、刚毅”。经营理念是企业文化建设的灵魂，要充分利用公司现有媒体和各单位广播、板报，对武钢的经营理念进行广泛的宣传，使之深入人心，并转化成广大职工的自觉意识与行动。

（二）注重养成教育

企业规章制度和职工行为规范是职工行为养成的准则，企业文化建设必须强化基础管理。企业职工不仅要有自己的个性和空间，而且又要归属一定的集体，这就要求企业建立有效的科学运行的规章制度，对职工行为进行合理约束规范。因此，职工行为养成是武钢企业文化建设的重中之重。各内部媒体从不同角度进行宣传，营造以人为本的舆论氛围，充分发挥广大职工的积极性和首创精神。

（三）规范企业标识

武钢标识是企业重要的无形资产，要按照已经制定的《武汉钢铁（集团）公司标识识别指导手册》，规范统一武钢各种标识，各二、三级单位要以武钢大局为重，自觉遵守和维护企业各种标识的规范和规定。具体步骤是：

（1）2003 年统一武钢商标、企业形象标识。对外各单位一律严格按《武汉钢铁（集团）公司标识识别指导手册》中的规定制作和使用。

（2）2004 年统一武钢各种事务用品（工作笔记本、名片、信封等）上的标识。

（3）2005 年统一武钢工作服、工作帽、工作鞋等劳保用品的标识。

（四）建立持续改进机制

企业文化建设要为企业经济发展、满足市场服务。满足市场要求，其实就是培育顾客的忠诚度。公司要建立持续改进的机制，深入了解顾客需求和期望，理解顾客的要求和建议，不断改进工作和服务，以满足顾客需求和期望为己任，这也是武钢价值观所要求的。

（五）开展丰富多彩的文化活动

（1）着力培育塑造先进典型。“中国共产党必须始终代表中国先进生产力的发展要求、代表中国先进文化的前进方向、代表中国最广大人民的根本利益”。各级党政工团组织要重视、培养先进典型，大力宣传他们的事迹，昭示武钢企业精神，用榜样的力量示范、影响职工，营造学榜样、做先进的氛围，鼓励广大职工学先进、赶先进。继续用命名先进操作法、立功臣碑、劳模形象上宣传牌等行之有效激励先进的做法激励职工。

（2）组织学习型企业活动。十六大报告提出，要形成全民学习、终身学习的学习型社会，促进人的全面发展。作为发展中的武钢，要紧跟时代要求，创建学习型企业。学习型企业对职工的道德素质、技术素质和文化素质提出了更高要求。要坚持开展职工岗位培训和继续工程教育。今后3年，采取多种形式培训职工22万人次，对管理干部重点进行企业文化建设、管理、外语、计算机的系统培训；对科技人员重点进行新技术、新工艺、前沿科学的继续教育；对操作人员重点进行以提高操作技能为主要内容的岗位知识和职业技能培训，达到国家对持证上岗的岗位持证率达100%的要求。要加强复合型高级人才培养工作，大力开展岗位练兵、技术比武、拜师学艺等群众性活动，加大高级技师和技工的培养力度，从整体上提高职工队伍的素质。同时，提倡和鼓励职工读书自学、岗位成才。坚持开展多种形式的读书自学活动，完善职工自学成才的奖励机制和相应的激励机制，充分调动职工业余自学和技术革新、技术改进、技术攻关的积极性。

（3）坚持开展“创文明岗位，让用户满意”活动。按照“巩固、提高、延伸、辐射”的方针，以指标先进、用户满意、遵章守纪、环境整洁为主要内容，以提高用户满意率为目标，大力创建文明岗、标准岗、示范岗和“青年文明号”。“创让”活动要以“窗口”岗位为重点，以规范服务达标入手，细化标准，充实内容，长期坚持，抓出成效。

（4）组织丰富多彩、寓教于乐的群众性文化体育活动。按照“普及与提高统一，业余化、小型化、多样化相统一，思想性、知识性、趣味性相统一”的要求，定期举办“武钢之春”、“武钢之夏”和“青年文化艺术节”活动。坚持开展以广场文化、街头文化、家庭文化为主要内容的周末娱乐活动和各种群众性的兴趣爱好活动，发挥文艺、体育、艺术等各种业余协会作用，用健康向上的文化丰富职工业余娱乐阵地。

（5）组织“科技武钢”活动。发挥科协作用，发动职工参与“科技武钢”活动，利用武钢“科技周”、《武钢工人报》、武钢电视台大力宣传“科技武钢”的意义，宣传武钢坚持走质量效益型和科技创新型相结合的企业发展之路。

（6）组织开展绿化、美化武钢活动。按照“建管并举”和统筹规划、分片包干、各负其责的方针，以减少污染排放和环境绿化为重点，促进生态平衡。充分发动广大职工从自己做起，“爱绿护绿”，从身边环境做起，努力把武钢建设成“花园式工厂”。

（7）组织民主管理活动。要继续推进职代会、厂务公开、民主管理、班组自主管理等行之有效的民主管理活动。加强职工自主管理，坚持开展“提一项合理化建议、推广一项科技创新成果、学习一项新技术、改革一项新工艺、刷新一项新纪录、创造一项先进操作法”的“六个一”活动，继续命名、宣传先进操作法，每年总结推广3～5个先进操作法，力争3个以上在全国命名。创建真正体现以人为本的企业文化，保障职工主人翁地位，从而使职工有当家作主的自豪感。

（8）组织升集团公司厂旗、唱集团公司厂歌的活动。通过这种形式，增强企业的凝聚力，激发职工“爱武钢、爱岗位”的工作热情。

（六）健全激励机制

与时俱进，勇于创新，不断健全激励机制。在十六大报告中，江泽民同志明确指出：与时俱进，就是党的全部理论和工作要体现时代性，把握规律性，富于创造性。激励是企业人才开发的一项重要工作，是企业文化建设的重要内容。企业文化本身就是一种激励机制，要充分发挥企业文化的激励功能。

（1）尊重知识，尊重人才，努力营造人尽其才、人才辈出的用人机制和环境。牢固树立“科技兴企”的战略思想，大力推进科技进步和科技创新，坚持每年表彰一批优秀科技人员和科技成果。制定人才需求和培养计划，把培养和使用结合起来，完善内部交流和竞争上岗机制，促进人才合理流动，为职工施展才能提供机会。坚持开展“爱武钢、献良策、作贡献”活动，贯彻落实《武钢有突出贡献人员奖励办法》和《武钢选拔技术专家、专业技术带头人、优秀科技人员实施办法》,以及《武钢关于加强和改进科技人才队伍建设的若干意见》,充分调动广大科技人员的积极性,更好地发挥其聪明才智,为武钢的建设和发展多做贡献。

(2) 通过竞赛和评比奖励先进。坚持开展各种专业技能比赛,评选各专业技术状元、技术能手等并予以表彰。同时要重视和建立严格的惩罚性的负激励机制。对于在生产、经营中违反公司规章制度的干部职工,严格按照惩罚措施对其惩罚。通过这种奖励和惩罚相结合的激励机制,告诉职工企业提倡什么,反对什么,对职工进行积极的引导。

(3) 要充分发挥内外媒体的激励作用。《武钢工人报》、武钢电视台、《武钢政工》、《武钢经济》等内部媒体要以正面激励为主,大力宣传先进典型,营造扶正祛邪的舆论氛围。除此之外,更要充分利用外部媒体为武钢造势,要把能代表武钢水平的各种先进纪录和指标,各种先进的人和事介绍到社会中去。

(七) 构建网络交流平台

十六大报告中指出,互联网站要成为传播先进文化的重要阵地。武钢要发挥信息技术等现代科技在企业文化建设中的作用,加强国际互联网武钢网站建设工作,构建网络交流平台。武钢网站(www.wisco.com.cn)已成为公司对外发布生产经营和党政工作信息的主要途径,是外界了解武钢的窗口。要充分利用网络载体,加强企业与职工之间的双向交流,公司应组织专班专人维护网站、及时更新网页内容。

四、保障措施

(一) 成立武钢企业文化建设推进委员会

为了使武钢企业文化建设规范、有序的推进,公司成立武钢企业文化建设推进委员会。成员单位有公司宣传部、办公室、企管部、组织人事部、工会、团委、安环部、保卫部、经研中心、用户服务办公室、技术质量部、绿化公司、房产公司、党校管院。推进委员会下设办公室,办公室设在公司党委宣传部(企业文化部)。

(1) 公司党委宣传部(企业文化部)是集团公司企业文化建设归口管理部门,是公司企业文化建设推进委员会的具体工作部门。在公司企业文化建设推进委员会的领导下,负责全公司企业文化建设规划的制定;负责公司重大活动的礼仪策划;负责公司经营理念、价值观、企业精神、武钢人形象的定位和宣传;负责集团公司标识等的设计和推行。公司党委宣传部(企业文化部)下属的形象策划中心是集团公司党委宣传部(企业文化部)直接进行企业文化建设、展览展示的具体实施部门。

(2) 公司办公室负责协调沟通及重大庆典活动的组织和接待工作。

(3) 公司企管部负责全公司各项规章制度的审核及推行考核工作,以达到规范全体职工言行的目的。与宣传部共同负责集团公司职工行为守则(规范)的制定和推行。

(4) 公司组织人事部负责公司党员、干部形象的定位以及党员、干部的教育,保证党员、干部在企业中的先进性和活力。

(5) 公司团委负责公司团员青年行为养成教育,保证团员青年在企业中的青年突击队作用。

(6) 公司工会负责组织全公司民主管理、厂务公开。负责职工学习型企业、文体活动以及文化娱乐设施的管理。

(7) 公司安环部负责全公司人文环境的规划、实施。负责公司各种工作服按企业文化建设标识识别系统要求统一和制作。负责按规定对公司1号门及厂前毛主席像广场、计算机大楼、科技馆等重要景点进行规范化管理。

(8) 公司保卫部负责对公司交通标识的统一规范。负责在重大活动中按规范组织保卫工作。

(9) 用户服务办会同企管部负责公司持续改进机制的建立和运行。

(10) 绿化公司负责"绿化武钢"工程的实施。负责公司1号门及厂前毛主席像广场、计算机大楼、科技馆等重要景点的设计和制作,负责公司重大活动的绿化、场景的布置。

(11) 房产公司负责社区的绿化美化建设,组织文明小区建设。负责小区报栏报纸的更换,使武钢职工居住小区成为武钢企业文化建设延伸的窗口。

(12) 经研中心、党校管院负责对公司的经营理念、价值观、武钢企业精神、武钢人形象内涵和外延的研究以及企业文化建设中热点问题的研究和探讨,对武钢企业文化建设提供理论支持。

(二) 设立企业文化建设专项资金

一定量的资金投入是推进武钢企业文化建设的有力保证。公司在经费预算中应设立企业文化建设专项资金,企业文化建设主管部门要保证专项资金使用的安全、有效。

(三) 培训企业文化建设骨干

企业文化建设需要一支起带头作用的骨干队伍。企业管理干部和基层班组长作为生产经营中的骨干,同样也是企业文化建设的骨干,他们要成为企业文化建设的带头人。为此，要加强企业文化建设的培训力度，使他们掌握企业文化建设的相关知识，认识企业文化建设的基本内涵及运作方式，了解企业文化建设的整体构想和思路，调动主观能动性，以自己的影响力、号召力带动和促进本单位的企业文化建设。

(四) 建立企业文化建设考核机制

要建立企业文化建设的考核机制，完善企业文化建设的考核体系，把企业文化建设纳入领导干部任期经济责任制考核，以促进对企业文化建设的高度重视，使企业文化建设成为各级领导自觉的管理行为。

(五) 进一步加强对外交流活动的力度

武钢是中国企业文化研究会的常务理事单位，要利用好这块阵地，适时邀请企业文化建设方面的知名专家来武钢指导，提升武钢企业文化建设的理论素质。同时，还要走出去向优秀企业文化建设单位学习，取长补短。

职工医疗保险管理规定

2003年6月15日，武汉钢铁(集团)公司以钢政发[2003]49号文颁发了《职工医疗保险管理规定》，全文如下：

第一章　总　　则

第一条　为了确保武钢医疗保险制度改革的顺利实施和稳步推进，保障职工身体健康，维护职工的切身利益，避免医疗资源的浪费和流失，根据《武汉钢铁(集团)公司医疗保险制度改革办法》，特制定本管理规定。

第二条　本规定适用于公司各单位(部门)、在职职工、离退休人员及职工供养直系亲属。

第二章　医疗保险管理机构、职责及工作人员要求

第三条　公司医疗保险制度改革办公室是公司进行医疗保险制度改革的组织、协调机构，在公司医疗保险制度改革领导小组领导下，负责组织、协调公司医疗保险制度改革工作。其主要职责：

(一) 贯彻执行国家、省、市及公司医疗保险的政策、规定；

(二) 组织、协调《武汉钢铁(集团)公司医疗保险制度改革办法》及其配套管理办法的实施工作；

(三) 负责组织、协调医疗保险的管理工作；

(四) 负责组织、协调对全公司医疗保险工作的检查、管理和考评。

第四条　公司组织人事部职责

(一) 负责拟定贯彻执行国家和地方政府有关医疗保险制度的政策、法规的实施办法；

(二) 负责拟定公司医疗保险制度改革办法和实施细则；

(三) 负责组织实施公司医疗保险的日常管理工作；

(四) 负责基本、大额及公司补充医疗保险基金的征缴、使用和管理工作；

(五) 负责全公司职工及其供养直系亲属医疗保险信息的维护和医疗保险关系的建立、转移、终(中)止的管理工作；

(六) 负责对公司各单位、医疗机构贯彻执行医疗保险政策的情况和日常管理工作进行检查和考评。

第五条　公司总务部职责

(一) 贯彻执行国家、省、市及公司有关医药、卫生管理的政策和规定；

(二) 负责按上级卫生行政管理部门和公司规定对公司医疗机构进行指导和管理；

(三) 负责离休人员、革命伤残军人、工伤(含职业病)和职工供养直系亲属医疗待遇的审核工作；

(四) 负责女职工生育及计划生育手术范围的审核工作；

(五) 对公司医疗机构医疗服务质量进行检查和考评。

第六条　公司计划财务部职责

(一) 贯彻执行国家、省、市及公司有关社会保险基金财务管理制度和法规；

(二) 负责医疗保险费的财务核算与管理工作；

(三) 负责组织编制下年度医疗费用预算工作。

第七条　公司工会职责

(一) 负责对公司医疗保险工作进行监督，提出检查和考核建议；

(二) 负责公司职工供养直系亲属资格的审核工作。

第八条 公司企业管理部职责

负责考核的落实工作。

第九条 公司安全环保部职责.

(一) 负责公司职工工伤(含职业病)资格、工伤部位的审核工作;

(二) 负责公司工伤(含职业病)人员及二等乙级(不含)以下革命伤残军人《工伤治疗证》的办证工作;

(三) 负责公司工伤(含职业病)人员及二等乙级(不含)以下革命伤残军人信息库的建立、维护工作,并将信息及时反馈公司组织人事部;

(四) 负责职业病的诊治工作。

第十条 公司人武部职责

(一) 负责公司革命伤残军人资格、伤残等级的审核工作;

(二) 负责公司二等乙级(不含)以下革命伤残军人伤残部位的审核工作。

第十一条 公司各单位职责

(一) 按武汉市和公司的医疗保险规定,组织完成本单位职工及其供养直系亲属医疗保险关系的建立、转移、终(中)止的日常管理工作;

(二) 负责本单位各项医疗保险费的征缴工作;

(三) 负责本单位医疗保险基本信息的维护和异动工作;

(四) 负责本单位职工医疗保险待遇报批的组织工作;

(五) 负责了解本单位职工及其供养直系亲属就医时的相关情况并据实签署相关意见;

(六) 负责医疗保险政策规定的宣传、解释工作,及时了解医疗保险办法实施中的问题和职工的意见,将重大事宜及时向公司医疗保险制度改革办公室提出书面报告。

第十二条 公司定点医疗机构职责

(一) 为职工及其供养直系亲属提供优质医疗服务;

(二) 执行武汉市和公司医疗保险的政策、规定;

(三) 承担对公司职工及其供养直系亲属在公司定点医院就医时医疗费的结算工作。

第十三条 对工作人员的要求

公司医疗保险管理工作人员及医疗机构工作人员必须履行岗位职责,执行武汉市和公司医疗保险的政策规定,尽心尽力为广大职工服务,不得滥用职权、徇私舞弊、玩忽职守,造成医疗保险资金损失。

第三章 公司定点医院的医疗保险管理

第十四条 应严格执行武汉市和公司医疗保险的规定,不断提高医疗技术和服务质量,加强医德医风建设,规范各项收费标准,努力满足广大职工的就医需求。

第十五条 医院工作人员在挂号时,应严格审核公司职工及其供养直系亲属的IC卡(医疗证)和专用病历,必要时可对照身份证予以确认,以防止冒用IC卡(医疗证)骗取医疗费。

第十六条 医院医务人员在接诊前,应首先复核IC卡(医疗证)与接诊患者是否相符,在确认卡、证与患者相符后方可接诊;接诊时应按照武汉市和公司医疗保险的规定规范填写专用病历。

第十七条 应加强处方管理,严格执行就诊开药、出院带药限量限值制度:

(一) 处方量的规定

1. 执行《武汉市城镇职工基本医疗保险用药范围管理办法》(武劳社[2001]119号)的规定:

(1) 门诊处方:急性病不超过3日药;慢性病不超过7日药;属重症疾病范围的,不超过15日药。若与药品最小包装管理规定相悖,执行药品最小包装管理规定。

(2) 出院带药:出院时,带药量不超过7日药。

2. 厂区卫生所处方:不得超过3日药。

3. 再次门诊就医时,凡前次门诊所开药品尚未按用药剂量规定使用完的,不得再次开同种药品。

4. 离休人员开药、带药可适当放宽:

(1) 门诊处方:急性病不超过7日药;慢性病不超过10日药;属重症疾病范围的,不超过15日药。

(2) 出院带药:出院时,一般疾病的带药量不超过15日药;结核病、肿瘤病、传染病、精神病的带药量不超过30日药。

(二) 处方值的规定

1. 3日药量的处方值不超过100元(厂区卫生所不超过30元);确需输液者,不超过150元(厂区卫生所不超过80元)。

2. 7日药量的处方值不超过120元,专家门诊处方值不超过150元。

3. 10日药量的处方值不超过150元。

4. 15日药量的处方值不超过200元。

5. 30日药量的处方值不超过400元。

6. 因重症疾病在门诊治疗的,按武汉市医保的规定执行。

第十八条 应加强对所属卫生所(厂区、武东)

的管理，将其药品控制在甲类药品和急救药品（仅限于急救使用）范围内。

第十九条　应严格按照武汉市颁布的药品目录、诊疗项目、医疗服务设施范围与支付标准（简称“三大目录”，下同）合理配置和使用医疗资源、优化医药品种与结构，做好医疗保险的基础性工作：

（一）诊疗项目、医疗服务设施名称、价格和药品对应准确率100%。

（二）基本医疗保险药品目录备药率：西药须大于80%、中成药须大于50%。

（三）住院医疗费用中，药品费用平均不超过50%。

（四）住院医疗费用中，乙类药品费用不超过药品费用的70%。

（五）参保人员“三大目录”以外的药品、诊疗项目、服务设施费用平均水平不超过住院费用的10%。

（六）需参保人员使用超服务设施范围、目录外药品、乙类药品、部分支付费用的诊疗项目时，必须事前书面征求参保人员意见，参保人员在处方或医嘱上签字同意后方可使用。

（七）对住院病人，每天提供医疗费用明细清单。

（八）设立并及时更新常用医疗服务价格公示牌。

第二十条　应严格执行武汉市基本医疗保险转院（诊）规定，准确把握转院（诊）的技术标准；对确需转院（诊）者，须办理相应的转院（诊）手续：

（一）在武钢医院住院中转往市内其他定点医疗机构（含转院定点医疗机构）住院的，需由武钢医院诊治科室主任提出转院意见，医保办审核盖章，医院领导签字同意，报市医保中心批准。

（二）由武钢医院门诊转往市内其他定点医疗机构（不含转院定点医疗机构）门诊或住院治疗的，需由武钢医院诊治科室主任提出转院（诊）意见，医保办审核盖章，医院领导签字同意。

（三）武钢医院应拟定具体的转院（诊）的审批程序和管理办法，报公司医疗保险制度改革办公室审核、备案。

第四章　定点就医管理

第二十一条　参保人员按武汉市和公司的有关规定在定点或指定医院就医。

第二十二条　离休人员的就医管理

（一）定点门诊

1．普通门诊

（1）总医院干部保健中心门诊；

（2）总医院钢都干部门诊（超出其治疗或检查范围的可转往总医院钢都门诊部）；

（3）总医院老干中心医务室（超出其治疗或检查范围的可转往总医院红钢城门诊部）；

（4）分院直属门诊部；

2．特殊服务的门诊

（1）分院白玉山社区卫生服务中心（仅限于家庭病床服务）；

（2）分院专科门诊部（仅限于精神病、传染病、结核病及肿瘤放化疗）；

（3）总医院干部保健中心批准的公司其他门诊部。

（二）定点住院

1．总医院干部病房；

2．分院住院部。

（三）特殊情形的就医

1．急诊患者在公司医疗机构内不受定点限制；

2．卧床患者可由委托人代其取药，取药时须持医疗证、专用病历、委托人身份证和公司老干中心开具的证明。

第二十三条　二等乙级以上革命伤残军人的就医管理

（一）定点门诊

1．普通门诊

（1）总医院直属门诊部；

（2）总医院钢都门诊部；

（3）总医院红钢城门诊部；

（4）总医院厂前门诊部；

（5）分院直属门诊部；

（6）分院钢洲门诊部。

2．特殊服务的门诊

分院专科门诊部（仅限于精神病、传染病、结核病及肿瘤放化疗）。

（二）定点住院

1．总医院住院部；

2．分院住院部。

（三）特殊情形的就医

1．急诊患者在公司医疗机构内不受定点限制；

2．卧床患者可由委托人代其取药，取药时须持医疗证、专用病历、委托人身份证和所在单位主管部门开具的证明。

第二十四条　治疗工伤（含职业病）的职工和二等乙级（不含）以下革命伤残军人（仅限受伤部位治疗）的就医管理

（一）定点门诊

1．普通门诊

（1）总医院直属门诊部；

（2）总医院钢都门诊部；

（3）总医院红钢城门诊部；

（4）总医院厂前门诊部；

（5）分院直属门诊部；

（6）分院钢洲门诊部。

2．特殊服务的门诊

公司劳动卫生职业病防治所（仅限于部分职业病的治疗，每周三接诊）。

（二）定点住院

1．总医院住院部；

2．分院住院部；

3．公司劳动卫生职业病防治所（仅限于部分职业病的治疗）。

（三）就医管理

1．急诊患者在公司医疗机构内不受定点限制；

2．确需住院治疗的，由医院开具入院证，并经所在单位主管部门盖章同意后，方可办理住院手续。病情危急的可先收入院再补办有关手续。

第二十五条　实施计划生育职工的就医管理

（一）实施计划生育职工就医时须持所在单位计划生育管理部门开具的证明（需明确是计划生育手术或女职工计划内生育（一胎）），需住院的，还需出示本人 IC 卡。

（二）计划生育范围

1．计划生育手术范围：上环、取环、结扎、人流（不含药物流产的药费）、引产及手术后遗症的治疗；

2．女职工计划内生育范围：围产期保健、生产和产后访视。

围产期保健包括：围产期定期体检、建卡时查血、尿常规、乙肝、血生化、唐式检测、围产期 B 超（2 次）；

3．符合计划生育规定的女职工，家住武汉三镇的，可就近选择定点医院生产；其配偶在外地工作的，可选择在其配偶居住地医院生产。

第二十六条　职工供养直系亲属的就医管理

（一）住院程序

确需住院治疗的，由医院开具入院证，并经供养人所在单位主管部门盖章同意后办理入院手续；病情危急的可先收入院再补办有关手续。

（二）特殊情形的就医

1．男职工的配偶属供养直系亲属的，女方在计划生育范围内就医时，须持供养直系亲属医疗证、专用病历及男职工单位开具的计划生育证明，其医疗待遇按供养直系亲属的有关规定执行；

2．女职工符合计划生育规定在公司医院生产时，新生儿的医疗费按供养直系亲属的有关规定执行。

第五章　职工及其供养直系亲属的管理

第二十七条　公司职工应自觉缴纳基本、大额医疗保险费。

第二十八条　公司职工及其供养直系亲属应遵守公司及医疗机构有关医疗管理的规定：

（一）应自觉遵守公司及医院的各项规章制度，尊重医务人员的劳动。

（二）就医时须主动出示 IC 卡（医疗证）和专用病历，不得转借或冒用他人 IC 卡（医疗证）。

（三）就医取药应遵守带药限量限值制度。

（四）不得频繁开药、倒卖药品以牟取私利。

（五）不得强迫、威逼医务工作人员和医疗保险管理人员违反公司及医院的有关规定。

第六章　考　　核

第二十九条　公司各职能部门、各单位应认真履行医疗保险工作职责，要明确分工、健全制度，确保医疗保险各项工作落到实处，公司将其完成情况纳入专业管理考核；未及时完成医疗保险管理工作造成公司医疗保险费损失的，按损失额的 200% 减发单位的工资总额。

第三十条　公司医疗机构未按武汉市和公司医疗保险管理规定完成医疗、医疗保险管理工作的，本规定第十九条中每未完成一项减发工资总额的 0.1‰。

第三十一条　医疗保险管理人员滥用职权、徇私舞弊、玩忽职守，一经查实，给予行政处分；造成公司医疗保险资金损失的，由责任人按损失额的 200% 予以赔偿，从其工资中扣减。

第三十二条　公司医疗机构医务工作人员违反公司医疗保险规定的，医疗机构应给予行政处分；造成医疗保险资金损失的，由责任人按损失额的 200% 予以赔偿，从其工资中扣减。

第三十三条　公司职工及其供养直系亲属骗取医疗保险费、频繁开药造成医药浪费、倒卖药品牟取私利的，由责任人按损失额的 200% 予以赔偿，从其工资（生活费）或离退休费中扣减，并取消其 12 个月享受公司内部医疗保险待遇的资格；对医务工作人员和医疗保险管理人员有恶意攻击行为的，取消其 12 个月享受公司内部医疗保险待遇的资格，对在职职工由所在单位同时给予行政处分。

职工扶贫救助基金管理办法

2003年12月26日，武汉钢铁(集团)公司以钢政发[2003]92号文颁发了《职工扶贫救助基金管理办法》，全文如下：

第一章　总　则

第一条　为认真实践“三个代表”重要思想，深入实施送温暖工程，切实做好生活困难职工家庭的基本生活保障工作，不断发展扶贫救助基金(以下简称基金)，规范基金的管理、使用，强化监督，特制定本办法。

第二条　基金是在公司党委的领导和行政的支持下，由工会负责筹集、管理和使用，为帮助困难职工克服暂时困难而建立起来的帮困资金。

第二章　基金的来源与管理

第三条　基金由下列资金构成：

1. 行政拨款；
2. 工会经费结余拨款；
3. 基金的利息；
4. 其他。

第四条　公司成立基金管理委员会，负责基金的管理工作。管理委员会由公司工会主席任组长，第一副主席和分管副主席任副组长，成员由公司计财部、工会财务部及权益保障部、职代会生活保险工作委员会负责人组成。

基金管理委员会的职责是：筹集基金；制定、修改基金管理办法；委托资金运作，使其保值增值；对基金的运作、使用进行监控，确保其安全性；制定年度资金使用计划；确定扶贫救助对象及发放困补费用标准；监督扶贫救助费用发放的执行情况；听取和审议年度使用情况报告；讨论决定其他重大问题。

第五条　基金管理委员会下设办公室，具体负责日常工作。办公室设在公司工会权益保障部，办公室主任由权益保障部部长担任。基金由公司工会财务部实行专户储存、专款专用。

第六条　基金由公司工会财务部实行资产委托经营，并确保基金不断保值增值。基金不得用于买卖股票、期货交易等其他投资。基金只能用于购买国家债券、武钢债券和对武钢公司实行委贷业务。

第七条　公司工会权益保障部按照保本用息、量入为出、合理安排、合理使用的原则，负责制定年度开支计划，严格按照《实施办法》的规定和年度计划审批使用基金。

第八条　基金的财务收支情况和困补审批情况每半年统计，年度公布，接受职工监督，接受有关部门和工会经费审查委员会的审查监督。

第三章　救助对象、形式与标准

第九条　公司在职职工或遗属有下列情况的属救助对象：

1. 在武汉市总工会和武钢工会建立生活困难职工档案的职工；
2. 在武钢工会建立档案的遗属困难户；
3. 在武钢工会建立档案的孤儿；
4. 本人或家属因患重症疾病造成特殊困难的职工；
5. 家中因遭受突发性灾害造成特殊困难的职工；
6. 劳动模范中的生活困难职工；
7. 其他。

第十条　采取资金与物资、定期与临时、困补费与慰问金等形式进行救助。

第十一条　救助的标准：

1. 在武汉市和武钢工会建立生活困难职工档案，且家中无自救能力的特困户，每季度救助大米100斤，食油10斤。

2. 秋季开学之前，对武汉市建档的特困职工子女和孤儿，当年考上大学的一次性资助2000元，考上高中的一次性资助1000元；对武钢工会建档的生活困难职工(含遗属困难户)子女，当年考上大学的一次性资助1000元，考上高中的一次性资助500元。

3. 元旦、春节等节假日，对公司建档生活困难职工、工伤特困人员等职工家庭进行走访慰问，每年至少走访一次，每户发放慰问金300～500元；对生活困难劳模走访慰问，每年走访一至两次，每户发放慰问金500元。

4. 职工家庭发生火灾、水灾等重大灾害，造成生活困难的，视困难程度一次性补助1000～5000元。

5. 职工本人患重症疾病，自费数额较大，造成家庭生活困难的，视困难程度一次性补助1000～

3000元。

6. 职工家属患重症疾病,自费数额较大,造成家庭生活困难的,视困难程度一次性补助1000～2000元。

第四章 申办程序及要求

第十二条 属救助对象,由职工本人向所在单位工会提出书面申请,属重症疾病的,需附医药费收据复印件(正在住院治疗医药费用数额大但未结算的,可先附诊断证明书,事后补结算单);属子女助学的,需附录取通知书原件和复印件。

第十三条 各单位工会接到职工救助申请后,要严格认真地进行审核确认,属天灾人祸的,应到现场调查,附调查报告或乡镇(街道办事处)以上证明材料。单位工会审核符合要求后,填写《武钢职工生活困难补助申报表》(附后),由工会主席根据标准签上补助金额和本人姓名,盖上本单位工会委员会公章,报公司工会权益保障部。

第十四条 公司工会权益保障部主管人员负责对直属单位工会申报的材料进行审核,报部长审批,然后开具《职工生活困难补助拨款通知单》,交公司工会财务部拨款到申报单位工会财务。公司领导和工会领导慰问对象,由主管人员负责登记名单,部长审核,主管副主席审批。

第十五条 申报单位工会接到困补款后,应及时将困补款发放给职工本人,并要填写《职工困难补助费发放单》,由职工本人签字认可。

第十六条 各单位工会对职工提出的救助申请要实事求是地进行审核,如发现弄虚作假,与事实不符的,将对直接责任人员和相关领导进行考核。对职工享受救助待遇情况,要在一定范围内公示,接受职工监督。

第十七条 公司工会主管部门要严格按规定审批。如发现超标准审批,或审核不慎造成基金损失的,将对主管人员进行严肃处理。财务部门要严格财务管理制度,按规定支出,安全投资,确保基金保值增值。如违反规定造成基金流失的,将对直接责任人员进行严肃处理。

第五章 附 则

第十八条 本办法自下发之日起执行,原《武汉钢铁(集团)公司职工扶贫互助基金会章程(试行)》同时作废。

第十九条 本办法由武汉钢铁(集团)公司工会权益保障部负责解释。

职工企业补充养老保险实施细则

2003年9月25日,武汉钢铁(集团)公司以钢政办发[2003]129号文颁发了《职工企业补充养老保险实施细则》,全文如下:

第一章 总 则

第一条 根据武汉钢铁(集团)公司《职工企业补充养老保险暂行办法》(钢政发[2002]20号),特制定本实施细则。

第二章 补充保险范围与对象

第二条 补充养老保险范围:公司所属青山和矿山各单位。

第三条 补充养老保险对象:2001年1月1日在职及以后参加工作、由公司直接录用的员工。

第三章 资金来源

第四条 自2001年起,每年年底公司根据国家政策和当年公司经济效益状况,决定是否提取补充养老费以及提取补充养老保险费的数额。

第五条 在条件具备时,补充养老保险费将同时向各单位和职工个人征集。

第四章 基金分配

第六条 公司投入的补充养老保险资金,用于给在职职工分配和划入补充养老保险调剂基金。公司投入的补充养老保险资金用于在职职工分配和划入调剂基金的数额,由公司保险基金管理委员会根据补充养老保险基金运行状况决定。

第七条 在职职工补充养老金分配:

上年末公司如提取了分配资金,则按当年1月在职职工上年度工资收入的一定比例分配,并记入职工的补充养老保险个人账户。

职工上年度工资收入低于公司人均工资收入60%,按公司人均工资收入的60%作为其分配基

数;职工上年度工资收入超过以下公司人均工资收入一定比例的部分不作为分配基数:

公司总经理、书记　300%;

公司副总经理、副书记、工会主席、纪委书记、总工程师、总会计师　250%;

公司总经理助理、副总工程师、副总会计师　220%;

其他职工　200%

公司人均工资收入以保险口径统计的人均月工资收入为准。

分配比例 = 公司用于在职职工分配补充养老金的资金/分配对象分配基数之和。

第五章　投资收益分配

第八条　职工补充养老保险个人账户储存额和调剂基金由公司统一投资,并按统一的投资收益分配率参与投资收益的分配。职工补充养老保险个人账户储存资金产生的投资收益记入个人账户;补充养老保险调剂基金产生的投资收益并入该基金。

第九条　投资收益分配率的计算:

投资收益分配率 = (年度补充养老保险基金投资收益/基金余额月积数)×12。

第十条　上年度产生的投资收益,职工补充养老保险个人账户储存额参与收益分配的对象为当年1月在职职工和退休人员,在此之前已与公司终止保险关系的职工、死亡离退休人员的账户储存额不再参与收益的分配。

职工补充养老保险个人账户储存额投资收益分配额 = 上年度职工补充养老保险个人账户储存额余额月积数×收益分配率/12。

投资收益用于职工补充养老保险个人账户储存额分配后的余额并入调剂基金。

第六章　职工补充养老保险个人账户的管理

第十一条　为参加补充养老保险的对象设立职工补充养老保险个人账户,用于记载职工在职期间补充养老保险金的分配情况,作为职工退休后计发补充养老金的依据。

第十二条　每年公布职工补充养老保险个人账户储存额的投资收益分配率,投资收益记入职工补充养老保险个人账户。

第十三条　公司提取养老保险金并分配给职工个人后,3个月内将职工补充养老保险个人账户对账单打印下发给单位和个人核对。

第十四条　职工调出(集团)公司、劳动合同到期未续签以及其他非本人原因被解除合同的,其补充养老保险个人账户储存额由职工本人一次性领取,同时终止其补充养老保险关系。

第十五条　职工因违纪、违法以及其他因个人原因被辞退、开除、除名以及自动离职的,其补充养老保险个人账户储存额中的企业分配部分本金及其投资收益并入补充养老保险调剂基金,同时终止其补充养老保险关系。

第十六条　职工未到法定退休年龄死亡,职工补充养老保险个人账户储存额可由其指定的受益人或法定继承人一次性领取。

第七章　职工退休后补充养老保险待遇的享受

第十七条　职工达到按月享受基本养老待遇的法定条件,并办理了退休手续的,可按本办法第十八条的规定按月享受补充养老保险待遇,直至死亡。

第十八条　职工月补充养老金待遇计发办法。

月补充养老金 = 过渡性补充养老金 + 个人账户补充养老金

1. 过渡性补充养老金 = 5.35×2000年底以前的工作年限×历年分配工资平均系数

$$历年分配工资平均系数 = (A_1/B_1 + A_2/B_2 + \cdots + A_n/B_n)/n$$

式中　A——分配补充养老金时职工本人上年度年工资收入;

B——分配补充养老金时公司上年度年人均工资收入;

n——公司建立补充养老保险制度后职工分配补充养老金的累计年限。

按上述公式计算的月过渡性补充养老金不得超过人均补充养老金设计水平200元×该职工历年分配基数平均封顶比例;月过渡性补充养老金低于80元的,按80元执行。

2. 个人账户补充养老金 = 补充养老保险个人账户储存额/120。

第十九条　未达到本办法第十七条规定的条件,职工退休后其补充养老保险个人账户储存额一次性支付给本人。

第二十条　职工享受补充养老保险待遇期间受刑事处罚的,自受刑事处罚(包括拘役、劳动教养、判处刑期)次月起停发其补充养老保险待遇,从职工刑事处罚期满的次月起恢复其补充养老保险待遇。

第二十一条　职工退休后死亡，其未领完的补充养老保险个人账户储存额余额由其指定的受益人或法定继承人一次性领取。

第八章　补充养老金发放

第二十二条　职工的补充养老金委托中国人寿保险公司武汉市分公司按月发放，所需资金由公司按月划拨。

第九章　补充养老保险的组织与管理

第二十三条　公司成立补充养老保险基金管理委员会，委员会成员由集团公司行政、工会领导以及组织人事、财务、审计部门的负责人和职工代表组成。负责审定补充养老保险“试行办法”和“实施细则”、确定保险基金的征集额度、分配办法、资金的运营办法以及管理中的重大问题。

第二十四条　保险中心作为补充保险经办机构，负责基金的征集、储存、分配、使用等日常管理。

第二十五条　计财部作为补充保险基金的运营机构，负责基金的保值、增值和投资运营。

第十章　其　他

第二十六条　2001年已分配给职工并记入个人账户的资金不再重新计算；在核定2001年分配工资系数时执行本办法第七条的规定。

第二十七条　重新核定2001年1月1日至本办法下发期间退休人员的补充养老金。重新核定的补充养老金高于原补充养老金的，从其退休次月起改按重新核定的补充养老金执行；重新核定的补充养老金低于原补充养老金的，从本“实施细则”下发次月起改按重新核定的补充养老金执行。

第二十八条　在每年1月1日至当年补充养老金分配工作完毕期间退休的人员，暂不计发其补充养老待遇，待当年补充养老金分配完毕后，再核发其补充养老待遇，并从其退休的次月起补发。

武汉钢铁(集团)公司商标管理办法

2003年10月10日，武汉钢铁(集团)公司以钢政办发[2003]132号文颁发了《武汉钢铁(集团)公司商标管理办法》，全文如下：

第一章　总　则

第一条　为了加强武汉钢铁(集团)公司的商标管理，保障公司商标合法权益，维护公司对外形象和信誉，根据《中华人民共和国商标法》、《中华人民共和国商标法实施条例》和国家其他相关法律法规的规定，结合公司实际，特制定本办法。

第二条　商标是企业产品和服务的标志。经国家商标注册机构注册的商标为注册商标，商标注册人享有商标专用权，受国家法律保护。

第三条　本办法适用于公司及其所属各单位使用或注册的武钢牌、非武钢牌商标管理。

第四条　公司法律事务管理部门是公司商标管理的主管部门，负责本办法的组织实施和监督检查。

第二章　商标的使用和注册

第五条　武钢牌商标中文名称为“武钢”，英文名称为“WISCO”，图形为倒三角GW组合图形、包含式GW组合图形。

第六条　武钢牌商标是经国家商标局注册的商标，公司享有商标专用权，依法受到保护，其他任何单位和个人不得擅自使用武钢牌商标。

第七条　公司所属各单位使用武钢牌商标均应经公司批准并办理有关许可手续。

第八条　公司内使用武钢牌商标的单位，因资产关系发生变化，公司不再控股时，应停止使用武钢牌商标。特殊情况仍需使用的，应通过公司武钢牌商标许可程序，有偿使用。

第九条　武钢牌注册商标注册人名义一律为武汉钢铁(集团)公司。

第十条　武钢牌产品商标主要用于公司钢铁产品和非钢铁工业产品，公司所属各单位生产的消费产品应当注册其他商标。

第十一条　公司所属二级单位申办武钢牌注册商标均应向公司商标主管部门提出申请，经公司总经理批准后，向国家商标局办理商标注册手续。

第十二条　公司所属各钢铁产品生产单位使用非武钢牌商标，须书面报公司商标主管部门，公司商标主管部门会同公司有关部门审查批准后，方可使用。如需注册，须书面报公司商标主管部门，公司商标主管部门会同公司有关部门审查批准后，由申报单位自行向国家商标局注册，取得商标注册证后报公司商标主管部门备案。

公司所属各非钢铁产品生产单位使用、注册非武钢牌商标应报公司商标主管部门备案。

第十三条　经公司总经理批准，公司也可以向国外申请商标注册。

第三章　商标的续展、变更

第十四条　注册商标的有效期为10年，期满后可以续展，续展应在期满前6个月提出申请，续展注册的有效期为10年。武钢牌注册商标的续展由公司商标主管部门在报经公司总经理批准后，向国家商标局办理商标续展手续。

公司所属各单位注册的非武钢牌商标自行办理续展手续，并将续展后的商标注册证报公司商标主管部门备案。

第十五条　当武钢牌商标注册人名义、地址或其他事项需要变更时，由公司商标主管部门在报经公司总经理批准后，向国家商标局办理商标变更手续。

公司所属各单位注册的非武钢牌商标注册人名义、地址或其他事项需要变更的，自行办理商标变更手续，并将变更后的商标注册证报公司商标主管部门备案。

第十六条　办理武钢牌商标注册、续展、变更手续所需费用，由公司承担。

公司所属各单位注册的非武钢牌商标办理注册、续展、变更手续所需费用，由各单位自行承担。

第四章　商标的评估和许可使用

第十七条　武钢牌商标的评估，经公司总经理批准后，由公司商标主管部门、财务主管部门共同组织评估。

第十八条　公司所属全资法人实体、联营合资实体、实业公司所属各厂和其他武钢集团成员单位，需要使用武钢牌注册商标的，须履行武钢牌商标许可使用手续。

第十九条　武钢牌商标许可使用手续办理程序如下：

(1) 由申请单位向公司商标主管部门提出使用武钢牌商标的书面申请，或由申请单位向公司主管领导提出使用武钢牌商标的书面请示；

(2) 钢铁类产品由公司商标主管部门组织公司企业文化部门、财务主管部门、技术主管部门及其他相关部门论证；

非钢铁类产品由公司商标主管部门组织公司企业文化部门、财务主管部门及其他相关部门论证，必要时可聘请公司外部专家参加论证；

(3) 公司商标主管部门将各方意见汇总，报公司总经理批准；

(4) 签订商标许可使用合同，向国家商标局办理商标许可使用备案手续。

第二十条　论证过程中所产生的鉴定费、聘请专家费用等由申请单位承担。

第二十一条　公司许可他人使用武钢牌商标一般应当收取商标许可使用费，公司财务主管部门负责许可使用费的定价、收取。

第二十二条　已与公司签订商标使用许可合同的单位，必须严格依照商标使用许可合同的约定使用商标。

第二十三条　公司所属各单位注册的非武钢牌商标许可他人使用的，由其自行办理。

第五章　商标标识的印制和使用管理

第二十四条　公司所属各单位生产销售的产品必须使用注册商标。商标名称和图形应当标注在商标标识、产品合格证或产品的包装上。

第二十五条　公司武钢牌商标标识应经公司商标主管部门审查批准后，由商标使用单位负责印制、保管、使用。商标标注在包装物上的，其包装物上的商标图形应经公司商标主管部门审查批准，方可制作。

公司所属各单位使用、注册的非武钢牌商标标识，由各单位自行设计、印制、保管和使用。

第二十六条　商标标识应到经国家工商管理部门批准允许承印商标标识的厂家印制。

第二十七条　公司各商标使用单位应制定商标标识管理制度，明确商标标识管理机构和人员，建立商标标识领取、使用的登记台账。凡公司产品未标注商标或粘贴商标标识的不得出厂（散状产品、加工产品和废次品除外）。公司任何单位和个人也不得擅自出售和任意丢弃商标标识或包装物，废旧不用的商标标识或包装物应予以销毁。

第六章　商标的监督和管理

第二十八条　公司商标主管部门有权对公司各单位使用武钢牌商标和其他非武钢牌商标的情况进行监督检查。

第二十九条　对下列行为，公司商标主管部门有权提出整改意见，责令其改正；情节严重的，向公司考核管理部门提出考核意见：

1. 未经公司批准或未办理许可使用手续，擅自使用武钢牌注册商标的；

2. 未经公司审定使用武钢牌商标标识的；

3. 未制定商标标识管理制度的；

4. 未建立商标标识领取、使用登记台账的；

5. 擅自出售商标标识的；

6. 擅自丢弃商标标识的。

第七章　附　则

第三十条　本办法的解释权属公司法律事务管理部门。

第三十一条　本办法自下发之日起施行。《武汉钢铁（集团）公司商标管理办法（试行）》（钢政发[1996]56号）同时废止。

武钢驻国内营销机构

武钢销售公司驻国内营销机构

公　司	负责人	电　　话	传　　真	E-mail	通讯地址	邮政编码
本部（027）	刘时金 张相然	86898888 86893449	86893982	marketwg@public.wh.hb.cn	湖北省武汉市青山区冶金大道铁路山	430083
武汉现货（027）	招　明 陈汉朋 陈传树	86803428 86803330 86803218	86808326	pwgxhzhb@public.wh.hb.cn	武汉市青山区武钢宾馆西侧	430081
广州（020）	杨荆州 郭志平	81307129 81307789	81306605	gzwisco@sohu.com	广东省广州市西华路 546 号	510170
长沙（0731）	王少武	4495216 4495217	4495222	wisgco@public.cs.hn.cn	湖南省长沙市芙蓉北路 105 号	410005
上海（021）	肖志红 柏国勇	55971071 55971070	55971073	wiscoshc@public4.sta.net.cn	上海市翔殷路 1128 号沪东金融大厦 14FB3	200433
南京（025）	周文华	58817009	58500338	njwisgco@public1.ptt.js.cn	江苏省南京市建宁路 139 号中铁大厦 7 楼	210015
合肥（0551）	高　杰	2656845	2652032	wghff@mail.hf.ah.cn	安徽省合肥市阜南路 136 号测绘大厦六楼	230061
天津（022）	吴　健 殷　涛	28233659 28266953	28266977	wisgcotj@public1.tpt.tj.cn	天津市河西区尖山路 1 号	300211
济南（0531）	肖　斌	7907766	7907733	wisgco-jn@sohu.com	山东省济南市纬九路 39 号博远宾馆一楼	250021
成都（028）	吴耀华 王自力	87653777 87651777	87655777	wgcdx@mail.sc.cninfo.net	四川省成都市金牛区金牛大道营门口 45 号国贸大厦 12 楼	610031
重庆（023）	林　敏	68662552	68661358	wgcqxsgs@cta.cq.cn	重庆市九龙坡区石坪桥正街 127 号	400051
西安（029）	朱　烽 阮国华	87407015 87407012	87407012	wisgcoxa@pub.xaonline.com	陕西省西安市解放路 25 号都市创展中心 728 室	710004
郑州（0371）	田义红	6321253 6321935	6321953	wiscozz@public2.zz.ha.cn	河南省郑州市紫荆山路 91 号市建一公司七楼西	450009
武闽（福州）（0591）	张国学 邸晓伟	87663358 87623805	87627170	fzwmjs@pub2.fz.fj.cn	福建省福州市六一北路金三桥大厦 13 楼	350011
武闽（温州）（0577）	张周军	88991305 88991306	88991307	wgwzf@vip.163.com	浙江省温州市车站大道时代广场公寓 12 楼 C2	325000

营销服务热线 027－86898888
销售公司网址：http://sales.wisco.com.cn
武钢现货公司网址：http://www.wgxh.cn

武钢股份公司驻国内营销机构

驻点	负责人	联系电话	传真	通讯地址
沈阳	刘箭	024-25603052	024-25603063	沈阳市铁西区圣工街6号(125库内) 沈阳中机联销物资有限公司 邮编:110026
	胡时光	13804991381(刘)13940089756(胡)		
北京	陈建桥	010-68595616 010-68595622	010-68595619	北京市西城区三里河路46号机械部大院内2044房间 北京中机联供硅钢科技发展有限公司 邮编:100823
	武云志	13910751801(陈)13910687017(武)		
	张正刚	13911780781(张)		
济南	向志喜	0531-5983312 0531-5986209	0531-5983312	济南市刘家场小区2号楼4单元502室 邮编:250023
	涂勋	13335109502(向) 13325122092(涂)		
	周永东	13325120922(周)		
西安	丁生产	029-86258788	029-86258788	西安市北关正街21号(建行宿舍1707号) 邮编:710014
	关小军	13609110884(丁) 13709213166(关)		
广州	罗汉生	020-83151175 020-83151176	020-83151177	广州市东风中路448～450号成悦大厦13楼HI室 武中金属有限公司 邮编:510030
	刘新华	13924068046(罗) 13925159737(刘)	020-83876055(宅)	
	高皓	13828439878(高)	020-83840247(宅)	
无锡	彭敏	0510-2459100 0510-2459200	0510-2459100	无锡锡沪路179号3楼 湖北华明无锡分公司 邮编:214011
	王川	13812002148(彭) 13812291935(徐)		
	徐俊	13961835913(王)		
浙江	黄宇锋	0571-86459731	0571-86459731	杭州秋涛北路274号 邮编:310020
	安琰	13958083709(黄) 13858130390(安)		
成都	廖东骏	028-87658751	028-87640843	四川省成都沙湾中路明阳大厦5楼 四川省金属代理公司 邮编:610031
	徐进	13980558512(廖) 13086601892(徐)	028-87682790(宅)	
重庆	李明	023-68662661 023-68823265	023-68823265	重庆九龙坡石坪桥正街127号 邮编:400051
	张帆	13983355238(李) 13330266920(张)	023-68661358	
福建	侯超英	0591-7578485 0591-7577522	0591-7578485	福州市华林路304号金属大厦5楼 福建省金属公司 邮编:350013
		0591-7586390(宅)	13599966797(侯)	
十堰	刘伟	0719-8520382	0719-8520382	湖北省十堰张湾区寺包新村 东风汽车载重车公司材料供应部钢材料 邮编:442001
		13872811493(刘)		

图书在版编目(CIP)数据

武钢年鉴.2004/《武钢年鉴》编纂委员会编.—北京：冶金工业出版社，2004.11
ISBN 7-5024-3597-2

Ⅰ.武… Ⅱ.武… Ⅲ.钢铁厂—武汉市—2004—年鉴 Ⅳ.F426.31-54

中国版本图书馆 CIP 数据核字(2004)第 097622 号

出版人 曹胜利（北京沙滩嵩祝院北巷 39 号，邮编 100009）
责任编辑 朱华英 美术编辑 王耀忠
责任校对 王贺兰 李文彦 责任印制 李玉山
北京印刷一厂印刷；冶金工业出版社发行；各地新华书店经销
2004 年 11 月第 1 版，2004 年 11 月第 1 次印刷
787mm×1092mm 1/16；26.25 印张； 12 彩页； 875 千字； 402 页；1－3000 册
100.00 元
冶金工业出版社发行部 电话：(010)64044283 传真：(010)64027893
冶金书店 地址：北京东四西大街 46 号(100711) 电话：(010)65289081
（本社图书如有印装质量问题，本社发行部负责退换）